헌법학(상)

헌법총론 및 기본권론

이 부 하 저

법 영 사

Constitutional Theory I

Prof. Dr. Boo-Ha Lee

2019
Republic of Korea

머 리 말

학생들이 헌법 교과서를 추천해 달라고 하지만, 정작 권하기에 적절한 교과서를 찾기 힘들었습니다. 그래서 헌법학 교과서를 새로 저술해야겠다는 마음을 가지게 되었습니다. 저술하면서 이 교과서가 학생들에게 필요한 정도인가에 대한 고민이 상당히 들었습니다. 제 스스로 교과서 수준을 일관되게 유지하기가 쉽지 않았습니다. 「헌법학(상)」 저술과정에서 독자들의 요구에 부응할 수 있을까 라는 두려운 마음도 들었습니다. 그러나 일단 시작한 일을 완성하는 것이 헌법학을 공부하고자 하는 분들에게 보답하는 일이라 생각되었습니다. 이미 여러 학문적 스승님들, 선배 교수님들, 동료 교수님들에 의해 헌법학 분야의 우수한 논문들과 저술들이 출판되어 있기 때문에 이 교과서 저술 작업이 가능했다고 말씀드릴 수 있습니다. 헌법학에서 주요하게 다루어지고 활용도 높은 '헌법원칙'과 '기본권'들에 관한 주요내용을 중심으로 기술하는데 중점을 두었습니다.

새롭게 변화된 헌법 환경에 걸맞는 헌법학의 내용과 최신 헌법재판소 결정들을 담으려고 노력했지만, 개인적 역량 부족으로 이러한 목표를 달성하지 못한 부분이 많습니다. 또한 헌법학은 전문적이고 철학적인 내용이 포함되어 있어서, 본서를 읽는 분들과 내용을 전달하려는 본인 간에 상당한 간격이 발생할 수도 있습니다.

본 교과서를 기술하면서 나름대로 충실하게 내용을 담으려 노력했지만, 이제와 보니 부족한 부분이 많아 보입니다. 이러한 부분은 미완성의 미(美)과 여백으로 남겨두고 추후 계속적으로 연구하고 세밀하게 보완하는 작업을 할 것입니다. 개인적 학문 역량의 부족과 집중과 선택의 어려움으로 인해 제대로 기술하거나 전달하지 못한 부분에 대해서는 독자분들의 넓은 이해와 양해를 부탁드립니다.

개인적으로는 절차탁마(切磋琢磨)의 정신으로 헌법학을 배우고 닦음으로서 헌법학의 발전과 국민의 기본권 보장에 조그마한 기여를 하려는 바람으로 저술하였습니다. 늘 노력하는 자세를 견지하도록 조언과 격려의 말씀을 해 주신 여러 학문적 스승님들과 이 책의 출판작업을 위해 성심성의껏 도와주신 법영사 고호균 사장님과 담당 직원분께 감사의 말씀을 드립니다.

2019. 1.

경산 연구실에서

저자

차 례

제 1 편 헌법총론

제 1 장 헌법의 개념과 특성

제 2 장 국가의 개념과 내용

제 3 장 헌법원칙

제 2 편 기본권론

제 1 장 기본권 일반이론

제 2 장 포괄적 기본권

제 3 장 자유권

제 4 장 사회적 기본권

제 5 장 청구권적 기본권

제6장 정치적 기본권

제 7 장 기본적 의무

제 1 편

헌법총론

제 1 장 헌법의 개념과 특성
제 2 장 국가의 개념과 내용
제 3 장 헌법원칙

제 1 장 헌법의 개념과 특성

제 1 절 헌법의 개념과 관습헌법

Ⅰ. 헌법의 개념과 헌법의 분류

1. 윤곽규범으로서의 헌법

윤곽(틀)규범으로서 헌법의 이해는 '헌법' 중심적으로 사고하고, 헌법과 법률간의 일정한 간격을 유지하게 한다. 윤곽규범으로서 헌법의 이해는 내용이 풍부하고 선택가능한 '법률'과 그 한계를 설정하는 '헌법'간의 차이를 강조한다. 윤곽규범으로서 헌법의 이해는 헌법과 법률간, 비유하면 '윤곽'과 '그림'간의 명확한 차이를 지닌다. 윤곽(헌법)은 '윤곽에 채워지는 것'(법률 등)의 부분이 아니고, '윤곽에 채워진 것'(법률 등)은 윤곽(헌법)의 특성과 다르다. 이러한 윤곽규범으로서의 헌법의 이해는 헌법과 법률간의 구별을 명확히 하고, 입법자의 형성여지를 강조하게 된다.[1)]

2. 헌법의 분류

(1) 성문헌법과 불문헌법

헌법은 '성문헌법'과 '불문헌법'을 포함하며, 불문헌법에는 관습헌법이 속하게 된다. 다만, 윤곽규범으로서 헌법으로 이해하게 되면, 헌법과 법률간의 구별을 강조하기에, 법률과 구별되기 위해 관습헌법의 인정요건이 강화되게 된다.

---

1) 이부하, "헌법의 개념과 관습헌법", 한양법학 제20권 제2집, 2009. 5, 76면.

(2) 형식적 헌법과 실질적 헌법

헌법을 형식적 헌법과 실질적 헌법으로 유형화하는 것은 의미가 있다. '형식적 헌법'은 헌법전(憲法典)에 기록된 법이라 할 수 있다. '실질적'이라는 연결점에 의해 본질적 내용을 이해하는 것이 '실질적 헌법'이다. 형식적 헌법이 제한된 규정을 지닐 수밖에 없기 때문에, 이러한 헌법전의 불완전성으로 인해 형식적 헌법과 실질적 헌법의 차이가 나온다. 실질적 헌법의 기준은 법규범의 서열단계가 아닌, '내용'이다.

실질적 헌법과 관련하여, 내용상 헌법에 규율해야 할 필수적이고 기본적인 헌법사항이 있는가의 문제로 귀착된다. 이에 관해 칼 슈미트(C. Schmitt)는 "헌법률에 앞서 존재하는 정치적 통일체의 종류와 형태에 대한 총합적 결정"에서 실질적 기준을 고안해냈다. 그에 반해, 쉬 다우린(Hsü, Dau-Lin)은 이러한 실질적 기준을 내용적 가치인 '기본권과 권력분립'에서 찾았다.

Ⅱ. 관습헌법

1. 사건의 개요

2002. 9. 30. 새천년민주당의 대통령후보 노무현은 선거공약으로 '수도권 집중억제와 낙후된 지역경제를 해결하기 위해 청와대와 정부부처를 충청권으로 옮기겠다'는 행정수도 이전계획을 발표하였다. 2002. 12. 19. 실시된 제16대 대통령선거에서 노무현 후보가 당선되었다. 2003. 10. 정부는 신행정수도의 건설을 위한 특별조치법안을 제안하였고, 2003. 12. 29. 국회 본회의는 이 법안을 투표의원 194인 중 찬성 167인으로 통과시켰으며(반대 13인, 기권 14인), 2004. 1. 16. 신행정수도의 건설을 위한 특별조치법은 법률 제7062호로 공포되었고 부칙 규정에 따라 그로부터 3월 후부터 시행되었다. 위 법은 수도권 집중의 부작용을 시정하고 국가의 균형발전과 국가경쟁력 강화를 목적으로 행정수도를 충청권 지역으로 이전할 것을 규정하면서, 국무총리와 일반인을 공동위원장으로 하는 신행정수도건설추진위원회를 대통령 소속으로 설치하고, 건설교통부장관이 관리·운용하는 특별

회계를 신설하며, 난개발과 부동산투기 등을 방지하기 위한 규정 등으로 구성되어 있다.

청구인들은 서울특별시 소속 공무원, 서울특별시 의회의 의원, 서울특별시에 주소를 둔 시민 혹은 그 밖의 전국 각지에 거주하는 국민들로서, 위 법률이 헌법개정 등의 절차를 거치지 않은 수도이전을 추진하는 것이므로 법률 전부가 헌법에 위반되며 이로 인하여 청구인들의 국민투표권, 납세자의 권리, 청문권, 평등권, 거주이전의 자유, 직업선택의 자유, 공무담임권, 재산권 및 행복추구권을 각 침해받았다는 이유로 2004년 7. 12.(2004헌마554) 및 7. 15.(2004헌마566) 위 법률을 대상으로 그 위헌의 확인을 구하는 헌법소원심판을 각각 청구하였다.

2. 결정요지

첫째, 수도는 국가권력의 핵심적 사항을 수행하는 국가기관들이 집중 소재하여 정치·행정의 중추적 기능을 실현하고 대외적으로 그 국가를 상징하는 곳을 의미한다. 국회와 행정을 통할하며 국가를 대표하는 대통령의 소재지가 어디인가 하는 것은 수도를 결정하는데 있어서 특히 결정적인 요소가 된다.

둘째, 위 특별법은 국가의 정치·행정의 중추적 기능을 수행하는 국가기관의 소재지로서 헌법상의 수도개념에 포함되는 국가의 수도를 이전하는 내용을 가지는 것이며, 이 사건 법률에 의한 신행정수도의 이전은 곧 우리나라의 수도의 이전을 의미한다.

셋째, 헌법사항이라도 이를 불문헌법(不文憲法) 내지 관습헌법으로 인정할 소지가 있다. 헌법사항에 관하여 형성되는 관행 내지 관례가 전부 관습헌법이 되는 것은 아니고 강제력이 있는 헌법규범으로서 인정되려면 엄격한 요건들이 충족되어야만 하며, 이러한 요건이 충족된 관습만이 관습헌법으로서 성문의 헌법과 동일한 법적 효력을 가진다.

넷째, 헌법사항을 필요에 따라 관습의 형태로 직접 형성할 수 있다. 관습헌법도 성문헌법과 마찬가지로 주권자인 국민의 헌법적 결단의 의사의 표현이며 성문헌법과 동등한 효력을 가진다고 보아야 한다.

다섯째, 관습헌법이 성립하기 위하여서는 관습이 성립하는 사항이 단지 법률로 정할 사항이 아니라 반드시 헌법에 의하여 규율되어 법률에 대하여 효력상 우위를 가져야 할 만큼 헌법적으로 중요한 기본적 사항이 되어야 한다.

여섯째, 관습헌법이 성립하기 위하여서는 관습법의 성립에서 요구되는 일반적 성립 요건이 충족되어야 한다. 첫째, 기본적 헌법사항에 관하여 어떠한 관행 내지 관례가 존재하고, 둘째, 그 관행은 국민이 그 존재를 인식하고 사라지지 않을 관행이라고 인정할 만큼 충분한 기간 동안 반복 내지 계속되어야 하며(반복·계속성), 셋째, 관행은 지속성을 가져야 하는 것으로서 그 중간에 반대되는 관행이 이루어져서는 아니 되고(항상성), 넷째, 관행은 여러 가지 해석이 가능할 정도로 모호한 것이 아닌 명확한 내용을 가진 것이어야 한다(명료성). 또한 다섯째, 이러한 관행이 헌법관습으로서 국민들의 승인 내지 확신 또는 폭넓은 컨센서스를 얻어 국민이 강제력을 가진다고 믿고 있어야 한다(국민적 합의).

일곱째, 헌법기관의 소재지, 특히 수도를 정하는 문제는 국가의 정체성을 표현하는 실질적 헌법사항의 하나이다. 수도를 설정하거나 이전하는 것은 국회와 대통령 등 최고 헌법기관들의 위치를 설정하여 국가조직의 근간을 장소적으로 배치하는 것으로서, 국가생활에 관한 국민의 근본적 결단임과 동시에 국가를 구성하는 기반이 되는 핵심적 헌법사항에 속한다.

여덟째, 우리 헌법전상으로는 '수도가 서울'이라는 명문의 조항이 존재하지 아니한다. 그러나 현재의 서울 지역이 수도인 것은 그 명칭상으로도 자명한 것으로서, 대한민국의 성립 이전부터 국민들이 이미 역사적, 전통적 사실로 의식적 혹은 무의식적으로 인식하고 있었으며, 대한민국의 건국에 즈음하여서도 국가의 기본구성에 관한 당연한 전제사실 내지 자명한 사실로서 아무런 의문도 제기될 수 없는 것이었다.

아홉째, 서울이 수도라는 점은 우리의 제정헌법이 있기 전부터 전통적으로 존재하여온 헌법적 관습이며 우리 헌법조항에서 명문으로 밝힌 것은 아니지만 자명하고 헌법에 전제된 규범으로서, 관습헌법으로 성립된 불문헌법에 해당한다.

열째, 어느 법규범이 관습헌법으로 인정된다면 그 개정가능성을 가지게 된다. 관습헌법도 헌법의 일부로서 성문헌법의 경우와 동일한 효력을 가지기 때문에 그 법규범은 최소한 헌법 제130조에 의거한 헌법개정의 방법에 의하여만 개정될 수 있다. 다만 이 경우 관습헌법규범은 헌법전에 그에 상반하는 법규범을 첨가함에 의하여 폐지하게 되는 점에서, 헌법전으로부터 관계되는 헌법조항을 삭제함으로써 폐지되는 성문헌법규범과는 구분된다. 한편 이러한 형식적인 헌법개정 외에도, 관습헌법은 그것을 지탱하고 있는 국민적 합의성을 상실함에 의하여 법적 효력을 상실할 수 있다. 관습헌법은 주권자인 국민에 의하여 유효한 헌법규범으로 인정되는 동안에만 존속하는 것이며, 관습법의 존속요건의 하나인 국민적 합의성이 소멸되면 관습헌법으로서의 법적 효력도 상실하게 된다. 관습헌법의 요건들은 그 성립의 요건일 뿐만 아니라 효력 유지의 요건이다.

3. 헌법재판소 결정에 대한 평가

(1) 관습과 관습법의 혼동

헌법재판소 결정이유를 보면, “서울이 바로 수도인 것은 국가생활의 오랜 전통과 관습에서 확고하게 형성된 자명한 사실 또는 전제된 사실로서 모든 국민이 우리나라의 국가구성에 관한 강제력 있는 법규범으로 인식하고 있는 것이다.” 내지 “서울이 수도라는 점은 우리의 제정헌법이 있기 전부터 전통적으로 존재하여온 헌법적 관습이며 우리 헌법조항에서 명문으로 밝힌 것은 아니지만 자명하고 헌법에 전제된 규범으로서, 관습헌법으로 성립된 불문헌법에 해당한다고 할 것이다.” 라고 판시하고 있다.

헌법재판소의 다수의견은 ‘사실인 관습’을 ‘헌법규범’과 동일하게 보거나 혼동하고 있다. 서울이 수도라는 사실이 오랫동안 우리 국민에게 자명하게 인식되어 온 관행에 속한다고 생각할 수 있다. 그러나 관습헌법으로 인정하기 위해서는 그 필수적인 요건으로서 ‘법적 확신’(opinio juris)이 필요하다. 그런데 서울이 수도라는 사실은 강제력 있는 법규범으로서 국민이 법적 확신을 가지고 있다고 인정하기 어렵다. ‘관습법’은 법원으로서 법적 효력을 갖는데 반해, ‘사실인 관습’은 단순한 관행으로서 법적 의사를 보충하는데 그치는 것이라 할 수 있는데, 헌법재판소의 다수의견은 이 양자를 혼동하고 있다.

(2) 관습헌법의 법원성, 성립요건 및 그 효력 문제

헌법은 성문헌법과 불문헌법으로 구분될 수 있고, 이 중 불문헌법의 하나로 관습헌법이 속한다고 할 수 있다. 따라서 관습헌법은 직접적으로 불문헌법과 관련이 있다. 그런데 법원(法源)으로서 관습헌법의 인정 여부에 대해 첨예한 대립이 있다. 관습헌법을 법원으로 인정하는 견해도 있고, 부정하는 견해도 있어 팽팽한 대립이 전개되고 있다.

관습헌법을 인정하는 입장에서는 그 성립요건으로 ① 객관적 요건으로서 장기간의 관행, ② 주관적 요건으로서 관행의 법적합성에 대한 법공동체의 확신, ③ 형식적 요건으로서 관행의 법규범화 가능성 등을 들고 있다. 이러한 성립요건을 갖춘 관습헌법은 '법관법'(Richterrecht)에 대한 보충적인 법원이 아니라, 독자적인 법원이라는 것이다. 따라서 관습헌법은 '법관법'처럼 헌법재판소의 승인에 의하여 확정되는 것이 아니라, 독립적인 법원이라는 것이다. 또한 성문헌법 속에 헌법사항을 구체적으로 모두 규정하기 불가능할 뿐만 아니라, 성문헌법에서 헌법적 가치를 갖는 사항을 흠결할 수도 있으므로 관습헌법의 필요성과 그 규범력을 인정함이 타당하다고 한다.

관습헌법을 부정하는 입장에서는 **첫째**, '관습헌법'과 '법관법'(Richterrecht)과의 관계에서 문제가 발생한다고 한다. 즉, 관습헌법은 헌법의 구체화의 방안으로서 '법관법'과 중첩된다는 것을 지적한다. '법관법'(Richterrecht)이란 사법적(司法的)으로 형성된 구체화규범 내지 관습규범이다. 사법(司法)의 임무는 형식적 의미의 법률에는 규정되어 있지 않는 경우라도, 헌법질서에 내재되어 있는 가치나 이념을 판결을 통해 실현해야 한다. 법관은 법을 발견하고 실현시키는 과제를 지니고 있다. 이러한 취지에서 법관의 법형성을 통해 이를 실현해야 한다. 관습헌법은 불필요하거나 이론적인 관심사일 뿐이라고 한다. 또한 관습헌법과 법관법은 사회적 관점에서 중대한 차이가 있다. 관습헌법의 중요한 요소는 국민의 합의(Konsens)이다. 관습헌법은 합의된 효력을 발생시키지만, 소송에 직접적으로 효력을 미치지 않는다. 즉, 추상적인 법규에 '관습헌법'이 영향을 미치는 반면, 구체적인 소송사건에서는 '법관법'이 법원으로서 작용한다는 것이다. **둘째**, 판례에서 관습헌법을 전혀 인정하지 않고 있다는 것이다. 독일 연방헌법재판소의 판례를 보면, 법률안의 3회독, 주(州)의 사면권, 방송권 등을 관습헌법으로 보고 있지 않다. **셋째**, 헌법해석은 성문헌법의 존재를 전제로 한 것이지, 불문의 관습헌법을 창조하는 헌법해석까지 정당화하는 직접적인 근거로 작용할 수 없다. 따라서 성문헌법전의 제정을 통해서 국민의 자유와 권리를 보장하고, 국가권력의 배분, 법치국가원리가 각인된 성문헌법국가에서 국가생활의 기본적이고 핵심적인 헌법사항을 다루는 관습헌법을 인정·적용할 여지는 거의 없다는 것이다.

관습헌법이란 불문헌법의 일종으로서 법공동체가 장기간동안 법적 확신을 가지고 구속력있는 법으로서 인정하여 온 헌법적 관행이라 할 수 있다. 따라서 관습헌법이 인정되기 위해서는 '장기간의 관행'이 필요하다. 여기서 기간의 지속성이 문제된다. 관습헌법이 되기 위해서는 장기간의 관행이 요구되는데, 일반적으로 확립된 기준으로서의 장기간은 존재하지 않는다. 또한 관행의 주체는 일반적으로 국가와 관련된다. 그러한 관행이 법적으로 의미있는 관행이 되어야 한다. 또한 관행의 법적합성에 대한 법공동체의 확신이 필요하다. 이는 '국민'뿐만 아니라 '국가기관'도 이러한 관행을 확신할 것을 요구한다.

헌법재판소는 위의 결정에서 관습헌법의 성립요건으로 다음의 다섯 가지 요건을 들고 있다. ① 기본적 헌법사항에 관하여 어떤 관행 내지 관례가 존재하고, ② 그 관행은 국민이 그 존재를 인식하고 사라지지 않을 관행이라고 인정할 만큼 충분한 기간 동안 반복 내지 계속되어야 하며**(반복·계속성)**, ③ 관행은 지속성을 가져야 하는 것으로서 그 중간에 반대되는 관행이 이루어져서는 안 되고**(항상성)**, ④ 관행은 여러 가지 해석이 가능할 정도로 모호한 것이 아닌 명확한 내용을 가진 것이어야 한다**(명료성)**. 또한 ⑤ 이러한 관행이 헌법관습으로서 국민들의 승인 내지 확신 또는 폭넓은 컨센서스를 얻어 국민이 강제력을 가진다고 믿고 있어야 한다**(국민적 합의)**. 결국 헌법재판소는 관습헌법의 성립요건으로 크게 ① 헌법사항적 관행, ② 관습법의 객관적 성립요건, ③ 관습법의 주관적 성립요건 등 3가지를 들고 있다. 헌법재판소가 주장하는 관습헌법이 성립하려면, 객관적 요건으로서 장기간의 관행과 주관적 요건으로서 관행의 법적합성에 대한 법공동체의 확신이 요구되는데, 헌법재판소는 관행이 법규범화되었는지에 대한 논증을 간과하고 있다.

또한 관습헌법의 주관적 요건으로서 헌법관습으로서 관행에 대한 국민의 확신이 문제된다. 수도 서울의 관습헌법성 문제에 있어서 주관적 요건을 충족하는지를 판단할 경우, 수도 서울이라는 것이 사실인지 아니면 관습법화 되었는지 여부를 구분해야 한다. 일반적으로 관습 혹은 관행이 문제될 경우에는 특정한 행위의 반복이 필요한데, 수도의 문제에는 그런 반복된 '행위'의 문제가 아니다. 다만, 장기간 서울이 수도로서 기능하고 있다는 '사실'이 문제되고 있을 뿐이다. 헌법재판소가 주장하는 서울의 기능에 관한 역사적 사실들에는 수도 서울이 사실인 관습이나 정책적 고려인지 아니면, 일반국민의 헌법적 확신까지 얻은 규범인지를 입증할 만한 논거가 제시되지 못하고 있다. 헌법재판소의 논증은 단지 오래 지속된 사실은 법적 승인도 얻고 있을 것이라는 개연성 내지 의제에 불과하다. 따라서 아무리 긴 시간동안 관행이 반복되더라고 그것만으로 관행이 관습법화 되었다고 볼 수 있는 것은 아니고, 그러한 관행이 헌법상 국민의 법적 확신을 얻었다고 볼 수 있어야 한다.

관습헌법으로 성립되려면, 최종적인 유권해석기관인 헌법재판소가 국민의 법적 확신이 있다는 것을 사후에 승인함으로써 관습헌법의 존재를 확인할 수 있다고 한다. 이러한 논리전개는 관습헌법의 형성이 헌법재판소의 승인을 전제로 하게 된다. 헌법재판소의 판단과 해석에 의하여 관습법의 법원성 인정 여부가 결정나게 된다. 이는 헌법재판소의 해석이 직접적으로 법을 창조하는 것으로서 입법자의 입법형성권을 침해하여 권력분립원리에 위반되게 된다. 헌법의 흠결이나 불비의 경우 바로 헌법재판소만의 판단작용에 의하여 관습헌법을 인정하기는 곤란하다. 관습헌법 여부에 대한 법적 확신은 국가기관도 주체가 되지만, 최종적 결정자는 국민이어야 한다. 이러한 경우 국민이 확신을 할 대상은 구체적인 헌법적 관행이 존재하는지 여부이다.

관습헌법의 존재 자체를 부정하기는 어렵지만, 성문법국가에서 헌법사항을 어떠한 것으로 규정할지 여부는 전적으로 헌법제정권자 및 헌법개정권자의 몫이다. 그런데 이러한 성문헌법에 들어갈 기본적인 헌법사항에 대하여 무제한적인 논리로 관습헌법을 인정하게 되면, 헌법제정권자와 헌법개정권자의 헌법제정권 및 헌법개정권은 형해화될 가능성이 높다.

관습헌법의 법적 효력에 있어서 관습법의 비중은 점차 축소되고 있으며, 특히 공법영역에서는 국가기능의 확대로 인해 성문법의 규율밀도가 높아지게 되었다. 현대 사회적 법치국가 헌법으로 이행하면서 성문헌법은 그 규율밀도가 매우 높아지고 있음을 볼 수 있다. 그러한 점에서 관습헌법의 존재와 법원성은 인정할 여지가 줄어든다. 성문헌법 국가에서 불문헌법인 관습헌법을 인정한다고 하더라도 관습헌법의 효력은 성문헌법에 대해 보충적 효력을 지님에 국한되지, 관습헌법이 성문헌법을 무효화하거나 개폐할 수 없다.

(3) 서울이 수도라는 것이 관습헌법 사항인지 여부

헌법재판소의 결정에 의하면, 관습헌법이 성립하기 위해서는, 첫째 해당 관습이 법률이 아니라 반드시 헌법에 의하여 규율되어 법률에 대하여 효력상 우위를 가져야 할 만큼 헌법적으로 중요한 기본적 사항이 되어야 한다고 판시하고 있다. 즉, 실질적 헌법사항 중에서도 특히 국가의 기본적이고 핵심적인 사항으로서 법률에 의하여 규율하는 것이 적합하지 아니한 사항이 대상이 되어야 한다는 것이다. 헌법사항 중 과연 어디까지가 이러한 기본적이고 핵심적인 헌법사항에 해당하는지 여부는 일반적·추상적인 기준을 설정하여 재단할 수 없고, 개별적 문제사항에서 헌법적 원칙성과 중요성 및 헌법원리를 통하여 평가하는 구체적 판단에 의하여 확정해야 한다고 한다.

성문헌법은 다양한 정치세력간의 타협의 산물이고, 중요하고 기본적인 헌법사항을 빠짐없이 성문헌법에 규율하는 것도 불가능하기에, 모든 헌법사항이 성문헌법에 규율될 수 없다. 그리고 성문헌법에 규율된 사항이라 하더라도 핵심적인 헌법사항이라 할 수도 없다. 헌법은 다양한 이해관계가 얽힌 정치투쟁의 과정에서 최소한의 핵심적인 사항만을 규정하고, 장래의 정치적 합의에 의해 결정될 사항은 개방해 놓는 개방성을 특성으로 한다. 이러한 개방성을 보완하는 방법으로 '법률유보'가 있다. 만약 헌법의 내용이 일정한 가치체계나 원리에 의해 빈틈없이 규정하고 있다면, 이러한 헌법은 특정한 가치체계나 원리에 부합하는 특정한 행위나 사상·세계관·종교에만 '개방적'이고, 이와 다른 행위나 사상·세계관·종교 등에 대해서는 '폐쇄적'이 될 것이다. 따라서 장래의 새로운 생활관계를 전혀 규율할 수 없어, 헌법의 규범력이 저하되게 될 것이다.

그렇다고 성문헌법에 규율되지 않은 사항에 대해 헌법재판소가 유권해석으로 기본적인 헌법사항으로 인정하여 관습헌법으로 만드는 경우, 헌법재판소가 중요하다고 판단하는 사항은 기본적인 헌법사항으로 둔갑할 수 있게 된다. 이는 헌법제정권자의 역할을 헌법재판소가 탈취해 가서 권한을 남용하는 것으로서 헌법상 권력분립원리에 반하게 된다.

서울이 수도라는 것이 관습헌법 사항인지도 중요한 문제가 된다. 서울이 수도가 된 것은 조선 왕조 이후이다. 따라서 그 이전인 통일신라나 고려에서는 수도가 서울이라는 관행은 성립할 수 없다. 또한 조선시대에도 조선은 왕권국가이기 때문에 국왕의 판단에 의한 결정으로 수도가 정해졌으므로, 조선 500여년 동안 수도가 서울이라는 것에 대한 '국민'의 법적 확신이 존재하기 불가능했다. 일제통치기에나 미군정기에도 국민이 결정할 수 있는 상황이 아니었고, 국민의 선택이나 법적 확신은 존재할 수 없었다. 결국 1950년대 이후부터 정해진 수도가 서울이라는 사실이 관습헌법으로 인정되었는지 여부는 판단하기 어렵다.

관습법이 법원으로서 인정되기 위해서는 성문법에 규정이 없는 경우이어야 한다. 그런데 서울이 수도라는 사실은 '법률'인 서울특별시행정특례에관한법률 제2조에 이미 규정되어 있었기 때문에, 서울이 수도라는 것은 관습헌법으로 인정될 수 없게 된다. 또한 헌법재판소는 수도를 설정하는 것, 국명을 정하는 것, 우리말을 국어로 하는 것, 우리글을 한글로 하는 것, 국기를 정하는 것, 영토를 획정하는 것 등이 국가의 정체성에 관한 기본적 '헌법사항'이라고 말하고 있다. 그러나 국명 등은 이미 헌법에 정하고 있으므로 실정헌법에 해당하고, 국어, 한글, 국기, 영토 등은 우리나라의 상징이지만 이는 헌법사항이라기보다는 '법률사항'에 해당된다고 보아야 한다. 서울이 수도라는 사실이 '법률'인 서울특별시행정특례에관한 법률 제2조에 규정되어 있는 것은 이미 법규범이기 때문에 서울이 수도라는 것이 '법률사항'이지, 헌법사항은 아니라는 반증이다. 가령 수도가 서울이라는 규정을 실정헌법에 규정할 수 있다. 그러나 이러한 경우에도 헌법상 수도조항은 현실적 반영으로서 형식적 의미의 헌법은 될 수 있어도, 실질적 의미의 헌법은 아니라고 보아야 한다.

'국가적 상징'은 역사적으로 형성되고 역사적 지도사상을 계승하고 접목시키는 국가의 자기표현이다. 국가의 상징으로서 자기표현은 시각적 묘사를 통해 정치적 공동체의 동질성을 이끌며, 공통의 국가의식의 전달을 통해 통합적인 효과를 나타내는 것이다. 좁은 의미에서 국가적 상징은 국색, 국기, 국새, 국가 등이 있다. 그럼에도 불구하고 수도는 국가적 상징이 아니라, 국가를 대표하는 도시이다. 수도는 법률사항이며, 법률에 의해 변경될 수 있는 사항이라 할 수 있다.

(4) 국민투표권의 침해 여부

헌법재판소의 다수의견이 제시하는 '수도가 서울'이고, 이는 관습헌법에 해당하기 때문에 수도이전은 헌법 제130조의 헌법개정의 방법[2]으로 행해져야 함에도 특별법인 법률의 형식으로 하는 것은 국민투표권을 침해하는 것이라고 판시하고 있다.

그러나 이러한 헌법재판소의 다수의견은 문제점이 적지 않다. 헌법상 국민투표권은 헌법 제72조의 중요정책의 국민투표[3]와 헌법 제130조의 헌법개정절차에 의한 국민투표가 있다. 헌법 제72조는 "…… 국민투표에 붙일 수 있다."고 규정하고 있다. 따라서 헌법 제72조의 국민투표는 그 실시여부가 대통령의 재량에 달려있다는 점에서 선택적·임의적 국민투표이다. 대통령은 헌법 제72조의 국민투표를

2) 헌법 제130조 ① 국회는 헌법개정안이 공고된 날로부터 60일 이내에 의결하여야 하며, 국회의 의결은 재적의원 3분의 2 이상의 찬성을 얻어야 한다. ② 헌법개정안은 국회가 의결한 후 30일 이내에 국민투표에 붙여 국회의원선거권자 과반수의 투표와 투표자 과반수의 찬성을 얻어야 한다. ③ 헌법개정안이 제2항의 찬성을 얻은 때에는 헌법개정은 확정되며, 대통령은 즉시 이를 공포하여야 한다.

3) 헌법 제72조 대통령은 필요하다고 인정할 때에는 외교·국방·통일 기타 국가안위에 관한 중요정책을 국민투표에 붙일 수 있다.

실시할 것인지 여부, 실시시기, 구체적 부의사항 등을 스스로 결정할 수 있다.

헌법 제130조의 헌법개정절차에 의한 국민투표권을 침해했는지 여부를 판단해 보면, 헌법개정절차를 거쳐야 되는 '헌법'개정안에서 의미하는 헌법이 관습헌법을 포함하는지가 중요한 관건이 된다. 헌법재판소는 "어느 법규범이 관습헌법으로 인정된다면 그 개정가능성을 가지게 된다. 관습헌법도 헌법의 일부로서 성문헌법의 경우와 동일한 효력을 가지기 때문에 그 법규범은 최소한 헌법 제130조에 의거한 헌법개정의 방법에 의하여만 개정될 수 있다."고 판시하고 있다. 이는 성문헌법과 불문헌법인 관습헌법을 대등한 법원으로서 인정하는 것이고, 관습법에 대한 성문법 우선의 원칙에 반하는 것이다. 관습헌법이 성립한다고 하더라도 성립된 관습헌법이 서열상 성문헌법과 동등한 효력을 지니는 것은 아니다. 또한 성문헌법과 동일하게 관습헌법에 위반되는 법률을 제정하려면 반드시 헌법개정절차에 의하도록 한다면, 헌법재판소가 관습헌법의 인정 권한을 행사함과 동시에 헌법재판소가 헌법개정권을 행사하는 결과가 된다.

따라서 헌법 제130조에 의한 헌법개정절차를 거쳐야 되는 '헌법'에 관습헌법은 포함되지 않고 '형식적 의미의 헌법'만을 의미한다고 보아야 한다. 관습헌법은 헌법상 개정절차에 의해 개정되는 것이 아니라, 국민의 의사표현을 통해(예를 들면, 국민투표) 국민의 법적 확신이 확인되면 관습헌법은 인정되는 것이고, 국민의 법적 확신이 존재하지 않는다는 것이 확인되면 관습헌법은 사라지는 것이다.

제 2 절 헌법의 특성

Ⅰ. 헌법의 특성 분류

헌법의 특성은 '사실적 특성'과 '규범적 특성'으로 고찰할 수 있다. 사실적 특성으로는 정치성, 이념성, 역사성을 들 수 있고, 규범적 특성으로는 최고규범성, 기본권보장 및 권력제한규범성, 수권적 조직규범성, 생활규범성, 헌법제정 및 개정규범성 등을 들 수 있다. 헌법이 그 기능을 충분히 발휘하기 위해서는 항구성을 가져야 하지만, 동시에 어느 정도 유연성을 갖지 않으면 안된다. 따라서 헌법규범은 시대성과 사회성을 초월할 수 없으며 그 당시의 법질서에 구속되게 된다.

Ⅱ. 헌법의 사실적 특성

1. 헌법의 정치성

헌법은 정치과정에서 생성되며(헌법생성의 정치성), 정치현상을 규율대상으로 하므로(규율대상의 정치성) 정치성을 띤다. 헌법이 정치현실에 대처하기 위하여 헌법의 특유한 입법기술상의 특성으로 유동성, 추상성, 개방성, 미완성성을 요구한다. 유동성(流動性)은 헌법이 변화하는 정치현실에 대응할 수 있도록 하는 입법기술로 헌법개정절차를 통하여 기능하는 특성이고, 추상성(抽象性)은 헌법제정 당시의 정치현실 뿐만 아니라 미래의 정치현실을 예상하여 괴리의 방지를 위한 것으로, 헌법해석을 통하여 구체화·현실화되고, 개방성(開放性)은 다양한 이해관계가 얽힌 정치투쟁의 과정에서 최소한의 핵심적인 사항만을 규정하고, 장래의 정치적 합의에 의해 결정될 사항은 개방해 놓고 있으며, 완결성을 추구하지 않는다. 이러한 개방성을 보완하는 방법으로 '법률유보'가 있다. 그러나 국가의 기본질서와 원칙, 국체 및 핵심적 기본권 사항은 개방된 상태로 방치해서는 안된다. 만약 헌법의 내용이 일정한 가치체계나 원리에 의해 빈틈없이 확정되어 있다면, 이러한 헌법은 특정한 가치체계나 원리에 부합하는 특정한 행위나 사상·세계관·종교에만 '개방적'이 되고, 이와 다른 행위나 사상·세계관·종교 등에 대해서는 '폐쇄적'이 될 것이기 때문이다. 따라서 이러한 헌법은 장래의 새로운 생활관계에 전혀 적용할 수 없게 되어, 헌법의 규범력을 저하시킬 것이다.[4] 미완성성(未完成性)은 변화가능하고 복합적인 변수가 있어 그 당시 상황에 맞게 결정될 가능성이 큰 정치적 사항 즉, 외교관계, 국제경제관계에 대해 필요한 헌법의 입법기술상 특성이다.

2. 헌법의 이념성

헌법은 특유한 이념과 가치질서를 실현하는 것을 내용으로 한다. 이러한 이념과 가치질서는 선험적이거나 초역사적인 이성(理性)에 의하는 것이 아니라, 당대의 역사적인 조건과 경험에 의해 형성된 이념에 따른 것이다.

---

4) 윤재만, 헌법해석의 기초, 공법연구 제27집 제2호, 1999, 155면.

헌법은 일정한 이념이나 가치질서를 구현한다는 점에서 헌법의 존재가치가 있다. 헌법에 내재하는 존재가치야말로 헌법정신의 중핵이다. 헌법해석에 있어서도 이데올로기나 가치질서의 문제가 중시되지만, 이데올로기나 가치질서를 둘러싸고 헌법투쟁이 전개되기도 한다. 헌법해석이 순수한 논리해석에만 한정될 수 없는 것도 바로 헌법의 이념성·가치질서성 때문이다.

3. 헌법의 역사성

헌법은 선험적인 것이 아닌, 그 때 그 때의 역사조건과 지배상황에 의하여 제약을 받는 역사적 산물이다. 그러나 역사적 발전단계에 의한 이념 및 가치에 의해 제한을 받지만, 현대 헌법에 이르기까지 불변하는 이념 내지 가치는 인간의 존엄과 가치를 유지하기 위한 기본적 인권의 보장이다.

Ⅲ. 헌법의 규범적 특성

1. 최고규범성

헌법의 최고규범성은 헌법이 한 국가의 최고규범일 뿐만 아니라, 그 헌법에서 주권자인 국민의 자유와 권리를 실질적으로 보장하는 기본권보장규범으로서의 특성도 동시에 갖게 된다는 점에서, 근대입헌주의 헌법의 기본적인 이념적 지표는 국민주권주의와 기본권보장에서 출발하고 있음을 알 수 있다. 이러한 헌법의 최고규범성은 헌법이 국가내 모든 법주체를 기속하고 모든 법규범의 제정근거가 됨을 의미한다.

헌법이 특정 국가의 법체계상 최고의 법이라는 것은 자명하지만, 헌법 중에는 헌법의 최고규범성을 명문으로 직접 규정하고 있는 예도 있다. 예를 들면 일본국헌법, 미연방헌법, 나이지리아헌법, 구소련헌법 등이 있다. 우리나라 헌법은 제9차 개헌논의 과정에서 헌법학교수개헌시안에 "이 헌법은 대한민국의 최고법으로서 모든 국가권력을 구속한다."는 규정이 있었다. 헌법 제107조 제1항은 "법률이 헌법에 위반되는 여부가 재판의 전제가 된 경우에는 법원은 헌법재판소에 제청하여 그 심판에 의하여 재판한다."고 규정하고, 동조 제2항에는 "명령, 규칙 또는 처분이 헌법이나 법률에 위반되는 여부가 재판의 전제가 된 경우에는 대법원은 이를 최종적으로 심사할 권한을 가진다."고 규정하여 헌법의 최고규범성을 보장하기 위해 사법심사제를 도입하고 있다. 또한 현행 헌법 부칙 제5조는 "이 헌법 시행 당시의 법령과 조약은 이 헌법에 위배되지 아니하는 한 효력을 지속한다."라고 하여 헌법이 최고법임을 '간접적'으로 밝히고 있으나 최고법임을 직접적으로 명시하는 규정은 없다. 그러나 헌법의 최고법조항은 단지 이를 확인 내지 선언하는 규정이므로 조항의 유무가 헌법의 최고규범성을 좌우하는 것은 아니다.

헌법의 최고규범성은 헌법의 국가창설적 기능과 불가분의 관계에 있고, 헌법이 주권자인 국민에 의하여 제정되었다는 데에서 유래한다. 그러므로 하위의 법령을 제정하고 해석할 때 헌법이념이 최대한으로 구현되도록 제정하고 해석해야 한다. 이와 관련하여 헌법과 조약의 효력관계에 대하여 우리 헌법은 '헌법우위설'의 입장이다. 헌법 부칙 제5조는 헌법우위설에 근거하고 있다. 헌법의 최고규범성이 지속적으로 유지되게 하기 위해서는 그 제정과 개정에 있어 국민적 합의를 충분히 수렴하여야 할 것이다. 헌법의 최고규범성을 보장하기 위해서 경성헌법주의를 채택하고 있고, 헌법재판제도를 두고 있다.

2. 기본권보장 및 권력제한규범성

헌법의 목적은 국민의 자유와 권리, 즉 기본권보장에 있다. 통치구조도 기본권에 기속되고, 기본권에 봉사하기 위한 것으로 기능하는 것이다. 헌법은 정치세력 상호간의 권력행사를 제한하는 규범이다. 정치세력들의 공존을 위한 정치질서를 마련하기 위하여 요청되는 헌법의 특성이다. 이는 권력분립원리와 법치국가원리에 의해 담보된다. 이에는 '직접적 권력통제수단'과 '간접적 권력통제수단'이 있는데, 전자(前者)로는 국민투표, 국민발안, 국민소환 등을 들 수 있고, 후자(後者)로는 국가기관 상호간의 억제와 감시 등을 들 수 있다. 현대 민주주의국가에서는 원칙적으로 간접적 권력통제수단이 기능하고, 직접적 권력통제수단은 대의민주주의의 문제점을 보완하는 한도에서 가미하는 방식을 사용한다.

3. 수권적 조직규범성

헌법은 통치구조를 결정하는 조직규범이다. 모든 국가기구는 헌법에 의하여 조직되고, 모든 국가작용은 헌법으로부터 위임이 있는 경우에만 발동될 수 있다. 국가의 통치기구와 통치작용은 헌법에 근거해야만 민주적 정당성과 절차적 정당성을 구비하게 된다. 우리 헌법 제40조는 입법권을, 제66조 제4항은 행정권을, 제101조 제1항은 사법권을 규정하고 있다. 이러한 조항은 조직규범이면서 입법권·집행권·사법권이 각각 어느 국가기관에 귀속하는가를 규정한 수권규범이다.

4. 생활규범성

헌법은 인간의 모든 생활영역을 대상으로 하는 생활규범이어야 한다. 일반법률도 국민의 생활에서 실현되어야 할 생활규범이기는 하지만, 민법은 요건 대(對)효과 구조에 의한 '조건규범'이고, 형법은 '금지규범'임에 대하여, 헌법은 기본권 보장의 주관적 공권이자 객관적 가치질서의 성격을 가진 가치규범이자 행동규범인 특성을 지닌다. 또한 일반법률은 '집행'되는 것임에 비해, 헌법은 집행되는 것이 아니라 국민과 국가기관간에 의해 '실현'되어야 하기 때문에 헌법의 생활규범성이 특히 부각된다.

생활규범을 제고한다는 것은 헌법규범과 헌법현실의 갭(Gap)을 줄여 살아있는 규범으로 만들기 위한 것이다. 헌법의 상반구조적 입법기술[5)]은 헌법규범과 헌법현실의 갭을 줄이고자 하는 입법기술이다. 헌법이 생활규범성을 상실하면 그 국가는 형식적 헌법국가로 전락하고 말 것이다.

5. 헌법제정 및 개정규범성

헌법은 헌법제정권력과 헌법개정권력의 주체를 규정하고, 이들에게 헌법제정권력과 헌법개정권력을 부여하고 있다.

---

5) 상반구조에는 국민의 기본권의 보장과 제한, 권력의 수권과 통제, 간접민주주의와 직접민주주의, 권력분립원리와 권력의 통합요소(국가긴급권), 중앙집권적 요소와 지방분권적 요소 등이 있다.

제2장 국가의 개념과 내용

제1절 국가의 개념

Ⅰ. 국가의 개념

1. 국가라는 용어의 발전

국가라는 용어의 발전과 의미는 여러 차례 상세하게 연구되어졌다, 로마제국과 중세시대에 "res publica"는 공권력이나 강제조직으로서의 국가가 아닌, 사회공동체가 결합한 시민단체(coetus)를 의미했다. 또한 중세 후반기의 기록에 의하면, '상설적으로 구성된 단체'인 civitas, regnum, imperium, castrum 등으로 통용되었다. 16세기부터 그 개념은 좁혀지게 되었다. 그러나 19세기까지 국가는 다른 의미로 다양하게 표현되면서 중세시대의 구조를 지칭하였다. 동시에 여러 학문적인 논쟁에도 불구하고 근대의 근대국가에 걸맞는 국가의 개념이 설정될 수 있는지와 통치권을 지닌 그 밖의 모든 거대한 단체를 '통치단체'로 지칭할 수 있는지 여부는 부차적인 문제가 되었다.

근대국가의 특성은 난해한 문제일 수 있다. "국가란 법규범하에서 다수의 인간의 통합체"라고 기술하는 임마누엘 칸트(I. Kant)의 국가에 대한 정의는 정확히 문제해결에 도움이 되지는 않았다. 다수의 인간을 하나로 통합한다는 것은 피상적인 표현일 뿐만 아니라, 다수의 비국가적 단체에도 적용되는 표현인 것이다.

200년 전에 독일제국 헌법에 관한 저서에서 헤겔(G. W. F. Hegel)이 발전시킨 국가의 개념은 비록 칸트(I. Kant)의 노선을 밟고 있지만, 다수의 독창적 내용을 담고 있었다. "인간 결합체가 재산 전체에 대한 공동체적 방어를 위해 공존할 때, 이러한 인간 결합체를 국가"라 칭할 수 있다고 한다. 이 정의개념은 '재산'에 국한한 것이라는 매우 한정적 의미가 있다. 그러나 헤겔(Hegel)의 주장은 단순히 방어적 의도만으로는 충분하지 않고, 사실상의 권력과 '실제상의 방어'를 고려했다는 것은 주목할 만하다. 이렇게 진척된 단초들은 '도덕적인 사상의 실제'로, '본래 이성적인 것'으로, '객관적인 정신'으로 설명되고, 매우 위험하게도 '국가신격화'에 정신적 기초를 둠으로써 이후에 헤겔에 의해서 주장되지 않았다.

칸트(I. Kant)의 단초들과 부분적으로 헤겔의 단초들은 오스트리아의 국가법학자인 한스 켈젠(Hans Kelsen)에 의해 계속적으로 계승·발전되었다. 켈젠(Kelsen)의 이론에 의하면, 국가와 법질서를 동일시하고 있다. 따라서 국가는 어떠한 불법을 저지를 수 없게 된다. 또한 "순수법학"은 국가학으로서 묘사하고, 그 한도 내에서 모든 국가학은 국가법학이 되며 그러한 경우에만 가능하였다.

2. 학설상 국가 개념에 관한 이론

(1) 국가 3요소론

국가의 여러 요소에 관한 본질적인 사고가 이미 초기의 입헌주의적 국가법 교과서에서 발견된 이후, 결국 옐리네크(Georg Jellinek)는 이중의 국가개념(사회적 국가개념, 법적 국가개념)을 배경으로 국가개념을 더욱 발전시켜 이론화하였다. 사회적 의미에서의 국가는 "원래의 통치권을 지니고 거주하는 인간의 정돈된 집단통일체"를 지칭하였다. 반면, 법적인 국가개념은 국가의 필수적 3요소를 지니는 국가를 지칭하였다. 즉, 옐리네크(G. Jellinek)의 견해에 따르면, 국가는 '국가영역', '국민' 그리고 '국가권력'(원전에서는 '통치자의 권력'을 지칭함)이라는 3요소로 특징지을 수 있다. 이는 국가가 일정한 영역에서 그곳에 주거하는 인간과 국가권력간에 관계가 있다는 면에서 정당하다. 또한 국가 3요소론은 국가의 존재론적 측면의 반영을 매우 중요시하고 있다.

그러나 국가 3요소론은 정치적 통일성의 형성과 국가창조의 복잡한 과정을 소홀히 하고 단지 개별적이고 정적인 동인(動因)만을 총합하였다는 비판을 받을 수 있다. 또한 국가 3요소론은 어떤 영역이 국가영역으로 되는지, 어떤 단체가 국민으로 되는지, 어떤 권력이 국가권력으로 되는지에 대한 어떠한 대답도 제시하지 못하고 있다. 더욱이 국가 3요소론은 이 3가지의 이질적인 요소들이 어떻게 하나의 통일성을 갖는지를 설명해 주지 못하고 있다. 즉, 국가 3요소론은 개별적인 부분요소들만 설명하고 있을 뿐, 각각의 요소들이 어떻게 결합하고 하나로 되는지를 설명하지 못하고 있다. 이러한 국가의 통일성은 영역적인 성격을 지니거나 윤리적인 성격을 지니는 것도 아니며, 또한 권력의 개념으로서 온전히 파악될 수도 없게 된다.

국가 3요소론은 개별요소에 대해서도 비판할 수 있다. 옐리네크(G. Jellinek)가 상정하는 '국가권력'은 통일적이고 권력이 독점된 것을 전제로 설명하는데, 오늘날 국가결정권자가 다양하게 증가하면서 국가권력의 통일성은 담보될 수 없게 되었다. 또한 옐리네크(G. Jellinek)가 말하는 '국민'은 배타성과 통일성을 갖춘 국민인데, 연방의 국민, 주의 주민, 지방자치단체의 주민 등 다양한 소속간의 충돌이 일어나고, 2개국 이상의 국적 취득자가 발생하여 배타적인 국민성을 추구할 수 없게 되었다. 옐리네크의 국가영역은 국민이 주권국가에 정주하는 한계설정의 역할을 하는데, 적어도 유럽연합(EU)에서는 국가영역간의 한계설정이 무의미하게 되었다.

(2) 법질서로서의 국가

19세기 국가학의 무질서와 함께, 순수한 법실증주의에 대한 포기상태에서 켈젠(Hans Kelsen)은 옐리네크(G. Jellinek)의 국가의 이중성에 대항하였다. 법의 규범성만을 방법상 전제하는 내용상 순수법학을 지향하기 위해, 법 이외의 요인을 설명하는 모든 요소들을 법개념의 영역에서 제외시켰다. 켈젠(H. Kelsen)에 의하면, 법인격으로서의 국가를 규범적 질서의 형성으로만 개념정의할 수는 없고, 국가를 법질서와 동일시한다. 또한 켈젠(H. Kelsen)의 극단적 법실증주의는 법질서의 효력근거를 근본규범(Grundnorm)에 두고 있다.

(3) 법인으로서의 국가

19세기 초기에 근대 '국가'라는 개념이 통일적으로 사용되었다. 따라서 논리적으로 국가를 전제로 해서만 국가법(헌법)이 정립될 수 있었다. 그런데 옐리네크(G. Jellinek)의 국가 3요소론은 국내법적인 권리와 의무라는 문제에 직면하면 어떠한 내용도 제시하지 못하게 된다. 옐리네크의 국가학의 기술적인 개념형성이 국가의 '현실'(실제)을 파악하려고 하기 때문에, 국가개념을 국가'법'적인 측면에서 파악하는 데는 비생산적이게 된다. 이러한 틈새를 공략한 이론이 '법인'으로서의 국가론이다.

민법에서는 인적 다수(등록 단체, 유한회사, 주식회사 등) 또는 재산(재단법인)의 법적 주체성을 예전부터 당연한 것으로 인정했다. 권리와 의무가 합유자 전원에게 귀속되는 합유와는 달리, 법인은 그 구성원이 각각의 권리와 의무의 담당자가 되는 것이 아니라, 법을 통해 법인 자체가 새로운 권리능력의 귀속주체가 된다.

19세기에 법인으로서의 국가론은 상당한 파급력을 지녔다. 법인설은 그 당시 통설로서 간주되고 있었다. 법인으로서의 국가로 이해하려면, 자연인으로서의 통치권자와 국가는 분리되며, 통치권자에게 국가기관의 지위를 부여해야 한다. 법인은 법의 목적물로서 스스로 행동할 수 없고, 법인은 사회적 현실에 효과적으로 작용하기 위해 '기관'을 필요로 한다. 국가는 공적 과제를 실현할 권한 및 권리와 의무를 법적으로 귀속시키는 다양한 공법상 법인으로 구성되어 있다.

법인으로서 국가라는 특성은 특별한 의미를 부여하고 있다. 이는 국가의 제1의 봉사자로 지위가 변경된 통치권자로부터 국가가 해방된다는 취지에서 결정적인 진일보를 한 것이라 할 수 있다. 법제도로서의 국가 및 법적 규율에 기속되는 국가로 이해하는 것이 가능해졌다. 그러나 그 당시 통치권자에 대한 포괄적이고 효율적인 법기속은 독일에서 20세기까지 강력한 장애로 인해 방해되었다. 관념적·도덕적 질서로서의 국가라는 철학적인 기반에 기초한 해석 및 헌법재판권 등 통제기관의 부재가 중요한 장애요소라 할 수 있다.

이러한 법인으로서의 국가이론은 논란의 여지가 있다. 역사적 측면에서 국가발전의 방향으로 향하는 것을 불쾌하게 여겼던 그 당시 국가학 주류가 국가를 하나의 유한회사라는 사고영역에서 고찰하려고 한 것이다. 또한 공법상 법인의 종류는 수많은 국가이론에 더 이상 부합하지 않게 되었다. 법인으로서의 국가이론은 국가가 주권을 소유하고 있듯이, 권리와 의무의 소유자로서의 국가에 대한 모델로서만 고려될 수 있다.

더욱이 통치권자의 독재가 존재하고 통치권자의 의지에 좌우되도록 통치권자가 스스로 이를 이용했다. 사소한 예외도 인정하지 않는 상황에서, 통치권자는 민주적인 정당성을 획득하지 못했다. 국민주권원리와 법치국가원리 사이에는 해결불능의 모순이 존재하였다. 이로 인하여 독일 국가법의 발전은 20세기에 이르기까지 결정적으로 장애를 겪었다.

(4) 현실적 의사결합체로서의 국가

스멘트(R. Smend)의 이론에 의하면, 국가는 한편으로는 그 존속이 다른 권력체에 의존하지 않는 유일한 단체이고, 다른 한편으로는 국가 자신의 보편적인 질서과제를 위해 존재하는 필수적 단체이다. 국가는 사회적 현실이자 동시에 법적인 규범체이다. 그러나 스멘트(R. Smend) 이론에 있어서 무엇보다도 국가개념의 현실적·사실적 측면이 중요하다. 국가의 사실성은 숙명적인 사실이 아닌, 특별한 설명이 필요한 '문화적 산물'이다.

스멘트(R. Smend)의 입장에서 국가와 관련하여, 국가가 존재한다는 인식론보다는 국가라는 현실의 실제상 문제에 관심이 있었다. 국가의 현실은 모든 정신적 생활의 현실 그 자체와 마찬가지로 계속적인 쇄신과 확장을 요한다. 따라서 이를 일컬어 스멘트(R. Smend)는 '현실적 의사결합체로서의 국가'라 부른다.

스멘트(R. Smend)에 의하면, 국가는 정적인 전체가 아니라, 개별적인 생활들이 계속 새로워지고 계속 형성되는 가운데서 존재한다고 한다. 이러한 국가의 생활과정을 '통합'이라고 말한다. 이러한 통합의 3가지 유형으로 인적 통합, 기능적 통합, 사물적 통합으로 나누어 설명한다. 스멘트(R. Smend)가 추구하는 국가의 통일성은 '정신적' 성격이다. 국가의 국민은 상호간에 공통적으로 생활하기를 원하고 국민의 행동은 이러한 공동생활을 목표로 하고 있다.

스멘트(R. Smend)에 있어서 국가는 통합과정이며 기존의 고정된 실체가 아니기에 국가와 사회의 이원론을 부정하게 된다. 즉 국가가 사회구성원의 생활의 유동적인 혼합과정이라고 보는 이상, 사회를 규제하는 국가관념은 생각할 수 없게 된다. 또한 스멘트의 통합이론은 1871년 제국시대의 국가를 통한 연방국가의 통합을 의미하는 것이었다. 즉, 스멘트가 주장하는 통합이론에서는 통합의 수단으로서의 연방국가로 이해된다. 이는 단일국가에 있어서는 이미 완성된 일이기에 더 이상 의미가 없게 된다.

스멘트(R. Smend)의 이론은 국가를 동화적 통합과정으로 파악한 결과, 국가의 유동적인 측면만을 강조하고 일체의 정적인 요소를 국가의 본질에서 배제하려 하기 때문에 오히려 통합을 저해하는 방향으로 흐를 가능성이 있다. 그리고 모든 이해관계의 차이를 극복하고 하나된 동화적 통합의 과정은 국가조직에서 뿐만 아니라, 모든 조직단체의 생성·존립에 필수불가결한 요소임에는 틀림없으나, 동화적 통합 그 자체가 곧바로 국가의 핵심적인 본질이라고 보기에는 어렵다는 문제점이 있다.

결국 스멘트(R. Smend)의 주장은 모든 조직단체의 본질에 관한 사회학적 설명은 될 수 있어도, 국가의 본질에 관한 헌법이론으로는 부적당하다고 할 수 있다.

(5) 정치적 통일체로서의 국가

슈미트는 국가의 보호하에서 개개 국민은 자신의 안전을 보장받으며, 개개 국민은 국가권력에 절대적으로 복종할 것을 주장한다. 슈미트(C. Schmitt)에 있어서 국가는 한 국민의 특정한 상태, 즉 국민의 정치적 통일체이다. 국가는 자유와 문화적 발전에 있어서 기본적 요구를 보장하기 위한 목적달성을 위하여, 헌법제도상 공적으로 '우·적이론'(Feund-Feind-Theorie)에 기초하여 동지와 적을 구별하고, 이러한 구별을 통해 하나의 정치적 통일체로서 국가가 성립한다. 국가는 예외적이고 극단적인 상황에서 적과 동지를 결정할 수 있는 주권자이다.

결국 슈미트에 입장에서 보면, 전 지구상의 민족과 종교와 계급이 하나로 통합되면, 적과 동지의 구별은 없어지고 국가도 존재하지 않게 된다. 또한 슈미트에 있어서 국가는 인간의 의지와 전혀 관계없이 이미 주어진 것이며, 국가의 정당성은 국민으로부터 도출되지도 않는다. 또한 슈미트(C. Schmitt)는 "어떻게 국민이 정치적 통일체로 존재하게 되었는가?"라는 문제는 도외시하고 있다. 그리고 국가는 일반적으로 헌법을 전제로 하기에 국가의 헌법은 국민의 의사가 결집된 계약의 결과일 수 있는데, 슈미트(C. Schmitt)는 국가를 결단의 산물로 보는 한계가 있다.

(6) 작용통일체로서의 국가

헬러(H. Heller)는 국가가 어떻게 하면 "다양하게 실현하면서 동시에 통일적으로 작용하는" 것으로 이해할 수 있는가라는 물음에 대한 답을 제시한다. 인과적이고 규범적인 동기의 변증법적 관계는 모든 문제에 종국적으로 유효하며 경우에 따라서는 실정법에 결정적인 작용을 할 수 있는, '주권'이라는 특성을 지닌 '작용통일체'이자 '결정통일체'로서 국가를 이해한다. 실존적 권력통일체로서의 국가가 주권을 지닌 질서통일체로서의 국가로 된다.

사실의 영역에서 법규율에 독립적인 개개 국가는 특정한 통치권자에 복종하는 사회적 질서구조라고 한다. 그 사회적 질서는 현실적 조직통일체를 위하여 특정한 사람들의 의지합의체로서 존재한다. 또한 사회적 질서는 통치질서를 조건으로 한다. 사회적 현실에 존재하는 작용통일체 및 결정통일체는 당위규율로서의 법질서에서 자신의 의지를 변화시킨다.

헬러(H. Heller)에 의하면, 국가는 현실적 행위와 관련되며 단지 관념적 통일체가 아니라, 인과적으로 작용하는 통일체다. 작용통일체로서의 국가권력은 권력자의 행위나 권력복종자의 행위에 귀속될 수 없다. 작용통일체로서의 국가권력은 모든 참여자의 공동작용을 통해서만 설명되고, 공동작용에만 귀속된다.

(7) 자유실현의 조건으로서의 국가

정치적 조직체로서의 국가는 폭력행위에 의한 자유의 침해에 대하여 개별 국민의 보호를 위해 필수적이다. 무질서한 사회에서 폭력에 의한 자유의 침해는 국가의 합법적 권력행위의 독점권에 의거하여 방어되고, 국가내의 평화상태와 자유실현의 전제로서 안전을 이룩하려는 법과 판결로 통제된다. 더욱이 정치적 조직체는 개별적으로는 실현불가능하나, 개별적인 삶의 조건과 공동체를 위해 존재할 필요성이 있는, 공동체의 성과를 실현하는데 필수적이다. 결국 국가는 국민의 자유의 존속과 실현을 위한 조건인 법의 보장을 위해 필수적이다.

국가는 국가 자체의 존속만을 위해서가 아니라, 자유 실현을 위한 필수조건이 된다. “모든 사람을 보호하기에 충분히 강한 자는 또한 모든 사람을 억압하기에도 충분히 강하다.”(Th. Hobbes) 그렇기 때문에 국가작용이 국민의 자유에 초점이 맞추어지도록 하고, 각각의 국가권력의 담당자가 자의적으로 국가권력을 행사하지 않게 하기 위하여 예방책이 필요하다. 물론 이러한 예방책은 국가권력을 무효화하거나 폐지하는 것을 통해 달성할 수 없다. 왜냐하면, 국가권력은 평화조성과 자유보장을 위한 필수적인 조건이기 때문이다. 조직적이며 절차적인 방식의 예방책은 국가의 공권력이 근본적인 목적과 한계에 기속되며, 타당한 방법으로 선별되고 균형을 이루며, 규정된 절차와 책임과 통제에 의거하여 행사될 경우, 실현가능하며 현실화된다. 이를 통해 달성될 수 있는 자유보장은 절대적인 것은 아니지만, 비교적 최적이라 말할 수 있다. 왜냐하면 인간의 공동생활의 결과로서 발생하는 자유침해에 대한 절대적인 보호는 존재할 수 없기 때문이다.

이러한 방식으로 국가가 자유보장을 위해 실현할 수 있는 예방책은 국가의 권력독점 외에 사실상의 구별, 다양한 국가작용을 조직적 및 인적으로 분리하고 균형화하는 권력분립, 특히 법원의 독립성 보장, 국가작용을 기속적으로 제한하는 자유의 승인, 국가권력 행사의 효과적인 통제기구, 자유로운 언론(언론의 자유, 정보의 자유 및 알 권리) 및 여론 등이다.

정치적 의사형성과 국가작용에 있어서 개개 국민의 참여는 조직적·절차적 예방책 못지않게 중요하다. 국가내에서 자유실현 및 국가를 통한 자유실현은 타인이나 국가의 침해로부터 보호를 의미할 뿐만 아니라, 국가적 규범에 규정되고 일반화된 국가작용을 개개 국민에게 실현하는 것이다. 개개 국민의 자기결정권은 국가의사(즉, 국가결정권과 국가과제처리)를 형성하고 행사하는데 수용되어진다. 이를 위한 방법은 국가작용에 대해 국민의 구별되고 선별된 참가와 참여이다. 국민의 참가와 참여는 여러 가지의 형태로 실현된다. 분권과 자치, 일반적인 사건을 해결하고 처리하는 행태를 관찰하여 형성된 국민의 여론을 법규화함과 국민여론의 작용가능성, 국가작용의 여러 단계에서 정치적 조직의 구성에 있어서 시민의 참여, 그리고 공직에 대한 자유로운 접근 등이 특히 중요하다.

자유를 보장하고 실현하는 국가의 과제는 다양하다. 그러한 국가의 과제는 자유의 실현가능성과 실현을 위한 국가의 필요성을 입증하는 이유가 된다. 따라서 국가의 과제의 범위와 한계가 중요하게 된다. 국가는 국민의 자유와 국민의 안전을 보호할 책임이 있다. 이는 개개 국민의 주관적 자유로서 법적 자유의 보장 및 주관적 자유의 인정 가능성에 초점이 있다. 이는 특히, 자유보장을 위한 법과 관련하여 가능한 한 현재의 법적 상태를 요구하는 형성임무의 전환을 의미한다. 그 기준은 특정한 자유실현과 기본적 이익에 대한 실제적인 강도에 있지 않고, 자유 그 자체에 있다. 국가의 책임은 모든 개개 국민의 완전한 자유실현과 개인적 권리발현을 고양시키는 것과 관련된다.

3. 소 결

국가에 관한 여러 학설 및 이론의 공통점을 발견하는 것은 국가의 개념과 내용을 명확히 인식할 수 있는 자료가 된다. 국가개념에 대한 여러 이론의 공통점으로는 통일체로서의 국가, 현실로서의 국가, 정당성보장으로서의 국가로 요약할 수 있다.

(1) 통일체로서의 국가

독일 저명한 이론들에서 공통적으로 '통일체로서의 국가'로 정의하고 있다. 물론 통일체로서의 국가로 이해할 때, 2가지의 중요한 문제에 있어서 차이가 발생한다. 하나는 국가적 통일체가 어떠한 요소로 구성되는지의 문제이며, 다른 하나는 국가적 통일체의 기원 및 존속이 서로간에 어떠한 관계에 있는지의 문제이다. 켈젠(H. Kelsen)은 법학적 가정으로서 통일체로서의 국가로 정의했다. 옐리네크(G. Jellinek)는 신칸트주의적 견해에서 국가적 통일체는 개인적이 아닌, 사회정신적 기반인 주관적 가정이라고 정의했다. 스멘트(R. Smend), 슈미트(C. Schmitt) 및 헬러(H. Heller)는 통일체라는 개념을 더욱 객관화하려 시도하고 높은 수준의 이론을 제시했지만, 까다로운 전제조건을 제시하였다.

결국 통일체로서의 국가라고 이해하는 이론들은 국가적 통일체와 국가적 통일체의 형성간의 차이를 구별하지 못하는 오류를 범하고 있다. 통합과정이나 헌법의 정치적 정당성으로 국가를 정의하는 것은 법학적으로 유용하기는 하지만, 예외적인 경우를 지칭한 것이다.

(2) 현실로서의 국가

국가의 현실성은 여러 국가이론에서 국가적 통일체에 국한하지 않고 있다. 켈젠(H. Kelsen) 이외의 여러 국가법학자들은 여러 형태로 국가개념을 통해 국가의 현실을 이해하려고 한다. 옐리네크(G. Jellinek)의 현실성은 학문적 영역에 국한하지 않고 있다. 옐리네크(G. Jellinek)의 일반국가학에서는 원칙적으로 국가를 다루는 모든 분야에 대하여 역사적 고찰을 하면서도, 전체적으로 국가라는 객체로 한정하여 다루고 있다. 반면, 켈젠(H. Kelsen)의 관심은 실정법의 해석에 있지만, 사회적 및 역사적 문맥을 다루고 있다는 문제가 있다. 또한 베버(M. Weber)의 주장처럼, 법학적으로 국가의 개념을 파악함에 있어서 비법학적 연구로 국가의 개념을 정의할 수 없다.

스멘트(R. Smend)의 이론처럼 그 당시의 정치와 사회에 대한 구체적인 분석을 하지 않고 리트(Litt)의 사회학적 이론을 적용함으로써 현실로서의 국가를 파악하는 것은 문제가 있다. 또한 헬러(H. Heller)의 국가이론은 논리적 일관성이 있다. 그러나 법학적 국가개념과 연결된 서술방식은 사회학적 연결가능성이 있는 조직체 또는 작용체이기에, '전체'로서의 국가이론에 어떠한 이론적 틀을 제시해 주지 못한다.

국가법이론들의 다양성과 상이성에도 불구하고 국가의 개념을 통해 현상을 이해하려고 한다. 그러므로 현실로서의 국가개념은 그 자체로서 상이한 연구계획을 확정하기 위해서는 충분하지 않다는 것을 입증해 준다.

(3) 정당성 보장으로서의 국가

켈젠(H. Kelsen)에 있어서는 정당성의 지위를 지닌 국가의 존재에 대한 어떠한 내용도 없다. 켈젠은 법의 정당성을 서술하고, 국가에 의해 법이론적으로 발달된 법의 효력을 서술하고 있다. 옐리네크(G. Jellinek)가 주장하는 사회적 국가개념은 '사실의 규범적 효력'이론에 직접적으로 연결된다. 또한 피치자의 승인(동의)을 통해 항상 정당화되는 주체로서의 사회적 국가개념으로 이해한다.

반면, 슈미트(C. Schmitt)는 정치적 헌법과 법국가적 헌법을 구별한다. 이는 법기속을 반대하며 민주적 정당성을 국가적 요소로 이용하는 것이다. 또한 스멘트(R. Smend)에 있어서 '국가의 사회화'는 변함없는 상수(常數)이다. 슈미트(C. Schmitt)가 시대에 변함없는 정치적 개념으로서의 결단을 주장할 때, 스멘트(R. Smend)는 시대 지배적인 국가개념을 주장하였다. 따라서 스멘트(R. Smend)는 주어진 상황에서 통합에 순응하려고 하기 때문에, 국가개념의 정당성구조에 있어서 일관된 논리를 지닌다.

헬러(H. Heller)의 이론은 국가개념의 정당성구조에 있어서 다른 이론들과는 달리 2가지 상이점을 나타낸다. 하나는 다른 국가 정당성이론에 있어서 결하고 있는 정치적 신념이라는 법윤리적 요소를 추가하고 있다. 둘째는 다른 법이론에서 정치적 신념이 자신들의 이론형성에 개방적인지 또는 필수적인지가 불분명하지만, 명백히(슈미트, 켈젠) 또는 우회적으로(스멘트) 정치적 선호를 나타내는데 반해, 헬러(H. Heller)는 명백히 정치적 신념의 표현이 필수적임을 주장한다. 그리고 헬러의 입장에서 윤리와 정치라는 2가지 요소는 국가개념과는 반드시 연결되지는 않는다.

제3장 헌법원칙

제1절 비례성원칙

Ⅰ. 논의의 정리

일반적으로 학계와 판례에서 '과잉금지원칙'을 가지고 모든 공권력 작용에 대한 헌법적 심사기준으로 사용하여 왔다.[6] 일반적으로 '과잉금지원칙'은 '비례성원칙'으로 지칭하고 있으나, 소수의 의견이기는 하지만 이 양자를 다른 개념으로 보아 구별의 필요성을 주장하는 입장도 있으므로, 이에 대한 이론적 정리가 필요하리라 본다. 또한 비례성원칙의 요소로 열거되는 '목적의 정당성'이 과연 필수불가결한 요소인지에 대해 논의가 필요하다. 특히 의미있는 것으로, 자유권 등의 경우에는 기본권 제한입법을 통제하는 의미에서 과잉(침해)금지원칙으로, 사회적 기본권 및 절차적 기본권에서는 과소보호금지원칙으로 양분하여 설명하는 입장도 있는데, 이러한 양분론에 문제를 제기하고자 한다. 이러한 논증과 더불어 '비례성원칙'과 '과소보호금지원칙'이 구별되는 차이점이 있다. 과소보호금지원칙의 독자성을 인정하는 취지에서 과소보호금지원칙의 내용적 논의를 활성화하고자 한다.

---

6) 예를 들면 김철수, 「헌법학개론」, 박영사, 2007, 435-438면; 권영성, 「헌법학원론」, 2010, 352면; 헌재 1989. 12. 22, 88헌가13; 헌재 1990. 9. 3. 89헌가95, 245(260면); 헌재 1992. 12. 24, 92헌가8; 헌재 2006. 1. 26, 2003헌가21; 헌재 2006. 7. 27, 2005헌가4; 2006. 12. 28. 2005헌바87 등등.

Ⅱ. 비례성원칙과 유사한 개념

1. 비례성원칙과 과잉금지원칙

과잉금지원칙은 비례성원칙을 소극적으로 파악한 것이라는 견해가 있다.[7] 비례성원칙을 소극적으로 이해하면, 이 경우 비교형량은 목적과 수단이 이성적 관계에 있어야 한다는 적극적 요청을 담을 수 없다고 한다. 비례성원칙을 적극적으로 이해하게 되면, 국가 침해의 장·단점 그리고 개별사안의 마지막 부분까지 수단과 결과를 섬세하게 비교형량할 것을 적극적으로 요청하는 내용으로 구성되어야 한다. 그러나 소극적으로 이해하게 되면, 현저하거나 극단적인 반비례관계의 확인에 그치게 된다. 소극적으로 이해할 경우 비례성원칙을 적용할 때 허용되는 수단과 허용되지 않는 수단의 경계가 적극적 이해의 경우보다 훨씬 넓게 나타난다고 한다.[8]

그러나 과잉금지원칙을 금지나 명령의 소극적 의미로만 이해했던 것은 연혁적인 의미를 지니고 있으나, 이제는 소극적인 의미나 적극적인 의미로 양분하여 이해되지 않고 있다. 왜냐하면 각각의 심사단계에서 심사강도가 상이하기 때문이다. 비례의 원칙을 협의의 비례성원칙과 광의의 비례성원칙 양자로 나누어 생각할 때, 여기서 논의되는 과잉금지의 원칙은 광의의 비례성원칙(적합성 원칙, 필요성 원칙, 협의의 비례성원칙)과 동의어라 할 수 있다. 소극적이냐 적극적이냐의 수단의 허용성 여부는 적합성 원칙을 통해 허용되었던 수단이더라도 필요성 원칙을 통하여 각각 달리 판단되어 여과되기에, 소극적인 비례의 관계 확인만으로는 더 이상 비례성원칙이라 말하기 어렵게 되었다. 결국 이제는 광의의 비례성원칙을 '과잉금지의 원칙'과 동일하게 이해되며, 협의의 비례성원칙은 '균형성', '상당성' 내지 '기대가능성'으로 이해한다.

2. 비례성 심사 대 합리성 심사, 중간적 심사, 엄격한 심사

비례성 심사기준과 구별해야 할 것으로, 미국 헌법상 연방대법원 판례로 정립

7) 배종대, 「보안처분과 비례성원칙」, 법치국가와 형법, 세창출판사, 1998. 2, 53면.
8) 배종대, 「보안처분과 비례성원칙」, 53-54면.

된 심사기준으로서 합리성심사, 중간적 심사 및 엄격한 심사라는 기준들은 특별히 '평등권'(미국헌법상 '평등보호')과 관련된 기준임을 인식해야 한다.

먼저 합리성 심사기준에서 수정헌법 제14조의 평등보호조항은 주가 법률을 시행하는 데 있어서 대상의 분류에 대하여 광범위한 재량을 가지는 것으로 해석되어 왔다. 합리적 기준이 있고 필요한 정부이익과 합리적으로 연관되어 있는 한, 법률상의 차별이 불평등한 결과를 가져온다고 해도 반드시 헌법상 평등보호조항에 위배되는 것은 아니다.[9] 합리성 심사기준은 1920년의 Royster Guano Co. v. Virginia 사건[10]의 판결에서 구체적으로 확립되었다. 이 사건에서 미국 연방대법원은"차별은 자의적인 것이 아니라 합리적이어야 하며, 그 차별은 동일한 여건아래 있는 모든 사람들이 똑같이 처우될 수 있도록, 입법목적에 대하여 정당하고 실질적인 관련이 있는 차별에 어느 정도 근거가 있어야 한다."고 판시하였다. 여기서 미국 연방대법원은 **첫째** 차별이 자의적인 것이 아니라 합리적인 근거가 있어야 한다고 하고, **둘째** 그 차별은 '입법목적'이 정당하고 수단이 목적과 '실질적인' 관련이 있는 차별에 근거를 두고 있어야 한다고 강조하였으며, **셋째** 입법목적과 구체적 차별수단 사이에는 엄격한 관계를 요구하지 않고, 다만 '상당한 정도의 합리적 근거'만을 요구하고 있다.

결국, 합리성 심사기준은 연방의회가 제정한 법률이 추구하는 목적과 수단에 합리적인 연관성만 존재하면, 당해 법률의 합헌성이 인정된다는 원칙을 말한다.[11] 미국 연방대법원은 법률이 자의적(arbitrary)이거나 일관성이 결여(capricious)되지 아니한 경우에는 이러한 합리성 기준을 대부분 충족하고 있는 것으로 보고 있다.[12] 결국, 합리적 차별 여부에 대한 판단은 (1) 차별의 근거, (2) 그 차별에 의하여 침해받는 권리의 본질, (3) 그 차별에 관하여 정부(국가)가 갖고 있는 이익에 의해 좌우된다[13]고 한다.

또한 중간적 심사기준(Intermediate Test)은 차별이 합리성을 지니기 위해서는 '중요한 정부목적'의 실현에 기여해야 하고, 그러한 목적을 실현하는데 실질적으로 관련이 있어야 한다. 즉, 중간적 심사기준은 입법목적의 중요성과 그 목적과 차별

---

9) Jerome A. Barron & C. Thomas Dienes, Constitutional Law, 7th ed, (West Group), 2003, p. 214.

10) Royster Guano Co. v. Virginia, 253 U.S. 412 (1920).

11) John E. Nowak/Ronald D. Rotunda, "Constitutional Law", 7th ed., 2004, p. 687.

12) 이상윤, 「영미법」, 박영사, 1997, 191면.

13) Jerome A. Barron & C. Thomas Dienes, "Constitutional Law", p. 214.

수단과의 실질적 적합성을 특징으로 한다.[14)]

반면, 엄격한 심사기준(Strict Scrutiny Test)은 입법목적과 차별하는 수단간 합리적인 관련성이 있으면 합헌성이 인정되는 것이 아니라, 그 차별수단이 '절박한 공익'(compelling public interests)을 달성하려는 목적에 반드시 필요한 경우이어야 합헌으로 되는 것이다. 엄격한 심사는 '위헌에 의심이 가는 차별'(suspect classification)에 해당하는 사항과 '기본적 권익'(fundamental right)에 해당하는 사항에 대하여 적용된다.

미국의 합리성 심사기준, 중간적 심사기준 및 엄격한 심사기준은 '평등권'과 관련한 심사기준이고, 목적과 수단간의 관계가 합리적이냐 아니면 반드시 절실히 필요한 관계이냐 여부만 중점을 두지, 피해의 최소성이라든가 법익의 균형성은 다루지 않고 있다. 따라서 미국의 이러한 심사기준은 원칙적으로 평등권에만 국한하여 적용되며 목적과 수단의 관계만을 다투기 때문에, 우리나라 헌법상 일컫는 비례성원칙의 내용과 범주에 포함되기에는 어려움이 있다.

3. 비례성원칙에 대한 우리 헌법재판소의 입장

우리나라 헌법재판소는 "국가작용, 특히 입법작용에 있어서의 과잉입법금지의 원칙이라 함은 국가가 국민의 기본권을 제한하는 내용의 입법활동을 함에 있어서 준수해야 할 기본원칙 내지 입법활동의 한계를 의미하는 것으로써, 국민의 기본권을 제한하려는 입법의 목적이 헌법 및 법률의 체계상 그 정당성이 인정되어야 하고**(목적의 정당성)**, 그 목적의 달성을 위하여 그 방법이 효과적이고 적절하여야 하며**(방법의 적절성)**, 입법권자가 선택한 기본권 제한의 조치가 입법목적 달성을 위하여 설사 적절하다 할지라도 가능한 한 보다 완화된 형태나 방법을 모색함으로써 기본권의 제한은 필요최소한도에 그치도록 하여야 하며**(피해의 최소성)**, 그 입법에 의하여 보호하려는 공익과 침해되는 사익을 비교교량할 때 보호되는 공익이 더 커야한다**(법익의 균형성)**는 법치국가의 원리에서 당연히 파생되는 헌법상의 기본원리의 하나인 비례의 원칙을 말하는 것이고, 우리헌법은 제37조 제2항에서 입법권의 한계로서 과잉입법금지의 원칙을 명문으로 인정하고 있다."[15)]고 판시하고 있다.

---

14) Lockhart · Kamisar · Choper · Shiffscin, "Constitutional Law", 6th ed., 1986, pp. 1290-1292.
15) 헌재 1992. 12. 24, 92헌가8.

또한 피해의 최소성과 관련하여, "입법자는 공익실현을 위하여 기본권을 제한하는 경우에도 입법목적을 실현하기에 적합한 여러 수단 중에서 되도록 국민의 기본권을 가장 존중하고 기본권을 최소로 침해하는 수단을 선택해야 한다. 기본권을 제한하는 규정은 기본권행사의 '방법'에 관한 규정과 기본권행사의 '여부'에 관한 규정으로 구분할 수 있다. 침해의 최소성의 관점에서, 입법자는 그가 의도하는 공익을 달성하기 위하여 우선 기본권을 보다 적게 제한하는 단계인 기본권행사의 '방법'에 관한 규제로써 공익을 실현할 수 있는가를 시도하고 이러한 방법으로는 공익달성이 어렵다고 판단되는 경우에 비로소 그 다음 단계인 기본권행사의 '여부'에 관한 규제를 선택해야 한다."[16]고 판시하고 있다.

Ⅲ. 비례성 심사기준 평가

1. 우리나라 헌법재판소의 비례성 심사기준 평가

우리나라 헌법재판소의 결정에서 언급되고 있는 비례성원칙의 4단계인 목적의 정당성, 수단의 적합성, 침해의 최소성, 법익의 균형성을 구체적으로 평가해 본다.

(1) 목적의 정당성

헌법 제37조 제2항은 기본권제한에 관한 일반적 법률유보조항에 해당된다. 이는 모든 기본권에 일반적으로 적용될 수 있도록 법률유보를 규정한 것이다. 헌법 제37조 제2항은 일반적 법률유보를 위한 목적상 한계로서 국가안전보장[17], 질서

---

16) 헌재 1998. 5. 28, 96헌가5. Vgl. Pieroth/Schlink, Grundrechte Staatsrecht II, 20. Aufl., 2004, Rn. 297.

17) '국가안전보장'은 1972년 유신헌법에 처음으로 규정되어 현행 헌법에 까지 이르고 있다. 헌법재판소는 '국가의 안전보장'은 "국가의 존립과 영토의 보존, 국민의 생명·안전의 수호를 위한 불가결한 전제조건이자 모든 국민이 자유를 행사하기 위한 기본적 전제조건으로서 헌법이 이를 명문으로 규정하는가와 관계없이 헌법상 인정되는 중대한 법익"이라고 설명하고 있다(헌재 2004. 8. 26. 2002헌가1). '국가안전보장'에 관하여는 국가의 존립과 안전(한태연, 「헌법학」, 906면), 외부로부터 국가의 존립과 안전 그리고 이와 관련되는 내부적 안전과 존립의 보장(계희열, 「헌법학(중)」, 120면; 홍성방, 「헌법학」, 332면; 장영수, 「헌법학」, 518면), 외국의 침범을 방지하고 이에 대비하며, 대내적으로는 자유민주적 기본질서의 보장(문홍주, 「한국헌법」, 334면), 국가의 존립과 헌법의 기본질서유지(김철수, 「헌법학개론」, 430면), 국가의 독립

유지[18], 공공복리[19]를 규정하고 있다. 이 조항의 의미는 기본권을 제한하는 목적으로서 그 목적을 한정적으로 열거한 것이다. 따라서 이러한 목적 이외의 다른 목적으로 기본권을 제한할 수 없다는 것을 천명한 것이다. 그런데 우리 헌법재판소 결정에 의하면, 일반적으로 비례성 심사 또는 과잉금지원칙심사에 있어서 목적의 정당성, 수단의 적정성, 피해의 최소성, 법익의 균형성을 들고 있는데, 비례성 심사에 있어서 그 법률의 목적을 신중하고 엄격하게 다투어 '목적의 정당성'을 부정하기는 실제상 곤란하다. 기본권을 제한하는 목적으로 헌법상 국가안전보장, 질서유지, 공공복리만으로 한정하였음에도 헌법재판소가 입법부의 입법을 의심하여 목적의 정당성을 심사하는 것은 헌법상 3가지 목적 이외에 다른 목적으로 입법한 경우를 심사하려는 것인지에 대한 의문을 갖게 한다. 실제로 다수의 헌법재판소 결정들에서는 입법목적의 정당성을 논할 때, 국가안전보장, 질서유지, 공공복리라는 목적에 부합한다는 취지보다는 그 법률 자체의 목적이 정당성을 지니는지 여부에 초점을 두고 있다.[20] 그러나 헌법상 기본권제한을 위한 입법목적의 정

과 영토의 보전, 헌법과 법률의 규범력, 헌법기관의 유지 등 국가적 안전의 확보(권영성, 「헌법학원론」, 349면; 성낙인, 「헌법학」, 281면; 정종섭, 「헌법학원론」, 280면) 등으로 설명한다.

18) '질서유지'에 관해서는 공공의 안녕질서(한태연, 「헌법학」, 906면), 국가라는 단체생활을 원활히 하기 위하여 최소한도로 필요한 질서를 유지함(문홍주, 「한국헌법」, 334면), 공공의 안녕질서를 의미하며, 헌법의 기본질서 이외의 타인의 권리유지, 도덕질서유지, 사회의 공공질서유지 등(김철수, 「헌법학개론」, 432면), 자유민주적 기본질서를 포함하는 헌법적 질서는 물론이고 그 밖의 사회적 안녕질서(권영성, 「헌법학원론」, 349면), 내부에 있어서의 국가의 존립과 안전의 보장 및 경찰법적 의미의 공공질서를 포함(계희열, 「헌법학(중)」, 120면; 장영수, 「헌법학」, 518면; 홍성방, 「헌법학」, 332면), 사회공공의 안녕질서의 유지(성낙인, 「헌법학」, 281면), 공동체가 존속하고 유지하며, 그 공동체 속에서 구성원들이 평화롭고 안전하게 살 수 있도록 하는 질서를 유지함(정종섭, 「헌법학원론」, 281면) 등으로 설명한다.

19) '공공복리'에 관해서는 일반적 복리 또는 공공의 이익(한태연, 「헌법학」, 907면), 소극적인 질서유지를 넘어서 국가 구성원의 공공의 행복과 이익(문홍주, 「한국헌법」, 335면), 현대적 복지국가의 이념을 구현하는 적극적인 의미를 갖는 것으로, 인권 상호간의 충돌을 조정하고 각인의 인권의 최대한의 보장을 꾀하는 사회정의의 원리(김철수, 「헌법학개론」, 434면), 공동으로 사회생활을 영위하는 사회구성원 전체를 위한 공공적 이익, 즉 국민공동의 이익(권영성, 「헌법학원론」, 350면), 사회생활을 하는 만인공통의 공존공영의 이익(구병삭, 「신헌법원론」, 321면), 기본적으로 개인의 이익을 인정하지만, 공동체 전체의 입장에서 이를 사회정의에 맞게 조정한 국민 공동의 이익(계희열, 「헌법학(중)」, 121면; 장영수, 「헌법학」, 519면), 현대복지국가의 헌법이념을 적극적으로 구현하기 위하여 사회구성원 전체를 위한 공공의 이익(성낙인, 「헌법학」, 282면), 개개 국민의 다수의 실질적 이익(홍성방, 「헌법학」, 333면), 개인의 수준을 넘어 공동체 내의 구성원 전체의 삶을 위한 이익(정종섭, 「헌법학원론」, 281면) 등으로 설명한다. "공공복리"개념에 관한 연구로는 조한상, 「헌법 제37조 제2항 '공공복리'개념에 관한 고찰」, 헌법학연구 제12권 제5호, 2006. 12, 83면 이하 참조.

당성은 입법목적이 헌법상 정당성을 지니는지를 의미하는 것이지, 법률 자체의 목적의 정당성을 의미하는 것이 아니다.[21] 법률 자체의 목적의 정당성 판단은 헌법적합적인 입법목적인지를 판단하는 것이 아닌, 법률 자체의 정당성을 추구하는 유권해석이기에 당해 법률의 목적을 설명할 필요성이 적어진다. 당해법률의 목적은 개별 법률의 제1조에 구체적으로 적시되어 있으므로, 만일 헌법재판소가 법률의 목적심사로서 입법목적의 내용적 정당성을 판단하는 것이라면, 이는 헌법재판소 스스로 목적심사에 관한 아무런 기준을 제시하지 못하는 상황에서 헌법상 요청되는 법률의 합헌성 추정 원칙을 위배하는 것이 된다.[22] 법률의 목적심사가 가능하려면 법률의 목적이 구체적으로 특정화되어야만 하는데, 실제상 법률의 목적은 대부분 추상적이고 불확정적인 개념들로 규정되어 있기에 목적심사의 전제조건을 충족하지 못하고 있다.

일반적으로 법률의 합헌성 추정과 합헌적 법률해석의 결과 심사대상인 법률의 목적은 원칙적으로 합헌성이 있다고 보아야 한다. 목적의 정당성 문제에서 헌법상 열거된 목적에 적합한지 여부만을 심사하는 것은 가능하더라도, 그 내용적 심사까지 하는 것은 비례성원칙의 본질을 잘못 이해한 것이다.[23] 왜냐하면 비례성원칙은 목적을 심사하기 위한 것이 아니라, 목적에 적합한 '수단'인지를 심사하기 위한 것이다.[24] 즉, 목적의 정당성은 목적에 대한 수단이 적합성이 있는지를 심

20) 예를 들면, "가산점제도의 주된 목적은 군복무 중에는 취업할 기회와 취업을 준비하는 기회를 상실하게 되므로 이러한 불이익을 보전해 줌으로써 제대군인이 군복무를 마친 후 빠른 기간내에 일반사회로 복귀할 수 있도록 해 주는 데에 있다. 인생의 황금기에 해당하는 20대 초·중반의 소중한 시간을 사회와 격리된 채 통제된 환경에서 자기개발의 여지없이 군복무 수행에 바침으로써 국가·사회에 기여하였고, 그 결과 공무원채용시험 응시 등 취업준비에 있어 제대군인이 아닌 사람에 비하여 상대적으로 불리한 처지에 놓이게 된 제대군인의 사회복귀를 지원한다는 것은 입법정책적으로 얼마든지 가능하고 또 매우 필요하다고 할 수 있으므로 이 입법목적은 정당하다."고 판시하고 있다(헌재 1999. 12. 23, 98헌마363, 788면).

21) 이기철, "헌법재판소는 비례의 원칙에 목적의 정당성을 포함시켜도 좋은가?", 공법연구 제35집 제1호, 385면.

22) 매우 희소하겠지만 만약 헌법재판소가 입법목적의 정당성이 헌법에 위반된다고 판단하여 그 위헌성을 주장한다면, 이는 또 다른 입법자로서 역할을 하는 것이 된다. 이는 헌법재판소가 헌법해석에 의한 권한확장의 의도를 지니고 있다고 할 수 있다.

23) 이와 동일한 견해로는 이준일, 헌법학강의, 홍문사, 2005, 350면("**관계의 개념**을 처음부터 배제하고 있는 목적의 정당성은 비례성원칙의 부분원칙에 포함되지 않는 것으로 보아야 한다. 목적의 설정은 **정책수립의 문제**로서 입법자의 고유한 권한영역에 속해서 헌법재판소가 통제할 수 없는 영역으로 보아야 하기 때문에 목적의 정당성에 대한 심사는 비례성심사의 대상이 될 수 없다").

24) 황치연, "우리 헌법재판소 판례에 있어서의 과잉금지원칙의 문제점", 고시연구 97. 3, 180면.

사하는 전제이며, 수단의 통제에 중점이 있다고 보아야지 입법의 목적을 다투기 위한 것이 아니다.[25)]

따라서 우리나라 헌법재판소처럼 비례성 심사를 할 경우 목적의 정당성, 수단의 적합성, 침해의 최소성, 법익의 균형성으로 판단할 것이 아니라, 예외적인 경우를 제외하고는 적합성, 필요성, 협의의 비례성(법익의 균형성)으로 3분하여 판단하는 것이 합리적이라 생각한다.

(2) 수단의 적합성

적합성(Geeignetheit) 원칙이란 특정한 입법목적을 실현하기 위하여 채택된 수단은 그 목적실현에 적합하여야 한다는 원칙을 말한다. 이때 적합성의 의미는 그 채택된 수단의 도움으로 의욕하는 결과의 발생을 촉진시킨다거나,[26)] 조금이라도 그 결과발생에 원인이 된다는 것을 말한다. 사용하기로 채택된 수단이 결과발생에 전혀 영향을 주지 않거나 의도한 결과발생을 어렵게 만드는 경우에는 적합성이 존재하지 아니한다고 말할 수 있다.[27)] 한편, 적합성의 정도는 완전히 부적합한 수단이 아닌 한, 부분적인 적합성이 있으면 되지, 완전한 적합성을 요구하지 않는다. 그러나 공권력에게 특정한 목표달성을 의무지우는 일정한 행위위임이 부여되어 있을 때에는 오히려 채택된 수단의 단순한 부분적인 적합성만으로는 그 자체가 적합성 원칙의 위반으로 평가될 수도 있을 것이다.[28)]

(3) 침해의 최소성(필요성 원칙)

필요성(Erforderlichkeit) 원칙이란 입법목적을 실현하기 위해 필요한 수단이어야지, 필요한 정도를 넘어서 국민의 기본권을 침해하는 정도의 수단은 허용될 수

25) 이와 다른 견해로는 김대환, “우리나라 헌법상 과잉금지원칙”, 공법학연구 제6권 제3호, 2005. 12, 199-200면.

26) 예를 들면, 적합성 원칙의 관점하에서, 삼림의 고사현상을 방지 또는 둔화시키기 위한 목적으로 자동차속도제한은 공해물질배출의 감축(기본권제한을 통해 형성된 상태)과 삼림의 구조개선(목적이 실현된 것으로 관찰될 수 있는 상태) 사이에 관련성이 있는 경우에만 비례성이 있다(Pieroth/Schlink, Grundrechte Staatsrecht II, 20. Aufl., 2004, Rn. 284).

27) 황치연, “과잉금지원칙의 내용”, 공법연구, 제24집 제3호, 1996.7, 280면.

28) Vgl. M. C. Jakobs, Der Grundsatz der Verhältnismäßigkeit mit einer exemplarischen Darstellung seiner Geltung im Atomrecht, 1985, S. 62; 황치연, “과잉금지원칙의 내용”, 280면 이하.

없다는 원칙이다. 달리 표현하면, 목적을 실현하기 위해 조금이라도 필요한 한도를 넘어서는 수단 또는 목적을 달성하기 위해 다른 수단이 있는 경우는 이 원칙을 위반하는 것이다. 이를 엄격히 해석하면 입법목적을 위한 여러 가지 수단이 존재할 때 그 수단 중에서 가능한 한 '기본권 침해가 적은 수단'을 선택하라는 요청이다. 이를 일반적으로 '침해의 최소성'이라 부른다.

'침해의 최소성'은 기본권의 유형에 따라 기본권 제한에 있어서 입법자의 입법형성의 자유에 차이를 나타낸다. 예를 들면, 정신적 자유권과는 달리, 재산권에 관한 입법의 경우 재산권의 내용과 한계를 형성할 입법자의 입법재량을 헌법이 상대적으로 넓게 허용하기 때문에, 재산권에 관한 입법에 있어서 입법자는 '기본권 침해가 가장 적은 수단인 유일한 최소침해의 수단'을 선택하거나, '자유와 공익을 위한 최적화적 수단'을 선택한 입법을 할 것을 헌법이 요구하는 것은 아니다.

그런데 어떠한 수단이 기본권 침해가 적은 수단이냐는 여러 수단사이에 비교를 통해 달성되기에 입법자가 상정하는 여러 수단이 반드시 가장 최소침해의 유일한 수단이라는 보장은 없다. 다만 입법자에게 침해의 최소성을 위한 노력과 의무는 헌법상 요청된다. 그러므로 필요성의 원칙은 기본권 침해를 최소화하는 단 하나의 수단만을 선택해야 하는 이상적이나 불가능한 침해의 최소성 원칙은 아니고,[29] 목적을 실현하는 여러 수단 가운데 되도록 덜 기본권을 침해하는 수단을 채택하라는 침해의 최소성의 요청인 것이다.

현재 발생하는 문제를 해결하기 위해 입법수단이 투입된 경우와 그렇지 않은 경우간의 비교 및 관련성을 검증하여 침해의 최소성을 판단하는 것은 상당히 난해한 일이다. 따라서 침해의 최소성이 의심스러울 때에는 입법자에게 이익이 되는 방향으로 인정해 줌으로서 입법자의 평가적 우월권 내지 예측여지를 허용해 주어야 한다.[30]

---

29) 이러한 의미에서 우리 헌법재판소도 다음과 같은 취지의 결정을 하고 있다("국가작용에 있어서 취해진 어떠한 조치나 선택된 수단은 그것이 달성하려는 사안의 목적에 적합하여야 함은 당연하지만 그 조치나 수단이 목적달성을 위하여 유일무이한 것일 필요는 없는 것이다. 국가가 어떠한 목적을 달성함에 있어서는 어떠한 조치나 수단 하나만으로서 가능하다고 판단할 경우도 있고 다른 여러 가지의 조치나 수단을 병과하여야 가능하다고 판단하는 경우도 있을 수 있으므로 과잉금지의 원칙이라는 것이 목적달성에 필요한 유일의 수단선택을 요건으로 하는 것이라고 할 수는 없는 것이다-헌재 1989. 12. 22. 88헌가13, 378면).

30) F. Ossenbühl, in: Die Kontrolle von Tatsachenfeststellungen und Prognose-entscheidungen durch das Bundesverfassungsgericht, in: BVerfG und GG I, 1976, S. 489 ff.; M. Raabe, Grundrechte und Erkenntnis - Der Einschätzungsspielraum des Gesetzgebers, Baden-Baden, 1998.

(4) 법익의 균형성(협의의 비례성원칙)

특정한 입법목적을 달성하기 위하여 적합하고 필요한 수단이 있다고 하여도 기본권제한입법에 의하여 침해 또는 제한되는 사익과 이를 제한함으로써 보호되는 공익을 비교형량할 때, 공익이 더 크거나 적어도 양자의 균형이 유지되어야 한다는 것이 협의의 비례성원칙이다. 이를 균형성(Proportionalität), 상당성(Angemessenheit) 내지 기대가능성(Zumutbarkeit)이라고도 부른다.

협의의 비례성을 충족하기 위해서는 양자의 이익간 형량(Abwägung)이 필요하다. 형량이란 서로 충돌하는 법익 및 가치간의 중요성 및 비중의 평가작업이다.[31] 이러한 평가는 주장되는 논증의 우위에 의해 결정되므로 절대적으로 결정될 수 있는 것이 아니라, 구체적인 상황에서 상대적인 중요성에 의해 결정된다.[32]

비교형량에 있어서 '양 법익의 균형'을 어느 정도로 엄격하게 인정할 것인가 여부에 따라 심사강도는 달라질 수 있지만, 원칙적으로 입법자의 입법형성의 자유를 전제로 하여, 입법자의 법익형량이 자의적이거나 일관성이 결여되거나 균형이 파괴된 것이 명확한 경우라서 기본권주체에 대한 과도한 부담이 되는 경우, 비례성을 위반한 것으로 인정할 수 있다.

협의의 비례성원칙을 '상당성'원칙 또는 '균형성'원칙이라고도 하는데, 개별 사건의 경우에 무엇이 상당한가 또는 균형적인가를 판단해야 한다. 그러나 협의의 비례성원칙은 형량해야 할 이익간의 문제[33]로 귀결되고 형량에 사용할 합리적이고 구속력 있는 구체적인 기준이 부재하다는 문제점을 지니고 있다.[34] 협의의 비

---

31) H. Schneider, Die Güterabwägung des Bundesverfassungsgerichts bei Grundrechtskonflikten, Baden-Baden, 1979, S. 178; 황치연, 「헌법과 과잉금지」, 헌법학도의 길, 한국학술정보 2005, 119면(법익형량이란 상충하는 법익간의 순위비교 또는 양자의 법익간에 관련되어 문제되는 내용의 우열을 비교하는 작업이다.)

32) R. Alexy, Theorie der Grundrechte, 1996, S. 146.

33) 슈테른(Stern) 교수는 법익형량이란 두 개의 상충하는 법익간의 중요도를 평가하는 것을 목표로 불가피하게 충돌하는 법익의 서열을 비교하는 것이라고 정의한다. 구체적으로 (1) 헌법적 지위를 가지는가 단순한 법률상의 지위를 가지는가, (2) 헌법상 법익간 상위의 가치 확정 가능성, (3) 고유한 평가범주의 필요, (4) 기본권 법익의 경합, (5) 특정한 기본권이 다른 기본권을 전제로 하는 것, (6) 주변영역이 침해될 뿐이 기본권, (7) 연방헌법재판소에 의한 추상적·구체적 우월성의 언명, (8) 법익형량과 비례의 원칙 등의 원칙을 제시하고 있다(K. Stern, Das Staatsrecht für die Bundesrepublik Deutschland, Bd. III/2, 1994, § 84).

34) B. Schlink, in: Festschrift für 50 Jahre BVerfG, 2001, Bd. II, S. 445, 460 ff.

례성원칙은 구체적으로 판단할 때 이렇게 명확한 기준이 결핍되어 있기에 판단주체인 법원이나 헌법재판소의 주관적인 판단과 선입견이 개입할 가능성이 높다.

일반적으로 알려진 협의의 비례성원칙(법익의 균형성)은 입법수단으로써 보호하려는 공익과 침해되는 기본권 사이에 균형이 이루어져 있는지의 여부에 대하여 형량하는 작업이다. 이러한 법익의 균형성을 판단함에 있어서는 그 당해 법률규정의 특성, 사실관계 및 그 실태, 입법규제의 필요성, 현제도의 실질적인 운용현황 등을 종합적으로 고려하여야 한다.[35] 협의의 비례성원칙(법익의 균형성)은 입법수단으로써 얻는 '공익'과 침해되는 '사익'을 비교형량하는 작업이다.

2. 소 결

과잉금지원칙은 오늘날 일반적으로 비례성원칙과 동일한 의미로 사용되고 있으며, 각각의 심사기준에서 그 심사강도가 달리 작용하고 있으므로, 이를 연혁적 의의에서 소극적으로만 이해해서는 안된다. 또한 비례성원칙은 미국헌법상 사용되는 합리성 심사기준, 중간적 심사기준 및 엄격한 심사기준과는 그 내용상 다른 원칙이라 할 수 있다.

우리 헌법재판소는 비례성심사의 구체적 요소로 목적의 정당성을 들고 있는데, 이는 헌법상 요청되는 법률의 합헌성 추정 원칙에 위반되며, 헌법 제37조 제2항에 규정된 목적에 적합한지 여부만을 심사하는 것은 가능하더라도, 그 내용적 심사까지 하는 것은 비례성원칙의 본질을 잘못 이해한 것이다. 왜냐하면, 비례성원칙은 목적을 심사하기 위한 것이 아니라, 목적에 적합한 '수단'인지를 심사하기 위한 것이기 때문이다.

35) 헌재 1998. 4. 30. 95헌가16, 327, 346-347.

제2절 과소보호금지원칙

Ⅰ. 서 설

이른바 '기본권보호의무'는 헌법상 보호되는 기본권을 제3자인 사인에 의한 위법한 가해나 가해의 위험으로부터 국가가 보호해야 하는 의무를 말하고 있다.[36) 통설적 견해에 의하면, 자연재해로부터의 보호 및 외교적 보호는 제외된다.[37) 기본권보호의무의 헌법적 근거로는 방어권설, 국가과제로서 '안전'설, 기본권의 객관법적 내용설 등이 있다. 방어권설은 국가의 '부작위'를 목적으로 하는 기본권불가침의무와 국가의 '작위'를 요구하는 국가의 기본권보호의무간의 구별을 간과하고 있으며, 국가과제로서의 '안전'설은 '안전'이라는 토픽(Topik)을 어떻게 헌법적으로 도출할 수 있는지 문제가 남는다. 그러므로 기본권보호의무는 기본권의 객관적 측면에서 도출할 수밖에 없다.

기본권보호의무와 구별할 개념으로 기본권의 제3자적 효력이 있다. 이에 관하여 '기본권의 제3자적 효력'은 국가의 기본권침해가능성을 전제로, 사법질서내로 기본권의 효력을 확장할 수 있느냐의 문제인데 반하여, '기본권보호의무'는 기본권보호자로서 국가와 가해자 및 피해자라는 3각 관계를 중심으로 국가가 피해자의 기본권 가해를 보호하는 문제이다. 다만, 사법(私法)관계에서는 기본권보호의무는 기본권의 제3자적 효력을 전제로 국가의 기본권보호의무가 논의될 수밖에 없다.

헌법상 기본권은 국가가 헌법상 보호되는 법익을 효과적으로 보호할 의무를 부과한다. 즉, 국가의 기본권보호의무는 국민의 기본권보호를 위해 적합하고 효과적

---

36) J. Isensee, Das Grundrecht als Abwehrrecht und als staatliche Schutzpflicht, in: ders./P. Kirchhof (Hrsg.), HdbStR V, 2000, § 111 Rn. 151.

37) J. Isensee, Das Grundrecht als Abwehrrecht und als staatliche Schutzpflicht, § 111 Rn. 79, 89, 120 ff. (침해의 대상(객체)은 자유권적 기본권의 모든 보호법익이다. 예를 들면, 생명, 재산, 개인의 자유 등이다. 또한 천재지변과 기본권주체의 법적 책임영역밖에 있는 불가피한 사건들은 기본권보호의무와 관계없다); H. H. Klein, DVBl. 1994, S. 489, 490; Hermes, Das Grundrecht auf Schutz von Leben und Gesundheit, S. 74, 231; Merten, in: GS Burmeister, nach Fn. 15 und 65.

이며 수인할 수 있는 것이어야 한다. 특히 입법자는 보호의무의 이행과 관련하여 헌법이 요구하는 최소한의 보장수준의 하한을 준수해야 한다. 이를 '과소보호금지' 원칙이라 한다.[38)]

과소보호금지는 입법자의 보호의무의 기준으로서 중요하게 활용된다. 헌법은 개개의 기본권에 기초한 기본권규범으로 구성되어 있지, 모든 개별적 상황에서 기본권의 보호수준을 규정하고 있지 않다. 이러한 맥락에서 헌법의 규정을 3가지로 나누어 볼 수 있다. 첫째, 사인인 제3자의 가해에 대한 기본권보호의 요청이다. 둘째, 기본권 영역별로 상이하며 변화가능한 각각의 기본권 보호법익을 지닌다. 셋째, 기본권적 법익보호를 위한 헌법상 최소수준을 요청하고 있다.[39)] 이러한 법률상의 최소보호인 과소보호금지원칙은 4가지 기준(독자적인 원칙, 상대적 기준, 기본권의 최소보호원칙, 입법자의 행위에 대한 일반적인 통제기준)으로 최종적으로 정의할 수 있다.

Ⅱ. 과소보호금지원칙의 성격

1. 독자적인 원칙

과소보호금지원칙이 과잉금지원칙과 관련하여 독자적인 원칙으로 인정될 수 있는가에 대하여 동일설과 독자성설로 대립하고 있다.

(1) 동일설

과잉침해금지와 과소보호금지는 동전의 앞뒷면과 같다는 동일설(Kongruenzthese)에서는 과소보호금지와 과잉침해금지 양자는 비례성원칙의 동일한 결과이고, 양자는 필요성 있는 수단, 즉 법익보호를 위한 행위로서 필요한 그리고 법익침해의 의무불이행을 위해 필요한 수단을 선택하도록 입법자에게 요구하는 원칙이라는

---

38) '과소보호금지'원칙은 과잉금지원칙과 비교되는 원칙으로 카나리스(Canaris) 교수에 의하여 처음으로 주장되었고(C.-W. Canaris, AcP 184 (1984), 202 ff.), 이슨제(J. Isensee)교수에 의하여 이 원칙이 정립되었다(J. Isensee, HdbStR V, 1992, § 111).

39) 이와 유사한 취지로 C.-W. Canaris, Grundrechte und Privatrecht, Walter de Gruyter, 1999, S. 86.

것이다.[40] 과소보호금지의 심사기준은 과잉침해금지와 다른 독특한 내용이 도출되지 않고 입법자에게 어떠한 추가적 요청도 하고 있지 않다[41]고 한다. 과잉침해금지의 필요성 있는 수단은 입법자의 형성의 자유의 상한이든 하한이든 기본권보호의무를 충족시켜준다는 것이다. 또한 기본권보호의무에서 전제하는 국가－가해자－피해자의 삼각관계에서 입법자가 상충하는 이익을 균형적이고 비례적으로 정서하는 경우, 과잉침해금지원칙에 위반되지 않고 추가적으로 과소보호금지원칙의 적용이 필요한 경우는 없다는 것이다.[42]

(2) 독자성설

과소보호금지원칙은 과잉침해금지원칙과 다른 기능을 수행하기에, 과소보호금지원칙은 과잉침해금지원칙에 포함될 수 없다는 것이다.[43] 과소보호금지와 과잉침해금지는 상이한 지향점을 겨냥하고 있다.[44] 즉, 과잉침해금지원칙은 입법적 및 헌법적으로 정당한 목적과 입법자에 의해 보장되고 헌법상 허용되는 수단간의 관계라는 '필요성' 심사에 초점을 둔 원칙이다. 그러나 과소보호금지원칙은 각각의 기본권보호의무에서 정하는 최소한의 보호수준, 즉 '보호의무의 목적'에 초점이 있다. 따라서 '법률의 목적과 수단의 필요성 관계'와 '보호의무의 목적'은 일치되기 어렵다.

(3) 소 결

과잉침해금지원칙과 과소보호금지원칙은 헌법상 상이한 기능을 수행하는 심사원칙이고 양 원칙이 이른바 서로 딜레마의 상황에 처할 수도 있으며, 양 원칙이 하나의 고정된 기준에서 일치하지도 않는다. 따라서 과소보호금지원칙은 과잉금

---

40) K.-E. Hain, DVBl. 1993, S. 982 (983); ders., ZG 1996, S. 75 (79); K. Hesse, FS-Mahrenholz, S 556 f.

41) K.-E. Hain, DVBl. 1993, S. 982 (983); Chr. Starck, JZ 1993, S. 816 (817); Chr. Starck, Praxis der Verfassungsauslegung, 1994, S. 46 (81 f.); Hans-Uwe Erichsen, Jura 1997, S. 85 (88); P. Unruh, Zur Dogmatik der grundrechtlichen Schutzpflichten, S. 86 f.

42) K.-E. Hain, DVBl. 1993, S. 982 (983); P. Unruh, Zur Dogmatik der grundrechtlichen Schutzpflichten, S. 87.

43) Vgl. E. Denninger, FS-Mahrenholz, S 561 (566); Merten, Schutzpflichten, S. 27.

44) J. Dietlein, ZG 1995, S. 131 (136 ff.); M. Möstl, DÖV 1998, S. 1029 (1038); E. Denninger, FS-Mahrenholz, S 561 (569).

지원칙과는 다른 독자성을 지닌 원칙이다.

2. 상대적 심사기준

과소보호금지원칙은 독자성을 지닌 원칙으로서 과잉금지원칙과 상이한 기준이다. 입법자를 통한 기본권보호의무의 실행의 최소한은 국가－가해자－피해자라는 삼각관계에서 한 사람의 방어권과 다른 사람의 보호권의 충돌(상충)에서 분명하게 나타난다. 기본권의 측면에서 이러한 삼각관계는 전형적인 사법(私法)의 상충상황, 즉 한편으로는 방어권으로서 보호되는 자유와 다른 한편으로는 국가의 보호의무에 의해 보호되는 법익간의 효력범위에서 명백해진다.[45] 과소보호금지원칙이 균형성 및 협의의 비례성원칙에 근접하고 있다는 것에 근거하는 것이다. 즉, 기본권보호의무의 실행에 있어서 최소한의 추상적 규정은 국가－가해자－피해자의 삼각관계에서 하나의 기준을 필요로 한다는 것이다.

과소보호금지원칙을 적용하여 실제상 구체적인 결정을 할 때 적용상 어려움은 있다. 그러나 과소보호금지원칙의 초점은 입법자가 기본권보호의무를 얼마나 충실히 수행하였는가를 도출하기 위함에 있는 것이 아니라, 헌법상 부과된 입법자의 기본권보호의무의 한 요소라는 데 두어야 한다. 과소보호금지원칙은 과잉금지원칙과는 독립된 원칙이며, 그 독립성을 위한 구체적 기준을 제공하는데 있다. 따라서 과소보호금지원칙의 상대성이란 제한적이지만, 기본권보호의무에 의거하여 기본권보호의 최소수준을 마련하기 위해 충돌하는 법익들을 고려할 것을 요청한다. 헌법적 의무에 근거하는 법률적 기본권보호의 최소수준은 불가피하게 상대적이다. 그리고 다른 사람의 기본권행사와 관련하여 최소수준의 절대성을 충족할 수는 없다. 즉, 기본권보호의무를 실현해야 되는 입법자에게 충돌하는 다른 기본권에 대한 고려를 포기하도록 하는 것이 과소보호금지이기 때문이다.[46] 다른 말로 표현하면, 다른 기본권의 침해를 통해서 당해 기본권의 보호가 달성될 수 있다는 것이다.[47]

---

45) Vgl. U. Preis, RdA 1995, S. 333 (341); W. Rüfner, GS-Martens, S. 215 (222).

46) BVerfGE 88, 203 (254).

47) Vgl. BVerfGE 96, 56 (65).

3. 기본권보호의무의 최소보호원칙

과소보호금지원칙에서 가능한 한, '가해자와 피해자'의 기본권보호라는 생각에 집중하여 통제기준에만 중점을 두어서는 안되고, 관련된 기본권의 '최소보호'에 중점을 두어야 한다.[48] 기본권보호의 방법은 '보호한다는 것'을 전체로 생각하여 환영(幻影)으로 만들어서는 안된다.[49] 헌법은 기본권보호의무를 어떻게 수행할 지 여부에 대해 입법자에게 형성의 자유를 부여하고 있다. 입법자의 기본권보호조치는 적합하고 효과적이고 충분해야 하지만, 최대한의 보호에 대한 요청을 헌법상 명령하지는 않는다. 왜냐하면, 최대한의 보호 요청은 계속적으로 더 많은 보호를 요구하게 되며,[50] 결국 최대한의 보호 요청은 입법자를 헌법재판소의 견해에 종속시킬 것이기 때문이다.[51] 법률은 행정부에게 구체적인 위험에 대해 조치를 취할지 또는 기다릴지 여부에 대한 결정재량을 허용할 수 있다. 그러나 기본권보호의무는 재량권의 행사를 명하고 효과적인 보호가 안 될 경우 기본권적 정당성 여부를 심사하게 한다. 이 경우 '과소보호금지원칙'이 기본권보호의무에 기능하게 된다.[52]

그러나 입법자의 형성의 자유는 당연히 무제한이 아니고, 과소보호금지원칙의 다른 면에 위치하는 비례성원칙(과잉금지의 원칙)에 의해 윤곽이 그어진다. 또한 과소보호금지원칙은 입법자의 형성의 자유에 대한 하한을 설정해준다. 통제규범의 영역에서 과소보호금지원칙을 통해 최적화의 모델이 구축될 수 있다고 판단하여, 입법자는 과잉금지원칙과 과소보호금지원칙 사이의 양 간격에 어딘가에서 결정해서는 안된다. 오히려 과소보호금지원칙은 입법자의 기본권상충의 해결을 보조하는 수단으로서 의미가 있다. 즉, 입법자의 상충해결의 한계로서 과잉금지원칙이 인정된다면, 과소보호금지원칙은 기본권보호의무의 발견을 위한 수단으로 인식되어야 한다.[53]

---

48) W. Brohm, NJW 2001, S. 1 (9); C.-W. Canaris, Grundrechtswirkungen und Verhätnismäßigkeit in der richterlichen Anwendung und Fortbildung des Privatrechts, JuS 1989, S. 161 (163); F. Kirchhof, Private Rechtsetzung, S. 525.

49) Otto Depenheuer, Der Mieter als Eigentümer?, NJW 1993, S. 2561, 2564.

50) Chr. Starck, Praxis der Verfassungsauslegung, 1994, S. 86 ff.

51) Ernst-Wolfgang Böckenförde, Grundrechte als Grundsatznormen, Der Staat 29, 1990, S. 13, 29.

52) J. Isensee, Das Grundrecht als Abwehrrecht und als staatliche Schutzpflicht, in: ders./P. Kirchhof (Hrsg.), HdbStR V, 2000, § 111 Rn. 90.

기본권의 최소보호의 수준은 일의적으로 획정할 수 없다. 최소보호의 수준은 개별적 사건, 보호법익의 종류, 보호법익의 중요도, 위험의 정도 등을 고려하여 판단할 수 있다.[54] 그러나 일반적으로 국가가 여태까지 전혀 어떠한 조치를 취하지 않거나 유효한 법적 상황에 의거한 어떤 조치를 취하지 않는 경우 및 제3자의 권리나 공익을 심히 침해함이 없이 이미 존재하는 보호수단보다도 더 개선된 보호수단이 존재하는 경우, 또는 유효한 법률에 의거하여 존재하는 보호법익의 장애 또는 위험에 대하여 사익과 공익을 비교형량할 때 수인할 수 없다면, 과소보호금지원칙을 위반하는 것이다.[55]

최소보호에 초점을 맞춘 견해에 대하여 헌법재판적 통제의 기준으로서 '최소보호'원칙은 가치평가가 필요한 것이라는 이의가 제기될 수 있다. 상대적 기준으로서 과소보호금지는 상충하는 법익간의 비교형량의 한계로서 위치하고 있다. 따라서 가치평가가 이루어지지 않고서는 헌법상의 기본권규정이 내용적으로 채워질 수 없다.[56] 과소보호금지는 헌법해석의 기본적 전제조건에 대한 것이 아니라, 최적화라는 목표로부터 해방되고 최소보호 이상을 목표로 한다는 기본적 사고를 지니고 있다.

또한 가해자－국가－피해자라는 삼각관계에서 자연히 잠재적인 가해자의 기본권행사를 보호하는 데 반해, 기본권의 수범자(국가)의 역할이 약화된다는 이의제기가 있을 수 있다.[57] 방어권에 비해 기본권보호의무의 구조적 취약점은 존재한다. 이는 기본권보호의무는 헌법상 그 자체적으로 효력을 발휘하는 것이 아니라, 국가적 행위 특히, 입법행위가 필요하기 때문이다.[58] 따라서 한편으로는 입법자의 형성의 자유가 작용하고,[59] 다른 한편으로는 국가적 개입보다 사회적 자기규율이 우선하게 된다.[60]

---

53) O. Seewald, VerwArch 88 (1997), S. 199 (205 ff.).

54) C.-W. Canaris, JuS 1989, S. 161 (163).

55) Vgl. Brüning, JuS 2000, S. 955 (957); M. Möstl, DÖV 1998, S. 1029 (1038 f.).

56) Vgl. E.-W. Böckenförde, in: ders., Staat, Verfassung, Demokratie. Studien zur Verfassungstheorie und zum Verfassungsrecht, Frankfurt 1991, S. 115; H. H. Klein, Verfassungsgerichtsbarkeit und Verfassungsstruktur, in: FS für Franz Klein, 1994, S. 511 (514 f.).

57) J. Hager, JZ 1994, S. 373 (376, 381); J. Neuner, Privatrecht und Sozialstaat, S. 165.

58) C.-W. Canaris, Grundrechte und Privatrecht, S. 43; H. D. Jarass, AöR 110 (1985), S. 363 (384).

59) B. Weber-Dürler, VVDStRL 57 (1998), S. 57 (82).

60) C.-W. Canaris, Grundrechte und Privatrecht, S. 47. 그러나 극단적인 경우, 즉 헌법에 의거

4. 입법자 행위에 대한 사법적 통제기준

기본권보호의무의 법적 구조는 가해자－국가－피해자라는 삼각관계의 구조가 형성되며, 이로써 국가는 새로운 지위, 즉 기본권의 잠재적인 침해자라는 성격과 더불어 기본권의 보호자라는 새로운 지위가 부여된다. 즉, 국가의 기본권보호의무는 삼각관계의 법적 구조에서 국가와 피해자 사이의 공법적 급부관계를 주된 규율대상으로 한다.[61] 그런데 헌법상 국가의 기본권보호의무에서 국가가 바로 사인인 가해자의 기본권 침해로부터 피해자인 사인에 대하여 일정한 보호조치를 취할 국가적 권한이나 의무를 부과할 수 있는 것은 아니다. 구체적인 국가의 보호조치에 관한 권한이나 의무는 형식적 의미의 법률을 통해서 정해지게 된다. 그리고 이러한 국가의 기본권보호의무를 위한 입법에 대하여 사법적 통제가 중요한 헌법적 의미를 가진다.[62]

(1) 보호조치에 대한 통제

국가에게 국민의 기본권을 보장하기 위한 제반조치를 취할 의무가 부여되어 있더라도 언제나 헌법상의 의무위반이라고 판단할 수 없다. 국가는 기본권보호의무를 이행하기 위한 보호대책을 강구함에 있어서 원칙적으로 사인에 의한 국민의 생명·신체에 대한 침해위험의 정도나 종류, 심각성, 발생의 빈도, 각종 대책의 효과뿐만 아니라 상충하는 보호법익과의 형량, 문화적·사회적·경제적·재정적 여건 등을 종합적으로 감안할 필요가 있기 때문에 기본권보호의무를 어떤 수단을 통하여 어떻게 이행할 것인가는 입법자의 입법을 통하여 비로소 구체화되고, 이

하여 정해진 보호를 할 수 있는 다른 방법이 없다면, 입법자는 형법이란 수단을 강구해야 할 의무를 질 수 있다(BVerfGE 39, 1 (46 f.)).

61) 이승우, “국가의 기본권보호의무”, 현대공법과 개인의 권익보호 : 균제 양승두교수 화갑기념논문집(I), 홍문사, 1994, 1165면; 정태호, “기본권보호의무”, 인권과 정의 제252호, 1997.8, 83면 이하; 장영철, “기본권의 제3자적 효력과 기본권보호의무”, 공법연구 제29집 제2호, 2001, 155면; 표명환, “입법자의 기본권보호의무와 헌법적 통제”, 헌법학연구 제11권 제2호, 2005. 6, 214면.

62) J. Isensee, Das Grundrecht als Abwehrrecht und als staatliche Schutzpflicht, in: ders./P. Kirchhof (Hrsg.), HdbStR V, 2000, § 111 Rn. 151 ff.; 표명환, “입법자의 기본권보호의무와 헌법적 통제”, 헌법학연구 제11권 제2호, 2005. 6, 212면 이하.

경우 입법자에게 광범위한 입법형성의 자유가 부여되어 있다. 즉, 입법자가 국가의 기본권보호의무를 어떻게 어느 정도로 구체화할 것인가의 입법자의 형성여지이다. 따라서 국가의 기본권보호의무에 관한 입법에 대하여 사법적 통제가 중요한 헌법적 의미를 지니는데, 입법자의 책임에 속하는 보호의무의 내용결정에 대하여 헌법재판소는 보충적이고 제한적으로 보호의무 위반여부를 심사할 수 있다.

헌법재판소는 권력분립의 원칙에서 기본권보호의무를 이행함에 있어서 국민의 생명·신체에 대한 보호의 정도가 헌법이 요구하는 최소한도의 보호수준에 미달해서는 아니된다는 의미에서 이른바 국가의 국민에 대한 과소보호금지라는 헌법상의 원칙을 준수하였는지를 기준으로 심사하게 된다.[63] 그에 따라 우리나라 헌법재판소는 원칙적으로 국가가 기본권보호의무를 위반한 것이 명백한 경우에만 국가의 해당 작위나 부작위의 위헌성을 확인할 수 있다고 할 것이나, 헌법재판소의 통제의 강도는 일률적인 것이 아니고 관련된 기본권적 법익의 중대성, 그 침해의 심각성, 그 침해의 빈도 등에 따라서 달라지게 된다고 한다. 그런데 기본권적 법익에 관한 보호입법에 대한 심사에 있어서 헌법재판소가 가하는 통제강도는 보호의무 위반이 일견 명백한지의 여부에 대한 통제(**명백성 통제**), 입법자가 문제의 법률을 통하여 제시한 보호구상 자체가 설득력이 있는지의 여부에 대한 통제(**설득력 통제; 주장가능성 통제**), 그리고 입법내용에 대한 엄밀한 통제(**내용통제**)로 구분할 수 있다.[64]

(2) 행위규범과 통제규범의 구분

행위규범과 통제규범의 구분[65]은 한편으로는 입법자에게 상충하는 기본권간의

---

63) 헌재 1997. 1. 16. 90헌마110 등, 판례집 9-1, 130면.

64) 헌재 1997. 1. 16. 90헌마110 등, 판례집 9-1, 130-132면. 한수웅, "헌법재판의 한계 및 심사기준", 217면 이하와 233면; 방승주, "독일 연방헌법재판소의 입법자에 대한 통제의 범위와 강도", 308면 이하; 계희열, "헌법재판과 국가기능", 221면 참조.

65) K. Schlaich/S. Korioth, Das Bundesverfassungsgericht, 5. Aufl., 2001, Rn. 503: 행위규범(Handlungsnorm)은 능동적으로 활동하는 국가기관(예를 들면, 의회)에게 적용되는 행위지침이자 행위한계적 규범을 말한다. 반면, 통제규범(Kontrollnorm)은 능동적으로 활동하는 국가기관들의 작위 또는 부작위를 판단하는 기준이 되는 규범을 말한다. 우리나라 헌법재판소 판례에서도 행위규범과 통제규범의 구분을 수용하고 있다. "국가는 생활능력 없는 국민을 보호할 의무가 있다는 헌법의 규정은 모든 국가기관을 기속하지만 그 기속의 의미는 동일하지 아니한데, 입법부나 행정부에 대하여는 국민소득, 국가의 재정능력과 정책 등을 고려하여 가능한 범위 안에서 최대한으로 모든 국민이 물질적인 최저생활을 넘어서 인간의 존엄성에 맞

최적이며 적합한 조정을 요구하는 한편, 다른 한편으로는 헌법재판에 의한 통제와의 관계에서 독자적으로 상충의 조정을 위한 입법자의 형성여지를 존중하도록 기여하는데, 이는 실체법적 규정과 헌법재판의 통제강도 양자를 분리하려는 의도로 보여진다.[66] 그러나 국가가 기본권보호의무를 실현하려면 입법자의 형성여지가 존재한다는 것에 대해 의견의 일치가 있으며, 기본권보호의무의 실행에 대한 헌법재판의 통제강도는 입법자의 실체법적 의무의 한도를 넘어설 수 없다는 생각이 확고한 지지기반을 얻고 있다. 이는 행위규범과 통제규범의 구분이 붕괴되고 있다는 것을 시사한다.[67]

행위규범과 통제규범간의 구분에 대한 견해의 차이는 실체적 헌법규정의 미완성성에 그 이유가 있다. 기본권보호의무는 내용적으로 불확정적이고 모호하다. 입법자에 의한 기본권보호의무의 실현 및 내용적 보충은 보장내용의 요소이고 기본권보장의 필수요소이다. 역으로 생각하면, 헌법재판소는 헌법이 무엇을 규정하고 있고, 입법자의 행위를 규정하고 있는 헌법 이외의 실존하는 실체법 규정들이 무엇을 금지하고 있는지만 통제할 수 있다.[68]

는 건강하고 문화적인 생활을 누릴 수 있도록 하여야 한다는 행위의 지침, 즉 행위규범으로서 작용하지만, 헌법재판에 있어서는 다른 국가기관, 즉 입법부나 행정부가 국민으로 하여금 인간다운 생활을 영위하도록 하기 위하여 객관적으로 필요한 최소한의 조치를 취할 의무를 다하였는지를 기준으로 국가기관의 행위의 합헌성을 심사하여야 한다는 통제규범으로 작용하는 것이다."(헌재 1997. 5. 29. 94헌마33, 553-554면(생활보호사업지침상의 1994년 생계보호기준); 1999. 12. 23. 98헌바33, 758-759면(공무원채용시험 등에 제대군인에 대한 5% 가산점제도); 2001. 4. 26. 2000헌마390, 494면(국민연금법 제6조 사건); 헌재 2004. 10. 28. 2002헌마328(2002년도 국민기초생활보장최저생계비 고시)).

66) K. Hesse, Funktionelle Grenzen der Verfassungsgerichtsbarkeit, in: FS für Hans Huber, Bern, 1981, S. 261 (270); G. Robbers, Für ein neues Verhältnis zwischen Bundesverfassungsgericht und Fachgerichtsbarkeit, NJW 1998, S. 935 (939); Brun-Otto Bryde, Verfassungsentwicklung, Baden-Baden 1982, S. 306 ff.; Hans Hugo Klein, Verfassungsgerichtsbarkeit und Verfassungsstruktur, in: FS für Franz Klein, 1994, S. 511 (517 ff.).

67) E.-W. Böckenförde, Grundrechte als Grundsatznormen, Der Staat 29 (1990), S. 1 (27); Werner Heun, Funktionell-rechtliche Schranken der Verfassungsgerichtsbarkeit, 1992, S. 46 ff.; Werner Heun, in: Dreier (Hrsg.), GG, Art. 3 Rn. 40; Hans Hugo Klein, Der demokratische Grundrechtsstaat, in: Bitburger Gespräche, Jahrbuch 1995/I, S. 81 (89 f.); K. Schlaich/S. Korioth, Das Bundesverfassungsgericht, 5. Aufl., 2001, Rn. 506.

68) Chr. Gusy, Parlamentarischer Gesetzgeber und Bundesverfassungsgericht, Berlin, 1985, S. 139.

(3) 소 결

기본권보장은 원칙적으로 국가의 기본권침해를 방지하고 기본권의 최대한 보장을 지향하는 것임에 반하여, 기본권보호의무는 국가에 의해 국민의 기본권이 과소보호되는 것을 금지하는데 그 초점이 있다. 따라서 기본권의 최대한 보장을 위해서 해당 입법에 의한 기본권제한이 비례성원칙(과잉금지원칙)에 위반되는지 여부를 심사하는 한편, 기본권보호의무에 근거하여서는 기본권을 침해당한 피해자를 국가가 어느 정도로 기본권보호를 해주어야 하는가의 과소보호금지원칙 위반여부를 심사하게 된다.

또한 비례성원칙의 심사대상이 되는 법률은 헌법상 보장되는 기본권의 침해가 과잉인지 여부에 초점이 있지만, 과소보호금지원칙에 의해 심사대상이 되는 법률의 위헌성 여부는 기본권보호의무를 어떻게 수행할지의 내용이 입법자에게 형성의 자유에 달려있다. 따라서 입법자의 기본권보호조치는 적합하고 효과적이고 충분해야 하지만, 최대한의 보장을 요구하지는 않는다.

Ⅲ. 과소보호금지원칙의 내용과 보호수준

1. 과소보호금지원칙의 내용

기본권보호의무를 수행함에 있어서 피해자인 국민의 기본권을 보호하기 위해 국가는 적절하고 효율적인 조치를 취해야 한다. 특히 입법자는 기본권보호의무의 이행과 관련하여 헌법이 요구하는 최소한 보장수준 이상을 준수해야 한다. 국가가 국민의 기본권보호를 위해 적절하고 효율적인 최소한 이상의 보호조치를 취했는가 여부를 헌법재판소가 심사하는데, 이러한 심사기준을 '과소보호금지원칙'[69]이라 한다.[70] 헌법은 개개의 기본권에 기초한 기본권규범으로 구성되어 있지만,

69) '과소보호금지'원칙은 과잉금지원칙과 비교되는 원칙으로 카나리스(Canaris) 교수에 의하여 처음으로 주장되었고(C.-W. Canaris, AcP 184 (1984), 202 ff.), 이슨제(J. Isensee, HdbStR V, 1992, § 111)교수에 의하여 이 원칙이 정립되었다.

70) 헌법재판소 1997. 1. 16. 90헌마110 결정, 판례집 9-1, 90, 120~123; 헌법재판소 2008. 7. 31. 2004헌바81 결정, 판례집 20-2상, 91, 103~104; 헌법재판소 2011. 2. 24. 2009헌마94 결정, 판례집 23-1상, 143, 152.

모든 개별적 상황에서 기본권의 보호수준을 구체적으로 규정하고 있지 않다. 과소보호금지원칙의 심사 초점은 입법자가 기본권보호의무를 얼마나 충실히 수행하였는가를 판단하는데 두어야 할 뿐만 아니라, 헌법이 입법자에게 기본권보호의무를 충실히 수행하도록 촉구하는데도 두어야 한다.

헌법상 기본권보호의무로부터 국가가 바로 가해자의 기본권 가해로부터 피해자인 사인에 대해 일정한 보호조치를 취할 국가의 의무가 발생하는 것은 아니다.[71] 즉, 국가가 국민의 기본권을 보장하기 위한 제반조치를 취할 의무가 부여되어 있다고 하더라도 언제나 헌법상 의무 위반이라고 할 수는 없다. 국가는 기본권보호의무를 이행하기 위한 보호대책을 강구함에 있어서 원칙적으로 사인에 의한 국민의 기본권에 대한 침해위험의 정도나 종류, 심각성, 발생의 빈도, 각종 대책의 효과뿐만 아니라 상충하는 보호법익과의 형량, 문화적·사회적·경제적·재정적 여건 등을 종합적으로 감안하여 기본권보호의무를 어떠한 수단을 통해 어떻게 이행할 것인가를 입법자의 입법을 통하여 비로소 구체화된다. 헌법은 기본권보호의무를 어떻게 수행할 지 여부에 대해 입법자에게 광범위한 형성의 자유를 부여하고 있다.

2. 과소보호금지원칙에서 보호수준

기본권보호의무의 구조, 즉 가해자－국가－피해자라는 삼각관계에서 잠재적인 가해자의 기본권행사를 보장해야 하기 때문에, 국가의 역할이 약화될 가능성이 있다.[72] 기본권보호의무는 헌법에서 바로 효력을 발휘하는 것이 아니라, 입법행위를 필요로 한다.[73] 이는 한편에서는 입법자의 형성의 자유가 작용하고,[74] 다른 한편에서는 국가적 개입보다 사회적 자기규율이 우선하게 된다.[75] 헌법에서 직접 기본권보호조치를 규정하고 있지 않다면, 입법자는 법률상 수단을 강구해야 할 의무를 진다.[76]

---

71) J. Isensee, Das Grundrecht als Abwehrrecht und als staatliche Schutzpflicht, in: ders./P. Kirchhof (Hrsg.), HdbStR V, 2000, § 111 Rn. 151 ff.; 표명환, “입법자의 기본권보호의무와 헌법적 통제”, 「헌법학연구」 제11권 제2호, 한국헌법학회, 2005. 6, 212면 이하.

72) J. Hager, JZ 1994, S. 373 (376, 381); J. Neuner, Privatrecht und Sozialstaat, S. 165.

73) C.-W. Canaris, Grundrechte und Privatrecht, S. 43; H. D. Jarass, AöR 110 (1985), S. 363 (384).

74) B. Weber-Dürler, VVDStRL 57 (1998), S. 57 (82).

75) C.-W. Canaris, Grundrechte und Privatrecht, S. 47.

과소보호금지원칙은 과잉금지원칙과는 구별되는 '독립적 원칙'[77]이며, 그 독립성을 위한 구체적 기준을 제공하여야 한다. 과소보호금지원칙은 상대성을 지니고 있는데, 여기서 말하는 상대성이란 기본권보호의무에 의거하여 기본권보호의 최소수준 이상을 실현하기 위해서 충돌하는 기본권적 법익들을 고려해야 한다는 의미이다. 헌법상 기본권보호의무에 근거하여 법률상 구체화되는 기본권보호의 최소수준은 불가피하게 상대적일 수밖에 없다.[78] 특정 사인의 기본권 피해시에 국가의 기본권보호의무와 관련하여, 국가가 '절대적'인 보호를 수행할 수 없다는 의미이다. 즉, 기본권보호의무를 실현해야 하는 입법자는 과소보호금지원칙에 입각하여 충돌하는 사인 상호간의 기본권에 있어서 국가는 가해자의 기본권을 침해함에 의해 피해자의 기본권을 보호할 수밖에 없다.[79] 가해자의 기본권을 침해함에 의해 당해 기본권 피해자의 기본권을 보호하게 된다.[80]

과소보호금지원칙 심사에서 '가해자와 피해자' 관계에서 기본권보호에 집중하여 사법적 통제기준에만 중점을 두어서는 안되고, 관련 기본권의 '최소수준 이상'의 보호에 중점을 두어야 한다.[81] 기본권보호의무에서 요구하는 기본권보호조치의 수준은 단순히 최소한의 보호만 취하면 된다는 의미가 아니라, 최소한 과소보호의 기준을 넘는 '효율적'이고 '충분한'[82] 조치를 취하라는 의미이다.[83]

입법자의 기본권보호조치는 적절하고 효율적이고 충분해야 하지만, 헌법은 최대한의 보호를 하라고 명령하지는 않는다. 왜냐하면 기본권보호의 최대한의 요청은 계속적으로 더 많은 보호를 요구하게 되며,[84] 입법자가 최대한의 보호를 추구하게 되면, 입법자의 입법행위가 헌법재판소의 견해에 종속되는 결과에 이르기 때문이다.[85]

---

76) BVerfGE 39, 1 (46 f.); 이부하, "생명에 대한 기본권보호의무와 과소보호금지원칙", 9면.

77) 과소보호금지원칙의 독자성을 뒷받침하는 논문으로는 이부하, "비례성원칙과 과소보호금지원칙",「헌법학연구」제13권 제2호, 한국헌법학회, 2007. 6, 289~291면; 정혜영, "과소보호금지원칙에 관한 소고",「강원법학」제38권, 강원대학교 비교법학연구소, 2013. 2, 637면 이하.

78) 이부하, "비례성원칙과 과소보호금지원칙", 291면.

79) BVerfGE 88, 203 (254).

80) Vgl. BVerfGE 96, 56 (65).

81) W. Brohm, NJW 2001, S. 1 (9); 이부하, "비례성원칙과 과소보호금지원칙", 292면.

82) BVerfGE 88, 203 (254).

83) 이부하, "생명에 대한 기본권보호의무와 과소보호금지원칙", 10면.

84) Chr. Starck, Praxis der Verfassungsauslegung, 1994, S. 86 ff.

85) Ernst-Wolfgang Böckenförde, Grundrechte als Grundsatznormen, Der Staat 29, 1990, S. 13, 29.

입법자의 형성의 자유는 당연히 무제한이 아니고, 과잉금지의 원칙에 의해 그 윤곽이 그어진다. 반면, 과소보호금지원칙은 입법자의 형성의 자유에 대한 하한을 설정해 준다.[86] 입법자의 기본권 상충 해결의 한계로서 과잉금지원칙이 활용된다면, 과소보호금지원칙은 기본권보호의무의 발견을 위한 수단으로 인식되어야 한다.[87] 과소보호금지원칙은 입법자에게 기본권 상충을 해결하는 보조수단으로서 의미를 가진다.

기본권보호의무의 최소보호의 수준은 일의적으로 획정할 수 없다. 최소보호의 수준은 개별적 사건, 보호법익의 종류, 보호법익의 중요도, 위험의 정도 등을 고려하여 판단할 수 있다.[88] 그러나 첫째, 일반적으로 국가가 여태까지 전혀 어떠한 조치를 취하지 않거나 유효한 법적 상황에 의거한 어떤 조치를 취하지 않는 경우, 둘째, 제3자의 권리나 공익을 심히 침해함 없이 이미 존재하는 보호수단보다도 더 개선된 보호수단이 존재하는 경우, 셋째, 유효한 법률에 의거하여 존재하는 보호법익의 장애 또는 위험에 대하여 사익과 공익을 비교형량할 때 수인할 수 없는 경우라면, 과소보호금지원칙을 위반하는 것이 된다.[89]

Ⅳ. 과소보호금지원칙의 구체적 심사기준과 적용

미국산 쇠고기 및 쇠고기 제품 수입위생조건 위헌확인의 헌법소원(2008헌마419·423·436) 사건[90]에 과소보호금지원칙의 구체적 심사기준을 적용해 본다. 국가의 존립 목적인 국민의 기본권보호는 헌법 스스로 전제하고 헌법적으로 정당화되기 때문에, 목적의 정당성은 명문으로 규정하거나 심사의 기준으로 삼지 않아도 당연히 인정된다. 따라서 과소보호금지원칙에서 목적의 정당성은 별도로 심사할 필요가 없다.[91] 수단의 적절성, 수단의 효율성, 협의의 비례성으로 구분하여 심사한다.

---

86) 이와 관련하여 비례성원칙과 과소보호금지원칙의 차이점은 이부하, “비례성원칙과 과소보호금지원칙”, 289면 이하 참조.

87) O. Seewald, VerwArch 88 (1997), S. 199 (205 ff.).

88) C.-W. Canaris, JuS 1989, S. 161 (163).

89) Vgl. Brüning, JuS 2000, S. 955 (957); M. Möstl, DÖV 1998, S. 1029 (1038 f.); 이부하, “비례성원칙과 과소보호금지원칙”, 293면.

90) 헌법재판소 2008. 12. 26. 2008헌마419·423·436 결정(병합).

91) 장영철, “과소보호금지원칙에 관한 연구”, 「헌법학연구」 제14권 제1호, 한국헌법학회, 2008. 3, 120면; 허완중, 앞의 논문, 217면.

1. 수단의 적절성

기본권보호의무의 이행을 위한 수단의 '적절성'은 국가의 보호조치가 가해되는 기본권을 보호하는데 적절한가 여부이다. 즉, 피해자의 기본권 보호를 위해 개선시킬 수 있는 적절한 수단인가 여부이다.[92] 수단의 적절성을 판단함에 있어서는 국가의 개별적 행위를 고려할 것이 아니라, 취해진 국가적 조치를 전체적으로 고려하여 판단해야 한다. 수단의 적절성은 상충하는 법익을 고려하여 적절한 보호를 달성할 수 있는 규범적 및 사실적 유형의 충분한 조치가 취해져야 함을 말한다. 이에는 사전적 보호 및 사후적 보호가 상호 결합된 보호관념이다.[93]

수단의 적절성 심사에 있어서, 유효한 법률에 의거하여 존재하는 보호법익의 장애 또는 위험에 대하여 사익과 공익을 비교형량할 때 수인할 수 없는 경우라면, 과소보호금지원칙을 위반하는 것이 된다.[94]

미국산 쇠고기 및 쇠고기 제품 수입위생조건 위헌확인의 헌법소원에서 미국산 쇠고기 수입위생조건(고시)이 국민의 생명·신체의 안전에 대한 위험을 유발함으로써 수인할 수 없는 상황이 되므로 과소보호금지원칙에 있어서 수단의 적절성을 충족하지 못한다고 보아야 한다.

2. 수단의 효율성

과소보호금지원칙에서의 효율성 심사에서는 특정한 조치가 필수불가결하고 필요한 조치이었느냐를 심사한다. 즉, 기본권보호조치가 적절하다면, 제3자의 기본권이나 기타 공익에 큰 부담을 주지 않으면서 더욱 효율적으로 침해되는 기본권을 보호할 수 있는 다른 대안이 있는가를 심사한다. 효율성 있는 수단은 피해자의 기본권보호를 위해 '효과적'이고 '충분한'[95] 보호를 제공하여야 한다. 따라서 국가가 선택한 수단이 비례의 원칙에 있어서 수단의 필요성을 충족한다 하더라도 과소보호금지원칙의 수단의 효율성을 충족하는 수단이라 할 수는 없다.[96]

---

92) M. Möstl, DÖV 1998, S. 1029 (1038).

93) BVerfGE 88, 203 (203 f.); 이부하, "생명에 대한 기본권보호의무와 과소보호금지원칙", 13면.

94) Vgl. Brüning, JuS 2000, S. 955 (957); M. Möstl, DÖV 1998, S. 1029 (1038 f.).

95) BVerfGE 88, 203 (254, 261).

수단의 효율성과 관련하여, 제3자의 권리나 공익을 심히 침해함이 없이 이미 존재하는 보호수단보다도 더 개선된 보호수단이 존재하는 경우라면, 과소보호금지원칙을 위반하는 것이 된다.[97] 미국산 쇠고기 및 쇠고기 제품 수입위생조건 위헌확인의 헌법소원에서 국민의 생명·신체의 안전을 위해 제3자의 권리나 공익을 심히 침해함이 없이 이미 존재하는 미국산 쇠고기 수입위생조건(고시) 보다 강화된 조건의 고시를 신설할 수 있으므로, 수단의 효율성을 위반하는 것이다.

3. 협의의 비례성

과소보호금지원칙에서의 협의의 비례성은 가해자의 기본권침해와 피해자의 기본권보호간의 형량을 의미한다. 양자간의 형량을 함에 있어 형량시 판단기준이 중요하다. 국가가 피해자에 대한 기본권보호의무를 이행하기 위한 한계로서 가해자의 기본권을 비례의 원칙에 반하도록 침해해서는 안된다는 한계가 설정된다. 국가가 효율적인 보호조치를 취하지 않으면서 오히려 과도하게 가해자의 기본권을 비례성원칙에 위배하면서까지 침해해서는 안된다.[98]

미국산 쇠고기 및 쇠고기 제품 수입위생조건 위헌확인의 헌법소원에서 국민의 생명·신체의 안전과 국가의 수입권한간의 비교형량이 필요하다. 국민의 생명·신체의 안전이 국가의 수입권한의 재량 보다 중요하기 때문에 협의의 비례성을 충족하지 못한다.

4. 결 어

기본권보호의무를 극도로 강조하여 모든 기본권에 적용하게 되면 사법국가(내지 헌법재판국가)화의 우려도 있다. 이러한 면을 고려하여 모든 기본권 영역에 기본권보호의무를 인정할 것이 아니라, 인간의 존엄과 밀접한 관련이 있는 기본권에 국한되어야 할 것이다. 예를 들면, 생명권, 신체의 자유 등이다.

헌법재판소는 입법자의 기본권보호의무 이행에 있어서 국민의 기본권적 법익에 대한 보호 정도가 헌법이 요구하는 최소한도의 보호수준에 미달해서는 아니된다

---

96) 이부하, "생명에 대한 기본권보호의무와 과소보호금지원칙", 14면.

97) Vgl. Brüning, JuS 2000, S. 955 (957); M. Möstl, DÖV 1998, S. 1029 (1038 f.).

98) 이부하, "생명에 대한 기본권보호의무와 과소보호금지원칙", 15면.

는 의미의 '과소보호금지원칙'을 준수하였는지를 기준으로 심사한다. 국가는 그 보호의무를 이행하기 위한 보호대책을 강구함에 있어서 원칙적으로 사인에 의한 국민의 기본권에 대한 가해 위험의 정도나 종류, 심각성, 발생의 빈도, 각종 대책의 효과뿐만 아니라 상충하는 보호법익과의 형량, 문화적·사회적·경제적·재정적 여건 등을 종합적으로 감안할 필요가 있다.

기본권의 최소보호의 수준은 일의적으로 획정할 수 없다. 최소보호의 수준은 개별적 사건, 관련법익의 종류, 위험의 정도 등을 고려하여 판단할 수 있다. 일반적으로 국가가 여태까지 전혀 어떠한 조치를 취하지 않거나 유효한 법적 상황에 의거한 어떤 조치를 취하지 않는 경우 및 제3자의 권리나 공익을 심히 침해함이 없이 이미 존재하는 보호수단보다도 더 개선된 보호수단이 존재하는 경우, 또는 유효한 법률에 의거하여 존재하는 보호법익의 장애 또는 위험에 대하여 사익과 공익을 비교형량할 때 수인할 수 없다면 과소보호금지를 위반하는 것이 된다.

과소보호금지원칙의 세부적 심사기준으로서 수단의 적절성, 수단의 효율성, 협의의 비례성이 활용될 수 있다. 또한 법률에 의해 침해되는 법익의 성격, 사건의 반복으로 인한 법익침해의 반복성, 기본권적 법익에 대한 위험의 불가역성 등을 고려하여, 입법자의 보호의무 이행에 대한 헌법재판소의 통제밀도를 상이한 기준을 가지고 심사할 수 있다.

제3절 명확성원칙

I. 서 설

1. 논의의 쟁점

국가는 법치국가원리에 근거하여 기본권보장의 조건으로서 국민에게 국가작용에 대한 예측가능성을 보장해 주어야 한다. 특히, 오늘날 복지국가에서는 국민은 자신의 생존이나 개성신장을 국가가 제공하는 급부나 국가로부터 부여받은 허가 등에 의존하기 때문에 국민의 기본권은 국가작용에 대한 예측가능성이 보장될 때에만 비로소 실현될 수 있다.[99] 그러한 이유로 오늘날의 복지국가에서 법치국가원리의 본질적 요소인 법적 안정성의 요청은 더욱 중요한 의미를 지니게 되었다.

법적 안정성(Rechtssicherheit)이란 국가의 관할, 권한, 조직, 절차규정과 함께 국가행위의 예측과 예견가능성을 담보하는 국가행위의 합리성, 투명성, 예측성을 담고 있다. 법적 안정성은 객관적 요소로서 법질서의 신뢰성·항구성·법적 투명성과 법적 평화를 의미하고, 이와 내적인 상호연관관계에 있는 법적 안정성의 주관적 측면은 한번 제정된 법규범은 원칙적으로 존속력을 갖고 자신의 행위기준으로 작용하리라는 개인의 신뢰보호원칙[100]이다.[101] 법적 안정성의 객관적 요소로서 명확성원칙은 입법자에게 명확하고 구체적인 법규범을 법적 절차에 의거하여 제정하고, 일반인에게 공고하라는 헌법적 요청이다.

2. 명확성원칙의 헌법적 요청

명확성원칙은 법규정 자체가 언어적, 형식적, 절차적으로 명료해야 하며, 법 내용적으로 국민에게 예견가능성을 부여하고, 국가기관이 자의적 해석 및 적용을 할 수 없도록 명확하게 규정해야 한다는 원칙이다. 우리나라 헌법 및 헌법재판에서 요구하는 명확성원칙이란 형식적 및 내용적 명확성을 모두 일컫는 것으로서 이 양자를 모두 포함한다고 보아야 한다.

(1) 법의 형식적 명료성(Klarheit)

1) 언어의 명료성

법 언어의 명료성 또는 법규범의 명료성은 법규정이 대체로 이해될 수 있어야만 한다는 것을 의미한다. 이러한 법규범의 명료성 요청과 국민을 위한 계도적 안전장치간의 관련성은 계몽시대로부터 논의되어 왔다.[102] 베어(Wilhelm Joseph Behr)의 1810년 발행된 '통용되는 일반 국가학 시스템'이라는 저서에서 다음과 같이 기술하고 있다. "입법에 의해 개별 국민의 안전이 보장됨과 동시에 법적으로

---

99) 이상철, "독일 행정절차법상의 신뢰보호원칙", 안암법학 2, 안암법학회, 1994. 8, 203면 이하 참조.

100) 신뢰보호원칙에 관하여는 이부하, "헌법상 신뢰보호원칙에 대한 고찰", 한양법학 제21권 제4호, 2010. 11, 147면 이하 참조.

101) 헌재 1996. 2. 16. 96헌가2 등, 판례집 8-1, 51, 84.

102) B. Mertens, Gesetzgebungskunst im Zeitalter der Kodifikationen, Tübingen 2004, S. 354 ff.

부여되는 국민의 자유의 범위가 정해진다. 입법은 국가기관과 국민에게 국가목적에 의해 실행하고자 하는 것, 해서는 안되는 것, 지원해야 하는 것을 인식하게 한다. 국민과 국가기관에 유용하도록 법은 명확하게 규정되어야 한다."[103)]

법규정이 해석이 필요하다는 것 자체가 헌법상 요구되는 명확성원칙에 위반된다고 할 수는 없다. 물론 법규정은 전통적인 법학적 해석방법으로 해석 가능해야만 한다.[104)] 합헌적 법률해석이 더 이상 불가능한 상황이 되면, 전통적인 법학적 해석방법으로는 해석할 수 없게 된다.[105)] 전통적인 법학적 해석방법의 활용은 법규범 해석에 있어서 안정된 방법에 기초하여 법규정을 해석할 수 있다는 법안정적 의미를 지닌다.

독일 연방헌법재판소의 일관된 판례에 의하면, "법규정은 그 전제조건과 그 내용을 규정해야 하며, 그 법의 당사자가 법적 상황을 인식하고 그 후에 자신의 행동을 취할 수 있어야 한다."[106)]고 판시하였다. 일반인에 의한 법규정의 내용 판단을 의심해서인지 독일 연방헌법재판소 판례에서는 계속적으로 법규정을 이해해야 하는 주체로서 '당사자'(Betroffene)를 언급하고 있다.[107)] 법규정은 명확하게 이해될 수 있어야 하고, 법규정은 누구나 쉽게 이해되고 일반 국민에게 삶의 지침을 줄 수 있어야 한다는 요청은 계몽시대 이래로 광범위하게 인식되어 온 토포스(Topos)이다.[108)]

벤담(Bentham)의 「민법의 기초」에서 다음과 같이 주장하고 있다. "법의 스타일은 질서정연할 정도로 명료하게 규정되어야 할 필요성이 있다. 일상적으로 사용되는 용어를 사용해야 한다. 법규정의 서식은 과학적 공식처럼 어려워서는 안된다. 그리고 … 법전의 문체가 다른 책의 문체와 구별된다면, 법문은 최고의 명료성을 지님에 의해, 보다 더 명확함을 지님에 의해, 보다 더 친숙함을 지님에 의해 구별되어져야 한다. 왜냐하면, 모든 사람 아니면, 적어도 계몽된 사람들이 법을 이해할 수 있도록 법을 제정해야 하기 때문이다."[109)]

---

103) W. J. Behr, System der angewandten allgemeinen Staatslehre oder Staatskunst, Teil Ⅱ, § 374 (S. 74).

104) BVerfGE 93, 213 (238 f.); BVerfGE 103, 121 (133).

105) BVerfGE 101, 312 (330) 참조.

106) BVerfGE 21, 73 (79); BVerfGE 37, 132 (142); BVerfGE 47, 239 (247).

107) Ph. Kunig, Zur hinreichenden Bestimmtheit von Norm und Einzelakt, in: Jura 12 (1990), S. 495.

108) B. Mertens, Gesetzgebungskunst im Zeitalter der Kodifikationen, Tübingen 2004, S. 380 ff.

109) J. Bentham, Civil Code, Part I, Chapter XVII, S. 326.

2) 법 수범자의 이해가능성

일반인이 어떠한 법률을 처음 보았을 때 완전히 그 법률의 내용을 이해할 수 있다면, 이러한 법률은 법적 안정성에 부합하는 법규범일 것이다. 그러나 이러한 경우는 발생할 가능성이 매우 낮다. 일반인은 그가 속한 영역에 따라 법규정을 상이하게 이해할 수 있다.110) 법규범은 공포되고 시행됨으로써 국민 누구에게나 잠재적으로 적용될 수 있도록 일반적 효력을 발생시킨다. 그런데 실제로 대부분의 법규범은 특수한 지식을 갖춘 특정한 인적 집단에만 적용된다.111) 예를 들면, 일반인 내지 비전문가인 법관이 이해하기 어려운 과학기술법 규정은 과학기술적 개념과 자료를 인지하고 있는 해당 당사자들에게는 일반적으로 큰 어려움 없이 이해될 수 있다. 또한 집행행위를 매개로 하는 법규정은 법집행자인 집행부가 이해하고 관심을 갖고 있어야 할 뿐만 아니라, 그 법규정을 적용받는 당사자가 이해할 수 있는 내용을 담고 있어야 한다.112)

몽테스키외(Montesquieu)는 자신의 저서인 「법의 정신」에 다음과 같이 기술하고 있다. "법률은 이해하기 쉬운 언어로 규정해야 한다. 왜냐하면, 단순한 표현이 오히려 오랫동안 생각하여 고안해 낸 표현보다 훨씬 더 이해되기 쉽기 때문이다. 법률은 평균적 지식을 지닌 사람들에게 적합하게 만들어야 한다."113) 형법이나 민법과 같이 일반적으로 적용되고 일반인이 법적용을 받는 법규범에 대해서는 최대한 일반적인 이해가능성의 요청에 부합해야 한다. 즉, 일상생활에서 일반성을 지니는 법규정은 그 내용을 이해하기 위해 전문가나 법관의 보충적 해석이 필수불가결하게 요구될 필요가 없다.114) 물론 이 경우 일반인은 법규정을 이해하기 위해 어느 정도 지적인 최소한의 노력을 다해야 한다.115)

그런데 조세법과 같은 영역에서는 이해가능성을 다르게 적용할 수 있다. 즉, 조세법 영역에서 일반인의 법규정의 이해 부족은 전문가에 의한 보충적 해석에 의해 법규정의 명확성 여부는 해소될 수 있다. 실제 법규정의 당사자와 잠재적·

110) P. Noll, Gesetzgebungslehre, 1973, S. 172 ff.; E. Baden, Gesetzgebung und Gesetzesanwendung im Kommunikationsprozeß, S. 65 ff., 69 f.

111) K. Binding, Die Normen und ihre Übertretung, I. Buch, Erster Abschnitt, § 2 Fn. 9 (S. 8).

112) U. Krüger, Der Adressat des Rechtsgesetzes, Berlin 1969, S. 63 ff.

113) de Montesquieu, Vom Geist der Gesetze, Buch XXIX, Kapitel 16 (Band 2, S. 364, 366).

114) J. Hey, Steuerplanungssicherheit als Rechtsproblem, Köln 2002, S. 558 ff.

115) E. Baden, Gesetzgebung und Gesetzesanwendung im Kommunikationsprozeß, S. 76.

간접적 법규정의 당사자간의 차이라는 특성을 고려하여, 실제 법규정의 당사자라는 협의의 법규정의 수범자 개념을 사용하게 되면, 일반적인 이해가능성 개념 대신에 협의의 수범자의 이해가능성이라는 요청을 적용할 수 있다. 국민 중 특수한 영역에 속하는 사람들에게 적용되는 법규범은 특수한 전문적 지식을 지닌 그들의 용어를 이해할 수 있는 수범자를 이해가능성의 주체로 보아야 할 것이다.[116)]

3) 법의 형식적·절차적 명료성

언어적 명료성 이외에 법의 형식적·절차적 명료성의 요청이 인정되고 있다.[117)] 법규정이 외부적 상황과 접목되어 효력을 발생하면서 명료화되게 된다.[118)] 법규정의 형식성을 갖추도록 하면, 법이 경솔하게 제정되는 것으로부터 보호될 뿐만 아니라, 그 법형식에 상응하는 법적 실효성을 지니도록 함으로써 법을 명료화시킨다.[119)] 법이 외부적 형식을 갖추도록 요구하는 것은 규율 주체를 명확하게 한다. 예를 들면, 법은 자연인 이외에 단체의 형태를 갖추도록 요구한다. 책임통일체로서의 법인은 법적 안정성에 기여하게 된다.[120)] 이러한 법규정은 누구에게 책임이 있는지, 법적 책임이 어느 정도까지인지 등을 명확하게 한다. 또한 법에서 연령을 제한하는 것은 개인의 성숙성에 대한 분쟁을 방지하고 개인에 관한 정보를 통해 외부적 공통점을 연결함으로써 법의 명확성을 달성하게 한다.[121)]

(2) 법 내용적 예견성(Inhaltliche Bestimmtheit)

법의 예견성이라는 의미에서 법적 안정성은 언어적 명료성뿐만 아니라, 내용적 예견성에 의해 보장된다. 법이 어느 정도 내용적 예견성을 지녀야 하는가의 문제는 언어적 명료성 원칙과 법규범의 모순성(다의성) 간의 접점을 지닌다.[122)]

독일 연방헌법재판소는 재산형이 부과된 당사자에게 자신의 범죄행위에 대해 예

---

116) U. Krüger, Der Adressat des Rechtsgesetzes, S. 84 ff.

117) E. Schmidt-Aßmann, Institute gestufter Verwaltungsverfahren: Vorbescheid und Teil- genehmigung, München 1978, S. 569 f.

118) F. Scholz, Rechtssicherheit, Berlin 1955, S. 40 ff.; R. Zippelius, Rechtsphilosophie, S. 169.

119) M. Rümelin, Die Rechtssicherheit, Tübingen 1924, S. 15, 28.

120) E. Schmidt-Aßmann, Zur Bedeutung der Privatrechtsform für den Grundrechtsschutz gemischt-wirtschaftlicher Unternehmen, 1991, S. 383.

121) O. A. Germann, Rechtssicherheit, Basel 1946, S. 55.

122) Ph. Kunig, Das Rechtsstaatsprinzip, Tübingen 1986, S. 396.

견되는 형벌의 유형과 정도를 넘어 더 이상 감수할 수 없을 정도로 형벌이 부과된 경우 법률의 예견가능성의 헌법적 최소한을 갖추지 못한 것으로 판시하고 있다.[123)]

법의 예견성에 관한 헌법적 논의는 2가지 차원에서 논의될 수 있다. 하나는 어느 정도까지 법률의 명확성 정도를 요구할 것인가의 문제이다. 다른 하나는 위임입법에 있어서 명확성원칙의 문제이다.[124)] 여기서는 위임입법의 명확성의 문제는 제외하고 법률의 명확성 문제에 국한하기로 한다.

법규범을 추상적이고 일반적으로 규정하려 하면 할수록 그 법규범은 더욱 명확하게 규정해야 하며, 개별 국민이 그 법규범의 내용을 더 잘 이해할 수 있도록 규정해야 한다.[125)] 높은 추상성을 지닌 일반조항 내지 불확정 개념은 구체적으로 규정된 법조문보다 법적 안정성에 기여하지 못하게 된다. 추상적이고 일반적인 법규정은 구체적 사건에서 법 내용을 인식하지 못하게 하고, 그럼으로써 법 적용의 예측가능성을 감퇴시킨다. 이러한 결과 법 집행자가 객관적 판단지침을 지니지 못함으로 인해 자의적인 법해석 및 법집행이 가능하게 된다.

헌법상 요청되는 명확성의 요구 정도를 법규정의 성격에 따라 세분화하여 정도의 차이를 낸다면, 명확성 정도의 상대화라는 문제가 발생한다. 일반적으로 법규율의 밀도가 높을수록 명확성의 요구가 더욱 커진다. 입법자가 생각할 수 있는 생활환경에 대해서만 법적으로 세밀하게 규정하게 된다. 그런데 법의 내용적 명확성 요청은 모순되게도 법규정의 복잡성을 유발한다. 이는 법의 인식가능성을 저해하게 되어 내용적 명확성을 해친다. 이러한 법의 인식가능성을 고려하여 하나의 타협안에 이르게 된다. 즉, 적절하게 상세히 규정하고, 유연하게 규정하고, 적절히 일반적으로 규정한다. 결국 법규정은 일반화되고 유형화되게 된다.

Ⅱ. 우리나라 헌법재판소가 판시하는 명확성원칙의 내용

1. 명확성원칙의 의의

명확성원칙은 법치국가원리의 한 표현으로서 기본권을 제한하는 법규범의 내용

123) BVerfGE 105, 135 (152).

124) 이에 관해서는 지성수, "위임입법에 있어서의 명확성 원칙", 헌법논총 제15집, 2004, 665면 이하 참조.

125) R. Walter, Die Lehre von der Gesetzestechnik, ÖJZ 18, 1963, S. 87.

은 명확하여야 한다는 헌법상의 원칙인바,[126] 건전한 상식과 통상적인 법감정을 가진 일반인이 규범의 의미내용으로부터 무엇이 금지되는 행위이고 무엇이 허용되는 행위인지를 알 수 있도록 함으로써[127] 적용 대상자, 즉 수범자에게 그 규제내용을 미리 알 수 있도록 공정한 고지를 하여 장래의 행동지침을 제공하여[128] 법적 안정성과 예측가능성을 확보하게 하고,[129] 동시에 법 집행자에게 객관적 판단지침을 주어 차별적이거나 자의적인 법해석 및 집행을 예방하기 위한 원칙을 의미하는 것으로서, 민주주의와 법치국가원리에 기초하여 모든 기본권제한 입법에 요구되는 원칙이다.[130]

2. 명확성원칙의 헌법적 근거

헌법재판소는 "명확성원칙은 헌법상 내재하는 법치국가원리로부터 파생될 뿐만 아니라, 국민의 자유와 권리를 보호하는 기본권보장으로부터도 나온다. 헌법 제37조 제2항에 의거하여 국민의 자유와 권리를 제한하는 법률은 명확하게 규정되어야 한다."[131]고 하여 명확성원칙의 헌법적 근거로 법치국가원리 및 헌법 제37조 제2항을 들고 있다.

반면, 형벌규정의 명확성원칙의 헌법적 근거에 관해서는, "죄형법정주의에서 파생되는 명확성원칙은 누구나 법률이 처벌하고자 하는 행위가 무엇이며 그에 대한 형벌이 어떠한 것인지를 예견할 수 있고, 그에 따라 자신의 행위를 결정할 수

126) 헌재 2011. 8. 30. 2009헌바128 등, 판례집 23-2상, 304, 320.

127) 헌재 1996. 8. 29. 94헌바15; 헌재 1996. 12. 26. 93헌바65; 헌재 1998. 4. 30. 95헌가16 판례집 10-1, 327, 341; 헌재 2002. 1. 31. 2000헌가8, 판례집 14-1, 1, 8; 헌재 2008. 4. 24. 2004헌바92, 공보 제139호, 528, 531; 헌재 2010. 4. 29. 2008헌바118, 판례집 22-1상, 676, 682; 헌재 2011. 10. 25. 2010헌바272, 공보 181, 1605, 1607; 헌재 2012. 2. 23. 2008헌마500, 공보 185, 450, 458; 헌재 2012. 2. 23. 2011헌가13, 판례집 24-1상, 25, 35; 헌재 2013. 6. 27. 2012헌바169, 판례집 25-1, 519, 528.

128) 헌재 2010. 10. 28. 2008헌마638, 판례집 22-2하, 216, 228; 헌재 2012. 2. 23. 2009헌바34, 판례집 24-1상, 80, 87-88.

129) 헌재 2008. 1. 17. 2007헌마700, 판례집 20-1상, 139, 164; 헌재 2011. 8. 30. 2009헌바128 등, 판례집 23-2상, 304, 320; 헌재 2012. 8. 23. 2010헌바28, 판례집 24-2상, 420, 428.

130) 헌재 2010. 10. 28. 2008헌마638, 판례집 22-2하, 216, 228; 헌재 2012. 2. 23. 2009헌바34, 판례집 24-1상, 80, 87-88.

131) 헌재 1992. 4. 28. 90헌바27 등, 판례집 4, 255, 268-269; 1998. 4. 30. 95헌가16, 판례집 10-1, 327, 341-342; 2000. 2. 24. 98헌바37, 판례집 12-1, 169, 179; 헌재 2001. 6. 28. 99헌바34, 판례집 13-1, 1255, 1264.

있도록 구성요건이 명확할 것을 의미하는 것이다."라고 하여 죄형법정주의를 들고 있다.[132)]

3. 명확성 여부의 판단주체

명확한지 여부는 정도의 문제인데 이 정도라는 것은 적용의 주체 내지 판단의 주체에 따라 다를 수밖에 없기 때문에 판단자가 누구인가에 따라 명확 여부가 달라질 수 있는 것이다. 일반적인 행위규범의 경우에는 일차적으로는 그 규범의 수범자가, 그리고 재판의 단계에 이르러서는 그 규범을 해석, 적용하는 법관이 그 판단의 주체가 된다. 그러므로 결국 명확성의 요구라는 것은 일차적으로는 건전한 일반상식을 가진 수범자에 의하여 법규정의 의미의 범위가 대체로 파악될 수 있는 정도의 것이어야 하고 그런 가운데 종국적으로는 법관이, 심급과정을 거치면서, 관계법규 전반에 대한 종합적이고 유기적인 이해를 기초로 이를 해석하여 그 의미의 범위를 일의적으로 귀결시킬 수 있는 정도의 것이어야 한다는 요청으로 보아야 한다.[133)]

헌법재판소는 일관되게 "건전한 상식과 통상적인 법감정을 가진 사람으로 하여금 그 적용대상자가 누구이고 구체적으로 어떠한 행위가 금지되고 있는지를 충분히 알 수 있도록 규정하고 있다면 명확성원칙에 위배되지 않는다고 보아야 한다."[134)]고 판시하면서, 법규정의 명확성 여부의 판단주체를 "건전한 상식과 통상적인 법감정을 가진 일반인"으로 정하고 있다.

그러면서도 헌법재판소는 "수범자에 대한 행위규범으로서의 법령이 명확하여야 한다는 것은 일반 국민 누구나 그 뜻을 명확히 알게 하여야 한다는 것을 의미하지는 않고, 사회의 평균인이 그 뜻을 이해하고 위반에 대한 위험을 고지받을 수 있을 정도면 충분하며, 일정한 신분 내지 직업 또는 지역에 거주하는 사람들에게만 적용되는 법령의 경우에는 그 사람들 중의 평균인을 기준으로 하여 판단하여

132) 헌재 2000. 6. 29. 98헌가10, 판례집 12-1, 741, 748; 헌재 2011. 4. 28. 2009헌바56, 판례집 23-1하, 1, 7.

133) 헌재 1989. 12. 22. 88헌가13, 판례집 1, 357, 383; 2001. 12. 20. 2001헌가6 등, 판례집 13-2, 804, 813; 헌재 2005. 2. 3. 2003헌바1, 판례집 17-1, 70, 85.

134) 헌재 1996. 12. 26. 93헌바65, 판례집 8-2, 792; 헌재 1998. 5. 28. 97헌바68, 판례집 10-1, 640, 655-656; 헌재 2002. 4. 25. 2001헌바26, 판례집 14-1, 301, 322; 헌재 2006. 7. 27. 2004헌바68, 판례집 18-2, 80, 89; 헌재 2010. 4. 29. 2008헌바118, 판례집 22-1상, 676, 682.

야 한다."[135]고 하면서 특정한 사람들에게만 적용되는 경우에는 그 영역 사람들의 평균인을 판단주체로 하고 있다.

헌법재판소는 "모든 법규범의 문언을 순수하게 기술적 개념만으로 구성하는 것은 입법 기술적으로 불가능하고 또 바람직하지도 않기 때문에 어느 정도 가치개념을 포함한 일반적, 규범적 개념을 사용하지 않을 수 없으므로 법 문언이 해석을 통해서, 즉 법관의 보충적인 가치판단을 통해서 그 의미내용을 확인해 낼 수 있고, 그러한 보충적 해석이 해석자의 개인적인 취향에 따라 좌우될 가능성이 없다면 명확성의 원칙에 반한다고 할 수 없다."[136]고 판시하였다. 이를 해석하면, 일반인이 법규범의 명확성 여부를 판단하기 어려운 경우에도 법관의 보충적 해석을 통해 법문의 의미내용을 확인할 수 있다면, 명확성원칙에 위반되지 않는다고 판시하고 있다.

4. 명확성원칙에 위반되는지 판단기준

헌법재판소는 "법규범이 명확한지 여부는 그 법규범이 수범자에게 법규의 의미내용을 알 수 있도록 공정한 고지를 하여 예측가능성을 주고 있는지 여부 및 그 법규범이 법을 해석·집행하는 기관에게 충분한 의미내용을 규율하여 자의적인 법해석이나 법집행이 배제되는지 여부, 다시 말하면 예측가능성 및 자의적 법집행 배제가 확보되는지 여부에 따라 이를 판단할 수 있는데, 법규범의 의미내용은 그 문언뿐만 아니라 입법목적이나 입법취지, 입법연혁, 그리고 법규범의 체계적 구조 등을 종합적으로 고려하는 해석방법에 의하여 구체화하게 되므로, 결국 법규범이 명확성원칙에 위반되는지 여부는 위와 같은 해석방법에 의하여 그 의미내용을 합리적으로 파악할 수 있는 해석기준을 얻을 수 있는지 여부에 달려 있다."[137]고 하

135) 헌재 2012. 2. 23. 2009헌바34, 판례집 24-1상, 80, 88.

136) 헌재 1998. 4. 30. 95헌가16, 판례집 10-1, 327, 341-342; 헌재 2001. 6. 28. 99헌바31, 판례집 13-1, 1233, 1239; 헌재 2005. 12. 22. 2004헌바45, 판례집 17-2, 712, 721; 헌재 2008. 1. 17. 2007헌마700, 판례집 20-1상, 139, 164; 헌재 2010. 4. 29. 2009헌바46, 판례집 22-1하, 21, 27; 헌재 2011. 8. 30. 2009헌바128 등, 판례집 23-2상, 304, 320; 헌재 2012. 8. 23. 2010헌바28, 판례집 24-2상, 420, 428; 헌재 2012. 12. 27. 2011헌바225, 판례집 24-2하, 467, 473; 헌재 2013. 7. 25. 2012헌바471 등, 7.

137) 헌재 2005. 6. 30. 2002헌바83, 판례집 17-1, 812, 821-822; 헌재 2009. 5. 28. 2006헌바109 등, 판례집 21-1하, 545, 561; 헌재 2011. 3. 31. 2010헌바86, 판례집 23-1상, 369, 378-379; 헌재 2011. 4. 28. 2009헌바56, 판례집 23-1하, 1, 7; 헌재 2012. 2. 23. 2009헌바34, 판례집 24-1

여 종합적으로 해석 판단해야 한다는 입장이다. 또한 다른 결정에서는 “일반적이거나 불확정된 개념이 사용된 경우에는 당해 법률의 입법목적과 당해 법률의 다른 규정들을 원용하거나 다른 규정과의 상호관계를 고려하여 합리적인 해석이 가능한지 여부에 따라 명확성 여부가 가려져야 할 것이”[138]라고 판시하고 있다.

형벌규정에 대한 예측가능성의 유무는 당해 특정조항 하나만으로 판단할 것이 아니라, 관련 법조항 전체를 유기적·체계적으로 종합 판단하여야 하고, 그것도 각 대상법률의 성질에 따라 구체적·개별적으로 검토하여야 하며, 일반적이거나 불확정된 개념이 사용된 경우에는 당해 법률의 입법목적과 당해 법률의 다른 규정들을 원용하거나 다른 규정과의 상호관계를 고려하여 합리적으로 해석할 수 있는지 여부에 따라 가려야 한다.[139] 또한, 처벌법규의 구성요건이 어느 정도 명확하여야 하는 것은 일률적으로 정할 수 없고, 각 구성요건의 특수성과 그러한 법적 규제의 원인이 된 여건이나 처벌의 정도 등을 고려하여 종합적으로 판단하여야 한다.[140]

5. 명확성의 요구 정도

헌법재판소는 “법규범의 문언은 어느 정도 일반적·규범적 개념을 사용하지 않을 수 없기 때문에 기본적으로 최대한이 아닌 최소한의 명확성을 요구하는 것이다.”[141] 또한 “명확성의 원칙에서 명확성의 정도는 모든 법률에 있어서 동일한 정도로 요구되는 것은 아니고 개개의 법률이나 법조항의 성격에 따라 요구되는 정도에 차이가 있을 수 있으며, 각각의 구성요건의 특수성과 그러한 법률이 제정되게 된 배경이나 상황에 따라 달라질 수 있다.”[142]라고 판시하고 있다.

상, 80, 88.

138) 헌재 2001. 6. 28. 99헌바34, 판례집 13-1, 1255, 1265.

139) 헌재 1996. 2. 29. 94헌마13, 판례집 8-1, 126, 137; 헌재 2001. 6. 28. 99헌바34, 판례집 13-1, 1255, 1265; 헌재 2012. 3. 29. 2010헌바83, 판례집 24-1상, 392, 397.

140) 헌재 1997. 3. 27. 95헌가17, 판례집 9-1, 219, 232; 헌재 2011. 9. 29. 2010헌바66, 판례집 23-2상, 583, 590.

141) 헌재 2011. 8. 30. 2009헌바128 등, 판례집 23-2상, 304, 320.

142) 헌재 1992. 2. 25. 89헌가104, 판례집 4, 64, 78-79; 헌재 2001. 6. 28. 99헌바34, 판례집 13-1, 1255, 1264; 헌재 2010. 4. 29. 2009헌바46, 판례집 22-1하, 21, 27; 헌재 2011. 10. 25. 2010헌바272, 공보 181, 1605, 1607; 헌재 2012. 2. 23. 2008헌마500, 공보 185, 450, 458; 헌재 2013. 6. 27. 2012헌바169, 판례집 25-1, 519, 528.

구체적으로 "일반론으로는 어떠한 규정이 부담적 성격을 가지는 경우에는 수익적 성격을 가지는 경우에 비하여 명확성의 원칙이 더욱 엄격하게 요구된다고 할 것이고 따라서 형사법이나 국민의 이해관계가 첨예하게 대립되는 법률에 있어서는 불명확한 내용의 법률용어가 허용될 수 없으며, 만일 불명확한 용어의 사용이 불가피한 경우라면 용어의 개념정의, 한정적 수식어의 사용, 적용한계조항의 설정 등 제반방법을 강구하여 동 법규가 자의적으로 해석될 수 있는 소지를 봉쇄해야 하는 것이다."[143]고 판시하고 있다.

구체적으로 3영역에서 명확성의 정도를 강화하고 있다. 형사관련 법률, 표현의 자유를 규제하는 입법, 조세법이 이에 해당된다.

첫째, 죄형법정주의가 지배되는 **형사관련 법률**에서는 명확성의 정도가 강화되어 더 엄격한 기준이 적용된다(죄형법정주의상의 명확성원칙). 그러나 일반적인 법률에서는 명확성의 정도가 그리 강하게 요구되지 않기 때문에 상대적으로 완화된 기준이 적용된다(일반적 명확성원칙).[144]

둘째, **표현의 자유를 규제하는 입법**이다. 명확성의 원칙은 모든 기본권을 제한하는 입법에 대하여 요구되는 것이지만, 민주사회에서 표현의 자유가 수행하는 역할과 기능에 비추어 볼 때, 불명확한 규범에 의하여 표현의 자유를 규제하는 것은 헌법상 보호받는 표현에 대한 위축효과를 가져오게 되므로, 이러한 표현의 자유를 규제하는 입법에서는 특별히 중요한 의미를 지닌다. 즉, 무엇이 금지되는 표현인지가 불명확한 경우에는, 자신이 행하고자 하는 표현이 규제의 대상이 아니라는 확신이 없는 기본권 주체는 대체로 규제를 받을 것을 우려해서 표현행위를 스스로 억제하게 될 가능성이 높아지기 때문에 표현의 자유를 규제하는 법률은 그 규제로 인해 보호되는 다른 표현에 대해 위축효과가 미치지 않도록 규제되는 표현의 개념을 세밀하고 명확하게 규정할 것이 헌법적으로 요구된다.[145]

셋째, **조세법** 분야이다. 헌법재판소는 "조세의 징수는 국민의 재산권에 대한 중대한 침해를 가져올 수 있는 것이기 때문에 이에 관한 것은 국민의 대표기관인 의회의 입법인 법률에 의하도록 하는 것이 국민주권주의와 법치주의를 채택하고

---

143) 헌재 1992. 2. 25. 89헌가104; 2001. 6. 28. 99헌바34; 2002. 7. 18. 2000헌바57; 2002. 1. 31. 2000헌가8.

144) 헌재 2000. 2. 24. 98헌바37, 판례집 12-1, 169, 179; 헌재 2001. 6. 28. 99헌바34, 판례집 13-1, 1255, 1264-1265; 헌재 2011. 10. 25. 2010헌바272, 판례집 23-2상, 868, 875.

145) 헌재 1998. 4. 30. 95헌가16, 판례집 10-1, 327, 342; 헌재 2002. 6. 27. 99헌마48, 판례집 14-1, 616, 628; 헌재 2008. 7. 31. 2007헌가4, 판례집 20-2상, 20, 35-36.

있는 민주국가의 헌법상의 공통된 기본원칙이라고 할 수 있으며,[146] 우리 헌법 역시 제38조에서 '모든 국민은 법률이 정하는 바에 의하여 납세의 의무를 진다.' 라고 규정한 데 이어 제59조에서 이를 구체화하여 '조세의 종목과 세율은 법률로 정한다.'라고 규정함으로써, 행정부의 일방적이고 자의적인 조세 부과를 금하고 반드시 국회가 제정한 법률에 의하여만 조세를 부과할 수 있다는 조세법률주의의 원칙을 선언하고 있다. 헌법규정에 근거를 둔 이러한 조세법률주의의 핵심적 내용은 과세요건 법정주의 및 과세요건 명확주의로서, 과세요건 법정주의는 납세의무를 성립시키는 납세의무자·과세물건·과세표준·과세기간·세율 등의 과세요건과 조세의 부과·징수절차를 모두 국민의 대표기관인 국회가 제정한 법률로 규정하여야 한다는 것이고, 과세요건 명확주의란 과세요건을 법률로 규정하였다고 하더라도 그 규정내용이 지나치게 추상적이고 불명확하면 과세관청의 자의적인 해석과 집행을 초래할 염려가 있으므로 그 규정 내용이 명확하고 일의적이어야 한다는 것이다."[147]라고 판시하고 있다.

법률해석의 이러한 여러 방법들은 규율영역에 따라 허용되지 않거나 엄격하게 제한되는 경우가 있는바, 국민의 재산권과 밀접한 관련을 갖고 있는 조세법의 해석에 있어서는 조세법률주의의 원칙상 과세요건, 절차, 결과 등 모든 면에서 엄격하게 법문언대로 해석하여야 하고 합리적인 이유 없이 확장해석하거나 유추해석할 수는 없다.[148]

Ⅲ. 헌법재판소 견해에 대한 비판

1. 명확성 여부의 판단주체

헌법재판소는 계속적으로 일관되게 법규범의 명확성의 판단자로서 '건전한 상식과 통상적인 법감정을 가진 일반인'을 들고 있다. 왜 명확성을 판단하는 주체로 평균인 내지 일반인이 아닌, '건전한 상식과 통상적인 법감정'을 가진 일반인이어

146) 헌재 2001. 11. 29. 2000헌바95, 판례집 13-2, 660, 671.

147) 헌재 1989. 7. 21. 89헌마38, 판례집 1, 131, 138-139; 헌재 1995. 11. 30. 91헌바1등, 판례집 7-2, 562, 584; 헌재 1999. 12. 23. 99헌가2, 판례집 11-2, 686, 695; 헌재 2002. 6. 27. 2000헌바88, 판례집 14-1, 579, 584-584; 헌재 2009. 12. 29. 2008헌바171, 판례집 21-2하, 817, 833.

148) 헌재 2012. 7. 26. 2009헌바35 등, 판례집 24-2상, 7, 13.

야만 하는가? 라는 의문을 갖게 한다. 건전한 상식과 통상적인 법감정을 가진 일반인은 현재 계류 중인 헌법재판과 관련하여 당해 법률조항의 의미와 내용을 명확하게 이해하는 법감정을 가진 사람에 국한되지만, 대부분의 법학을 전공하지 않은 일반인은 여기에 속하지 못할 가능성이 높다. 법규범의 명확성 여부를 판단하는 주체를 왜 이렇게 수준 높은 사람으로 한정했는지 모르겠지만, 추측컨대 법관을 그 판단주체로 설정한 것 같다.

또한 건전한 상식과 통상적인 법감정을 가진 일반인을 판단주체로 잡음으로써 이 정도의 수준에 미치지 못할까봐 두려움에 처한 헌법재판의 청구인은 자신이 건전한 상식과 통상적인 법감정을 가지고 있음을 입증해야 하는 부담을 지게 된다. 명확성원칙 위반을 문제삼는 청구인에게 헌법재판소는 청구인이 그러한 정도의 주체가 됨을 입증해야 하는 입증책임을 부담시키고 있다.[149)]

더욱이 헌법재판소는 마치 '건전한 상식과 통상적인 법감정을 가진 일반인'이 현존하고 그들이 법조문의 명확성 여부를 현실적으로 판단해 줄 것처럼 설명하고 있다. 그러나 법조문의 명확성을 판단하는 주체는 '현존하는' 우리 공동체이지, '가설적' 존재인 건전한 상식과 통상적인 법감정을 가진 일반인이 아니다.[150)]

또한 헌법재판소는 형식적으로는 건전한 상식과 통상적인 법감정을 가진 일반인이라는 규범적으로 구성된 가설적 존재를 명확성의 판단 주체로 내세우면서 종국적 및 실질적으로는 법관이 명확성 여부를 판단하기 때문에 건전한 상식과 통상적인 법감정을 가진 일반인은 명확성 판단에 있어서 아무런 역할을 담당하지 못하는 허구인 것이다.

2. 법관의 보충적인 해석

법규정은 가치개념을 포함한 일반적, 규범적 개념을 사용하지 않을 수 없으므로 법관의 보충적인 해석을 통하여 이러한 법조문의 의미내용을 확인해 낼 수 있다면 명확성의 원칙에 반하지 않는다[151)]고 헌법재판소는 계속적으로 판시하고 있

149) 이준일, "헌법재판소가 이해하는 명확성원칙의 비판적 재구성", 헌법학연구 제7권 제1호, 2001, 286면.

150) 이준일, "헌법재판소가 이해하는 명확성원칙의 비판적 재구성", 헌법학연구 제7권 제1호, 2001, 287면.

151) 헌재 1998. 4. 30. 95헌가16, 판례집 10-1, 327, 341-342; 헌재 2001. 6. 28. 99헌바31, 판례집 13-1, 1233, 1239; 헌재 2005. 12. 22. 2004헌바45, 판례집 17-2, 712, 721; 헌재 2008. 1.

다. 헌법재판소는 법관의 보충적 해석을 강조하면서 명확성 판단의 실질적 주체를 법관으로 삼고 있다. 법관은 명확성 판단의 주체가 되어서는 안되고, 법규정의 최종적 유권해석자이다.

명확성원칙 위반 여부의 판단과 관련하여, 법관의 보충적인 해석자 내지 종국적인 판단자라는 생각은 법규정이 오로지 법적인 문제와 관련된 경우라면 큰 문제가 없으나, 법조문에 다양한 지식과 상황 및 특정한 전문성을 지닌 용어가 규정된 경우 법관에 의한 해석은 법규정의 명확성 여부 판단에 있어서 실수를 범하거나 오판할 가능성이 높다. 예를 들면, 예술과 관련한 용어가 있다고 하면, 이는 예술에 대한 전문적인 식견과 지식이 함께 고려되어야 하는데 법관이 이를 제대로 파악하지 못할 가능성을 배제하기 어렵다.[152)] 또한 법관의 보충적 해석 및 판단은 일반인이 법규범에 대해 이해하거나 해석하는 판단과 배치될 경우, 일반인의 예측가능성을 침해하고 법적 안정성을 저해하게 된다.

건전한 상식과 통상적인 법감정을 가진 일반인이 자신과 관계되는 특정한 법조문이 명확한지 여부가 불분명한 경우 법관의 보충적인 해석으로 그 의미가 명확해진다면 일반 국민은 법규정 그 자체로부터 구체적 법내용을 알 수 없기 때문에 법적 안정성으로부터 근원하는 예측가능성을 보장받지 못하는 결과에 이른다.

3. 명확성 여부의 판단기준

헌법재판소는 법규범이 명확한지 여부는 그 법규범이 수범자에게 법규범의 의미내용을 알 수 있도록 공정한 고지를 하여 예측가능성을 주고 있는지 여부에 따라 판단한다고 한다. 명확성원칙의 판단기준으로서 예견가능성은 국민의 입장에서 형식적으로 법문의 명확성을 갖출 뿐만 아니라, 내용적으로 법문의 의미내용이 무엇인지를 알 수 있는 상황을 요구한다. 그런데 헌법재판소의 견해에 의하면, 법규범의 의미내용은 그 문언뿐만 아니라 입법목적이나 입법취지, 입법연혁, 그리고 법규범의 체계적 구조 등을 종합적으로 고려하는 해석방법에 의하여 구체화하게 된다고 한다. 또한 명확성의 정도는 모든 법률에 있어서 동일한 정도로 요구

---

17. 2007헌마700, 판례집 20-1상, 139, 164; 헌재 2010. 4. 29. 2009헌바46, 판례집 22-1하, 21, 27; 헌재 2011. 8. 30. 2009헌바128 등, 판례집 23-2상, 304, 320.

152) 손희권, "교육법에서의 명확성 원칙의 법리에 관한 헌법재판소 결정 비판", 헌법학연구 제13권 제1호, 2007. 3, 467-468면.

되는 것은 아니고 개개의 법률이나 법조항의 성격에 따라 요구되는 정도에 차이가 있을 수 있으며 각각의 구성요건의 특수성과 그러한 법률이 제정되게 된 배경이나 상황에 따라 달라질 수 있다고 한다.

헌법재판소의 견해를 그대로 따르면, 국민이 법규범의 의미내용을 알려고 하면 법규범의 문언뿐만 아니라 입법목적이나 입법취지, 입법연혁, 그리고 법규범의 체계적 구조 등을 종합적으로 고려하는 해석방법을 제대로 숙지하고 있어야 된다는 말이다. 또한 국민은 개개의 법률이나 법조항의 성격의 차이를 알아야 하고, 법률조항의 구성요건의 특수성과 그러한 법률이 제정되게 된 배경이나 상황도 알아야 하는 엄청난 능력을 지녀야 한다. 이러한 노력과 능력을 지닌 특수한 국민만이 자신의 생업을 포기하고 법규범을 연구하고 해석하여 명확성 여부를 판단해야 한다는 것은 어불성설이다.

Ⅳ. 소 결

1. 법규범의 명확성 여부 판단의 주체는 그 법규범의 수범자인 국민이어야 한다. 수범자인 국민이 그 법규범으로부터 예견가능성을 지녀야 법적 안정성을 갖춘 입법이라 할 수 있다. 법규범의 수범자가 일반인인 경우에는 '일반인'이 법규정을 명확하게 이해하고 예견가능성을 갖도록 법을 명확하게 규정해야 한다는 것이 헌법상 명확성원칙이다. 법규범은 일반 국민이 알 수 있도록 명료하고 쉬운 언어로 표현되어야 한다. 그렇지 못하면 법의 예견가능성은 그 기능을 다 하지 못하게 된다.

2. 법규범의 명확성 여부를 판단하는 주체로 헌법재판소는 '건전한 상식과 통상적인 법감정을 가진 일반인'을 상정하고 있다. 이러한 존재는 현존하는 실체가 아니라, 규범적으로 구성된 가설적 존재이다. 그리고 일반적인 사건의 경우 건전한 상식과 통상적인 법감정을 가진 일반인이 명확성 여부를 판단하는 것이 아니라, 일반인이 법조문의 명확성 여부를 판단하기 어려운 경우에 법관의 보충적인 해석으로 명확성 여부를 판단한다고 한다. 헌법재판소가 명확성 판단의 실질적 주체로서 법관을 활용하게 되면, 명확성원칙은 유명무실하게 된다.

3. 법규범의 수범자인 일반 국민의 입장에서 법규범이 이해가능하고 예견가능성을 지녀야지, 특정한 능력을 지닌 수준 높은 사람이나 법관이 명확성 판단의 주

체가 되어서는 안된다. 또한 특정한 인적 집단에게만 적용되는 법규범의 경우에도 이는 그 영역의 평균인이 기준이 되어 명확성 여부를 판단해야지, 그 영역에 대한 전문적 지식이 부족한 법관이 명확성 여부의 판단주체가 되어서는 안된다.

4. 헌법재판소는 명확성의 원칙에서 명확성의 정도는 모든 법률에 있어서 동일한 정도로 요구되는 것은 아니고, 개개의 법률이나 법조항의 성격에 따라 요구되는 정도에 차이가 있을 수 있으며, 법규범의 문언뿐만 아니라 입법목적이나 입법취지, 입법연혁, 그리고 법규범의 체계적 구조 등을 종합적으로 고려하는 해석방법에 의하여 구체화된다고 한다. 명확성원칙은 국민에게 법적 안정성에서 근원하는 예견가능성을 보장해 주어야 하는 원칙인데, 일반 국민이 명확성의 정도를 파악하기 위해 법률이나 법조항의 성격의 차이도 알아야 하고, 법규범의 문언뿐만 아니라 입법목적이나 입법취지, 입법연혁, 그리고 법규범의 체계적 구조 등을 분석하여 명확성 여부를 판단하라는 것은 어불성설이다.

5. 헌법재판소는 명확성의 정도와 관련하여, 최대한이 아닌 최소한의 명확성을 요구하는 것이라고 한다. 그러면서도 형사관련 법률, 표현의 자유를 규제하는 입법, 조세법률에는 특별히 명확성의 정도가 강화되고, 그 밖의 일반법률에는 명확성의 정도가 완화된다고 한다. '최소한'과 '명확성'은 서로 모순되는 개념이다. 어느 정도가 최소한이며, 명확성이 강화되는 법률과는 어떻게 조화될 수 있는지가 설명되어야 한다. 명확성의 정도를 크게 강화와 완화, 즉 2가지 영역으로 나누는 기준과 양 영역의 명확성 정도가 어느 정도인지를 밝히지 않고 추상적으로 명확성의 정도가 강화되는 영역을 구체적 사건과 관련하여 설시하고 있다. 그런데 표현의 자유를 규제하는 입법의 경우에는 명확성의 정도가 강화되어야 함에도 불구하고, 명확성의 정도를 강화하여 적용하지 않는 사례가 더러 있다. 이는 강화된 영역과 완화된 영역간의 명확한 적용이 불확실할 뿐만 아니라, 그 기준도 유동적이며 불확실하다는 것이 문제다.

제 4 절 신뢰보호원칙

I. 문제의 제기

국민의 국가에 대한 의존성의 증가와 급격한 생활환경의 변화 및 이로 인한 법률의 잦은 개정은 국민의 기본권 보장 측면에서 법률의 존속성에 대한 신뢰에 관심을 갖게 하고, 법률의 존속성에 대해 더 높은 가치를 부여하게 한다. 헌법상 신뢰보호원칙은 국가 입법자에게 신뢰성있고 지속성있는 입법을 하라는 요청이자 이를 관철하는 하나의 수단이기도 하다.

헌법원칙으로서 신뢰보호원칙[153)]의 헌법 해석상 어려움은 신뢰보호원칙의 불분명한 성격에 기인한다. 따라서 신뢰보호원칙은 이론상이나 실무상으로 명확한 이론체계나 정교한 심사기준이 더욱 필요한 원칙이다. 먼저, 신뢰보호원칙의 헌법적 근거와 보호내용을 살펴본다. 둘째, 이론적으로 신뢰보호원칙과 과잉금지의 원칙은 심사기준으로서 명백히 구별되는 듯 보이지만, 실무상 양자는 혼용되거나 양자 중 하나가 임의로 심사기준으로 채택되는 경우가 많다. 신뢰보호원칙이 비례성원칙(과잉금지의 원칙)에 대해 독립된 헌법원칙으로서 어떻게 기능하는가를 해명할 필요성이 있다. 또한 헌법재판의 심사기준으로서 신뢰보호원칙과 비례성원칙의 적용순서가 문제된다. 즉, 기본권 침해 여부와 관련하여 비례성원칙이 먼저 적용되어야 하는지 아니면, 신뢰보호원칙이 먼저 적용되어야 하는지를 살펴보도록 한다. 셋째, 종전에 행정작용에 대한 신뢰보호원칙의 적용요건을 입법작용에 대한 신뢰보호원칙의 적용요건에 그대로 적용할 수 있는가를 살펴본다. 구체적으로 법률의 변경으로 인하여 불이익을 입은 경우 신뢰보호원칙이 어떠한 요건하에 적용될 수 있는가를 설명한다. 또한 신뢰보호를 위한 구체적 방법을 알아본다. 넷째, 신뢰를 제공한 법률이 본래 제3자의 기본권을 침해하고 있어서, 신뢰이익의 보호를 위한 경과규정이 오히려 제3자에게 차별취급의 불이익을 심화시키는 경우 평등권 침해 여부가 문제된다. 신뢰보호원칙과 평등권의 관계를 살펴볼 필요가 있

---

153) 헌법원칙으로서 신뢰보호원칙에 관한 대표적 논문으로는 St. Muckel, Kriterien des verfassungsrechtlichen Vertrauensschutzes bei Gesetzesänderungen, 1989, S. 60 ff.

다. 다섯째, 전통적으로 우리나라 헌법재판소 판례에서 사용하는 소급효의 구분과 독일 연방헌법재판소의 새로운 소급효 구분을 소개한다. 그리고 신뢰보호원칙과 소급효금지원칙의 관계정립의 해명이 필요하다. 소급입법의 경우 신뢰보호원칙이 적용되나, 소급입법이 아닌 경우(장래에 대해서만 효력을 가지는 입법의 경우)에도 신뢰보호원칙이 적용될 수 있는가가 문제된다. 마지막으로 신뢰보호의 상실시점을 어느 시기로 정할 것인가를 논의하기로 한다. 우리나라 헌법재판소는 신뢰보호 상실시점에 대한 언급이 없다. 따라서 독일의 학설과 연방헌법재판소의 판결을 참조하여 신뢰보호의 상실시점을 논하기로 한다.

Ⅱ. 신뢰보호원칙의 헌법적 근거와 보호내용

1. 신뢰보호원칙의 근거

(1) 신의성실설

신뢰보호의 근거를 사법(私法)상 신의성실의 원칙에서 찾으려는 견해이다.[154) 사법상의 신의성실의 원칙이란 구체적인 사정하에서 상대방으로부터 일반적으로 기대되는 신뢰를 배반하지 않도록 성의를 가지고 행동해야 한다는 원칙을 말한다. 신의성실설은 정당한 신뢰에 대한 보호청구의 근거를 신의성실에 두고 있다.

(2) 법적 안정성설

국가는 법적 안정성의 보장이라는 측면에서 법질서속에서 생활하는 개개 국민에게 자신이 신뢰한 법상태를 보호해 줄 것이라는 신뢰를 보장해주어야 한다. 이러한 신뢰보호원칙은 법치국가원리의 법적 안정성의 주관적 요소라 할 것이다.[155)]

154) 최명근, 세법학총론, 2003, 155면 이하; 류지태, 세법, 1998, 48면 이하; 이태로, 조세법강의, 1997, 30면 이하.

155) Knoke, Rechtsfragen, S. 148; Neuner, Die Rechtsfindung, S. 171 ff.; Sachs, in: Stelkens/Bonk/Sachs, VwVfG, § 48 Rn. 142.

(3) 소 결

신의성실의 원칙은 첫째, 사법(私法)상 신의성실은 당사자간에 일정한 특별관계가 존재하여야 적용되기에, 공법관계에도 신의성실의 원칙이 적용되기 위해서는 국가와 국민간의 관계에 특별한 신뢰관계가 존재하여야 한다. 공법상 이러한 특별한 신뢰관계가 존재하지 않는 경우, 신의성실의 원칙이 적용될 수 없다는 문제점이 있다.156) 예를 들면, 행정법상 확약의 경우와 같이 국가와 국민간의 구체적인 신뢰관계가 있는 경우에는 신의성실의 원칙이 적용될 수 있으나, 법률이나 행정청의 행정처분 등과 같은 경우에는 국가와 국민간의 특별한 신뢰관계가 존재하지 않기 때문에 신의성실의 원칙이 적용될 수 없게 된다.157) 둘째, 사법상 신의성실의 원칙을 공법에서 발생하는 모든 이익상충의 경우 적절하게 적용하기 어려우며, 반대로 공법상 신뢰보호의 적용영역은 점점 확장되고 있다. 비(非)헌법원리인 사법(私法)상의 신의성실의 원칙을 공법에 적용하기에는 어려운 점이 많다.158)

법치국가원칙은 이념적으로 실질적 정의의 실현이라는 요청과 법적 안정성의 요청이라는 상충하는 두 요소가 본질적 구성요소를 이루고 있다.159) 법치국가원칙의 객관적 측면인 법적 안정성은 ① 법적 명확성, 즉 법적 효과의 예견가능성과 예측가능성, ② 법적 평화, 즉 한번 제정된 법질서의 안정성 및 법질서에 대한 신뢰성, 그리고 ③ 법적 강제력, 즉 제정된 법의 사회적 현실에의 관철가능성 등의 구성요소로 이루어져 있다.160) 이와 내적인 상호연관관계에 있는 법적 안정성의 주관적 측면에는 한번 제정된 법규범은 원칙적으로 존속력을 갖고 이러한 법상태를 신뢰한 개개 국민의 주관적 권리를 보장해야 한다는 신뢰보호원칙으로 이루어져 있다.161)

---

156) Forsthoff, Lehrbuch des Verwaltungsrechts, Bd. I, 1973, S. 169; Ossenbühl, Vertrauensschutz im sozialen Rechtsstaat, DÖV 1972, S. 27.

157) 송동수, 공법상의 신뢰보호의 원칙, 「현대공법이론의 전개」, 석정 허영민박사화갑기념논문집, 1993, 284면.

158) Weber-Dürler, Vertrauensschutz im öffentlichen Recht, 1983, S. 12 f.

159) Vgl. BVerfGE 7, 194 (196); 15, 313 (319); 49, 148 (164); 60, 253 (267); 63, 343 (358); K. Stern, Staatsrecht, Bd. I, S. 796 f.; K. Sobota, Das Prinzip Rechtsstaat, 1997, S. 154 ff.; Karl-Peter Sommermann, in: v. Mangoldt/Klein/ Stark, GG II, 4. Aufl., 2000, Art. 20 Abs. 3, Rn. 229 u. 277 ff.; B. Grzeszick, in: Maunz/Dürig, GG, Art. 20 VII Rn. 50 ff.

160) Vgl. St. Muckel, Kriterien des verfassungsrechtlichen Vertrauensschutzes bei Gesetzesänderungen, 1989, S. 61.

법적 안정성이라는 객관법적 헌법원칙은 국가와 국민의 관계와 관련하여, 자신의 생활을 자신의 설계하에 형성하는데 필요한 '신뢰성'이라는 기준에 초점을 두고 있다. 법적 안정성은 자유를 향유하는 국민에게 삶의 설계에 있어서 안정성을 부여한다. 국가는 법적 안정성 보장의 측면에서 법상태를 신뢰한 개개 국민의 주관적 권리를 보장해 주어야 한다는 의미에서 신뢰보호원칙의 근거는 '법적 안정성'에서 구해야 한다.[162] 우리나라 헌법재판소도 헌법상 '법치국가원칙'과 '법적 안정성'에서 신뢰보호원칙의 헌법적 근거를 찾고 있다.[163]

2. 신뢰보호원칙의 보호내용의 징표

신뢰보호원칙의 헌법적 도출과 관련하여, 법해석학적 연역과 보호내용의 실질적 규정간의 관련성을 이해하면 그 보호내용이 명확해진다. 신뢰보호원칙의 구성요건적 특징을 설명함이 없이, 즉 무엇을 보호해야 하는지에 대해 확정함이 없이, 신뢰보호의 여부 및 정도를 법원에 의해 규정된 것으로 설명하는 것은 불가능하다.[164] 만약 그렇다면, 신뢰보호원칙은 주관적인 관점에서 개별적 사건마다 해석에 의해 규범적으로 보호할 가치있는 행위를 보호하는데 그치는 '순환적인 일반규정'[165]으로 전락하게 된다. 따라서 신뢰보호의 내용적 징표는 다음과 같다.

(1) 법적 일관성

보호할 가치있는 신뢰라는 개념은 불가변성[166], 신뢰성[167], 예측가능성[168], 예

---

161) Vgl. BVerfGE 43, 242 (286); 67, 1 (14); 84, 133 (159); 94, 241 (258); 97, 67 (79); W. Leisner, Das Gesetzesvertrauen des Bürgers. Zur Theorie der Rechts-staatlichkeit und der Rückwirkung der Gesetze, in: FS für Friedrich Berber, 1973, S. 273; V. Götz, Bundesverfassungsgericht und Vertrauensschutz, in: BVerfG und GG II, 1976, S. 421 (424); B. Weber-Dürler, Vertrauensschutz im öffentlichen Recht, Basel und Frankfurt am Main, 1983, S. 28 ff.; St. Muckel, Kriterien des verfassungsrechtlichen Vertrauensschutzes bei Gesetzesänderungen, 1989, S. 60 ff.

162) BVerfGE 3, 225 (237); 19, 150 (166); 61, 319 (356); 63, 343 (357); 101, 331 (348).

163) 헌재 1995. 6. 29, 94헌바39 결정, 판례집 7-1, 910면 이하; 1995. 10. 26, 94헌바12, 판례집 7-2, 461면 이하; 헌재 1997. 11. 27. 97헌바10, 판례집 9-2, 651, 668; 2001. 9. 27. 2000헌마152, 판례집 13-2, 338, 346; 2004. 12. 16. 2003헌마226·270·298·299(병합), 판례집 16-2, 589면 이하.

164) Fr. Ossenbühl, VVDStRL 32 (1974), S. 240.

165) W. Schmidt, JuS 1973, S. 529 (532).

견가능성[169] 등의 개념으로 달리 표현되기도 한다. 일관성보장[170]이란 법치국가 원리의 파생원칙으로서 법적 안정성 원칙으로부터 근원한다.[171] 이는 '법질서의 신뢰성'→'국가의 침입에 대한 예견가능성'→'법적 일관성에 대한 신뢰보호'라는 사고의 연결고리를 형성한다.[172]

(2) 존속보호

실질적으로 신뢰보호는 존속보호를 통해 이루어진다.[173] 존속보호는 헌법상 재산권보장을 위한 것이다. 즉, 국민의 재산권에 대한 국가의 개입에 있어서 재산권보장의 불변성이다.[174] 헌법에 의해 보장된 존속보호는 법적 안정성의 원칙과 법치국가원칙에 있어서 자신의 노력과 투자의 결과로서 투자존속에 근거하고 있다.[175]

(3) 체계충실(Systemtreue)

체계충실과 체계정당성(Systemgerechtigkeit) 원칙은 신뢰보호사상과 밀접한 관련을 맺고 있다.[176] 이 원칙은 입법자에 의한 일반적인 법원칙, 법규범, 가치들의 가치론적 질서나 목적론적 질서로서 법체계의 체계일관적인 실행을 선언한 것이다.[177] 입법자에게 있어서 체계충실 원칙은 법규범의 구조상에서 '법질서에 대한 자기기속'에 그 근거가 있다.[178]

---

166) Jellinek, Allgemeine Staatslehre, S. 369 f.; Klein/Barbey, Bundesverfassungsgericht, S. 65 ff.; Degenhart, Systemgerechtigkeit, S. 72.

167) BVerfGE 24, 75 (98).

168) Jellinek, Allgemeine Staatslehre, S. 369 f.; Hoppe, HStR Ⅲ, § 71 Rn. 81.

169) Leisner, FS Berber, S. 227 ff.

170) Maurer, HStR IV, § 79 Rn. 2; Kunig, Das Rechtsstaatsprinzip, S. 420.

171) BVerfGE 45, 167 (168); 59, 128 (164, 169).

172) Vgl. Fuß, FS Kutscher, S. 203 ff.

173) Achterberg, Allgemeines Verwaltungsrecht, § 23 Rn. 55.

174) 개념에 관하여는, Mainka, Vertrauensschutz, S. 27.

175) Vgl. Ossenbühl, Bestandsschutz, S. 111.

176) Stern, Staatsrecht Ⅰ, § 20 Ⅳ 4 g e (S. 837).

177) Peine, Systemgerechtigkeit, S. 47.

178) Koenig, JuS 1995, S. 317.

(4) 처분행위 보호(Dispositionsschutz)

신뢰보호의 규범적 보장장치로서 처분행위 보호가 있다.[179] 신뢰보호는 처분행위를 보호하기 위한 법제도라고 말한다.[180] 처분행위 조건의 기준으로서 신뢰자에게 유리한 법상태의 보호라는 의미에서 고도의 관철가능성을 부여해주는 존속성은 구체적이고 주관적인 사실관계들에 좌우된다.[181] 이러한 점에서 처분행위 보호는 객관적으로 있는 그대로의 현상에 중점을 두는 '존속보호'와는 차이가 있다.

Ⅲ. 헌법재판소의 일반적인 신뢰보호원칙 심사기준

입법작용에 대한 신뢰보호원칙의 심사기준으로서 우리나라 헌법재판소는, ① 청구인의 신뢰이익과 침해 정도, ② 법률의 존속에 대한 기본권자의 신뢰 정도, ③ 경과규정, ④ 공익의 중대성, ⑤ 신뢰이익과 공익 간의 비교형량 등을 사용한다.[182]

1. 청구인의 신뢰이익과 침해 정도

청구인들이 투자한 자본 및 노력들이 비교적으로 적은 경우, 청구인들이 가지는 신뢰이익이 그리 크지 않다. 이러한 경우 새로운 법률조항의 제정으로 인하여 청구인들이 받은 신뢰이익의 침해 정도도 그리 중하지 않다.[183]

---

179) Grabitz, DVBl. 1973, S. 680; Ossenbühl, Rücknahme, S. 88.; Kisker, VVDStRL 32 (1974), S. 151, 161 ff.; Leisner, FS Berber, S. 279, 283, 295.

180) Burmeister, Vertrauensschutz im Rechtsstaat, S. 247.

181) Vgl. Schmidt-Aßmann, HStR Ⅰ, § 24 Rn. 81.

182) 헌재 1995. 10. 26. 94헌바12, 판례집 7-2, 447, 460-461; 헌재 1998. 11. 26. 97헌바58, 판례집 10-2, 673, 680-683; 헌재 1999. 7. 22. 97헌바76 등, 판례집 11-2, 175, 195; 헌재 2002. 11. 28, 2002헌바45, 판례집 14-2, 704, 713-715; 헌재 2003. 10. 30, 2003헌바11; 헌재 2008. 9. 25. 2007헌마233, 1316, 1321; 헌재 2009. 9. 24, 2007헌마872, 1780, 1783-1785.

183) 헌재 2003. 10. 30, 2003헌바11.

2. 법률의 존속에 대한 기본권자의 신뢰 정도

입법자는 새로운 인식을 수용하고 변화한 현실에 적절하게 대처해야 하기 때문에, 국민은 현재의 법적 상태가 항상 지속되리라는 것을 원칙적으로 신뢰할 수 없다.

개인의 신뢰이익의 보호가치와 관련하여, 국가가 입법행위를 통하여 개인에게 신뢰의 근거를 제공한 경우, 법률의 존속에 대한 개인의 신뢰가 어느 정도로 보호되는지 여부에 대한 주요한 판단기준으로 다음과 같은 2가지 요소를 제시하고 있다.

(1) 법령개정의 예측성

법적 상태의 존속에 대한 개인의 신뢰는 그 개인이 어느 정도로 법적 상태의 변화를 예측할 수 있는지, 혹은 예측하였어야 하는지 여부에 따라 상이한 강도를 가진다. 그런데, 일반적으로 법률은 현실상황의 변화나 입법정책의 변경 등으로 언제라도 개정될 수 있는 것이기 때문에, 원칙적으로 이에 관한 법률의 개정은 예측할 수 있다고 보아야 한다.[184] 국민은 현재의 법적 상태가 항상 지속되리라고 신뢰할 수는 없기 때문에, 청구인이 당시 법률규정에 따라 가지고 있던 신뢰이익의 보호가치는 미약하다고 할 것이다.[185] 당해 법률조항은 매우 큰 공익상 필요가 있기 때문에, 이에 관한 입법자의 입법형성권의 범위가 매우 넓다. 따라서 국민들은 이러한 영역에 관한 법률이 제반 사정에 따라 언제든지 변경될 수 있다는 것을 충분히 예측할 수 있다고 보아야 한다.[186]

(2) 유인된 신뢰의 행사여부

개인의 신뢰이익에 대한 보호가치는 ㉠ 법령에 따른 개인의 행위가 국가에 의

---

184) 헌재 2004. 8. 26. 2003헌마337, 판례집 16-2상, 334, 352; 헌재 2009. 9. 24. 2007헌마872, 판례집 21-2상, 738, 746; 헌재 2013. 2. 28. 2012헌마34, 판례집 25-1, 138, 144.

185) 헌재 2004. 8. 26. 2003헌마337, 판례집 16-2상, 334, 352; 헌재 2013. 6. 27. 2011헌마315 등, 판례집 25-1, 570, 579-580.

186) 헌재 2002. 11. 28, 2002헌바45, 판례집 제14권 2집, 704, 712-715.

하여 일정방향으로 유인된 신뢰의 행사인지, ㉡ 아니면 단지 법률이 부여한 기회를 활용한 것으로서 원칙적으로 사적 위험부담의 범위에 속하는 것인지 여부에 따라 달라진다. 만일 법률에 따른 개인의 행위가 단지 법률이 반사적으로 부여하는 기회의 활용을 넘어서 국가에 의하여 일정 방향으로 유인된 것이라면 특별히 보호가치가 있는 신뢰이익이 인정될 수 있고, 원칙적으로 개인의 신뢰보호가 국가의 법률개정이익에 우선된다고 볼 여지가 있다.[187]

3. 기존 기득권자에 대한 경과규정

일반적으로 신뢰보호의 구체적 실현수단으로 사용되는 경과규정에는 ① 기존 법률이 적용되던 사람들에게 신법 대신 구법을 적용하도록 하는 방식과, ② 적응보조규정을 두는 방식 등이 있다.[188] "당해 법률조항의 경우, 임의적 적응조정규정을 신설함으로써 종전의 법률을 적용받던 사람 등의 기본권제약적 요소를 부분적으로 완화시킬 수 있는 보완조치를 하였다. 또한 청구인에 대하여는 개정된 법률에 적응·대비할 수 있는 '시간'을 제공하는 등 개정 법률에 적응할 수 있도록 나름대로 보완조치를 한 것이므로, 개정 법률로 인하여 개인이 입은 신뢰이익 침해의 정도는 작다고 할 수 있다."[189]고 판시하였다.

4. 공익의 중대성

법에 의해 시행되는 제도의 도입을 통하여 공익을 증진시켜야 할 필요성이 매우 크다.[190] 새로운 법률조항이 법 시행 이전에 이미 기득권을 가진 자의 기본권을 제한해야 할 필요성이 큰 반면, 공익의 비중은 매우 높고 법 조항이 추구하는 공익은 매우 중대하고 긴요하다.[191] 시행되는 제도는 공공복리의 증진에 이바지

---

187) 헌재 2002. 11. 28, 2002헌바45, 판례집 제14권 2집, 704, 712-715.

188) 헌재 2002. 11. 28. 2002헌바45, 판례집 14-2, 704, 714.

189) 헌재 2002. 11. 28, 2002헌바45, 판례집 제14권 2집, 704, 712-715.

190) 헌재 2009. 9. 24. 2007헌마872, 판례집 21-2상, 738, 748; 헌재 2012. 3. 29. 2010헌마443 등, 판례집 24-1상, 591, 612; 헌재 2016. 7. 28. 2014헌바372 등, 판례집 28-2상, 46, 58.

191) 헌재 2008. 9. 25. 2007헌마233, 판례집 20-2상, 587, 604; 헌재 2009. 9. 24, 2007헌마872, 판례집 21-2상, 738, 748; 헌재 2010. 6. 24. 2008헌마271 등, 판례집 22-1하, 563, 580; 헌재 2017. 7. 27. 2015헌바240, 판례집 29-2상, 52, 63; 헌재 2017. 7. 27. 2016헌바275, 판례집

함을 목적으로 하는 입법취지에 부합한다고 할 것이다.[192)]

5. 신뢰이익과 공익 간의 비교형량

헌법재판소의 일관된 판례에 의하면, "신뢰보호원칙의 위반 여부를 판단하기 위해서는 한편으로는 침해받은 신뢰이익의 보호가치, 침해의 중한 정도, 신뢰가 손상된 정도, 신뢰 침해의 방법 등과 다른 한편으로는 새로운 입법을 통해 실현하고자 하는 공익적 목적을 종합적으로 비교·형량하여야 한다."[193)]

또한 헌법재판소는 "단순한 입법정책의 변경에 의한 법률개정과 같이 구법과 신법이 모두 일정한 합리성을 가지고 있는 경우와 구법 질서의 불합리성에 대한 반성적 고려에 의하여 법률이 개정되는 경우는 그 각각에 대한 신뢰보호의 필요성이 달라진다."[194)]고 판시하고 있다.

Ⅳ. 헌법재판소의 신뢰보호원칙 심사기준의 문제점

1. 세부 심사기준의 체계성과 설득력 부족

우리나라 헌법재판소는 ① 개인의 신뢰이익과 침해 정도, ② 법률의 존속에 대한 기본권자의 신뢰 정도, ③ 경과규정, ④ 공익의 비중과 정도, ⑤ 법익의 비교형량 등을 구체적인 심사기준으로 사용했었다.[195)] 그러나 다른 결정에서는 ① 개

29-2상, 151, 162.

192) 헌재 2009. 9. 24, 2007헌마872, 1780, 1783-1785.

193) 헌재 1995. 10. 26. 94헌바12, 판례집 7-2, 447, 460-461; 헌재 1998. 11. 26. 97헌바58, 판례집 10-2, 673, 680-683; 헌재 1999. 7. 22. 97헌바76 등, 판례집 11-2, 175, 195; 헌재 2001. 2. 22. 98헌바19, 판례집 13-1, 212, 219-220; 헌재 2002. 11. 28, 2002헌바45, 판례집 14-2, 704, 713-715; 헌재 2004. 12. 16. 2003헌마226 등, 판례집 16-2하, 580, 591; 헌재 2005. 6. 30. 2004헌바42, 판례집 17-1, 973, 983; 헌재 2006. 4. 27. 2005헌마406, 공보 제115호, 667, 673; 헌재 2008. 9. 25. 2007헌마233, 1316, 1321; 헌재 2011. 7. 28. 2009헌바311, 판례집 23-2상, 77, 89; 헌재 2012. 11. 29. 2011헌마827, 판례집 24-2하, 250, 266; 헌재 2013. 6. 27. 2011헌마315 등, 판례집 25-1, 570, 579; 헌재 2016. 10. 27. 2015헌바203 등, 판례집 28-2상, 598, 605; 헌재 2017. 7. 27. 2015헌바240, 공보 제250호, 725, 729; 헌재 2017. 7. 27. 2016헌바275, 공보 제250호, 771, 776; 헌재 2017. 11. 30. 2016헌마101 등, 공보 제254호, 1186, 1191.

194) 헌재 2009. 5. 28. 2005헌바20 등, 판례집 21-1하, 446, 461.

인의 신뢰이익의 보호가치(㉠ 법령개정의 예측성, ㉡ 유인된 신뢰의 행사여부, ㉢ 경과규정), ② 개인의 신뢰이익에 대비되는 공익 등을 심사기준으로 제시하고 있다.[196] 또 다른 결정에서는 ① 법령의 개정과 신뢰의 보호, ② 심판대상부분의 입법목적, ③ 법익의 형량 등을 심사기준으로 사용하기도 한다.[197] 다른 결정에서는 ① 보호가치 있는 신뢰이익의 존부에 대한 판단, ② 심판대상조항으로 달성하려는 공익의 내용, ③ 신뢰이익과 공익 간의 비교형량 등을 심사기준으로 사용하기도 한다.[198] 또한 ① 신뢰에 대한 보호가치, ② 침해의 방법과 정도, ③ 공익의 중대성 등을 심사기준으로 사용하기도 한다.[199]

이렇듯 헌법재판소는 여러 결정에서 동일한 신뢰보호원칙의 심사기준을 사용하는 것이 아니라, 사건마다 필요한 심사기준을 만들어 임시방편으로 사용하는 듯하다. 세부 심사기준 중 어떠한 심사기준은 반드시 필요하고 어떠한 심사기준은 특정한 상황에서 생략할 수 있는지를 설명해야 한다.

개인의 신뢰이익의 침해 정도를 중요한 심사기준으로 사용해야 하는지 아니면, 신뢰이익의 보호가치를 중요한 심사기준으로 사용해야 하는지를 신중하게 고려해야할 필요가 있다. 생각건대 신뢰보호원칙의 심사기준으로서 신뢰이익의 침해 정도는 상당히 주관적인 판단이므로 지양해야 하고, 개인의 신뢰이익이 보호가치가 있는지 여부를 중요한 심사기준으로 삼아야 한다.

법률의 존속에 대한 기본권자의 신뢰 정도와 법령개정의 무조건적인 예측성은 상호 모순되는 심사기준이므로, 하나의 심사기준은 폐기하여야 한다. 그런데 법령개정의 무조건적인 예측성은 신뢰보호사상을 무력화시키는 것이므로 이를 심사기준으로 사용하는 것은 타당하지 않다.

2. 보호가치있는 신뢰이익 유무의 구체적 논증 필요

헌법재판소는 "사회환경이나 경제여건의 변화에 따른 필요성에 의하여 법률은 신축적으로 변할 수밖에 없고, 변경된 새로운 법질서와 기존의 법질서 사이에는

---

195) 헌재 2003. 10. 30. 2001헌마700 등, 판례집 15-2하, 137, 161-164.

196) 헌재 2002. 11. 28. 2002헌바45, 판례집 14-2, 704, 713-715.

197) 헌재 2002. 8. 29. 2001헌마159, 판례집 14-2, 203, 210-211.

198) 헌재 2009. 5. 28. 2005헌바20 등, 판례집 21-1하, 446, 458-461.

199) 헌재 2008. 9. 25. 2007헌마233, 판례집 20-2상, 587, 600-604.

이해관계의 상충이 불가피하다. 따라서 국민이 가지는 모든 기대 내지 신뢰가 헌법상 권리로서 보호될 것은 아니고, 신뢰의 근거 및 종류, 상실된 이익의 중요성, 침해의 방법 등에 의하여 개정된 법규·제도의 존속에 대한 개인의 신뢰가 합리적이어서 권리로서 보호할 필요성이 인정되어야 한다."[200]고 설명하고 있다. 그런데 헌법재판소는 어떠한 신뢰가 합리적인지에 대한 명확한 기준은 제시하지 않고 있다.

헌법재판소는 신뢰보호원칙의 심사기준으로 법률의 존속에 대한 기본권자의 신뢰 정도를 판단한다. 법률의 존속에 대한 기본권자의 신뢰 정도를 "법령개정의 예측성"이나 "유인된 신뢰의 행사 여부" 등으로 중점적으로 심사한다. 그런데 신뢰보호원칙 심사에서 중요한 것은 당사자의 신뢰가 헌법상 보호가치있는 신뢰이익인지 여부이다. 신뢰이익이란 기존 법령에 따라 형성된 사실관계나 법률관계의 법적·사실적 의미가 개정된 신법에 의해 불리하게 변경된 경우에 구법질서에서 형성된 사실관계나 법률관계가 존속하리라고 생각하는 기본권주체의 이익을 의미한다.[201]

우리나라 헌법재판소는 "법령에 규정된 내용이 개정될 것이라는 것을 예측해야 한다는 것"(법령개정의 예측성)과 "보호가치있는 신뢰이익인지 여부"를 동일한 것으로 오해하여 혼동하고 있다. 이처럼 헌법재판소가 보호가치있는 신뢰이익인지 여부를 법령개정의 예측성이라는 심사기준으로 대체하여 판단하는 것은 문제가 있다.

헌법재판소는 단지 "… 청구인들에게 인정될 수 있는 신뢰이익의 보호가치는 미약하다."[202] 또는 "청구인이 이 사건 법률조항을 … 신뢰하였다고 하더라도 이러한 신뢰는 보호할만한 정도에 이르지 못하는 단순한 희망 내지 기대에 불과하다 할 것이다."[203]라는 단정적인 결론만을 제시하고 있다. 헌법재판소는 왜 신뢰이익의 보호가치가 미약한지는 논증하지 않고 이러한 신뢰는 단지 희망 내지 기대라고 치부한다. 또한 헌법재판소는 매번 "수범자의 입장에 있는 청구인은 … 될 것으로 신뢰하였다 하더라도 그 신뢰가 보호받을 것을 기대할 수는 없는 것이 원칙이다."[204]라고 설시하고 있다. 왜 법령을 신뢰하였는데도 그 신뢰가 보호가치가

---

200) 헌재 2002. 2. 28. 99헌바4, 판례집 14-1, 106, 116; 헌재 2008. 9. 25. 2007헌마233, 판례집 20-2상, 587, 599.

201) 박경철, "헌법원칙으로서 신뢰보호원칙", 헌법학연구 제16권 제2호, 2010. 6, 365면.

202) 헌재 2009. 4. 30. 2007헌마106, 966, 980.

203) 헌재 2003. 4. 24. 2002헌바9, 판례집 15-1, 406, 407.

없는지를 명확히 설명해 주지 않는다. 설령 신뢰이익이 법률상의 권리나 기대에 불과하더라도 이에 대한 이유나 후속적인 판단이 이루어져야 한다. 인식해야 될 것은 신뢰이익은 반드시 기본권일 필요가 없으며, 법령에 대한 신뢰이익은 법률상 권리나 기대이어도 상관없기 때문이다.

3. 법령개정에 대해 국민이 무조건적으로 예측해야 하는가?

헌법재판소는 법령개정의 예측성을 설명하면서 "일반적으로 법률은 현실상황의 변화나 입법정책의 변경 등으로 언제라도 개정될 수 있는 것이기 때문에, 원칙적으로 이에 관한 법률의 개정은 예측할 수 있다고 보아야 한다."[205]고 함으로써 법률의 존속에 대한 국민의 신뢰를 절대적으로 부정하고 국민이 전적으로 법령개정의 예측성을 인식해야 한다고 설시하고 있다. 헌법재판소는 신뢰보호원칙 심사 중 법령개정의 예측성 판단에 있어서 전지전능한 인간을 상정하여 판단하고 있다.

법령개정에 대한 예측성을 신뢰보호원칙의 심사기준으로 삼는 것은 심사기준으로서 객관성을 상실하는 일이다. 법규범이 새롭게 개정될 것을 국민에게 예측하라고 함은 국민이 국회의 법률의결을 사실상 인지하거나 법적으로 주시하여 인식해야만 함을 전제로 한다. 국민에게 법률의결 뿐만 아니라, 개정될 법률의 본질적 내용과 소급효 규정에 대한 내용까지 사실상 지득할 것을 요구함은 결코 타당하지 않다.[206]

법규범의 개정에 대한 예측성을 구체적인 사건에서 당사자에게 주어진 신뢰정도를 확인하는 기준으로 활용해서는 안된다. 일반국민이 자신의 국민경제생활에 전념할 시간에 항시 법률상황의 개정이나 악화를 예측해야 한다는 것은 불가능하기 때문이다. 따라서 법령개정의 예측성을 신뢰보호원칙의 심사기준으로 삼는 것은 국가행위에 대한 신뢰사상을 완전히 상대화시키는 일이다.[207] 헌법재판소가 제시하는 심사기준대로, 국민이 법령개정을 무조건적으로 예측해야 한다는 것은 무리한 요구이다.

---

204) 헌재 2012. 3. 29. 2010헌마443 등, 판례집 24-1상, 591, 611.

205) 헌재 2002. 11. 28. 2002헌바45, 판례집 14-2, 704, 713.

206) 이부하, "헌법상 신뢰보호원칙에 대한 고찰", 한양법학 제21권 제4호, 2010. 11, 156면.

207) 이부하, "헌법상 신뢰보호원칙에 대한 고찰", 한양법학 제21권 제4호, 2010. 11, 156면.

4. 유인된 신뢰인지 여부의 논거 부족

헌법재판소는 "개인의 신뢰이익에 대한 보호가치는 ① 법령에 따른 개인의 행위가 국가에 의하여 일정방향으로 유인된 신뢰의 행사인지, ② 아니면 단지 법률이 부여한 기회를 활용한 것으로서 원칙적으로 사적 위험부담의 범위에 속하는 것인지 여부에 따라 달라진다. 만일 법률에 따른 개인의 행위가 단지 법률이 반사적으로 부여하는 기회의 활용을 넘어서 국가에 의하여 일정 방향으로 유인된 것이라면 특별히 보호가치가 있는 신뢰이익이 인정될 수 있고, 원칙적으로 개인의 신뢰보호가 국가의 법률개정이익에 우선된다고 볼 여지가 있다."고 판시하고 있다.[208]

국민이 현행 법률에 규정된 내용을 신뢰하여 계속적으로 행동하였고 새로운 법률에서 갑자기 부담적 내용으로 개정된 것을 두고, 헌법재판소는 사적 위험부담에 속하는 것이라고 단정짓는 것에 대해 아무런 설명이나 근거가 없다. 또한 어떠한 이유에서 국가에 의해 유도된 사경제의 활동에 속하지 않는지에 대한 대답이 없다. 그렇다면 어떠한 영업행위가 국가에 의해 유도된 사경제의 활동에 속하는지도 밝힐 필요가 있다.

5. 경과규정의 존재 여부 심사 회피

신뢰보호를 위한 구체적 보완방법으로서의 적절한 경과규정의 도입은 신뢰보호원칙의 위헌성을 완화할 수 있는 수단으로 평가된다. 당사자인 국민이 장래에 행할 처분행위가 어떠한 지속적인 존속을 보장받을 수 없을 때, 그 처분행위를 위해 적어도 적절한 경과기간이 고려되어야 한다. 또한 입법자는 적절한 경과규정을 둠으로써 법률조항의 위헌성을 피할 수 있다.[209] 만약 경과규정을 두지 않는다면, 입법자는 새로운 법규범을 적용하든지 아니면 새로운 법규범을 불허하든지 하는 수밖에 다른 대안이 없다. 그러나 경과규정은 일반적 또는 구체적으로 기존 법령의 적용을 받는 기득권자에게 적응을 위한 기회를 부여한다. 경과규정은 새로운 법규범이 비례의 원칙 요청을 충족하는 결과를 가지게 함으로써 기본권침해

208) 헌재 2002. 11. 28. 2002헌바45, 판례집 14-2, 704, 713.

209) B. Pieroth, Rückwirkung und Übergangsrecht, S. 153 f.; St. Muckel, Kriterien, S. 120.

를 완화할 수 있다.[210) 신뢰가 적은 보호가치를 지니면 지닐수록 그리고 신뢰손상의 정도가 적으면 적을수록, 입법자는 경과규정을 통해 법적 상황의 변경을 더욱 더 시간적으로 단계화할 수 있다.[211)]

신뢰보호원칙에서 의미하는 신뢰보호를 위해 구체적 적응수단으로 사용되는 경과규정은 기존에 누리고 있던 신뢰이익에 대한 제약적 요소를 부분적으로 완화하는 보완조치이다. 경과규정을 두는 것은 위헌성을 피하기 위한 것이지, 법률상의 입법목적을 실현하기 위한 수단이 아니다. 따라서 신뢰보호원칙 심사에 있어서 특정한 법령에서 경과규정이 존재하지 않는다면, 이러한 경과규정이 없는 새로운 법령은 거의 위헌성을 면하기 어렵다.

우리나라 헌법재판소는 어떤 사건에서는 경과규정 존재 여부에 대한 심사를 한 경우도 있지만, 다른 사건에서는 경과규정 존재 여부나 그 적정성 판단에 대한 언급이나 관심이 없다.

6. 공익과 사익의 비교형량에서 비구체화된 공익

헌법재판소는 신뢰보호원칙의 판단기준으로 공익의 비중과 정도를 고려하여 사익과 공익을 비교형량한다. 신뢰보호원칙 심사에 있어서 보호가치있는 신뢰이익인 사익과 법에서 추구하는 공익 간을 비교형량하는 작업은 매우 중요하다. 그런데 여기서 지칭되는 '공익'이 무엇인지 구체화될 필요가 있다.[212)] 헌법재판소는 일반적으로 공익의 우위를 내세워 개인의 신뢰보호를 저버리는 형량의 결과를 내놓는데, 헌법재판소는 대부분의 판례에서 설득력있는 논거를 제시함이 없이 공익의 상대적 우위를 인정하고 있다. 개인의 신뢰이익보다 공익의 우위를 인정하는

---

210) St. Muckel, Kriterien, S. 120.

211) BVerfGE 21, 173 (183); 43, 242 (288); 58, 300 (351); 67, 1 (15); 78, 249 (285); 98, 265 (309 f.); St. Muckel, Kriterien, S. 120 f.; 이부하, "헌법상 신뢰보호원칙에 대한 고찰", 한양법학 제21권 제4호, 2010. 11, 157면.

212) "공익"이라는 개념은 이처럼 매우 추상적인 것이어서 어떠한 표현행위가 과연 "공익"을 해하는 것인지, 아닌지에 관한 판단은 사람마다의 가치관, 윤리관에 따라 크게 달라질 수밖에 없다. 건전한 상식과 통상적인 법감정을 가진 일반인들에게 있어 공통적으로 공익으로 인식될 수 있는 이익이 존재함은 의문의 여지가 없으나, 판단주체에 따라 공익인지 여부를 달리 판단할 가능성이 있는 이익이 존재함도 부인할 수 없다. 이는 판단주체가 법전문가라 하여도 마찬가지이고, 법집행자의 통상적 해석을 통하여 그 의미내용이 객관적으로 확정될 수 있다고 보기 어렵다(헌재 2010. 12. 28. 2008헌바157 등, 판례집 22-2하, 684, 696[위헌]).

이론 구성은 입법자에게 거의 무제한의 법률개정에 의한 소급적 법규범의 가능성을 열어주고, 국민의 기본권보다 입법자의 관심사가 항상 우선한다는 반기본권적 사상을 반영하는 것이다.[213)]

헌법재판소는 공익의 비중과 정도를 심사기준으로 사용하고 있는데, 공익의 비중과 정도는 헌법재판소가 그 때 그 때의 사건과 상황에 따라 인식하기 나름이기에 공익의 비중과 정도는 매우 유동적이다.

V. 신뢰보호원칙의 새로운 심사기준 제시

1. 개인의 보호가치있는 신뢰이익 존재 여부

신뢰보호의 대상은 '보호가치있는' 신뢰이익을 말한다.[214)] 따라서 구체적인 신뢰보호의 구성요건에 해당하기 위해서는 법적인 신뢰이익이어야 한다.[215)] 헌법상 보장되는 기본권 인식의 중요한 전제는 법에 대한 신뢰이다.[216)] 신뢰의 토대가 되는 법률의 내용을 인식함으로써 본질상 개인에게 주관적으로 강하게 각인된 신뢰가 객관적으로 이해되고, 이것이 법적으로 평가될 수 있어야 한다. 신뢰의 객관화는 법적 보호의 필수적인 조건이다. 신뢰의 토대를 이루는 실질적 법률규정이 헌법적으로 보호가치있는 각각의 신뢰의 내용을 확정함으로써 신뢰의 객관화는 이루어질 수 있다.[217)] 법적 요건의 계속성에 대한 최소한의 보장을 통해 입법자는 '법질서의 일관성'[218)]이라는 헌법적 요청을 충족하게 된다. 불법적으로 취득한 법적 권리가 계속적으로 지속되리라는 신뢰는 보호가치가 없다.[219)] 헌법 효력이

---

213) 이부하, "헌법상 신뢰보호원칙에 대한 고찰", 한양법학 제21권 제4호, 2010. 11, 155면.

214) Oldiges, Grundlagen, S. 195 f.; H.-J. Becker, DÖV 1973, S. 384 f.; W. Schmidt, JuS 1973, S. 531; Kisker, VVDStRL 32 (1974), S. 150; Püttner, VVDStRL 32 (1974), S. 201; W.-R. Schenke, AöR 101 (1976), S. 361.

215) Oldiges, Grundlagen, S. 195 f.; Roellecke, Vertrauensschutz, S. 411; K. Sobota, Das Prinzip Rechtsstaat, S. 157; Blanke, Vertrauensschutz, S. 89.

216) J. Isensee, Vertrauensschutz für Steuervorteile, in: P. Kirchhof/K. Offerhaus/H. Schöberle (Hrsg.), Festschrift für Franz Klein, Köln, 1994, S. 611 (613).

217) 이부하, "헌법상 신뢰보호원칙에 대한 고찰", 한양법학 제21권 제4호, 2010. 11, 156면.

218) H. Maurer, HStR IV, § 79 Rn. 2; Ph. Kunig, Das Rechtsstaatsprinzip, 1986, S. 420.

219) BVerfGE 27, 231 (239); 32, 311 (319); 101, 239 (266).

발생하는 상황에서 법수범자의 법적 상황이 갑자기 예견치 못하게 변경되어서는 안된다는 최소한의 원칙은 기대할 수 있어야 한다. 일반 국민은 현행 법령을 신뢰할 수 있어야 한다.

신뢰의 토대로서 법률이 존재해야 한다. 국민의 법률에 기초한 신뢰가 어느 정도 보호될 수 있는지는 법률의 구체적인 형성에 의해 결정된다. 국가의 법률에 대한 국민의 신뢰는 그 법률에 대한 국민의 기대와 관련된다. 당해 국민은 신뢰의 기초에 대해 인식해야만 한다. 그러나 법률의 변경시에는 신뢰의 기초로서 법률에 대한 인식을 필요로 하지 않는다.[220)]

2. 경과규정의 존재 여부

신뢰보호의 구체적 방법으로 적절한 경과규정의 도입은 신뢰보호의 법적 효과로 평가된다. 당해 국민의 장래와 관련되어 행해지는 처분행위가 어떠한 지속적인 존속을 보장받을 수 없을 때, 그 처분행위를 위해 적어도 적절한 경과기간이 고려되어야 한다. 입법자는 적절한 경과규정을 둠으로써 자신의 법률행위의 위헌성 판단을 피할 수 있다.[221)] 만약 입법자가 현행 법령을 개정하려고 하면, 개정법령은 원칙적으로 장래효를 지니도록 해야 한다. 개인의 처분행위가 법령의 개정 전에 경제적 및 법기속적으로 불가능할 경우, 신뢰보호원칙은 더욱 중요한 의미를 지닌다.[222)] 경과규정을 둠으로서 기존의 기득권자는 일반적 또는 구체적으로 새로운 법규범에 적응할 수 있게 된다.[223)]

3. 법익간의 비교형량

신뢰보호원칙의 위반 여부를 판단하기 위해서는 한편으로는 신뢰의 토대인 법령의 인식, 당사자의 신뢰의 정도, 신뢰에 기초한 당사자의 행위, 보호가치있는 신뢰이익의 존재 여부 등과 다른 한편으로는 새로운 입법을 통해 실현하고자 하

---

220) St. Muckel, Kriterien, S. 90.

221) B. Pieroth, Rückwirkung und Übergangsrecht, S. 153 f.; St. Muckel, Kriterien, S. 120.

222) St. Muckel, Kriterien, S. 112 f.; K. Tipke/J. Lang, Steuerrecht, S. 115 Rn. 178.

223) 경과규정의 구체적 방안으로는 이부하, “헌법상 신뢰보호원칙에 대한 고찰”, 한양법학 제21권 제4호, 2010. 11, 157-158면 참조.

는 공익간을 비교형량하여 판단하여야 한다.

법익의 비교형량에 있어서 고려해야 할 사항은 기존에 계속적으로 헌법재판소가 심사기준으로 사용한 "국가에 의하여 유인된 신뢰의 행사인지 여부"이다. 법률의 존속에 대한 기본권자의 신뢰 정도를 판단하는 국가에 의해 유인된 신뢰의 행사인지 여부는 법익의 비교형량에서 중요하게 다루어져야 한다. 즉, 국가에 의해 유인된 신뢰이거나 법령에서 의도된 처분행위를 한 경우 개인의 법령에 대한 존속이익이 국가의 법률개정이익 보다 우선하게 된다.[224)]

Ⅵ. 신뢰보호조치의 구체적 방법

신뢰보호의 구체적 방법으로 적절한 경과규정의 도입은 신뢰보호의 법적 효과로 평가된다. 당해 국민의 장래와 관련되어 행해지는 처분행위가 어떠한 지속적인 존속을 보장받을 수 없을 때, 그 처분행위를 위해 적어도 적절한 경과기간이 고려되어야 한다. 입법자는 적절한 경과규정을 둠으로써 자신의 법률행위의 위헌성 판단을 피할 수 있다.[225)] 만약 경과규정을 두지 않는다면, 입법자는 새로운 법규범이 허용되든지 아니면 불허되든지 밖에 다른 대안이 없다. 그러나 경과규정에 의해 일반적 또는 구체적으로 적응을 가능하게 한다. 경과규정은 새로운 법규범이 비례성원칙의 요청을 충족하는 결과를 가지게 함으로써 기본권침해를 완화할 수 있다.[226)]

신뢰가 적은 보호가치를 지니면 지닐수록 그리고 신뢰손상의 정도가 적으면 적을수록, 입법자는 경과규정을 통해 법적 상황의 변경을 더욱 더 시간적으로 단계화할 수 있다.[227)] 소급적 법률에 대한 경과규정적 해결책은 단순히 위헌 또는 합헌의 양자택일 문제로 국한되지 않고, 입법자에 의해 채택될 수 있는 경과규정의 다양한 수단들이 있다. 다양한 경과규정의 수단 중 올바른 선택은 국가적 법률개정이익과의 관계에서 사적 존속신뢰의 중요성에 달려있다.[228)]

---

224) A. Leisner, in: StuW 1998, S. 254 (263); St. Muckel, Kriterien, S. 108 f.

225) B. Pieroth, Rückwirkung und Übergangsrecht, S. 153 f.; St. Muckel, Kriterien, S. 120.

226) St. Muckel, Kriterien, S. 120.

227) BVerfGE 21, 173 (183); 43, 242 (288); 58, 300 (351); 67, 1 (15); 78, 249 (285); 98, 265 (309 f.); St. Muckel, Kriterien, S. 120 f.

228) St. Muckel, JA 1994, S. 13 (16).

1. 장래에 발생하는 신뢰의 구성요건에만 신법을 한정적용

원칙적으로 신법은 과거에 실현된 신뢰의 구성요건에 그 효력을 발휘하지 않게 하고, 장래에 발생하는 사실관계에만 효력을 발휘하게 할 수 있다. 이러한 경과규정은 결과적으로 과도기적 기간 동안 구법과 신법이 동시에 존재하게 된다.[229] 성질상 동일한 법적 성격을 지닌 사실관계가 언제 발생하였느냐에 따라 서로 상이한 취급을 받게 된다. 여기서 발생하는 불평등은 신뢰보호를 보장해야 하는 입법자의 형성의 여지에 의해 정당화된다.

2. 한시적 · 대상적으로 구법의 적용

과거에 발생한 사실에 대해 구법을 한시적으로 또는 대상을 특정하여 적용할 수 있다. 한시적인 구법의 적용은 경과규정에서 구법의 한시적 적용을 규정하는 것이고, 적용대상의 한정적용은 일정한 인적 집단을 신법의 적용대상에서 배제하고 구법을 적용하는 것이다.[230]

3. 적응지원제도

적응지원제도(Anpassungshilfen)란 당해 국민이 변경된 법률에 용이하게 적응하도록 하게 하기 위해 신법의 불리한 효과를 피할 수 있는 가능성을 제공하는 것이다.[231] 예를 들면, 법률개정의 목적을 달성하기 위하여 보조금 지급, 조세감면, 금융지원, 일정한 시설의 설치 등의 혜택을 제공하는 것이다.

4. 신뢰손해에 대한 보상

중대한 공익 등으로 인해 법률이나 행정행위의 변경이나 폐지가 이루어지지만,

---

229) St. Muckel, Kriterien, S. 121.
230) St. Muckel, Kriterien, S. 122.
231) St. Muckel, Kriterien, S. 125.

이로 인해 개인의 보호가치있는 신뢰이익에 대한 침해로 발생한 손해는 재산적 손실로서 보상되어야 한다.[232)]

Ⅶ. 신뢰보호원칙과 다른 헌법원칙과의 관계

1. 신뢰보호원칙과 소급효금지원칙

구체적 사건에서 일반적인 헌법원칙에 의해 어떠한 결론을 도출해 낼 수 있는지가 문제될 수 있다. 소급효금지원칙과 관련하여 중요한 기준은 신뢰보호원칙이다.

(1) 소급효의 가상적 내용

소급적 법률은 과거라는 사실을 변경하는 것이 아니다. 소급적 법률은 그 효력 발생 후부터 과거의 법률의 효력을 변경한다. 소급효 개념은 가정적 방법으로 법적 효력을 과거의 사실상태와 법상태에 미친다는 가정으로부터 도출된다. 법률의 소급효는 과거의 사건에 대한 법적 효력과 관련하여 가정적인 소급효의 형태라 할 수 있다. 또한 입법자는 법률이 이미 과거에 적용되었던 것처럼 법률을 적용하라고 법률을 제정한 것이고, 이러한 가정이 정의될 수 있는지 여부가 불명확하다. 이렇게 정의하는 것은 과거의 사건과 그와 관련된 소급적 법률간의 시간적 간격을 봉쇄하고 그로 인해 과거의 사건을 새로운 법규범의 적용하에 둠으로써 실질적으로 동일한 효과를 갖는다. 법률의 소급효는 가정이라고 할 수 있다.

(2) 진정소급효와 부진정소급효 간 구분

소급효의 유형에 따라 신뢰보호원칙이 독자적인 원칙으로 작용하는지가 문제된다. 과거의 사실관계 또는 법률관계를 규율하기 위한 소급입법의 태양을 이미 과거에 완성된 사실·법률관계를 규율대상으로 하는 '진정소급입법'과 이미 과거에 시작하였으나 아직 완성되지 아니하고 진행과정에 있는 사실관계·법률관계를 규율대상으로 하는 '부진정소급입법'의 양자로 구분한다.[233)] 독일 연방헌법재판소

---

232) St. Muckel, Kriterien, S. 126.

233) 헌재 1989. 3. 17. 88헌마1, 17-18; 1996. 2. 16. 96헌가2 등, 84-89; 1999. 4. 29. 94헌바37

제1재판부는 규율되는 사실관계의 시점을 기준으로 하여, 완성된 사실관계는 진정소급입법으로 보며, 아직 완성되지 않은 사실관계는 부진정소급입법으로 구분하여 판단하고 있다.234)

진정소급입법은 원칙적으로 금지된다. 왜냐하면, 입법권자의 입법형성권보다 당사자의 구법질서에 대한 신뢰보호의 입장 및 법적 안정성을 유지하기 위해 특단의 사정이 없는 한, 구법에 의하여 이미 획득한 법적 권리는 신법에서도 그대로 존중할 의무가 있기 때문이다.235)

반면, 부진정소급입법은 원칙적으로 허용된다. 국가 공권력이 개인의 과거 특정행위시 적용되던 법적 효과보다 더 부담적인 법적 효과를 추후에 소급하여 당해 특정행위에 부과한다면, 개인은 자신의 신뢰이익을 현저히 침해받게 될 것이다.236) 다만, 부진정소급입법에 있어서도 소급효를 요구하는 공익상의 사유와 신뢰보호의 요청 사이의 비교형량 과정에서, 신뢰보호의 관점이 입법자의 형성권에 제한을 가하게 된다.237)

진정소급입법의 경우에는 기본권 침해 여부를 심사하는 다른 원칙심사와 병렬적으로 신뢰보호원칙이 독자적인 심사기준으로 의미를 가져 위헌여부의 판단으로서 작용한다. 그러나 기본권에 대해 부진정소급입법을 심사할 경우에는 비례성원칙과 신뢰보호원칙이 동시에 심사기준으로서 작동한다.238) 결국, 부진정소급입법의 경우에는 기본권제한입법의 위헌여부판단 문제로 되어 형량의 문제가 중요한 심사기준이 된다.

(3) '법효과의 소급적용'과 '구성요건의 소급연결' 간 구분

독일 연방헌법재판소 제2재판부는 '진정소급효'와 '부진정소급효'간의 전통적인 구분을 포기하고, '법효과의 소급적용'과 '구성요건의 소급연결'간의 구분으로 새

등, 318; 2002. 7. 18. 99헌마574, 43 참조.

234) BVerfGE 95, 64 (85 f.); BVerfGE 101, 239 (263 f.).

235) BVerfGE 30, 272 (285 f.).

236) BVerfGE 72, 200 (257 f.); 97, 67 (78).

237) 헌재 1989. 3. 17. 88헌마1, 17-18; 1996. 2. 16. 96헌가2 등, 84-89; 1999. 4. 29. 94헌바37 등, 318; 2002. 7. 18. 99헌마574, 43. 또한 BVerfGE 43, 291 (391); 67, 1 (15); 75, 246 (280).

238) BVerfGE 31, 275 (293); Götz, Bundesverfassungsgericht, S. 436 ff.; Maurer, HbStR IV, § 79 Rn. 48 ff.; Möller/Rührmair, NJW 1999, S. 910 f.; Hey, Steuerplanungssicherheit, S. 135 ff., 178 ff.

로운 이론구성을 하였다. 독일 연방헌법재판소는 특정한 그리고 규범관련적 시점 전에 존재하는 시간에 법적 효과가 나타나는지(법효과의 소급적용) 아니면, 규범관련적 시점에 또는 시점 후에 시작되는 시간에 법적 효과가 나타나는지(구성요건의 소급연결) 여부로 구분한다.[239] 이러한 구별은 법규범의 '시간적' 적용영역과 '물적' 적용영역의 구별을 기초로 한 것이다. 법규범에 내포된 모든 징표들을 법규범의 사실적인 적용영역에 적용하고, 이러한 모든 징표들은 '구성요건적 징표'라고 한다. 어느 법규범의 법적 효과의 발생이 법적 효과와 관련되기 전의 시간적 상황에 좌우되는 한, 그 법규범은 '구성요건의 소급연결'의 특징을 지닌다.[240]

법효과의 소급적용은 법규범의 시간적인 적용영역과 관련된 것이다.[241] 반면, 구성요건의 소급연결은 법규범의 시간적인 적용영역의 문제가 아니라, 법규범의 물적인 적용영역과 관련된 것이다.[242] 이는 법률의 공포 전에 이미 구성요건적 사실관계가 완성되어 법률의 공포 후에 법률의 법적 효과가 발휘되는 것을 말한다.[243] 제2재판부의 기준에 의하면, 법효과의 소급적용은 규범의 법적 효과가 법률의 공포 시점 전에 발생하는 것이고, 구성요건의 소급연결은 규범의 법적 효과가 법률의 공포 후에 비로소 발생하고, 규범이 장래에만 법적 효과를 미칠 뿐이고 그 구성요건은 법률 공포 전에 이미 실현된 것이다.[244] 법효과의 소급적용은 원칙적으로 금지되지만, 구성요건의 소급연결은 원칙적으로 허용된다.[245] 법효과의 소급적용이 허용되는지 여부는 법치국가원리의 일반적 원칙들, 특히 신뢰보호원칙과 법적 안정성의 원칙에 따라 판단된다. 이 때 추후 개정된 법률의 법적 효과에 의하여 그 보호영역이 불리하게 제한되는 기본권은 간접적으로 고려된다. 반면 구성요건의 소급연결의 허용 여부는 우선 법치국가원리에 따라 판단되는 것이 아니라, 기본권에 의거하여 직접 판단된다. 그러나 이 경우에도 신뢰보호원칙, 법적 안정성 원칙, 비례성원칙과 같은 법치국가원리의 일반적 원칙들이 간접적으로 준수되어야 한다.

독일 연방헌법재판소의 제2재판부는 당해 법규범을 기준으로 삼는다.[246] 그러

239) BVerfGE 61, 1 (15); 63, 343 (353); 72, 200 (241 f.).
240) Vgl. BVerfGE 72, 200 (242).
241) BVerfGE 72, 200 (241); 97, 67 (78 f.).
242) BVerfGE 31, 275 (292 ff.); 72, 200 (242); 97, 67 (79).
243) BVerfGE 63, 343 (353 ff.); 72, 200 (241 ff.); 97, 67 (78 f.).
244) BVerfGE 97, 67 (78 f.).
245) BVerfGE 97, 67 (78 f.).

나 제2재판부는 1997년 12월 3일 판결[247]에서 '법효과의 소급적용'을 '진정소급효'와, '구성요건의 소급연결'을 '부진정소급효'와 동일하다고 판시하고 있다.

(4) 우리나라 헌법재판소의 소급효 법해석

수많은 판례에도 불구하고 우리나라 헌법재판소의 소급효 판례는 지금까지 거의 정리되지 않고 있다. 헌법재판소의 판례는 결과에 대한 예측가능성이 없기에 비판을 받고 있으며, 지금까지 의구심과 불확실성의 상태에 있다. 우리나라 헌법재판소는 구성요건의 완성성이라는 형식적 기준을 가지고 진정소급효와 부진정소급효의 구분을 한다. 이러한 형식적 기준으로는 실질적으로 관련된 관점들이 고려되지 않고 있다.

헌법재판소는 구성요건의 완성성이라는 형식적 기준을 가지고 소급적 법률의 헌법적 허용성에 대해 선판단한다. 비록 특정한 사실형성이 헌법재판소가 생각한 진정소급효와 부진정소급효의 기준에 해당되지 않더라고 헌법재판소는 부진정소급효의 헌법적 판단과 관련하여 자신의 기준으로 판단한다.

또한 우리나라 헌법재판소는 판례를 통해 소급효금지의 예외의 정당성 근거를 유형별로 발전시켰다. ① 국민이 새로운 법규범을 고려해야만 할 경우, 또는 ② 이전의 법상태가 불명확하고 혼란스러운 경우, 또는 ③ 이전의 법규범이 위헌이고 무효이어서, 소급적인 새로운 법규범에 의해 대체되어야 할 경우, 또는 ④ 보호가치있는 신뢰보호보다 상충하는 공익이 우월한 경우, 진정소급효는 허용된다.[248]

불명확하고 혼란스러운 경우라는 소급효금지의 예외는 판례에서 모순되는 적용을 경험하면서, 매우 추상적이고 개방적 표현에 기초하고 있다. 왜냐하면, 국민은 법적 상황의 소급적인 해명을 미리 고려해야만 하며, 어떠한 전제조건하에서 소급적인 법적 상황이 불명확하고 혼란스럽게 되는 상황인지를 스스로 판단해야 하기 때문이다. 이는 일반국민이 명확히 판단하거나 확정할 수 없는 일이다.

---

246) K. Vogel, JZ 1988, S. 837 f.; Fiedler, NJW 1988, S. 1625 (1626); Pieroth, JZ 1990, S. 280 f.; H. Maurer, Kontinuitätsgewähr und Vertrauensschutz, in: J. Isensee/P. Kirchhof, HStR IV, 3. Aufl., § 79 Rn. 26; K. Fischer, JuS 2001, S. 865; Hey, Steuerplanungssicherheit, S. 207.

247) BVerfGE 97, 67 (78 f.).

248) 헌재 1989. 3. 17, 88헌마1, 9; 헌재 1996. 2. 16, 96헌가2, 87-88; 헌재 1998. 9. 30, 97헌바38, 539.

(5) 신뢰보호원칙과 소급효금지원칙과의 관계

소급입법의 경우 신뢰보호원칙이 적용되나, 소급입법이 아닌 경우(장래에 대해서만 효력을 가지는 경우)에도 신뢰보호원칙이 적용될 수 있는가가 문제된다. 또한 신뢰보호원칙과 소급효금지원칙의 관계에 있어서 양자의 적용영역이 다른 별개의 원칙인가 아니면, 신뢰보호원칙과 소급효금지원칙이 밀접한 관련이 있는가가 문제된다.

종전법률의 개정으로 인하여 불이익을 입은 국민의 경우, 법률에 대한 신뢰보호는 소급효금지원칙과 밀접한 관련이 있다. 따라서 신뢰보호원칙은 소급효금지의 근거로서 뿐만 아니라, 소급효금지의 한계로도 작용한다.[249] 이는 부진정소급입법의 경우에도 종전법률의 변경에 의해 불이익을 받는 당사자의 신뢰보호 문제에 있어서 소급효금지는 중요한 기능을 담당한다.

소급입법은 아닌, 장래에 발생하는 사실관계나 법적 관계를 규율하는 법률규정에는 신뢰보호원칙이 적용되지 않는다. 입법자는 지금까지 규율하지 않았던 문제를 규율해야 하고 동시에 과거에 발생한 사실관계를 규율해야 할 때 문제된다.[250] 당해 국민은 그 당시에 규율된 법률이 개정되지 않을 것이라고 신뢰할 수는 없다.[251] 당해 국민은 특정한 단서가 제시될 경우 입법자는 특정한 방향으로 입법할 것이라고 확신할 수 없다.[252] 입법자는 장래를 향하여 개방되어 있어야지 특정한 것에 구속되어서는 안된다. 입법자는 새로운 발전에 반응해야 하고, 새로운 인식들을 수용해야 하며, 새로운 정치적인 사고들을 관철해야 한다. 따라서 장래를 위해 과거의 오류를 수정해야 한다. 그러나 이와 동시에 일관성(Kontinuität) 원칙은 급격한 변혁과 잦은 법률개정을 방지하기 위해 입법자에게 지속성과 일관성을 취하라고 요청하고 있다.[253]

우리나라 헌법재판소의 판례에 따르면, 부진정소급효에 있어서 지금까지 수혜적인 법적 상황의 존속에 대한 국민의 신뢰는 보호가치가 없다. 헌법재판소는 거

---

249) Vgl. BVerfGE 13, 261 (272); 88, 384 (404); 101, 239 (266).

250) BVerfGE 103, 271 (287); 109, 96 (121 f.).

251) BVerfGE 15, 313 (324 ff.); 27, 375 (386); 38, 61 (83); 68, 193 (222); 105, 17 (40); 109, 133 (180 f.).

252) Vgl. BVerfGE 15, 313 (324); 94, 241 (258).

253) H. Maurer, HStR IV, § 79 Rn. 76.

의 항상 부진정 소급적 개정의 공익이 기존의 법률의 존속에 대한 국민의 신뢰보다 우월하다는 논증을 선호한다.

법률에 의해 야기된 사적 신뢰와 그 국민의 신뢰행위는 국가적 개정이익과의 형량시 매우 중요한 의미를 지닌다. 국가적 개정이익의 중요성이 법률에 의해 유도된 처분의 경우보다 더 우월한 중요성을 지닐 수 있는 경우도 가능하다. 중요한 판단기준은 법률상 신뢰야기가 어느 정도였는가 여부이다.

2. 신뢰보호원칙과 비례성원칙과의 관계

이론적으로 신뢰보호원칙과 비례성원칙(과잉금지의 원칙)은 심사기준으로서 명백히 구별되지만, 실무상 양자는 거의 동일한 사실관계와 법적 상태에 대한 규범적 평가가 이루어지는 경우가 많다. 신뢰보호원칙이 독자적인 원칙으로 기능할 수 있는 실익이 무엇인가가 문제된다.

신뢰를 보호하는 방법이 있느냐의 문제는 수단의 적합성 영역에서 판단하고, 신뢰이익의 침해를 가져오는 수단이 목적을 실현하기 위해 필요한 한도를 넘는 수단인지 여부는 피해의 최소성에서 검토될 수 있다는 견해가 있다.[254] 또한 보호가치있는 신뢰이익과 공익과의 형량문제와 신뢰를 보호하는 방법을 규정하고 있느냐는 법익의 균형성(협의의 비례성원칙)에서 판단할 수 있다고 한다. 따라서 신뢰보호원칙이 비례성원칙과 독립된 헌법원칙으로서 심사기준이 될 수 있는지에 의문이 제기될 수 있다.

그러나 신뢰보호원칙에서 거론되는 신뢰보호를 위해 구체적 실현수단으로 사용되는 경과규정은 기존에 누리고 있던 신뢰이익에 대한 제약적 요소를 부분적으로 완화하는 보완조치이다. 경과규정을 둠으로써 위헌성을 피하기 위한 것이지, 법률상의 입법목적을 실현하기 위한 수단이 아니다. 이는 일반적인 비례성원칙에서 거론하는 목적에 적합한 수단이냐의 그 수단에 해당될 수 없는 것이다. 더욱이 신뢰보호원칙에서 말하는 신뢰의 침해의 중한 정도 내지 신뢰가 손상된 정도란 피해의 최소성 여부를 판단하는 것과 관련이 없다. 신뢰이익이 침해가 어느 정도 되었느냐와 기본권의 피해가 되도록이면 적은 수단을 사용하라는 것과는 전혀 다른 차원이다. 결국, 신뢰보호원칙에서 다루는 각 요소와 비례성원칙에서의 각 요소는 다른 심사도구를 사용하고 있는 것이다. 양 원칙을 다른 독자적 원칙으로

254) B. Pieroth/B. Schlink, Grundrechte – Staatsrecht II, 25. Aufl., § 6 Rn. 305.

보아야 하는 이유가 이것이다.

또한 헌법재판의 심사기준으로서 신뢰보호원칙과 비례성원칙(과잉금지의 원칙)의 적용순서가 문제된다. 만약 신뢰보호원칙을 먼저 적용하여 심사한 결과 신뢰보호원칙 위반이 아니라고 판단된 경우 비례성원칙 위반 여부를 다시 다룰 실익은 적다. 왜냐하면, 신뢰보호원칙의 심사에도 공익과 사익간을 형량하는 과정이 있기 때문에, 또 다시 비례성원칙으로 심사할 필요가 없다. 따라서 기본권 침해 여부를 비례성원칙으로 심사한 다음, 신뢰보호원칙을 심사기준을 보충적으로 다시 판단할 수 있으나, 신뢰보호원칙 위반 여부를 심사한 다음, 비례성원칙을 기준으로 다시 심사할 필요는 없다. 일반적으로 기본권 제한입법의 한계원리로서 비례성원칙으로 심사하고, 이러한 기본권침해가 발생하지 않았을 경우 보호할 만한 신뢰이익의 침해가 있는지 여부를 신뢰보호원칙에 의해 심사될 수 있다.

3. 신뢰보호원칙과 평등원칙과의 관계

신뢰를 제공한 법률이 본래 제3자의 기본권을 침해하고 있어서, 신뢰이익의 보호를 위한 경과규정이나 적응보조규정이 오히려 제3자에게 차별취급의 불이익을 심화시키는 경우 평등권 침해 여부가 문제된다. 헌법상의 신뢰보호는 신뢰가 형성될 수 있는 신뢰의 근거로서 법률을 필요로 한다. 신뢰보호원칙이 적용되는 법률은 부담적 법률에 한한다.[255] 국민의 권리나 이익을 침해하지 않거나 수혜적인 법률의 경우는 신뢰보호의 문제가 아니라, 평등원칙 위반이 고려될 수 있다.[256]

Ⅷ. 신뢰보호의 상실시점

1. 문제제기

입법자가 소급입법을 할 경우, 법치국가원리로부터 도출되는 법적 안정성에 의해 그 한계가 설정된다.[257] 독일 연방헌재의 판례에 의하면, 예를 들면, 소득세,

255) BVerfGE 68, 193 (222).
256) 한수웅, 법률개정과 신뢰보호, 인권과 정의 250호, 1997. 6, 80면.
257) BVerfG 13. 5. 1986, NJW 1986, 2561 (2563).

법인세 등 기간적으로 사정하는 조세에 있어서 특별한 원칙들이 적용된다. 연방헌재는 완성된 사정기간에 대해 입법자가 소급적 개정입법을 하는 경우 진정소급효로 본다. 그에 반해 연방헌재는 진행되는 사정기간에 조세법을 개정하는 것은 부진정소급효로 본다. 기간적 조세에 있어서 조세청구권은 사정기간인 1년세 원칙에 따라 1년이 경과한 후에 비로소 발생한다고 판시하고 있다. 따라서 법률의 개정시 국민의 신뢰이익은 언제부터 상실되는가가 중요한 문제가 된다.

2. 학 설

(1) 의회의 법률의결설

독일 연방헌법재판소의 일관된 판례에 의하면, 국민의 보호가치있는 존속신뢰는 항상 신규범에 대한 연방의회의 최종적인 법률의결의 시점에 상실된다고 한다.[258] 법률의결일과 동시에 당사자는 신규범의 공포 및 효력발생을 고려해야만 한다. 당사자는 결정된 법률상황에 자신의 행동을 준비하고 실행해야 하며, 법률의결의 시점에 새로운 규범을 실행할 수 있다.

(2) 법률안 발의설

연방헌법재판소는 과거의 판례와는 달리, 최근 판례에서 법률안의 발의시에 신뢰보호상실의 중요한 기준시점이 된다고 판시하고 있다.[259]

(3) 법률공포설

신뢰보호의 상실을 연방의회의 법률의결과 관련시키는 것을 수용하면서도 부분적으로 문제를 제기한다. 보호가치있는 신뢰는 독일 기본법 제82조에 의한 법률의 공포시 그리고 동의를 요하는 법률의 경우에는 독일 기본법 제77조 2a에 의한 연방참사원의 동의시에 비로소 상실된다고 한다.[260]

---

258) BVerfGE 13, 261 (272 f.); 30, 272 (287); 31, 222 (227); 43, 291 (392); 72, 200 (260); 95, 64 (87); 97, 67 (79).

259) BVerfGE 97, 67 (82).

260) Englisch/Plum, StuW 2004, S. 342 (354); Chr. Münch, DStR 1997, S. 1674 (1676); J. Hey, BB 1998, S. 1444 (1450); H. Schaumburg, DB 2000, S. 1884 (1888); Schmidt/Hageböke, IStR

3. 독일 연방헌법재판소의 예고효과

독일연방의회에서 법률이 종국적으로 의결되는 시점 전에도 납세의무자의 신뢰보호를 깨뜨리는 효과를 인정할 수 있는 시점이 존재하겠는가가 문제된다. 이에 대해 연방조세법원은 국고주의적 입장에서 연방헌재의 조세우대조치와 관련한 이른바 "예고효과"이론을 주장한다. 이에 따르면, 법치국가적 입법절차는 일정한 시간을 요하는데, 이는 자신에게 유리한 규정을 그 개정이나 폐지의 의결이 나기 전에 계속 향유하고자 하는 경향을 보이는 납세의무자에 의해 남용될 소지가 있다는 것이다. 따라서 공공복리의 실현을 위해 새로운 규범을 제정하기 바로 전에 법률수범자의 처분행위가 새로운 규범을 위반하지 않으면서 법률상의 흠결을 제거하기 위해 입법자에게 일정한 형성여지가 주어진다고 한다. 즉, 만약 납세의무자가 법률개정의 예고를 입법자에 의해 의도된 효과를 선수치기 위해 악용한다면, 법치국가원리는 지금까지의 법률상태에 대한 국민의 신뢰를 보호하지 않는다고 한다.[261] 이러한 기초위에서 연방조세법원은 납세의무자가 법상태의 변경을 고려해야 하는 시점을 훨씬 이전에 둠으로써 독일연방의회에 법률개정안을 제출하는 시점 등을 납세의무자의 신뢰를 박탈하는 기준 시점으로 거론하고 있다.

4. 소 결

예고효과와 관련하여, 정부의 예고(Ankündigung)는 국민의 신뢰에 기초한 처분행위가능성에 영향을 줄 수 없다. 정부의 예고가 신뢰에 영향을 준다면, 정부는 준입법권을 가지는 결과가 되고, 국회는 단순히 정부의 입법안을 형식적으로 확인하는 일만 하는 기관으로 전락하게 된다.

독일 연방헌법재판소의 견해에 의하면, 당사자는 새로운 규범의 공포 및 효력발생을 고려해야만 하고, 자신의 행위는 의결된 법률상황을 예상하여야만 한다. 그러나 국민 전체가 소급효의 내용을 지닌 법규범을 연방의회의 법률의결과 동시에 인식해야 한다는 생각은 결코 납득하기 어려운 일이다. 신뢰보호는 법률의결시가 아니라, 법률의 공포시에 상실된다고 보아야 한다. 입법절차의 개별적 행위

2002, S. 150 (156).

261) BVerfGE 97, 67 (82).

를 일반국민에게 모두 인식하라고 요구할 수 없고, 일반적으로 법절차대로 공포된 법률을 국민은 인식하게 된다. 국민에게 이러한 입법절차에 관한 구체적 정보를 수집하도록 의무지울 수도 없다. 국민이 연방의회의 법률의결을 자신이 준수해야 할 내용으로 인식하지 못할 경우, 국민은 자신의 불인식을 인정할 필요도 없다. 또한 연방의회의 의결과 법률의 공포간에는 시간적 간격상 법적 불안정성이 존재한다. 또한 최종적인 법률의결의 시점에 대한 고려는 임박한 새로운 규범의 인식 또는 불인식에 의해 평가되지 않는다. 오히려 신뢰상실의 시점을 확정하는 것은 공익과 사익간 형량과정의 결과이다.

법률의 개정시 국민의 신뢰이익이 언제부터 상실되는가가 중요한 문제가 된다. 독일 연방헌법재판소는 납세의무자가 법률개정의 예고를 악용하는 경우, 그러한 국민의 신뢰를 보호하지 않기 위해 독일연방의회에 법률안 발의시로 소급하여 신뢰이익의 상실시점을 두고자 한다. 그러나 신뢰보호는 국회에 법률안의 발의시나 법률의결시가 아니라, 법률의 공포시에 상실된다고 보아야 한다. 국민에게 국회의 입법절차를 항시 관찰하고 주시하도록 요구해서는 안된다.

제 5 절 법률유보원칙

Ⅰ. 법률유보의 종류

법률유보는 '단순한 법률유보'와 '가중된 법률유보'로 구분할 수 있다. '단순한 법률유보'는 기본권에 대해 법률에 의한 또는 법률에 근거한 제한만을 요구하는 경우이고, 기본권 제한에 대해 헌법상 법률에 아무런 가중의 요건을 요구하지 않고 입법자에게 수권하는 형태이다. 그에 반해 '가중된 법률유보'는 기본권에 대해 법률에 의한 또는 법률에 근거한 제한뿐만 아니라, 헌법상 특정한 상황을 전제하거나 특정한 목적에 기여하거나 특정한 수단을 사용하도록 부가적 조건을 요구하여[262] 단순한 법률유보보다 기본권제한을 더욱 엄격하게 하고자 함에 의의가 있다. 예를 들어 헌법 제12조 제2항 후문의 "법률과 적법한 절차에 의하지 아니하고는 처벌·보안처분·강제노역을 받지 아니한다."는 규정을 법률로 신체의 자유

262) Pieroth/Schlink, Grundrechte - Staatsrecht Ⅱ, Rn. 255.

를 제한할 경우에는 적법절차에 따라야 함을 의미하기 때문에 이 조항은 기본권 제한 법률에 일정한 내용을 더 요구한다고 볼 수 있다.

헌법상 기본권에 의해서 보호되는 생활영역을 일반적으로 기본권의 '보호영역'(Schutzbereich)이라 한다.[263] 개별적인 기본권의 보호영역은 일차적으로 개별 기본권 규정의 해석에 의하여 결정된다. 헌법이 개별기본권에 대하여 광범위한 제한가능성을 허용하고 있다면(예를 들면, 단순한 법률유보), 당해 기본권의 보호영역을 협소하게 이해할 필요가 없다. 이 경우 보호영역을 너무 협소하게 정하게 되면 법률유보가 그 기능을 상실할 수 있다. 따라서 법률유보가 광범위한 제한가능성을 허용한다면 그 보호영역도 그에 상응하게 광범위하게 확정될 수 있고, 이에 반하여 법률유보가 매우 한정적인 제한가능성을 허용한다면(예를 들면, 가중된 법률유보), 이에 상응하게 보호영역은 협소하게 확정될 필요가 있다. 특히 제한가능성이 없는 기본권(예를 들면, 법률유보없는 기본권)의 경우나 인간의 존엄성조항처럼 절대적 기본권으로 이해되는 경우는 그 보호영역은 그에 상응하게 협소하여 해석되어야 한다.[264] 이점에 있어서 기본권은 주관적 법적 지위를 보장할 뿐만 아니라, 법질서에서 기본권의 실현을 위해 구체화와 형성화에 의한 법률적 전환이 요구되는 객관법적 규정의 보장을 의미한다.[265]

Ⅱ. 재산권에 있어서 법률유보

헌법은 제23조 제1항 제1문에서 "모든 국민의 재산권은 보장된다."라고 하여 재산권의 보장을 선언하고, 제2문에서 "그 내용과 한계는 법률로 정한다."라고 하여 재산권은 다른 기본권 규정과는 달리 그 내용과 한계가 법률에 의해 구체적으로 형성되는 기본권 형성적 법률유보의 형태를 취하고 있다. 그리하여 헌법이 보장하는 재산권의 내용과 한계는 국회에서 제정되는 형식적 의미의 법률에 의하여 정해지므로 이 헌법상의 재산권 보장은 재산권 형성적 법률유보에 의하여 실현되고 구체화하게 된다.[266]

---

263) Pieroth/Schlink, Grundrechte - Staatsrecht Ⅱ, Rn. 142.

264) Vgl. Sachs, Verfassungsrecht Ⅱ - Grundrechte, 2. Aufl., A 7 Rn. 25 f.

265) W. Hoffmann-Riem, Gesetz und Gesetzesvorbehalt im Umbruch, AöR 130 (2005), S. 10 f.

266) 헌재 1993. 7. 29. 92헌바20, 판례집 5-2, 44-45면; 헌재 2000. 2. 24. 97헌바41, 판례집 12-1, 163면.

재산권의 내용과 한계를 구체적으로 형성함에 있어서 입법자는 일반적으로 광범위한 입법형성권을 가진다. 그렇지만 재산권의 본질적 내용을 침해하여서는 안되고 사회적 기속성을 함께 고려하여 균형을 이루도록 해야 한다는 등 입법형성권의 한계를 일탈해서는 안된다.[267]

우리나라 헌법재판소는 재산권에 관한 법률유보에 관하여 다음과 같은 내용으로 해석한다.

> "우리 헌법상의 재산권에 관한 규정은 다른 기본권 규정과는 달리 그 내용과 한계가 법률에 의해 구체적으로 형성되는 기본권형성적 법률유보의 형태를 띠고 있다. 그리하여 헌법이 보장하는 재산권의 내용과 한계는 국회에서 제정되는 형식적 의미의 법률에 의하여 정해지므로 이 헌법상의 재산권 보장은 재산권형성적 법률유보에 의하여 실현되고 구체화하게 된다. 따라서 재산권의 구체적 모습은 재산권의 내용과 한계를 정하는 법률에 의하여 형성된다. 물론 헌법이 보장하는 재산권의 내용과 한계를 정하는 법률은 재산권을 제한한다는 의미가 아니라, 재산권을 형성한다는 의미를 갖는다."[268]

우리나라 헌법재판소는 '기본권형성적 법률유보'와 '기본권제한적 법률유보'의 2분론에 기초하여 그 논거를 전개하고 있다. 이는 기존 학계의 이론을 그대로 수용한 것으로 보인다. 위의 헌법재판소의 결정을 선해(善解)하면, 재산권의 내용과 한계를 정하는 법률은 재산권을 형성하는 의미뿐만 아니라 재산권을 제한하는 의미도 함께 지니지만, 그 중점은 기본권형성에 있다고 할 수 있다.[269]

그런데 기본권형성(Grundrechtsprägung)과 기본권침입(제한 : Grundrechtseingriff)을 구별하게 되면 헌법상 그 해석이 용이해진다. '기본권형성적 법률유보'는 기본권의 보호영역이 미확정적인 경우에 법률에 의하여 이를 구체적으로 '형성'하는 것을 말한다.[270] 반면, '기본권제한(침입)적 법률유보'는 기본권의 보호영역이 확정된 경우에 법률에 의하여 기본권을 '침입'(Eingriff)하는 것을 말한다. 즉, 기본권형성은 그 본질로부터 제약되는 것이기에 내부적 제약임에 반하여, 기본권제한(침입)[271]은 외부적 제약을 말한다.[272] 따라서 양 개념 모두 기본권의 제약의 한 형태이자,

267) 헌재 2000. 2. 24. 97헌바41, 판례집 12-1, 164면.

268) 헌재 1993. 7. 29. 92헌바20, 44면.

269) 허영, 헌법이론과 헌법, 2011, 490면.

270) 장영수, 헌법학, 홍문사, 2015, 522면.

271) P. Lerche, Schutzbereich, Grundrechtsprägung, Grundrechtseingriff, HdBSR V, 2000, Rn. 8.

기본권의 구체화를 지칭하는 것이며, 그 차이는 기본권의 보호영역이 확정적이냐 미확정적이냐의 문제이다. 따라서 일반적인 의미에서 2분론적으로 제한하거나 형성한다는 뜻으로 해석될 것은 아니다.

Ⅲ. 법률유보의 기능과 법률의 우위 대(對) 법률유보

1. 법률유보의 헌법상 기능

첫째, 헌법상 법률유보는 국가와 국민간의 관계에서 국가공권력이 기본권제한에 대해 정당성을 입증해야 하는 정당화기능을 수행한다.[273)]

둘째, 법률유보는 국민의 기본권보장[274)]과 국민생활에 대한 법적 안정성을 확보하는 기능을 수행한다. 법률유보의 본질적인 정당성은 기본권보장과 이를 위한 법적 안정성으로부터 파생되는 예측가능성의 보장에 의해 인정된다. 동시에 오늘날 기본권보장은 침입(Eingriff)에 대한 방어로서의 방어권적 기본권사상에 국한되지 않고, 사회적 기본권(급부권)과 법적으로 형성되어 규범화된 기본권 및 법적으로 정착된 구조의 유지를 위한 방책, 그리고 법률을 통한 구조형성에 의해 좌우된다.[275)] 이러한 객관법적 기본법의 내용은 생활관계가 변경되고 지금까지 법규범이 달성했던 방책이 장차 이와 유사한 경우에 적절한 문제해결에 대처하지 못한다면, 위임법률에 의해 새롭게 활성화되어질 수 있다.

셋째, 법률유보는 행정과 입법간의 권한획정에 결정적 근거를 마련해 준다. 즉, 입법자인 국회가 제정한 법률은 행정부의 작용범위를 획정시켜 준다.[276)] 이는 우리 헌법 제40조의 입법권은 국회에 속한다는 '국회중심입법원칙'에 근거하면서도, 권력분립상 행정에게 일정한 권한과 영역을 법률로써 인정하는 결과를 낳는다.

---

272) K. Hesse, Grundzüge des Verfassungsrechts der Bundesrepublik Deutschland, 20. Aufl., Heidelberg, 1995, Rn. 307.

273) H. Bethge, Der Grundrechtseingriff, in: VVDStRL 57 (1998), S. 10.

274) Hoffmann-Riem, Gesetz und Gesetzesvorbehalt im Umbruch, AöR Bd. 130 (2005), S. 5(10, 42): 기본권보장에는 사적인 권력에 대한 보장도 포함한다.

275) Vgl. M. Burgi, DV 33 (2000), S. 183 ff.; G. F. Schuppert, in: FS für König, 2004, S. 290 ff.

276) Chr. Bumke, Der Grundrechtsvorbehalt, 1998, S. 48.

2. 법률의 우위 대(對) 법률유보

법률의 우위와 법률유보는 하나의 세트(set)를 이루어 헌법이나 행정법에서 설명되고 있다.[277] '법률의 우위'라는 의미는 형식적 의미의 법률이 법률이하의 규범과 상충하는 경우에 법률이 법률이하의 규범을 통제하는 것을 의미한다. 그 반면 '법률유보'는 행정기관이 특정한 종류의 처분을 행하려면 그러한 행정작용은 법률에 근거하여야 한다는 의미이다.

행정이 법률에 기속되어야 한다는 것은 2가지 의미를 내포하고 있다. 첫째, 행정은 법률에 의한 수권의 범위내에서 행위해야만 한다는 것이다. 이를 '행위의무'라 할 수 있다. 둘째, 비록 행정행위가 법률에 규정되어 있지 않을 지라도 행정은 법률에 위반되는 행위를 해서는 안된다는 것이다. 이를 '위반금지의무'라 할 수 있다.[278] 행위의무를 수반하는 적극적인 의미의 법률적합성 원칙을 '법률유보' 원칙이라 한다. 그리고 위반금지의무를 수반하는 소극적인 의미의 법률적합성 원칙을 '법률의 우위' 원칙이라 한다.

'법률의 우위' 원칙에 의해 법률은 행정의 한계로서 기능하고, '법률유보' 원칙에 의해 법률은 행정의 근거로서 기능한다.[279] 행정은 전체적인 행정행위에 있어서 '법률유보' 원칙에 의해 지배받는 것이 아니라, '법률의 우위' 원칙에 의해 지배받고 있다. 그러나 헌법의 영향하에서 전통적인 행정의 자율성은 법률의 광범위한 기속을 점점 벗어나려 한다. 그 반면, 민주주의원리 및 법치국가원리는 더욱더 행정이 법률규정에 근거하고, 행정이 점점 더 법률에 밀도 높게 기속되도록 작용하고 있다.[280] 행정의 법률적합성으로부터 자유로운 영역에서조차도 행정은 헌법에 기속된다는 것을 인식해야 한다. 이는 헌법유보의 문제로 직결된다.

---

277) 예를 들면 Fritz Ossenbühl, Vorrang und Vorbehalt des Gesetzes, in: Josef Isensee/Paul Kirchhof (Hrsg.), HdbStR Bd. III, 1998, § 62 Rn. 1 ff., 7 ff.

278) St. Detterbeck, Vorrang und Vorbehalt des Gesetzes, Jura 2002, S. 235.

279) Josef Isensee, Vorbehalt der Verfassung - Das Grundgesetz als abschließende und als offene Norm, in: ders./Helmut Lecheler (Hrsg.), Freiheit und Eigentum, FS für Walter Leisner, Berlin 1999, S. 359.

280) Josef Isensee, Vorbehalt der Verfassung, S. 359 f.

Ⅳ. 법률유보에 관한 여러 이론들 및 그 평가

법률유보에 관해 다양한 이론이 전개되고 평가되고 있다. 이러한 여러 법률유보이론에 대한 학문적 비판은 크게 2가지 방향에서 이루어지고 있다. 하나의 비판은 기본권에 대한 침해(침입: Eingriff)개념을 명확히 확정하기 어렵다는 점에 대한 것이다. 침해(침입)개념의 정의 및 확정에 관한 논쟁은 최근까지도 독일의 연방헌법재판소 판결에서 볼 수 있다.[281] 이를 통해 터득할 수 있는 것은, 침해(침입)의 개념정의는 행정부와 입법부간의 권한분배의 결과를 전체적으로 고려해서는 해결될 수 없고, 관념적으로 개념정의를 내려야 해결가능하다는 것을 반증해준다.[282] 다른 하나의 비판은 행정부의 부담을 완화하고 입법부에게 독점적인 권한을 부여함으로써 법치국가적 근거와 민주적인 정당성을 강화시켜야 한다는 점에서 제기된다. 이러한 취지에서 본질성설 또는 중요사항유보설이 주효하게 주장되고 있다.

1. 침해유보설

침해유보설(Eingriffsvorbehalt)은 국민의 자유와 재산권에 대한 행정권의 침해에 있어서는 반드시 법적 근거가 필요하다는 학설이다. 고전적인 침해(침입)개념은 침입이 국가행위의 최종적이고 직접적인 결과이고 법적 효과를 지닌 법적 행위이며, 명령이나 강제를 통해 명해지거나 관철되어지는 것을 의미했다.[283] 그러나 현대의 침해(침입)개념은 그 개념을 확대하여, 개인의 기본권 보호영역에 속하는 어떠한 행위를 전부 또는 일부 불가능하게 하는 모든 국가행위를 말하고 있다.[284] 그런데, 침해(침입)유보설은 침해(침입)적 행정행위에만 법률의 근거를 요한다는 문제점이 있다. 또한 현대행정의 범위가 일반적인 공공의 안전과 질서유지뿐만 아

281) BVerfGE 105, 252 (Glykol-Weine); BVerfGE 105, 279 (Osho).

282) Chr. Ohler, Der institutionelle Vorbehalt des Gesetzes, AöR Bd. 131 (2006), S. 343.

283) Pieroth/Schlink, Grundrechte - Staatsrecht Ⅱ, Rn. 238; Sachs, Verfassungsrecht Ⅱ - Grundrechte, 2. Aufl., A 8 Rn. 6 f.

284) Bleckmann/Eckhoff, DVBl. 1988, S. 373; Lübbe-Wolff, Grundrechte als Eingriffsabwehrrechte, 1988 참조.

니라, 공공복리, 재정지원, 환경보호 등의 광범위한 비침해적 행정행위를 행하고 있으며, 행위형식도 행정행위는 물론 계약, 행정지도, 행정계획 등 다양화되어 침해성 유무만으로 판단하기 어렵게 되었다.

2. 전부유보설

전부유보설(Totalvorbehalt)도 주장되고 있다.[285] 그러나 전부유보설은 행정이 법률의 기계적인 집행이 아닌 탄력성 있는 집행이 필요함에도, 법률의 근거가 없으면 행정기관은 어떠한 행위도 할 수 없다면 오늘날 요구되는 행정책임을 완수하기 어렵다는 비판에 접하고 있다.[286]

3. 본질성설 내지 중요사항유보설

본질성설 또는 중요사항유보설[287]은 학계에서 다수의 지지를 받고 있는데, '본질적'(wesentlich)이라는 것을 계기로 기본권행사와 관련된 국가적 규제가 필요한 규범영역에 있어서 국회는 스스로 국민의 본질적인 사항을 법률로 규정해야 한다는 이론이다.[288] 즉, "기본권의 실현을 위해 본질적"[289]이라는 것을 강조하며 본질적 사항을 국회가 규율하도록 하는 이론이다. 그러나 무엇을 법규범으로 규율해야 하는지(규범유보)뿐만 아니라, 의회는 어떠한 사항을 행정에 위임해서는 안되고, 의회 스스로 규정해야 하는지(의회유보), 즉 본질적인 사항과 비본질적인 사항을 구분할 명확한 기준이 없다는 비판을 받고 있다.[290] 따라서 본질성설은 '공허한 공식'[291] 내지 '본질성설의 병사(病死)'[292]라고 비판받기도 한다.

---

285) 이러한 입장은 Fritz Ossenbühl, Vorrang und Vorbehalt des Gesetzes, § 62 Rn. 17 ff., 41 ff., 51 ff.

286) 정하중, 행정법총론, 법문사, 2006, 43면.

287) Vgl. BVerfGE 49, 89 (126); 61, 260 (275); 88, 103 (116).

288) Vgl. BVerfGE 84, 212 (226).

289) BVerfGE 34, 165 (192 f.); 41, 251 (259 f.); 45, 400 (417 f.); 47, 46 (78 f.); 49, 89 (126); 58, 257 (268); 80, 124 (132); 83, 130 (142); 98, 218 (251).

290) G. Kisker, Neue Aspekte im Streit um den Vorbehalt des Gesetzes, NJW 1977, S. 1317 f.; M. Kloepfer, Der Vorbehalt des Gesetzes im Wandel, JZ 1984, S. 692 ff.; H-J. Papier, Der Vorbehalt des Gesetzes und seine Grenzen, in: Götz/Klein/Starck (Hrsg.), Die öffentliche Verwaltung zwischen Gesetzgebung und richterlicher Kontrolle, 1985, S. 41 ff.

또한 본질성설 또는 중요사항유보설은 오직 국가와 국민의 관계에서만 적용된다는 한계를 지니고 있으며, 따라서 국가조직에 관한 규율에 있어서는 법률유보원칙을 적용하기 어렵게 된다. 결국 본질성설은 적용역영내에서 법률유보의 영역을 보충하고 세분화해야 할 필요성이 있다. 왜냐하면 본질성설은 특정한 사안에 있어서 형식적 의미의 법률이 존재해야 한다는 것만을 말하고 있지, 그 법률의 내용과 규율밀도에 대해서는 침묵하고 있다는 문제점이 존재한다.

4. 의회유보설

중요사항유보설과 밀접한 관련이 있는 의회유보(Parlamentsvorbehalt)설[293]은 국가의 중요하고 본질적인 행정작용은 의회가 직접 형식적 의미의 법률로 규율해야 한다는 것이다.[294] 이 의회유보는 위임입법에 위임할 수 없고 반드시 형식적 의미의 법률로 규율해야 한다는 '위임금지(Delegationsverbot)로서의 법률유보'[295]로서 또는 '확장된 침입유보'(Eingriffsvorbehalt)[296]로 인식되기도 한다.[297] 의회유보는 의회의 동의없이 국가의 중요한 결정을 금지하기에, 민주주의원칙에 근거되어진다.[298] 또한 의회유보는 권력분립원칙에 의하여 그 한계가 설정된다.

이러한 의회유보의 사항으로서 헌법상 의회가 형식적 의미의 법률로 규율하는

291) Maurer, Allgemeines Verwaltungsrecht, 13. Aufl., 2000, § 6 Rn. 11; M. Kloepfer, JZ 1984, S. 691.

292) R. Herzog, Gesetzgebung und Einzelfallgerechtigkeit, NJW 1999, S. 25 (26).

293) 중요사항유보설과 의회유보와의 관계 및 독일의 연방헌법재판소 판례의 소개로는 송동수, "중요사항유보설과 의회유보와의 관계", 토지공법연구 제34집, 2006. 12, 103면 이하 참조.

294) 우리나라 헌법재판소는 "오늘날 법률유보원칙은 단순히 행정작용이 법률에 근거를 두기만 하면 충분한 것이 아니라, 국가공동체와 그 구성원에게 기본적이고도 중요한 의미를 갖는 영역, 특히 국민의 기본권실현과 관련된 영역에 있어서는 국민의 대표자인 입법자가 그 본질적 사항에 대해서 스스로 결정하여야 한다는 요구까지 내포하고 있다(의회유보원칙)"고 판시하고 있다(헌재 1999. 5. 27. 98헌바70. 633면).

295) E. Schmidt-Aßmann, Der Rechtsstaat, in: Josef Isensee/Paul Kirchhof (Hrsg.), HdbStR Bd. I, 1995, § 24 Rn. 64 Fn. 182; Hans-Uwe Erichsen, VerwArch, 67 (1976), S. 93 ff.; Nierhaus, in: FS für K. Stern, 1997, S. 719.

296) Badura, Peter, in: FS für Walter Odersky, 1996, S. 163.

297) 이와 다르게 법률유보는 침입(Eingriff)관련적이고, 의회유보는 침입과는 무관하기에 이 양자는 병렬적이며, 침입유보는 기본권과 법치국가에 특수하게 작용하는 것으로 보는 견해가 있다(H. Bethge, Der Grundrechtseingriff, in: VVDStRL 57 (1998), S. 31 f.).

298) Sommermann, in: v. Mangoldt/Klein/Starck, GG Ⅱ, 4. Aufl., Art. 20 Rn. 176, 263.

기준으로는 기본권관련성, 국민생활에 미치는 영향, 정치적 중요성 등을 고려하여 개별적으로 판단하게 된다.[299] 그러나 의회유보를 통한 입법자의 권한 확대는 그 스스로 일정한 한계를 지녀야 한다. 왜냐하면 입법자가 모든 것을 입법화할 수도 없으며, 완전무결한 입법을 국회가 할 수도 없는 것이다. 입법자의 권한 확대에 대한 조정기능은 헌법해석과 판례를 통해 조정되어야 한다. 또한 의회유보의 경우, 형성적 법률유보와 제한적 법률유보간의 양분화가 점점 무의미하게 되고 있다.

5. 소 결

헌법에 적합한 법률유보를 위해서 법률유보의 유형을 9가지로 분류하는 견해는 참조할 만하다.[300] a) 기본권적 법률유보, b) 조세법적 법률유보, c) 재정헌법적 법률유보, d) 비준(인가)법적 법률유보, e) 조직법 또는 제도적 법률유보, f) 자치행정법적 법률유보, g) 법제정적 법률유보, h) 신분법상 법률유보, i) 그밖에 특별한 법률유보, j) 법률유보의 일반적 원칙 등이다.

Ⅴ. 법률유보의 입법기술 및 규율형식

법률유보를 위한 입법기술로는 Negative List System과 Positive List System이 있다. 전자는 각종 제한, 예컨대 행정규제·관세·무역법규 등에서 "무엇 무엇만 할 수 없다"고 규제금지조항을 구체적으로 밝히고 나머지는 포괄적이고 광범위하게 허용하는 제도를 말한다. 반면, 후자는 "무엇 무엇만 할 수 있다"라고 하여 이러한 항목 이외에는 모두 법규정으로 금지하는 방식으로, 이 경우 정부가 광범위하게 규제권을 행사할 수 있다. 입법론적으로 Negative List System이 개인의 자율성을 존중할 수 있기에 더 바람직한 제도라 할 수 있다.[301]

헌법유보와는 달리 법률유보에서는 기본권 보장의 범위를 입법자가 스스로 한

299) 김충묵, "법률유보의 원칙", 현대행정법학이론 - 우제이명구박사화갑기념논문집[Ⅱ] -, 1996, 4면.

300) Reimer, Vorbehalt des Gesetzes, in: W Hoffmann-Riem/E. Schmidt-Aßmann/A. Voßkuhle (Hrsg.), Grundlagen des Verwaltungsrechts Bd. I, 2006, S. 560 ff.

301) 이기철, "헌법재판소는 비례의 원칙에 목적의 정당성을 포함시켜도 좋은가?", 공법연구 제35집 제1호, 2006. 10, 396면 각주 84.

계설정하는 경우가 많다. 입법자의 형성여지는 법률유보의 경우가 헌법유보의 경우보다 더 넓게 인정된다. 이 때 법률유보는 '법률에 의한(durch Gesetz) 규율'과 '법률에 근거한(auf Grund eines Gesetzes) 규율'로 구별할 수 있다.[302) '법률에 의한 규율'의 경우는 입법자가 기본권보장의 한계를 스스로 설정하며, 그 실현을 위해 또 다른 집행행위를 필요로 하지 않는다. 그러나 '법률에 근거한 규율'의 경우는 입법자가 다른 집행기관 또는 사법기관의 행위에 의하여 기본권보장의 한계가 설정되고 실현될 것을 전제조건으로 규정하는 것이다. 이 경우에도 입법자는 기본권을 규율하는 권한을 전적으로 행정기관이나 사법기관의 재량에 맡겨지는 일이 없도록 법률의 구성요건을 명확히 규정해야 한다.[303)]

헌법 제37조 제2항은 기본권제한에 관한 '일반적 법률유보조항'이라고 할 수 있는데, 법률유보의 원칙은 '법률에 의한 규율'만을 요청하는 것이 아니라 '법률에 근거한 규율'을 요청하는 것이기 때문에 기본권의 제한에는 법률의 근거가 필요할 뿐이고 기본권제한의 형식이 반드시 법률의 형식일 필요는 없다.[304)]

위임입법에 있어서는 법률에 대통령령 등 하위법규에 규정될 내용 및 범위의 기본사항이 가능한 한 구체적이고도 명확하게 규정되어 있어서 누구라도 당해 법률 그 자체로부터 대통령령 등에 규정될 내용의 대강을 예측할 수 있어야 하지만, 이러한 위임의 구체성·명확성의 요구 정도는 규제대상의 종류와 성격에 따라서 달라지며, 다양한 사실관계를 규율하거나 사실관계가 수시로 변화될 것이 예상될 때에는 위임의 명확성의 요건이 완화된다.[305)]

---

302) Konrad Hesse, Grundzüge des Verfassungsrechts, Rn. 314.

303) Konrad Hesse, Grundzüge des Verfassungsrechts, Rn. 314.

304) 헌재 2005. 3. 31. 2003헌마87, 437면.

305) 헌재 1997. 12. 24. 95헌마390, 829면.

제 6 절 포괄위임입법금지원칙

Ⅰ. 문제의 제기

헌법재판의 심사원칙 중 포괄위임입법금지원칙은 헌법학 분야에서 그리 활발히 연구되지 않은 주제라 할 수 있다. 그만큼 헌법재판소는 포괄위임입법금지원칙[306]을 헌법재판에서 구체화된 심사기준으로 활용하는데 어려움을 느끼고 있다는 것을 간접적으로 보여주고 있다. 또한 현재까지 헌법재판소가 제시하고 있는 포괄위임입법금지원칙의 심사기준은 헌법이론적으로 상당한 문제점을 지니고 있어, 이러한 심사기준을 계속적으로 헌법재판에서 사용하는 것은 바람직하지 못하다고 생각된다.

문제는 포괄위임입법금지원칙 심사기준으로서 어떠한 헌법적 기준을 구체적으로 정립할 것인가 여부이다. 포괄위임입법금지원칙의 심사기준을 마련함에 있어서 실제 헌법현실에서 수권법률의 종류와 성격에 따라 그리고 일반인의 수권법률의 예측가능성을 기준으로 판단하고 있는데 이는 만족스러운 심사기준이라 보기 어렵다. 이제는 헌법재판 실무에서 수권법률이 포괄위임입법금지원칙에 위배되는지 여부를 판단할 수 있는 통일되고 공인된 심사기준이 필요한 시점이 되었다.

먼저 포괄위임입법금지원칙의 헌법적 취지 및 헌법적 요청을 살펴본다. 또한 우리나라 헌법재판소가 포괄위임입법금지원칙과 관련하여 제시한 포괄위임입법금지원칙과 명확성원칙의 관계, 포괄위임입법금지원칙에서 예측가능성의 주체, 헌법재판소의 포괄위임입법금지원칙의 심사기준 평가, 처벌법규의 위임 등을 자세히 고찰해 보고, 이를 비판적으로 접근해 본다. 마지막으로 포괄위임입법금지원칙 심사기준에 대한 대안을 모색해 본다.

---

306) 이미 연구된 논문으로는 정극원, “헌법재판에서의 포괄적 위임입법금지 원칙의 적용”, 「헌법학연구」 제15권 제3호, 2009. 9, 461면 이하; 전종익, “포괄위임금지원칙의 심사기준”, 「아주법학」 제7권 제3호, 2013. 12, 11면 이하; 이상경, “명확성의 원칙과 포괄위임입법금지원칙”, 「서울법학」 제22권 제3호, 2015. 2, 447면 이하.

Ⅱ. 헌법 제75조의 포괄위임입법금지원칙의 의의

1. 헌법 제75조의 의미

헌법 제75조에서는 "대통령은 법률에서 구체적으로 범위를 정하여 위임받은 사항과 법률을 집행하기 위하여 필요한 사항에 관하여 대통령령을 발할 수 있다." 고 규정하고 있다. 수권법률에 대한 수권방식에 대한 헌법적 통제원칙으로서 '포괄위임입법금지원칙'은 "입법을 위임하는 수권법률의 명확성원칙"이라고도 불린다.[307] 포괄위임입법금지원칙은 헌법 제75조에서 뿐만 아니라, 헌법상 법치국가원리로부터도 도출될 수 있는 헌법상 원칙이다.[308] 헌법재판소는 "헌법 제75조는 '대통령은 법률에서 구체적으로 범위를 정하여 위임받은 사항에 관하여 대통령령을 발할 수 있다'고 규정하여 위임입법의 근거 및 그 범위와 한계를 제시하고 있다. 여기에서 '법률에서 구체적으로 범위를 정하여'라 함은 법률에 이미 대통령령 등 하위규범에 규정될 내용 및 범위의 기본사항이 구체적이고 명확하게 규정되어 있어 누구라도 그 자체로부터 대통령령 등에 규정될 내용의 대강을 예측할 수 있어야 함을 의미한다."[309]고 계속적으로 판시하고 있다.

2. 포괄위임입법금지원칙의 헌법상 취지

포괄위임입법금지원칙을 헌법에서 규정한 취지는 국민의 기본권 및 기본의무에 관한 사항과 국가조직의 중요사항과 본질적 내용은 입법부가 법률의 형태로 규정해야지, 행정부나 사법부에 이러한 입법기능을 '포괄적'으로 전부 위임해서는 안된다는 취지이다.[310] 왜냐하면, 입법부가 입법권을 행정부나 사법부에 포괄적으로

307) 헌재 2003. 7. 24. 2002헌바82, 판례집 15-2(상), 141.

308) 김해원, "수권법률에 대한 수권방식통제로서 포괄위임금지원칙 - 기본권심사를 중심으로 -", 「헌법학연구」 제21권 제2호, 2015, 183면.

309) 헌재 2011. 12. 29. 2010헌바385 등, 판례집 23-2하, 673, 688; 헌재 2014. 7. 24. 2013헌바183 등; 헌재 2016. 3. 31. 2014헌바382, 공보 제234호, 571, 575.

310) 전종익, 전게논문, 14면. 우리 헌법재판소도 "우리 헌법하에서 국민의 헌법상 기본권 및 기본의무와 관련된 중요한 사항 내지 본질적인 내용에 대한 정책 형성기능은 원칙적으로 주권

위임하는 것은 국가기관간 견제가 불가능하기에 권력분립원리[311]에 위반될 수 있기 때문이다. 여기서 말하는 권력분립원리는 '기능간 권력분립'이고, 이러한 권력분립원리는 각 국가기관에게 입법, 행정, 사법이라는 자신의 기능을 독점적·배타적으로 소지한다는 의미가 아니다.[312] 권력분립원리가 입법부에게 전적으로 입법권 전체를 독점시키고자 하는 취지는 아닌 것이다. 그러나 입법부가 입법권을 행정부나 사법부에 위임할 때에는 '견제' 장치로서 입법의 범위를 정해주어야 한다는 취지이다.

유진오 선생은 오래전에 포괄위임입법금지원칙의 의미를 다음과 같이 분설하고 있다. "헌법 제75조에 규정된 '법률에서 구체적으로 범위를 정하여'라고 규정한 것은 첫째, 위임은 수권법률의 존재가 필요하며 수권법률은 합헌적 법률이어야 한다는 것, 둘째, 위임은 구체적이어야 하며 추상적이어서는 안된다는 것, 셋째, 위임은 전부위임이나 일반적 위임이 아닌 부분적·개별적 위임이어야 한다는 것을 의미한다."[313]고 설명하였다.

3. 포괄위임입법금지원칙과 명확성원칙의 관계

(1) 헌법재판소의 견해

우리나라 헌법재판소는 "명확성원칙과 포괄위임입법금지원칙의 관계에 대하여, 헌법 제75조는 '대통령은 법률에서 구체적으로 범위를 정하여 위임받은 사항에 관하여 대통령령을 발할 수 있다'고 규정하여 위임입법의 헌법상 근거를 마련함과 동시에 위임은 구체적으로 범위를 정하여 하도록 하여 그 한계를 제시하고 있는바, 이는 행정부에 입법을 위임하는 수권법률의 명확성원칙에 관한 것으로서

자인 국민에 의하여 선출된 대표자들로 구성되는 입법부가 담당하여 법률의 형식으로써 이를 수행하여야 하고, 이와 같이 입법화된 정책을 집행하거나 적용함을 임무로 하는 행정부나 사법부에 그 기능을 넘겨서는 아니되기 때문이다."라고 판시하고 있다(헌재 1995. 7. 21. 94헌마125, 판례집 7-2, 155; 1995. 11. 30. 91헌바1 등, 판례집 7-2, 562; 1995. 11. 30. 94헌바40 등, 7-2, 616; 1996. 10. 31. 93헌바14, 판례집 8-2, 422; 1998. 11. 26. 97헌바31, 661).

311) 권력분립원리에 관해서는 이부하, "권력분립에서 기능법설에 대한 평가", 「헌법학연구」 제12권 제1호, 2006. 3, 433면 이하; 이부하, "권력분립원리의 재고찰", 「법학논고」 제55집, 2016. 8, 1면 이하.

312) 이부하, 전게논문, 2016. 8, 9-10면.

313) 유진오, 「헌법해의」, 명세당, 단기4282, 137면 인용.

법률의 명확성원칙이 행정입법에 관하여 구체화된 특별규정이라고 할 수 있으므로 수권법률조항의 명확성원칙 위배 여부는 헌법 제75조의 포괄위임입법금지의 원칙의 위반 여부에 대한 심사로써 충족된다."[314]고 판시하고 있다.

(2) 평 가

우리나라 헌법재판소는 법률의 명확성원칙과 포괄위임입법금지원칙 양자 모두 수권법률의 명확성원칙으로 이해하고, 포괄위임입법금지원칙은 명확성원칙에 대한 특별원칙이므로 양 원칙이 모두 심사기준으로 고려될 경우에는 포괄위임입법금지원칙 위반 여부만 심사하면 된다는 입장이다.

첫째, 양 원칙은 서로 다른 기능을 수행한다. 헌법에서 명확성원칙을 요구하는 것은 일반인이 법규범의 의미내용으로부터 무엇이 금지되는 행위이고 무엇이 허용되는 행위인지를 알 수 있도록 함으로써[315] 법 집행자에게 차별적이거나 자의적인 법해석 및 집행을 예방하기 위한 원칙이다.[316] 반면, 포괄위임입법금지원칙은 수권법률이 법령에 위임할 경우에 구체적으로 범위를 정하여 그 대강의 내용을 알 수 있도록 피수권기관이 예견가능성을 지니고 법령을 제정케 하기 위한 원칙이다. 명확성원칙은 법해석 및 집행의 자의성을 방지하기 위한 원칙이고, 포괄위임입법금지원칙은 피수권기관의 법령 제정을 통제하기 위한 원칙이다.

둘째, 양 원칙은 헌법상 독자적인 심사원칙으로서 일반원칙과 특별원칙의 관계에 있지 않다. 헌법재판소가 설시한 것처럼, 명확성원칙은 '일반원칙'이며 포괄위임입법금지원칙은 '특별원칙'의 관계에 있지 않다. 양 원칙이 경합하는 경우, 명확성원칙은 심사에서 배제되고, 포괄위임입법금지원칙만 심사하면 되는 것이 아니다. 헌법재판에 있어서 포괄위임입법금지원칙은 '형식적 헌법심사원칙'[317]인 반

---

314) 헌재 2007. 4. 26. 2004헌가29, 판례집 19-1, 349, 365-366; 헌재 2011. 2. 24. 2009헌바13, 판례집 23-1상, 53, 63; 헌재 2011. 12. 29. 2010헌바385 등, 판례집 23-2하, 673, 687 참조.

315) 헌재 1996. 8. 29. 94헌바15; 헌재 1996. 12. 26. 93헌바65; 헌재 1998. 4. 30. 95헌가16 판례집 10-1, 327, 341; 헌재 2002. 1. 31. 2000헌가8, 판례집 14-1, 1, 8; 헌재 2008. 4. 24. 2004헌바92, 공보 제139호, 528, 531; 헌재 2010. 4. 29. 2008헌바118, 판례집 22-1상, 676, 682; 헌재 2011. 10. 25. 2010헌바272, 공보 181, 1605, 1607; 헌재 2012. 2. 23. 2008헌마500, 공보 185, 450, 458; 헌재 2012. 2. 23. 2011헌가13, 판례집 24-1상, 25, 35; 헌재 2013. 6. 27. 2012헌바169, 판례집 25-1, 519, 528.

316) 이부하, "법적 안정성의 의미에서 명확성의 원칙", 「세계헌법연구」 제20권 제1호, 2014. 4, 7면.

317) 김해원, 전게논문, 167면(형식적 헌법심사의 내용으로는 ① 수권법률(법률정립권자)이 '누

면, 명확성원칙은 '실질적 헌법심사원칙'으로 기능하기 때문에, 양 원칙이 경합하더라도 각자 독자적으로 헌법상 심사원칙으로 기능한다.[318]

셋째, 양 원칙의 수범자는 상이하며, 예측가능성의 정도가 다르다. 명확성원칙[319]은 법률의 수범자가 일반인이므로 '일반인'이 그 법률의 내용을 이해할 수 있어야 하는 반면, 포괄위임입법금지원칙은 입법자가 법률로 피수권기관에게 위임의 구체적 범위를 정해 주는 것이므로 '피수권기관'인 '행정기관'(대통령·국무총리·행정각부의 장)이 그 위임을 내용을 이해할 수 있는 주체가 되어야 한다.

포괄위임입법금지원칙 위반 여부를 판단함에 있어서 헌법재판소는 '입법권을 위임하는 법률이 충분히 명확한지 여부'에 초점을 맞추어 판단하는데, 이는 명확성원칙에서 판단해야 할 일이지, 포괄위임입법금지원칙에서 판단할 사항은 아니다. 또한 포괄위임입법금지원칙을 판단함에 있어서 위임하는 법률이 명확한지 여부를 누구라도 당해 법률조항의 입법목적을 통해 예측하고 판단할 수 있다는 것은 명확성원칙에서 요구하는 사항이지, 포괄위임입법금지원칙과는 관계가 없다.

Ⅲ. 포괄위임입법금지원칙에서 예측가능성 여부

1. 포괄위임입법금지원칙에서 예측가능성의 주체

(1) 헌법재판소의 견해

우리나라 헌법재판소는 "적어도 법률의 규정에 의하여 이미 대통령령으로 규제

구'에게 '어떤 법률하위규범'의 정립을 수권하고 있으며(피수권기관·피수권규범 특정에 관한 헌법적 통제), ② 이러한 수권은 '어떤 사항'에 대하여(수권내용에 관한 헌법적 통제), ③ '어떤 방식'으로(수권방식에 관한 헌법적 통제) 행해지는가? 이다).

318) 형식적 심사원칙은 심사대상인 국가행위(기본권 침입)의 실질적 내용을 담아내고 있는 형식이 헌법상 '정당한 권한 있는 자의 정당한 권한범위 안'에서 '정당한 절차'에 따라 '헌법이 요구하고 있는 형태'로 만들어져 있는지 여부를 면밀하게 살펴보는 활동을 의미하는 반면에, 형식적 심사원칙 다음에 행해지는 실질적 심사원칙은 심사대상인 기본권침범이 기본권의 인적·물적 구성요건을 의미하는 기본권적 보호법익에 미치는 영향에 주목하여 헌법이 마련해둔 심사기준들의 준수여부를 살펴보는 행위라 할 수 있다(이에 관해서는 김해원, "기본권심사에서 형식적 헌법적합성심사에 관한 연구 - 법률에 의한(durch Gesetz) 규율을 중심으로 -", 「헌법학연구」 제21권 제1호, 2015, 241면.

319) 명확성원칙에 관해서 자세한 것은 이부하, "법적 안정성의 의미에서 명확성의 원칙", 2014. 4, 1면 이하.

될 내용 및 범위의 기본사항이 구체적으로 규정되어 있어 누구라도 당해 법률로부터 대통령령에 규정될 내용의 대강을 예측할 수 있으면 족하다."[320]고 하고, 또한 "이 사건의 경우 위임조항의 수범자는 사립학교 관계자와 언론인으로서 위임조항이 위임하는 내용 및 범위에 대해 충분히 이해할 수 있는 사람들이다. 또 위임조항이 문제되는 것은 과태료의 제재가 따르는 법률조항으로 범죄의 구성요건과 형벌에 관한 법률조항에 비하여 포괄위임입법금지원칙을 완화하여 적용하여야 한다."[321]고 설시하고 있다.

(2) 평 가

우리나라 헌법재판소는 포괄위임입법금지원칙에서 예측가능성의 주체를 '누구라도'로 폭넓게 상정하고 있다. 헌법재판소가 주장하는 것처럼 '누구나' 위임의 내용 및 범위를 손쉽게 예측할 수 있다면, 굳이 일반소송을 거쳐 헌법재판소에 헌법소원심판청구까지 할 이유가 없다. 누구라도 위임의 내용 및 범위를 예측할 수 있다는 헌법재판소의 인식은 그 자체가 모순이다. 또한 헌법재판소가 이렇게 생각하는 것을 선해한다면, 명확성원칙에서 명확성 여부의 판단주체인 '일반인'과 포괄위임입법금지원칙에서 예측가능성의 주체인 '누구나'를 동일하게 보는데서 기인한 것이다. 그런데 법률의 명확성원칙 위반 여부는 법률의 수범자인 '일반인'을 주체로 하여 일반인이 그 법률조항을 충분히 이해할 수 있느냐를 기준으로 판단하는 반면, 포괄위임입법금지원칙 위반 여부는 '피수권기관'의 입장에서 위임의 예측가능성을 기준으로 판단하므로 양자의 주체가 동일시될 수 없다.[322]

2015헌마236 결정은 헌법재판소처럼 위임조항의 수범자인 일반인이나 사립학교 관계자와 언론인이 그 위임의 내용과 범위를 이해했느냐 여부를 판단할 것이 아니라, 수권법률을 보고 위임입법의 내용과 범위를 피수권기관인 행정기관이 예측할 수 있느냐를 기준으로 포괄위임입법금지원칙 위반 여부를 판단했어야 했다.

2. 헌법재판소의 포괄위임입법금지원칙의 예측가능성 유무

우리나라 헌법재판소는 일관되게 "예측가능성의 유무는 당해 특정조항 하나만

---

320) 헌재 1991.7.8. 선고, 91헌가4; 헌재 1995. 7. 21, 94헌마125, 판례집 제7권 2집, 155, 165-166.
321) 헌재 2016. 7. 28. 2015헌마236 등, 29.
322) 김해원, 전게논문, 2015. 6, 172-173면.

을 가지고 판단할 것은 아니고 관련법 조항 전체를 유기적·체계적으로 종합하여 판단하여야 하며, 각 대상법률의 성질에 따라 구체적·개별적으로 검토하여야 한다."[323]고 판시하고 있다.

또한 헌법재판소는 "입법권을 위임하는 법률이 충분히 명확한지 여부는 당해 법률조항만이 아니라 그 규범이 위치하는 법률 전체를 포함한 관련법조항의 체계적인 해석을 통하여 판단해야 하는데, 특히 이 경우 수권의 목적으로부터 수권의 내용이 구체화될 수 있고 이로써 수권의 범위가 어느 정도 예측될 수 있기 때문에, 수권의 목적, 즉 당해 법률조항의 입법목적은 중요한 의미를 가진다."[324]고 판시하였다.

Ⅳ. 처벌법규의 위임

1. 헌법재판소의 입장

헌법재판소는 일관되게 "처벌법규를 위임하기 위해서는, 첫째, 특히 긴급한 필요가 있거나 미리 법률로써 자세히 정할 수 없는 부득이한 사정이 있는 경우에 한정되어야 하며, 둘째, 이러한 경우에도 법률에서 범죄의 구성요건은 처벌대상행위가 어떠한 것일 것이라도 예측할 수 있을 정도로 구체적으로 정하고, 셋째, 형벌의 종류 및 그 상한의 폭을 명백히 규정하여야 하되"[325]라고 설시하고 있다.

"처벌법규의 위임은 특히 긴급한 필요가 있거나 미리 법률로써 자세히 정할 수

---

323) 헌재 1995. 7. 21. 94헌마125, 판례집 7-2, 155, 166; 헌재 1995. 11. 30. 91헌바1 등, 판례집 7-2, 562, 591; 헌재 1995. 11. 30. 94헌바40 등, 판례집 7-2, 616, 635; 헌재 1999. 1. 28. 97헌가8, 판례집 11-1, 1, 8; 헌재 1999. 4. 29. 96헌바22 등, 판례집 11-1, 422, 445; 헌재 2004. 8. 26. 2003헌바26, 판례집 16-2상, 215, 228; 헌재 2006. 2. 23. 2004헌바100; 헌재 2009. 10. 29. 2008헌바122, 판례집 21-2하, 230, 241; 헌재 2010. 10. 28. 2007헌마890, 판례집 22-2하, 131, 137; 헌재 2014. 4. 24. 2013헌바110, 판례집 26-1하, 88, 94-95; 헌재 2014. 4. 24. 2013헌가4, 판례집 26-1상, 587, 596; 헌재 2014. 6. 26. 2012헌바299, 513; 헌재 2014. 7. 24. 2013헌바183 등; 헌재 2016. 3. 31. 2014헌바382, 공보 제234호, 571, 575.

324) 헌재 2003. 7. 24. 2002헌바82, 판례집 15-2상, 143: 헌재 2004. 11. 25, 2002헌가10, 판례집 16-2하, 241; 헌재 2014. 6. 26. 2012헌바299, 판례집 26-1하, 506, 513.

325) 헌재 1991. 7. 8. 91헌가4, 판례집 3, 336, 341; 1994. 6. 30. 93헌가15 등, 판례집 6-1, 576, 585; 헌재 1997. 5. 29. 94헌바22 판례집 9-1 529; 헌재 2002. 5. 30. 2001헌바5 판례집 14-1 478; 헌재 2004. 8. 26, 2004헌바14, 판례집 제16권 2집 상, 306, 314.

없는 부득이한 사정이 있는 경우에 한정되어야 하되, 이와 같이 부득이한 사정이 있어 위임이 불가피한 경우일지라도 법률에서 하위법령에 규정될 내용의 기준과 범위를 명확하고 구체적으로 설정함으로써 수범자에게 예측가능성을 부여하여야 한다. 왜냐하면 규율대상이 다양하거나 수시로 변하는 성질을 가져 하위법령에 위임할 필요성이 클수록 수범자인 국민의 입장에서는 어떠한 경우에 어떠한 의무를 부담하는지를 판단하기가 더욱 어려워져서 행위방향을 설정할 수가 없기 때문이다."[326]

2. 평 가

헌법재판소는 처벌법규를 위임할 경우에는 비처벌법규를 위임할 경우보다 더욱 엄격성을 요구하고 있다. 이는 법률에서 처벌법규를 위임하더라도 범죄의 구성요건과 형벌 등은 법률에서 명확하고 구체적으로 설정하라는 취지를 담고 있다. 그런데 이러한 입장은 포괄위임금지원칙의 예외라기보다는 원칙에 가깝고, 당연한 것으로서 이를 설시할 실익이 적다.

또한 헌법재판소가 설시하고 있는 처벌법규의 위임의 예외적인 경우인 ① 긴급한 필요가 있거나 ② 미리 법률로써 자세히 정할 수 없는 부득이한 사정이 있는 경우가 구체적으로 무엇을 의미하는지를 알 수 없다.

V. 포괄위임입법금지원칙 심사기준에 대한 대안 모색

1. 포괄위임입법금지원칙의 심사강도의 다원화

포괄위임입법금지원칙의 심사강도를 다원화하는 경우, 크게 '강화'와 '완화'의 2가지로 구분할 수 있다. 헌법'현실적' 요청과 헌법'규범적' 요청에 의해 심사강도의 다원화 필요성이 존재한다. 첫째, 헌법'현실적' 요청에서 살펴보면, 국회에게 "구체적으로 범위를 정하여 위임"하라는 헌법적 명령은 국회가 그 분야에 관한 전문성이 부족하거나 법규율을 하기 어려운 경우, 즉 국회가 수권내용을 규율함

326) 헌재 1996. 2. 29. 94헌마213; 헌재 2009. 5. 28. 2006헌바24, 판례집 21-1하, 484, 499; 헌재 2015. 7. 30. 2013헌바416, 판례집 27-2상, 159, 165.

에 있어서 피수권기관이 보유하고 있는 전문성·기술성에 의존할 필요성이 큰 경우와 수권내용이 헌법현실의 빠른 변화로 인해 국회가 신속한 법률 제정이 어려워 피수권기관이 탄력적이고 기민한 대응을 해야 하는 경우[327] 등이다. 이 경우 헌법재판에서 포괄위임입법금지원칙의 심사강도는 완화될 수 있다.

둘째, 헌법'규범적' 요청에서 살펴보면, 헌법에서 죄형법정주의(헌법 제12조 제1항, 제13조 제1항)나 조세법률주의(헌법 제38조, 제59조)의 등과 같이 명시적으로 국회가 법률의 형식으로 규율하라는 요청을 하는 경우이다.[328] 이 경우 헌법재판에서 포괄위임입법금지원칙의 심사강도는 강화되어야 한다.

2. 규제대상의 종류와 성격에 따른 심사강도의 구분

(1) 심사강도 구분 논의

독일 학계에서도 독일 기본법 제80조 제1항 2문[329]을 '명확성원칙'[330]이라고 하기도 하고, '예견가능성'[331]이라고도 부른다. 이 헌법규정의 취지는 입법자가 스스로 특정한 방향을 규정해주어야 한다는 것이다. 즉, 입법자는 사회공동체의 갈등을 어떻게 해결할 것인지와 어떠한 정책을 추구할 것인지를 결정해야 한다.[332]

독일 연방헌법재판소 판결에 의하면, 위임의 한계는 명백한 명확성을 지닌 법률이어야 한다는 것이다.[333] 독일 연방헌법재판소는 침해적 법규명령, 수익적 법

327) 유은정, "소위 수익적 법률에서 위임입법의 헌법적 한계 - 특수임무수행자보상에 관한 법률 제2조 및 동법 시행령 제2조를 중심으로 -", 「공법학연구」 제14권 제3호, 2013, 279면: "… '다양하고 급속한 경제적·사회적·기술적 변화에 대응하여 신속하게 법제정을 하는 것이 요구되나 의회의 입법절차로서는 그것을 실현할 수 없는 영역이 존재'하는지, '규제가 장소적, 시간적, 기술적으로 세분화되어 있어서 국가에게 본질적인 문제를 결정하여야하는 의회가 시간적 여유'가 없는지, … 등의 문제를 고려할 수 있다."

328) 김해원, 전게논문, 2015. 6, 175-177면; 전종익, 전게논문, 16면.

329) 독일 기본법 제80조 제1항 2문 "이 경우 법률은 수권(授權)의 내용·목적 및 범위를 정하여야 한다."

330) Astrid Wallrabenstein, in: v. Münch/Kunig, GGK II, 6. Aufl. 2012, Art. 80 Rn. 35 ff.; Fritz Ossenbühl, in: HdbStR III, § 64 Rn. 17.

331) Horst Hasskarl, Die Rechtsprechung des Bundesverfassungsgerichts zu Art. 80 Abs. 1 Satz 2 GG, AöR 94 (1969), S. 85 (88); BVerfGE 1, 14 (60); 29, 198 (210); 42, 191 (200); 55, 207 (226); 56, 1 (12).

332) BVerfGE 78, 249 (272).

333) BVerfGE 2, 307 (334 f.); 4, 7 (21); 5, 71 (77).

규명령, 처벌을 규정한 법규명령의 3가지로 나누어 수권법률의 명확성 정도를 달리 적용하고 있다. 즉, 수익적 성격의 수권법률의 명확성 정도는 침해적 성격의 수권법률의 명확성 보다 완화된다.[334] 기본법 제80조 제1항 제2문의 요청은 침해적 성격의 수권법률의 명확성을 강하게 요구하고 있고,[335] 부담적 수권법률의 경우 수익적 수권법률보다 엄격한 명확성을 요구한다.[336] 특히 형벌적 성격의 수권법률의 명확성은 엄격성을 요구하고 있다.[337]

우리나라 헌법재판소도 "위임의 구체성·명확성의 요구 정도는 규제대상의 종류와 성격에 따라서 달라진다. 즉, 일반적인 급부행정법규의 경우보다 처벌법규나 조세법규 등 국민의 기본권을 직접적으로 제한하거나 침해할 소지가 있는 법규에서는 구체성·명확성의 요구가 강화되어 그 위임의 요건과 범위가 더 엄격하게 제한적으로 규정되어야 하고, 규율대상이 지극히 다양하거나 수시로 변화하는 성질의 것일 때에는 위임의 구체성·명확성의 요건이 완화되어야 할 것이다."[338]라고 계속하여 판시하고 있다.

또한 "위임조항에서 위임의 구체적 범위를 명확히 규정하고 있지 않다고 하더라도 당해 법률의 전반적 체계와 관련규정에 비추어 위임조항의 내재적인 위임의 범위나 한계를 객관적으로 분명히 확정할 수 있다면 이를 일반적이고 포괄적인 백지위임에 해당하는 것으로 볼 수 없다."[339]

반면, "이 사건 법률조항은 처벌법규의 구성요건 조항이라는 점에서 국민의 기본권을 직접적으로 제한하거나 침해할 소지가 있으므로 구체성·명확성의 요구가 강화되어 그 위임의 요건과 범위가 일반적인 급부행정의 경우보다 더 엄격하게 제한적으로 규정되어야 하나, 한편으로 위임의 필요성에서 살펴본 바와 같이 석유 등의 건전한 유통질서를 저해하는 행위가 다양하고 수시로 변화하는 점을 고

334) BVerfGE 48, 227 ff.

335) BVerfGE 7, 282 (295).

336) BVerfGE 23, 62 (73)).

337) BVerfGE 14, 174 (185).

338) 헌재 1994. 6. 30. 93헌가15 등, 판례집 6-1, 576; 헌재 1995. 11. 30. 91헌바1 등, 판례집 7-2, 562, 591; 헌재 1998. 6. 25, 95헌바35, 판례집 제10권 1집, 771, 794; 헌재 1999. 1. 28. 97헌가8, 판례집 11-1, 8; 헌재 2002. 6. 27. 2000헌가10, 판례집 14-1, 565, 570; 헌재 2002. 12. 18. 2001헌바52; 헌재 2008. 4. 24. 2004헌바48; 헌재 2009. 12. 29. 2008헌바48; 헌재 2011. 12. 29. 2010헌바385 등, 판례집 23-2하, 673, 688-690; 헌재 2014. 3. 27. 2013헌바198, 판례집 26-1상, 480, 488; 헌재 2014. 4. 24. 2012헌바412.

339) 헌재 1997. 12. 24. 95헌마390, 판례집 9-2, 817-834: 헌재 2007. 4. 26, 2005헌바51, 판례집 제19권 1집, 450.

려하면 위임의 구체성 · 명확성의 요건을 완화할 필요성도 인정된다."[340]

(2) 평 가

헌법재판소는 위임의 구체성·명확성의 요구 정도를 규제대상의 종류와 성격에 따라 달리한다. 그러나 이는 규제대상의 종류와 성격에 따라 이분화 할 수 없는 경우가 많다. 예를 들어, 급부행정법규에서 위임의 구체성·명확성의 요구를 완화하면 급부행정 영역에서 수급권자가 되는지 여부를 법률을 보고 예측할 수 없고 대통령령 등 하위법규를 통해서 그 여부가 확정되므로 오히려 평등권을 제한하거나 침해할 소지가 발생한다.

헌법재판소는 "구체성·명확성의 요구의 강화 내지 완화는 명확성원칙에서 개개의 법률이나 법조항의 성격에 따라 요구되는 정도에 차이가 있을 수 있다."[341]고 판시한다. 그러나 포괄위임입법금지원칙에서 위임의 구체성·명확성의 요구 정도는 피수권기관의 수권법률에 대한 예측가능성을 최우선적 기준으로 삼아 판단해야지, 법률의 성격에 따라 가변적으로 위임의 구체성·명확성의 요구 정도를 달리하게 되면 법적 안정성을 침해하게 될 가능성이 높다.

2015헌바123 결정에서 보듯이, 한편으로는 처벌법규 또는 침해적 성격의 수권법률의 경우는 급부행정법규의 경우보다 위임의 구체성·명확성의 요구가 '강화'되는 기준을 설정해 놓고, 다른 한편으로는 규율대상이 지극히 다양하거나 수시로 변화하는 성질의 경우에는 위임의 구체성·명확성의 요구가 '완화'되는 기준을 설정해 놓았다. 헌법재판소의 입장은 이미 결론을 내어놓고 이 2가지 기준을 임의로 혼용하는 자의성을 보여주고 있다.

3. "법률에서 구체적으로 범위를 정하여"의 조명

(1) 헌법재판소의 입장

"헌법 제75조는 '대통령은 법률에서 구체적으로 범위를 정하여 위임받은 사항

340) 헌재 2016. 4. 28. 2015헌바123, 공보 제235호, 753, 755.

341) 헌재 1992. 2. 25. 89헌가104, 판례집 4, 64, 78-79; 헌재 2001. 6. 28. 99헌바34, 판례집 13-1, 1255, 1264; 헌재 2010. 4. 29. 2009헌바46, 판례집 22-1하, 21, 27; 헌재 2011. 10. 25. 2010헌바272, 공보 181, 1605, 1607; 헌재 2012. 2. 23. 2008헌마500, 공보 185, 450, 458; 헌재 2013. 6. 27. 2012헌바169, 판례집 25-1, 519, 528.

에 관하여 대통령령을 발할 수 있다.'고 규정하고 있다. 여기서 '법률에서 구체적으로 범위를 정하여 위임받은 사항'이란 법률에 이미 대통령령으로 규정될 내용 및 범위의 기본사항이 구체적이고도 명확하게 규정되어 있어서 누구라도 당해 법률로부터 대통령령에 규정될 내용의 대강을 예측할 수 있어야 함을 의미한다."[342)]

"법률이 대통령령에 위임하면서 대통령령으로 규정될 사항 및 범위의 기본사항을 구체적으로 규정하지 아니하고 다소 개괄적으로 위임하였다고 하여 헌법 제75조의 포괄위임금지원칙에 어긋난다고 보기 어렵다"[343)]

(2) 평 가

헌법 제75조는 "법률에서 구체적으로 범위를 정하여 위임받은 사항에 관하여 대통령령을 발할 수 있다"고 규정하고 있다. 여기서 '법률에서 구체적으로 범위를 정하여'라는 의미는 법률에 이미 대통령령 등 하위규범에 규정될 '내용' 및 '범위'의 기본사항이 구체적이고 명확하게 '규정'되어 있어야 한다는 의미이다.[344)] 여기에서 '내용'이란 법규명령의 전문 분야(Sachgebiet), 대상(Gegenstand), 소재(Materie), 법적 주제(das rechtliche Thema)를 의미하며,[345)] '범위'란 피수권기관이 위임된 법규범 제정시 준수해야 하는 위임의 한계를 설정해 주는 것이다.[346)] 그런데 우리나라 헌법재판소는 위임의 내용 및 범위의 기본사항이 무엇인지를 구체적으로 설시하지 않고, 일반적으로 '위임의 필요성'[347)]만을 강조함으로써 포괄위임입법금지원칙의 근본취지를 도외시하고 있다.

헌법재판소는 "법률에서 구체적으로 범위를 정하여"를 "입법목적 및 관련 법조항을 유기적·체계적으로 종합하여 보면" 알 수 있다고 한다. 그러나 법률에서 구체적으로 범위를 정하라는 의미는 입법자가 법률에 구체적으로 '규정'하라는 의미이지, 일반인이 법률을 유기적·체계적으로 '해석'하라는 의미는 아니다.

---

342) 헌재 2014. 5. 29. 2012헌마515, 판례집 26-1하, 423, 430.

343) 헌재 2010. 10. 28. 2007헌마890, 138.

344) 헌재 2011. 12. 29. 2010헌바385 등, 판례집 23-2하, 673, 688; 헌재 2014. 7. 24. 2013헌바183 등; 헌재 2016. 3. 31. 2014헌바382, 공보 제234호, 571, 575.

345) Dieter Wilke, in: v. Mangoldt/Klein (Hrsg), GG, Art. 80 Anm. VI 1. a.

346) Michael Nierhaus, in: W. Kahl/Chr. Waldhoff/Chr. Walter (Hrsg), Bonner Kommentar zum Grundgesetz, Art. 80 Abs. 1 Rn. 279.

347) 헌재 2013. 7. 25. 2012헌바54, 판례집 25-2상, 140, 147; 헌재 2014. 4. 24. 2013헌가4, 판례집 26-1상, 587, 597; 헌재 2016. 4. 28. 2015헌바123, 공보 제235호, 753, 755.

Ⅵ. 결 어

1. 우리나라 헌법재판소는 포괄위임입법금지원칙을 명확성원칙에 대한 특별원칙으로 보고, 양 원칙이 모두 심사기준으로 고려될 경우에는 포괄위임입법금지원칙 위반 여부만을 심사하면 된다는 입장이다. 또한 헌법재판소는 포괄위임입법금지원칙에서 예측가능성의 주체를 '누구라도'로 폭넓게 상정하고 있다. 헌법재판소는 처벌법규의 위임요건으로 ① 긴급한 필요가 있거나 ② 미리 법률로써 자세히 정할 수 없는 부득이한 사정이 있는 경우를 들고 있다. 헌법재판소는 헌법 제75조의 "법률에서 구체적으로 범위를 정하여"를 "입법목적 및 관련 법조항을 유기적·체계적으로 종합하여 보면" 알 수 있다고 주장한다.

2. 포괄위임입법금지원칙과 명확성원칙은 각각 독자적인 헌법상 심사원칙이며, 서로 다른 기능을 수행한다. 따라서 명확성원칙은 포괄위임입법금지원칙의 특별원칙이 아니다. 헌법재판에서 포괄위임입법금지원칙은 '형식적 헌법심사원칙'인 반면, 명확성원칙은 '실질적 헌법심사원칙'으로 기능한다.

3. 명확성원칙은 법률의 수범자가 일반인이므로 '일반인'이 그 법률의 내용을 이해할 수 있어야 하는 반면, 포괄위임입법금지원칙은 입법자가 법률로 피수권기관에게 위임의 구체적 범위를 정해 주는 것이므로 '피수권기관'인 '행정기관'이 그 위임을 내용을 이해할 수 있는 주체가 된다. 따라서 포괄위임입법금지원칙에서 예측가능성의 주체를 '누구라도'로 상정해서는 안되고, '피수권기관'의 입장에서 위임의 예측가능성을 기준으로 판단해야 한다.

4. 헌법재판소가 설시하고 있는 처벌법규의 위임의 예외적인 경우인 ① 긴급한 필요가 있거나 ② 미리 법률로써 자세히 정할 수 없는 부득이한 사정이 있는 경우가 구체적으로 무엇을 의미하는지를 제시해야 한다.

5. 헌법 제75조의 법률에서 구체적으로 범위를 정하라는 의미는 법률에 구체적으로 '규정'하라는 의미이지, 법률을 유기적·체계적으로 '해석'하라는 의미는 아니다. 또한 헌법재판소는 위임의 내용 및 범위의 기본사항이 무엇인지를 구체적으로 설시하지 않고, 일반적으로 '위임의 필요성'만을 강조함으로써 포괄위임입법금지원칙의 근본취지를 도외시하고 있다.

제 2 편

기본권론

제 1 장 기본권 일반이론

제 1 절 인권보장의 역사

I. 인권의 사상적·역사적 배경

입헌주의와 인권보장의 사상적 연원은 멀리 고대와 중세에서 찾아볼 수 있다. 그러나 근대적 의미의 인권사상은 중세의 암흑세계에 대항하여 나온 문예부흥과 종교개혁에서 비롯되었다. 즉, 중세사회에 있어서 비합리적인 교권(教權)의 지배(종교의 국가에 대한 절대적 우위와 신민에 대한 절대적 지배)하에서 개성의 가치에 대한 자각과 교회의 권위에 대한 도전에 의해서 근대사회는 막을 올리게 되었다. 인간의 존엄성을 실현하기 위해 자유와 평등을 권리로서 주장하게 되었는데, 그 과제는 종교적으로는 '신(神)으로부터의 인간의 해방'이었고, 사회적으로는 '봉건적인 신분제도의 타파'였다.

인권사상의 확립에 결정적인 영향을 미친 것은 '인본주의'(humanism)와 '자연법'(natural law)사상이었다. 로크(Locke)는 인간이란 자연상태에서 무제한의 자유를 누리며, 생명·신체·재산에 대한 생래적인 권리를 가진다고 하여 이른바 '천부인권' 사상을 제창하였다. 그런데 자연상태에 있어서는 '만인에 대한 만인의 투쟁'을 유발하고 약육강식의 원칙이 지배하여 궁극적으로는 이와 같은 인권을 누릴 수 없기 때문에 '사회계약' 내지 '국가계약'을 체결하여 정부를 수립하고 이를 보장하도록 하였다. 그런데 정부가 이와 같은 자연권을 침해·박탈하게 되는 때에는 국민들은 이에 '불복종 내지 저항'할 권리를 가지고 있으며, 따라서 그 정부를 전복하고 신정부를 수립할 권리와 책임이 있다고 하였다. 이 사상은 미국 여러 주(州)의 권리장전과 미국독립선언에 결정적인 영향을 미쳤다.

프랑스의 인권선언과 권리장전은 로크(Locke)의 자연법사상과 함께 루소(Rousseau)

의 사회계약론과 몽테스키외(Montesquieu)의 권력분립론의 영향을 받았다. 루소(Rousseau)에 있어서 국가는 사회계약에 기초를 두고 있으며, 이에 의해 국가권력은 국민의 '일반의사'(general will)에 따라 행사되고 개인은 이 의사에 복종하여야 한다. 그런데 그에 있어서 개인의 권리는 모두 사회에 양도했기 때문에 자유란 '국가에의 참여에 의한 자유'를 의미하였다. 이에 반하여 몽테스키외(Montesquieu)는 권력분립의 원리를 적용함으로써 통치과정 그 자체에서 자유의 관념을 도출하였다. 그는 국가권력에 대한 불신에서 출발하여 권력의 분산과 상호간의 견제를 통해서만 보장될 수 있다고 보고, 자유를 '국가로부터의 자유'(freedom from state)로 규정하였다.

근대의 시민혁명과 인권선언에 가장 큰 영향을 미친 정치적 이데올로기는 '자유주의'(liberalism)이었다. 시민계급은 일시적인 시민혁명에 의하든 또는 점진적인 정치투쟁에 의하든 간에, 자유주의의 깃발아래 구체제와 싸워 승리함으로써 주권을 쟁취하고 인권을 보장받게 되었다. 자유와 평등의 제도적 보장은 결코 무상으로 주어진 것이 아니라, 이를 억압하는 지배계층과의 투쟁의 결과로써 획득한 것이다. 불합리한 압제로부터 해방되어 인간으로서 기본권을 누릴 수 있었던 것은 그 역사적 조건들이 성숙되었기 때문이었다. 그 결과 근대국가는 이와 같은 인권의 보장을 최고의 국가적 목표로 설정하고 이를 문서화하게 되었다. 비록 그 역사적 성격에 있어서 특수성을 발견할 수 있지만, 오늘날에는 인권의 '보편성'이 강조되고 있다.

Ⅱ. 인권보장의 헌법적 수용

인권사상은 각국의 역사적 조건과 문화적 환경 및 국민들의 헌법의식에 따라 달리 전개되어 오면서 시민계급(제3계급)이 절대군주와의 정치적 투쟁에서 승리함에 따라 근대 입헌국가는 인권을 권리장전의 형태로 선언·보장하게 되었다.

1. 영국에서의 인권보장

영국에서는 일찍이 1215년의 대헌장(Magna Carta)에서 의회의 동의없는 과세의 금지와 일정한 신체의 자유를 선언하기 시작하였다. 그러나 이것은 군주와 등족간의 약정서로써 기껏해야 등족의 특권을 확인하는 '봉건적 자유'(feudal liberties)를 의미하였다. 영국민들의 자유는 이와 같은 대헌장의 해석을 통해서 점진적으로 발전되어 왔고, 특히 코크(Coke)의 '법의 지배' 사상에 의해 인권사상은 성숙되었다.

17세기에 와서 비로소 근대적 입헌주의와 인권보장은 확립되기에 이르렀다. 즉, 1628년의 권리청원(Petition of Rights)은 대헌장에 선언된 등족의 자유를 '모든 영국민의 자유'로 확대하기 시작하였고, 1647년의 인민협정(Agreement of the People)은 종교와 양심의 자유, 병역강제로부터의 자유, 법 앞에 평등 등을 추가·보장하였으며, 1679년의 인신보호법(Habeas Corpus Act)은 영장없는 체포·구금의 금지와 구속적부심제도를 채택하여 신체의 자유의 보장을 강화하였다.

1688년의 명예혁명의 결과 채택된 1689년의 권리장전(Bill of Rights)은 영국헌정사에 있어서 인권투쟁의 결산을 의미하는 것으로 일정한 신체의 자유, 정신적 자유와 함께 청원권, (의회내에서의) 언론의 자유, 국회의원 선거권 등이 널리 보장되었으며, 1689년의 관용법(Toleration Act)[1]은 종교의 자유를 폭넓게 인정하였다. 권리장전은 새로운 권리목록을 추가하였다기보다는 기존의 영국민들의 권리를 '재확인'하는 성격을 가지고 있었다. 이와 같은 인권보장이 사상적으로는 Locke를 비롯한 자연법사상에 의해서, 사회적으로는 절대군주에 대한 의회의 승리의 결과로 확립되었다. 이들 권리장전은 후대에게 기본권 보장의 선례를 남겼으며, 미국과 대륙으로 건너가 근대적 인권보장에 결정적인 영향을 미쳤다.

2. 미국에서의 인권보장

영국의 식민지로 있을 당시에는 미국인들은 '영국민으로서의 권리', 즉, 영국민과 같은 자유와 권리를 보장하도록 요구하였으나, 독립전쟁과 함께 자연법사상의 영향을 받아 천부불가양의 자연권인 '인간으로서의 권리'를 주장하기 시작하였다. 근대적인 인권선언은 1776년의 버지니아권리장전과 미국독립선언에서 비롯되었다. 전자(前者)는 자연권으로서 전통적인 신체의 자유, 언론·출판의 자유, 종교·양심의 자유와 함께 새로운 행복추구권, 생명·자유·재산에 관한 권리 및 저항권 등을 규정하고 있었다. 후자(後者)는 구체적인 인권목록을 제시하지는 않았지만, 인간의 평등과 천부인권, 생명·자유·행복추구권과 저항권을 선언하고 있었다. 그

1) 이는 신교의 자유를 규정하는 것을 주목적으로 하였기 때문에 흔히 '신교자유령'이라고도 부른다.

러나 이와 같은 인권이 헌법에 의해 보장되기 시작한 것은 1776년 펜실베이니아 헌법을 비롯한 각 주의 헌법이 채택된 때부터이었다. 각 주(州)헌법은 그 내용에 있어서 다소간에 차이는 있었으나 반드시 권리장전을 채택하였으며, 이는 근대 입헌주의적 헌법의 모형이 되었다.

1787년에 채택된 미국의 연방헌법은 원래 권리장전이 포함되어 있지 아니하였다. 이러한 권리장전의 결여가 연방정부에 의한 인권침해의 위험성을 가지고 있으므로 급진파들은 주정부의 인준과정에서 권리장전의 채택을 요구하였다. 그 결과 1791년에 수정헌법 10개조가 권리장전으로 채택되었는데, 종교의 자유, 언론의 자유, 신체의 자유, 특히 적법절차의 보장, 사유재산제의 보장, 주거의 안전 등을 보장하였다. 그 후 남북전쟁(1861-1865년)의 결과로 ① 노예제도의 폐지(수정헌법 제13조), ② 흑백간의 평등 보장(수정헌법 제14조), ③ 흑인에 대한 참정권의 보장(수정헌법 제15조)이 인권목록에 추가되었으며, 1920년에는 여성참정권이 인정되었다(수정헌법 제19조).

미국에 있어서의 권리선언과 인권보장은 인권의 헌법적 수용의 효시가 되었다. 미국이 이와 같이 권리장전을 채택하게 된 배경을 보면, ① 종교의 자유를 추구해 온 청교도적 전통, ② 시민계급의 자유를 주창해 온 자유주의적 영향과 ③ 로크(Locke)를 위시한 당대의 자연법사상 등이 중요한 영향을 미쳤던 것이다.[2] 오늘날에 있어서도 이와 같은 인권사상은 헌법의 해석·적용에 그대로 미치고 있다.

3. 프랑스에서의 인권보장

1789년의 프랑스혁명은 절대군주제의 구(舊)체제(ancien regime)를 붕괴시키고 국민주권의 원리에 입각한 근대국가를 수립하였다. 그 결과로서 나온 '인간과 시민의 권리선언'은 자연법사상의 영향과 구체제에 대한 투쟁의 산물을 의미한다. 여기에서 천부인권으로서의 자유와 평등을 전제로 하고 신체의 자유, 재산권의 보장, 종교의 자유, 표현의 자유 등을 자연권의 일환으로 선언하였다. 이 인권선언이 미국의 인권선언과 권리장전의 직접적인 영향을 받았는지 여부에 관하여는 견해가 나뉘고 있지만, 2년 후에 채택된 프랑스 1791년의 헌법에서 그대로 수용되었고 그 후 유럽대륙의 여러 나라에 있어서 권리장전의 '원형'이 되었다. 이와 같

2) 미국에서 인권이 잘 보장될 수 있었던 여건들에 관하여는 윤명선, "The Characteristics of American Liberty: Factors of Making Individual Liberties Unique in the World", 경희대학교 논문집 제19권, 1990, 47-61면 참조.

은 권리장전은 혁명기의 와중에서 채택된 1793년의 두 헌법에서 집회의 권리, 청원권, 교육에 관한 권리 등이 추가·선언되었으나, 1795년의 헌법은 대중집회, 집단적 청원, 무장소요 등의 금지 규정을 두어 인권의 한계를 설정하였다.

그런데 나폴레옹의 등장과 함께 민주주의에 대한 반동적 시대가 도래하였다. 1799년의 헌법은 '인간과 시민의 권리'에 관한 원칙적 규정을 삭제하였으며, 나폴레옹의 몰락 후 1814년과 1830년에는 흠정헌법이 채택되기에 이르렀다. 그 결과 인권보장의 성격은 변질되어 '인간과 시민의 권리'가 아니라 '프랑스인의 권리'로 규정되었다.

1848년의 2월 혁명의 결과 채택된 제2공화국 헌법에서 기본권의 성격과 내용이 회복되는 한편, 단결의 자유, 교육의 자유 등의 사회권이 보장되기 시작하였다.[3] 1875년의 제3공화국 헌법도 인권선언을 당연한 것으로 받아들였고, 1946년의 제4공화국 헌법은 1789년의 인권선언을 재확인하였다. 프랑스에 있어서 권리장전은 곧 프랑스 헌정사를 대변하는 것으로 시행착오의 과정을 거쳐 오늘에 이르고 있다. 1958년의 제5공화국 헌법도 권리장전을 별도로 두지 않고 있으나, 1789년의 인권선언을 프랑스인의 권리장전으로 수용·보장하고 있다.

4. 독일에서의 인권보장

정치적 후진국이었던 독일은 절대군주정이 계속되어 인권을 헌법에서 수용하는 데에는 오랜 시간이 흘렀으며, 이것도 외세의 영향을 받아 비로소 규정되었다. 즉, 1807년에 나폴레옹의 지배하에서 채택된 베스트팔렌(Westfallen) 왕국 헌법이 최초로 평등권과 종교의 자유 등을 규정하였고, 그 다음해에 제정된 바이어른(Bayern) 헌법은 신체의 자유, 신앙의 자유, 재산권의 보장, 표현의 자유 등의 전통적인 기본권을 규정하게 되었다. 그러나 권리장전이 본격적으로 규정된 것은 1849년의 프랑크푸르트(Frankfurt) 헌법으로서 '독일 국민의 기본권'이라는 장에서 60개 조항에 이르는 상세한 기본권을 포함하고 있었으나, 정치적 이유로 인해 시행되지 못하였다.

정치적 변화의 와중에서 그 후에 채택된 헌법들은 기본권 보장에 소극적인 태도를 보였다. 1850년의 프로이센(Preußen) 헌법도 법 앞에 평등, 신체의 자유, 종

3) 여기에 사회권은 사회주의의 영향을 받아 보장된 것이 아니라 프랑스혁명의 한 이념인 '박애'정신의 산물이었다.

교와 학문의 자유 등을 규정하였으나, 실제로는 잘 보장되지 아니하였다. 나아가 1871년의 비스마르크(Bismarck) 헌법은 각 주(Land)의 헌법이 인권조항을 두고 있다는 이유에서 기본권에 관한 장을 두지 않고 입법사항과 관련하여 포괄적인 규정을 두고 있었다.

독일에 있어서 헌법이 보장하는 인권의 성격은 어디까지나 국법에 의해 부여되는 '독일 국민의 기본권'으로 규정되었다. 즉, 인간의 권리가 아닌 국민의 권리이며, 그 내용은 헌법에 열거된 것에 국한되었다. 그리고 법실증주의가 지배하게 됨에 따라 기본권은 자연권과는 이질적인 '헌법상의 권리'로 해석되었다. 1919년의 바이마르 헌법에 의해 비로소 자유권이 천부인권으로 규정되기에 이르렀고, 경제적·사회적 약자의 보호를 위한 생존권이 등장하게 되었다. 그리고 나치즘하에서 인권이 유린된 쓰라린 경험 때문에 1949년의 독일 기본법은 기본권의 자연권성과 국가의 보호의무를 특히 강조하게 되었다.

Ⅲ. 인권보장의 현대적 전개

자유주의, 개인주의와 자본주의의 이데올로기하에서 보장되어 온 인권이 20세기에 들어오면서 국가성격의 변화, 전체주의의 경험과 양차 세계대전의 결과로 인하여 인권선언의 국제화를 초래하게 됨으로써 인권보장은 그 구조적 변질을 초래하였다.

1. 인권보장의 사회화와 사회주의적 인권

근대헌법에 있어서 인권보장은 곧 자유권의 보장을 의미하였으며, 그 인권은 '국가로부터의 자유'를 실현하는 데 목적이 있었다. 그 경제적 기초인 자본주의는 사유재산제도와 계약의 자유라는 '경제적 자유'의 틀 속에서 발전하였다. 그러나 자본주의의 파행적 발전은 빈곤과 실업을 결과하여 스스로 '생존'의 문제를 해결할 수 없는 근로계급(이른바 제4계급)이 등장하게 되었다. 그리하여 이들의 생존문제를 해결하기 위한 생존권(사회권)이 헌법상 새로운 인권목록으로 보장되기에 이르렀고, 국가의 성격은 '사회국가'(Sozialstaat)로서 변질되게 되었다.

일반적으로 1919년의 바이마르 헌법에서 최초로 생존권 내지 사회권이 보장되기 시작하였으며, 제2차 세계대전 이후 모든 헌법은 이와 같은 사회국가의 원리를 강화하고 있다.[4] 바이마르 헌법은 소유권의 절대성을 제한하고 일정한 의무를 부과하면서 그 행사는 공공복리에 적합하도록 하였다(제153조 3항). 또한 근로기회의 배려와 함께 근로자의 단결권과 경영상 발언권을 보장하였으며(제159조 · 제165조), 보상을 조건으로 하는 사기업의 사회화도 규정하고 있었다(제156조 1항).

이에 대하여 사회주의 국가에 있어서는 사회혁명을 통해 근로계급의 빵의 문제를 해결하고자 하였다. 1918년의 러시아헌법은 생산수단의 국유화와 국가에 의한 통제경제에 기초를 둔 사회주의 이데올로기를 내걸고 기본권을 선언하였다. 1936년의 스탈린헌법과 1977년의 브레즈네프헌법은 그들의 이론에 따라 합리화시켰다. 그 밖에 공산권 국가들은 초기에는 인민민주주의헌법을, 다음에는 사회주의헌법을 표방하면서 기본권의 보장을 표방하고 있다. 그러나 이들은 어디까지나 '장식적 헌법'에 불과하며, 인권목록이 현실적으로는 보장되지 않았다.

2. 인권보장의 자연권성과 제도화

제2차 세계대전 후 특히 독일, 이탈리아, 일본 등 전체주의를 경험한 나라에 있어서는 자연법 사상이 부활되었다. 독일의 경우를 보면, 1919년 바이마르 헌법 하에서 법실증주의의 절대적 영향 때문에 입헌민주주의는 붕괴되고 전체주의적 독재 하에서 개인의 기본권은 말살되었다. 그리하여 나치즘의 반인도적 독재에 대한 반성과 전체주의에의 길을 합리화시켜 준 법실증주의에 대한 비판에 입각하여 패전 후의 독일은 자연법 사상을 재수용하게 되었다. 1946년의 프랑스헌법, 1946년의 일본국헌법과 1948년의 이탈리아헌법이 인간의 존엄성과 기본권의 불가침을 규정하였다. 특히 1949년의 독일 기본법은 "인간의 존엄성은 불가침이다. 이를 존중하고 보호하는 것은 모든 국가권력의 책무이다."(제1조 1항)라고 규정하여 기본권의 자연권성을 명문으로 인정하고 있다.

오늘날 자연법이론을 동원하여 기본권의 보장과 실현을 도모한다고 하더라도 근대국가에 있어서의 인권사상으로 돌아갈 수는 없다. 자연권이론은 현대헌법에 있어서도 기본권 보장의 이념적 기초를 이루고 있지만, 그 구체적인 내용은 현대적 감각에 알맞게 설정되지 않으면 안된다. 즉, 실질적 평등의 실현을 위한 사회

---

4) 허영 교수는 이에 대하여 자유권의 의미와 기능도 생활권적 시각에서 이해하려는 경향이 점차 늘고 있는데, 이것을 '자유권의 생활권화 현상'이라고 부른다(한국헌법론, 205면).

국가의 원리, 자유와 질서, 권리와 의무, 개인과 전체의 조화를 위한 공존·공영의 원리 등과 조화를 이루어야 한다.

그러나 인권보장은 이론만으로 이루어지는 것은 아니며, 그 보장을 위해서는 제도적 장치가 마련되지 않으면 안된다. 현대헌법은 인권보장을 위해 선언적 보장, 사회적 보장, 법적 보장 등 다양한 보장방법을 규정하고 있다. 그 중에서도 가장 중요한 제도가 헌법재판제도로서 제2차 세계대전 후의 헌법은 그 담당기관이 통상법원이든 헌법재판소 내지 헌법위원회든 간에, 이를 채택하여 인권보장을 실현하려고 하고 있다. 또한 인권보장의 최후의 보루는 국민들의 헌법의식이므로 '깨어있는 국민'(alert people)이 필수적 조건이며, 최후의 비상수단으로서 저항권이 부여되어 있다.

3. 인권보장의 구체화와 국제화

초기의 인권선언과 권리장전은 그 내용이 추상적이고 그 보장수단도 확립되어 있지 않았다. 그러나 급변하는 사회변화에 적응하기 위해서 인권목록도 구체화·다변화될 것이 요망되었다. 생존권 내지 사회권의 보장은 이러한 요구에 따른 것이며, 자유권의 내용이 상세하게 규정되었을 뿐만 아니라 민주화에 따른 참정권의 확대와 인권보장의 제도화를 위한 청구권의 신장이 이를 반증해 주고 있다. 특히 제2차 세계대전 이후에 채택된 신생국가들의 헌법은 기본권의 목록을 상세하게 규정하고 있다.

제2차 세계대전 후 인권보장의 문제는 한 국가에 국한되는 것이 아니라, 인류 공통의 과제라는 인식에서 '국제화'되는 경향을 보여 주었다. 물론 그 이전에도 기본권에 관한 조약으로 노예매매의 금지, 부녀·아동매매의 금지, 난민보호, 노동자의 지위향상 등에 관한 것이 있었고, 1929년에 국제법학회는 국제인권선언을 가결하기도 하였다. 그러나 인권보장의 국제화가 본격적으로 시작된 것은 1945년의 국제연합헌장을 채택한 때부터이었다. 1948년의 세계인권선언은 비록 법적 구속력은 없지만, 전통적인 기본권과 함께 새로운 인권들(망명자 비호청구권, 국제적 평등보장청구권, 정보수집의 자유 등)을 상세하게 규정하였다. 이와 같은 인권선언의 실효성을 확보하기 위해 1966년의 제2차 총회에서 국제인권규약(International Covernant on Human Rights)을 채택하게 되었는데, 이 규약은 '경제적·사회적 및 문화적 권리에 관한 규약'(A 규약)과 '시민적 및 정치적 권리에 관한 규약'(B 규약)

으로 구성되어 있다.5)6)7)

또한 기본권의 보장을 위한 지역적 협정이 이들과는 별도로 체결되고 있다. 1949년에 유럽공동체이사회의 구성과 함께 체결되고 1950년 9월에 발효된 '유럽인권규약'은 세계인권선언의 내용을 조약의 형식으로 채택하였고, 그 실효성을 확보하기 위해 인권재판소를 설치한 데 그 특징이 있다. 1961년에는 '유럽사회헌장'을 채택하여 사회적 기본권의 보장에도 노력하고 있다. 이와 같은 지역적 협정은 다른 지역으로 확산되었는데, 1969년에 체결된 '전미인권협정'은 이를 모방하고 있다.

4. 정보사회와 인권

현대사회는 과학과 기술, 특히 정보통신기술의 획기적인 발전으로 정보가 지배하는 이른바 '정보사회'가 되었다. 인류의 역사는 노동이 지배하던 농경사회에서 자본이 지배하는 산업사회로 발전하였으며, 현재는 자본이 지배하는 산업사회로부터 정보가 지배하는 '정보사회'로 이행하고 있다. 인터넷의 활용으로 대량의 정보수집·집적·처리·유통 등이 가능하게 됨에 따라 개인정보가 국가기관 뿐만 아니라, 사설정보기관에 의해 모두 입력·관리됨으로써 오웰(Owell)의 '1984년'이 현실화되었으며, 새로운 정보는 상품화 내지 생산수단화되어 산업구조의 모형을 변화시키고 있다. 이와 같은 정보통신혁명은 현대적 인권상황에 큰 영향을 미친다. 정보사회가 도래하면 생산과 관리의 효율성 제고, 신종의 상품개발과 소비, 그로

---

5) 'A규약'은 1976년 1월 3일에, 'B규약'은 동년 3월 23일에 각기 발효되었다. 우리나라는 1985년 10월 4일에 A규약에는 유보조항 없이 가입하였으며, 1990년 3월에 B규약에는 국내법과 저촉되는 4개항－비상사태하의 인권보장, 18세 미만의 사형금지, 피구속자가 사법기관에 신속하게 회부될 권리, 혼인 중 또는 그 해소시의 남녀평등－을 유보하고 가입, 동년 7월 11일에 발효되었다.

6) 그 밖에도 국제적 차원의 인권선언들로는 1965년의 '모든 형태의 인종차별 배제에 관한 선언', 1967년의 '여성차별철폐에 관한 선언', 1972년의 '인간환경선언', 1973년의 '고문폐지를 위한 국제앰네스티선언' 등이 있다.

7) 오늘날 국제무대에서는 새로운 유형의 인권으로서 이른바 '제3세대인권론'이 논의되고 있다. UNESCO의 전문가들은 시민적·정치적 권리를 '제1세대인권'이라 하고 경제적·사회적·문화적 인권을 '제2세대인권'이라 하면서 이른바 '연대권'(solidarity rights)을 '제3세대인권'이라 부른다. 학자들간에 그 내용에 약간의 차이는 있지만, ① 개발권, ② 평화적 생존권, ③ 환경권, ④ 의견교환권, ⑤ 서로 다를 수 있는 권리, ⑥ 인류공동환경으로부터 이익을 얻을 권리 등이 이에 포함된다.

인한 산업구조의 조정과 참여민주주의의 확대 등이 이루어져 인류는 문화생활을 누릴 수 있을 것이다. 그러나 이러한 사회적 환경하에서는 대량실업과 노동의 비인간화, 정보의 독점과 조작가능성, 사생활의 침해와 사회적 불평등의 심화, 나아가 국제적 종속관계의 등장 등의 폐단이 노출되어 인권문제는 새로운 국면을 맞게 될 것이다.[8)]

정보사회에 있어서는 국가 또는 사설정보기관이 데이터 베이스(data base)를 구축·운영하게 되는데, 개인정보의 유출로 인해 사생활의 비밀이 침해될 수 있으며, 국가안전보장을 위해 국가기밀의 보호가 요망되고 있다. 인터넷(Internet) 등에서 이루어지는 정보·의견 등은 표현의 자유의 보장과 더불어 그 폐단을 규제할 제도적 장치가 요구되고 있다. 국민의 입장에서는 그 정보에의 접근권(알 권리)이 보장되어야 하며, 또한 정보의 독점과 조작을 방지할 수 있는 제도적 장치가 필요하다. 그 밖에도 사회적 불평등을 시정하는 등 인권차원에서 해결해야 될 과제들이 많은데, 새 시대에는 새로운 인권 패러다임을 요구하고 있다.

제 2 절 기본권의 의의와 본질

Ⅰ. 기본권의 의의

오늘날 인권은 보편적인 개념으로서 모든 국가에서 사용되고 있으며, 기본권이란 개념도 대륙법계에서는 일반적이나, 영미법계에서는 다르게 사용되고 있다. 인권과 기본권은 혼용되어 사용되기도 한다. 그러나 학리상으로는 인권과 기본권의 개념을 구별하여 사용하는 것이 바람직하다.

1. 인권의 개념

'인권'(human rights)이라 함은 인간이 인간으로서 당연히 누릴 수 있는 권리, 즉 '인간의 권리'를 말한다. 이러한 인권 관념은 자연법론 등이 주창하기 시작한 천

8) 권영성, "헌법 50년의 평가와 정보화시대의 헌법적 과제," 한국공법학회 발표논문, 1998. 6. 26. 참조.

부인권론에 기초를 두고 있다. 근대적 헌법이론에 결정적인 영향을 미친 것이 로크(Locke)의 자연법사상이었다.[9] 인간은 자연상태에서 생명·자유·재산 등의 천부인권을 누리고 있는데, 이는 전국가적·초헌법적 권리의 성격을 가진다. 따라서 국가는 어떠한 이유로든 이들 권리를 침해·제한해서는 안된다. 여기에 헌법은 자연권을 선언·확인하는 데 불과한 것이다. 이러한 사상적 배경하에서 인권을 문서화하기 시작하였는데, 최초의 것이 1776년의 버지니아 권리장전이며, 그 후 1789년의 프랑스 인권선언이 이를 답습하였다. 이러한 개념은 미국에서 전통적으로 사용되고 있다.

2. 기본권의 개념

'기본권'(fundamental rights)이라 함은 헌법이 보장하는 국민의 기본적 권리를 말한다. 독일 기본법은 기본권이란 개념을 사용하고 있는데, 우리나라에서도 독일헌법학의 영향을 받아 기본권이란 개념을 사용하고 있다. 원래 독일은 정치적 후진국가로서 20세기가 되기까지도 절대국가사상이 지배하고 있었고 이를 유지하기 위한 법실증주의사상이 팽배하고 있었다. 따라서 전국가적 권리의 성격을 가지는 자연권(천부인권, 절대적 권리, 불가침의 권리)은 인정될 수 없었다. 국민의 권리란 국가에 의해 비로소 창설되고 그 내용은 국가에 의해 제약되는 것으로 일종의 '시혜'로서의 성격을 부여하였다. 그리하여 헌법은 자연권을 단지 확인·선언하는 것이 아니라 기본적인 권리를 창설·부여하고 있다고 보는 것이다.

3. 인권과 기본권의 관계

인권의 올바른 이해는 기본권과 기본권의 역사적 뿌리인 인권과의 관계가 분명히 정리되어야만 가능할 것이다. 인권은 시간적·장소적 제약이 없이 영구불변의 효력을 지니나, 기본권의 효력은 시간적으로나 장소적으로 제한되어 있으며, 기본권은 보편적인 효력을 갖는 인권에 이념적 기반을 두지만, 기본권은 헌법에 규정된 국민의 권리라고 정의할 수 있다. 이처럼 형식적 의미의 기본권이 인권과 개념범위가 반드시 일치하지 않는다. 또한 기본권의 효력근거는 실정헌법이고 인권

---

9) Locke, Two Treaties of Civil Government, Ch. 9.

의 효력근거는 학설에 따라 다르지만 사회적 실효성이나 자연법 또는 사회적 도덕규범에서 찾을 수 있다. 따라서 기본권과 인권은 그 적용영역과 효력근거에 차이가 있고 구별되어야 한다.[10)]

인권의 특징으로는 크게 3가지를 들고 있다. 첫째, 인권의 절대성, 둘째, 인권의 보편성, 셋째, 자유권과 사회권의 이분법이다. 첫째, 인권의 절대성이란 인권은 절대적인 가치로서 그 자체가 목적이라는 것이다. 즉, 수단이 아니라 목적이므로 절대적인 가치를 지닌다.

둘째, 인권의 보편성[11)]이란 동서고금을 막론하고 초국가적, 초인종적, 초시간적으로 동일한 내용을 담고 있다는 것(보편타당하다는 것)을 의미한다. 또한 인권의 보편성은 만인에 대한 권리보장으로 이해되기도 한다. 이러한 보편성을 지닌 인권 중 국가법 질서에 구체적·현실적으로 편입되어 국민의 권리로서 보장되는 기본적 권리를 '기본권'이라 한다. 기본권은 인권의 '최소한'(Mindestmaß)으로 명명된다. 이는 보편성을 갖는 인권이 최대한 보장될 수는 없지만, 인권 중에 핵심적이고 필요최소한의 수준 이상은 국가가 기본권으로서 보장해야 한다는 의미이다. 그러나 문제는 보편성을 갖는 인권의 범위가 불명확하다는 데 있다. 또한, 일반적으로 인정하는 인권의 범위를 넘어서서 기본권으로 보장하는 헌법도 있고, 그 반대로 최소한의 인권조차도 실정 헌법상 보장하지 않는 국가도 있다. 여기서 알 수 있듯이 인권과 기본권의 관계는 어느 쪽에 포함될 수 없는 상이성을 지니며, 각 국가의 헌법과 현실에 관련하여 다양하게 이해되고 있다. 그러나 중요한 점은 인권과 기본권은 인권의 실현이라는 공통목적을 지니며 상호영향을 주며 발전하고 있다는 것이다.

셋째, 자유권과 사회권의 이분법이다. 자유권과 사회권으로 이분하여 권리를 구분하고 구체화하는 것을 의미한다. 일반적으로 지칭되는 인권의 3가지 특징은 다음과 같은 점에서 비판될 수 있다. 첫째 인권의 절대성과 관련하여, 인권은 그 자체가 목적이 되는 가치가 아니라 다른 상위의 목적을 위한 수단으로서 기능한다고 보아야 한다. 인권이나 민주주의 등이 그 자체가 목적이 되어서는 안되고 인간은 이러한 수단을 통해 인간다운 삶의 향유나 인간의 존엄을 이루기 위한 것이라 할 수 있다.

---

10) 이부하, 기본적 인권으로서 생명권, 인권이론과 실천 제1호, 영남대학교 인권교육연구센터, 2007. 4, 1면.

11) 인권의 보편성에 관한 철학적 논증으로는 양천수, 인권이론과 실천 제1호, 영남대학교 인권교육연구센터, 2007. 4, 23면 이하 참조.

둘째, 인권의 보편성과 관련하여, 인권은 이론적이고 이상적인 권리가 아니라, 법적이고 정치적인 문제라는 인식을 가져야 한다. 인권이 도덕이나 이론상의 권리로 존재하는 경우 인권은 실효성이 적은 권리로 남게 된다. 인권이 보편적이고 동서고금을 막론하고 타당하며 동일한 내용을 담고 있으면 이상적이겠지만, 인권은 법적 언어로 규정화되어야 하고, 현실 정치에 의해 인권의 보장이 전제되어야 한다. 따라서 인권의 보편성은 이론적으로 이상적이지만 현실성을 갖기는 힘들다. 또한 인권의 보편성을 인정하기 위해서는 인권이 시간과 공간이라는 변수와 무관하게 동일한 내용과 효력을 지녀야 한다. 그러나 인권법의 역사가 증명하듯이 인권은 동일하며 변하지 않는 내용을 지니는 것이 아니라, 계속적으로 변화하며 그 내용이 확장되고 있다.12) 오늘날 현대 사회에서 새롭게 등장하고 있는 문화다원주의(文化多元主義)에 따르면, 각 공동체는 각자 자기만의 문화를 자율적으로 생산한다. 이 문화들은 대부분 서로 상이할 뿐만 아니라, 때로는 서로 충돌하기도 한다. 인권 역시 문화의 한 내용에 속하게 된다. 문화다원주의가 가속화되고 있는 작금에 인권의 보편성은 와해되고 있다. 또한 인권의 내용은 고정된 것이 아니라, 시간과 공간이라는 변수에 의존하여 가변적인 성격을 지닌 것이라 할 수 있다. 즉 인권은 한편으로는 시간에 따라 그 내용이 달라질 수 있고, 다른 한편으로는 공간에 따라 그 내용이 달라질 수 있다.13)

또한 인권의 특징으로서 보편성은 이념적으로 강조되지만, 현실에서는 인권의 역사적 제약성에 의해 이를 실현하기 어렵다는 점이다. 예를 들면, 미국의 독립선언이나 미국 각주의 권리장전 및 프랑스 인권선언의 제정과정을 보면, 각각의 인권의 내용은 당시의 정치적·경제적·문화적 특징을 반영한 것이지만, 역사적으로 명문화된 규정과 현실은 현저한 격차가 나타난다. 즉, 인권의 '외형과 본질'의 교묘한 구분을 해야 한다. 인권의 외형에서는, '모든 인간의 평등'을 말하지만, 현실에서는 노예제도가 허용되고 있었다. 프랑스 혁명의 결과를 살펴보더라도 프랑스의 특색을 반영하여 ① 형이상학적 경향(인간사회에 공통의 보편적 원리), ② 개인주의적 경향, ③ 시민계급중심의 경향이 규정되어 있다.

셋째, 자유권과 사회권의 이분법과 관련하여, 이러한 이분법은 국가와 사회가 완전히 단절 내지 분리되는 것을 전제한다는 문제가 있다. 이는 자유권 중심적인

12) 양천수, 다문화적 인권의 가능성, 법과정책연구 제11집 제2호, 2011. 6, 142면 이하 참조.

13) 양천수, 동아시아 인권레짐의 가능성, 제8회 동아시아 법철학회 발제문, 2012. 3, 32면 이하 참조.

이론체계에서 사회권의 보장을 적절히 또는 충실히 하지 못함을 항변하기 위한 이론구성에 다름이 아니다. 인권을 침해하는 주체로서의 국가를 상정하는 것은 현대국가의 역할을 제대로 이해하지 못하는 것이다. 이제 국가는 인권이나 기본권을 침해할 수도 있지만, 역으로 인권이나 기본권을 보장하고 지원해주는 담당자로서 국가가 대두된 지 이미 오래된 일이다.

Ⅱ. 기본권의 성격

기본권의 성격이 무엇인가에 관하여는 헌법관에 따라 근본적으로 다르다.

1. 법실증주의적 기본권론

(1) 반사적 이익으로서의 자유

켈젠(Kelsen)은 존재(Sein)와 당위(Sollen)를 단절관계로 보는 신칸트(Kant)학파(방법 2원론)의 입장에서 법과 국가를 이해하고 있다. 켈젠(Kelsen)에게 있어서 국가는 곧 법질서로서 국민과는 유리된 자기목적성을 가진 완결체로 보고 있다. 자연법의 존재를 부인하고 실정법의 법원성만을 인정하는 켈젠(Kelsen)은 법질서는 국가에 의해 창설되는 강제질서로 규정하고, 자유는 이와 같은 강제질서가 규제하지 않는 범위 안에서만 인정될 수 있다고 본다.[14] 즉, 자유란 강제질서의 자기 제한에서 유래하는 '반사적 효과'이며, 이는 주관적 공권이 아닌 단순한 '은혜적인 것'에 불과하다. 따라서 자유의 본질은 국가로부터의 자유 또는 국가의 부작위를 요구할 수 있는 권리로 이해되지 않고 단지 '반사적 이익'에 불과한 것이다.

국가를 법질서로 보는 그에게 있어서 국가는 곧 '법치국가'를 의미하게 되는데, 그 결과 관권국가도 법치국가라고 부를 수밖에 없는 오류를 범하고 있다. 켈젠(Kelsen)은 '법'과 '법률'의 구별을 인정하지 않고 국가의 '수단성'을 부인하기 때문에 이른바 '정당성'의 문제는 제기하지 아니한다. 법의 단계구조에 있어서 하위규범은 상위규범에 합치되어야 한다는 '합법성'의 문제만이 제기되고 있다. 그리하여 선법과 악법의 구별은 인정될 수 없다. 켈젠(Kelsen)은 국민의 국가에 대한 관

14) Kelsen, Allgemeine Staatslehre, S. 44.

계, 즉 국민의 법질서에 대한 관계를 이에 복종하는 수동적 관계, 그 제정에 참여하는 능동적 관계, 이로부터 자유로운 소극적 관계로 분류하지만, 그 중에서도 법질서에 복종하는 '수동적 관계'를 강조하고 있다. 자유권을 헌법이 보장하는 경우에도 이것은 어디까지나 '법률유보'의 형식으로만 실현될 수 있다. 즉, 국가권력은 강제질서로서 모든 생활영역을 규제할 수 있는데, 국민은 강제질서에 의해 규제되지 아니한 범위 내에서만 자유를 누릴 수 있는 것이다.

(2) 주관적 공권

옐리네크(G. Jellinek)는 국가는 강제질서이며 법을 곧 힘(Macht)으로 보는 법실증주의의 입장에 서 있는 점에서 켈젠(H. Kelsen)과 동일하나, 국민의 국가에 대한 주관적 공권을 인정하는 점에서 기본권이론의 발전을 가져왔다. 즉, '기본권'이란 국민 개인이 국가에 대하여 일정한 작위 또는 부작위를 요구할 수 있는 권리를 말한다. 옐리네크(G. Jellinek)는 규범과 사실을 단절관계로 보지 않고 국가법인설의 가설 위에 '사실의 규범적 효력'을 인정하여 방법일원론을 택하고 있다. 옐리네크(G. Jellinek)에 있어서 힘은 사실을 만들고 그 사실이 바로 규범이기 때문에 법규범의 원천은 곧 '사실'(Faktum)인 것이다. 자연법이란 '법에 관한 상상'에 지나지 않는다고 하면서도, 켈젠(H. Kelsen)과는 달리 그 개념 자체를 부정하지 않고 있다. 국민은 국가의 구성요소로서 자유인간임을 전제로 국민의 국가에 대한 '주관적 공권'(subjektiv-öffentliches Recht)을 인정한다.[15)]

국민의 국가에 대한 수동적 지위에서 일정한 의무가 발생하는 반면, 소극적·적극적·능동적 지위에서는 각기 자유권·수익권·참정권을 가지게 되는 바, 이 권리의 본질은 단순한 반사적 이익이 아닌 주관적 공권으로 규정되었다. 국민은 역시 법질서에 의해 규제되지 않는 범위 내에서 자유영역을 가지게 되며, 이를 침해받지 않기 위해 국가의 부작위를 요구할 수 있는 자유권이 인정된다고 한다. 그러나 옐리네크(G. Jellinek)도 국민의 지위 중 수동적 지위에서 나오는 '복종의무'를 강조하고 있는 점에서 동일하다.

(3) 공 과

켈젠(Kelsen)의 규범주의적 법이론은 법질서를 하나의 단계구조로 보고 이를 체

15) G. Jellinek, System der subjektiven öffentlichen Recht, 2. Aufl., 1905, S. 417 ff.

계화시킨 점에서 그 공헌을 찾을 수 있으며, 법규범의 분석틀로서 아직도 의의를 가지고 있다 하겠다. 그러나 켈젠(Kelsen)은 '국가 = 법질서 = 강제질서'라는 도식에 의해 자유영역을 인정하지 아니하였고, 자유란 국가가 베푸는 은혜로서만 인식하고 있을 뿐이다. 따라서 국가로부터의 자유를 내용으로 하는 주관적 공권은 인정되지 아니한다. 또한 주관적 공권의 대국가적 효력이란 국가권력을 기속하는 적극적 성질의 것이 아니고 단순히 소극적 성질의 선언적 의미만을 가질 뿐이다.

옐리네크(G. Jellinek)는 국가법인설을 전제로 하여 힘의 국가론·사실의 규범적 효력 등을 주장함으로써 오늘날 기본권의 보장이론으로서는 적합하지 아니하다. 그러나 옐리네크(G. Jellinek)는 기본권의 법적 성격으로서 주관적 공권성을 부여하고 있는 점에서 공헌하였다. 옐리네크(G. Jellinek)의 지위이론은 아직도 기본권의 분류방법으로 유용하며, 주권자의 지위 보장과 사회적 기본권의 추가 등의 현대적 재해석을 통해 어느 정도 답습될 수 있는 것이다.

법실증주의적 헌법관은 기본권은 어디까지나 국가에 의해 부여되는 자유와 권리로서 그 본질에 있어서 '국가내적 자유'이며, 그 구체적 내용은 '법률유보'의 형식에 의해 정하여진다. 실정법질서에 대한 합법성의 문제만이 제기될 뿐 정당성의 문제는 일어나지 않는다. 법률은 그 절차적 합법성만 인정되면 유효하게 적용되므로 극단적으로는 "악법도 법이다"라는 논리가 가능하게 된다. 여기에 자유의 보장이 이루어질 수 없는 한계성을 발견하게 된다.

2. 결단주의적 기본권론

(1) 자유주의적 기본권이론

슈미트(C. Schmitt)에 의해 대표되는 결단주의적 헌법관은 자유주의사상 내지 신자연법론에 그 이론적 기초를 두고 있다.[16] 그에 따르면 기본권은 국가에 대한 개인의 자유권을 의미한다. 시민적 법치국가에 있어서 헌법질서는 이른바 '분배원리'와 '조직원리'로 구성되어 있다. 즉, '분배원리'는 국가와 사회의 구별을 전제로 하여 전자(前者)에는 지배의 원리가, 후자(後者)에는 자유의 원리가 적용·보장된다고 한다. 여기에서 자유는 전국가적·초국가적 자유, 즉 천부적·자연적 자유를 의

---

16) Pufendorf, Wolff 등에 의해 신자연법론이 형성되기 시작하였고, Locke, Montesquieu, Rousseau 등의 이론에 의해 이는 완성되었으며, Schmitt는 이를 헌법이론적으로 체계화시켰다.

미한다. '조직원리'는 국가권력의 분립을 통해 개인적 자유의 실현을 그 목표로 하고 있다. 따라서 국가영역은 원칙적으로 제한적인 데 반하여, 개인의 자유영역은 원칙적으로 무제한적이라고 한다.17) 비정치적 구성부분인 법치국가원리에 있어서 자유는 최고의 목적이고 국가는 이를 실현하기 위한 수단에 불과한 것이다. 기본권은 이와 같은 분배원리의 구체화를 의미하며, 시민적 법치국가의 원리는 국가권력의 상대화를 통한 개인적 자유의 보장원리이다.

(2) 국가로부터의 자유

슈미트(C. Schmitt)에 있어서 기본권은 사회영역에서 개인에게 인정되는 '자유영역'의 보장을 의미한다. 분배원리에 의해 보장되는 자유영역은 국가에 의해 비로소 인정되는 것이 아니라, 이미 국가 이전에 주어진 것이다. 이와 같이 사회영역에서 보장되는 자유는 국가내적·법적 자유가 아니라 천부적·자연적 자유이다. 즉, 이 자유는 국가에 의해 법적으로 규정된 자유가 아니라 국가 이전에 향유하던 자유영역의 보장을 뜻한다. 이 영역 안에서의 자유는 무엇이든지 자기 의사대로 행동할 수 있는 자유를 가리키며, 원칙적으로 제한되지 않는 이른바 '절대적 자유'를 의미한다. 그리고 그 내용과 범위는 개인적 자율에 일임되어 있고 법률에 의한 제한은 예외적으로 인정된다고 한다. 여기에 기본권의 본질을 그는 '국가로부터의 자유'(Freiheit vom Staat)에서 찾고 있다.18) 즉, 분배원리에 의해 보장되는 자유영역은 전국가적·초국가적 자유를 그 내포로 하고 있으므로 국가가 결코 침해할 수 없는 국가로부터의 자유로운 영역을 의미하고, 따라서 국가의 간섭·침해가 없는 한 보장될 수 있다는 점에서 국가로부터의 자유라고 그 본질을 규정하고 있다. 이는 개인의 자유에 대한 국가의 간섭 내지 침해의 배제 또는 방어를 요구할 수 있는 주관적 공권을 의미하며, 옐리네크(G. Jellinek)가 말하는 소극적 지위에서 인정되는 국가권력에 대한 '방어권'의 성격을 가지고 있다.

(3) 자유권에 대한 이해

기본권을 전국가적 권리로 이해하는 슈미트(C. Schmitt)에 있어서는 자유권만이 '진정한 기본권'에 해당한다고 본다. 물론 헌법률에 의해 보장된 다른 권리들을

---

17) Schmitt, Verfassungslehre, S. 224.
18) Schmitt, Verfassungslehre, S. 167.

인정하고 있지만, 기본권의 일관된 체계화를 위해 이들을 경시하고 있다. 왜냐하면, '국가지향적인' 참정권이나 '국가적 간섭'을 요구하는 사회적 기본권은 국가로부터의 자유라는 도식에 대입시킬 수 없기 때문이다. 참정권이나 사회적 기본권은 개인주의적 자유권과는 그 성격을 달리 하는 것으로 여기에는 시민적 법치국가의 기본원리인 분배원리, 즉 국가권력의 원칙적인 제한성과 기본권의 원칙적인 무제한성의 원리가 적용되지 아니한다. 이들 권리는 법률이 정하는 바에 따라 인정되는 일종의 '제한적·상대적 권리'에 불과하다고 한다.[19] 또한 자유권의 절대성과 무제한성을 원칙적으로 인정하지만, 기본권의 제한과 침해가 완전하게 배제되는 것은 아니고 '예외적으로' 인정되고 있다. 이 경우에도 법치국가적 요청에 따라 그 제한과 침해는 예측가능하고 그 내용을 측정할 수 있으며 그 결과를 통제할 수 있어야 한다. 결국 자유는 법률유보하에 놓이게 되는데, 그 법률은 일반성을 가져야 하고 그 본질적 내용에 대한 침해는 금지된다.

(4) 제도적 보장

슈미트(C. Schmitt)는 "자유는 제도가 아니다."라는 명제에서 출발하여 그의 기본권이론을 합리화하기 위해 '제도적 보장이론'을 전개하고 있다. 기본권으로 규정된 것일지라도 자유의 보장으로는 볼 수 없고, 제도 그 자체를 헌법적으로 보장한 경우에 이를 기본권과 구별하기 위해 '제도적 보장'(Institutsgarantie)이라고 명명했다.[20] 자유권과 제도적 보장은 그 본질에 있어서 차이가 있으므로 달리 유형화하고 있다. 그 차이점은 첫째, 자유권이 선국가적이고 무제한적인 것인 데 반해, 제도적 보장은 국가내에서 법질서에 의해 비로소 창설된 제도이므로 배분의 원리가 적용되지 않으며, 둘째, 자유권은 최대한 보장되어야 하는 데 반해, 제도적 보장은 입법기관이 이를 제한·침해하는 것도 가능하지만 제도 그 자체를 폐지할 수 없도록 하는 '최소한의 보장'을 그 특징으로 한다.[21][22] 제도적 보장이 때

19) Schmitt, Verfassungslehre, S. 169.

20) 슈미트(C. Schmitt)는 바이마르공화국 헌법상 지방자치제도, 직업공무원제, 대학의 자치, 법관의 독립, 공법인으로서의 종교단체 등을 '공제도보장'이라고 부르고, 사유재산제, 상속제도, 혼인제도 등을 '사제도보장'이라고 불렀다.

21) 허영, 한국헌법론, 213-214면.

22) 헌재 1997. 4. 24. 95헌바48(구 지방공무원법 제2조 3항 2호 "나"목 등 위헌소원) - "제도적 보장은 객관적 제도를 헌법에 규정하여 당해 제도의 본질을 유지하려는 것으로서, 헌법제정권자가 특히 중요하고도 가치가 있다고 인정되고 헌법적으로 보장할 필요가 있다고 생각하

로는 주관적 권리와 함께 인정되는 경우가 있으므로 양자는 택일관계에 있지 않지만, 궁극적으로 주관적 권리는 제도적 보장에 기여하는 데 그 목적이 있으므로 이에 예속되는 관계에 있다고 한다.

(5) 공 과

슈미트(C. Schmitt)의 기본권이론은 천부적·자연적 자유의 성격을 강조하면서 국가권력의 상대화를 통해 개인의 자유를 극대화하고 있다는 점이다. 법실증주의가 주장하는 '법률속의 자유'를 '국가로부터의 자유'로 대체하고 선국가적·무제한의 자유를 이론적으로 체계화시켰다. 또한 제도적 보장이론을 전개함으로써 자유권과의 차이점을 밝혀 기본권의 본질과 기능을 규명하는 데에도 공헌하였다. 슈미트(C. Schmitt)의 이론은 헌법이론적으로 국가로부터의 자유 보장의 필요성을, 현실적으로 독재권력에 대항하는 이론적 무기로서 중요한 역할을 하고 있다.

그러나 슈미트(C. Schmitt)의 기본권이론은 여러 측면에서 비판을 받고 있다. 첫째, 국가와 사회의 구별을 전제로 하여 자유는 사회영역에서 인정되며, 따라서 전국가적 자유인 동시에 무제한의 자유라고 하는데, 이것은 결국 무정부상태를 의미하게 된다. 둘째, 비정치적 구성부분인 법치국가의 헌법질서는 기본권의 보장과 국가권력의 분립으로 구성되는데, 이들의 이념적·기능적 관련을 부정함으로써 기본권이 수행하는 투입기능 내지 민주주의적 기능을 도외시하고 있다. 셋째, 자유권만을 본래적인 기본권으로 인정하고 있기 때문에 오늘날 중요한 사회적 기본권을 충분히 수용할 수가 없게 된다. 넷째, 기본권을 대국가적 관계에서만 파악하고 있어 기본권의 대사인적 효력 문제는 처음부터 다루지 않고 있다.

는 국가제도를 헌법에 규정함으로써 장래의 법 발전, 법형성의 방침과 범주를 미리 규율하려는 데 있다. 헌법에 의하여 일정한 제도가 보장되면 입법자는 그 제도를 설정하고 유지할 입법의무를 지게 될 뿐만 아니라 헌법에 규정되어 있기 때문에 법률로써 이를 폐지할 수 없고, 비록 내용을 제한한다고 하더라도 그 본질적 내용을 침해할 수는 없다. 제도적 보장은 기본권보장의 경우와는 달리 그 본질적 내용을 침해하지 아니하는 범위 안에서 입법자에게 제도의 구체적인 내용과 형태의 형성권을 폭넓게 인정한다는 의미에서 '최소한 보장의 원칙'이 적용될 뿐이다."

3. 통합론적 기본권론

(1) 동화적 통합의 실질적 요소

스멘트(R. Smend)는 기능적 접근방법에 의거하여 헌법을 동태론적으로 분석·파악하고 있다. 다양한 이해관계를 가진 사회구성원이 하나의 정치적 공동체로 동화·통합되어 가는 계속적인 과정을 '국가'라 하고, 이와 같은 동화적 통합의 생활양식 내지 법질서를 '헌법'으로 이해한다.[23] 스멘트(R. Smend)는 '기본권'이란 이와 같은 생활양식 내지 법질서의 근원이 되는 '가치체계'라고 본다.[24] 즉, 기본권은 그 사회의 고유한 가치와 문화가 사회구성원의 합의에 의해 형성되며, 이를 통해 사회구성원은 국민으로 통합되어 국가를 구성하게 된다고 한다. 기본권은 사회적 통합을 실현하는 실질적 요소로서 이에 의해 비로소 '전체로서의 국가'가 창설된다. 따라서 입헌주의적 헌법에 있어서 기본권은 헌법질서의 성격을 규정하는 '지침적 성격'을 가지는 동시에 헌법질서를 합리화시켜 주는 '정당성의 근원'을 의미하고 있다.

스멘트(R. Smend)는 국가내의 국민들에 의한 지속적이고 계속되는 새로운 형성 및 통합에 존재하는 국가통합의 전체과정을 분석하였다.[25] 이러한 국가통합은 원칙적으로 특정한 절차(형식적 통합) 또는 특정한 내용(사물적 통합)으로 구분된다. 형식적 통합요소는 통합의 방향으로 통일을 지원하기 위해 사물적 내용을 공유하는 기능을 한다("사회적 합(合)"; soziale Synthese).[26] 형식적 통합요소는 사회에서 특정한 가치의 계승발전, 현실화 및 갱신을 위한 절차 및 과정에 존재한다(기능적 통합).[27] 이러한 절차는 사람을 통한 상징화에 의해 특정한 가치가 전수될 수 있다(인적 통합).[28] 사물적 통합은 사회공동체의 근간에 적합하도록 하기 위해 전수해야 하는 '가치'와 관련된다.[29] 스멘트(R. Smend)는 통합의 전체과정과 관련하여

---

23) 이부하, "사회통합과 헌법 - 스멘트의 통합론을 분석하며 -", 세계헌법연구 제16권 제3호, 2010. 8, 4면 이하.

24) 허영, 한국헌법론, 217면.

25) R. Smend, Verfassung und Verfassungsrecht, S. 135.

26) R. Smend, Verfassung und Verfassungsrecht, S. 139 f., 142 ff.

27) R. Smend, Verfassung und Verfassungsrecht, S. 148 ff.

28) R. Smend, Verfassung und Verfassungsrecht, S. 142 ff.

모든 사람의 단체들의 과정을 설명하였고, 국가통합의 틀 안에서 국가의 특수성을 강조하였다.[30)]

(2) '국가에의 자유'

국가와 사회의 구별을 부정하는 스멘트(R. Smend)는 헌법에서 기본권과 통치구조의 단절관계를 주장하는 슈미트(C. Schmitt)의 시민적 법치국가원리를 부정하고 있다. 즉, 통치구조에 관한 규정은 기본권과 대립되는 관계에 있는 것이 아니라, 오히려 기본권의 실현을 위한 '기술적 장치'로 이해한다. 따라서 헌법은 기본권과 통치구조의 '일원적 체계'로 이해되고, 기본권을 이른바 '민주시민의 국가창설적 신분권'으로 규정함으로써 여기에 정치적 구성부분의 성격을 부여한다. 이와 같이 기본권을 사회적 통합을 위한 실질적인 가치체계로 이해하고, 그 국가창설적 기능을 중시하는 통합론에서는 기본권이 보장의 본질을 '국가로부터의 자유'에서 발견할 수는 없고, '국가에의 자유' 내지 '국가를 향한 자유'(Freiheit zum Staat)에서 찾고 있다. 따라서 기본권은 국가권력에 대한 제한·통제라는 소극적 측면에서 보는 것이 아니라, 오히려 국가권력의 강화라는 적극적 측면에서 이해한다. 또한 국가질서가 기본권의 행사를 통해 이루어진다는 면에서 국가에의 자유는 '민주주의적 자유' 또는 '정치적 자유'를 의미한다.

(3) 기본권의 양면성

기본권은 국가통합을 이루기 위한 가치질서를 의미하기 때문에, 한편으로는 '주관적 공권'의 성격을 가지지만, 또 한편으로는 '객관적 가치질서'로서의 측면을 가지고 있다. 그리하여 사회구성원은 통합을 실현하기 위해 이 질서를 준수할 정치적인 책임과 의무가 있다. 여기에 기본권의 '이중적 성격'이 논의되는 이유가 있는 것이다. 스멘트(R. Smend)는 기본권을 개인의 자율적 행동영역으로 보지 않고 국가를 향한 참여적·제도적 계기로 보기 때문에 기본권의 성격을 주관적 공권의 성격보다는 오히려 객관적 가치질서의 측면을 강조한다. 또한 기본권에 대한 제약은 국가권력에 의한 자유의 침해를 의미하는 것이 아니라, 객관적 가치질서라는 그 성격에서 도출되는 만큼 기본권 그 자체에 내재하는 것으로 파악한다.

---

29) R. Smend, Verfassung und Verfassungsrecht, S. 160 ff.

30) R. Smend, Verfassung und Verfassungsrecht, S. 148.

기본권이 보장하는 자유는 가치질서의 범위안에서 인정되는 것이며, 따라서 가치기속적인 그 속성에서 한계를 발견하지 않으면 안된다. 이 입장에서는 모든 기본권은 정치적 성격을 가지고 있으며, 또한 적극적 성격을 강조하고 있다. 따라서 소극적 권리냐 아니면 적극적 권리냐를 기준으로 기본권을 자유권적 기본권과 사회적 기본권으로 구분하던 전통적인 분류방법은 의미를 상실하게 된다.

(4) 제도적 기본권론

헤벌레(P. Häberle)는 “자유는 제도이다”라는 생각에서 출발하여 ‘제도적 기본권’론을 전개하였다. 그의 이론은 오류(Hauriou)의 제도이론, 스멘트(R. Smend)의 기본권에 대한 제도적 해석과 헷세(K. Hesse)의 기본권의 이중적 성격 등의 영향을 받고 있다. 자유는 제도의 반대개념이 아니라 상관관계를 가지고 있으며, 개인권적 측면과 제도적 측면은 서로 대립관계가 아닌 상호관련성을 가지고 있는 것으로 이해한다.[31] 자유를 구체화하기 위한 제도적 장치가 없는 한 그러한 자유는 법적으로 ‘공허한 공간’에 불과하므로 자유는 제도를 통해서만 실현될 수 있다고 본다. 특히 헤벌레(P. Häberle)는 기본권의 본질을 그 주체면에서는 ‘주관적 공권’으로 보고 그 생활영역에서는 ‘제도’라고 규정함으로써 기본권의 이중적 성격을 강조하고 있다. 이들 양자는 슈미트(C. Schmitt)에 있어서처럼 대립관계에 있는 것이 아니라, 불가분적으로 상호관련을 가지고 있으므로 이들의 상승작용을 통해 기본권 보장이 강화된다고 한다. 헤벌레(P. Häberle)는 법률유보에 의한 기본권의 제한·침해를 내용으로 하는 입법조치도 기본권을 실현·강화하기 위해 불가피한 것으로 본다. 즉, 기본권의 제한을 위한 법률유보조항이 오히려 기본권을 구체화하기 위한 이른바 ‘기본권형성적 법률유보’로 간주되고 있다. 그리고 기본권 침해의 한계를 설정한 ‘본질적 내용의 침해금지조항’도 하나의 선언적 의의를 가질 뿐이다.

(5) 공 과

스멘트(R. Smend)의 기본권이론은 첫째, 기본권을 전체로서 하나의 가치체계 내지 문화체계로 이해하고, 둘째, 동화적 통합을 위한 객관적 질서로서의 성격－객관적 규범성－을 강조하고 있으며, 셋째, 헌법을 동태적 과정으로 보고 기본권의 정치적·민주주의적 기능을 중요시한 점에서 공헌을 하였다고 볼 수 있다. 특히

31) P. Häberle, Die Wesensgehaltgarantie des Art. 19 Abs. 2 Grundgesetz, 2. Aufl., 1972, S. 71 f.

헤벌레(P. Häberle)는 '자유=제도'라는 도식 위에 법률유보의 적극적 측면인 기본권형성적 법률유보의 이론을 제시하고 있는 점이 특이하다고 하겠다. 그리하여 그 이론적 제약성에도 불구하고 독일 학계와 판례에 상당한 영향을 미치고 있다.

그러나 통합이론도 많은 비판의 대상이 되고 있다. 첫째, 기본권의 객관적 질서 내지 제도적 측면을 강조하는 나머지 그 '주관적 공권성'을 너무 경시하고 있다. 둘째, 기본권의 통합기능과 국민적 참여를 중시하여 기본권을 지나치게 '정치적'인 것으로 축소·해석하고 있다. 셋째, 개인의 주관적 공권성을 경시하고 전체적인 객관적 가치체계를 중시함으로써 새로운 전제적 현상이 발생할 수 있다고 경고받기도 한다. 넷째, 헤벌레(P. Häberle)는 기본권의 제도적 측면을 강조한 결과, 기본권이 곧 '제도'라고 이해하여 양자를 혼동하고 있다. 다섯째, 기본권의 제한·침해를 기본권의 실현을 위한 불가피한 수단이라고 함으로써 '법률속의 자유'라는 법실증주의적 이론에 의해 오히려 자유의 공동화를 초래할 수도 있다.

4. 결 어

기본권에 관한 이들 이론은 각기 이론적 체계를 갖추고 있으며, 그 시대적 상황에 따라 기본권의 보장에 어느 정도 기여한 것은 사실이다. 하나의 헌법관이 모든 기본권에 관하여 완벽한 이론을 제공할 수는 없으며, 각기 장·단점을 가지고 있으므로 기본권 전체를 체계적으로 이해하기 위해 이른바 '통합적 방법'이 원용되지 않으면 안된다. 즉, 이들 기본권이론은 서로 배타적으로 선택·활용될 것이 아니라, 존재론적 입장에서 기본권의 체계화를 이룰 수 있도록 상호 보완관계에 있지 않으면 안된다.

(1) 주관적 공권성

옐리네크(G. Jellinek)는 기본권을 단순한 '반사적 이익'이 아닌 '주관적 공권'으로까지 끌어올린 점에서 공헌을 하였다. 여기에서 '기본권'이라 함은 국민이 국가에 대하여 일정한 작위 또는 부작위를 청구할 수 있는 헌법상의 권리를 말한다. 따라서 모든 국가권력은 기본권에 구속된다. 또한 옐리네크(G. Jellinek)의 '지위이론'은 기본권의 체계화를 위한 이론적 출발점으로 간주되고 있다. 국민과 국가를 별개의 존재로 인식하고 국민의 지위를 대국가적 관계에서 규정하는 논리는 오늘날 국민주권국가에 있어서는 그대로 수용될 수 없다. 종래의 법실증주의적 기본권이론은 기본권이 국가의존적 성격을 가질 뿐 주권자로서의 국민이 행사하는 민주적 기능을 경시하였다. 그러나 국민의 국가에 대한 일정한 지위에서 각종의 기본권이 도출된다는 논리구조는 아직도 기본권의 성격과 유형을 이해하는 데 중요한 도구가 되고 있다. 따라서 지위이론은 기본권이론의 출발점이 되지만, 국민주권국가에 있어서 그 적용의 제약성을 인정하고 적절한 변형을 강구하여야 할 것이다.

(2) 자연권 이론의 한계성

슈미트(C. Schmitt)가 주장하는 전국가적 자유와 권리의 이론은 전제군주정이나 전체주의에 대항하여 자유를 쟁취하기 위한 이론적 무기로서 그 역할을 하였고 또한 하고 있다. 그는 사회와 국가영역을 준별하고 사회영역에 있어서는 개인의 국가로부터의 자유가 절대적으로 보장된다고 한다. 이 권리는 천부적·전국가적·초헌법적 자연권으로 그 본질적 내용을 침해할 수 없다. 그러나 전국가적 권리와 그 무제한성을 인정하는 자연권이론은 오늘날 법치국가에 있어서는 그 한계성을 발견하게 된다. 자유가 무제한의 자유를 의미한다면, 그것은 이미 자유가 아니라 방종과 혼돈 그리고 무질서를 의미할 뿐이다. 또한 천부적 자연권은 개인의 자유를 보장하는 실효성있는 제도적 장치가 결여되어 있다. 진정한 의미의 자유는 법적으로 보호·규제되는 "잘 정서된 법질서 내에서의 자유"를 의미한다.[32)]

(3) 기본권의 양면성

기본권은 그 주체면에서 주관적 공권을 의미하고 그 생활질서면에서 객관적 질서에 해당하는 이른바 이중적 성격을 가지고 있다. 즉, 기본권은 개인의 권리이면서 동시에 공동체구성원의 의무이다. 슈미트(C. Schmitt)가 기본권의 주관적 공권성만을 인정하고 객관적 질서의 성격을 도외시한 것이나, 스멘트(R. Smend) 등의 동화적 통합이론이 주관적 공권성을 너무 경시하고 질서적 성격만을 강조하는 것은 타당하지 않다. 이들은 야누스(Janus)의 머리처럼 기본권의 양측면을 가리키며, 그 성격이 기능적으로 보완관계에 있는 것이다. 이를테면, '법 앞에 평등'의 헌법적 보장은 개인에게는 주관적 공권인 평등권을 보장하는 동시에 국가에게는 자의적 차별대우의 금지 내지 적극적인 평등의 실현이라는 객관적 질서로서의 평등원

---

32) K. Hesse, Grundzüge des Verfassungsrechts der Bundesrepublik Deutschland, 21. Aufl., Rn 282.

칙을 선언하는 것이다. 이 경우 비로소 기본권이 보장하는 자유란 “잘 정서된 법질서 내에서의 자유”를 의미하게 된다.

(4) 다층구조로서의 기본권

국민주권국가에 있어서 주권자인 국민이 직접 국정에 참여하기 위한 ‘정치적 자결권’(참정권)은 가장 기본적인 기본권이다. 오늘날에 있어서도 국민은 국가기관으로부터 방어하기 위한 ‘국가로부터의 자유’를 향유하여야 하며, 모든 국민의 생존배려를 위한 ‘국가에 의한 자유’(사회권)가 아울러 보장되어야 한다. 또한 기본권의 침해시 이를 구제하기 위해 ‘국가에의 자유’(청구권)가 보장되어야 그 실효성을 기대할 수 있다. 기본권의 보장·실현의 문제는 궁극적으로 개인적 자유와 사회적 평등 나아가 사회정의를 실현하는 문제이며, 그 실현방법상의 차이 때문에 기본권의 유형이 나뉘게 된다. 헌법관은 각기 그 주안점에 따라 자유권, 생존권 또는 참정권을 강조하고 있지만, 국민의 국가에 대한 지위는 다양하여 이를 종합적으로 해석되지 않으면 안된다.

제 3 절 기본권의 분류

근대 입헌주의적 헌법은 권리장전의 채택을 목적으로 하였다. 그런데 헌법상 보장된 기본권은 그 내용·성격·주체·효력 등에 있어서 상이하기 때문에 이를 체계화시키기 위해서는 그 분류방법이 중요하다. 오늘날에는 기본권을 전체로서 하나의 ‘가치체계’로 이해하는 입장도 있지만, 다양한 기본권을 체계적으로 이해하기 위해서는 이를 합리적으로 분류할 필요가 있다. 대부분의 학자들은 주체·성질·내용·효력 등을 기준으로 분류하고 있으나, 대부분 그 내용이 중복되고 궁극적으로는 ‘내용에 의한 분류’에 포괄되므로 여기서는 그 내용에 따른 분류에 국한하여 고찰하고자 한다. 외국학자들의 기본권 분류방법은 학자에 따라 다양하지만, 여기서는 우리 헌법학에 크게 영향을 미친 옐리네크(G. Jellinek), 슈미트(C. Schmitt)와 스멘트(R. Smend)의 이론만을 소개한다.

Ⅰ. 옐리네크(G. Jellinek)의 분류방법

전통적으로 기본권은 옐리네크(G. Jellinek)의 이론에 따라 분류되어 왔다. 법실증주의자인 옐리네크(G. Jellinek)는 기본권을 국민의 국가에 대한 '지위권'(Statusrecht)으로 규정하고 여기에 '주관적 공권'(subjektiv-öffentliches Recht)의 성격을 부여하면서, 국민의 국가에 대한 헌법상 지위에 대응하여 기본권을 분류하고 있다. 즉, 국민의 국가에 대한 소극적 지위에서 '자유권'이 발생하고, 능동적 지위에서 '참정권'이 파생하며, 적극적 지위에서 '수익권'이 생기고, 수동적 지위에서 '의무'가 나온다고 한다.[33] 국민은 원칙적으로 법질서에 의해 규제되지 않는 자유영역에서 기본적 권리를 가지며, 이에 대한 침해를 배제하기 위해 국가의 부작위를 요구할 수 있는 권리를 자유권이라고 한다. 옐리네크(G. Jellinek)는 국민이 국정에 참여할 수 있는 권리인 참정권을 중요시하면서도 국민의 기본적 지위는 어디까지나 수동적 지위라고 보고 여기에서 파생되는 의무를 강조하였다.

이 분류방법은 바이마르 헌법하의 통설이었다. 그러나 그의 이론은 법실증주의의 입장에서 국민과 국가를 별개의 존재로 보고 국민의 국가에 대한 '관계' 내지 '지위'에서 기본권의 유형을 도출하고 있다. 그리고 그의 이론의 출발점이 되고 있는 '국가법인설', '힘의 국가론'과 '사실의 규범적 효력' 등은 기본권을 단지 '선언적인 것' 내지 '프로그램적인 것'으로 격하시키고 있다.[34] 왜냐하면 그에게 있어서 자연법이란 단순히 '법에 관한 상상'에 불과하고 기본권은 실정화될 때 어떠한 실력에 의해서도 무제한으로 침해될 수 있기 때문이다. 오늘날 국민주권국가에 있어서 이를 수용하는 데에는 일정한 한계가 있지만, 대부분의 학자들은 이 분류방법을 기초로 하면서 수정·발전시키고 있다.

Ⅱ. 슈미트(C. Schmitt)의 분류방법

법실증주의적인 기본권관에 대한 반동으로 제기된 것이 자연법이론으로서 기본

33) Jellinek, System der subjektiven öffentlichen Recht, S. 86 ff.

34) 허영, 헌법이론과 헌법, 321-323면.

권을 자연권(천부인권)으로 보고, 선국가적 권리이고 국가권력에 의해 침해될 수 없는 무제한의 권리라고 한다. 슈미트(C. Schmitt)는 시민적 법치국가에 있어서 기본권은 개인에게 인정된 '자유영역'을 국가권력에 의해 침해당하지 아니할 권리, 즉 국가의 부작위를 요구할 수 있는 권리라고 규정하고, 그 본질은 '국가로부터의 자유'(Freiheit vom Staat)에서 찾고 있다.[35] 그는 기본권을 자유권, 민주적 공민권, 국가의 급부를 요구할 수 있는 개인의 권리, 청구권과 제도적 보장으로 분류하고 있다. 자유권에는 양심의 자유, 인신의 자유, 주거의 불가침, 신서의 비밀과 사소유권 등의 '고립된 개인의 자유권'과 언론·출판의 자유, 집회·결사의 자유, 단결권 등의 '타인과 결합된 개인의 자유권'이 속한다. 후자는 단순한 개인의 영역에 속하는 것이 아니고 사회성을 띠기 때문에 그 규제 필요성이 인정되며, 그에게 있어서 '진정한 기본권'은 고립된 개인의 자유권만을 의미한다. 따라서 민주적 시민권(법 앞에 평등, 청원권, 선거권, 공무담임권 등)과 사회적 권리(노동의 권리, 생활배려와 생활부조를 받을 권리, 교육·상급교육·수업을 받을 권리 등)는 상대적 권리로서 경시되고 있다.[36] 또한 자유권을 중심으로 기본권을 이해하고 있기 때문에 그 성격을 달리 하는 '제도적 보장'(institutionelle Garantien)을 별도로 분류하고 있다.

이 분류는 바이마르 헌법하에서 수용되기 시작하여 본(Bonn) 헌법하에서는 크게 지지를 받게 되었다. 옐리네크(G. Jellinek)의 분류방법을 수정하여 자유권·참정권·사회권·청구권으로 분류하였고 또한 제도적 보장이론을 전개한 점에서 큰 공헌을 하였다. 그러나 기본권과 통치구조 사이의 이념적·기능적 교호관계를 경시하면서 기본권을 자유권 중심으로 이해하고 참정권과 사회권의 기능을 경시하는 결함을 가지고 있다. 따라서 우리나라의 헌법학은 슈미트(C. Schmitt)의 영향을 많이 받았으면서도 기본권의 유형에 관한 설명은 이를 수정·보완하고 있다.

Ⅲ. 스멘트(R. Smend)의 분류방법

기본권을 '국가권력의 시혜' 또는 '국가로부터의 자유'가 아닌 '국가를 향한 자유'(Freiheit zum Staat)로서 이해하는 스멘트(R. Smend)에 있어서 기본권은 사회공동체를 정치적 일원체로 동화·통합시켜 주는 실질적 요소(가치체계)로서 이에 의해 국가는 창설된다고 본다.[37] 그는 기본권의 특색을 민주시민이 국가창설에 참여하

35) C. Schmitt, Verfassungsrechtliche Aufsätze, 2. Aufl., S. 207.

36) 허영, 헌법이론과 헌법, 334-335면.

는 '신분권'에서 찾고 있으며, 따라서 기본권의 정치적 성격을 강조한다. 또한 기본권과 통치구조 사이의 교호관계를 전제로 국가를 국민에 의해 창설되는 것으로 보고 있다는 점이 전통적인 헌법이론과는 상이하다. 민주국가에 있어서 기본권은 단순한 방어적 권리가 아니라 '형성적 권리'로서의 성격을 가지며, 헌법질서에 '정당성'을 부여하는 기능을 부여하고 있다.

그런데 스멘트(R. Smend)에 있어서 구체적 기본권은 다양하지만 모든 기본권이 정치적 일원체로 동화·통합하는 기능이라는 측면에서만 평가하고 있어서 기본권 사이에 상하·우열의 차이는 없고 동일한 가치를 가진 것으로 본다. 따라서 그에게 있어서 기본권의 분류는 아무런 실익이 없다고 하겠다. 또한 기본권에 있어서 권리의 측면보다는 '객관적 질서'의 측면을 강조하는 나머지 국민의 의무를 중요시하고 질서국가, 경우에 따라서는 전체주의국가로 전락될 가능성도 배제할 수 없는 것이다. 더욱이 "자유는 제도일 수밖에 없다"는 헤벌레(P. Häberle) 등의 제도적 기본권이론에 있어서는 그러한 경향이 더 농후하다.[38]

---

37) R. Smend, Staatsrechtliche Abhandlungen und andere Aufsätz, 2. Aufl., S. 217.

38) 우리나라 학자들도 기본권을 다양하게 분류하고 있지만, 여기서는 대표적인 김철수·권영성·허영 교수의 분류방법만을 소개한다.

1) 김철수 교수의 분류방법－우리 헌법은 자연권적인 규정방식에 따르고 있다고 보고 새로운 분류방법을 제시하고 있다. 제10조의 인간의 존엄과 가치 및 행복추구권을 '주기본권'-포괄적인 기본권-으로 파악하고, 이들로부터 개별적인 기본권-'파생적 기본권'-이 파생한다고 본다. 이와 같은 개별적 기본권은 ① 협의에 있어서의 인간의 존엄과 가치·행복추구권, ② 평등권, ③ 자유권적 기본권, ④ 생존권적 기본권, ⑤ 청구권적 기본권과 ⑥ 참정권 등으로 분류된다고 한다. 이 분류는 첫째, 기본권의 자연권성을 기초로 하여 인간의 존엄과 가치 및 행복추구권을 '주관적 공권'-주기본권-으로 보며, 둘째, 평등권이 오늘날에는 그 성격이 달리 이해되고 있으므로 자유권으로부터 독립시켜야 한다고 하며, 셋째, 고전적인 수익권을 생존권적 기본권과 청구권적 기본권으로 분리시키고 있다(헌법학개론, 262-264면).

2) 권영성 교수의 분류방법－인간의 존엄과 가치는 어디까지나 기본권 보장의 이념적 기초로 보기 때문에 기본권의 분류에는 포함시키지 아니한다. 그리하여 기본권은 ① 포괄적인 내용을 가지는 행복추구권, ② 차별적 대우를 받지 않는 평등권, ③ 국가의 부작위를 내용으로 하는 자유권적 기본권, ④ 사유재산제의 보장을 그 내용으로 하는 경제적 기본권, ⑤ 정치적 참여를 의미하는 정치적 기본권, ⑥ 기본권의 보장을 위해 일정한 청구를 할 수 있는 청구권적 기본권, ⑦ 인간다운 생활의 보장을 내용으로 하는 사회적 기본권 등으로 분류한다. 인간의 존엄과 가치와는 달리 행복추구권은 구체적 권리로 인정하는 것이 특색이다. 그러나 휴식권과 같은 현대형 인권을 헌법상의 권리로 승인하기 위해서는 종래의 분류방법이 부적합하기 때문에 역사적·사회적 상황에 대응할 수 있도록 종래의 기본권유형론을 재검토할 것을 제의하고 있다(헌법학원론, 280-281면).

3) 허영 교수의 분류방법－우리 헌법이 보장하는 기본권의 기능을 전체적인 시각에서 합리

Ⅳ. 결 어

1. 기본권은 일종의 역사적 산물이다. 그 당시의 역사적 조건과 문화적 환경 그리고 국민들의 헌법의식에 의해 형성되는 것이다. 오늘날 인권상황은 새로운 단계에 와 있으며, 따라서 기본권의 내용과 성격도 다양하게 변모하고 있다. 기본권을 전체로서 하나의 '가치체계'로 이해하는 헌법이론이 등장하였는가 하면, 하나의 기본권은 다양한 성격을 가지고 있어 '복합적 권리'로서 인정되고 있다. 여기에 전통적인 기본권의 분류방법에 대한 검토가 필요하게 되었으며, 학자들에 따라서는 새로운 분류방법을 모색하고 있다.

2. 우리나라의 학자들은 일반적으로 옐리네크(G. Jellinek)의 지위이론에 의거한 3분법－자유권·수익권·참정권－에서 출발하여 새로운 분류를 시도하고 있는데, 그 공통점은 '평등권'을 그 성질상의 차이 때문에 자유권에서 독립시키고, 고전적인 수익권을 새로이 등장한 생존권 때문에 '사회권'과 '청구권'으로 분리시키고 있는 점이다. 참정권은 국민주권국가에 있어서는 주권자인 국민이 스스로 정치를 한다는 점에서 '정치권'이라고도 부른다. 따라서 기본권은, 그 명칭에 있어서 약간의 차이가 있을 뿐, 평등권, 자유권(적 기본권), 사회(적 기본)권, 청구권(적 기본권), 정치(적 기본)권 등으로 분류되고 있다. 다만, 헌법 제10조의 '인간의 존엄과 가치'와 '행복추구권'의 성격을 어떻게 규정하느냐에 따라 ① 전체를 포괄적 권리로 보는 입장, ② 전체를 포괄적 권리성과 함께 구체적 권리성을 부여하는 입장, ③ 행복추구권만을 포괄적 권리로 보는 입장과 ④ 전체를 단지 기본권의 이념적 기초(헌법원리)로 보는 입장으로 나뉘고 있다.

3. 기본권은 그 연혁에 있어서나 본질에 있어서 '대국가적 권리'로서 국민의 국

적으로 설명하기 위해서는 '자유권'과 '생활권'을 획일적으로 구별하는 종래의 태도를 버리고 '자유권의 생활권화현상'에 부응할 수 있도록 새로운 기본권의 유형화를 모색하고 있다. 인간의 존엄성을 기본권의 이념적 기초로 보고 평등권을 기본권 실현의 방법적 기초로 이해하면서 기본권을 생활영역에 따라 분류한다. 즉, 기본권 보장의 당위적 전제로서 인신권을 인정하고, 사생활영역, 정신·문화·건강생활영역, 경제생활영역, 정치·사회생활영역, 권리구제를 위한 청구권 등으로 나눈다. 허영 교수는 기본적으로는 동화적 통합이론에 서 있으면서 기본권의 분류방법을 이와 같이 생활영역에 따라 세분하는 것은 개별적인 기본권을 동일한 가치를 가지고 있고 그 정치적 성격만을 강조하는 결함을 탈피하기 위한 것으로 볼 수 있다(한국헌법론, 312-313면).

가에 대한 지위 내지 관계에서 인정되는 것이다. 기본권을 국가권력의 자제에서 오는 일종의 시혜로 보거나 일방적으로 국가를 창설하는 기능만을 강조하는 것은 잘못이다. 국가는 사회계약 내지 국가계약에 의해 창설되었고 국민과 국가의 관계는 다면적이다. 국민의 헌법상 지위가 주권보유자·주권행사자·기본권향유자·통치대상자로서 다양한 것처럼 국민의 기본권도 그 내용 또는 성질에 따라 다층구조로 형성되어 있다. 또한 사회발전에 따라 기본권의 영역은 확대·발전되고 있다. 따라서 기본권은 국민의 국가에 대한 지위에서 다양하게 분류되는 것이 합리적이다.

4. 기본권을 생활영역에 따라 분류하는 것도 새로운 방법이지만, 이 분류방법은 생활영역에 공통된 성격 내지 원리를 제시할 수 없는 결함이 있다. 오늘날 하나의 기본권은 다른 기본권들의 성격을 동시에 가지고 있어 '복합적 권리'로서의 성격을 지니고 있지만, 아직은 그 주된 성격 내지 연혁에 비추어 분류하는 것이 기본권의 체계화를 위해서도 바람직하다고 본다.

5. 우리 헌법은 제10조의 '인간의 존엄성' 조항을 목적조항으로 하고 이를 실현하기 위하여 헌법 제11조 내지 제36조에서 구체적 권리들을 규정하고 있다. 여기서는 '인간의 존엄과 가치' 및 '행복추구권' 그리고 '평등원리'는 주관적 공권이 아니라고 보고 단지 기본권의 이념적 기초로서 기본권의 유형에는 포함시키지 않는다.[39] 따라서 기본권은 그 내용－국민의 국가에 대한 지위 내지 관계－에 따라 국가로부터의 자유를 그 내용으로 하는 '자유권', 국가에 의한 자유를 그 본질로 하는 '사회권', 국가에의 자유를 그 속성으로 하는 '청구권', 국정에의 참여를 그 내용으로 하는 '정치권'으로 4분하고, 이들 모두에 적용되는 '평등권'을 포함하는 5분설을 취하고자 한다.

헌법은 모든 인권을 명문으로 선언할 수 없을 뿐만 아니라 새로운 인권이 형성되고 있는데, 그 헌법적 근거가 헌법 제37조 제1항의 '헌법상 열거되지 아니한 자유와 권리'의 보장이다. 따라서 국민은 헌법상 열거되지 아니한 자유와 권리를 누리고 있으며, 이들 권리는 더욱 확장되어 가고 있다.

39) 허영, 한국헌법론, 314면.

우리 헌법상 기본권의 구조는 다음과 같이 도식화할 수 있다.

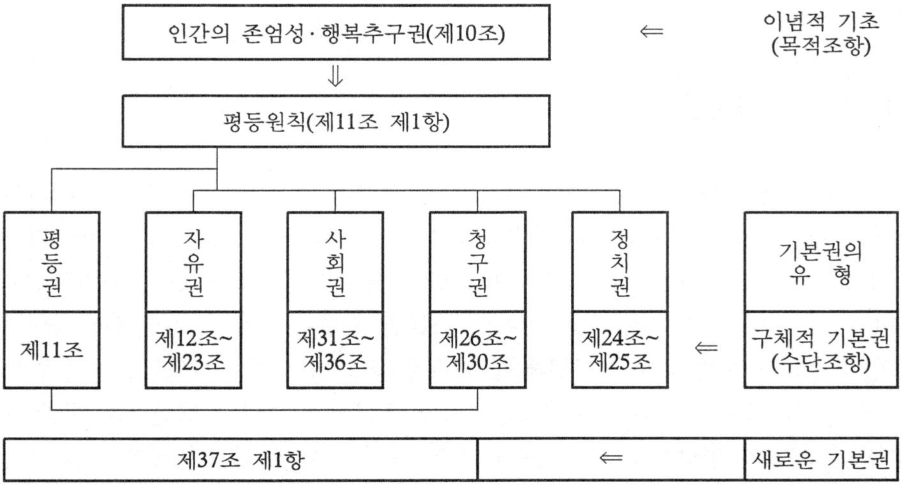

제 4 절 기본권의 실현

종래 헌법학은 기본권 문제를 오로지 법해석학(dogmatik)적 입장에서 규범논리에 의해 분석·종합함으로써 기본권론의 체계화를 시도하여 왔다. 그러나 신생국의 헌법현실에서 알 수 있는 것처럼 헌법규범과 헌법현실의 괴리는 그 헌법을 이른바 '명목적 헌법'으로 전락시키고 말았다. 이들 국가에 있어서는 기본권이 헌법상으로는 보장되고 있지만, 현실적으로는 국민들이 기본권을 누리지 못하고 있다. 즉, 권리장전(헌법상의 기본권조항)만으로는 기본권을 궁극적으로 실현할 수 없는 것이다. 여기에 헌법학의 중요한 과제는 기본권이 어떻게 현실적으로 실현·보장될 수 있는지 그 '조건'들을 발견하는 일이다. 이와 같은 분석틀을 통해 비로소 기본권이 궁극적으로 실현될 수 있는 방법이 제시될 수 있다.

Ⅰ. 기본권 보장의 3단계 전략

기본권이 실현되기 위해서는 먼저 헌법상으로 보장되어야 하고, 이를 뒷받침하기 위해 제도적 장치가 강구되어야 하며, 궁극적으로 국민들의 '헌법의식'이 성숙되어야 한다.

1. 인권의 기본권화

기본적 인권이 헌법상 기본권으로 보장된 것은 인류의 부단한 투쟁의 결과로서 수많은 시련을 거쳐 이루어진 것이다. 기본권 사상의 효시(嚆矢)는 일찍이 영국에서 1215년의 대헌장에서 비롯되어 1628년의 권리청원과 1689년의 권리장전에서 찾아볼 수 있다. 그러나 근대적 의미의 기본권 관념은 유럽과 미국에서 자연법사상의 배경하에 성립된 '천부인권론'에 기초를 두고 있으며, 기본권이 헌법에 보장된 것은 1776년의 버지니아 권리장전에서 비롯되어 미국의 독립선언과 여러 주헌법 및 1787년의 연방헌법에서 계수되었고, 특히 유럽에 건너가 1789년의 프랑스 인권선언과 1791년의 프랑스헌법에서 계승되었다. 그리하여 입헌주의의 보급과 함께 각국의 성문헌법은 이를 문서화해 두기 위해 기본권에 관한 규정을 채택하고 있다.

근대헌법에 있어서 이러한 권리의 보장은 민주주의의 발전을 촉진시키고 자본주의의 비약적인 발전을 가져왔다. 그러나 자본주의의 파행적 발전으로 인해 시민생활은 경제적 곤궁과 생존 그 자체에 대한 위협을 받게 되었다. 그리하여 현대국가에 있어서 자유권은 사실상 공허화하게 되었고, 생존 그 자체를 권리로서 보장받아야 하겠다는 생존권사상이 나타나게 된 것이다. 생존권(사회권)이 헌법에 처음으로 규정된 것은 1919년 바이마르(Weimar) 헌법으로서, 제2차 세계대전 이후의 각국 헌법은 모두 생존권을 보장하고 있다.

기본권의 내용들은 '과거의 성취'일 수도 있지만 오히려 '미래의 설계'를 뜻하기도 한다.[40] 규범적 헌법하에서는 기본권은 과거의 성취를 의미하지만 명목적 헌법하에서는 오로지 미래에의 설계를 의미할 뿐이다. 입헌민주주의가 토착화된 나라들에 있어서는 기본권이 적용·실현될 조건들이 갖추어져 있기 때문에 기본권이 현실적으로 보장되고 있다. 그러나 제2차 세계대전 이후에 수립된 신생국가들은 헌법상 규정된 기본권이 잘 보장되지 않고 있다. 따라서 '살아있는 헌법'으로서 기능하기 위해서는 기본권이 실현·보장될 수 있는 조건들이 충족되지 않으

40) 한태연 교수는 사회국가·복지국가에 있어서 헌법의 개념은 '자유의 기술'로부터 '정치적 설계'로 변화하였다고 한다(헌법학, 7면).

면 안된다.

2. 제도적 장치

성문헌법은 인간의 존엄성을 실현하고 나아가 자유사회를 이루기 위해 권리장전을 채택하는 것이 보편적 경향이다. 그러나 권리장전 그 자체는 개인의 자유와 권리를 실현하기 위한 '필요조건'일 뿐 충분조건은 아니다. 즉, 기본권조항은 기본권의 실현을 위한 가치지표의 제시일 뿐이며, 이를 실현하기 위해서는 '제도적 장치들'이 마련되지 않으면 안된다. 기본권조항은 그 자체로서 적용·실현되는 것은 아니고 이를 위한 제도적 뒷받침이 결여되면 공허화하게 된다. 그리하여, 국가마다 차이는 있지만, 기본권의 실효성을 보장하기 위해 각국 헌법은 각종의 제도적 장치를 규정하고 있다.

근대 입헌주의적 헌법은 '국민주권'의 원리에 기초하고 있으므로 모든 국가권력은 여기에서 파생되며, 그 정당성은 국민에게 있다. 그리하여 '기본권에의 통치권 기속'의 원칙이 인정되어 모든 통치권은 기본권에 기속된다. 무엇보다도 국가권력을 분립시켜 이들 상호간에 견제와 균형을 이룸으로써 개인의 기본권을 보장하기 위한 '권력분립원리'가 예외 없이 채택되고 있다. 권력의 인격화는 결국 자의적 권력행사를 결과하여 인권을 침해하게 되므로 권력의 제도화를 통해 '법의 지배' 내지 '법치주의'를 수립하는 것이 기본권의 보장을 위한 최대의 관건이 되는 것이다.

권리장전을 채택한 헌법에 '최고법규성'을 부여하고 이를 보장하기 위해 공무원과 국민에 대해 헌법준수의무를 선언하는 한편, 국가기관에 의한 침해를 교정하기 위해 사법심사제(미국식) 또는 헌법재판제도(독일식)를 채택한다. 기본권은 일차적으로는 국회가 입법을 통해 이를 구체화하여 실현하고, 최종적으로는 법원 내지 헌법재판소의 헌법해석을 통해 보장된다. 여기에 기본권의 보장을 위한 조치로서 입법에 있어서는 '포괄위임입법금지원칙'을, 사법에 있어서는 공정한 재판을 확보하기 위한 '사법권의 독립'을 확고하게 보장하고 있다. 또한 사회국가 내지 복지국가의 실현을 통해 모든 국민의 '인간다운 생활을 할 권리'를 실현하고 사회정의의 구현과 복지사회의 건설을 위해 경제조항을 두고 있다.

3. 국민들의 헌법의식

이와 같은 권리장전과 제도적 장치만으로는 현실적으로 인권보장이 실현될 수 없으며, 그 궁극적인 담보는 국민들의 헌법의식에 있다.41) 미국 핸드(Hand) 대법관이 적절하게 지적했듯이, "자유는 사람들의 마음속에 있다. 자유가 그 속에서 죽어 있다면 헌법도 법률도 법원도 이를 구조할 수 없다. 자유가 그 속에서 살아 있는 한 헌법이나 법률이나 법원은 이를 구제할 필요가 없는 것이다."42) 자유는 대가없이 주어진 단순한 선물이 아니고 부단한 감시와 힘든 노력에 의해 쟁취되는 것이다.43) 자유에 대한 최대의 적은 무관심이다. 자의적인 권력행사로부터 개인적 자유와 권리를 수호하기 위한 최후의 보루가 바로 국민들의 헌법의식이다.

사회운동이 이와 같은 자유정신의 발현으로 전개될 때, 인권보장을 실현하기 위한 중요한 수단이자 방법이 된다. 즉, 사회운동은 국민들의 헌법의식이 인권문제에 '투입'되는 한 가지 경로이다. 국가기관은 이와 같은 사회운동 내지 여론이 인권의 보장을 요구해 올 경우에 이에 대한 반응으로서 정치적 타협과 사회적 개혁을 통해 이 요구를 '변환'시키고, 그 결과 기존의 법규의 개폐, 새로운 법규의 제정, 기존 법규의 적용 등을 통해 인권상황은 개선된다.44) 이와 같이 사회운동은 전통적인 권리구제방법이 완만하고 비경제적이며 비효과적이기 때문에 특히 집단적 권리의 보장을 위해서 효과적인 것이다.

이 운동은 원칙적으로 법과 질서의 틀 안에서 평화적 방법에 의해 전개되어야 한다. 이 때 비로소 사회운동은 국민 다수의 양심에 호소하여 공감대를 형성하게 되고, 결국은 국민적 정당성과 지원을 얻을 수 있게 된다. 때로는 그 전술로서 '시민불복종'을 채택할 수도 있으나, 그것은 어디까지나 평화적 방법에 의하되 실정법 위반에 대한 처벌을 감수하여야 한다.45) 사회운동이 체제전복을 목표로 하

41) 윤명선, "헌법체계론 시론", 81-108면 참조.

42) Learned Hand, The Spirit of Liberty (Alfred A. Knopf, Inc., 1960), p. 190.

43) Stevens 대법관은 "자유는 하나의 '농장'(farm)과 마찬가지로 부단한 주의와 어려운 작업을 요구한다. 곡식이 저절로 생산되지 않는 것처럼 자유 또한 자유롭게 머물러 있는 것이 아니다. 농장에는 잡초, 곤충 등이 있듯이 자유에도 또한 적들이 있다"고 간파하고 있다(John D. Stevens, Shaping the First Amendment, Sage Publications, 1982, p. 149).

44) 윤명선, "사회운동과 인권", 공법연구(한국공법학회) 제20집, 1992, 245-272면 참조.

45) 윤명선, "시민적 불복종", 월간고시, 1990. 12, 123-134면 참조.

거나 폭력행사를 전술로써 사용하는 때에는 민주적 기본질서를 일탈하는 것으로 헌법상 승인을 받을 수 없게 된다. 그리고 인권이 국가기관에 의해 총체적으로 침해되는 경우에 최후의 수단으로서 비상적 방법인 '저항권'이 행사될 수 있다.

Ⅱ. 인권보장의 3대 조건

인류역사에 비추어, 특히 미국에 있어서, 인권 실현의 조건들을 추상적으로 추출한다면 역사적 조건, 문화적 환경과 국민들의 헌법의식 등으로 집약될 수 있다.[46][47]

1. 역사적 조건

근대사회에 있어서 인권보장은 시민혁명의 산물로써 집약될 수 있다. 즉, 인권은 '역사적 조건'(historical condition)에 의해서 생성되며, 그 당시의 정치적 역학관계를 반영하는 것이다. 당시의 시민계급은 계몽주의 사상의 배경 하에 자연법 사상과 사회계약 이론을 사상적 무기로 하여 인권의 쟁취를 위한 투쟁을 전개하였다. 로크(Locke)의 시민정부이론, 루소(Rousseau)의 사회계약론과 몽테스키외(Montesquieu)의 권력분립론은 미국에 건너가 독립선언, 각 주의 인권선언과 헌법 및 연방헌법에서 구현되었으며, 대륙에서는 프랑스의 인권선언과 헌법에서 개화되었다. 당시에 주장된 인권유형은 종교의 자유, 재산권의 보장, 인권의 평등, 정치적 자유 등으로서 시민계급의 이익을 반영하는 것이었다.

---

46) 이와 같은 인권보장의 요인들에 관하여는 윤명선, "미국식 기본권보장의 한 모형," 미국헌법연구 제8호, 1997. 265-310면; 윤명선, "Human Rights and History (Ⅰ) : A Model of Securing Constitutional Eights in the U.S.A.", 경희대학교 논문집, 제18집, 1989, 113-142면; 윤명선, "Human Rights and History (Ⅱ)", 경희법학(경희법학연구소), 제24권 제1호, 1989, 135-188면 참조.

47) 일본이 오늘날과 같은 인권상황을 유지할 수 있는 조건들은 무엇인가? 오평강홍(奧平康弘) 교수에 의하면, ① 패전직후 미점령군의 결정적인 영향 - 일본헌법의 제정, ② 유리한 국제환경의 혜택 - 분단국가적 긴장상태의 모면, ③ 심각한 사회문제의 결여 - 경제복흥의 결과, ④ 체제의 정당화 기여 - 법무성 인권옹호국의 설치, ⑤ 시민의식의 고조 - 시민운동의 전개, ⑥ 대중매체의 적극적 참여 - 인권문제에 대한 적극적 보도 등을 들고 있다. 오평강홍, "일본에 있어서의 인권보장," 공법연구(한국공법학회) 제17집, 1989, 319-334면.

인권의 영역은 개인주의와 자본주의의 배경하에서 민주주의와 템포를 같이 하면서 확대·발전되어 갔다. 그러나 자본주의의 파행적 발전은 새로운 사회계급인 제4계급의 등장을 초래하였다. 국가와 사회가 '예정조화'의 기틀 위에서 자연발생적으로 균형있게 발전해 갈 것이라는 예언은 빗나가고 말았다. 인간을 추상적으로만 파악하고 형식적 자유와 평등을 요구하던 인간관은 이를 구체적 실존으로 파악하여 실질적 평등과 사회정의의 구현을 새로운 이념으로 채택하기에 이르렀다. 그 결과 바이마르 헌법 이래 생존권이 헌법상 기본권의 구조에 편입되게 되었다.

2. 국민의 헌법의식

2차 세계대전 이후 신생국가들은 예외없이 '국가의 상징'으로 성문헌법을 채택하고 있으며, 여기에서 기본적 인권을 상세하게 규정하는 것이 유행처럼 되었다. 그러나 각국의 헌정사를 돌이켜 볼 때 인권선언은 결코 문제의 해결이 아니라 '문제의 진술'에 불과한 것이다. 성문헌법이나 권리장전에서 기본적 인권을 선언하는 것만으로는 그 실효성을 기대할 수 없으므로 이를 실현하기 위한 제도적 장치가 강구되지 않으면 안된다. 그리고 인권을 현실적으로 향유하기 위해서는 무엇보다도 주권자인 국민의 '헌법의식'(constitutional consciousness)이 성숙되어 통치과정에 적극적으로 투입·반영되지 않으면 안된다.

통치권이 기본권기속의 원칙을 준수하여야 하지만, 이를 감시하고 통제하는 것은 국민들의 헌법의식인 것이다. 루소(Rousseau)가 간파한 것처럼 자유는 국민의 '마음' 속에 살아있지 않으면 안된다. 국민은 그에 상응하는 만큼의 헌법밖에 가질 수 없다고 한다. 자의적인 권력행사로부터 개인의 자유와 권리를 수호하기 위한 최후의 보루가 바로 국민들의 '헌법의식'이다. 즉, 국민들의 '헌법에의 의지'가 바로 기본권을 보장하는 원동력인 것이다.

3. 문화적 환경

인권은 문화적 산물로서 그 내용은 문화와 밀접한 관계를 가지고 발전해 가는 것이다. 현대국가에 있어서 인권문제는 새로운 국면에 접어들었다. 모든 국가는 복지국가에의 길을 걷고 있기 때문에 사회정의의 구현과 국민경제의 발전을 위한 정책의 채택으로 국민의 자율권의 범위는 협소하게 되고 고전적인 자유권, 특히 경제적 자유권은 그만큼 제약을 받고 있다. 나아가 위기정부가 예외가 아니라 원칙이 되고 있는 이른바 방위국가에서는 평화적 생존권이란 새로운 인권이 주장되기에 이르렀다. 법치주의에 대한 예외적 상황의 항구화로 인해 인권보장은 제약되고 있다.

오늘날 과학·기술의 발달은 새로운 인권의 필요성을 증대시키고 있다. 즉, 공업화의 부산물인 공해와 환경파괴는 환경권의 중요성을 증대시켰으며, 대기업의 독과점으로 인해 소비자의 보호 필요성이 절실하게 되어 소비자의 권리가 중요시되고 있다. 또한 대중매체와 인터넷의 발달에 따른 사생활의 비밀과 자유 보장과 생명공학의 발달에 의한 인간의 존엄권 등이 새로운 인권목록에 수록되고 있다. 인권은 그것이 존립하는 문화적·사회적 환경 속에서 형성·발전되는 것이다. 여기에 인권은 '문화적 환경'(cultural environment)에 따라 그 내용과 유형을 달리하고 있음을 알 수 있다.

제 5 절 기본권의 주체

입헌국가의 헌법은 모든 '국민'에 대하여 기본적 인권을 보장하고 있다. 우리나라 헌법 제2장에서 국민의 권리와 의무를 선언하고 있는 것은 이를 의미하는 것이다. 그러나 국민은 현실적으로 여러 가지 상이한 신분 내지 대국가적 관계를 가지고 있기 때문에 국민의 성격이나 범위에 관하여 학설의 대립이 생기게 된다.

I. 국 민

헌법 제2장의 기본적 인권은 모든 국민에게 평등하게 보장된다. 여기에 '국민'이란 국가를 구성하는 인적 요소로서 국적을 가진 자를 말한다. 이러한 의미의 '국민'이란 자연인으로서 개별적인 모든 국민을 가리킨다. 따라서 성별, 연령 또는 일정한 자격 등을 불문하고 모든 국민은 기본권의 주체가 될 수 있다. 이와 같이 헌법상 보장된 기본권을 누릴 수 있는 능력을 '기본권보유능력'(Grundrechtsfähigkeit)이라고 하는데, 이는 민법상의 권리능력보다는 광범하여 태아에게도 기본권능력이 인정되는 경우(예 : 생명권)가 있다.

기본권능력을 가진 자가 모두 기본권을 행사할 수 있는 것은 아니고 일정한 기본권을 행사하는 데에는 행사능력을 요구하는 경우가 있다. 이를 '기본권 행사능력'(Grundrechtsmündigkeit)이라고 한다. 예를 들면, 청소년[48][49]에 대하여 일정한 행위능력을 제한하고 있다. 그 요건은 헌법이 스스로 정하지 않고 입법자의 입법형성권에 위임하는 것이 일반적이다. 기본권의 주체로서의 국민의 범위를 확정하는 데 있어서는 법 앞에 평등의 원칙에 의해 결정되어야 하며, 그 예외나 제한을 인정하는 경우에는 합리적인 근거가 제시되어야 한다.

Ⅱ. 외국인

헌법 제2장의 기본권의 주체로서 외국인(무국적자 포함)도 포함되는가, 즉 외국인도 헌법이 보장하는 인권을 향유할 수 있느냐가 문제된다.

---

48) 청소년도 국민의 일원으로 헌법이 보장하는 모든 기본권을 보유할 능력-기본권보유능력-을 가지고 있지만, 청소년의 보호를 위해 그들의 기본권행사능력을 제한하고 있다. 청소년은 육체적·정신적으로 성숙되지 않았으므로 사회적으로 그들을 보호·육성하는 것이 공공복리의 증진에 적합하기 때문이다. 청소년의 기본권을 제한하는 대표적인 제도가 '청소년유해매체물 규제제도'(청소년보호법 제7조-제23조)이다. 즉, 청소년을 각종의 유해환경으로부터 보호하기 위해 입법에 의한 규제를 하는 장치이다. 그 헌법적 근거는 헌법 제34조 제1항의 인간다운 생활권과 헌법 제34조 제4항의 청소년의 복지향상을 위한 정책실시 의무에 두고 있다. 따라서 이 권리의 성격은 국가의 적극적인 개입·규제를 요구하고 있으므로 사회적 기본권의 성격이 강한 데 그 특색이 있다고 하겠다. 그런데 청소년의 이른바 '보호받을 권리'(right to protection)는 국회의 입법형성권에 유보되어 있는데, 그 연령과 규제 내용 및 수단은 그 보호영역에 따라 달리할 수밖에 없다.

49) 헌재 2015. 3. 26. 2013헌마354, 판례집 27-1상, 312, 319 : 청소년유해매체물로부터 청소년을 차단·보호하기 위하여 청소년 보호법상 청소년유해매체물에 대한 청소년유해표시, 포장 의무 및 광고·공개 전시 제한 등의 제도가 마련되어 있으나, 이는 청소년유해매체물의 이용에 대한 직접적 제한에 해당하지 않는다. 이른바 '필터링'을 통해 청소년유해매체물을 차단하는 방법도 청소년유해매체물임을 나타내는 전자적 표시를 인식할 수 있는 필터링 소프트웨어를 개인이 자발적으로 설치하는 것을 전제로 하므로, 이러한 방법만으로는 정보통신망을 통해 제공되는 청소년유해매체물로부터 청소년을 차단하기에 충분하지 않다. 결국 정보통신망을 통해 제공되는 청소년유해매체물로부터 청소년을 효과적으로 차단하기 위해서는 사전에 이용자의 연령을 정확히 확인하는 방법이 필요하다.

1. 학 설

외국인의 기본권 주체성에 관해서는 헌법관에 따라 견해가 대립되고 있다.

(1) 부정설

헌법은 국민에게만 주체성을 인정하고 있기 때문에 기본권을 누릴 수 있는 주체는 법적 생활공동체의 구성원인 국민에 한하고 외국인은 여기서 제외된다는 것이다.[50] 헌법 제2장에서는 '국민의 권리와 의무'라고 규정되어 있으므로 국민의 권리만을 보장하는 것이지 외국인의 권리까지 헌법상 보장하는 것은 아니라는 것이다. 우리나라 헌법상 외국인의 권리는 헌법 제6조 제2항에 따라 인정되는 특수한 권리로서 제2장의 국민의 기본권과는 무관하다는 것이다.[51] 이 견해에 의하면 외국인에게 기본권을 인정할 것인가는 입법정책의 문제이지 헌법상의 보장문제가 아니라고 한다.

(2) 긍정설

헌법이 명문으로 외국의 기본권주체성을 부인하고 있지 않으므로 외국인에게도 기본권 주체성이 인정된다고 한다. 이 입장은 다시 권리의 성질에 따라 외국인에게도 인정되는 '인간'으로서의 권리와 외국인에게는 인정되지 않는 국민으로서의 권리로 구분한다.[52]

통설인 기본권성질설의 입장에서는 우리 헌법 전문의 "… 항구적인 세계평화와 인류공영에 이바지함으로써"라고 하여, 세계주의 내지 국제협조주의를 표방하고 있고, 헌법 제6조 제2항에서 외국인의 법적 지위에 관한 상호주의를 규정하고 있다는 데 그 근거를 둔다. 이 입장에서는 헌법에 명문의 규정이 있든 없든 성질상 인간의 권리로 볼 수 있는 것은 외국인에게도 보장되어야 하고, 그 밖의 기본권은 상호주의에 따라야 한다고 한다.[53] 이에 따르면, 인간의 존엄과 가치, 행복추

50) 박일경, 신헌법, 1990, 199면.
51) 박일경, 신헌법, 199면.
52) 정종섭, 헌법학원론, 283면.
53) 권영성, 헌법학원론, 316면.

구권, 신체의 자유, 종교의 자유, 양심의 자유, 학문과 예술의 자유 등은 모든 자연인에게 귀속되는 '인권'으로서 외국인에게도 인정된다고 본다.[54] 반면, 집회·결사의 자유, 거주·이전의 자유, 직업선택의 자유 등과 선거권·피선거권·공무담임권·국민표결권 등 정치적 기본권은 국민주권의 원리에 따라 국민의 권리로서 외국인에게는 인정되지 않는다고 한다.[55]

일부 견해는 원칙적 보장과 예외적인 호혜주의를 주장하고 있다. 우리나라 헌법상 기본권이 원칙적으로 외국인에게도 보장되지만, 예외적으로 호혜주의 입장(헌법 제6조 제2항)에서 외국인의 기본권주체성을 개별적 또는 부분적으로 제한할 수 있다는 것이다.[56]

2. 헌법재판소 입장

종전의 헌법재판소 결정에서는 근로의 권리가 근로자가 기본적 생활수단을 확보하고 인간의 존엄성을 보장받기 위하여 최소한의 근로조건을 요구할 수 있는 권리이기 때문에 자유권적 기본권의 성격도 아울러 가지므로 이러한 경우 외국인 근로자에게도 그 기본권 주체성을 인정해야 한다고 판시하였다.[57] 그런데 최근 헌법재판소 결정[58]에서는 진일보하여 근로의 권리 중 일할 환경에 관한 권리 이외에 '직장 선택에 자유'에 대해서도 제한적이지만 기본권 주체성을 인정하였다. 즉 외국인에게는 '인간의 권리'의 범위 내에서만 기본권이 인정되는 것이므로, 기본권의 '권리성질'상 외국인은 직장 선택의 자유의 주체가 될 수 있다는 것이다. 이 결정에서 헌법재판소 다수의견은 직장 선택의 자유를 인간의 권리로서의 성질을 가진 헌법상 기본권으로 보고 있다.

3. 외국인의 기본권 향유 범위

외국인도 인간의 존엄과 가치 및 행복추구권(제10조)과 종교, 양심, 학문 등의 정신

---

54) 김승환, 기본권의 인적 효력범위, 공법학연구 제9집 4호, 2008, 119면.
55) 김승환, 기본권의 인적 효력범위, 120면.
56) 홍성방, 헌법학(上), 2014, 343면.
57) 헌재 2007. 8. 30, 2004헌마670, 19-2, 297.
58) 헌재 2011. 9. 29, 2007헌마1083·2009헌마230·352

적 자유권은 인간으로서 누리는 권리이기 때문에 원칙적으로 그 주체가 될 수 있다. 또한 청구권적 기본권 중에서 기본권의 보장을 위한 기본권의 성격을 가진 것(예 : 재판청구권)은 외국인에게도 인정되어야 한다.

그러나 참정권과 같은 공권이나 국가안전보장에 관련된 중요한 특권 등은 국민주권 및 국가안전보장과 표리일체를 이루고 있으므로 외국인이 그 주체가 될 수 없으며, 경제적 기본권은 내국인에 비하여 더 많은 제한을 받을 뿐 아니라 사회적 기본권은 외국인에게 원칙적으로 인정되지 아니한다. 이러한 이유에서 외국인은 평등권의 주체가 될 수 없으며, 외국인의 기본권은 상호주의의 원칙에 따라 보장될 뿐이다. 참정권은 물론 특히 재산권에 관한 권리능력의 제한, 직업선택의 자유에 대한 제한, 거주·이전의 자유에 대한 제한, 출입국의 제한 등이 특별입법에 의해 규정되고 있다. 외국인에게 망명권이 보장되는가에 관하여는 학설의 대립이 있는데, 인권보장의 국제화 추세에 비추어 인정하는 방향으로 나가야 할 것이다. 그런데 판례는 소극적 입장이며,[59] 범죄인인도법은 정치적 성격을 가진 범죄의 경우에는 인도하지 못하도록 하고 있다.

4. 결 어

외국인의 기본권 주체성과 관련하여, 우리나라 헌법학계의 통설과 헌법재판소가 취하고 있는 권리성질설은 헌법이론적으로 문제점을 내포하고 있다. 기본권의 성질에 따라 외국인에게 기본권주체성을 인정하려고 하면 인간의 권리와 국민의 권리간의 명확한 구분을 전제로 한다. 그런데, 근로의 권리는 예전에는 국민의 사회권적 성격이 강한 반면, 현재는 헌법재판소가 판시한 바대로 자유권적 성격도 동시에 지니고 있으므로 인간의 권리로도 볼 수 있다. 따라서 기본권 중에 자유권적 기본권과 사회권적 기본권간의 명확한 구분이 어려운 경우에 외국인의 기본권주체성 판단에 있어 어려움이 있다.

---

59) "정치적 피난민에 대한 보호는 소수의 국가가 국내법상으로 보장하고 있을 뿐 우리나라는 이를 보장하는 국내법규가 없으며, 개개의 조약을 떠나서 일반국제법상 보장이 확립된 것도 아니며, 더구나 헤이그협약 제8조는 항공기납치범죄를 체약국간의 현행 또는 장래 체결될 범죄인인도조약상의 인도범죄로 보고 인도조약이 없는 경우에도 범죄인의 인도를 용이하게 할 수 있는 규정을 마련하고 있는 점 등에 비추어 볼 때, 민항기납치행위가 순수한 정치적 동기에서 일어난 정치적 망명을 위한 상당한 수단으로 행하여진 것으로 세계 각국이 비호권을 인정하고 있다는 이유로 위법성이 조각된다고 볼 수 없다"(대판 1984. 5. 22. 84도39).

이러한 권리성질설에 의하면, 인간의 권리와 국민의 권리간에 구분을 전제로 하며, 인간의 권리일지라도 외국인에게 인정되는 기본권과 입법정책상 인정되는 권리로 구분할 수 있다. 이는 동일한 사항일지라도 외국인에게는 기본권일 수도 법률상 권리일 수도 있는 법적용자의 자의적인 해석에 의해 좌우될 가능성이 많다.

생각건대, 외국인의 기본권 주체성 문제와 관련하여, 적법하게 우리나라에 입국하여 근로하는 외국인에게 우리 헌법과 법률이 적용되는 이상 기본권주체성을 인정함이 타당하다. 외국인의 기본권주체성 논의와 관련하여, 외국인의 기본권주체성은 우리나라 국민과 동일하게 인정하되 외국인의 기본권 제한의 문제에서 이를 탄력성 있게 해결해야 할 것이다. 또한 외국인의 기본권 제한은 기본권의 성질에 따른 제한 및 상호주의에 따른 제한도 아닌, 헌법상의 일반원칙 및 헌법 제37조 제2항에 따른 비례성원칙에 따른 제한이 되어야 한다.[60)]

Ⅲ. 법인(法人)

기본권의 주체인 국민에 '법인'도 포함되는가, 포함된다면 법인에게 어떠한 권리가 인정될 것인가 하는 문제가 발생한다.

1. 학 설

법인의 기본권 주체성에 관하여는 헌법관에 따라 견해가 갈리고 있다.

(1) 부정설

입헌주의국가에 있어서 인권선언은 원래 자연인인 국민을 대상으로 하였으며, 법인은 원칙적으로 기본권의 주체로서 인정되지 아니한다고 한다. 기본권을 '인간의 권리'로서 인정하는 결단주의적 헌법관의 입장에서는 법인이 당연히 기본권의 주체가 되는 것은 아니다.

60) 이부하, 외국인근로자의 직장선택의 자유, 세계헌법연구 제17권 3호, 2011, 70면.

(2) 긍정설

근대사회에 있어서 경제활동의 발전은 사법상 법인실재설을 통설화시켰으며, 이에 대응하여 법인도 성질상 가능한 범위내에서 국민의 권리와 의무에 관한 규정을 적용해야 한다는 입장이 지배적이었다. 법실증주의는 국민이란 '법적인 크기'로서 자연인뿐만 아니라 법인도 포함되므로 법인(공법인은 제외함)도 기본권의 주체가 될 수 있다고 하며, 통합과정론도 법인이 생활공동체의 일부로서 동화적 통합의 형식 내지 수단이 되므로 기본권의 주체가 될 수 있다고 한다. 독일기본법은 기본권은 성질상 그 적용이 가능하면 내국법인에게도 적용할 수 있도록 규정하고 있다(제19조 3항).[61]

2. 기본권 향유의 범위

법인이 향유할 수 있는 기본권의 범위는 개별적인 기본권의 성질에 따라 구체적으로 결정될 수밖에 없다. 법인은 주로 재산권의 주체가 되는 점에 특히 의의가 있으므로, 주로 재산법상의 권리에 관하여 법인은 자연인과 마찬가지로 권리의 주체가 된다. 또한 재산권 이외에도 법인의 활동의 효과는 결국 자연인에게 귀속되므로 성질상 가능한 법인에게도 기본적 인권 보장에 관한 규정이 적용되어야 할 것이다. 일반적으로 경제적·사회적 자유권과 청구권적 기본권이 그 대종을 이룰 것이다. 그러나 성질상 인신의 자유, 정신적 자유－그 중에서도 내심의 자유－, 생존권, 일부의 청구권, 참정권 등은 법인에게 인정될 수 없다. 오늘날 법인에게도 특히 중요시되는 기본권으로는 언론·출판의 자유, 학문의 자유, 사생활의 비밀, 환경권 등이 있다. 우리나라 헌법재판소는 법인에게 기본권의 주체성을 인정하고 있으며,[62] 법인격 없는 단체인 '정당'에 대해서도 기본권 주체성을 인정하고 있다.[63]

---

61) 외국법인도 헌법상 보장된 기본권을 내국법인과 마찬가지로 향유할 수 있는가에 관하여 독일 판례는 이를 부인하고 있으나(BVerfGE 21, 207), 이러한 규정이 없는 우리나라에서는 그 성질에 비추어 외국인에 준하는 지위를 부여할 수 있을 것이다. 헌재 1995. 9. 25. 92헌마23·86(병합).

62) "법인도 성질상 법인이 누릴 수 있는 기본권의 주체가 되고"(헌재 1991.6.3. 선고, 90헌마56; 헌재 1996. 3. 28. 94헌바42, 판례집 8-1, 199, 206); 공법상 재단법인(방송문화진흥회)이 최다 출자자인 방송사업자에게 기본권 주체성이 인정된다(헌재 2013. 9. 26. 2012헌마271, 판례집 25-2하, 68).

Ⅳ. 단체의 기본권 주체성 문제

자연인으로서의 국민이 아니고 법인격도 없는 '집단' 내지 '단체'가 기본권의 주체가 될 수 있는가는 오늘날 중요한 헌법문제로 부상하고 있다.

1. 소수자인 국민

헌법이 보장하는 기본권의 주체로서 '소수자'(minority)인 국민의 개념이 성립될 수 있는가의 문제가 제기된다. 민주주의는 그 의사결정을 다수결원칙에 따라 행하며, 국민의 대표기관을 구성하기 위한 선거에서, 관념상으로는, 승리한 '다수자'(majority)와 패배한 '소수자'로 나뉘게 된다. 그런데 민주정치는 곧 '다수자의 지배'를 의미하며, 다수자가 스스로 기본권을 침해한다는 논리는 성립될 수 없기 때문에 기본권은 소수자를 위한 권리장전으로 간주된다.[64] 일부 학설은 제2장의 국민은 소수자로서의 국민을 의미한다고 한다. 즉, "권력을 가진 자에게는 자유의 보장에 관한 규정은 아무런 의미가 없으며", 기본권에 관한 규정은 "권력쟁탈의 경쟁에서 패배한 소수자를 보호하고 언제나 다수자가 되게 하기 위한 기회균등에 관한 규정"이라고 한다.[65]

확실히 성문헌법에 보장된 국민의 기본권이 소수자의 기본권 보장을 주목적으로 하고 있음은 사실이지만, 다수자인 국민이 기본권의 주체에 포함되지 않는다고 보는 것은 도저히 이해할 수 없다. 기본권은 원래 개인주의의 기초 위에서 자연인 개인에게 인정되는 것이었다. 따라서 국민의 인간으로서의 존엄과 가치를 실현하려는 기본권은 이러한 구별 없이 모든 국민에 대하여 평등하게 적용되어야 할 것이다. 다만 소수자로서 누려야 될 기본권들은 민주주의의 건전한 발전을 위해 잘 보장되어야 한다.[66)

---

63) "정당설립의 자유는 비록 헌법 제8조 제1항 전단에 규정되어 있지만 국민 개인과 정당의 '기본권'이라 할 수 있고, 당연히 이를 근거로 하여 헌법소원심판을 청구할 수 있다."(헌재 2006. 3. 30. 2004헌마246, 판례집 18-1상, 402, 403)

64) 미국연방헌법은 원래 다수자의 독재로부터 소수자를 보호하기 위해 채택되었으므로 그 본질에 있어서 '반(反)다수결의 문서'(anti-majoritarian document)라고 한다.

65) 한태연, 헌법학, 198면.

2. 권리능력 없는 사단

법인이 아닌 권리능력 없는 사단도 헌법상 보장되는 기본권을 누릴 자격이 있는가에 관하여는 반드시 견해가 일치하지 않는다. 기본권의 주체를 '법적인 크기'로만 이해하는 법실증주의의 입장에서는 정당, 노동조합, 연맹 등과 같은 '권리능력 없는 사단'은 기본권의 주체가 될 수 없다고 한다. 그러나 법인과 마찬가지로 단체로서의 행위가 헌법상 의의를 가지는 경우에는 권리능력 없는 사단도 기본권의 주체가 될 수 있다고 본다.

고전적인 기본권은 개인주의의 바탕 위에서 구성되었기 때문에 그 주체는 원칙적으로 '개체'로서의 국민이었다. 그러나 오늘날 사회생활은 단체의 형식으로 영위되는 분야가 점차 확대되어 가고 있다. 따라서 기본권은 기본권 유형별로는 단체도 향유되어야 하거나 보장받게 할 수 있어야 한다. 특히 법인격 없는 사단은 기본권 주체성을 인정받아야 할 것이다.[67] 문제는 구체적으로 권리능력 없는 사단에게 어떠한 기본권을 인정할 것인가가 문제된다.

---

66) Ely, Democracy and Distrust - A Theory of Judicial Review 참조.

67) "정당은 국민의 이익을 위하여 책임 있는 정치적 주장이나 정책을 추진하고 공직선거의 후보자를 추천 또는 지지함으로써 국민의 정치적 의사형성에 참여함을 목적으로 하는 국민의 자발적 조직으로(정당법 제2조), 그 법적 성격은 일반적으로 사적·정치적 결사 내지는 법인격 없는 사단으로 파악되고 있고, 이러한 정당의 법률관계에 대하여는 정당법의 관계 조문 이외에 일반 사법 규정이 적용되므로, 정당은 공권력 행사의 주체가 될 수 없다."(헌재 2007. 10. 30. 2007헌마1128, 공보 제133호, 1134)

제6절 기본권의 내용과 효력

Ⅰ. 주관적 공권의 내용

기본권이 개인을 위한 '주관적 공권'이라는 것은, 기본권은 개인이 국가권력에 대하여 자신의 이익을 위하여 국가의 부작위나 작위를 요구할 수 있는 '법적 힘'(Rechtsmacht)을 의미이다. 사회적 기본권은 그에 관한 구체적 입법이 있는 경우에만 비로소 현실적 권리가 될 수 있는 추상적 권리이지만, 그 밖의 기본권은 개개인이 자신을 위하여 국가의 일정한 작위나 부작위를 요구할 수 있는 현실적 권리로서 모든 국가권력을 직접 구속하는 주관적 공권이라고 할 수 있다.

1. 방어권(Abwehrrechte)

기본권은 국가권력으로부터 침해를 금지하는 방어권(Abwehrrechte)으로 이해된다. 방어권은 기본권규정에 의해 보호되는 국가권력으로부터의 침해가 금지되는 주관적인 법적 지위이다. 방어권은 국가의 침해에 대하여 기본권 주체가 소극적인 청구권, 즉 방해제거청구권이나 결과배제청구권 등으로 구제할 수 있다.

민법상 지배권은 객체를 직접 지배하는 것을 작용으로 하는 권리로서, 청구권과 달리 권리의 목적인 이익을 향수하기 위해 타인의 행위의 개입을 필요로 하지 않는 것이 특징이다. 그러나 방어권은 지배권과 달리 모든 사람에 대해 권리의 절대성을 지니는 것이 아니라, 원칙적으로 '국가'에 대한 권리이다. 또한 방어권에서 보장하는 개인적 지위는 자유에만 국한되는 것이 아니라, 자유, 인격적 지위, 법적 지위 등 다양한 내용을 포함하고 있다.

2. 이행권 내지 청구권(Leistungsrecht)

이행권이란 국가의 적극적인 행위를 요구할 수 있는 권리이다. 이행권은 국가에 대하여 일정한 행위를 요구할 수 있다는 의미에서 청구권적 권리이다. 광의의 이행권에는 보호에 대한 권리, 조직과 절차에 대한 권리, 사회적 기본권 등이 포함된다.

3. 참여권(Teilhaberecht)

참여권이란 개인이 자신의 권리나 이익과 관련된 결정에 참여할 것을 요구할 수 있는 권리를 말한다. 참여권에는 '본원적 참여권'과 '파생적 참여권'이 있다.

본원적 참여권이란 새로운 급부에의 참여를 요구할 수 있는 권리이며, 파생적 참여권은 사회보장, 연금, 교육시설 등 기존의 국가적 급부체계에 개인 또는 개별 집단이 참여할 권리를 의미한다.[68)]

Ⅱ. 기본권의 대국가적 효력

기본권은 그 연혁적 측면에서 '국민의 국가에 대한 권리', 즉 대국가적 방어권을 의미하기 때문에 모든 국가권력을 구속한다. 그러나 오늘날에는 기본권 효력의 확장 요구에 따라 '기본권의 대사인적 효력'이 활발하게 논의되고 있다. 따라서 기본권의 효력은 대국가적 측면과 대사인적 측면에서 고찰되어야 한다.

1. 직접적 효력성

기본권은 원칙적으로 '국민 대 국가'라는 수직적 관계에서 모든 국가권력을 직접적으로 구속한다. 원래 기본권이 '국가로부터의 자유'를 보장하기 위한 대국가적 방어권을 의미하기 때문에 기본권은 일차적으로 국가권력에 대하여 효력을 가지는 것이다.[69)] 국가권력에는 입법권, 행정권과 사법권은 물론 헌법개정권, 자치권 등 모든 국가권력이 포함된다. 따라서 국회는 기본권조항에 위반되는 법률을 제정할 수 없고, 행정부는 법치행정의 원칙에 따라 권력행사를 하여야 하며, 사법

68) 강태수, 현대국가에서 기본권내용의 개방적 전개와 문제점-주관적 공권을 중심으로-, 공법연구 제32집 제4호, 2004. 3, 67면 이하 참조.

69) 허영 교수는 국가권력의 기본권에 대한 기속력의 근거를 기본권의 '양면성'-주관적 공권성과 객관적 질서성-에서 찾고 있다(한국헌법론, 246-247면).

권도 기본권을 존중·보장하는 방향에서 재판권을 행사하여야 한다. 헌법개정권력도 기본권을 제약하는 방향으로 헌법개정을 해서는 안되고, 자치권도 기본권을 최대한 보장하도록 행사되어야 한다.

독일기본법(제1조 3항)은 기본권이 입법, 행정 및 사법을 모두 구속한다는 조항을 두어 직접적 효력을 명문으로 규정하고 있으나, 우리 헌법에는 명문조항이 없으므로 그 헌법적 근거에 관하여 학설이 대립되고 있다. 즉, 기본권의 직접적 효력의 근거를 ① 헌법 제10조(인간의 존엄성과 행복추구권)에서 찾는 견해[70]와 ② 헌법 제37조 제2항(일반적 법률유보) 등 여러 조항에서 찾는 견해[71]가 있다. 헌법 제10조의 인간의 존엄성과 행복추구권을 구체적 권리로 보지 않는 입장에서도 그 후문의 '국가의 기본권 보장의무' 조항에 의해 기본권조항이 국가권력에 대하여 직접적으로 적용된다고 본다.

2. 비권력적 행정작용에 대한 효력

행정작용은 그 성질에 따라 공권력의 행사로서의 '권력적 행정작용'과 관리행위, 국고행위와 같은 '비권력적 행정작용'으로 구분된다. 그 중에서 공권력의 발동인 권력적 행정작용에 대하여 기본권이 적용된다는 점에는 다툼이 없으나, 관리행위나 국고행위도 기본권규정에 구속되느냐에 관하여는 학설이 대립되고 있다. 부정설은 관리·국고행위가 사법(私法)적 형식으로 행하여지는 비권력적 행정작용이므로 공법의 적용을 받지 않고, 따라서 기본권조항도 적용되지 않는다고 한다. 그러나 긍정설은 비록 사법적 행위일지라도 이들이 국가의 행위인 이상 기본권규정의 적용을 받는다고 한다. 생각건대, 기본권은 그것이 권력적 행위이든 비권력적 행위이든 간에, 모든 행정작용에 대하여 적용된다고 본다. 만일 그렇지 않다면 행정권의 발동형식을 사법(私法)화하는 이른바 '사법(私法)에의 도피' 방법이 남용되어 기본권 보장을 형식화시킬 우려가 있다.

3. 개별적 기본권의 대국가적 효력

모든 국가권력은 원칙적으로 기본권에 의해 직접 구속되지만 개별적 기본권의

70) 김철수, 헌법학개론, 281면.

71) 한태연, 헌법학, 958면.

성질에 따라 그 효력은 다르다. 인간의 존엄성과 행복추구권(제10조)은 기본권 전체의 근본가치를 규정하는 것으로 모든 국가권력을 구속하지만, 구체적 권리성을 부정하는 입장에서는 그 정도의 차이를 인정할 것이다. 평등권(제11조)이 모든 국가권력을 구속한다는 점에는 학설·판례가 일치한다. 자유권은 그 성격을 자연권으로 보든 실정권으로 보든 간에, 전형적인 대국가적 방어권으로서 모든 국가권력을 직접 구속하는 것은 당연하다. 청구권적 기본권과 참정권도 일반적으로 국가권력을 직접 구속한다는 점에 일치하고 있다. 문제는 사회적 기본권인데, 그 법적 성격을 어떻게 보느냐에 따라 효력에 차이가 있다. 이 권리를 프로그램적 규정으로 보는 경우에는 입법권만을 정치적으로 구속하나, 추상적 권리라고 보는 경우에는 입법권뿐만 아니라 행정권과 사법권도 구속하지만, 법률의 제정이 없는 한 사법적 구제를 청구할 수 없다고 한다. 그러나 구체적 권리의 성격을 인정하게 되면 자유권과 마찬가지로 법원에 그 구제를 청구할 수 있게 되는 것이다.

Ⅲ. 기본권의 대사인적 효력

1. 대사인적 효력의 문제

(1) 이론적 배경

근대헌법은 '국민 대 국가'의 관계에서 국가권력에 의한 국민의 기본권의 침해를 배제함으로써 기본권을 보장하고 있었다. 그런데 20세기에 들어오면서 국민의 기본권은 비단 국가권력에 의해서만 침해되는 것이 아니라, 거대한 사회적·경제적 힘(권력)을 가지는 개인이나 단체에 의해 침해되는 경우도 빈번히 발생하게 되었다(예: 공해문제, 인종차별 등). 그리하여 기본권은 '사인관계'－수평적 관계－에 있어서도 보장될 필요성이 현저하게 나타났다. 기본권은 개인의 주관적 공권인 동시에 객관적 법질서의 이중성(이른바 기본권의 양면성)을 가지고 있으므로 기본권의 효력이 사인관계에도 적용될 수 있다는 법리가 가능하게 되었다. 여기에 국민의 기본권 보장의 만전을 기하기 위해서는 이들 관계에 어떠한 방법으로 어느 범위까지 기본권을 보장할 수 있는가 하는 이른바 '기본권의 제3자적 효력' 또는 '기본권의 대사인적 효력' 문제가 제기되었다.

(2) 연 혁

기본권의 대사인적 효력 문제가 미국에서는 '법의 평등한 보호'조항(수정헌법 제14조)에 관한 판례를 통해 이론적 체계를 갖추게 되었으며, 독일에서는 사회국가의 원리의 등장과 함께 '노동관계에 있어서 권리행사의 보장'과 '단결의 자유의 보장'(제9조)의 해석을 둘러싼 학설을 통해 인정되기에 이르렀다. 기본권의 제3자적 효력을 명문화하고 있는 유일한 입법례가 포르투갈헌법(제18조 1항)이다. 우리나라 헌법에서는 기본권의 제3자적 효력에 관한 명문 규정을 두고 있지 아니하므로 기본권의 제3자적 효력의 여부는 학설 또는 판례에 따를 수밖에 없다. 그런데 우리나라 헌법재판소법 제68조 제1항에서 '재판소원을 금지'하고 있으므로, 기본권의 제3자적 효력이 미칠 수 없게 된다.

2. 독일의 이론

독일 기본법이 시행된 이후 '남녀평등권'(제3조 2항)과 '근로자의 단결권'(제9조 3항)이 직접적으로 효력을 발생하게 되었는데, 다른 기본권조항도 사인관계에 적용될 수 있는가의 문제, 즉 기본권의 대사인적 효력 문제가 헌법이론의 문제로서 활발하게 논의되어 왔다.

(1) 적용부인설

이 설은 기본권이 '국민의 국가에 대한 권리'(대국가적 방어권)를 의미하므로 사인 상호간 법률관계에는 적용되지 않는다고 한다. 이 설은 바이마르 헌법하의 다수설이었으나, 현재는 거의 추종자가 없는 실정이다.

그 논거는 ① 기본권은 주관적 공권으로서 국민이 국가에 대하여 가지는 권리인 점에서 국가권력만을 기속하고, ② 사인간의 합의에 의해 자신들의 기본권을 제한하는 것은 헌법정신에 위배되는 것이 아니며, ③ 사인에 의한 기본권의 침해는 일반 법률의 제정을 통해 충분히 구제할 수 있고, ④ 기본권의 사법(私法)관계에의 직접적인 적용은 '사적 자치'의 원칙을 파괴한다는 점에서 찾고 있다.

그러나 이 이론은 ① 헌법이 특별히 사법관계에 있어서 기본권의 보장을 규정하고 있는 경우에 설명이 곤란하고, ② 기본권규정과 사법규정이 하나의 법질서에 포섭되고 있다는 점을 간과하였으며, ③ 오늘날 사인(私人)에 의한 기본권 침해의 증대로 기본권 효력의 확장이 요구되는 현실을 외면하고 있는 것이다.

(2) 직접적용설

오늘날 헌법규정의 유무를 묻지 않고 모든 기본권조항이 직접적으로 사인관계에 적용된다는 '절대적 직접적용설'을 주장하는 사람은 없다. 이 설은 기본권조항 중 '특별한 기본권', 즉, 사인적 효력에 관한 명문의 규정이 있거나 성질상 사인 상호간에 적용될 수 있는 기본권에 한하여 직접적으로 적용된다고 한다. 이 설은 니퍼다이(Nipperdey), 슈바베(Schwabe), 라이스너(Leisner) 등과 독일 연방노동재판소가 주장하고 있다.

그 논거는 ① 기본권의 사적 집단에 의한 침해 때문에 사인간에 있어서도 불가피하게 인정되어야 할 필요성이 제기되었고, ② 헌법은 공동체 전반에 관한 최고의 가치질서를 규정하고 있으므로 사법관계에도 직접 적용되어야 하며, ③ 개인의 사회적 지위는 기본권의 보장을 통해 실질적으로 누릴 수 있고, ④ 인간의 존엄성을 실현하는 것이 국가의 의무라면 이것은 사인관계에서도 실현되어야 한다고 한다.72)

그런데 이 설은 ① 사적 자치의 원칙을 제한할 뿐만, 아니라 나아가 사법의 국가화까지 초래하여 사법 그 자체의 폐기문제가 일어나게 되는 점에서 그 제약성을 발견할 수 있고, ② 기본권규정이 사법관계에 직접 적용되는 경우에는 사인의 자율영역의 보장이라는 원리를 퇴색시키며, ③ 아직까지도 공·사법의 2원 체계는 유지되고 있고 기본권의 본질은 어디까지나 대국가적 방어권인 점에 있으므로 이 설은 그 이론적 한계를 가지고 있다.

(3) 간접적용설

이 설은 기본권조항을 직접적으로 사법관계에 적용하지 않고 사법상의 일반원리를 매개로 하여 간접적으로 사법관계에 확장·적용하려고 한다. 뒤리히(Dürig)는

---

72) 그 적용범위에 관하여 니퍼다이(Nipperdey)는 헌법상 명문의 규정 유무에도 불구하고 독일 기본법 제1조(인간의 존엄성), 제3조(법 앞에 평등), 제5조(표현의 자유) 등 일련의 기본권에 관한 규정이 직접적으로 사법관계에 적용되며, 이들은 국가공권력이 사인과 사적 집단까지도 구속하는 절대적 권리로 해석하고 있다.

간접적 적용설을 주장하면서 예외적으로 헌법상 명문의 규정이 있는 경우에만 직접적 적용을 인정하고 있다.[73] 이 설은 현재 독일의 다수설이다.

그 논거는 ① 모든 국가권력은 기본권 존중의무를 가지고 있는데, 사인 내지 사적 관계에 의한 침해로부터도 이를 보호할 의무가 있고, ② 헌법상 기본권 조항은 객관적 가치질서를 의미하고 있으므로 사법(私法) 영역에 있어서도 타당하며, ③ 사적 자치와 기본권을 조화시키는 기능은 사법상의 일반조항만이 수행할 수 있다고 한다. 사법 영역에 기본권의 내용이 침투하는 것은 사법 규정을 통해서이며, 법관은 특히 사법의 일반조항에 의해 이를 실현한다.

이 설은 공·사법의 2원 체계를 전제로 사적 자치의 원칙을 유지하면서 사법관계에서도 기본권을 보장함으로써 법질서의 확립과 기본권의 보장이란 두 요구를 동시에 충족시킬 수 있는 장점을 가지고 있다. 그러나 이 설도 ① 기본권의 적용문제를 사법(私法)상의 일반원리에 방치함으로써 그 이론적 근거가 빈약하고, ② 사법(私法)상의 일반원리를 구체적으로 적용하는 경우에 법관에게 광범한 재량권을 부여함으로써 법적 안정성을 해칠 우려가 있으며, ③ 헌법이 사인(私法)관계에 대한 직접적 적용을 규정하고 있는 경우처럼 모든 경우에 간접적 적용을 시도하는 것은 곤란하다. 따라서 기본권조항의 사법(私法)관계에 대한 적용 여부는 개별적인 기본권에 따라 구체적으로 검토되지 않으면 안된다.[74]

3. 미국의 이론

미국에서는 수정헌법 조항(amendment)이 초기에는 연방정부에 대해서만 적용되었고, 남북전쟁 후 수정헌법 제14조의 채택으로 주정부에까지 적용되게 되었다. 그러나 미국 연방대법원은 기본권조항이 국가권력에 대한 제약이라는 이론을 기초로 하여 사인행위에 대하여는 기본권조항이 적용되지 않는다고 판시해 왔다. 그런데 연방헌법(수정헌법 제14조)과 연방대법원의 1954년 *Brown* 사건[75]에도 불구하고 백인의 흑인에 대한 차별대우는 사실상 만연되고 있었다. 따라서 흑인에 대한 사적

---

73) 독일민법상 일반원칙에 속하는 것은 공서양속의 원칙(제138조), 신의성실의 원칙(제242조), 반도덕적 행위에 대한 손해배상의무(제826조) 등이 있으나, 공서양속의 위반을 그 주된 논거로 주장하고 있으므로 이 입장을 '공서양속설'이라고도 부른다.

74) 김철수, 헌법학개론, 294면.

75) Brown v. Board of Education of Topeka, 349 U.S. 294 (1955).

차별대우를 시정하기 위해 새로운 이론이 시도되기 시작하였다. 즉, 기본권이 원칙적으로 사법관계에는 적용되지 않는다는 전제 위에 사인에 의한 기본권의 침해가 성립되어 기본권규정이 적용되려면 사인의 행위를 '주행위'(state action)로 의제하여 적용하게 되었다. 이것이 이른바 '공적 관계 의제이론'[76]이다. 사인관계에 기본권, 특히 법의 평등보호조항을 확대·적용하기 위해 연방대법원은 주행위의 범위를 확대해 가고 있다. 그런데 그 논거는 여러 가지가 제시되고 있다.

(1) 사법적 집행 이론(judicial enforcement theory)

이 이론은 사인의 인권 침해행위가 제소되어 법원의 사법적 집행에 의해 실현하게 되는 경우에 그 집행을 위헌인 주행위라고 보는 것이다. 연방대법원은 흑인에게 부동산매매를 금지하는 주민계약을 법원이 합법적인 것으로 판결하게 되면 그 판결을 통해 위헌행위를 한 것으로 판시하였다.[77]

(2) 국유재산 이론(state property theory)

이 이론은 국가시설을 임차한 사인이 이용과정에서 기본권을 침해한 경우에 주행위와 동일시하여 기본권 규정을 적용하는 것이다. 이를 위해서는 그 시설의 운영에 공공기금이 투입되고, 그 시설에 국가의 실질적인 통제가 미치며, 국가가 간접적으로 위헌행위를 하려는 의도를 가지고 임대하여야 한다.[78]

(3) 국가원조 이론(state assistance theory)

이 이론은 국가로부터 재정적 원조－토지수용권, 조세면제, 기타의 원조－를 받는 사인이 기본권을 침해한 경우에 그 사적 행위를 주행위와 동일시하여 기본권을 적용하는 것이다. 이를테면, 시로부터 재정적 원조를 받는 사립학교가 흑인에게 차별대우를 한 때에는 곧 위헌이 된다.[79]

---

76) 그 명칭은 국가유사이론(theory of lookslike-government) 또는 주행위이론(theory of state action) 등으로 불리고 있다.

77) Shelly v. Kraemer, 334 U.S. 1 (1948).

78) Turner v. City of Memphis, 369 U.S. 350 (1962).

79) Steele v. Louisville and Nashville R. R. Co., 323 U.S. 192 (1944).

(4) 특권부여 이론(privilege theory)

이 이론은 국가로부터 일종의 특권 내지 권한을 부여받고 있기 때문에 국가의 통제를 받는 경우에 그 사적 단체의 행위를 주행위와 동일시하여 기본권을 적용하는 것이다. 이를테면, 연방의회로부터 특허를 받아 운영되고 있는 버스운송회사는 인종차별을 하게 되면 법의 평등한 보호원칙에 위배된다.[80)]

(5) 통치기능 이론(governmental function theory)

이 이론은 사인도 성질상 고도의 통치기능을 행사하는 경우에는 그에 의한 인권 침해행위를 주행위로 보고 기본권조항을 적용하는 것이다. 예를 들면, 정당이 예비선거에서 흑인의 투표를 거부하면 이와 같은 인종차별행위는 위헌적인 국가행위가 된다는 것이다.[81)]

4. 우리 헌법상 기본권의 대사인적 효력

우리나라에 있어서도 기본권의 대사인적 효력에 관하여는 독일이론의 영향을 받아 적용부인설, 직접적용설과 간접적용설 등이 대립되고 있다. 그러나 현재 우리나라의 통설은 간접적용설을 따르고 있다.

(1) 이론적 논거

기본권에 의하여 보장되는 인간의 존엄과 가치가 사인이나 그 집단에 의해 침해될 때에는 국가권력에 의한 보호를 받아야 한다. 즉, 민주헌법에서는 인간의 존엄과 가치의 보장이야말로 기본권과 사법관계를 동시에 규율하는 일원적인 법윤리인 것이다. 이 입장에서는 기본권에 관한 규정이 직접적으로 사법관계에 적용되지는 않는다 할지라도 인간의 존엄과 가치, 나아가 사법상의 일반원리－신의성실 및 권리남용금지의 원칙(민법 제2조)과 공서양속의 원칙(동법 제103조)－인 민주적 법윤리를 매개로 하여 간접적으로 사법관계에 적용된다고 할 수 있다. 이 입장이야말로

80) Public Utilities Commission v. Pollark, 343 U.S. 451 (1952).

81) Terry v. Adams, 345 U.S. 461 (1953).

법질서의 일원성 내지 통일성을 보장하는 동시에 지나친 사법의 공법화에 대하여 사법관계의 독자성을 보장하는 것이라 할 수 있다.

(2) 적용범위

모든 기본권조항을 획일적으로 사법관계에 적용하거나 또는 부적용하는 데에는 문제가 있다. 명문의 규정이 있거나 성질상 허용되는 경우에는 기본권조항이 직접 사인관계에 적용되며, 그 성질상 사인간에 적용될 수 없는 기본권을 제외하고는, 사법상의 일반원칙을 통해 간접적으로 사인관계에 적용된다고 한다. 그런데 어떤 기본권이 사인관계에 적용될 수 있는가에 관하여는 학설이 대립되고 있다.

1) 직접 적용되는 기본권

사인관계에 직접 적용되는 기본권으로는 근로3권(제33조), 여자와 연소자 근로의 특별보호(제32조 4항·5항), 언론·출판의 자유(제21조 4항), 참정권(제24조·제25조) 등이 있다. 그러나 기본권의성격상 직접적 적용 여부가 명확하지 않기 때문에 그 범위가 학자에 따라 다르다.[82]

2) 적용이 부인되는 기본권

원칙적으로 국가권력만을 구속하기 때문에 사인관계에 적용될 수 없는 기본권들이 있다. 그 대표적인 것들로는 사법절차상의 기본권(제12조), 국가배상청구권(제29조), 형사보상청구권(제28조), 재판청구권(제27조), 청원권(제26조) 등을 들 수 있다.

3) 간접 적용되는 기본권

그 성질상 직접 적용이 가능하거나 적용 그 자체가 불가능한 기본권 이외에는 모든 기본권이 '인간의 존엄성 조항'과 '사법상의 일반원리'를 매개로 하여 사법관계에 간접적으로 적용된다고 할 수 있다.

(3) 결 어

우리나라에서는 기본권의 대사인적 효력은 인정되기 어렵다. 이유는 일반재판에서 기본권을 기준으로 판단해야 하는데, 재판시 일반법원이 기본권의 의미와

82) 권영성 교수는 근로3권(제33조)만이(헌법학원론, 302면), 허영 교수는 언론·출판의 자유(제21조 제4항)만이(한국헌법론, 257면) 직접 적용된다고 한다.

효력범위를 잘못 판단하였는지 여부를 헌법재판소가 판단하지 못하도록 헌법재판소법[83]에서 '재판소원을 금지'하고 있기 때문이다.

Ⅳ. 기본권 충돌시의 효력 문제

헌법은 한 나라의 근본법으로서 일반적으로 '통일성'을 가지고 있는 것으로 간주되고 있다. 그러나 규범 상호간에는 모순·갈등이 있을 수 있고 그 중에서도 기본권 분야에서 구체적인 기본권의 상충이 일어나는데, 이것이 이른바 '기본권의 충돌'(Grundrechtskollision) 문제이다.

1. 기본권 충돌의 헌법상 의의

(1) 개 념

기본권의 충돌문제는 우리나라에서는 최근에야 비로소 연구대상이 되었기 때문에 아직 그 개념도 통일적으로 성립되지 않고 있는 실정이다. 그러나 일반적으로 '기본권의 충돌'이란 서로 다른 기본권의 주체가 상충하는 이해관계로 인해 각기 다른 기본권의 효력을 주장하는 경우를 말한다.[84] 이를테면, 언론매체에 의한 보도가 개인의 사생활의 권리를 침해한 경우에 사생활의 비밀과 언론의 자유는 기본권의 충돌관계에 있는 것이다.

구별개념으로서 다음의 것들이 있다. 첫째, 동일한 기본권의 주체가 국가권력에 대하여 여러 기본권의 효력을 주장하는 경우에 이것은 기본권의 대국가적 효력의 문제로서 이른바 '기본권의 경합문제'에 속한다. 기본권의 경합문제는 기본권의 주체가 제한가능성이 다른 여러 기본권을 동시에 주장하는 경우에 발생한다.[85] 이 때 제한가능성이 더 큰 기본권과 제한가능성이 더 작은 기본권 중에서

---

83) 헌법재판소법 제68조(청구 사유) ① 공권력의 행사 또는 불행사(不行使)로 인하여 헌법상 보장된 기본권을 침해받은 자는 법원의 재판을 제외하고는 헌법재판소에 헌법소원심판을 청구할 수 있다.

84) 허영, 한국헌법론, 260면; 권영성, 헌법학원론, 306면.

85) 이를 테면, 성직자의 설교를 제한하는 경우 종교의 자유와 직업수행의 자유를 동시에 주장할 수 있으며, 시위에 참여한 자를 체포한 경우 신체의 자유와 집회의 자유를 동시에 주장할

어느 기본권을 우선적으로 적용할 것인가의 문제가 일어난다. 이에 관하여는 학설이 대립되고 있는데, 제한가능성이 더 큰 기본권을 우선적으로 적용하여야 한다는 입장과 제한가능성이 더 작은 기본권을 우선적으로 적용해야 한다는 입장이 있다. 그러나 그 효력의 강약에 따라 어느 기본권이 우선적으로 적용되는 것이 아니라, 당해 사건과의 관련성 여부 또는 정도에 따라 우선적으로 적용하여야 하며, 그 효력이 동일한 때에는 모든 기본권이 적용되어야 할 것이다. 그러나 사건에 관련된 모든 기본권 조항을 나열하고 있는 헌법재판소의 관행은 이론상으로나 실제상으로나 올바른 태도가 아니라고 본다.

둘째, 기본권이 헌법이 보호하고 있는 법익과 충돌하는 경우도 여기에 포함시키는 견해가 있으나, 이것은 단지 '법익의 형량문제'로서 기본권의 충돌문제는 아니다.

셋째, 기본권에 구체화되어 있는 객관적 가치들이 여러 법질서에 상이하게 방사되어 동일한 사건을 상반되게 평가하는 경우에 이것은 법해석의 문제일 따름이다. 기본권의 대사인적 효력이 인정됨에 따라 기본권의 충돌문제는 빈번하게 제기되었고 '기본권의 효력문제'로서 중요시되기에 이르렀다.

(2) 성 질

상이한 기본권이 충돌하는 경우에는 이들 기본권이 동시에 보장될 수 없는 점에 문제가 있다. 즉, 기본권의 충돌문제는 한 기본권이 효력을 주장함으로써 상충하는 다른 기본권의 효력을 희생시키는 데 그 특질이 있다. 그리하여 뒤리히(Dürig)는 이를 "기본권을 희생한 기본권의 실현"이라고 특징짓고 있다.[86] 그러나 특정 기본권의 절대적 희생 위에 다른 기본권을 보장한다는 것은 인정될 수 없다. 모든 기본권은 헌법적 한계를 가지고 있으며, 어떠한 기본권도 그 '본질적 내용'이 침해되어서는 안된다. 따라서 규범조화적 해석을 통해 헌법규범의 통일성과 헌법가치의 질서성을 발견하는 것이 기본권의 충돌문제를 해결하기 위한 열쇠이다. 따라서 기본권의 충돌문제는 기본권의 효력문제이며, 궁극적으로는 헌법의 해석문제에 속하는 것이다.

수 있다.

86) G. Dürig, "Grundrechtsverwirklichung auf Kosten von Grundrechten", in: Summum Iussumma Iniuria, 1963, S. 80.

2. 기본권 충돌의 해결이론

(1) 누가 기본권 충돌을 해결할 것인가?

기본권이 충돌하는 경우에 어느 국가기관이 해결할 것인가의 문제가 제기된다. '입법의 자유영역이론'에 의하면, 기본권의 충돌문제는 입법권의 고유한 권한에 속한다고 한다. 레르헤(Lerche)는 의회(국회)야말로 사회적 이익의 배분과 갈등의 해결의 장이므로 기본권이 충돌하는 경우에는 입법권이 자기 책임하에서 이를 해결하여야 한다고 한다.[87] 즉, 이 입장은 의회가 기본권을 실현하기 위해 입법을 함으로써 기본권의 충돌문제를 해결하여야 한다고 한다.

이에 대하여 기본권의 충돌은 보편적 현상으로서 헌법흠결의 문제이기 때문에 헌법해석을 통해 해결되어야 하므로 최종적인 헌법해석권을 가지고 있는 헌법재판소－또는 법원－의 권한이라고 주장하는 견해가 있다. 기본권 충돌의 해결이 법창조적 의의를 가진다고 하더라도 헌법의 해석 그 자체가 창조적 성격을 가지고 있고 법관에 의한 법형성도 가능하기 때문에 그 해결기능을 헌법재판소에 맡겨야 한다는 것이다.[88]

그러나 이와 같은 논쟁은 그 본질을 잘못 이해한 결과이고 아무런 실익도 없다. 헌법이 보장하는 기본권을 실현하기 위해서는 일차적으로는 의회가 입법을 통해서 이를 구체화하고, 최종적으로는 헌법재판소가 헌법해석을 통해 적용·실현하는 것이다. 따라서 국가기관은 각기 그 기능을 수행함으로써 기본권의 충돌을 해결하도록 하지 않으면 안된다.

(2) 기본권의 가치서열이론

기본권을 전체로서 하나의 규범의 단계구조로 이해하는 입장에서는 구체적인 기본권 상호간에는 상하·우열의 위계질서가 존재한다고 본다. 여기에 상위기본권과 하위기본권이 상충하는 경우에는 상위기본권이 우선적으로 적용되어 효력을 발생하게 되는데, 이를 '상위기본권 우선적용의 원칙'이라고 부른다. '생명권'은 모든 기본권 보장의 전제가 되며, '인간의 존엄과 가치' 또한 기본권의 이념적 기

87) P. Lerche, Übermaß und Verfassungsrecht, 1967, S. 127.

88) K. Hesse, Grundzüge des Verfassungsrechts der Bundesdeutschland, Rn. 317 ff.

초라는 점에서 기본권 질서에 있어서 최상급의 지위에 있다. 따라서 이들은 최우선적으로 효력을 발생하지 않으면 안된다.[89] 그런데 모든 구체적인 기본권 사이에 가치서열을 메길 수 없는 경우가 더 많으므로 이 이론은 기본권 상호간에 가치우열이 객관적으로 명백한 경우에만 적용되어야 하는 데 그 한계가 있다.

(3) 기본권 충돌의 이익형량이론

헌법규범간에 충돌·갈등이 있는 경우에는 그 해결을 위해 이익형량(balancing of interests)의 방법이 채택되고 있는데, 기본권의 충돌시에도 이 방법이 일반적으로 원용되고 있다.[90] 다만 기본권의 충돌의 경우에는 그 형량의 대상이 기본권인 만큼 가능한 모든 기본권을 최대한 보장하고 그 희생을 최소화시켜야 하는데 그 방법적·실천적 어려움이 있다.

1) 인격적 가치의 우선원칙

인격적 가치를 보호하기 위한 기본권이 재산적 가치를 보호하기 위한 기본권과 충돌하는 경우에는 인격적 가치를 보호하는 정신적 자유권(특히, 언론의 자유)이 경제적 자유권보다 우선적으로 효력을 발생한다고 한다.[91] 이 경우에 정신적 자유권을 침해하는 때에는 그 사법심사를 함에 있어서 '엄격한 심사기준'(strict scrutiny test)이 적용된다.

2) 공익 우선원칙

공익을 보호하기 위한 기본권과 사익을 위한 기본권이 충돌하는 경우에는 공익을 위한 기본권(예를 들면, 보도의 자유)이 사익을 위한 기본권(사생활의 비밀과 자유)보다 우선적으로 적용된다고 한다. 그러나 주권자로서의 알 권리를 충족시키기

---

89) 미국에는 헌법해석의 한 유형으로 '절대주의'(absolutism)가 있는데, 이는 특유의 논리적 산물(엄격한 문리해석)으로써 이와는 구별된다. Craig R. Ducat, Modes of Constitutional Interpretation (West Publishing Co., 1978), Ch. II.

90) "인격권으로서 개인의 명예의 보호와 표현의 자유의 보장이라는 두 법익이 충돌하였을 때 그 조정을 어떻게 할 것인지는 구체적인 경우에 사회적인 여러 가지 이익을 비교하여 표현의 자유로 얻어지는 이익·가치와 인격권의 보호에 의하여 달성되는 가치를 형량하여 그 규제의 폭과 방법을 정해야 할 것이다"(대판 1988. 10. 11. 85 다카 29).

91) 이른바 2중기준(double standard)의 원칙으로서 1938년의 U.S. v. Carolene Products, Co. 사건(304 U.S. 44 (1938))에서 확립되었다.

위한 보도가치가 있는 것에 국한해서 우월적 지위가 인정되어야 하며, 사생활의 비밀이 무조건 침해되어서는 안된다.[92)]

3) 다수이익의 우선원칙

다수의 기본권주체의 기본권이 소수의 기본권주체의 그것과 충돌하는 경우에는 다수주체의 기본권(예를 들면, 다수주민의 주거의 평온)이 소수자의 기본권(한 사람의 의사표현의 자유) 보다 우선적으로 적용된다고 한다.[93)] 그러나 최대다수의 최대이익을 정책지표로 삼는 공리주의는, 이를테면, 다수인의 경제적 이익을 위한 경제개발도 한 사람의 생명·신체의 희생을 요구할 수는 없다는 데 그 한계가 있다.[94)]

4) 민주적 가치의 우선원칙

민주적 가치를 보호하기 위한 기본권이 다른 기본권과 충돌하는 경우에는 민주적 가치의 실현을 위한 기본권(예를 들면, 투표권)이 다른 기본권보다 우선적으로 보장되어야 한다는 것이다. 특히 다원적 사회에 있어서, 인종적이든 종교적이든 간에, 소수자의 권익을 보호하기 위해서는 그들의 적극적인 정치참여가 필수적이라는 데 그 이론적 근거를 두고 있다.[95)]

5) 자유 우선원칙

자유를 실현하기 위한 기본권과 평등을 실현하기 위한 기본권이 충돌하는 경우에는 자유의 실현을 위한 기본권이 우선적으로 효력을 발생한다는 것이다. 평등보다 자유가 민주주의의 기본적 가치라고 보는 자유주의의 입장에서는 이 원칙을 주장한다.[96)] 그러나 자유와 평등의 관계는 이념과 직결되는 것으로 평등을 '자유의 조건'으로 이해하는 사회국가 내지 복지국가에 있어서는 자유와 평등의 조화가 요구되며, 평등의 무조건적 희생은 인정될 수 없다.[97)]

---

92) 윤명선, "사생활의 비밀과 언론의 자유", 월간고시, 1992. 3, 51-64면 참조.

93) BVerfGE 7, 230-238.

94) 미국의 신자연법론자들(Rawls, Dworkin 등)은 여기에서 이른바 자연권의 불가침성을 인정하고 있다.

95) Ely, Democracy and Distrust; 윤명선, "사법심사제와 다수결주의", 공법연구(한국공법학회), 제18집, 1990, 15-35면 참조.

96) 허영, 한국헌법론, 263면; 미국의 자유주의적 헌법학자들, 특히 Hayek 등은 이 입장에 서 있다.

97) 이를테면, 복지권(welfare right)의 행사로 생존문제를 해결하는 자에게 있어서 이 권리는 자

6) 방법적 한계

기본권의 이익형량이론은 상이한 기본권이 충돌하는 경우에 특정한 기본권을 보장하기 위해 다른 기본권을 희생시키는 것이 그 전제가 된다. 기본권 충돌의 해결은 일차적으로는 헌법해석의 문제로 등장하지만 궁극적으로는 가치선택 즉, 정책결정의 문제가 된다.[98] 그 지표는 '최소의 희생'으로 '최대의 효과'를 거두는 데 있다.[99] 그러나 서로 다른 가치를 비교·형량하는 것은 결국 가치관의 문제에 속하므로 다분히 주관적일 수밖에 없다는 데 문제가 있다. 이를 위한 최소한의 조건은, 첫째, 보호하고자 하는 기본권의 한계를 인정하고, 둘째, 침해되는 기본권은 그 본질적 내용이 침해되어서는 안되는 것이다. 그리하여 공존의 원리에 따라 기본권 보장의 통일성을 실현하지 않으면 안된다.

(4) 기본권 충돌시 규범조화적 해석

기본권이 충돌하는 경우에 모든 기본권을 최대한 보장하기 위한 '최적화'(optimum)를 추구하기 위해 '규범조화적 해석'의 방법이 제시되고 있다. 이 방법은 헌법의 '통일성'을 유지하는 것을 그 목적으로 하고, 헌법해석의 '규범기속'을 그 방법적 기초로 하며, 그 결과 모든 기본권의 '조화적 보장'을 꾀하고 있다.[100] 그러나 규범조화적 해석의 기준을 어떻게 설정하느냐 하는 데에는 문제가 있다.

1) 과잉침해금지의 원칙

상충하는 기본권의 효력을 조화롭게 인정하기 위해 헌법원칙에 의해 이들 기본권을 제약하되 본질적인 내용을 침해하지 않도록 하는 것이다. 여기에 비례성원

유권보다 더 중요하다는 논리가 제기되고 있다. Goldberg v. Kelly, 397 U.S. 254 (1970).

98) Roscoe Pound, "A Survey of Social Interests", 57 Harv. L. Rev. at 4-5 (1923).

99) Rawls는 이익형량의 기준으로 공리주의를 배격하고 '공정으로서의 정의'(justice as fairness)를 표방하고 있다. J. Rawls, A Theory of Justice (Harv. Univ. Press, 1971), p. 14.

100) 헌법재판소는 "두 기본권이 서로 충돌하는 경우에는 헌법의 통일성을 유지하기 위하여 상충하는 기본권 모두가 최대한으로 그 기능과 효력을 나타낼 수 있도록 하는 조화로운 방법이 모색되어야 할 것"이라고 하면서 "피해자의 반론권과 보도기관의 언론의 자유(보도의 자유와 편집·편성의 자유)가 상충하는 본 '정기간행물의 등록 등에 관한 법률 제16조 제3항, 제19조 제3항의 위헌여부에 관한 헌법소원' 사건의 경우, 동법 제16조는 기본권상충의 규범조화적 해석방법에 따른 '과잉금지의 원칙'에 위배되지 아니한다."라고 판시하고 있다(헌재 1991. 9. 16. 89헌마65).

칙이 적용되는 바, 기본권 제한의 필요성과 그 제한의 적합성 및 적극적인 최적의 비례성 등이 요구된다. 독일연방헌법재판소는 '인간의 존엄성'과 '예술의 자유'가 충돌한 메피스토(Mephisto) 판결과 '인격권'과 '보도의 자유'가 충돌한 레바흐(Lebach) 판결 등에서 이 원칙을 원용하고 있다.

2) 대안식 해결방법

상충하는 기본권을 직접 제약하지 않고 다른 대안을 모색해서 기본권의 충돌문제를 해결하려는 것이다. '양심상 병역의무의 거부'가 그 대표적인 경우로써 독일 기본법 제4조 제3항과 제12조a 에서 규정하고 있는 병역의무와 양심상의 이유로 한 집총거부권의 충돌문제가 '대체적 병역의무'의 부과하는 형식으로 해결되고 있다. 즉, 대체역무의 부과로 병역의무를 이행한 것이 되고 아울러 양심의 자유도 어느 정도 누릴 수 있는 것이다.

3) 최후수단 억제방법

이와 같은 방법에 의해서도 상충하는 기본권의 조화적 해결을 이룰 수 없는 경우에는 다른 방법들이 강구되어야 할 것이다. 그러나 별다른 대안이 없다고 해서 곧 최후의 수단을 동원하여 해결하려는 것은 바람직하지 않다고 본다. 독일연방헌법재판소가 종교적 이유로 수혈을 거부하여 자기 부인을 사망케 한 남편에게 형법 제330조c(구조 부작위죄)를 적용하지 아니한 것은 그 한 예라고 볼 수 있다.

(5) 결 어

기본권의 충돌문제를 해결하기 위한 '가치서열이론', '이익형량이론', '규범조화적 해석론' 등은 어느 하나만으로 모든 문제를 해결할 수 있는 만병통치약은 될 수 없다. 기본권의 충돌문제는 실로 다양하기 때문에 궁극적으로는 구체적인 문제에 따라 해석방법이 모색되지 않으면 안된다. 일반적인 해결방법은 계속 개발되어야 하겠지만, 이들은 '통합적 접근방법'의 견지에서 상호 보완적으로 함께 적용되어야 한다. 즉, 이익형량의 방법을 적용하되, 가치서열이론에 따라 기본권을 위계질서화하여 비교형량하여야 하며, 궁극적으로는 규범조화적 해석을 통해 기본권의 최적화를 기해야 할 것이다. 독일연방헌법재판소의 판례들은 이들 방법을 모두 원용하여 기본권의 충돌문제를 해결하고 있는 것을 볼 수 있다.[101]

101) BVerfGE 7, 198 (205, 210).

제 7 절 기본권의 한계와 제한

Ⅰ. 기본권의 제약과 그 유형

1. 기본권 제약의 헌법상 의의

근대 입헌주의적 헌법은 '인간의 존엄과 가치'를 최고의 가치기준으로 하는 기본적 인권의 보장을 그 핵심으로 하고 있으며, 기본권의 불가침성과 국가의 보장의무를 명시적으로 규정하는 것이 일반적이다. 우리나라 헌법도 제10조에서 기본권의 불가침성과 국가의 보장의무를 선언하고 나서 헌법 제37조 제1항에서 기본권의 개방성을 규정하고 있다.

그러나 기본권은 결코 절대적·무제한의 권리는 아니고 일정한 제약을 수반한다. 사회공동체의 한 구성원인 개인은 타인의 자유와 권리를 존중하고 공공의 이익과 사회윤리를 존중하여야 하며, 전체로서의 헌법질서에 적합하도록 활동하여야 한다. 이것은 공동사회의 기초가 되는 공존의 원리, 이른바 '황금율'(golden rule)로서 헌법의 근본규범인 것이다.[102] 즉, 인권은 개인 상호간 또는 개인과 사회 사이에 그 이익의 조화 속에서 보장·실현되어야 한다.

2. 기본권 제약의 유형

오늘날 헌법은 기본권의 한계와 제한에 관하여 일반적으로 명시적 규정을 두고 있는데, 이를 기본권의 '명시적 제약'이라고 부른다. 그러나 헌법상 명문의 규정이 없는 경우에도 기본권의 보장이 절대적인 것은 아니고 불문율에 의해 제약되는 경우가 있는데, 이를 '묵시적 제약'(이른바 내재적 한계)이라고 한다.

헌법이 명시적으로 기본권의 한계를 규정하고 있는 경우에 이것을 '기본권의

102) 이 논리는 자유의 본질에서도 직접 도출된다. 즉, 자유는 절대적·무제한의 것이 아니라 타인의 자유, 사회윤리 내지 헌법질서와 조화되는 범위안에서 인정되는 '합리적 자유'(rational freedom) 또는 '법과 질서 내의 자유'(freedom within law and order)를 의미한다.

헌법적 한계' 또는 '헌법유보'라고 한다.[103] 기본권의 헌법적 한계는 헌법제정권자가 정치적 결단에 의해 스스로 그 한계를 설정하는 것으로 입법권자에 대한 방어적 의의를 가지고 있다. 여기에는 그 제한이 기본권 전체에 적용되는 '일반적 헌법유보'와 구체적인 기본권에 한하여 적용되는 '개별적 헌법유보'가 있다.

헌법이 기본권의 한계를 직접 규정하지 않고 그 제한을 법률에 위임하는 경우에 이것을 '기본권의 법률유보' 또는 헌법간접적 기본권 제약이라고 한다. 기본권의 법률유보는 기본권의 제한이라는 소극적 측면과 함께 기본권의 실현이라는 적극적 측면을 가지고 있다. 여기에는 헌법이 특정한 기본권에 대하여 법률로써 제한할 수 있다고 규정하고 있는 '개별적 법률유보'와 기본권 전반에 관하여 법률로써 제한할 수 있다고 규정하고 있는 '일반적 법률유보'가 있다.

Ⅱ. 기본권 보장의 한계

1. 기본권의 헌법적 한계

(1) 일반적 헌법유보

우리 헌법은 독일기본법(제2조 1항)처럼 기본권의 일반적인 한계를 설정하기 위한 이른바 일반적 헌법유보조항을 두지 않고 있다. 그런데 여기의 타인의 권리, 도덕률과 헌법질서는 인격의 자유발현권에 대한 '헌법직접적 제약'이지 일반적 헌법유보라고는 할 수 없다는 견해가 있다.[104] 이에 대하여 일반적 헌법유보에 관한 명문규정이 없는 경우에 타인의 권리, 도덕질서, 헌법질서 등의 존중은 기본권의 내재적 한계요인이 된다는 견해가 있다.[105] 우리나라 헌법상 일반적 헌법유보조항은 없다는 점에는 이견이 없다.

우리나라 헌법 제8조 제4항에 있어서의 '민주적 기본질서'를 일반적 헌법유보

---

103) 이 명칭은 학자들에 따라 각기 상이하게 사용되고 있다. 김철수 교수는 '헌법직접적 제한'(헌법학개론, 299-300면), 권영성 교수는 '헌법유보' 또는 '헌법직접적 기본권제약'(헌법학원론, 315면), 허영 교수는 '기본권의 헌법적 한계'(한국헌법론, 271면)라고 부른다. 그러나 그 내용에 있어서는 별로 차이가 없으므로 이는 어디까지나 강학상의 문제에 불과한 것이다.

104) 김철수, 헌법학개론, 300면 참조.

105) 권영성, 한국헌법론, 315면.

에 관한 규정으로 이해하려는 입장이 있다.[106] 즉, 헌법 제8조 제4항의 규정을 정당의 자유에만 국한하게 되면 국가보안법은 헌법 제21조와 헌법 제37조 제2항에 위배되므로 이 조항은 기본권 전체에 적용되는 일반적 헌법유보로 보고자 하는 것이다. 그러나 헌법의 해석방법에 의하면, 개별적 헌법유보로 규정된 것을 일반적 헌법유보로 간주하려는 것은 문제가 있다.

(2) 개별적 헌법유보

우리나라 헌법은 일반적 헌법유보에 관한 명문조항을 두지 않으면서 개별적인 기본권에 대한 한계를 설정하기 위한 이른바 '개별적 헌법유보'에 관한 조항을 두고 있다. 첫째, 언론·출판의 자유를 보장하면서 타인의 명예나 권리 또는 공중도덕이나 사회윤리를 침해하지 못하도록 하였다(제21조 4항). 둘째, 재산권을 보장하면서도 그 행사는 공공복리에 적합하도록 규정하였다(제23조 2항). 셋째, 정당설립의 자유를 보장하면서 정당의 목적·조직과 활동이 민주적 기본질서에 위배되지 못하도록 하였다(제8조 4항).

이러한 규정들은 구체적인 기본권의 내용에 관한 헌법적 한계(개별적 헌법유보)를 설정하는 것이다.[107] 헌법적 한계는 주권자인 국민의 전체적 결단에 의해서 헌법이 스스로 규정하고 있는 기본권의 한계를 의미하므로 그 위임에 의해 법률로써 기본권을 제약할 수 있는 법률유보와는 구별되며, 제1차적인 제약원리로서 적용되어야 한다. 여기에 기본권의 헌법적 한계는 입법권자가 법률에 의해 기본권을 제한하는 경우에 그 한계를 명시하는 것으로 주로 입법권자에 대한 방위적 기능을 부여하는 것이다.

2. 기본권의 내재적 한계

(1) 내재적 한계의 의의

양심의 자유, 신앙의 자유, 학문연구의 자유, 예술창작의 자유와 같은 이른바 내심의 자유('절대적 기본권')도 일정한 사항(예컨대, 전염병지역에서의 종교의식의 금

106) 한태연, 헌법학, 903면 주 18).

107) 기본권의 주체에 관한 제약을 우리 헌법은 규정하고 있으나, 이것은 내용상의 한계, 즉 개별적 헌법유보와는 구별하는 것이 바람직하다고 본다(반대설: 허영, 한국헌법론, 272-273면).

지)과 충돌할 때에는 그 제한이 불가피한 경우가 있다. 이와 같이 헌법상 명문규정이 없음에도 불구하고 그 한계를 인정할 때 이를 헌법의 '내재적 한계'라고 한다. 기본권 보장에 있어서 헌법적 한계와 법률유보에 관한 조항이 없다고 해서 절대적인 것은 아니고, 사회공동생활의 유지(공존의 원리)를 위해서는 일정한 경우에 기본권에 대한 제한이 불가피한 것이다.

이 논리는 독일 기본법의 합리적 해석을 위해 안출된 것이다. 즉, 독일 기본법은 개별적 법률유보조항을 두어 기본권을 제한하도록 하고 있는데, 신앙과 양심의 자유, 학문과 예술의 자유 등에 있어서는 이와 같은 개별적 법률유보가 규정되어 있지 아니하기 때문에 법률로써도 제한할 수 없는 '절대적 기본권'으로 간주되어 왔다. 이와 같은 기본권들도 다른 기본권과 충돌할 때에는 공존의 원리에 따라 일정한 제약을 받지 않을 수 없기 때문에 그 제한의 합리화를 위해서 내재적 한계론이 제기된 것이다.

(2) 내재적 한계의 인정법리

오늘날 독일의 학설과 판례는 대체로 기본권의 내재적 한계를 인정하고 있는데, 그 논증방법은 다음과 같이 유형화할 수 있다.[108]

1) 사회공동체유보이론

이 이론은 독일기본법(제2조 1항)이 규정하는 개성신장의 자유에서 타인의 권리의 침해금지와 헌법질서·도덕률의 위배금지 범위 안에서만 인정되는 이른바 3한계이론이 사회공동체의 유지를 위해 다른 기본권에도 내재적 한계로 적용된다는 입장이다.

2) 국가공동체유보이론

이 이론은 모든 기본권은 국가공동체의 존립을 전제로 보장되는 것이므로 국가의 존립 자체를 위태롭게 하는 기본권의 행사는 인정될 수 없다는 입장이다.

3) 개념내재적 한계이론

이 이론은 개별적인 기본권의 개념을 가능한 한 엄격하게 해석함으로써 그 내재적 한계를 인정하려는 입장이다.

---

108) 허영, 한국헌법론, 267-268면 참조.

4) 규범조화적 한계이론

이 이론은 법률유보가 없는 기본권도 타인의 기본권 또는 다른 가치·이익과 충돌하는 경우에는 전체적인 헌법질서에 비추어 일정한 한계를 인정하려는 입장이다.

5) 결 어

국가공동체유보이론은 국가의 자기목적성을 전제로 하고 있고 악용위험성이 많은 것이다.[109] 개념내재적 한계이론은 사실상 개념정의의 문제로서 내재적 한계의 논증방법으로서는 합당치 않다고 본다. 규범조화적 한계이론은 오늘날 독일의 학설과 판례가 일반적으로 취하고 있는 입장이다.[110] 사회계약론 등의 이론에 비추어 볼 때 사회공동체의 유지를 위해 타인의 권리, 헌법질서, 도덕률의 3한계론이 가장 타당하다고 본다.[111] 이들 3한계를 명문으로 규정한 경우에 이것은 어디까지나 내재적 한계를 확인·선언하고 있는 것에 불과하며, 헌법상 명문규정과는 별개의 한계이론인 것이다.[112]

(3) 우리나라 헌법상 내재적 한계문제

우리나라 헌법상 기본권의 한계로서 내재적 한계가 인정될 수 있는가에 관하여는 학설이 갈리고 있다.

1) 조건부 인정설

이 설에 의하면 우리 헌법은 제37조 제2항에서 기본권의 제한에 관한 '일반적 법률유보'를 규정하고 있으므로 원칙적으로 독일기본법상의 그것과 같은 절대적 기본권은 인정하기 어렵고, 따라서 우리 헌법하에서는 현실적으로 내재적 한계의 문제가 제기될 소지가 희박하다고 한다.[113] 다만 신앙·양심의 자유와 같은 이른

---

109) 독일연방헌법재판소는 이미 1975년 이래 이 이론을 포기하였다.

110) 우리나라에서는 허영 교수가 이 입장을 따르고 있다(한국헌법론, 268면).

111) 동지 : 권영성, 헌법학원론, 315면.

112) 허영 교수는 공감대적 가치를 저해하지 않는 범위 내에서 기본권은 보장될 수 있다고 하여 그 한계기준을 동화적 통합이론의 입장에서 열거하고 있다(한국헌법론, 268면).

113) 허영, 한국헌법론, 269면; 김철수, 헌법학개론, 303면.

바 '내심의 자유'는 법률유보에 의한 제한이 성질상 곤란하기 때문에 다른 기본권 내지 헌법적 가치와 충돌하는 경우에 내재적 한계이론을 원용하여 해결할 수 있다고 한다. 또한 기본권의 내재적 한계를 일반화시켜 모든 기본권에 확대·적용하는 것은 일반적 법률유보조항과도 조화되기 어렵고 본질적 내용의 침해금지 조항을 공허케 할 위험성이 있다고 한다.[114]

2) 절대적 인정설

이 설에 의하면 우리 헌법은 제21조 제4항에서 표현의 자유를 보장함에 있어서 타인의 명예나 권리 또는 공중도덕이나 사회윤리를 침해하지 못하도록 함으로써 그 내재적 한계를 규정하였으며, 제8조 제4항도 정당의 목적과 활동이 민주적 기본질서에 위배되지 못하도록 함으로써 그 내재적 한계를 규정한 것이라고 한다.[115] 내재적 한계의 문제는 일반적 법률유보에 의한 제한 이전의 문제로서 오히려 그 이념적 기초를 제공하고 있으며, 기본권 제한의 최종적 한계로 명시되고 있는 본질적 내용의 침해금지를 결코 공허하게 하는 것이 아니라고 한다. 기본권의 보장을 철저히 하기 위해 내재적 한계이론이 기본권을 침해하는 이론적 도구로서 이용되어서는 안되지만, 이 이론은 합리적인 자유의 보장과 나아가 기본권 보장이론의 체계화를 위해 수용되어야 한다는 입장이다.

Ⅲ. 기본권의 제한과 그 한계

1. 법률유보의 헌법적 의의

(1) 법률유보의 의의와 기능

기본권을 제한함에 있어서 헌법이 명문으로 법률로써 기본권을 제한할 수 있도록 위임하는 것을 '법률유보'라고 한다. 즉, 국민의 기본권을 제한하는 경우에는 의회가 제정하는 '법률'에 의해서만 가능하고 다른 국가작용, 특히 행정행위에 의

114) 최대권 교수는 더 나아가 기본권의 제한은 가능한 협소하게 이루어져야 한다는 목적론적 입장에서 헌법내재적 제한이나 일반적 헌법유보에 대하여 반대견해를 밝히고 있다(최대권, "기본권의 제한 및 한계에 관한 연구", 서울대학교 법학 제22권 3호, 1981 참조).

115) 권영성, 헌법학원론, 315면.

해서는 제한할 수 없도록 하는 원리이다. 그 사상적 배경은 영국의 '의회주권'이나 루소(Rousseau)의 '일반의사론' 또는 근대민주국가에 있어서의 '대의제' 등에서 찾아볼 수 있다.

입헌민주국가에 있어서 법률유보는 '입법권에 의한 기본권의 보장'과 '입법부로부터의 기본권의 보장'을 의미한다. 즉, 법률유보는 행정권이나 사법권으로부터 국민의 기본권을 보호하는 순기능을 하고 있지만, 법률에 의한 기본권의 침해가 가능한 역기능을 하고 있다. 따라서 오늘날에는 이와 같은 법률유보조항을 기본권 제한의 헌법적 근거로 보는 동시에 나아가 기본권 제한의 한계를 설정하는 것으로 이해하는 경향이 있다.[116] 그리하여 입법권에 의한 기본권의 침해를 방지하기 위해 ① 입법권을 기본권에 기속시키고, ② 일반적 법률유보를 개별적 법률로 다원화시키며, ③ 본질적 내용의 침해금지 조항을 두어 그 한계를 설정하고, ④ 법률이 기본권을 침해하는 경우에는 위헌법률심사제를 통해 기본권을 보장하는 방법을 채택하고 있다.

(2) 법률유보의 유형

우리나라 헌법 제37조 제2항에 의한 기본권의 법률유보가 전통적으로는 결단주의적 입장에서 기본권의 '제한형식'으로만 이해되어 왔다. 또한 제도적 기본권이론은 법률유보를 기본권의 '실현형식'으로만 간주하고 있다. 오늘날 그 법적 성격을 달리하는 다양한 기본권에 대한 제한을 이와 같이 획일적인 방법에 의해 분류하는 것은 타당하지 않다고 본다. 따라서 제37조 2항의 법률유보가 모든 기본권에 적용된다는 입장에 서게 될 때 그 헌법적 의의는 기본권의 유형에 따라 다르다.

자유권의 경우에는 대체로 법률에 의해 기본권의 내용을 제한할 수 있으며, 본래적 의미의 법률유보는 이를 의미하는 바, 이를 '기본권 제한적 법률유보'라고 한다. 그런데 사회적 기본권은 법률의 제정에 의해 비로소 그 내용이 형성되므로 이를 '기본권 형성적 법률유보'라고 하고, 청구권적 기본권과 정치권적 기본권은 법률에 의해 그 권리의 행사방법과 절차가 구체화되므로 이를 '기본권 구체화적 법률유보'라고 한다.[117] 이와 같은 분류방법은 법률유보의 기능면에서 볼 때 중요

116) 허영, 한국헌법론, 274-276면 참조. 헌법재판소도 이 입장을 취하고 있다. "헌법 제37조 제2항의 규정은 기본권제한입법의 수권규정이지만, 그것은 동시에 기본권제한입법의 한계규정이기도 하기 때문에, 입법부도 수권의 범위를 넘어 자의적인 입법을 할 수 있는 것은 아니다"(헌재 1990. 9. 3. 89헌가95).

한 의미를 가지고 있다.

2. 법률유보에 의한 기본권의 제한

우리나라 헌법은 제37조 제2항에서 법률에 의한 기본권 제한의 일반원칙(이른바 일반적 법률유보조항)을 규정하고 있다.

(1) 기본권 제한의 대상

법률에 의한 제한의 대상이 되는 기본권은 '모든 자유와 권리'이다. 우리 헌법은 예외적으로 개별적 법률유보조항(제12조 1항·제23조 3항)을 두고 있지만, 원칙적으로 일반적 법률유보조항에 의해 모든 기본권은 제약을 받는다.

헌법 제37조 제2항에 있어서 법률의 일반적 유보의 대상이 되는 국민의 '자유와 권리'는 사회적 기본권에 대한 법률의 유보가 그 권리의 형성을 의미하는 절차의 유보를 의미하기 때문에, 이는 오로지 자유권에만 국한된다는 견해가 있다.[118] 그러나 자유권 이외의 기본권에 있어서 법률의 유보가 반드시 권리의 형성만을 의미하는 것은 아니고, 또한 이를 제한하는 경우에도 법치주의원리에 비추어 법률에 의한 제한을 인정해야 하므로 모든 기본권에 적용된다고 보아야 할 것이다.

그러나 기본권 중에서도 양심의 자유, 신앙의 자유, 연구의 자유 등 이른바 내심의 자유는 그 성질상 헌법 제37조 제2항에 의한 제한을 받지 않는다고 보는 것이 일반적이다.

(2) 기본권 제한의 목적

기본권을 제한하는 목적은 국가안전보장, 질서유지, 공공복리인데, 그 개념과 범위 그리고 상호관계가 문제된다.

---

117) 권영성, 헌법학원론, 317면. 이에 대하여 허영 교수는 기본권 실현적 내지 기본권 행사절차적 법률유보와 기본권 보장적 법률유보로 분류하고 이를 묶어서 '기본권 형성적 법률유보'라고 부른다(한국헌법론, 281-282면).

118) 한태연, 헌법학, 905면.

1) 국가안전보장

'국가안전보장'이라 함은 외국의 침략이나 내란 등을 제거·방지하여 국가적 안전과 존립을 유지함을 의미한다. 그런데 이 개념은 다양하게 정의되고 있다.[119)] 국가의 안전보장이란 광의로는 국가의 독립, 영토의 보존, 국가의 정통성의 유지, 헌법의 수호, 국가기관의 보호 등을 포괄하고, 협의로는 국가의 존립보장과 헌법의 기본질서의 유지만을 의미하는 것으로 사용할 수 있다.[120)] 여기서 국가안전보장은 평상시의 국가안전보장을 위해 법률에 의해 기본권을 제한하는 경우를 말하며, 국가가 비상사태에 처하여 있을 때 대통령이 국가긴급권(第76条·第77条)을 발동하여 국민의 기본권을 예외적으로 제한할 수 있는 것과는 구별된다.

국가의 안전보장을 위한 기본권의 제한은 공공복리의 경우와는 달리 소극적 목적을 위해서만 인정되고, 또한 국가안전보장을 위해 필수불가결한 경우에 한하여 허용되어야 한다. 국가의 안전보장을 위한 기본권 제한법률로는 형법(내란의 죄, 외환의 죄 등), 국가보안법, 군사기밀보호법 등이 있다.

2) 질서유지

'질서유지'라 함은 일반 국민이 평온·안전하게 생활을 영위할 수 있는 상태를 유지함을 의미한다. 즉, 현존질서의 교란방지라는 소극적 목적을 가진 소극적 개념이다. 이 개념도 그 의미나 범위에 관하여 학설의 대립이 있다.

생각건대, 질서유지의 개념을 광의로 해석하는 경우에는 민주적 기본질서나 국가의 기본질서도 여기에 포함되지만, 협의로 이를 규정하는 경우에는 헌법질서와 사회질서만이 여기에 포함되고, 민주적 기본질서는 개별적 헌법유보를 의미하며, 국가질서는 국가안전보장에 속한다. 그러나 국가의 안전보장과 질서유지는 이론상 광의의 질서유지에 속하고 또한 동일조항에 규정하고 있어서 이들을 구별할 실익은 크지 않다.

질서유지를 위한 기본권의 제한은 소극적으로 현존질서의 유지를 위한 경우에 국한되어야 하며, 적극적인 복리증진을 위한 경우에는 허용되지 아니한다.[121)] 질

119) 헌재 1992. 2. 25. 89헌가104 – "헌법 제37조 제2항에서 기본권제한의 근거로 제시하고 있는 국가안전보장의 개념은 국가의 존립·헌법의 기본질서의 유지 등을 포함하는 개념으로서 결국 국가의 독립·영토의 보전·헌법과 법률의 기능·헌법에 의하여 설치된 국가기관의 유지 등의 의미로 이해될 수 있을 것이다."

120) 김철수, 헌법학개론, 310면.

서유지를 위한 기본권의 제한 법률로는 형법, 집회 및 시위에 관한 법률, 도로교통법, 윤락행위 등 방지법, 청소년보호법, 소방법, 경범죄처벌법, 경찰관직무집행법 등이 있다.

3) 공공복리

'공공복리'의 개념은 현대 복지국가의 이념을 구현하는 적극적 의미를 가진다고 볼 수 있다. 물론 공공복리 중에는 전염병예방과 같은 소극적 목적을 위한 것도 포함되지만, 현대 복지국가에서는 적극적인 개념을 중시하고 있다. 공공복리는 역사적·이데올로기적 개념으로서 명확하게 정의하기가 곤란하기 때문에 특히 학설의 대립이 심하다.

원래 공공복리의 개념은 근대 초 전제군주의 절대적 권력행사를 정당화하는 절대주의적 개념으로 성립되었다. 그러던 것이 근대 민주국가에서는 개인주의와 자유방임주의의 배경 아래 전제군주국가에서의 공공복리의 개념을 극복함으로써 국민의 기본권이 보장되었다. 그 후 자본주의의 발전단계에서 사회적·경제적 약자인 근로자의 보호를 위해 나타난 것이 공공복리의 개념이었으며, 특히 후진국가에서는 경제적 후진성의 극복과 국민경제의 균형있는 발전도 공공복리를 향상시키기 위한 방법으로 간주되고 있다. 따라서 현대 복지국가에서 공공복리는 사회적 기본권을 보장하고 궁극적으로 사회정의의 실현을 목표로 하는 '사회국가적 공공복리'를 의미한다. 그러나 그 구체적인 내용은 이데올로기와 시간과 장소에 따라 가변적일 수밖에 없다.

현대 민주국가에서는 국민의 자유와 권리의 보장이 원칙이며, 공공복리를 위한 제한은 부득이한 최소한의 경우에만 인정되어야 한다. 이 경우에도 공공복리와 기본권의 조화를 위한 '비례의 원칙'이 엄격히 적용되어야 하며, 이를 위해서는 공공복리의 개념을 가능한 한 엄격하게 해석하여야 한다. 이러한 제한을 받는 국민의 자유와 권리는 성질상 경제적 자유권이 주된 대상이 된다.

공공복리를 위한 제한에 관하여 헌법은 여러 구체적인 규정을 두는 동시에 (예 : 제23조 2항·9장), 이와 관련된 중요한 법률로는 농지법, 농산물가격유지법, 식품위생법, 비료관리법, 산림법, 하천법, 건축법, 국토이용관리법, 도시공원법, 외국환관리법,

121) 현재 일본국헌법은 그 제한기준으로 공공복리만을 규정하고 있기 때문에 질서유지를 공공복리의 개념 속에 포함시키는 것이 통설로 되어 있지만, 우리 헌법은 질서유지와 공공복리를 별개의 기준으로 규정하고 있고 또 이론상으로도 구별하는 것이 타당하므로 이러한 해석방법이 우리나라의 통설이다.

보험업법 등을 들 수 있다.

(3) 기본권 제한의 형식

1) 법 률

기본권의 제한은 원칙적으로 법률에 의해서만 할 수 있다(제37조 2항). 이것은 법치주의 원리의 당연한 요청으로서 바로 이 조항이 우리 헌법에 있어서 법치주의를 명문으로 선언하고 있는 것이다. 여기에서 '법률'이란 원칙적으로 국회의 의결을 거친 형식적 의미의 법률을 뜻한다. 법률에 의한 기본권의 제한은 법률이 국민의 일반의사의 표현이며 자기약속의 이론에 의해 합리화되고 있다. 따라서 기본권의 제한은 법률의 근거나 위임이 없는 명령, 조례나 관습법 등에 의해서 이루어질 수는 없다.

법률에 의한 기본권의 제한을 인정하는 경우에도 그 법률은 일반적이어야 하며,[122] 명확성과 구체성을 가져야 한다. 법률이 "일반적이어야 한다."는 것은 개별사항을 법률로써 정할 수 없다는 것을 의미하는 것으로 입법형식에 의한 행정행위인 '처분적 법률'(Maßnahmegesetz)이나 실질적 재판을 의미하는 '사권박탈법'(bill of attainder)은 원칙적으로 금지된다. 그러나 오늘날 사회국가·복지국가에 있어서 국민의 생존을 구체적·개별적으로 배려하고 비상적 위기상황에 적절히 대처하며 구체적 정의를 실현할 필요성 등으로 인하여 권력분립의 원리를 유명무실화할 정도로 극단적인 구체적·개별적 입법이나 평등의 원칙에 정면으로 반하는 자의적인 경우를 제외한다면, 처분적 법률도 허용되는 것으로 보고 있다.[123] 기본권의 제한법률은 "명확성과 구체성을 가져야 한다."는 원칙은 미국연방헌법의 적법절차조항의 해석상 확립된 것이다. 따라서 기본권의 제한은 법률의 내용이 막연하거나 예측가능하지 못하게 불명확해서는 안된다. 따라서 헌법상 '명확성

---

122) 독일기본법은 제19조에서 이를 명문으로 규정하고 있다.

123) 헌재 1996. 2. 16. 96헌가2, 96헌바7·13(병합) - "…개별사건법률금지의 원칙은 법률제정에 있어서 입법자가 평등원칙을 준수할 것을 요구하는 것이기 때문에, 특정규범이 개별사건법률에 해당한다 하여 곧바로 위헌을 뜻하는 것은 아니다. 비록 특정법률 또는 법률조항이 단지 하나의 사건만을 규율하려고 한다 하더라도 이러한 차별적 규율이 합리적 이유로 정당화될 수 있는 경우에는 합헌적일 수 있다. 따라서 개별사건법률의 위헌 여부는 그 형식만으로 가려지는 것이 아니라, 나아가 평등의 원칙이 추구하는 실질적 내용이 정당한지 아닌지를 따져야 비로소 가려진다. 독일연방헌법재판소도 사회·경제질서를 규율하는 개별사건법률은 가능하다고 판시한 바 있다(BVerfGE 25, 371 (398))."

원칙'에 반하는 경우 그 법률은 위헌이 된다.

2) 조 약

기본권은 또한 국가 간의 조약이나 일반적으로 승인된 국제법규에 의해서도 제한될 수 있다. 국회는 국가나 국민에게 재정적 부담을 지우는 조약 또는 입법사항에 관한 조약의 체결·비준에 대하여는 동의권을 가지고 있으며(제60조), 국회의 동의를 얻은 조약은 국내법과 같은 효력을 가지고 있으므로 당연히 기본권을 제한할 수 있는 것이다. 일반적으로 승인된 국제법규도 국내법과 같은 효력을 가지므로 역시 기본권을 제한할 수 있다. 이와 같은 조약 내지 국제법규가 국민의 기본권을 제한하는 경우에도 국가안전보장, 질서유지, 공공복리를 위하여 필요한 경우에 국한되어야 한다.

(4) 기본권 제한의 정도

1) 필요성

필요성(Erforderlichkeit) 원칙이란 입법목적을 실현하기 위해 필요한 수단이어야지, 필요한 정도를 넘어서 국민의 기본권을 침해하는 정도의 수단은 허용될 수 없다는 원칙이다. 달리 표현하면, 목적을 실현하기 위해 조금이라도 필요한 한도를 넘어서는 수단 또는 목적을 달성하기 위해 다른 수단이 있는 경우는 이 원칙을 위반하는 것이다. 이를 엄격히 해석하면 입법목적을 위한 여러 가지 수단이 존재할 때 그 수단 중에서 가능한 한 '기본권 침해가 적은 수단'을 선택하라는 요청이다.

2) 비교형량의 원칙

비교형량의 원칙은 인권을 보장하는 경우의 이익과 이를 규제하는 경우의 이익을 비교형량함으로써 두 이익간의 균형을 구하고자 하는 것이다. 또한 기본권 상호간(예를 들면, 표현의 자유, 특히 알 권리와 사생활의 비밀 간에) 충돌하는 경우에 이들 이익을 조화시키는 것도 포함된다. 이것은 인권의 보장과 국가질서의 조화를 통해 헌법질서에 있어서 '배분적 정의'를 실현하려는 것이다.[124]

---

124) Rawls는 모든 이익형량의 원리에 대한 대안으로서 '공정성으로서의 정의'(justice as fairness) 원리를 들고 있다. 그는 자유는 자유를 위해서만 제한될 수 있다고 한다.

3) 이중기준의 원칙

이중기준의 원칙은 기본권 중에서 정신적 자유와 경제적 자유를 구별하여 전자가 후자에 우월하여 그 제한기준을 달리해야 한다는 것을 의미한다. 이 견해는 어떤 자유는 민주적 질서에 필수불가결하므로 그들의 보장에 특별한 고려를 해야 한다는 주장에 근거하고 있다. 따라서 정신적 자유, 특히 표현의 자유는 경제적 자유보다 '우월한 지위'(preferred position)에 있으며, 그 제한입법의 합헌성에 관한 기준은 보다 엄격하게 해석되어야 한다고 한다. 표현의 자유에 관한 규제원칙으로 미국 판례들은 사전억제의 금지, 제한사유의 명확성과 합리성의 요구, 상황판단기준으로서 '명백하고 현존하는 위험의 원칙' 등 엄격한 요건을 제시하고 있다. 이에 대하여 경제적 자유에 대한 제한은 '합리성'(reasonableness)만 있으면 가능하다고 본다.

(5) 기본권 제한의 한계

기본권을 법률에 의해 제한하는 경우에도 일정한 한계가 있느냐 여부가 문제된다.

1) 본질적 내용의 침해금지

기본권을 법률로써 제한하는 경우에도 자유와 권리의 '본질적 내용'은 침해될 수 없다(제37조 2항 후단).[125] 기본권의 '본질적 내용의 침해금지'라 함은 법률에 의한 기본권의 침해로 인해 그 자유나 권리가 유명무실할 정도로 침해되는 것을 금지하는 것을 말한다.[126] 그러나 기본권의 본질적 내용이 무엇을 의미하는가에 대해서는 ① 그 기본권의 핵이 되는 실체를 말하고 그 침해로 말미암아 그 권리나 자유가 유명무실해지는 정도의 침해를 말한다는 견해, ② 그 기본권의 존재가치 자체가 의심되는 정도의 제한을 뜻한다는 견해, ③ 질서유지, 공공복리의 필요성과 그를 위한 자유와 권리의 제한의 정도 사이에 비례성원칙이 적용되어야 한다는 견

---

125) 이는 독일기본법 제19조 2항을 모방한 것이다.

126) 헌법 제37조 제2항의 본질적 내용침해금지의 원칙은 "헌법에서 부여한 기본권을 법률로 그 범위를 제한할 수 있으되, 제한하여야 할 현실적인 필요성이 아무리 큰 것이고 또 강조될 것이라 하더라도 기본권을 근본적으로 잃게 하는 본질적 내용을 침해하는 기본권 제한입법은 허용되지 아니함"을 뜻한다(헌재 1991. 7. 22. 89헌가106).

해, ④ 그 기본권의 근본요소만을 포함한다는 견해 등의 대립이 있다. 기본권을 보장하는 근본정신과 기본권의 가치체계의 확립이란 점에 비추어 볼 때, 인간으로서의 존엄과 가치를 훼손하여 자유와 권리를 인정한 보람을 느낄 수 없을 정도로 지나치게 제한하였을 때에는 그 본질적 내용을 침해한 것으로 해석할 수 있다.

2) 내심의 자유에 대한 제한

우리나라 헌법상 모든 기본권은 헌법 제37조 제2항의 일반적 법률유보조항에 의한 제한을 받기 때문에 실정헌법상 '절대적 기본권'이란 개념을 인정하기는 곤란하다. 그러나 양심의 자유, 신앙의 자유, 연구의 자유 등 이른바 내심의 자유는 그 성격상 법률로써도 제한할 수 없다고 하겠다.[127)]

(6) 일반적 법률유보와 개별적 법률유보의 관계

우리나라 헌법은 제37조 제2항의 일반적 법률유보 이외에 구체적인 기본권에 대하여 법률로써 제한할 수 있는 '개별적 법률유보'에 관한 규정을 두고 있다(예 : 제12조 1항 · 제23조 3항). 그리하여 일반적 법률유보와 개별적 법률유보의 관계가 문제되는데, 이들 양자가 법리상으로는 일반법과 특별법의 관계에 있다. 따라서 개별적 법률유보조항이 우선적으로 적용되며, 그 제한의 목적이나 형식에 관한 규정이 없으면 일반적 법률유보조항이 적용되어야 한다.

Ⅳ. 기본권의 예외적 제한

기본권에 대한 제한은 원칙적으로 헌법 제37조 제2항에 의해 법률로써만 가능하나, 비상사태가 발생한 경우에는 그 효율적인 극복을 위하여 비상적 방법에 의한 기본권의 제한이 인정되고 있다. 또한 특수한 신분을 가지고 있는 사람은 일반 국민에 비해 기본권이 더 제한된다.

---

127) 헌재 1990. 8. 27. 89헌가118(재판관 변정수의 반대의견) - "헌법 제37조 제2항에 의거하여 실제로 제한의 대상이 되는 기본권은 성질상 제한이 가능한 기본권에 한한다."

1. 국가긴급권에 의한 기본권의 제한

법률에 의한 기본권 제한의 원칙은 평상시에 적용되는 일반원칙으로서 비상사태하에서는 그 효율적인 극복을 위해 '국가긴급권'이 예외적으로 인정되고 있다. 이것은 한편으로는 비상적 방법에 의한 기본권의 제한을 의미하는 동시에, 다른 한편으로는 국가적 안전과 헌법질서의 유지가 기본권 보장의 전제가 된다는 점에서 기본권 보장의 수단이 될 수 있다는 점도 유의하여야 한다.

(1) 긴급명령과 긴급재정·경제명령에 의한 기본권의 제한

대통령은 헌법 제76조 제1항과 제2항에 의거하여 국가비상사태가 발생한 때에는 긴급명령과 긴급재정·경제명령을 발할 수 있다. 이들은 법률과 같은 효력을 가지고 있으므로 국민의 기본권을 제한할 수 있는데, 법률에 의한 기본권 제한의 중대한 예외가 된다. 그 대상이 되는 기본권이 긴급명령의 경우에는 포괄적이지만, 긴급재정·경제명령의 경우에는 주로 경제적 자유에 국한될 것이다.

긴급명령과 긴급재정·경제명령에 의해 기본권이 제한되는 경우에 어디까지나 그 제한형식을 달리 할 뿐 헌법 제37조 제2항의 제한요건인 내용상 한계와 방법상 한계는 적용되어야 한다.[128] 즉, 그 발동요건은 엄격하게 해석되어야 하고, 그 제한에 있어서도 비례성과 보충성의 원칙이 적용되어야 하며, 자유와 권리의 본질적 내용은 침해할 수 없다. 또한 국회의 사후승인을 받아야 하는 점에서 국회에 일정한 통제권이 부여되어 있다.

(2) 비상계엄에 의한 기본권의 제한

대통령은 헌법 제77조 제1항에 의거하여 전시, 사변 또는 이에 준하는 국가비상사태가 발생한 때에는 법률이 정하는 바에 따라 계엄을 선포할 수 있다. 계엄법상 경비계엄이 선포된 경우에는 예외조치로서 기본권에 대한 제한을 할 수 없으나, 비상계엄이 선포된 경우에는 기본권에 대한 특별조치를 할 수 있다. 즉, 비상계엄이 선포되면 법률이 정하는 바에 따라 영장제도, 언론·출판·집회·결사의

128) 허영, 한국헌법론, 289면.

자유, 정부나 법원의 권한에 관하여 특별한 조치를 할 수 있다(제77조 3항).

계엄법에 의하면, '체포·구금·압수·수색·거주·이전·언론출판·집회결사 또는 단체행동'에 관하여 특별한 조치를 할 수 있도록 규정하고 있다(계엄법 제9조 1항). 나아가 작전상 부득이한 경우에는 국민의 재산을 파괴 또는 소훼할 수 있고, 법률이 정하는 바에 따라 동원·징발할 수 있으며, 필요한 경우에는 군수에 제공할 물품의 조사·등록과 반출금지를 명할 수 있다(동조 2항·3항). 비상계엄이 선포된 경우에는 군인·군무원이 아닌 민간인도 군사법원의 재판을 받게 되며, 군사재판은, 사형선고의 경우를 제외하고는, 일정한 범죄에 한하여 단심제로 할 수 있다(제110조 4항).

비상계엄에 의한 기본권의 제한은 헌법 제77조 제3항이 규정하고 있는 것에 국한되어야 한다. 여기에 헌법 제77조와 계엄법 제9조의 관계가 문제된다. 즉, 계엄법이 규정하고 있는 거주·이전의 자유와 근로자의 단체행동권에 관한 특별한 조치가 헌법위반이 아니냐 하는 문제이다. 합헌설[129)]은 헌법 제77조 제3항은 '예시적 규정'이므로 계엄의 목적을 달성하기 위해 필요한 경우에는 이들 자유를 제한하는 것도 합헌이라고 한다. 이에 대해 위헌설[130)]에서는 이를 '제한적 규정'으로 보고 기본권 보장에 대한 중대한 예외이므로 엄격하게 해석할 때 위헌이라고 한다.

2. 특수신분관계에서 오는 기본권의 제한

특수한 신분을 가진 자들도 일반 국민과 동일한 기본권을 누릴 수 있는가 아니면 법률에 의하지 않고서도 이들의 기본권은 제약될 수 있는가가 기본권의 제한에 있어서 중요한 문제이다. 종래 대륙법계 국가에서는 이른바 '특별권력관계' 하에서는 기본권의 제한이 당연시되어 왔으나, 오늘날에는 이들에 대한 기본권의 보장문제가 점차 중요시되고 있다.

(1) 이른바 '특별권력관계' 이론

1) 개 념

'특별권력관계'(besonderes Gewaltverhältnis)라 함은 특별한 공법상의 목적을 위해 특별한 법률원인에 의하여 성립되고, 그 주체의 포괄적인 지배권에 복종함을 내

---

129) 김철수, 헌법학개론, 329면.

130) 권영성, 헌법학원론, 869면.

용으로 하는 법률관계를 말한다. 원래 헌법상 국민의 권리보장은 국민과 국가의 관계인 일반권력관계에서 적용되는 것이 원칙이다. 그렇지만 특정한 행정목적을 수행하기 위해서는 일반적인 결합관계(국가와 국민간의 관계) 보다는 더 협소하고 강력한 결합관계가 요구된다. 그리하여 특별권력관계에 있어서는 법치주의의 일반원칙의 적용이 배제되고 행정상의 목적을 수행하기 위한 범위 내에서 법률의 근거없이 기본권을 제한할 수 있다고 한다.

특별권력관계의 이론은 대륙법계, 특히 독일에서 특수한 역사적 상황하에서 제기된 것이다. 즉, 18세기 후반의 입헌군주정 아래에서 생성되어 오토 마이어(Otto Mayer)에 이르러 체계화되었다. 19세기의 자유주의적 법치국가에서는 국가의 행정사무의 수행을 위한 관리관계에서 발전을 보았고, 20세기의 복지국가 내지 사회국가에 있어서도 국가의 사업경영을 위해 특히 영조물이용관계에서 발전을 보게 되었다.

2) 법적 성격

특별권력관계의 법적 성질에 관하여는 일반권력관계와의 관계에서 학설 대립이 심하다.

(가) 긍정설

가) 절대적 구별설

이 설에 의하면 특별권력관계는 일반권력관계와는 그 성립의 계기와 지배권의 성질이 다르기 때문에 서로 법질서를 달리하며, 따라서 법치주의원칙은 특별권력관계에는 적용되지 아니한다고 한다.

나) 상대적 구별설

이 설에 의하면 특별권력관계는 일반권력관계와 본질적으로 구별되는 것은 아니고 다만 특별한 행정목적을 위해 필요한 범위 내에서 명령·복종관계가 강화된 데 불과하며, 따라서 특별권력관계에 있어서 법치주의원칙은 제한적으로 적용된다.

(나) 부정설

가) 형식적 부정설

이 설에 의하면 모든 공권력의 발동에 법률의 근거를 요구하는 법치주의 하에서 특별권력관계를 인정할 근거가 없으며, 따라서 공권력의 행사에 있어서도 법치주의원칙은 그대로 적용된다고 한다.

나) 실질적 부정설

이 설은 특별권력관계의 본질을 비권력관계로 보아 이를 사법상의 계약관계로 간주하고 기본권의 제한에는 법치주의원칙에 따라야 한다고 한다.

(다) 결 어

절대적 구별설은 절대군주정하에서 생성된 관료주의적 이론으로 법치주의를 배격하는 점에서 부당하며, 부정설은 비록 기본권의 보장에 주안을 두고 법치주의의 고수를 주장하지만, 그 성질상의 차이를 무시하는 폐단이 있다고 하겠다. 특별권력관계는 특수한 행정목적을 수행하기 위한 범위 내에서 그 독자성은 인정되지만, 전체 법질서에 포섭되는 부분법질서임을 감안할 때 법치주의원리는 그 범위 내에서 제한적으로 적용된다고 보는 것이 합리적일 것이다.

(2) 새로운 이론 – 특수 신분관계 이론

1) 이론적 배경

고전적인 특별권력관계의 이론은 오늘날 국민주권국가에 있어서는 적합하지 않으므로 제2차 세계대전 이후 새로운 이론적 접근이 시도되어 왔다. 종래 특별권력관계란 개념 그 자체가 절대군주정의 산물이므로 이에 대한 거부반응이 있었으며, 특별권력관계에 있는 자들에게도 가능한 한 기본권을 보장해야 한다는 필요성이 강조되고 있다. 기본적으로 특별권력관계와 일반권력관계를 2원화하는 전통적인 방법은 부정되어야 하고, 그들의 기본권 보장의 범위는 그 신분관계의 설정목적, 성질, 종류 등에 따라 결정되어야 한다. 여기에 특별권력관계란 용어 대신에 '특수신분관계'[131]란 개념을 사용하게 되었다.

2) 내 용

헷세(K. Hesse)는 '특수한 신분관계'를 유지하기 위한 기본권의 제한은 규범조화적 해석방법에 의거하여 결정되어야 하는데, 여기에는 특수한 기준과 원리가 적용되는 것은 아니고 기본권의 제한에 관한 일반원칙이 그대로 적용된다고 한다.[132] 따라서 특수한 신분관계에 있어서도 법치주의의 일반원칙이 적용되고 기

131) 헷세(K. Hesse)가 처음 사용한 이래 많은 동조를 얻고 있다.

본권 제한의 한계도 준수되어야 한다고 본다. 또한 울레(Ule)는 특별권력관계를 '기본관계'와 '내부관계'로 나누고, 내부관계에 있어서는 그 신분관계의 특성상 기본권의 제한이 인정되지만, 기본관계에 있어서는 기본권이 일반국민과 동일하게 보장되고 그 침해에 대한 사법적 구제가 허용된다고 한다.[133)]

3) 결 어

오늘날에 와서는 특별권력관계의 특수성을 부인하고, 특수신분관계 하에서의 기본권 제한에 일정한 한계를 설정하며, 기본권 제한의 일반원칙을 가능한 한 적용하려는 경향을 보이고 있다. 즉, 특수한 신분관계에 있는 자의 기본권을 제한하는 경우에도 법률의 근거가 있어야 하며, 그 침해에 대한 사법적 구제가 인정되는 것이다. 여기에 이들에 관한 기본권의 제한은 법치주의원리에 대한 예외가 아니고 법률로써 최소한의 범위에서 이루어져야 한다.

(3) 제한의 방법과 유형

특수 신분관계에 있는 국민은 헌법 또는 법률에 의해 기본권이 제한된다. 그 신분관계가 법규에 의해 강제적으로 성립된 경우(군복무관계, 수형관계 등)에는 헌법에 근거가 있어야 하고, 그 신분관계가 합의에 의해 임의적으로 성립된 경우(공무원의 근무관계, 국·공립학생의 재학관계, 영조물이용관계 등)에는 최소한 법률에 근거가 있어야 한다. 이들 기본권의 제한은 그 신분의 종류에 따라 각기 다르다.

1) 공무원에 대한 제한

공무원은 국민 전체에 대한 봉사자라는 지위 때문에 기본권에 대한 많은 제한이 인정되고 있다. 정치적 활동의 제한, 거주지의 제한, 직업의 제한, 표현의 자유에 대한 제한, 근로권의 제한 등이 그것이다. 그러나 이들 제한은 공무원의 근무관계의 목적달성을 위하여 필요한 최소한에 그쳐야 하며, 그 범위는 기본권의 종류에 따라 구체적으로 결정되어야 할 것이다.

---

132) 헷세(K. Hesse)의 이론에 관하여는 허영, 헌법과 헌법이론, 434면 이하 참조.

133) 허영, 헌법이론과 헌법, 433-434면 참조.

2) 수형자에 대한 제한

수형자는 교도소에 특별히 격리·수용되고 있기 때문에 기본권이 가장 광범하게 제한되고 있다. 인신의 자유에 대한 제한, 거주·이전에 대한 제한, 직업선택의 제한, 통신의 자유에 대한 제한, 집회·결사에 대한 제한, 재산권의 제한, 참정권에 대한 제한 등이 그것이다. 비록 수형자의 기본권에 대한 제한이 그 성질상 광범하게 인정되고 있지만, 양심의 자유(제19조), 종교의 자유(제20조) 등 내심의 자유, 청원권(제26조, 행형법 제6조), 교육권(제31조, 동법 제32조)이 부분적으로 인정되며, 특히 생존권(동법 제5장·제6장)과 인간으로서의 존엄과 가치(제10조)는 보장되어야 한다.

3) 군인에 대한 제한

군인은 국방의 목적을 위해 상당한 기본권의 제한이 인정되고 있다. 거주·이전의 제한(제14조), 직업선택의 제한(제15조), 통신의 제한(제18조), 표현의 자유에 대한 제한(제21조), 재판청구권의 제한(제27조 2항·제110조), 국가배상에 있어서 이중배상의 금지(제29조 2항) 등이 그것이다. 그러나 군인의 경우에도 종교와 양심의 자유(제19조·제20조), 참정권(제24조·제25조) 등은 물론 인간으로서의 존엄과 가치(제10조)를 최소한 보장하여야 한다.

4) 국·공립학교의 학생

국·공립대학 당국의 학생에 대한 지배권은 기숙사 생활의 강제, 집회의 금지, 연극관람의 제한, 기타 규칙의 준수를 명할 수 있지만, 대학교육의 본연의 목적에 비추어 가능한 한 학생들의 자율에 일임하는 것이 요망된다.[134)]

5) 국·공립도서관의 이용 등

영조물 이용관계에 있어서는 복무규정 등을 준수하여야 하지만, 그 제한의 범위는 극히 적어 기본권의 제한과 관련하여 별로 문제되지 아니할 것이다.

---

134) "공법상의 사단, 재단 등의 공법인, 국립대학교와 같은 영조물 등의 작용도 헌법소원의 대상이 된다."(헌재 2013. 5. 30. 2009헌마514, 판례집 25-1, 337, 343) 반면, 국립대학법인 서울대학교는 법인이다.

(4) 사법(司法)적 구제가능성 문제

특수한 신분관계에 있는 국민이 특별권력의 발동으로 기본권이 침해된 경우에 사법절차에 의한 권리구제가 인정되느냐에 관하여는 학설이 대립되고 있다.

1) 부정설

이 설에 의하면 원래 사법심사제도는 일반권력관계 하에서 법질서를 유지하기 위해 인정되는 것이므로 특별권력관계에서는 적용될 수 없으며, 또한 그로 인해 특별권력관계에 있어서 당사자간의 신뢰관계를 훼손할 가능성이 있으므로 이를 부인하는 입장이다(절대적 구별설).

2) 부분적 인정설

이 설에 의하면 특별권력관계하의 행위를 내부행위와 외부행위로 구분하고, 내부행위는 특별권력관계의 내부에서 해결되어야 하며, 외부행위만이 사법심사의 대상이 될 수 있다고 하는 입장이다(상대적 구별설).

3) 인정설

이 설에 의하면 권리구제의 대상이 인정되는가의 여부는 구체적 행위의 내용에 따라 결정될 성질의 것이며, 일반권력관계에서와 동일한 요건이 갖추어지면 모든 특별권력관계의 행위가 사법심사의 대상이 된다는 입장이다.

4) 결 어

특수한 신분관계에 있는 국민에 있어서 그 내부적 직무수행을 규율하기 위한 지배행위의 당부는 그 내부에서 해결되어야 하며, 따라서 사법심사의 대상이 되지 않는다(예: 공무원에 대한 징계처분). 그러나 국가기관에 대하여 일정한 권리를 가지는 지위에서는 그 지배행위의 불법을 이유로 사법심사를 청구할 수 있다. 국민의 권리보장을 위해서 가능한 한 특수한 신분관계에서도 기본권의 제한은 축소되고 또한 사법심사의 범위는 널리 인정될 것이 요망된다.

제 8 절 기본권의 침해와 구제

Ⅰ. 기본권의 침해유형과 구제제도

입헌주의 헌법은 기본권의 보장을 필수불가결의 요소로 하고 있지만, 이를 보장할 수 있는 제도적 장치가 마련되지 않으면 그 실효성을 담보할 수 없다. 따라서 헌법은 기본권의 침해에 대한 사전적인 예방조치와 사후의 구제방법을 제도화하고 있다.

1. 기본권의 침해유형

기본권이 국가권력에 의해 침해되는 유형은 누가 어떻게 침해하느냐에 따라 다양하다. 기본권은 원래 '국민 대 국가'의 관계에서 성립된 관계로 기본적으로 국가기관에 의해 침해되는 것이 일반적이다. 이러한 침해는 입법기관, 행정기관과 사법기관에 의한 것으로 분류할 수 있지만, 현실적으로는 행정기관에 의한 침해가 가장 많고 그 구제방법이 가장 중요하다. 또한 일반 사인이나 사회적 세력에 의한 침해의 경우에 이른바 '기본권의 제3자적 효력'의 문제가 제기된다.

2. 기본권 침해의 구제제도

기본권의 침해에 대한 구제방법은 침해의 주체와 방법에 따라 각기 다르다. 우리 헌법은 기본권 침해에 대한 구제수단으로 청원권(제26조), 재판청구권(제27조), 형사보상청구권(제28조), 국가배상청구권(제29조), 행정쟁송제도(제107조 3항), 위헌법령심사제도(제107조·제111조)와 헌법소원제도(제111조 1항 5호) 등을 두고 있다. 그러나 권리구제의 제도적 담보는 사법적 구제이며, 헌법재판소에 대한 헌법소원은 최종적인 권리구제방법인 것이다. 이와 같은 제도적 장치에 의해서도 권리구제가 불가능한 경우에는 법리상 초법적인 방법으로서 사회운동과 비상적 방법인 시민불복종, 저항권 등을 강구할 수 있다.

Ⅱ. 입법기관에 의한 침해와 구제

입법기관은 법률유보에 의한 입법을 통해 기본권을 구체화하는 기능을 수행하지만, 또한 입법에 의해 적극적으로 기본권을 침해하거나, 입법을 하지 않거나 불완전한 입법에 의해 소극적으로 기본권을 침해할 수 있다.

1. 적극적 입법에 의한 기본권의 침해와 구제

입법권도 기본권에 기속되며, 따라서 기본권을 침해하는 입법이 행하여지면 그 법률은 위헌이 된다. 입법권자는 '입법형성의 자유'를 가지고 있고 법률은 원칙적으로 '합헌성의 추정'을 받고 있다. 그러나 입법권의 한계를 넘어선 입법을 하는 경우에는 그 효력을 인정할 수 없다. 기본권을 침해한 법률에 대하여서는 그 폐지 또는 개정을 국회에 청원하는 방법이 인정되어 있다. 그러나 입법에 의해 구체적으로 기본권이 침해된 경우에는 헌법재판(위헌법률심사제)에 의해 구제받을 수 있다. 우리 헌법은 법률이 헌법에 위반되는 여부가 재판의 전제가 된 경우(구체적 규범통제)에 법원의 제청에 의해 헌법재판소가 심판하도록 하고 있다(제107조·제111조 1항 1호). 또한 입법에 의해 기본권이 직접적으로 침해된 경우에는 헌법소원을 헌법재판소에 제기할 수 있다(제111조 1항 5호). 위헌심사의 결과 위헌결정이 나게 되면 그 법률은 효력을 상실하게 되고, 헌법소원에 대한 인용결정이 있게 되면 침해된 기본권은 구제를 받는다.[135)]

2. 입법부작위에 의한 기본권의 침해와 구제

입법권자가 입법을 하지 아니함으로써(이른바 '입법부작위') 기본권을 침해하는 경우가 있다. 이러한 경우는 기본권을 구체화하기 위해 적극적 입법이 요구되는 기본권에서 일어난다. 입법부작위에 의한 기본권의 침해는 일정한 경우에 위헌이

---

135) 적극적 입법에 의한 기본권의 침해를 방지하거나 책임을 묻는 제도에는 국회의원소환제, 국민요구에 의한 국회해산제, 국민발안제, 국민투표에 의한 법률제정 등이 있으나, 우리나라에서는 채택되지 않고 있다.

되며, 의회에 대한 입법의 청원이나 선거에서의 정치적 책임을 추궁하는 방법이 있다. 문제는 입법부작위에 의한 기본권의 침해에 대하여 재판에 의한 구제가 인정될 수 있느냐이다.

청구권적 기본권과 정치적 기본권은 직접 효력을 발생하고, 그 법률유보는 단지 헌법상 기본권의 구체화를 의미하므로 입법부작위는 곧 위헌이 된다. 그런데 사회적 기본권에 있어서는 그 법률유보가 이른바 '기본권형성적 법률유보'를 의미하므로 입법부작위에 의한 기본권의 침해에 대하여 사법적 구제방법(입법의무이행소송과 부작위위헌확인소송)이 인정될 수 있는가가 문제되고 있다. 이에 관하여는 사회적 기본권의 법적 성격을 어떻게 보느냐에 따라 학설이 대립된다. 프로그램적 규정설에 의하면, 사회적 기본권은 국가의 도덕적 의무를 규정한 데 불과하므로 입법부작위에 의한 침해에 대하여 재판에 의한 구제방법은 인정되지 않는다. 그런데 추상적 권리설은 사회적 기본권이 법적 권리로서 재판규범성은 가지고 있으나, 재판절차에 따라 법률의 제정을 촉구하거나 충분한 내용으로 그 개정을 소구하는 것은 불가능하다고 한다(다수설). 그 이유는 권력분립의 원칙과 사법권의 한계성에서 찾고 있다. 구체적 권리설에 따르면, 사회적 기본권 조항을 직접적인 근거로 구체적인 급부의 판결을 소구할 수는 없지만, 입법부작위로 인한 기본권의 침해시에는 헌법재판소가 입법부작위위헌확인결정과 입법촉구결정을 할 수 있다고 본다(불완전한 구체적 권리설).[136]

우리나라 헌법은 최종적인 권리구제제도로서 헌법소원을 채택하고 있고, 헌법재판소법(제68조)은 공권력의 불행사로 인한 기본권의 침해에 대하여 헌법소원을 제기할 수 있도록 하였다. 따라서 입법의 부작위에 의한 기본권의 침해가 발생한 경우에는 헌법소원을 통해 권리구제를 받을 수 있다. 다만, 우리나라 헌법재판소는 ① 헌법에서 기본권 보장을 위해 법령에 명시적인 위임입법을 한 경우와 ② 헌법해석상 구체적인 기본권이 보장되어 이를 위한 국가의 작위의무 내지 보호의무가 있는 경우에 아무런 입법조치를 하지 않게 되면 헌법재판소가 이를 관할할 수 있도록 그 재판관할권을 제한적으로 해석하고 있다.[137] 즉, 헌법소원의 대상은 아무런 입법을 하지 아니한 '진정입법부작위'에 국한되고 있다. 입법부작위에 대한 헌법소원의 인용결정이 나오면 국회는 이에 따른 입법을 하여야 한다.

---

136) 권영성, 헌법학원론, 332-333면.
137) 헌재 1989. 3. 17. 88헌마1.

Ⅲ. 행정기관에 의한 침해와 구제

기본권의 침해는 일반적으로 법의 집행과정, 그 중에서도 국민에게 직접적으로 통치권을 행사하는 행정기관에 의해 일어난다. 그 침해유형은 ① 기본권을 침해하는 법령(위헌법령)을 적용하는 경우, ② 법령의 해석·적용을 잘못하는 경우(적용위헌), ③ 법률에 위반되는 권력행사를 하는 경우, ④ 헌법이나 법률을 집행하지 아니하는 경우(행정부작위) 등이 있다.

1. 행정기관에 의한 구제방법

행정기관에 의한 기본권의 침해에 대하여 관계공무원의 해임 등을 청원할 수 있고, 또한 행정기관이 헌법이나 법률을 집행하지 않음으로써 기본권이 침해된 경우에도 청원권을 행사할 수 있다(제26조). 공무원의 직무상 불법행위로 인하여 손해를 입은 국민은 법률이 정하는 바에 따라 국가나 공공단체에 손해배상을 청구할 수 있다(제29조). 불법으로 체포 또는 구속을 당한 형사피의자가 법률이 정하는 불기소처분을 받거나 형사피고인으로서 구금되었던 자가 무죄판결을 받은 때에는 법률이 정하는 바에 따라 국가에 대하여 정당한 형사보상을 청구할 수 있다(제28조). 행정기관, 특히 수사기관에 의해 인신의 자유가 침해된 때에는 적법절차상의 기본권[138]을 행사함으로써 이를 보호받을 수 있다.

행정기관의 위법·부당한 처분으로 인해 권익을 침해당한 자는 행정기관에 대하여 그 시정을 요구하는 '행정심판'을 제기할 수 있다. 우리나라 헌법은 재판의 전심절차로서 행정심판제도를 채택하고 있으며, 그 공정성과 실효성을 확보하기 위해 사법절차를 준용하도록 하고 있다(제107조 3항). 행정심판에는 ① 행정청의 위법 또는 부당한 처분을 취소·변경하는 취소심판, ② 행정청의 처분의 효력 유무 또는 존재 여부에 대한 확인을 하는 무효 등 확인심판, ③ 행정청의 위법 또는 부당한 거부처분이나 부작위에 대한 일정한 처분을 하도록 하는 의무이행심판 등이 있

138) 예컨대, 불리한 진술거부권(제12조 2항), 영장제시요구권(동조 3항), 변호인의 조력을 받을 권리(동조 4항), 체포·구속의 이유를 알 권리(동조 5항), 구속적부심사청구권(동조 6항), 정당한 재판청구권(제27조 1항), 신속한 공개재판을 받을 권리(동조 3항) 등을 들 수 있다.

다. 그러나 행정심판청구가 있은 날로부터 60일이 경과하여도 재결이 없는 때, 처분의 집행 또는 절차의 속행으로 생길 중대한 손해를 예방하여야 할 긴급한 필요가 있는 때, 법령의 규정에 의한 행정심판기관이 의결 또는 재결을 하지 못할 사유가 있는 때, 그 밖의 정당한 사유가 있는 때에는 행정심판을 거치지 아니하고 직접 취소소송을 제기할 수 있다.

사후적 권리구제의 방법은 비경제적이고 완전한 회복을 기대하기 어려우므로 권리보장의 실효를 거두기 위해서는 사전적 권리구제의 방법이 강구되어야 하는데, 이것이 이른바 '행정절차'이다. 행정절차를 규제하기 위한 일반적 입법으로서 '행정절차법'을 제정·공포되었다. 행정절차법은 행정의 공정성·투명성 및 신뢰성을 확보하기 위하여 국민의 행정참여를 도모하기 위한 청문, 공청회, 의견제출, 행정상 입법예고, 행정예고, 행정지도 등의 제도를 채택하였다.

2. 국민권익위원회에 의한 구제방법

우리나라 헌법은 권리구제제도로서 옴부즈만(Ombudsman)제도는 채택하지 않고 있다. '국민권익위원회'[139]를 설치하여 고충민원의 처리와 이에 관련된 불합리한 행정제도를 개선하고, 부패의 발생을 예방하며 부패행위를 효율적으로 규제함으로써 국민의 기본적 권익을 보호하고 행정의 적정성을 확보하며 청렴한 공직 및 사회풍토의 확립에 이바지하고자 하였다. 이를 위해 「부패방지 및 국민권익위원회의 설치와 운영에 관한 법률」을 제정하였다. 「부패방지 및 국민권익위원회의 설치와 운영에 관한 법률」 제32조(시민고충처리위원회의 설치) 제1항에서는 "지방자치단체 및 그 소속 기관에 관한 고충민원의 처리와 행정제도의 개선 등을 위하여 각 지방자치단체에 시민고충처리위원회를 둘 수 있다."고 규정하고 있다.

3. 사법기관에 의한 구제방법

행정법상의 법률관계에 행정법규를 적용하는 데 분쟁이 발생한 경우에는 법원이 재판절차에 따라 그 분쟁을 해결할 수 있는 '행정소송'을 제기할 수 있다. 이것은 행정기관에 의한 기본권 침해에 대한 사법적 구제수단으로서 가장 효과적이

139) http://www.acrc.go.kr/acrc/index.do

고 최종적인 것이다. 헌법은 행정재판의 전심절차로서 행정심판을 채택할 수 있도록 하고 있다(행정심판전치주의)(제107조 3항). 행정청의 부작위에 대한 행정소송이 가능하냐의 문제가 있지만, 이를 인정하지 않는 것이 우리나라의 통설·판례의 입장이다. 행정소송법에서는 집행기관에 대한 의무이행소송은 권력분립의 원칙상 인정하지 않고 있으나, 부작위위법확인소송은 인정하고 있다(동법 제4조 3호). 그리고 그 인용판결이 확정되면 당해 관청은 당초의 신청에 대한 처분을 하여야 하므로 현실적으로 의무이행소송의 효과를 어느 정도 거둘 수 있다.

행정기관이 발하는 명령·규칙이 기본권을 침해하는 경우에는 헌법이나 법률에 위반되는가의 여부가 재판의 전제가 된 때(구체적 규범통제)에 법원은 이를 심사할 수 있으며(제107조 2항), 그 결정은 당해 사건에서 그 명령·규칙의 적용을 거부하는 데 그친다(개별적 효력). 또한 행정기관의 위헌적인 행정처분에 의해 기본권이 침해된 경우에는 최종적으로 헌법소원을 헌법재판소에 제소하여 그 심판을 통해 구제받을 수 있다(제111조 1항 5호).

Ⅳ. 사법기관에 의한 침해와 구제

사법기관에 의한 기본권의 침해는 드문 일이지만, 주로 위헌법률의 적용, 법령의 적용위헌, 사실인정의 오류 등 오판에 의해 일어나며, 재판의 지연, 형사피고인의 유죄인취급 등 형사절차상의 기본권을 침해한 경우가 이에 해당한다.

1. 법원의 침해에 대한 구제방법

법원이 기본권을 침해한 경우에는 항소·상고 등의 상소와 재심·비상상고 등의 구제수단이 있다. 형사피고인으로서 구금되었던 자가 무죄판결을 받은 때에는 형사보상청구권(제28조)을 행사할 수 있다. 재판을 제외한 법원의 기본권 침해에 대하여서는 헌법소원에 의한 구제를 청구할 수 있다. 법관이 그 직무수행에 있어서 헌법이나 법률을 위반하여 기본권을 침해한 경우에는 국회의 탄핵소추와 헌법재판소의 탄핵심판에 의해 구제할 수 있다(제65조·제111조 1항 2호).

2. 헌법재판소의 침해에 대한 구제방법

헌법재판소가 오판에 의해 기본권을 침해한 경우에는 그 최종적인 헌법해석권자로서의 지위 때문에 이를 구제하기 위한 제도적 장치는 없으며, 다만 초법적인 방법으로서 시민불복종과 저항권을 생각할 수 있다. 그러나 법치주의의 제도적 기능을 확립하기 위해서는 헌법재판소의 독립성을 훼손할 수 있는 권리행사는 자제되어야 할 것이다.

V. 기본권의 초법적 구제방법

기본권이 침해된 경우에 헌법상의 제도적 방법을 모두 시도하였으나 그 구제가 이루어지지 아니한 때에는 최후의 수단으로서 초법적 방법을 사용하지 않을 수 없을 것이다.

1. 시민권 운동

헌법상의 권리장전과 제도적 장치만으로는 최종적으로 기본권의 보장을 실현할 수 없으며, 그 궁극적인 담보는 국민들의 헌법의식에 달려 있는 것이다.[140] 현재의 권리구제제도는 사후적이고 개별적이며 비경제적이기 때문에 실효적인 권리구제방법으로서는 일정한 한계가 있다. 그리하여 국민들의 자유정신의 발현으로 집단적인 의사·실력에 의해 인권보장을 실현하려는 방법이 시민권 운동(civil rights movement)이다.[141]

'국가인권위원회'를 설립하여 모든 개인이 가지는 불가침의 기본적 인권을 보호하고 그 수준을 향상시킴으로써 인간으로서의 존엄과 가치를 실현하고 민주적 기본질서의 확립에 이바지함을 목적으로 하였다. 인권상황이 구조적으로 반인권적이고 그 침해대상이 다수 국민에 해당하며 그 침해정도가 제도적으로 구제받을 수 없는 경우에는 사회운동을 통해 그 해결을 시도해야 할 것이다. 집단적인 힘

140) Hand, The Spirit of Liberty, p. 190.
141) 이에 관한 상세한 내용은 윤명선, "사회운동과 인권", 245-272면 참조.

을 배경으로 국가기관에 인권의 보장을 요구하면 그 반응으로서 정치적 타협과 사회적 개혁을 통해 인권상황은 개선되게 된다.

2. 시민불복종과 저항권

국민의 권리가 침해된 경우에 그 구제를 위한 최종적인 방법으로서 이른바 '시민불복종'과 '저항권'이 인정되느냐가 문제된다. '저항권'은 위헌적인 권력행사에 의하여 국민의 기본권이 총체적으로 침해되는 경우에 최후의 비상수단으로서 국가권력에 대하여 실력으로써 저항하는 일종의 긴급권을 말한다.

그런데 국가기관에 의한 기본권의 침해는 단순한 개별적 침해로부터 출발하여 궁극적으로는 총체적 침해에 이르게 된다. 따라서 주권자인 국민은 기본권의 효율적인 보장을 위해 최종적으로 저항권을 행사하지 않으면 안 될 단계에 이르기 전에 일상적으로 권력행사를 감시할 필요가 있다. 그리하여 부정한 법이나 정책이 산출되어 기본권을 침해하는 경우에는 '시민불복종'을 통해 이를 구제받을 수 있다.[142] 시민불복종은 다원적인 현대국가에서 이해관계를 조정하는 기능을 수행하고 또한 저항권 행사로 인한 희생을 최소화할 수 있는 이점이 있다. 영미법계 국가에서 전개되고 있는 시민불복종과 대륙법계 국가에서 보편화되고 있는 저항권이론을 계열화시켜 시민불복종을 전단계로, 저항권을 후단계로 행사하는 것이 순리적일 것이다. 궁극적으로 이들 방법이 성공할 수 있느냐의 여부는 국민들의 헌법의식에 달려 있다고 하겠다.

142) 이에 관한 상세한 내용은 윤명선, "시민적 불복종", 월간고시, 1990. 12. 참조.

제 2 장 포괄적 기본권

제 1 절 생명권

Ⅰ. 생명권의 연혁·입법례

1. 연 혁

생명권의 사상적 기초는 신학 또는 윤리학에서 찾아볼 수 있다. 기독교에서는 인간의 생명이란 창조주에 의해 직접 빚어진 신성불가침의 것으로 누구라도 어떤 이유에 의해서든 침해할 수 없는 절대적 가치를 가진다고 한다. 인본주의사상에서도, 그것이 종교적이든 비종교적이든 간에, 생명은 인간의 존엄성의 본질을 이루는 것으로 최고의 가치를 의미한다고 한다. 생명권은 이와 같은 사상적 기초 위에서 근대국가에서 가장 중요한 '자연권'으로 관념되었다.

2. 입법례

'생명에 대한 권리'는 당연한 기본권임에도 불구하고 그 실정화는 극히 최근에 이루어졌다. 생명권이 최초로 선언된 것은 1776년의 미국 독립선언서였다. 그러나 이것이 헌법상 보장된 것은 제2차 세계대전 이후의 일이다. 일본국헌법 제13조는 "생명, 자유 및 행복추구에 대한 국민의 권리에 관하여는 공공의 복지에 반하지 아니하는 한 입법 기타 국정에 있어서 최대한도로 존중됨을 요한다."고 규정하고 있다. 또한 독일 기본법 제2조 제2항 1문은 "누구든지 생명과 신체의 불가침에 관한 권리를 가진다."고 규정하고, 나아가 독일 기본법 제102조는 사형제도 그 자체를 폐지하고 있다. 생명권은 오히려 세계인권선언, 제노사이드(Genocide) 금지협정, 유럽인권협정, 인간의 시민적·정치적 권리에 관한 협약 등 국제법규에서 더 잘 보장되고 있다.

Ⅱ. 생명권의 헌법상 의의

생명권은 모든 인권의 출발점인 동시에 귀착점이기도 하다. 생명에 대한 보장 없이는 인간의 존엄성을 생각할 수 없으며, 구체적인 기본권의 보장도 무의미하게 된다. 이와 같이 생명권은 모든 인권보장의 대전제가 되고 생명이란 최고의 가치를 보장하는 권리이다.

1. 생명의 개념

생명권의 대상인 '생명'의 개념은 접근방법에 따라 다르게 파악되고 있다. 제1설은 생명을 순수한 자연적 개념으로 파악하고 인간의 육체적 존재형식, 즉, 생존(Lebendigsein)을 의미한다고 한다. 언제 생명이 있는가는 의학적 내지 생리학적 인식방법에 의해 판단되어야 한다고 본다.[143] 제2설은 생명이 자연현상의 일부인 점은 인정하면서도 자연과학적이고 의학적인 개념을 기초로 하여 법적인 관점에서 그 내용이 정해지는 법적 개념으로 정의하고자 한다.[144] 여기에 생명의 시기와 종기도 법적으로 파악되어야 한다는 것이다.

인간의 생명은 인간 존엄[145]의 필수불가결한 기초가 된다.[146] 인간은 생명이 유지되는 동안 인간 존엄이 부여된다.[147] 인간 생명은 유일하고 그 어떠한 것과

143) 권영성, 헌법학원론, 368면; 김철수, 헌법학개론, 363면.

144) 허영, 한국헌법론, 335면.

145) 인간의 존엄 개념에 관하여는 이부하, "인간의 존엄 개념에 관한 헌법이론적 고찰", 「성균관법학」 제26권 제2호, 2014. 6, 1면 이하.

146) BVerfGE 39, 1 (42).

147) 인간생명체(수정란, 배아)에게 생명권은 인정되나, 존엄권을 부정하는 입장에 의하면, 인간생명체의 경우에는 생명권과 존엄권의 향유시기가 달라질 수 있다(김학성, "생명을 둘러싼 헌법적 문제 (상) - 특히 생명권의 주체와 시기를 중심으로 -", 「강원법학」 제43권, 2014. 10, 171면). 인간의 경우에도 '관계이론(인정이론)'에 의하면, 인간의 존엄은 사회적 존중권의 긍정적인 평가에 의한 사회적 인정에 있다(이부하, "인간의 존엄 개념에 관한 헌법이론적 고찰", 「성균관법학」 제26권 제2호, 2014. 6, 13면). 예를 들면, 관계이론에 입각하면, 사자(死

도 대체할 수 없다. 생명을 침해하게 되면, 인간은 사망에 이른다. 생명권 제한은 곧바로 생명의 박탈로 이어지게 된다.[148] 생명은 다시 되살릴 수 없는 불소생성을 지니고 있기 때문에, 생명의 가치는 절대적이다.[149]

생명권을 일종의 헌법상의 권리로서 파악하고자 할 경우에 그 보장내용은 규범적으로 인식되지 않으면 안된다. 따라서 '생명'의 개념은 일차적으로는 자연과학적 내지 의학적 지식과 방법에 의해 파악하되, 그 내용은 법적 관점에서 규정되지 않으면 안된다. 이 때에 비로소 생명권에 의해 보장된 이른바 '보호가치 있는 생명'의 범위가 규범적으로 정하여진다.

2. 생명권의 법적 성격

(1) 헌법적 근거

우리나라 헌법에는 생명권에 관한 명문의 규정이 없으나, 학자들은 해석을 통해 이것을 '헌법상의 권리'로 인정하고 있다.[150] 그러나 생명권의 헌법적 근거에 관하여는 견해가 대립되고 있다.

제1설은 그 근거를 헌법 제10조의 '인간의 존엄과 가치'에서 구하고 있다. 즉, 생명에의 권리는 인간의 본질적 가치에 속하므로 생명의 박탈은 곧 인간의 존엄을 침해하는 것이라고 한다.

제2설은 그 근거를 헌법 제12조 제1항의 '신체의 자유'에서 찾고 있다. 즉, 생명권이 신체의 자유의 육체적 기초가 되므로 생명권은 신체의 안전 및 자율과 함께 신체의 자유에 포함된다고 한다.

제3설은 헌법 제10조의 인간의 존엄과 헌법 제12조 제1항의 신체의 자유에서 그 근거를 구하고 있다. 즉, 생명권의 보장은 1차적으로는 인격적 존재로서 인간의 존엄성을 규정한 헌법 제10조에서 찾고, 2차적으로는 육체적 존재로서 신체의

者)의 경우, 생명권과 존엄권의 종기가 달라질 수 있다(정문식, "독일에서의 인간의 존엄과 생명권의 관계", 「공법학연구」 제7권 제2호, 2006. 6, 283면).

148) 김학성, "생명을 둘러싼 헌법적 문제(상) - 특히 생명권의 주체와 시기를 중심으로 -", 「강원법학」 제43권, 2014. 10, 169면; 김민우, "생명권에 관한 헌법적 논의", 「법학논고」 제42집, 2013. 5, 14면.

149) E. Iliadou, Forschungsfreiheit und Embryonenschutz, 1999, S. 168-170; 이부하, "인간의 존엄에 관한 논의와 개별적 문제로의 적용", 「헌법학연구」 제15권 제2호, 2009. 6, 386면.

150) 우리나라의 판례도 생명권을 헌법상의 권리로서 인정하고 있다(대판 1967. 9. 19. 67도988).

자유를 규정한 헌법 제12조 제1항에서 구한다.

제4설은 헌법 제37조 제1항의 '헌법상 열거되지 아니한 권리'에서 그 근거를 찾고 있다. 즉, 생명권이 인간의 존엄과 가치를 누리기 위한 당연한 권리로서 헌법 제37조 제1항을 매개로 하여 구체적 권리로서 인정된다고 한다.

생각건대, 인간의 존엄성과 신체의 자유는 '생명'을 전제로 하지만, 그 반대로 생명권 자체가 이들 조항에 의해 보장된다는 논리는 너무나 전도된 논리가 아닐 수 없다. 생명권이야말로 모든 기본권의 전제가 되는 전국가적·초국가적인 자연권이다.[151] 따라서 생명권은 굳이 그 헌법적 근거를 제시한다면 헌법 제37조 제1항의 '헌법상 열거되지 아니한 권리'에 의해 구체적 권리로 인정된다고 해석하는 것이 보다 합리적일 것이다.[152]

(2) 이중적 성격

헌법상 명문규정이 없는 경우에도 생명권은 헌법 제37조 제1항의 '헌법상 열거되지 아니한 권리'에 의해 확인됨으로써 헌법상의 권리가 되며, 개인을 위한 '주관적 공권'의 성격을 가지고 있다. 또한 오늘날에는 생명권도 국가의 모든 법질서에 적용되는 '객관적 가치질서'로서의 성격을 가지는 것으로 해석되고 있다.[153] 따라서 생명권에 있어서도 주관적 공권과 객관적 질서라는 '양면성'(이중적 성격)이 강조되는 것이다.

생명권은 천부의 권리로서 신성불가침한 것으로 간주되기 때문에 인간은 자기의 생명을 처분할 권리가 있는 것이 아니라 오히려 보호할 의무가 있다. 또한 공존의 원리를 실현하기 위해 타인의 생명을 존중할 의무를 가지고 있다. 여기에 생명권은 또한 권리인 동시에 의무라는 이중적 성격을 가지고 있다 하겠다.

---

151) 헌재 1996. 11. 28. 95헌바1(형법 제250조 등 헌법소원심판사건) - "인간의 생명은 고귀하고, 이 세상에서 무엇과도 바꿀 수 없는 존엄한 인간존재의 근원이다. 이러한 생명에 대한 권리는 비록 헌법에 명문의 규정이 없다 하더라도 인간의 생존본능과 존재목적에 바탕을 둔 선험적이고 자연법적인 권리로서 헌법에 규정된 모든 기본권의 전제로서 기능하는 기본권 중의 기본권이라 할 것이다."

152) 헌법재판소는 헌법 제12조 1항과 제110조 4항에서 간접적으로 규정되어 있다고 보고 있다(헌재 1996. 11. 28. 95헌바1).

153) 허영, 한국헌법론, 225-227면 참조.

(3) 절대적 기본권성 여부

생명권의 가장 중요한 법적 성격은 과연 그것이 '절대적 권리'인가 여부에 있다. 만일 생명권이 절대적 권리라고 한다면 어떤 경우에도 생명에 대한 침해가 인정되어서는 아니될 것이다. 기본권은 하나의 가치질서를 형성하고 있으며, 그 위계에 있어서 생명권은 최고단계에 있는 기본권이다. 자유, 재산 등의 가치는 그 하위단계에 있으며, 따라서 한 객체에 대한 관계에서 생명권은 '최고의 권리'를 의미한다. 즉, 생명권은 다른 어느 기본권보다 우월한 가치를 가지며, 최대한 보장되어야 한다.

그러나 타인의 생명을 부정하거나 둘 이상의 생명이 충돌하는 경우에 이들 생명도 절대적으로 보호를 받을 수 있는가? 사회나 국가는 기본적으로 '공존의 원리' 위에서 존립·기능하고 있으며, 이를 부정하게 되면 공동사회는 성립·기능할 수 없게 된다. 또한 둘 이상의 생명이 충돌하는 경우에 어느 생명을 보호할 것인가는 '이익형량'을 통해 결정할 수밖에 없다. 이와 같은 경우에 생명권은 결코 절대적 권리로서 볼 수 없고, 일종의 '상대적 성격'을 가지고 있는 것이다. 따라서 법률유보에 의한 침해가능성(예를 들면, 사형제도)이 헌법이론상 인정되지 않으면 안된다.[154]

Ⅲ. 주 체

1. 자연인

생명권의 주체는 생명을 가진 '자연인'으로서의 국민뿐이며, 법인은 성질상 생명권을 누릴 수 없다. 그러나 생명권은 그 본질에 있어서 '인간의 권리'를 의미하기 때문에 외국인도 그 주체가 될 수 있다. 여기서 문제가 되는 것은 '생존가치 없는 생명'이 인정될 수 있는가이다. 생명 그 자체는 신성불가침한 것이므로 누구도 생명의 가치를 부정할 수는 없다. 유전병환자, 식물인간 등 가족이나 국가에

---

154) Alan Gewirth, "Are There Any Absolute Rights?", Gerwith, *Human Rights* (*ed.*) (The Univ. of Chicago Press, 1982), pp. 218-233.

부담을 주는 인간도 생명권을 향유하며, 이른바 '생존가치 없는 생명'이란 관념은 인정될 수 없다.

2. 생명의 시기

생명권을 누릴 수 있는 기간, 즉, 생명의 시기와 종기는 자연현상으로서의 생명을 기초로 하여 법적 관점에서 정해져야 한다. 헌법학에서는 폭넓게 생명권을 보장하기 위해 생명의 시기를 '수태'(Konzeption)로 보는 것이 일반적 견해이다. 따라서 태아도 생명권의 주체가 된다. 그러나 독일연방헌법재판소의 한 판례[155]에 의하면, 생명이 어느 한 순간에 완성된다는 견해를 배격하고 태아는 수태 후 14일 정도를 걸려 '착상'되는 때로부터 완전한 형태를 가진 유기체가 된다고 한다. 따라서 생명권의 보호는 원칙적으로 수태시에 시작되지만 늦어도 착상시에는 완전한 형태로 이루어져야 한다고 본다.[156]

3. 생명의 종기

생명의 종기에 관하여는 의학적으로 학설이 나뉘고 있다. 즉, 사망의 시기를 세포기능의 정지로 보느냐, 호흡 또는 맥박의 정지로 보느냐, 또는 뇌기능의 정지

155) BVerfGE 39, 1ff (36f).

156) 형법상 낙태죄의 규정은 태아의 생명권에 대한 형사법적 보호라고 할 수 있다. 그렇다면 모자보건법(제14조)이 허용하는 인공임신중절은 태아의 생명권에 대한 침해로서 위헌이 되는가의 문제가 제기된다. 그러나 출생후 '완전한 형태의 생명'을 누리는 자연인의 경우와는 달리 아직은 '불완전한' 형태의 생명을 누리는 태아의 생명권은 '사물의 본성'(Natur der Sache)상 달리 취급될 수 있는 것이다. 자연인의 생명보호의 논리를 일관하게 되면 낙태는 모체의 생명을 구하기 위한 경우에만 예외적으로 인정되어야 할 것이다. 그렇지만 태아의 생명권은 의학적, 우생학적, 윤리적 이유에서 이들 법익과 형량하여 그 보호 여부를 결정한다 하더라도 곧 위헌이 된다고는 볼 수 없는 것이다. 그 기준은 모체의 생명을 위태롭게 하거나 태아나 모체의 신체적·정신적 고통으로 '인간의 존엄성'을 해칠 가능성이 확실할 때에는 낙태를 허용하는 것이 타당하다고 본다. 다만 태아의 생명권의 보호라는 입장에서 모자보건법상의 예외규정은 엄격하게 해석·적용되어야 할 것이다. 낙태를 형사처벌하지 않는 세계적 경향, 모성의 자기결정권에 의한 낙태의 허용, 낙태죄 규정이 현실적으로 적용되지 않는다는 실효성 등을 고려하여 그 폐지론도 유력하게 주장되고 있지만, 현재로서는 범죄예방적 효과를 고려하여 형법의 낙태금지조항을 존치시키되, 입법론적으로는 특별법의 제정을 통해 합리적으로 규정함으로써 태아의 생명권의 보호와 현실적인 실효성 보장의 조화를 기해야 할 것이다.

로 보느냐에 따라 세포사설, 호흡·맥박종지설, 뇌사설 등이 있다. 실제로는 입장에 따라 사망시기의 차이가 있으며, 그로 인해 법적 문제가 일어나기 때문에 생명의 종기를 결정하는 문제는 중요하다. 세포사의 경우는 그 기능정지의 시점을 결정하는 것이 곤란하므로 실제로 그 주창자가 없는 형편이다. 호흡·맥박종지설이 종래 통설이었으며, 뇌사설보다 생명을 장기로 인식하고 있기 때문에 생명권을 보호한다는 입장에서 더 충실하다고 할 수 있다.[157] 그러나 최근 의학계에서 주장하고 있는 것처럼 뇌사설이 보다 사망의 합리적 기준이 되고 또한 장기이식수술 등의 실용적 가치를 고려해 볼 때 이 입장이 적극적으로 검토될 단계에 와 있다고 하겠다.

Ⅳ. 내 용

1. 대국가적 방어권

생명권은 국가가 개인의 생명을 침해하는 것을 배제해 주도록 청구할 수 있는 권리를 그 내용으로 한다. 따라서 국가가 개인의 생명을 침탈하거나 단축시키는 것은 위헌이며, 사형제도는 타인의 생명을 부정하는 경우에만 허용되어야 한다.[158] 여기에서 생명권은 그 본질상 '대국가적 방어권'으로서의 성격을 가진다. 헌법상 생명권 보장은 국가에게 국민의 생명이 침해되지 않도록 보장할 의무를 지운다.

---

157) '안락사'라 함은 의사가 '고통이 없는 방법'으로 환자의 생명을 단축시키는 것을 말한다. 여기에는 의사가 적극적으로 생명을 단축시키는 '적극적 안락사'와 소극적으로 생명을 연장시킬 수 있는 조치를 하지 않음으로써 사망을 결과하는 '소극적 안락사'가 있다. 안락사는 의학적으로 회생가능성이 전혀 없으며 생명의 연장이 극도의 고통만을 주는 경우에 성립된다. 현재로서는 안락사가 인간의 생명권을 침해하기 때문에 허용되지 않고 있다.
그런데 최근에는 환자가 인간답게 죽을 권리, 이른바 '존엄사'의 문제가 심각하게 논의되고 있다. 실제로 회생가능성이 없고 고통만이 따르는 환자의 경우에 생명의 연장이 오히려 비인도적일 수도 있다. 이와 같은 경우에 '엄격한 조건'하에서 존엄성을 갖고 죽을 수 있는 권리, 이른바 연명치료거부권을 인정하자는 견해가 점차 확산되고 있다. 이에 대하여 카톨릭계와 도덕주의자들은 안락사에 반대하고 있다. 안락사는 곧 합법적인 살인으로서 이를 허용하게 되면 합법적 살인의 '남용'이 많아질 것으로 우려한다. 물론 안락사를 허용할 경우에 많은 부작용이 일어나겠지만, 존엄사의 문제는 신중하게 검토되어야 할 것이다.

158) 이에 관하여는 윤명선, "생명권의 법리", 월간고시, 1991. 12, 63-66면 참조.

2. 대사인적 기본권보호청구권

전통적으로 국민의 생명권 침해는 국가에 의해 행해졌다. 그런데 점점 사인인 제3자에 의해 사인인 국민의 생명권에 대해 가해나 가해의 위험이 발생하는 상황이 잦아졌다. 이러한 상황에서 국가는 제3자인 사인이 국민의 생명에 대한 가해를 방지할 의무를 지게 된다. 즉, 국가는 개인의 생명·건강 등 보호법익에 대한 가해, 가해의 위험 또는 위험 야기를 방지할 국가의 '기본권보호의무'를 진다. 즉, 개인의 생명·건강 등 기본권 보호법익에 대한 국가의 보호는 국가의 의무이자 과제이다.[159] 이에 상응하게 사인에 의한 생명권 침해에 대해서 국민은 국가에 대한 '기본권보호청구권'을 가진다.

3. 생명의 처분권 문제

생명권에 있어서도 자신의 권리를 포기할 수 있는 이른바 '처분권'이 허용되는가 또는 타인에게 자신의 생명에 관한 처분권을 위임하는 것이 허용되는가의 문제가 제기된다. 생명권은 신성불가침의 기본권이므로 권리인 동시에 의무의 성격을 가지고 있다. 따라서 생명권의 포기－이른바 '죽을 권리'(right to die)－는 원칙적으로 인정되지 아니한다. 즉, 자신의 생명을 포기하는 자살이나 타인에게 자신의 생명에 관한 처분권을 위임하는 촉탁·승낙에 의한 살인과 자살방조 등은 허용되지 아니한다. 생명권에 관한 '자기결정권'(Selbstbestimmungsrecht)[160]은 '존엄사'에 관한 문제이다.

---

159) 이부하, "헌법국가에서 국민의 안전보장", 「한독사회과학논총」 제21권 제1호, 2011. 3, 168면.

160) 인간의 존엄과 가치 및 행복추구권에는 자기결정권이 포함된다는 견해가 있다(김철수, 헌법학개론, 364면). 자기결정권이란 '인격적 자율권'으로서 오늘날 많은 구체적 기본권의 내용으로 인정되고 있다. 이를테면, 성적 자기결정권, 정보에 대한 자기결정권, 외관에 대한 자기결정권 등이 점차 판례를 통해 인정되고 있다. 그러나 생명권에 있어서는, 현재 존엄사의 문제가 검토되고 있지만, 원칙적으로 자기결정권이 인정되지 않는다.

V. 한 계

1. 법률유보에 의한 제한

생명권이 헌법 제37조 제2항의 일반적 법률유보조항에 의해 제한될 수 있는가에 관하여[161] 그 법적 성격과 논리구조에 따라 학설이 대립되고 있다.

제1설은 생명권의 제한은 곧 생명의 박탈을 의미하므로 절대적 기본권인 생명권은 헌법 제37조 제2항의 일반적 법률유보조항에 의해서 제한될 수 없다고 한다. 따라서 이 입장에서는 사형제도는 위헌이라고 한다.

제2설은 생명권은 헌법 제37조 제2항의 일반적 법률유보조항에 의해 제한될 수 있으나, 그 본질적 내용은 법률로써도 침해할 수 없다고 한다. 그런데 사형제도는 생명권의 본질적 내용을 침해하는 것이므로 위헌이라고 한다.[162]

제3설은 생명권도 절대적 권리일 수 없기 때문에 헌법 제37조 제2항의 일반적 법률유보조항에 의한 제한이 가능하며, 사형제도 그 자체는 합헌이라고 한다. 다만 사형제도는 다른 생명을 부정하는 불법행위에 대한 징벌로써만 인정될 수 있다는 견해가 지배적이다.

생각건대, 생명권이 한 객체에 있어서는 최고의 권리를 의미하지만, 다른 주체와의 관계에서는 공존의 원리에 따라 절대적 권리성을 인정할 수 없다. 즉, 다른 생명을 부정하거나 둘 이상의 생명이 충돌하는 경우에는 한 생명권을 제한하지 않을 수 없다. 따라서 생명권도 헌법 제37조 제2항의 일반적 법률유보조항에 의한 제한이 인정되며, 사형제도 그 자체는 합헌이라고 하겠다.

---

161) 헌재 2010. 2. 25. 2008헌가23, 판례집 22-1상, 36, 57 : 생명권 역시 그 제한을 정당화할 수 있는 예외적 상황 하에서는 헌법상 그 제한이 허용되는 기본권인 점 및 생명권 제한구조의 특수성을 고려한다면, 생명권 제한이 정당화될 수 있는 예외적인 경우에는 생명권의 박탈이 초래된다 하더라도 곧바로 기본권의 본질적인 내용을 침해하는 것이라 볼 수는 없다. 따라서 사형이 비례의 원칙에 따라 최소한 동등한 가치가 있는 다른 생명 또는 그에 못지아니한 공공의 이익을 보호하기 위한 불가피성이 충족되는 예외적인 경우에만 적용됨으로써 생명권의 제한이 정당화될 수 있는 경우에는, 그것이 비록 생명권의 박탈을 초래하는 형벌이라 하더라도 이를 두고 곧바로 생명권이라는 기본권의 본질적인 내용을 침해하는 것이라 볼 수는 없다.

162) 김철수, 헌법학개론, 371면.

2. 비례성원칙

사형이 다른 형벌에 비해 반드시 더 효과적이라고 볼 수 없기 때문에 사형은 '과도한 형벌'이라는 형사정책적 이유에서 반대하는 입장이 있다. 그러나 사형제도 그 자체는 형사정책상의 문제가 아니라 가치철학에 의해 그 본질이 규명되어야 한다. 따라서 생명권의 법률에 의한 제한형식으로서의 사형은 합헌이다. 다만 생명권의 제한은 다른 생명을 침해하는 경우와 둘 이상의 생명이 충돌하여 어느 생명을 구출해야 할지 비교형량하지 않을 수 없는 경우에만 '비례성원칙'에 따라 제한할 수 있다.

생명권은 생명이라는 '최고의 가치'를 보호하기 위한 기본권이므로 신체, 자유, 재산 등 그 하위에 있는 가치를 보장·실현하기 위해 생명권을 제한할 수는 없다. 따라서 사형을 과할 수 있는 범죄는 살인에 국한되어야 한다.[163)]

3. 제한의 형식

생명권의 제한은 법률에 의해서만 가능하며, 명령 등에 의한 제한은 금지된다. 그 법률은 일반적이고 명확하여야 하며, 이른바 처분적 법률에 의한 생명권의 제한은 인정되지 아니한다. 사형의 집행방법에 있어서도 비인간적이고 잔혹한 경우에는 인간의 존엄성을 침해하므로 위헌이라는 견해가 있다.[164)] 생명권을 제한하는 경우에도 그 본질적 내용을 침해할 수 없다고 많은 학자들이 주장하지만, 사형제도 그 자체는 생명권의 본질적 내용의 침해를 전제로 하는 것이다. 따라서 비례의 원칙과 평등의 원칙에 위배되는 사형규정과 적용만이 위헌이라고 하겠다.

---

163) 이를테면, 정치범 또는 경제범에 대한 사형 부과는 비례의 원칙에 위반되므로 위헌이 된다.

164) 우리나라 형법 제66조는 그 방법으로 교수형을 규정하고 있고, 군형법 제3조는 총살형을 규정하고 있는데, 이들 방법이 위헌이라는 입장은 없는 것 같다.

제 2 절 인간의 존엄권과 행복추구권

Ⅰ. 인간의 존엄권의 연혁 및 입법례

1. 연 혁

인간이 사상적으로는 윤리적 개체인 이성적 동물(즉, 하나의 인격체)로 인식되어 왔다. 그러나 인류의 역사는 반인도적이고 비문명적인 처사를 자행해 왔다. 고대의 노예제도나 중세의 봉건제도·신정체제하에서 인간은 인격체로서 인정되지 아니하였다. 근대에 들어와서 계몽주의·인본주의·합리주의의 영향을 받아 인간의 존엄성은 불가양의 자연권으로 고창되기에 이르렀다. 그리하여 근대헌법은 인간의 존엄과 가치를 실현하기 위하여 자유권을 보장하고 있다.

제1차 세계대전 이후에는 독일의 나치즘, 이태리의 파시즘, 일본의 군국주의 등의 전체주의와 소련을 중심으로 한 사회주의는 개인의 존엄과 인간의 가치를 무시하는 비인간적인 대량학살·강제노동·테러·고문·인체실험·국외추방 등을 자행하였다. 그리하여 오늘날 입헌민주국가들은 이들로부터 인간의 존엄성을 보장함으로써 민주주의를 수호하고 기본권 보장의 가치지표를 설정하기 위한 방도로써 헌법상 특히 인간의 존엄과 가치를 규정하게 되었다.

2. 입법례

2차 세계대전 이후에 채택된 헌법들은 인간의 존엄성을 보장하기 위해 이를 실정화되었다. 무엇보다도 전체주의의 쓰라린 경험을 한 독일, 이태리, 일본 등이 우선적으로 이 입장을 취하였다. 독일 기본법 제1조 제1항은 “인간의 존엄성은 불가침이다. 이를 존중하고 보호하는 것이 모든 국가권력의 책무이다.”라고 규정하고 있으며, 이탈리아 헌법 제2조와 일본국 헌법 제13조 제1항도 인간의 존엄성이 불가침의 권리임을 선언하고 있다. 최근에 새로이 제정된 헌법들은 일반적으로 이와 같은 인간의 존엄권 조항을 채택하고 있다.165) 또한 기본적 인권의 국제화 경향에 따라 UN헌장을 비롯한 각종 인권규약이 인간의 존엄성에 관한 선언적 규정을 두고 있다.166)

우리나라 헌법도 이러한 입법례에 따라 제3공화국 헌법은 제2장 '국민의 권리와 의무'의 모두에서 인간의 존엄과 가치를 규정하였고, 제5공화국 헌법은 '행복을 추구할 권리'를 추가·보장하기에 이르렀다. 행복의 추구가 인류생활의 철학적 지표로 등장한 것은 벤담(Bentham)의 공리주의에 의해서였으며, 1776년의 버지니아 권리장전과 미국의 독립선언서에서 행복추구권이 인간의 불가침의 권리인 자연권으로 선언되었다. 실정헌법에서 이를 명문으로 선언한 예는 거의 없지만, 일본국 헌법 제13조는 이를 명문으로 규정하고 있다.

Ⅱ. 인간의 존엄과 가치의 헌법상 의의

1. 헌법상 의의

헌법 제10조는 "모든 국민은 인간으로서의 존엄과 가치를 가지며, 행복을 추구할 권리를 가진다. 국가는 개인이 가지는 불가침의 기본적 인권을 확인하고 이를 보장할 의무를 진다."고 규정하여 국민의 인간으로서의 존엄과 가치, 행복을 추구할 권리 및 국가의 기본적 인권의 보장의무를 규정하고 있다. 이 규정은 그 위치나 내용에 있어서 원칙적으로 기본권보장의 가치지표를 설정하는 것이다. 그런데 인간의 존엄성은 개인과 국가의 관계에 따라 달리 규정되므로 국가의 기본성격과 그 주체로서의 인간상을 규정하는 것이다. 여기에 헌법 제10조는 헌법질서 전체에 걸친 최고의 구성원리로서의 성격을 가지며, 기본적 인권의 이념적 기초를 이

165) 1975년의 스웨덴헌법(제2조 1항), 그리스헌법(제2조), 1976년의 폴튜갈헌법(제1조), 1978년의 스페인헌법(제10조 1항) 등이 그것이다.

166) UN헌장 전문은 "…인간의 존엄과 가치…를 확인한다"고 선언하고, 세계인권선언 제1조도 "모든 인간은 출생하면서부터 자유이며 존엄과 권리에 있어서 평등하다"고 규정하고 있다. 또한 유럽공동체의 인권협정 제2조-제4조는 '생존에의 권리', '비인도적 행위의 금지', '강제노동의 금지', '노예제도의 금지' 등 인간의 존엄성 보장을 위한 보다 구체적인 조항을 두고 있다. 국제인권규약 A규약과 B규약도 그 전문에서 이를 선언하고 있으며, 이 밖에도 1949년의 '전쟁부상자 보호에 관한 제네바 협정,' 1948년의 'Genocide 금지협정' 등이 있다.

룬다. 또한 헌법의 개별조항에서도 근로조건(제32조 3항)이나 혼인과 가족생활(제36조 1항)에 있어서 개인의 존엄성 보장을 구체화하고 있다.

2. 인간의 존엄의 주체

인간의 존엄의 주체는 그 본질상 자연인인 인간이다. 그러므로 국민뿐만 아니라, 외국인도 포함한다. 그러나 법인이나 법인격없는 단체는 주체가 될 수 없다.[167] 또한 태아는 생명권의 주체가 될 수 있다. 사망으로 인간의 존엄성은 자동적으로 소멸되는 것이 아니라, 지속효를 지닌다.[168] 따라서 사자(死者)의 경우, 사자의 인간의 존엄성을 보호해야 할 국가의 의무가 발생하며 사자와 그 가족관계 관련하에서 사후에도 인정된다고 할 것이다.[169]

3. 인간의 존엄의 근거

(1) 인간의 존엄의 근거에 관한 학설

인간의 존엄성 근거에 관해 '기독교적 관점'과 '철학적 관점'으로 나뉘어 설명된다. '기독교적 관점'에서는 모든 인간은 신(神)의 모상(imago Dei)[170]을 닮은 형태로 창조되었기에, 인간은 그 자체만으로 존엄성을 지닌다고 한다. 그 반면 '철학적 관점'에서는 인간의 존엄성의 근거를 '인간의 자율성'에서 찾는다. 이에는 관계이론(의사소통이론; Kommunikationstheorie), 은사이론(지참금이론; Mitgifttheorie), 성과이론(Leistungstheorie)으로 나뉜다.

"관계이론(의사소통이론)"은 인간의 존엄은 상호 서로간의 사회적 평가와 존중에 의해 인정된다고 하는 이론이다. 인간의 존엄을 '존재'상태로가 아니라, '관계' 또는 '의사소통'의 개념으로 이해한다. 인간의 존엄은 구체적인 사회적 관계의 전제조건이자 결과물이다.[171] 즉, 인간의 존엄은 사회적 존중의 긍정적 평가를 통한

---

167) Sachs, Verfassungsrecht Ⅱ－Grundrechte, S. 177 Rn. 27.

168) BVerfGE 30, 173(194); W. Höfling, in: Sachs, Art. 1 Rn. 53 ff.

169) Vgl. BVerfGE 30, 173(194).

170) 토마스 아퀴나스는「신학대전」에서 인간을 신의 모상(모습, imago dei)으로 강조하였다.

171) H. Hofmann, Die versprochene Menschenwürde, AöR 118(1993), S. 353(371).

사회적 인정에 의해 형성된다.[172] 결국 인간의 존엄은 개인에 대한 인간성의 범주로서 정의된다.

"은사이론"은 기독교적 자연법사상 또는 칸트(I. Kant)의 철학을 바탕으로 한 것으로[173], 인간의 존엄은 창조자인 신에 의해 또는 자연에 의해 부여받은 것이라고 하며, 이 견해는 독일 기본법 제1조 제1항을 제정시 인간의 존엄에 관한 기본입장이 되었다.[174] 이 이론은 인간의 존엄을 인간의 창조자인 신 또는 자연이 인간을 세상에 보낼 때, 인간에게 지참금으로 소지하여 보낸 개인주의적 특성 또는 고유성으로 이해한다. 칸트의 견해에 의하면, 인간의 윤리적 자유의지에 기초한 도덕성으로 말미암아 인간은 다른 것으로 대체할 수 없는 절대적 가치인 존엄성을 지닌다는 것이다.[175]

"성과이론"은 루만(N. Luhmann)이 주장하는 견해로[176], 개개인이 자신의 정체성 형성(Identitätsbildung)을 위한 과정에서 이루어 낸 성과(Leistung)를 인간의 존엄의 근거로 본다.[177] 성과이론은 독자적인 창조작으로서 인간의 주관성의 특수성을 강조한다. 즉, 개인은 자신의 독자적인 자기확정적인 행위에 의거하여 자신의 존엄을 가진다. 인간은 선천적으로 타고난 인간의 존엄을 인식하는 것이 아니라, 인간의 삶 또는 사회적 생존을 위한 전제조건으로서 인간의 존엄을 파악한 것이다. 루만(N. Luhmann)에 주장에 의하면, 인간의 존엄과 자유의 보호는 개별적인 인간이 자신의 사회적 행위들을 인격적인 행위들의 총합(synthese)에 일치시키기 위해 필요한 형성여지를 만든다고 한다.[178]

(2) 학설의 평가

루만의 성과이론은 어느 하나의 철학적 전통에 기속되어 그 법적 근거를 부여하는 것이 아니라는 점과 인간의 존엄을 정체성 형성을 가능케하는 헌법상 여러 다른 근본결단들(법치국가원리와 사회국가원리, 평등권, 자유권)과 연결시켰다는 점에

172) H. Hofmann, Die versprochene Menschenwürde, S. 353(364).

173) Vgl. W. Graf Vitzthum, Menschenwürde als Verfassungsbegriff, JZ 1985, S. 201(205 f.); Chr. Starck, in: v. Mangoldt/Klein, Art. 1 Abs. 1 Rn. 3, 5.

174) Vgl. Matz, JöR 1 n.F.(1951), S. 48 ff.

175) I. Kant, Grundlegung zur Metaphysik der Sitten, S. 79 ff.

176) Niklas Luhmann, Grundrechte als Institution, 1965, S. 53 ff.

177) Niklas Luhmann, Grundrechte als Institution, S. 68 ff.; Podlech, AK, Art. 1 Abs. 1 Rn. 11.

178) Niklas Luhmann, Grundrechte als Institution, S. 53.

서 장점이 있다.[179] 또한 개인의 존엄성을 형성하는 주체는 개인 스스로에 의해서라는 것을 명확히 하는데 의의가 있다. 그러나 성과이론은 개인이 행위무능력자이거나 의사무능력자이기에 정체성 형성을 할 능력이 없는 경우에는 그 해결책을 찾을 수 없다. 이에 반해 은사이론은 이러한 부류의 사람을 동등하게 인간으로서 존중하도록 요구하고 있다.[180]

또한 관계이론은 인간의 특정한 상태를 인간의 존엄의 근거로 파악하는데, 인간의 존엄의 근거는 인간의 특정한 상태(Zustand)에서 찾을 수 있는 것이 아니라, '인간 그 자체'에서 구해야 한다. 또한 은사이론은 실정적인 개념규정을 포기하고 그 대신 각각의 침해과정에 초점을 맞추고 있다. 금기의 한계로서 인간의 존엄성의 사회적 기능만을 설명하고 있다. 이러한 관점의 변화는 해석론적으로 보호영역의 문제로부터 보호영역의 제한(침입: Eingriff) 문제로 이행하게 했다.[181]

4. 인간의 존엄의 내용과 전제조건

(1) 인간의 존엄의 내용

인간의 존엄권은 제한할 수 없는 절대적 기본권이라면, 이러한 절대적 기본권의 보호영역은 되도록 엄격하고 협소하게 해석해야 할 것이다.[182] 그리고 인간의 존엄성 조항이 헌법개정한계조항이라는 점에서도 그 보호영역을 협의로 해석하도록 하는 측면이기도 하다.[183]

또한 인간의 존엄을 침해하였는가를 판단하기 위해서는 인간의 존엄의 보호영역이 무엇인가를 확정해야 하는데, 인간의 존엄성의 보호영역은 무엇이 인간의 존엄인가를 적극적으로 확정하기 어렵기에, 반대로 어떠한 경우에 인간의 존엄이 침해되는가를 소극적으로 인식하여 그 보장영역을 이해할 수밖에 없다. 즉, 기본권의 보호영역과 기본권의 제한이라는 심사구조를 지니지 않고, 어떠한 경우에 인간

179) Podlech, AK, Art. 1 Abs. 1, Rn. 17 ff.

180) Pieroth/Schlink, Grundrechte－Staatsrecht Ⅱ, Rn. 355, 356.

181) W. Höfling, in: Sachs, Art. 1 Rn. 15 a.E.; Pieroth/Schlink, Grundrechte－Staatsrecht Ⅱ, Rn. 358.

182) Kunig, in: Münch/Kunig, GG, Art. 1 Rn. 22 f.; Jarass/Pieroth, GG, Art. 1 Rn. 5; W. Höfling, Die Unantastbarkeit der Menschenwürde, JuS 1995, S. 860.

183) Dreier, Grundgesetzkommentar, 2004, Art. 1 Rn. 41; W. Höfling, Die Unantastbarkeit der Menschenwürde, S. 860.

의 존엄이 침해될 수 있는가의 확인을 통해 기본권의 보호영역이 확정된다.[184)]

인간의 존엄이란 "인간의 책임능력있는 인격"[185)]이라는 의미인데, 인간의 존엄이라는 개념이 절대적인 것이 아니고, 구체적 상황에 따라 상대성이 있는 개념이다. 인간의 존엄성의 중요한 내용은 "인간을 객체로 취급해서는 안된다."는 '객체공식'(Objektformel)으로 요약될 수 있다. 즉, 인간이 자신의 주체성을 근본적으로 의심하게 될 정도로 취급될 때, 자의적인 국가행위로 인해 국가권력의 객체로 전락했을 때 인간의 존엄이 침해된다는 것이다. 이러한 객체공식(Objektformel)이란 인간은 '객체'로 또는 '대체할 수 있는 대상'으로, 또는 '단지 수단'으로 경시되어서는 안된다는 공식이다.[186)] 즉, 인간 존재의 절대적 핵심영역의 제한이 불가하다는 표현이다.

(2) 인간의 존엄의 중요한 조건

인간의 존엄에 대해 역사적으로 특별한 위험을 경험한 것을 고려하여 인간의 존엄의 존재를 위한 중요한 조건으로는 ① 본질적인 요소로서 법적 평등, ② 신체적·정신적 정체성과 불가침성(완전성), ③ 개인적·사회적 생활의 실질적 보장을 들 수 있다.[187)]

1) 본질적인 요소로서 법적 평등

인간의 평등은 자유를 실현할 수 있는 기회의 평등을 말한다. 따라서 자유권의 보장과 더불어 자유를 행사할 기회의 평등을 보장하는 법적 평등권은 인간의 존엄을 실현하기 위한 중요 요소이다. 만약 법적 평등이 침해받게 되면, 평등권 위반이 될 뿐만 아니라, 인간의 존엄성 위반도 된다.

2) 신체적·정신적 정체성과 불가침성(완전성)

헌법 제12조의 신체의 자유보장은 형사절차에서 인간의 존엄성을 구체화한 개

---

184) Graf Vitzthum, Die Menschenwürde als Verfassungsbegriff, JZ 1985, S. 201(204); W. Höfling, Die Unantastbarkeit der Menschenwürde, S. 860.

185) Vgl. BVerfGE 45, 228.

186) Dürig, AöR 81(1956), S. 117(127); ders., in: Maunz/Dürig, Art. 1 Abs. I Rn. 28.

187) W. Höfling, in: Sachs, Art. 1 Rn. 19; Maihofer, Menschenwürde im Rechtsstaat, 1967, S. 56 ff.; Podlech, AK, Art. 1 Abs. 1 Rn. 17 ff.

별적인 기본권이라 할 수 있다.

3) 개인적·사회적 생활의 실질적 보장

인간의 존엄은 자유권 행사를 위한 실질적인 조건을 갖춘 경우에만 가능하다. 따라서 인간의 존엄을 보장받기 위해서는 인간다운 생활의 유지를 위한 최저한의 개인적·사회적 생활이 보장되어야 한다. 개인이 스스로 자신의 생계를 유지할 수 없다면, 국가는 인간다운 생활을 위한 최소한의 조건으로 최저생계를 위한 급부할 의무가 있다.[188] 이를 위해 헌법은 인간다운 생활의 보장을 위해 사회국가원리와 사회적 기본권을 보장하고 있다.

현대에는 인간의 존엄성 보장을 위해서 '국가로부터의 자유'뿐만 아니라, 국가가 자유를 향유하기 위한 실질적 조건을 형성해야 하는 '국가에 의한 자유'가 요청된다. 우리 헌법재판소 결정에서 「인간다운 생활을 할 권리로부터 인간의 존엄에 상응하는 "최소한의 물질적인 생활"의 유지에 필요한 급부를 요구할 수 있는 구체적인 권리가 상황에 따라서는 직접 도출될 수 있다고 할 수는 있어도, 직접 그 이상의 급부를 내용으로 하는 구체적인 권리를 발생케 한다고 볼 수는 없다」고 판시하였다.[189]

Ⅲ. 인간의 존엄권의 법적 성격

헌법 제10조의 법적 성격에 관하여서는 학자들의 기본적 입장의 차이에 따라 극복할 수 없는 학설의 대립이 있다.

1. 초국가적 권리의 규범화

헌법 제10조가 우리 헌법에 있어서 기본권의 전국가적·초국가적 권리를 선언한 것이라고 볼 수 있느냐의 문제가 있다.

---

188) Vgl. BVerfGE 1, 159(161 f.).
189) 헌재 2006. 11. 30, 2005헌바25, 477면.

(1) 실정법적 권리설

이 설에 의하면 인간의 존엄과 가치 및 행복추구권은 실정법적 권리로서 우리 헌법이 입헌주의적 헌법으로서 그렇게 규정했기 때문에 비로소 존립·보장될 수 있는 규정이라고 한다. 그러므로 헌법 제10조는 기본권 특히 자유권이 실정법상의 권리라는 증거는 될지라도 초국가적인 자연법상의 권리라는 증거는 되지 않는다고 한다.[190)]

(2) 초국가적 권리설

이 설에 의하면 헌법 제10조는 개인과 이성을 창조의 기초로 보고 있는 자연법사상의 실정법화를 의미하며, 천부인권, 즉 초국가적인 자연권을 선언하는 것이라고 한다. 따라서 이 규정은 전국가적 기본권을 실정헌법이 선언·확인하는 것에 불과하다고 한다.

(3) 결 어

헌법 제10조는 근대헌법상의 인권사상을 규범화한 것으로 초국가적 권리를 선언하는 것이다. 그렇다고 해서 이 규정이 바로 우리 헌법상의 모든 기본권을 자연권으로 규정하는 것은 아니며, 오로지 그 이념적 성격을 선언하는 데 불과한 것이다. 따라서 이는 '헌법률 상위의 규범'으로서 불가양의 전국가적 기본권을 헌법에서 선언함으로써 이것을 실정헌법상 보장한 것으로 볼 수 있다.

2. 근본규범성

헌법 제10조는 단순한 도덕적·프로그램적 선언에 그치는 것이 아니라 헌법상 국민의 기본권 보장의 근원이 되는 '근본규범성'을 가지고 있다.

(1) 국가권력의 기속

헌법 제10조는 기본권의 근본원리를 규정함으로써 개인과 국가가 긴장관계에

190) 박일경, 제6공화국 신헌법, 220면.

있을 때에는 국가는 개인을 위하여 존재함을 의미한다(반전체주의 원리). 따라서 인간의 존엄성은 모든 국가권력을 기속하며, 국가권력은 최대한 이것을 보장할 의무가 있는 것이다. 나아가 헌법 제37조 제2항에 의해 기본권을 제한하는 경우에 그 한계기준을 제시해 준다.

(2) 법해석의 최고기준

헌법 제10조는 헌법의 최고의 구성원리로서 모든 법규의 해석기준이 되는 근본원리를 제공한다. 법의 흠결이 있는 경우에는 이것을 보충하는 보완적 원리로서 기능하며, 헌법조항의 해석에 있어서는 물론 모든 법규의 해석에 있어서 규범조화적 해석을 가능케 한다.

(3) 헌법개정의 한계

헌법 제10조는 근본규범으로서 헌법개정의 한계에 속한다.[191] 독일 기본법 제79조 3항은 이것을 명문화하고 있는데, 우리 헌법은 명문의 규정을 두고 있지 않지만, 헌법개정의 한계를 인정하는 입장에서는 당연히 헌법개정의 한계에 속하는 것이다.

3. 구체적 권리성 여부

인간의 존엄성 조항이 구체적 권리성을 가지는가 아니면 단순한 헌법원리의 선언에 불과한 것인가에 관하여 학설이 대립되고 있다.

(1) 구체적 권리설

이 입장은 헌법 제10조가 인격적 생존에 불가결한 모든 것을 포함하는 포괄적 권리이며, 모든 생활에 있어서 일반적 자유를 보장한다는 점에서 구체적 권리성을 인정한다.[192][193] 여기에는 인간다운 생활을 할 권리, 즉, 경제적·문화적 생활

---

191) 헌법개정의 한계를 부인하는 입장에서는 이를 인정하지 아니한다(박일경, 제6공화국 신헌법, 221면 참조).

192) 헌법재판소도 '인간의 존엄과 가치'를 인격권이라고 부르면서 그 기본권성을 인정하고 있다(헌재 1990. 9. 10. 89헌마82).

을 할 권리도 포함된다고 한다.

(2) 주(主)기본권설

이 입장은 헌법 제10조가 자연권적인 주기본권을 헌법이 선언한 것으로 포괄적 기본권이라고 본다.[194] 인간의 존엄과 가치는 포괄적 기본권으로서의 주기본권인 동시에 협의에 있어서의 인간의 존엄권(즉, 개별적 권리)도 아울러 보장하고 있다고 한다.

(3) 헌법원리설

이 입장은 헌법 제10조가 어떤 구체적 기본권을 규정한 것이 아니라 "객관적 헌법원리,"[195] "기본권 보장의 원칙적인 가치지표"[196] 등을 규범화한 것으로 본다. 여기에 인간의 존엄과 가치는 모든 기본권의 이념적 출발점으로서 기본권 보장의 목적조항(즉, 기본권의 근본가치)이 되는 것이다.

(4) 결 어

헌법 제10조는 단지 헌법의 최고원리를 규정하는 선언적 규정에 불과한 것이 아니고, 그렇다고 곧 개인의 구체적 기본권을 부여하는 것으로 볼 수도 없다. 인간의 존엄성조항은 모든 구체적 기본권의 근거가 되는 '배경적 권리' 내지 '추상적 권리'인 것이다.[197] 왜냐하면 우리 헌법은 이를 명문으로 규정하고 있으므로 그 권리성을 인정하되, 국민의 구체적 기본권은 다른 기본권조항 및 이른바 포괄

---

193) 이 입장에서는 행복추구권 속에는 일반적 행동자유권이 포함되어 있는데, 이른바 계약자유의 원칙도 바로 이와 같은 일반적 행동자유권에서 파생된다고 한다(헌재 1991. 6. 3. 89헌마204(화재로 인한 재해보상과 보험가입에 관한 법률 제5조 제1항의 위헌 여부에 관한 헌법소원심판사건)).

194) 김철수, 헌법학개론, 355면.

195) 권영성, 헌법학원론, 339면.

196) 허영, 한국헌법론, 316면.

197) Dworkin에 의하면, '배경적 권리'란 추상적으로 사회의 정치적 결정을 정당화시키는 권리라고 하며, 이 권리는 제도적 권리가 됨으로써 구체화된다고 한다. 또한 '추상적 권리'란 일반적인 정치적 목적을 의미하는데, 인간의 존엄과 가치가 그 대표적인 경우라고 한다. 추상적 권리는 구체적 권리를 주장하는 근거가 되지만, 양자 사이에는 정도의 차이가 있을 뿐 유형상의 차이는 없다고 한다. Dworkin, Taking Rights Seriously, p. 93.

적 기본권을 규정하는 헌법 제37조 제1항에 의해 인정되기 때문이다. 따라서 제10조는 기본적 인권의 이념적 기초를 의미하는 동시에 배경적·추상적 권리의 성격을 가지고 있다고 하겠다.

4. 인간의 존엄권과 행복추구권과의 관계

우리 헌법은 제10조에서 '행복을 추구할 권리'를 신설함으로써 행복추구권의 법적 성격과 인간의 존엄권과의 관계가 법리상 문제된다.

(1) 구체적 권리설

이 입장은 행복추구권이 결코 헌법원리를 선언한 것에 그치는 것이 아니라 주관적 공권－즉, 구체적 권리－의 성격을 가진다고 한다.[198] 그런데 여기에는 '인간의 존엄과 가치'와의 관계 및 개별적 권리인가 포괄적 권리인가의 문제와 관련하여 또한 학설이 대립하고 있다.

(가) 제10조에 있어서 '인간의 존엄과 가치' 및 '행복추구권'은 주기본권으로서 포괄적 권리인 동시에 협의에 있어서 인간의 존엄권과 행복추구권을 보장하고 있다고 한다.[199] 이 입장은 행복추구권이란 포괄적 권리와 함께 개별적 권리의 성격을 동시에 가지는 것으로 본다.

(나) 제10조에 있어서 '인간의 존엄과 가치'는 객관적 헌법원리로 이해하면서 행복추구권은 헌법이 '권리'라고 명기하고 있기 때문에 주관적 공권으로 본다.[200] 이 때에도 행복추구권이 다른 개별적 기본권과 구별되는 독자적 권리인가, 아니면 모든 개별적 기본권을 포괄하는 포괄적 권리인가에 관하여 견해가 갈릴 수 있다. 우리나라의 다수설은 행복추구권을 '포괄적 권리'로 보고 있다.[201]

---

198) "군검찰관이 자의로 기소유예처분에 이른 것은 헌법 제10조 소정의 행복추구권을 침해한 것"이라고 판시함으로써 행복추구권의 독자적 권리성을 인정한다(헌재 1989. 10. 27. 89헌마56(군기합항명부성립헌법소원)); 헌재 1990. 9. 10. 89헌마82; 헌재 1991. 6. 3. 89헌마204 등). 그러나 적극적 권리성은 부정한다. 헌재 1995. 7. 21. 93헌가14－"헌법 제10조의 행복추구권은 국민이 행복을 추구하기 위하여 필요한 급부를 국가에게 적극적으로 요구할 수 있는 것을 내용으로 하는 것이 아니라, 국민이 행복을 추구하기 위한 활동을 국가권력의 간섭없이 자유롭게 할 수 있다는 포괄적 의미의 자유권으로서의 성격을 가지는 것이다."

199) 김철수, 헌법학개론, 355면.

200) 권영성, 헌법학원론, 345면.

기본권의 보장을 위한 헌법적 근거로서 행복추구권조항을 적용하는 경우(권리설) 다른 기본권조항의 적용과의 관계가 문제될 수 있다. 여기에는 ① 행복추구권조항을 우선적으로 적용하여야 한다는 우선적 보장설, ② 두 조항을 동시에 적용하여야 하므로 행복추구권조항도 적용할 수 있다는 경합적 보장설, ③ 직접 적용해야 할 기본권 조항이 없는 경우에 한하여 행복추구권조항을 적용하여야 한다는 보충적 보장설 등이 있다. 우리 헌법재판소는 대체로 경합적 보장설의 입장을 취하고 있다. 그러나 헌법원리설의 입장에서는 행복추구권은 일종의 목적조항으로서 구체적 기본권의 해석기준을 제공할 뿐이다.

(2) 헌법적 원리설

이 입장은 행복추구권도 인간의 존엄과 가치와 마찬가지로 독자적 내용을 가진 구체적 권리가 아니고 다른 모든 기본권의 기초가 되는 일반적 원리의 선언이며, 국법질서 전체에 걸친 최고의 구성원리로서의 성격을 가진다고 한다.[202] 또한 행복추구권은 행복이란 개념의 세속성 때문에 가치로서의 규범화가 곤란하고 그 조문구조상의 문제에 비추어 보더라도 독자적 기본권을 보장했다기 보다는 사회적 통합을 위한 '당위적인 삶의 지표'를 선언한 것으로 보는 입장도 있다.[203] 이들 입장은 행복추구권을 일종의 헌법원리의 선언으로 보되, 다만 실천규범적 의의를 가지는 점에서 인간의 존엄과 가치에 대한 보완적 조항으로 이해하고 있다.

(3) 결 어

행복추구권은 인간의 존엄과 가치와 마찬가지로 헌법의 근본가치를 규범화하고 구체적 권리들의 근거가 되는 배경적·추상적 권리를 의미한다. 우리나라 헌법이 행복추구권을 명문화함으로써 그 해석과 체계상의 문제점을 제기하고 있지만, 그 규범적 의의를 무시할 필요는 없다고 본다. 인간의 존엄과 가치는 영구불변의 이

---

201) 여기에는 행복추구권은 인간의 모든 자유로운 활동과 관련이 있는 일반적 자유를 보장한다고 하는 설(일반적 자유설), 행복추구권은 기본권의 총칙규정으로서 모든 개별적 기본권을 총괄적으로 의미한다고 하는 설(기본권 총화설), 행복추구권은 인격의 주체인 인간이 인간으로서의 존엄과 가치를 유지하는 데 불가결한 모든 자유와 권리를 그 내용으로 하는 포괄적 권리라고 하는 설(포괄적 권리설) 등이 있다.

202) 박일경, 제6공화국 신헌법, 227면.

203) 허영, 한국헌법론, 321면.

념인 데 반해, 행복추구권은 욕망적 생활인으로서 삶을 영위하는 데 필요한 조건의 충족을 추구하는 내용가변적인 것이다. 즉, 인간의 존엄과 가치는 기본권보장의 목적인 데 반해, 행복추구권은 이를 실현하기 위한 수단이라고 할 수 있다. 따라서 행복추구권은 인간의 존엄권과 함께 규정하고 있는 헌법구조상으로 보나 기본권의 가치체계의 일원화를 위해서도 이는 인간의 존엄과 가치를 그 실천적 측면에서 보완하는 규정이라고 볼 수 있다.

Ⅳ. 인간의 존엄권 조항과 헌법 제37조 제1항과의 관계

헌법 제10조는 그 법적 성격 때문에 제37조와의 관계가 문제되는데, 이에 관하여는 첨예한 학설의 대립이 있다.

1. '헌법상 열거되지 아니한 권리'와의 관계

헌법 제10조와 제37조 제1항의 관계에 관하여는 제10조의 법적 성격을 어떻게 보느냐에 따라 학설이 나뉜다.

(1) 주의적 규정설

헌법 제10조의 '인간의 존엄과 가치'를 천부인권의 포괄적 선언, 즉 포괄적 권리로 보는 입장에서는 모든 기본권은 헌법 제10조에서 보장되고 있으며, 헌법 제37조 제1항의 '헌법상 열거되지 아니한 자유와 권리'는 그 주의적 규정에 불과하다고 본다.[204)]

(2) 창설적 규정설

헌법 제10조의 '인간의 존엄과 가치'는 헌법의 근본원리의 선언으로서 기본적 인권의 이념적 기초를 이루고 있으며, 새로운 기본권(즉, 헌법상 열거되지 아니한 자유와 권리)은 헌법 제37조 제1항에 의해 비로소 창설된다고 한다.[205)]

---

204) 김철수, 헌법학개론, 357면.

205) 박일경, 제6공화국 신헌법, 220면.

(3) 보완적 규정설

헌법 제10조의 '인간으로서의 존엄과 가치'를 누리기 위한 자유와 권리들이 곧 헌법 제37조 제1항에 해당하는 것이므로 헌법 제10조와 헌법 제37조 제1항은 뒤리히(Dürig)가 말하는 상호 보완적 관계에 있다고 한다.[206]

(4) 헌법 제37조 제1항의 창설적 규정설

헌법 제37조 제1항은 기본권의 포괄성을 인정하는 조항이고 헌법 제10조의 근본규범성을 구체화하는 것으로 상호 보완관계에 있는 것이다. 그러나 헌법 제10조는 어디까지나 배경적 권리로서 그 자체가 구체적 권리성을 부여하는 것은 아니며, 새로운 기본권은 헌법 제37조 제1항에 의해 비로소 창설되는 것이다.

2. '일반적 법률유보'와의 관계

헌법 제37조 제2항은 국민의 모든 자유와 권리를 국가안전보장·질서유지 또는 공공복리를 위해 필요한 경우에 법률로써 제한할 수 있도록 하였는데, 이것은 국민의 기본권이 필요한 최소한의 경우에만 제한될 수 있으며, 그 한계로서 '인간의 존엄과 가치'를 침해할 수 없음을 의미한다. 나아가 헌법 제37조 제2항 후단은 기본권을 제한하는 경우에도 그 '본질적 내용'을 침해할 수 없도록 하고 있는데, 여기에 '본질적 내용의 침해금지'조항과 '인간의 존엄과 가치'조항의 관계가 문제된다.

이들의 상호관계에 관하여는 ① 인간의 존엄과 가치를 기본권의 본질적 내용보다 더 협의로 해석하는 견해, ② 인간의 존엄과 가치를 곧 기본권의 본질적 내용으로 보는 견해, ③ 양자를 상호 독립적인 것으로 보는 견해[207]가 있다. 헌법 제10조의 인간의 존엄과 가치는 기본권의 해석원리인 동시에 그 제한의 가치규준을 의미한다. 따라서 기본권을 제한하는 경우에 최소한 정신적 존재로서의 인간의 존엄과 가치를 훼손할 정도로 기본권을 침해할 수는 없다. 여기에서 기본권의 본질적 내용의 이념적 기초는 '인간의 존엄과 가치'에서 발견하지 않으면 안된다.[208]

---

206) 권영성, 헌법학원론, 341면.

207) 김철수, 헌법학개론, 326-327면.

Ⅴ. 인간의 존엄권 조항의 법적 효력

헌법 제10조의 인간의 존엄권 조항은 직접적 효력을 가지며, 대국가적 효력과 대사인적 효력을 동시에 가지는 최고의 객관적인 헌법원리이다.

1. 국가의 기본권 보장의무

헌법 제10조는 그 후단에서 "국가는 개인이 가지는 불가침의 기본적 인권을 확인하고 이를 보장할 의무를 진다"고 규정하여 국가는 소극적으로 인간의 존엄과 가치 및 행복추구권을 침해하지 않는 데 그치지 않고 적극적으로 이를 최대한 보장할 의무를 지고 있다. 국가의 보장의무의 성격에 관하여 방침규정으로 보는 설에서는 국가는 기본적 인권을 최대한 보장할 도의적·윤리적 책임을 질뿐이고 법적으로 국가권력을 구속하는 것이 아니라고 본다(방침규정설).[209] 이 입장에서는 국가가 불가침의 기본적 인권을 확인한다는 것은 국가가 기본권을 침해해서는 안된다는 이념적 선언에 불과한 것이다. 이에 대해 헌법재판소는 "헌법 제10조는 '모든 국민은 인간으로서의 존엄과 가치를 가지며, 행복을 추구할 권리를 가진다. 국가는 개인이 가지는 불가침의 기본적 인권을 확인하고 이를 보장할 의무를 진다.'라고 하여 모든 기본권의 종국적 목적이자 기본이념이라 할 수 있는 인간의 존엄과 가치를 규정하고 있다. 이러한 인간의 존엄과 가치 조항은 헌법이념의 핵심으로 국가는 헌법에 규정된 개별적 기본권을 비롯하여 헌법에 열거되지 아니한 자유와 권리까지도 이를 보장하여야 하고, 이를 통하여 개별 국민이 가지는 인간으로서의 존엄과 가치를 존중하고 확보하여야 한다는 헌법의 기본원리를 선언한 것이라 할 것이다."[210]라고 판시하고 있다. 헌법 제10조는 단순한 방침규정이 아니라 헌법상 기본원리로서 직접적으로 국가권력을 기속하는 직접적 효력규정이라

---

208) 국민 전체 또는 다수의 행복을 추구하기 위한 방편으로 개인의 자연권으로서의 기본적 인권이 침해되어서는 안된다는 것이다. Dworkin, Rawls 등 신자연법론자들은 종래 법실증주의가 그 철학적 지주로 삼아온 공리주의 그 자체에 대해서 비판하고 있다.

209) 박일경, 제6공화국 신헌법, 220면.

210) 헌재 2001. 7. 19. 2000헌마546, 판례집 13-2, 103, 111-111, 헌재 2004. 10. 28. 2002헌마328, 공보 98, 1187, 1193-1194; 헌재 2010. 2. 25. 2008헌가23, 판례집 22-1상, 36, 61.

고 본다.

2. 대국가적 효력

헌법 제10조의 근본규범성에 비추어 이 보장의무는 모든 국가기관의 의무로서 입법권·행정권·사법권을 모두 구속한다. 즉, 입법권은 이를 침해하는 법률을 제정할 수 없고, 행정권이 이를 침해하면 그 행정처분이 위법·무효가 되며, 사법권도 이에 구속된다. 이 규정의 침해에 대해서는 위헌법령심사제도·행정소송제도·국가배상책임제도·재판청구권 등의 구제방법이 있다. 또한 위헌법률심사가 불가능한 통치행위도 구속한다. 그리하여 모든 국가기관은 이를 최대한으로 존중해야 한다. 여기에서 인간의 존엄과 가치는 모든 국가적 행위를 평가하는 가치규준이 되며 동시에 국가적 행위의 정당성의 근거가 됨을 알 수 있다.

3. 대사인적 효력

인간의 존엄과 가치는 국가권력에 대해서만 효력을 가지는 것이 아니라, 국법질서 전체에 대해서 효력을 가지므로 국가는 사인에 의해서도 이를 침해하지 않도록 적극적으로 보장할 의무를 진다. 생각건대 국법질서에 있어서 기본권과 사법관계의 2원적 구성은 법윤리의 2원성을 의미하는 것은 아니며, 기본권에 의해 보장되는 '인간의 존엄과 가치'는 그것이 사인이나 사적 집단에 의해 침해될 때에는, 국가권력에 의한 보호를 받아야 하기 때문에 인간의 존엄과 가치는 기본권과 사법관계를 동시에 규율하는 1원적 법윤리인 것이다. 이러한 입장에서 보면 기본권조항은 헌법 제10조를 매개로 하여 사법(私法)관계에 적용된다고 본다.

Ⅵ. 행복추구권

1. 헌법규정 및 연혁

현행 헌법 제10조 후단의 행복추구권을 규정하고 있다. 현재 세계 각국의 현행 헌법 중에서 우리나라 헌법과 일본국 헌법(제13조 2항)을 제외하고는 행복추구권을 규정하고 있는 예가 거의 없다. 우리 헌법은 1980년 제5공화국헌법에서 행복추구권을 처음으로 헌법조항으로 편입시켰으며, 현행헌법에도 그대로 존속시키고 있다. 행복추구권의 연혁은 로크의 사상적 영향을 받은 미국 독립선언[211)]과 1776년 버지니아 인권선언[212)]에서 유래한다. 또한 1789년 프랑스 인권선언에서도 '자유·평등·행복'을 규정하였다.

2. 행복추구권의 개념과 본질

(1) 행복추구권의 개념

행복추구권이란 소극적으로 고통과 불쾌감이 없는 상태를 추구할 권리를, 적극적으로는 만족감을 느끼는 상태를 추구할 권리라고 일반적으로 해석되고 있으나, 행복이라는 개념 자체가 역사적 조건이나 때와 장소에 따라 그 개념이 달라질 수 있으며, 행복을 느끼는 정신적 상태는 생활환경이나 생활조건, 인생관, 가치관에 따라 각기 다른 것이므로 일률적으로 정의하기가 어려운 개념일 수밖에 없다.[213)] 즉, 행복의 내용은 시대, 장소, 사람에 따라 다양하게 확대·변화한다.

(2) 행복추구권의 본질

"1980년 헌법에서부터 행복추구권이 규정됨으로써 기본권의 체계와 구조에 혼란을 초래하고 있다. 이 조항의 신설은 한국헌법의 전 체계에 비추어 보거나, 행복추구권의 실체가 애매한 것이라는 점 등을 감안할 때, 인기만을 의식한 개헌시안들의 무책임성과 무지의 일면을 드러낸 좋은 일례라고 할 수 있다."[214)]

"우리 헌법규정 중에서 체계적으로 가장 문제가 있는 규정이다. 너무도 당연한

---

211) Declaration of Independence, July 4, 1776 : We hold these truths to be self-evident, that all men are created equal, that they are endowed by their Creator with certain unalienable Rights, that among these are Life, Liberty and **the pursuit of Happiness.**

212) Virginia Declaration of Rights of June 12, 1776 ; Section 1 That all men are by nature equally free and independent, and have certain inherent rights. of which, when they enter into a state of society, they cannot, by any compact, deprive or divest their posterity; namely, the enjoyment of life and liberty, with the means of acquiring and possessing property, and **pursuing and obtaining happiness** and safety.

213) 헌재 1997. 7. 16, 95헌가6 내지 13(병합).

214) 권영성, 헌법학원론, 법문사, 360면.

사항을 규정함으로써 오히려 불필요한 의문만을 생기게 하기 때문이다."[215]

"당해 규정을 발생사적으로 살펴보는 경우, 이 규정의 헌법전내 수용이나 당해 규정의 현행헌법에서의 존치가 한국헌법상의 기본권질서에 대한 특별한 성찰없이 이루어진 것으로 보인다."[216]

3. 행복추구권의 법적 성격

(1) 학 설

1) 자유권을 위한 일반적 규범조항으로 보는 견해(김운용 교수)

행복추구권의 구체적 기본권성을 부정하고 행복추구권을 자유권을 위한 일반원칙조항으로 보는 견해로 사회적 기본권을 위한 일반원칙조항인 '인간다운 생활을 할 권리와 함께 인간의 존엄과 가치라는 최고의 이념을 지향하는 수단으로서의 위치에 놓인다는 견해이다.[217]

김운용 교수는 "행복추구권을 구체적인 내용을 지닌 기본권이라고는 할 수는 없다. 다만, 선택의 자유와 행위의 자율성을 강조하는 일반적 규범으로서의 성격을 지니고 있을 뿐이다. 행복추구권은 선택의 자유와 추구행위의 자율성을 내실로 하기 때문에 그의 일반적 규범으로서의 의의는 모든 기본권에 대하여 미치는 것이 아니고, 기본권 가운데에서도 일부 특히 '국가권력으로부터의 자유를 내용으로 하는 기본권'에 국한하여 미치는 것이다. 즉, 모든 자유권적 기본권에 대하여 행복추구권은 하나의 이념과 가치로서의 의의를 지니며 따라서 모든 자유권적 기본권을 해석함에 있어 선택의 자유와 자율성의 정신에 따라야 하다는 뜻에서 하나의 해석기준으로서의 구실을 한다"고 하여 행복추구권을 독자적인 개별적 기본권이 아니라 자유권의 이념과 가치이자 해석기준으로 보고 있다.[218]

2) 포괄적 기본권으로 보는 견해(권영성 교수)

헌법 제10조가 행복을 추구할 권리를 가진다고 규정한 것을 근거로 행복추구권

---

215) 허영, 한국헌법론, 박영사, 318면.

216) 김선택, "행복추구권과 헌법에 열거되지 아니한 권리의 기본권체계적 해석", 안암법학 창간호, 1993, 181면

217) 김운용, 행복추구권의 해석, 고시연구, 1988.12, 64면.

218) 김운용, 행복추구권의 해석, 61면.

이 헌법 제10조로부터 도출되며, 행복추구권은 실제로 규범력을 가지는 권리라고 보고, 단지 헌법에 규정된 다른 기본권들보다 상위의 위치를 점하면서 행복을 추구하는데 필요한 것이면 헌법에 열거되지 않은 자유와 권리까지도 그 내용으로 하는 "포괄적 권리"라 본다. 행복추구권을 포괄적 기본권으로 이해하는 견해에 따르면 행복추구권의 주요 내용으로는 헌법에 열거된 기본권으로서 행복추구의 수단이 될 수 있는 개별적 기본권 이외에 헌법에 열거되지 아니한 생명권, 신체를 훼손당하지 않을 권리, 자유로운 활동과 인격발현에 관한 권리(인격권), 평화적 생존권, 휴식권, 수면권, 일조권, 스포츠권 등을 들 수 있다.[219)]

3) 인간의 존엄성과 행복추구권을 하나의 기본권으로 보는 견해(김철수 교수)

행복추구권이 규범적 효력을 가지는 권리라 보고, 헌법 제10조의 "인간의 존엄과 가치"와 "행복을 추구할 권리"를 구분하지 않고 하나의 기본권으로 이해하며, 그 권리의 내용은 광의(11조에서 36조에 규정된 파생적 기본권과 구별되는 주기본권으로서의 포괄적 기본권), 협의(존엄권과 행복추구권), 최협의(명예권, 성명권, 초상권, 알권리, 읽을 권리, 들을 권리, 생명권 등을 포함하는 인격권과 신체불훼손권, 자기운명결정권, 평화롭게 살 권리 등을 포함하는 행복추구권)로 나누어 이해한다.[220)]

4) 포괄규범으로서 보는 견해(김선택 교수)

행복추구권의 법적 성격을 무규정적이고 비전형적인 객관적, 법적 성격을 가진 개념으로 헌법 제37조 제1항의 "헌법에 열거되지 아니한 권리"를 인정하는 실질적 기준의 역할을 하는 포괄규범으로 이해하는 견해이다.[221)] 김선택 교수는 "헌법 제10조는 '인간으로서의 존엄과 가치'와 '행복추구권'사이에는 그 내용상의 긴밀한 결합에 근거하여 독일 기본법 제1조 제1항(인간의 존엄)과 제2조 제1항(인격의 자유로운 발현권)사이에서와 유사한 관계를 인식할 수 있다. 따라서 양자의 관련을 바탕으로 하여, 좁은 범위의 개인적 인격영역에 관계되는 일반적 인격권이라는 개념을 인정함과 동시에 일반적 인격권을 행복추구권의 성격으로 보고 있다. 일반적 인격권은 우선적으로 행복추구권이라는 기본권 규정부분에 기초하여 구성된 것이기 때문에 헌법규정에 입각하여 주관적 공권으로서의 성격을 인정받게 된다.[222)]

---

219) 권영성, 헌법학원론, 361~363면.

220) 김철수, 헌법학개론, 361~366면.

221) 김선택, 행복추구권, 고시연구, 1993. 10, 358면.

5) 법규범성 자체를 부정하는 견해(허영 교수)

우리 헌법에 보장된 행복추구권은 독자적인 기본권을 보장했다고 하기보다는 인간의 존엄과 가치를 최대한으로 실현시키는 것을 그 내용으로 하는 가장 이상적인 사회통합분위기를 추구하며 살아갈 수 있는 모든 국민의 당위적 삶의 지표를 분명히 밝혀 놓은 것이라고 보아야 할 것이다.[223]

6) 배경적 권리 또는 추상적 권리라고 보는 견해(윤명선 교수)

행복추구조항이 개인에게 구체적 권리를 부여하는 것은 아니라고 한다. 또한 행복추구조항이 헌법의 최고원리를 규정한 선언적 규정에 불과한 것도 아니라고 하면서, 행복추구조항이 규정한 것은 구체적 기본권의 근거가 되는 "배경적 권리" 내지 "추상적 권리"라고 한다.[224]

(2) 헌법재판소 판례

헌법재판소는 행복추구권은 헌법 제10조에 의하여 보장되는 것으로 포괄적이고 일반조항적인 성격을 가지며 또한 그 구체적인 표현으로서 '일반적인 행동자유권'과 '개성의 자유로운 발현권'을 포함한다고 판시하고 있다.[225]

그러나 헌법재판소는 "헌법 제10조의 행복추구권은 국민이 행복을 추구하기 위하여 필요한 급부를 국가에게 적극적으로 요구할 수 있는 것을 내용으로 하는 것이 아니라, 국민이 행복을 추구하기 위한 활동을 국가권력의 간섭없이 자유롭게 할 수 있다는 포괄적인 의미의 자유권으로서의 성격을 가지므로 국민에 대한 일정한 보상금의 수급기준을 정하고 있는 이 사건 규정이 행복추구권을 침해한다고 할 수 없다."[226]라고 하여 행복추구권의 기본권성은 인정하되, 자유권적 성격의 보장만을 내용으로 하여 사회보장적 성격을 갖는 적극적인 급부를 국가에 요구할 수 있는 권리는 행복추구권으로 보장된다고 보지는 않고 있다.

---

222) 김선택, "행복추구권과 헌법에 열거되지 아니한 권리의 기본권체계적 해석", 안암법학 창간호, 안암법학회, 1993, 190~191면.

223) 허영, 한국헌법론, 319~322면.

224) 윤명선·김병묵, 헌법체계론, 377면.

225) 헌재 1991. 6. 3. 89헌마204, 275; 헌재 1997. 11. 27. 97헌바10, 673; 헌재 2001. 9. 27. 2000헌마159, 10.

226) 헌재 1995. 7. 21, 93헌가14.

4. 행복추구권의 주체

자연인, 즉 모든 국민과 외국인에게 주체성이 인정된다. 그러나 법인은 행복추구권 중 일반적 행동자유권으로부터 나오는 '계약의 자유'의 주체가 될 수 있다.[227)]

5. 행복추구권의 내용

헌법재판소는 행복추구권에서 '일반적 행동자유권'과 '자기운명결정권' '개성의 자유로운 발현권' 등이 포함된다고 한다.

(1) 일반적 행동자유권

행복추구권에 포함된 일반적인 행동자유권 속에는 이른바 '계약자유의 원칙'이 포함된다.[228)] 이에는 만나고 싶은 사람을 만날 권리,[229)] 일시오락의 정도에 불과한 도박행위를 할 수 있는 권리,[230)] 자신이 먹고 싶은 음식이나 마시고 싶은 음료수를 자유롭게 선택할 권리,[231)] 휴식권,[232)] 본인인증이라는 사전적 절차를 거칠 것을 강제함 없이 청소년 스스로가 인터넷게임물의 이용 여부를 자유롭게 결정할 수 있는 권리[233)] 등은 일반적 행동자유권에 포함된다.

(2) 계약의 자유

헌법 제10조는 행복을 추구할 권리를 보장하고 있고, 여기의 행복추구권 속에

---

227) 행복추구권은 그의 구체적인 표현으로서 일반적인 행동자유권과 개성의 자유로운 발현권을 포함한다(헌재 1991. 6. 3. 89헌마204). 계약의 자유도 헌법상의 행복추구권에 포함된 일반적인 행동자유권으로부터 파생하므로, 계약의 자유 또한 행복추구권에 의하여 보호된다(헌재 1998. 10. 29. 97헌마345).

228) 헌재 1991. 6. 3, 89헌마204.

229) 대판 1992. 5. 8, 91누7552.

230) 대판 1993. 3. 22, 82도2157.

231) 대판 1994. 3. 8, 92누1728.

232) 헌재 2001. 9. 27. 2000헌마159.

233) 헌재 2015. 3. 26. 2013헌마517, 판례집 27-1상, 342, 358.

는 일반적 행동자유권이 포함되며, 이 일반적 행동자유권으로부터 '계약의 자유'가 파생되는데, '계약의 자유'란 계약 체결의 여부, 계약의 상대방, 계약의 방식과 내용, 이행의 상대방 및 방법의 변경, 계약 자체의 이전이나 폐기[234] 등을 당사자의 자유로운 의사로 결정하는 자유를 말한다.[235] 또한 헌법 제119조 제1항은 우리나라의 경제질서가 개인과 기업의 경제상의 자유, 사유재산제도 및 사적자치에 기초한 자유시장경제질서를 기본으로 하고 있음을 선언하고 있는데,[236] 계약의 자유는 개인의 경제상의 자유의 일종이기도 하다.[237] 이에는 법에서 제대혈의 유상거래를 원칙적으로 차단함으로써 이미 체결된 계약을 무효화하거나 계약의 내용을 변경하고 또한 사법상 계약을 통하여 확보된 독점판매권을 무효화하는 것,[238] 사업주에게 장애인고용계약의 체결을 강제하고, 그에 따르지 않을 경우 장애인부담금 납부의무를 지워 고용부담금 및 그에 대한 가산금을 강제징수할 수 있도록 한 법률조항,[239] 계속거래업자와 소비자 간에 체결된 계속거래계약에 대해 계약기간의 장기성으로 인하여 소비자에 대한 보호의 필요성이 큰 계속거래계약의 특성을 고려하여, 소비자로 하여금 계속거래계약의 효력을 장래에 향하여 소멸시킬 수 있도록 한 방문판매 등에 관한 법률조항,[240] 화물자동차운송주선업자에게 적재물배상보험 등 가입의무를 부과하고 보험에 가입하지 않는 경우 과태료처분을 받도록 한 법률조항,[241] 금전증여의 당사자가 증여계약을 합의해제하더라도 적어도 증여세와 관련하여서는 그 내용대로의 효력발생을 저지하고 장래에 향하여만 효력이 있는 것으로 한 법률조항,[242] 직장가입자에서 제외되는 사용자의 범위에 관하여 대통령령에 위임함으로써 실제로 사용자가 보수를 지급받지 아니하거나 다른 사업장에서 이미 건강보험료를 납부하고 있는 경우에 직장가입자

---

234) 헌재 2009. 10. 29. 2007헌바135.

235) 헌재 1991. 6. 3. 89헌마204, 판례집 3, 268, 275-276; 헌재 1998. 10. 29. 97헌마345, 판례집 10-2, 621, 633; 헌재 2006. 3. 30. 2005헌마349, 판례집 18-1상, 427, 434; 헌재 2015. 12. 23. 2013헌바117, 판례집 27-2하, 499, 505.

236) 헌재 1998. 5. 28. 96헌가4등, 판례집 10-1, 522, 533-534; 헌재 1998. 8. 27. 96헌가22등, 판례집 10-2, 339, 355.

237) 헌재 1991. 6. 3. 89헌마204, 판례집 3, 268, 275.

238) 헌재 2017. 11. 30. 2016헌바38, 판례집 29-2하, 165.

239) 헌재 2003. 7. 24. 2001헌바96, 판례집 15-2상, 58.

240) 헌재 2016. 6. 30. 2015헌바371 등, 판례집 28-1하, 630.

241) 헌재 2006. 3. 30. 2005헌마349, 판례집 18-1상, 427.

242) 헌재 2015. 12. 23. 2013헌바117, 판례집 27-2하, 499.

에서 제외될 수 있는 여지를 배제하고 있는 법률조항,[243] 일반도시가스사업자에게 가스간선시설의 설치의무를 부과하고 그 설치비용도 전부 부담하도록 하고 있는 법률조항[244] 등이다.

(3) 자기운명결정권

헌법재판소는 헌법 제10조는 모든 기본권 보장의 종국적 목적이라 할 수 있는 인간의 본질이며, 고유한 가치인 개인의 인격권과 행복추구권을 보장하고 있다. 그리고 개인의 인격권과 행복추구권에는 개인의 "자기운명결정권"이 전제되는 것이고, 이 자기운명결정권에는 "결혼상대방을 결정할 수 있는 자기결정권"이 또한 포함되어 있다고 하여 헌법불합치결정을 하였다.[245]

또한 '자도소주구입명령제도'는 비록 직접적으로는 소주판매업자에게만 구입의무를 부과하고 있으나 실질적으로는 구입명령제도가 능력경쟁을 통한 시장의 점유를 억제함으로써 소주제조업자의 "기업의 자유" 및 "경쟁의 자유"를 제한하고, 소비자가 자신의 의사에 따라 자유롭게 상품을 선택하는 것을 제약함으로써 소비자의 행복추구권에서 파생되는 "자기결정권"도 제한하고 있다고 판시하였다.[246]

(4) 개성의 자유로운 발현권

헌법재판소는 "행복추구권은 그의 구체적인 표현으로서 일반적인 행동자유권과 개성의 자유로운 발현권을 포함하기 때문에,[247] 기부금품의 모집행위는 행복추구권에 의하여 보호된다. 계약의 자유도 헌법상의 행복추구권에 포함된 일반적인 행동자유권으로부터 파생하므로, 계약의 자유 또한 행복추구권에 의하여 보호된다."고 판시하였다.[248]

---

243) 헌재 2014. 5. 29. 2011헌바384, 판례집 26-1하, 295.
244) 헌재 2009. 5. 28. 2006헌바86, 판례집 21-1하, 503.
245) 헌재 1997. 7. 16, 95헌가6 내지 13.
246) 헌재 1996. 12. 26. 96헌가18.
247) 헌재 1991. 6. 3. 89헌마204.
248) 헌재 1998. 5. 28. 96헌가5.

6. 행복추구권의 효력과 제한

행복추구권은 대국가적 효력과 대사인적 효력을 가진다. 행복추구권도 다른 기본권과 마찬가지로 헌법 제37조 제2항에 의한 제한이 가능하다.

7. 행복추구권 조항의 문제점

행복추구권의 행복이나 행복추구라는 개념이 너무 불명확하고 애매모호하기에 기본권보호영역이 확정되기 어렵다. 또한 헌법재판에서도 헌법적 근거조항을 찾을 수 없는 경우 행복추구권조항은 헌법상 도피조항으로서의 역할을 하기 쉽다. 더욱이 자기운명결정권과 일반적 행동자유권, 개성의 자유로운 발현권이 행복추구권에서 도출되는 근거를 설명하기 곤란하다는 문제점이 있다. 결국 헌법재판소처럼 행복추구권을 이렇게 확대해석하다보면 인간의 존엄권이 공동화되는 문제가 발생된다.

Ⅶ. 일반적 인격권

1. 일반적 인격권의 내용

우리 헌법에서 일반적 인격권을 기본권으로 인정하는 것이 통설이다.[249] 우리 헌법재판소도 "헌법 제10조에서 유래하는 일반적 인격권"[250]이라고 판시하고 있다. 인간의 존엄[251]으로부터 일반적 인격권이 도출되는 구조를 지닌다고 보는 것이다. 일반적 인격권과 일반적 행동의 자유가 기본권으로 인정되기 때문에, 상호

---

249) 성낙인, 헌법학, 법문사, 2016, 1009면; 전광석, 한국헌법론, 집현재, 2016, 290면; 이준일, 헌법학강의, 홍문사, 2015, 403면.

250) 헌재 1999. 6. 24. 97헌마265, 판례집 11-1, 768, 774; 헌재 2005. 10. 27. 2002헌마425, 판례집 17-2, 311, 319; 헌재 2009. 9. 24. 2006헌마1298, 판례집 21-2상, 685, 695; 헌재 2013. 10. 24. 2011헌바106 등, 판례집 25-2하, 156, 160-161.

251) 인간의 존엄 개념에 관해서는 이부하, "인간의 존엄 개념에 관한 헌법이론적 고찰", 성균관법학 제26권 제2호, 2014. 6, 1면 이하 참조.

간의 법적 관계를 규명해야 할 필요가 있다. '인격의 자유로운 발현'의 전제 내지 기초로서 '일반적 인격권'이 보장된다.[252]

독일 연방헌법재판소의 영역 이론에 의하면, 일반적 인격권의 보호법익은 '내적 자유여지'라 지칭되기도 한다. 헌법적인 일반적 인격권의 표출은 사법(私法)의 해석에 있어서 중요한 의미를 지닌다. 예를 들면, 명예보호, 초상권, 자기표현권(Selbstdarstellung) 등은 사법적(私法的) 영역에서 주로 관련된 인격권이다.[253] 일반적 인격권의 보장은 상호간 인격 발현의 지속적인 과정에서 개인에게 자기표현, 자기확인, 자기승인의 가능성을 제공하는 전제조건을 마련하는데 초점이 있다.[254]

자기표현권은 일반적으로 인정되고 있다.[255] 독일 연방헌법재판소 판결에 의하면, 인격의 자유로운 발현권에는 "그 사람의 표현에 대한 처분권"[256] 내지 "개인이 어떠한 인격상을 전달하려고 하는지를 스스로 결정하는 개인의 자유"[257]를 포함하고 있다. 개인은 자신을 제3자에게 또는 대중에게 어떻게 표현할 것인지를 스스로 고민하고 있다.[258]

2. 독일 헌법이론에서 일반적 인격권 구조

'인격의 자유로운 발현권'으로부터 외부적으로 '일반적 행동의 자유'가 도출되고, 내부적으로 '일반적 인격권'이 도출된다.

252) Hans D. Jarass, Das allgemeine Persönlichkeitsrecht im Grundgesetz, NJW 1998, S. 859; Christoph Degenhart, Das allgemeine Persönlichkeitsrecht, Art. 2 I i.V.m. Art. 1 I GG, JuS 1992, S. 362.

253) Philip Kunig, in: von Münch/Kunig (Hrsg.), Grundgesetz Bd. 1, Art. 2 Rn. 40; Dietrich Murswiek, in: Sachs, Art. 2 Rn. 59; Hans D. Jarass, in: H. D. Jarass/B. Pieroth (Hrsg.), Grundgesetz, Art. 2 Rn. 41 f.

254) Hans-Heinrich Trute, Verfassungsrechtliche Grundlagen, in: Roßnagel (Hrsg.), Handbuch Datenschutzrecht, 2003, S. 167 Rn. 15.

255) Dietwalt Rohlf, Der Grundrechtliche Schutz der Privatsphäre, 1980, S. 47 ff.; Wolfram Höfling, Offene Grundrechtsinterpretation, S. 118 ff.; Martin Morlok, Selbstverständnis als Rechtskriterium, 1993, S. 75 f.; Schmitt Glaeser, Schutz der Privatsphäre, in: Isensee/Kirchhof, HStR, Bd. VI, § 129 Rn. 42 ff.

256) BVerfGE 35, 202 (220).

257) BVerfGE 82, 236 (269).

258) BVerfGE 63, 131 (142).

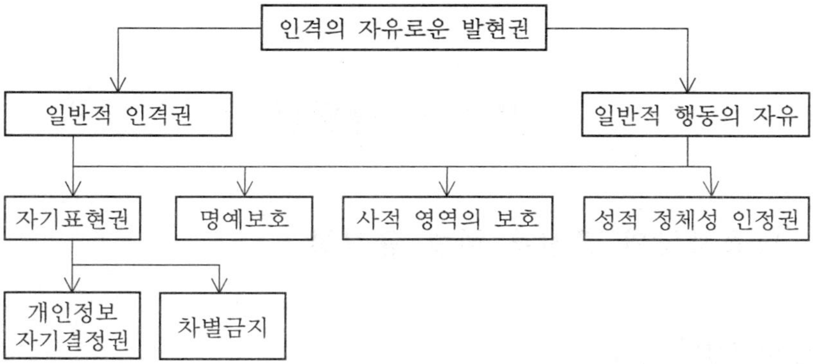

3. 우리나라 헌법재판소 결정

헌법재판소는 "개인의 초상권 내지 명예권과 유사한 권리로서 일반적 인격권에 포함된다고 볼 수 있는 '자신의 신체를 함부로 촬영당하지 않을 자유'와 '사회의 건전한 성풍속 확립'을 보호하기 위한 것이라고 볼 수 있다."고 판시하였다.[259] 또한 "아동·청소년 대상 성폭력범죄자의 신상정보가 공개되면, 공개대상자의 사회적 평가가 침해되어 헌법 제10조에서 유래하는 일반적 인격권이 제한된다고 할 수 있다."고 판시하였다.[260] "헌법 제10조로부터 도출되는 일반적 인격권에는 개인의 명예에 관한 권리도 포함되는바,[261] 이 사건 법률조항에 근거하여 반민규명위원회의 조사대상자 선정 및 친일반민족행위결정이 이루어지면(이에 관하여 작성된 조사보고서 및 편찬된 사료는 일반에 공개된다), 조사대상자의 사회적 평가가 침해되어 헌법 제10조에서 유래하는 일반적 인격권이 제한받는다고 할 수 있다."고 판시하였다.[262] 그런데 헌법재판소는 "헌법 제10조로부터 도출되는 일반적 인격권에는 개인의 명예에 관한 권리도 포함될 수 있으나, '명예'는 사람이나 그 인격에 대한 '사회적 평가', 즉 객관적·외부적 가치평가를 말하는 것이지 단순히 주관적·내면적인 명예감정은 포함되지 않는다."고 판시하였다.[263]

259) 헌재 2017. 6. 29. 2015헌바243, 판례집 29-1, 263, 269.

260) 헌재 2013. 10. 24. 2011헌바106 등, 판례집 25-2하, 156, 161-162.

261) 헌재 1999. 6. 24. 97헌마265, 판례집 11-1, 768, 774; 헌재 2005. 10. 27. 2002헌마425, 판례집 17-2, 311, 319.

262) 헌재 2010. 10. 28. 2007헌가23, 판례집 22-2상, 761, 767.

263) 헌재 2005. 10. 27. 2002헌마425, 판례집 17-2, 311.

제 3 절 평등권

I. 평등사상의 발전과 헌법 규정화

1. 평등사상의 전개

사회공동체는 일정한 특성에 따라 계층 또는 집단으로 분화되고, 그 신분에 따라 권력, 명예, 특권, 부, 이익 등의 배분에 있어서 다른 취급을 받아 왔다. 인류의 역사는 이와 같은 불평등을 극복하기 위해 '평등을 추구해 온 과정'이라고 할 수 있다. 평등사상은, 적어도 이념적으로는, 고대 그리스시대 이래 인류의 역사와 함께 발전·변모해 왔다.[264] 중세에는 기독교 교리의 영향을 받아 평등이란 '신 앞에 평등'으로 이해되었는데, 인간이란 신의 피조물로서 신으로부터 균등한 거리에 있기 때문에 신 앞에 평등하다고 하였다.[265]

근대에 들어와서 신 앞에 평등은 자연법사상과 합리주의 등의 영향을 받아 세속화됨으로써 '법 앞에 평등'으로 바뀌었다. 중세 봉건제도는 토지봉건관계를 중핵으로 하는 신분적 계급조직이었고 전제군주정은 봉건세력과 야합하고 있었으므로 특권층과 일반국민 간에는 불평등의 원리가 지배하였다. 그리하여 이와 같은 봉건적 신분제의 타파와 시민사회의 건설을 위한 정치적 이데올로기로서 평등(국가에 의한 국민의 평등한 취급)이 주창되었다. 이 이념의 실현을 위한 구체적 내용은 ① 봉건적 신분제도의 철폐, ② 평등한 참정권의 획득과 ③ 평등한 법적 지위의 확보 등이었다. 이는 근대 민주주의의 발전에 원동력이 되었다.

---

264) 아리스토텔레스(Aristoteles)는 정의를 '일반적' 정의와 '특수적' 정의로 구분하고, 특수적 정의를 곧 '평등'이라고 하고 이를 다시 '절대적 평등'-평균적 정의-과 '상대적 평등'-배분적 정의-으로 구별하였다. 그는 정의를 일종의 사회적 덕목으로 보고, '평등한 것'이 정의로운 것이라고 하였다.

265) 고대의 평등이 '사회적 평등'을 의미한다면, '신 앞에 평등'은 '자연적 평등'을 의미하였다.

2. 평등 개념의 구조적 변화

평등의 원칙이 입헌주의의 성립 당시에는 신흥시민계급이 그들에게 불리한 신분적 불평등을 철폐하기 위한 수단으로 주창되었고 또한 그것으로서 사회적 의의를 충족시켰다. 그 당시의 평등은 인간을 '추상적 존재'로 파악하고 신분적 차별의 철폐와 평등한 참정권의 획득을 목표로 한 '형식적 평등'을 의미하였다. 평등의 목표는 '법적 평등'의 보장에 있었고 '사실상의 불평등'은 문제시되지 아니하였다. 국가에 의한 실질적 평등의 구현시도는 오히려 자유에 대한 침해로서 간주되었다.

20세기에 들어오면서 자유방임주의에 입각한 초기의 자본주의가 각종 모순, 특히 사회적·경제적 약자인 근로계급의 출현을 초래하게 되어 형식적 평등은 사회·경제분야에 있어서 부자유·불평등을 결과하게 되었다. 그리하여 대중적 민주국가에 있어서는 인간을 '실존적 존재'로 보고 소극적으로 국민에 대한 법적 불평등을 제거해야 함은 물론, 나아가 적극적으로 국민의 인간다운 생활을 보장함으로써 실질적 평등을 실현하는 것을 국가목표로 삼게 되었다. 이러한 실질적 평등을 보장·실현하기 위한 적극적 수단으로 생존권적 기본권이 헌법에서 보장되었고, 또한 사회정의의 구현을 위한 경제조항을 아울러 채택하게 되었다.[266)]

3. 평등원칙의 헌법 규정화

'법 앞에 평등'의 원칙이 최초로 문서화된 것은 1647년의 인민협정(Agreement of the People)에서였다고 한다. 그러나 세계 최초의 평등선언은 1776년의 버지니아권리장전과 미국의 독립선언서에서 나타났는데, 평등을 천부적 권리로서 자유와 함께 규정하였다. 각 주(州)헌법은, 그 규정방식이 다소 상이하지만, 평등원칙을 규범화하기 시작하였고, 미국 연방헌법은 수정헌법 제5조와 제14조에서 '법의 평등한 보호'(equal protection of law)조항을 채택하였다. 프랑스에서는 평등원칙이 1789년의 프랑스 인권선언에서 선언된 후, 1793년의 프랑스헌법에서 채택되었으며, 19세기의 헌법들은 예외 없이 이를 확인·보장하게 되었다. 사회적 시장경제질서에

---

266) 그 결과 국가의 성격이 변질되어 시민국가·자유국가로부터 사회국가·평등국가로 이행하였으며, 법치주의의 구조는 형식적 법치주의로부터 실질적 법치주의에로 변모하게 되었다.

관한 조항을 최초로 둔 것은 1917년의 멕시코헌법이었으며, 1919년 바이마르 헌법이 처음으로 재산권의 상대화와 생존권적 기본권조항을 채택하였다. 제2차 세계대전 이후에 채택된 헌법들은 평등조항과 경제조항을 상세하게 규정하여 실질적 평등의 실현을 국가목표로 하고 있다.

우리나라 헌법 전문은 “모든 영역에 있어서 각인의 기회를 균등히 하고 … 국민생활의 균등한 향상”을 기한다고 하여 평등의 이념을 선언하고 있으며, 이를 구현하기 위해 제11조 1항에서 “모든 국민은 법 앞에 평등하다”고 규정하여 평등의 원칙과 일반적 평등권을 선언하고 나서, 사회적 특수계급의 금지(동조 2항), 영전에 따른 특권의 금지(동조 3항), 교육의 기회균등(제31조 1항), 여자근로자의 차별금지(제32조 4항), 혼인과 가족생활에 있어서의 양성의 평등(제36조 1항), 선거에 있어서의 평등(제41조 1항·제67조 1항) 등 형식적 평등에 관한 규정과 생존권적 기본권(제31조-제36조), 경제질서(제9장) 등 실질적 평등에 관한 규정을 두고 있다.

Ⅱ. 평등원칙의 법적 성격 및 주체

1. 평등원칙의 법적 성격

(1) 주관적 공권으로서의 평등권

법 앞에 평등은 개인이 국가에 대해 불평등한 취급의 배제 또는 균등한 생활의 향상을 요구할 수 있는 ‘주관적 공권’을 그 본질로 한다. 그런데 그 법적 성격에 관하여는 학설이 대립되고 있다. 실정권설은 평등권도 국가에 의해 법률로써 보장되는 일종의 실정권, 즉, 국가내적 권리라고 하지만,[267] 자연권설은 평등권을 인간 생래의 권리를 헌법이 확인·선언하고 있는데 불과한 전형적인 자연권이라고 한다.[268] 그런데 평등권은 법 앞에 평등한 권리를 포괄하는 ‘일반적 평등권’ 내지 ‘추상적 평등권’[269]과 이를 구체화한 ‘개별적 평등권’ 내지 ‘구체적 평등

267) 박일경, 제6공화국 신헌법, 236면.

268) 독일기본법은 모든 기본권의 평등권의 초실정권설을 명문으로 규정하고 있다(제1조 2항).

269) Dworkin은 이를 추상적·배경적 권리라고 부르며, 김철수 교수는 이를 ‘주기본권’이라고 부른다.

권'[270]으로 구성되어 있다.

(2) 객관적 법원칙으로서 평등원칙

법 앞에 평등은 국민의 주관적 공권을 의미할 뿐 아니라 법질서 전반을 지배하는 원칙규범으로서 '객관적 법질서'의 성격을 가지고 있다. 즉, 국가는 모든 국민을 평등하게 대우하여야 한다는 '근본규범'을 의미한다.[271] 또한 평등원칙은 인간의 존엄성과 함께 국법질서의 최고가치를 의미하며, 민주국가에 있어서 근본적인 구성원리를 형성하고 있다. 따라서 이 원칙은 헌법의 해석과 적용의 기준이 되며, 평등의 원칙에 반하는 법률, 명령, 관습법 등은 당연히 무효가 된다. 이 원칙은 헌법개정에 의해서도 폐지할 수 없는 헌법개정의 한계에 속한다.

(3) 집단적 권리로서의 평등권

평등권도 자유권과 마찬가지로 개인주의·자유주의·합리주의의 배경하에서 생성되어 '개인적 권리'로서 이해되어 왔다. 그런데 20세기에 들어와서는 동일한 권리를 집단적으로 향유하고자 하는 경향이 나타났는데, '인종적 평등'이 그 대표적인 예이다. 인종적 평등을 주장하는 배경에는 집단적 이익이 있으며, 비록 개인이 재판을 통해 주장하는 경우에도 집단의 이익을 향상시킬 수 있다. 정치과정에서 소외되며 열악한 지위에 있는 사회적 집단의 경우, 실질적 평등의 구현을 위해 우선적 처우의 원리가 적용된다. 따라서 평등권은 오늘날 집단적 권리로서의 특징을 가지고 있는 점을 인식해야 한다.

(4) 평등권과 자유권과의 관계

평등권과 자유권의 상호관계에 대해서는 학설이 갈리고 있다. 평등권을 '자유권의 일종'으로 보는 입장은 평등권도 자유권과 마찬가지로 국가로부터 차별대우를 받지 않는다는 소극적 의의를 가지는 점을 강조하는 데에서 유래한다. 평등권은 국가에 대하여 평등한 대우를 요구할 수 있는 적극적 성질을 아울러 가지고

---

270) Dworkin은 이를 구체적·제도적 권리라고 부른다.

271) 헌재 1989. 1. 25. 88헌가7(소송촉진 등에 관한 특례법 제6조의 위헌심판) – "…평등의 원칙은 국민의 기본권 보장에 관한 우리 헌법의 최고원리로서 국가가 입법을 하거나 법을 해석 및 집행함에 있어 따라야 할 기본원칙이다."

있으므로 단순히 자유권의 일종으로만 보는 견해는 부당하며, 모든 기본권에 공통적으로 적용되는 '제5의 기본권'으로 보는 것이 타당하다고 하겠다.

2. 평등권의 주체

모든 국민은 평등권의 주체가 된다. 법인도 자연인과 마찬가지로 그 성질이 허용하는 범위 안에서 평등권을 누리며, 법인 상호간에는 당연히 평등의 원리가 적용되어야 한다.[272)] 그러나 외국인에 대해서는 적극설은 평등권은 인간의 권리이므로 외국인도 당연히 그 주체가 될 수 있는데, 다만, 국제법 규정에 따라 약간의 제한이 있다고 한다. 이에 대하여 소극설은 평등권이 실정법상의 권리로서 헌법이 국민이라고 명시하고 있으며, 참정권·생존권 등에서는 외국인의 차별대우가 당연한 것으로 간주되고 있으므로 외국인은 그 주체가 될 수 없다고 한다.[273)] 생각건대 우리 헌법상 외국인의 법적 지위는 헌법 제6조 제2항에 의해 인정되는 것이므로 원칙적으로 평등권의 주체가 될 수 없지만, 인간의 권리로서의 성격을 부여할 수 있는 범위 안에서는 그 주체가 될 수 있다.

Ⅲ. '법 앞에 평등'의 헌법상 의의

근대 입헌주의적 헌법에 있어서 일반적 평등의 원칙 내지 평등권은 '법 앞에 평등'[274)]으로 도식화되고 있다. 평등권의 내용은 '법' '앞에' '평등'을 어떻게 이해하느냐에 따라 달라진다.

1. '법'의 의의

법 앞에 평등에 있어서 '법'이란 국회의 의결을 거친 형식적 의미의 법률에 국한되지 않고 모든 법원(法源)이 포함된다. 즉, 헌법, 법률, 명령, 규칙, 조례 등의

---

272) 독일연방헌법재판소는 '법인격 없는 사단'도 평등의 주체에 포함시키고 있다.

273) 박일경, 제6공화국 신헌법, 234면.

274) 독일기본법에는 'Gleichheit vor dem Gesetz'로, 미국연방헌법에는 'equal protection of the laws'로 규정되어 있다.

성문법은 물론, 관습법, 판례법과 같은 불문법도 포함되며, 국제법도 헌법에 의해 수용되고 있다. 법원이 재판을 함에 있어서 준거할 법원이 없는 경우에는 형평의 원리(자연법)에 의해 판결을 하여야 하므로 이 원리도 법의 개념 속에 포함된다.

2. 법 '앞에'의 의의

법 '앞에' 평등이라 함은 단순히 '법의 적용', 즉 행정과 사법에 있어서만 평등할 것이 요구되는 것은 아니고 '법의 정립', 즉 입법에 있어서도 평등의 원칙이 적용될 것을 요구한다. 그러나 바이마르 헌법에서는 '법 앞에'가 법의 적용인 행정과 사법만을 의미하는가, 아니면 입법까지도 포함되는가에 관하여 학설이 대립되고 있었다.

(1) 법적용평등설(입법자비구속설)

이 설은 법실증주의자들의 주장으로 법 '앞에'라는 용어에 착안하여 입법을 전제로 법률의 적용만을 구속한다고 본다. 즉, 평등조항은 법적용작용인 행정과 사법만을 구속하는 것이지 법정립작용인 입법을 구속하는 것은 아니라고 하였다.[275)]

(2) 법내용평등설(입법자구속설)

이 설에 의하면 평등의 원칙은 자의적 차별의 금지, 즉 정의의 원칙을 구현하려는 것이므로 법에 의한 동등취급을 실현하기 위해서는 행정·사법뿐만 아니라 입법도 구속한다는 견해이다.[276)] 이 견해는 형식적인 법률만능주의 내지 법실증주의의 폐단을 극복하기 위한 것으로 그 제도적 장치로서 위헌법률심사제를 인정한다. 이것이 현재 모든 입헌국가에 있어서의 통설·판례의 입장이다.

생각건대, 개인의 존엄과 가치를 최고의 가치로 삼는 민주주의 원리하에서 평등원칙은 법률의 적용뿐만 아니라 법률의 정립작용에서도 지도원리가 되어야 한

---

275) 미국에서는 연방대법원의 초기 판례에서 '법의 평등한 보호'(equal protection of law)는 곧 '평등한 법의 보호'(protection of equal law)를 의미한다는 견해가 지배적이었다(*Yick Wo v. Hopkins*, 118 U.S. 356 (1886)).

276) 독일기본법은 "기본권은 직접 적용되는 법으로서 입법, 행정 및 사법을 구속한다."(제1조 3항)고 규정함으로써 평등원칙의 입법구속성을 명문으로 규정하고 있다.

다. 특히 위헌법률심사제가 실정법상 명백히 규정된 헌법(제107조 1항·제111조 1항 1호)에서는 평등의 원리에 의한 입법 기속성이 실정법적으로 보장되어 있는 것이다.

3. '평등'의 의의

(1) 절대적 평등과 상대적 평등

평등의 개념은 역사적 소산이기 때문에 그 기초에는 인간의 존엄이란 공통된 신념이 있지만, 그 구체적 의미·내용은 그 나라의 정치적·경제적·사회적 조건에 따라 규정될 수밖에 없다. 여기에 평등이 절대적 평등을 의미하는가, 아니면 상대적 평등을 의미하는가에 관하여 견해가 대립되고 있다.

1) 절대적 평등설(평균적 정의론)

이 설은 입법권이 평등원리에 절대적으로 구속된다고 보는 입장이다. 여기에는 평등이 모든 사람을 어떠한 경우에도 무차별·균등하게 취급하는 것으로 보는 '무제한적 절대적 평등설'과 평등의 적용범위를 사실상의 조건 또는 사유나 취급할 사항 또는 범위에 한정하고 그 범위 안에서 절대적 평등을 실현하고자 하는 '제한적 절대적 평등설'이 있다.

전자는 개인의 사실상의 차이를 무시하고 법률상의 취급을 균등하게 하는 것으로 17·18세기의 합리주의적 자연법론이 채택한 평등관이었다. 그러나 평등의 원칙은 모든 국민이 어떤 경우에도 절대로 평등일 것을 요구하는 것은 아니다. 법은 구체적 인간의 규범인데, 구체적 인간이 사실상 커다란 차이를 가지는 이상 '절대적 평등설'은 제한된 경우에만 적용될 수 있을 뿐, 모든 경우에 이를 주장할 수는 없다.

후자는 개인의 사실적 속성의 범위를 한정하고, 일정한 사유나 영역에 국한해서 절대적 평등의 원리를 적용하려는 입장인데, 근대헌법은 이러한 방법을 대체로 채택하고 있다. 이 입장은 비록 일정한 사유 또는 영역에 국한해서 절대적 평등을 적용하려고 하지만, 역시 평등의 원칙은 구체적인 사실에 따라 달리 적용될 수밖에 없으므로 그 한계성을 가지고 있는 것이다.

2) 상대적 평등설(배분적 정의론)

이 설은 자의적인 차별입법은 금지하지만 합리적인 차별대우는 인정한다는 입장이다(통설·판례).[277] 이 설은 인간의 구체적 차이를 전제로 하고 이에 대응하는 상이한 법적 취급을 인정하는 것으로서 '사실과 법적 취급의 비례적 균등'을 주장한다. 그 사상적 기초는 아리스토텔레스(Aristoteles)의 '배분적 정의'에서 출발하고 있으며, 울피아누스(Ulpianus)의 "평등한 것은 평등하게, 불평등한 것은 불평등하게" 대우하는 것이라는 명제 속에 집약되어 있다. 그렇다고 해서 그 미묘하고 다양한 상이점을 전적으로 반영하는 차별대우는 사실상 불가능하다. 여기에 평등의 원리를 구체적인 사실에 적용하기 위해 일정한 유형으로 분류하는 것이 입법의 과제인 것이다.

법적 평등이 사실과 규범의 비례적 평등이라고 정의되는 경우에도 실제로 '상대적 평등'을 적용하기 위해서는 그 기초가 되는 일정한 판단기준이 수립되어야 한다. 이에 관하여 미국의 판례는 그 표준을 '합리성'에서 구하고, 성별·종교·사회적 신분·인종 등을 이유로 하는 불합리한 조건에 의한 자의적인 차별대우를 위헌으로 하고 있다. 독일의 판례는 '자의의 금지'를 그 표준으로 하고 주관적인 기준에 의한 판단을 배제하고 있다. 우리 헌법재판소도 자의금지 또는 합리성 등을 기준으로 평등의 원리를 적용하고 있다. 궁극적으로 평등의 표준인 '상대적 평등'이나 '합리적 차별'은 그 나라 그 시대의 사회정의의 관념에 비추어 결정될 수밖에 없는 것이다. 여기에 '평등의 이념 = 자의의 금지 / 합리적 차별 = 상대적·실질적 평등'라는 도식이 도출된다.

(2) 형식적 평등과 실질적 평등

평등의 개념은 또한 형식적 평등과 실질적 평등으로 구별된다. 그런데 이는 다

---

277) 우리나라 헌법재판소는 "헌법 제11조 제1항이 천명하고 있는 평등의 원칙은 국민에 대한 절대적·산술적 평등을 보장함을 의미하는 것이 아니라, 입법과 법의 적용에 있어서 합리적인 근거가 없는 차별을 하여서는 아니된다는 상대적 평등을 뜻하는 것이므로"라고 판시하고 있다(헌재 1997. 10. 30. 96헌마94, 판례집 9-2, 531; 헌재 1998. 2. 27. 97헌바79, 판례집 10-1, 153, 158; 헌재 2002. 10. 31. 2001헌바59, 판례집 14-2, 486, 497-498; 헌재 2008. 3. 27. 2004헌마654, 판례집 20-1상, 375, 383-384; 헌재 2015. 6. 25. 2012헌마494, 판례집 27-1하, 539, 547; 헌재 2015. 11. 26. 2014헌마145, 판례집 27-2하, 365, 375; 헌재 2016. 3. 31. 2014헌마581 등, 판례집 28-1상, 491, 501).

의적 개념으로서 사람에 따라 여러 가지 의미로 사용되고 있다.

1) 형식적 평등과 실질적 평등의 개념

형식적 평등은 법규범을 실현하기 위한 '법의 적용'의 평등을 의미하는 데 반해, 실질적 평등은 실질적 정의를 실현하기 위한 '법의 내용'의 평등을 의미한다. 즉, 형식적 평등은 집행기관에 대하여 법규의 해석내용이 동일할 것(법적 취급의 균등)을 요구하며, 실질적 평등은 입법기관에 대하여 부당한 차별입법의 금지, 합리적 차별만의 허용(사실관계의 균등)을 요구한다.

2) 형식적 평등에서 실질적 평등으로

근대 민주국가에서 부여된 형식적 평등은 개인의 존엄과 가치를 실현하는 수단으로서는 무기력해짐에 따라 사회국가는 국민생활에의 불간섭이란 소극적 태도를 버리고 국민의 경제생활에 적극적으로 개입하여 실질적 평등—배분적 정의[278]—을 보장하게 되었다. 여기서 조건의 평등은 한편으로는 '자유의 제한' 위에서 이루어지지만, 다른 한편으로는 실질적인 '자유의 실현'을 의미하고 있다. 그리하여 현대 사회국가 내지 복지국가는 국민의 불평등한 조건이 있을 때에는 적극적인 시책을 통해 이를 제거하고 나아가 구체적인 입법을 통해 국민의 실질적인 평등을 보장할 의무를 지고 있다.

여기에 실정헌법상 평등은 '국가권력에 의한 차별의 배제'와 '국가권력에 의한 평등의 실현'이라는 이중 구조를 이루게 되었으며, 평등의 원칙의 형식적인 선언과 함께 생존권, 경제질서 등의 규정을 통한 국민의 실질적 평등의 보장을 지향하고 있다.

Ⅳ. 평등권의 내용

헌법 제11조 1항 후문은 "누구든지 성별, 종교 또는 사회적 신분에 의하여 정치적, 경제적, 사회적, 문화적 생활의 모든 영역에 있어서 차별을 받지 아니한다." 고 하여 평등권의 구체적인 내용을 명시하고 있다. 이는 평등권을 구체적으로 적용함에 있어서 차별금지사유와 차별금지영역을 규정하고 있는 것이다. 그런데 이

278) Rawls는 이를 '보상의 원리'(principle of redress)라고 부른다.

규정은 차별금지사유나 차별금지영역을 예시한 것인가 아니면 한정한 것인가에 관해 견해가 대립된다.

1. 차별금지의 사유

(1) 성 별

이는 봉건적 인습에서 탈피하여 법률상 남녀를 동등하게 대우하는 남녀평등의 원칙을 선언하는 것이다. 우리나라에서는 유교지배체제하에서 남존여비사상 때문에 남녀불평등이 제도화되어 왔으므로 성차별을 철폐·극복하는 것이 평등의 원칙을 실현하기 위한 가장 중요한 과제이었다. 종래 여성에게 사법상,[279)][280)] 형법상,[281)] 기타 공법상 차별대우를 강요하는 법률은 금지된다. 그리고 공법영역에서는 물론 사법영역에서도 성별을 근거로 한 차별대우는 허용되지 아니한다. 헌법은 여자의 근로(고용, 임금, 근로조건)에 있어서 부당한 차별을 금지하고(제32조 4항),[282)] 혼인과 가족생활에 있어서 양성의 평등을 강조하고 있다(제36조 1항).

그러나 성에 관한 가치판단이 전제되지 아니한 '육체적·생리적 차이'에 의한 차별대우는 인정된다. 즉, 여성의 성적 자기결정권의 보호(형법 제297조),[283)] 남성만의 병

---

279) 헌재 1997. 7. 16. 95헌가6 등, 판례집 9-2, 1 : 동성동본금혼을 규정한 민법 제809조 제1항은 이제 사회적 타당성 내지 합리성을 상실하고 있음과 아울러 "인간으로서의 존엄과 가치 및 행복추구권"을 규정한 헌법리념 및 "개인의 존엄과 양성의 평등"에 기초한 혼인과 가족생활의 성립·유지라는 헌법규정에 정면으로 배치될 뿐 아니라 남계혈족에만 한정하여 성별에 의한 차별을 함으로써 헌법상의 평등의 원칙에도 위반된다(헌법불합치).

280) 헌재 2010. 7. 29. 2009헌가8, 판례집 22-2상, 113 : 중혼의 취소청구권자를 규정한 민법 제818조는 그 취소청구권자로 직계존속과 4촌 이내의 방계혈족을 규정하면서도 직계비속을 제외하였는바, 직계비속을 제외하면서 직계존속만을 취소청구권자로 규정한 것은 가부장적·종법적인 사고에 바탕을 두고 있고, 직계비속이 상속권 등과 관련하여 중혼의 취소청구를 구할 법률적인 이해관계가 직계존속과 4촌 이내의 방계혈족 못지않게 크며, 그 취소청구권자의 하나로 규정된 검사에게 취소청구를 구한다고 하여도 검사로 하여금 직권발동을 촉구하는 것에 지나지 않은 점 등을 고려할 때, 합리적인 이유 없이 직계비속을 차별하고 있어, 평등원칙에 위반된다(헌법불합치).

281) 헌재 2015. 2. 26. 2009헌바17 등, 판례집 27-1상, 20 : 배우자 있는 자의 간통행위 및 그와의 상간행위를 2년 이하의 징역에 처하도록 규정한 형법 제241조(간통)가 과잉금지원칙에 위배하여 국민의 성적 자기결정권 및 사생활의 비밀과 자유를 침해하는 것으로서 헌법에 위반된다(위헌).

282) 남녀의 부당한 차별적 대우란 합리적인 이유 없이 남성 또는 여성이라는 이유만으로 부당하게 차별대우하는 것을 의미한다(대판 1996. 8. 23. 94누13589; 대판 1988. 12. 27. 85다카657).

역의무(제39조, 병역법 제3조 1항), 여성에 대한 생리휴가(근로기준법 제59조) 등이 여기에 해당한다. 이들 조치는 육체적·생리적 약자를 보호하여 '조건의 평등'을 실현하기 위한 것으로 결코 차별대우가 아니다. 우리나라는 친족상속법상 여성에 대한 차별이 광범하게 만연되어 왔으나, 민법에서 남녀평등 원칙이 대폭적으로 수용되었다.

(2) 종 교

특정한 종교 또는 신앙의 유무에 의한 차별금지는 인권사에 있어서 종교적 평등권을 의미했다. 근대에 들어와서 평등원칙의 세속화와 함께 제일 먼저 주창된 것이 종교적 평등권이었다. 특정한 종교를 국교로 하거나 우대하는 것은 금지되며, 신앙을 이유로 하는 차별대우는 허용되지 않는다. 종교에 의한 차별대우는 정치·경제·사회·문화의 모든 생활영역에서 금지되어야 한다. 즉, 종교를 이유로 참정권을 제한하거나, 화폐가 특정한 종교를 상징하는 내용을 담거나, 재산상 불이익을 받거나 교육의 기회가 제약되어서는 안된다. 대통령취임식을 특정 종교의식에 따라 거행한다거나, 어느 종교단체에 대하여 국고보조를 하거나, 국공립학교의 입학에 있어서 차별대우를 하는 것 등은 위헌이다.

(3) 사회적 신분

사회적 신분을 이유로 한 차별대우는 허용되지 아니한다. 사회적 신분의 의의에 관하여는 학설이 대립되고 있다. 선천적 신분설은 사회적 신분을 '출생'에 의해 고정된 생래적 신분에 국한시킨다. 선천적 신분에는 인종, 존속·비속의 지위,[284] 귀화인이나 전과자의 자손 등이 이에 속하지만, 그 범위가 너무 협소하다. 후천적 신분설은 사회적 신분이란 사회생활에 있어서 다소간 계속적으로 지속되는 지위를 말하며, 여기에는 귀화인, 전과자, 공무원·근로자·농어민 등의 직업상의 지위,[285] 대학생 등이 널리 포함된다.[286] 평등의 이념을 적극적으로 실현하기

---

283) 헌재 2009. 11. 26. 2008헌바58 등, 판례집 21-2하, 520 : 형법 제304조 중 "혼인을 빙자하여 음행의 상습없는 부녀를 기망하여 간음한 자" 부분이 헌법 제37조 제2항의 과잉금지원칙을 위반하여 남성의 성적자기결정권 및 사생활의 비밀과 자유를 과잉제한하는 것으로 헌법에 위반된다(위헌).

284) 헌법재판소는 증여세를 부과하면서 배우자 또는 존·비속에 대하여 재판청구권을 제한하는 것은 평등권에 반한다는 위헌결정을 한 바 있다(헌재 1992. 2. 25. 90헌가69, 91헌가5(위헌심판), 90헌바3(헌법소원) (병합) (상속세법 제29조의4 제2항에 대한 위헌심판과 헌법소원).

위해서는 광범하게 후천적 신분을 포함하는 것으로 보아야 한다.

존속살해에 있어서 존속·비속인 지위가 사회적 신분에 해당하느냐에 관하여 논란이 있지만, 우리나라 헌법재판소는 존속살해에 대해 일반살인죄에 비해 가중 처벌은 평등원칙 위반이 아니라고 한다.[287] 상습범·대한 가중처벌은 형벌체계상 균형성을 상실하여 평등원칙에 위반되지 아니한다고 판시했다.[288] 우리나라에서는 인종에 의한 차별대우가 거의 문제되지 않고 있지만, 인종간에는 차별대우가 어떠한 이유로도 허용되지 않는다(절대적 평등원칙).[289]

2. 차별금지의 영역

(1) 정치적 생활영역

모든 국민은 정치적 생활영역에 있어서 차별대우를 받지 아니한다. 정치적 생활영역에서의 평등은 선거권과 피선거권, 국민투표권, 공무담임권 등에 있어서의 차별금지를 말한다. 이와 같은 정치적 평등은 민주정치의 대전제이며, 평등선거제도는 세계적으로 확립되어 있다. 여기에 적용되는 평등원칙은 '절대적 평등'임을 유의하여야 한다.

---

285) 헌재 1993. 7. 29. 91헌마69(지방교육자치에 관한 법률 제9조 제1항에 대한 헌법소원) – "초중등학교 교원에 대해서는 교육위원직 겸직을 금지하면서 대학교원에게는 겸직을 허용한다 하더라도 이는 양자간 직무의 본질이나 내용 그리고 근무태양이 다른 점을 고려할 때 합리적인 차별이라고 할 것이므로 … 헌법상의 평등권을 침해한 것이라고 할 수 없다."

286) 헌법재판소는 선거권 '연령'은 '사회적 신분'에 해당하지 않는다고 판시하고 있다(헌재 1997. 6. 26. 96헌마89).

287) 헌재 2013. 7. 25. 2011헌바267, 판례집 25-2상, 82 : 자기의 직계존속을 살해한 자를 일반 살인죄를 저지른 자에 비하여 가중처벌하는 형법 제250조 제2항 중 '자기의 직계존속을 살해한 자' 부분은 평등원칙에 위반된다고 볼 수 없다.

288) 헌재 2012. 5. 31. 2011헌바15 등, 판례집 24-1하, 435 : 특정범죄 가중처벌 등에 관한 법률 제5조의4 제5항은 일반 범죄자, 같은 법 제5조의4 제1항의 상습범, 누범기간 내에 형법상 강도죄를 저지른 자, 강도죄로 3회 이상 징역형을 받은 후 누범기간 내에 강도예비·음모를 한 자와의 관계에서 그 죄질 및 보호법익 등이 상이하여 그 법정형을 일률적으로 비교하기 어려운 측면이 존재하므로, 이 사건 법률조항의 법정형이 위의 경우들보다 실제 다소 무거운 측면이 존재하더라도 형벌체계상 균형성을 상실하여 평등원칙에 위반되지 아니한다.

289) Brown v. Board of Education of Topeka, 347 U.S. 483 (1954). 이 사건에서 Warren법원은 1896년의 Plessy v. Ferguson 사건(163 U.S. 537)에서 확립된 '분리되었으나 평등한'(separate but equal) 원칙을 파기하고 분리 그 자체가 위헌이라는 판시를 하였다.

그런데 헌법상 선거권의 평등과 관련하여 선거구획정과 투표가치의 불평등(즉, 선거구의 인구의 차이에 따른 투표가치의 불평등)이 문제가 된다. 평등선거제는 '1인 1표주의'로 확립되어 선거구의 획정과는 무관하게 합헌으로 인정되어 왔다. 그런데 도시집중화로 인한 도시에의 인구집중에도 불구하고 입법의 부작위와 게리맨더링으로 선거구의 재획정과 의원정수의 불균형이 시정되지 않아 이른바 '투표가치의 불평등'이 문제되었다. 원래 선거구의 획정문제는 정치문제로 간주되어 사법심사에서 제외되어 왔으나, 미국에서 1962년의 Baker v. Carr 사건[290]에서 이 문제를 사법심사의 대상으로 삼기 시작하여 투표가치의 실질적 평등을 추구하게 되었다. 그 결과 불평등한 인구비율에 의한 선거구 획정은 평등원칙에 위반된다는 판례가 지배하게 되었는데, 미국의 경우는 그 비율이 확정되지는 않고 대체로 3:1의 비율인 때에는 위헌으로 보고,[291] 독일의 경우에도 그 최대편차가 $33.\frac{1}{3}$%인 때에는 위헌으로 보고 있으며,[292] 일본의 경우는 투표가치가 4:1 이상의 차이가 나는 때에는 평등의 원칙에 위반된다고 한다.[293]

우리나라 헌법재판소는 국회의원 지역선거구들 간 허용되는 인구편차의 범위와 관련하여 "인구편차 상하 $33\frac{1}{3}$%를 넘어 인구편차를 완화하는 것은 지나친 투표가치의 불평등을 야기하는 것으로, 이는 대의민주주의의 관점에서 바람직하지 아니하고, 국회를 구성함에 있어 국회의원의 지역대표성이 고려되어야 한다고 할지라도 이것이 국민주권주의의 출발점인 투표가치의 평등보다 우선시 될 수는 없다. … 선거구구역표 중 인구편차 상하 $33\frac{1}{3}$%의 기준을 넘어서는 선거구에 관한 부분은 위 선거구가 속한 지역에 주민등록을 마친 청구인들의 선거권 및 평등권을 침해한다."고 판시하였다.[294]

(2) 경제적 생활영역

모든 국민은 경제적 생활영역에 있어서 불합리한 차별대우를 받지 아니할 뿐

---

290) 369 U.S. 186 (1962).

291) 유사한 판례로는 Gray v. Sanders, 372 U.S. 368 (1963); Reynolds v. Sims, 377 U.S. 533 (1964); Wesberry v. Sanders, 376 U.S. 1 (1964); Kirkpatrick v. Preisler, 394 U.S. 526 (1969); Davis v. Bandemer, 54 U.S. 4898 (1986); NYC Board of Estimate v. Morris, 489 U.S. 688 (1989) 등이 있다.

292) BVerfGE 16, 130 (140 ff).

293) 1985(소화 60). 7. 17. 대법정, 민집 37권 9호 1혈(중의원의원정수배분규정위헌소송); 1976(소화 51). 4. 14. 대법정, 민집 30권 3호 223혈 (중의원의원정수배분규정위헌소송) 등이 있다.

294) 헌재 2014. 10. 30. 2012헌마190·192·211·262·325, 2013헌마781, 2014헌마53(병합).

아니라, 실질적 평등 실현을 요구할 수 있는 권리를 가지고 있다. 경제적 생활영역에서의 평등은 남녀 간 근로기회의 균등 · 임금의 차별금지 · 근로조건에 있어서의 평등, 조세법률주의[295]에 의한 조세평등원칙,[296] 사회보장에 있어서의 균등한 생활보장을 말한다. 이와 같은 경제적 평등은 오늘날 사회국가 · 복지국가에 있어서 인간다운 생활의 보장을 통한 '사회정의'의 실현을 위해 중요시되고 있다. 여기에 적용되는 평등의 원칙은 주로 '상대적 평등'을 의미한다. 과세에 있어서 적용되는 누진세는 바로 실질적 평등의 구현을 의미하는 것이며, 재산권에 대한 제한(제23조) 등 경제적 자유에 대한 규제도 실질적 평등의 실현을 위한 조건으로 인정되고 있다. 국가는 이와 같은 실질적 평등을 실현하기 위해 적극적인 정책을 수립 · 집행하여야 할 책임이 있다.

(3) 사회적 생활영역

모든 국민은 사회적 생활영역에 있어서 불합리한 차별대우를 받지 아니한다. 사회적 생활영역에 있어서의 평등은 교육의 기회균등, 혼인과 가족생활에 있어서의 양성평등,[297] 적자와 서자의 차별금지,[298][299] 형사절차상 평등권[300][301][302][303]

---

295) 헌법 제38조, 제59조가 규정하는 조세법률주의는 과세요건을 국민의 대표기관인 국회가 제정한 법률로 규정하도록 하여 국민의 재산권을 보장하고, 과세요건을 명확하게 규정하여 국민생활의 법적 안정성과 예측가능성을 보장하기 위한 것이다(헌재 1989. 7. 21. 89헌마38, 판례집 1, 131, 138-139; 1995. 11. 30. 93헌바32, 판례집 7-2, 598, 606-607; 헌재 2000. 2. 24. 97헌바15, 판례집 12-1, 142, 150).

296) 헌법 제11조 제1항은 모든 국민은 법 앞에 평등하고 누구든지 합리적 이유 없이는 생활의 모든 영역에 있어서 차별을 받지 아니한다는 평등원칙을 선언하고 있고, 이와 같은 평등원칙이 세법영역에서 구현된 것이 조세평등원칙이다. 즉 조세의 부과와 징수는 납세자의 담세능력에 상응하여 공정하고 평등하게 이루어져야 하고, 합리적인 이유 없이 특정한 납세의무자를 불리하게 차별하거나 우대하는 것은 허용되지 아니한다(헌재 2015. 9. 24. 2012헌가5등; 헌재 2016. 3. 31. 2013헌바372, 판례집 28-1상, 366, 382).

297) 헌재 2005. 12. 22. 2003헌가5 등, 판례집 17-2, 544 : 민법 제781조 제1항 본문 중 "자(子)는 부(父)의 성(姓)과 본(本)을 따르고" 부분과 관련하여, 출생 직후의 자(子)에게 성을 부여할 당시 부(父)가 이미 사망하였거나 부모가 이혼하여 모가 단독으로 친권을 행사하고 양육할 것이 예상되는 경우, 혼인 외의 자를 부가 인지하였으나 여전히 모가 단독으로 양육하는 경우 등과 같은 사례에 있어서도 일방적으로 부의 성을 사용할 것을 강제하면서 모의 성의 사용을 허용하지 않고 있는 것은 개인의 존엄과 양성의 평등을 침해한다(헌법불합치).

298) 헌재 2009. 11. 26. 2007헌마1424, 판례집 21-2하, 618: 계모의 직계비속은 계모와 자연혈족관계가 있는 혈족이지만, 청구인은 계모와 자연혈족관계가 인정되지 않는 인척에 지나지 않는 점에 비추어 볼 때, 양자는 평등권 심사에 있어서 같은 비교집단으로 구성되기 어렵고, 계모자관계는 그 폐해로 인하여 합리성을 인정받지 못하고 입법자의 결단에 의하여 폐지된

등을 말한다. 국가의 적극적인 정책의 뒷받침이 있을 때에 비로소 사실상의 사회적 평등은 실현될 것이다.

(4) 문화적 생활영역

모든 국민은 문화적 생활영역에 있어서도 차별대우를 받지 아니할 권리를 가지고 있다. 문화적 평등은 학문·예술활동, 문화적 자료·시설의 이용, 정보에의 접

것이고, 계모자관계를 폐지하였음에도 불구하고 계자를 계모의 상속권자로 인정한다면 그 반대로 계모도 계자의 상속권자가 되어야 할 것이며, 이는 사실상 계모자 간에 법정혈족관계를 다시 인정하는 것이 될 뿐만 아니라, 계모자 간에 상속권을 인정할 경우 평등의 원칙상 계부자 상호간 및 적모서자 상호간에도 상속권을 인정하여야 하는 부당한 결과가 초래되는 점에 비추어 볼 때, 이 사건 법률조항에서 계자를 계모의 상속권자로 입법하지 아니한 것이 계자를 합리적 이유 없이 부당하게 차별하는 것이라고 볼 수 없다.

299) 헌재 2011. 2. 24. 2009헌바89 등, 판례집 23-1상, 108 : 계자의 친부와 계모의 혼인의사를 일률적으로 계자에 대한 입양 또는 그 대리의 의사로 간주하기는 어려우므로, 계자의 친부와 계모의 혼인에 따라 가족생활을 자유롭게 형성할 권리를 침해하지 아니하고, 또한 개인의 존엄과 양성평등에 반하는 전래의 가족제도를 개선하기 위한 입법이므로 가족제도를 보장하는 헌법 제36조 제1항에 위반된다고 볼 수도 없다.

300) 헌재 2011. 10. 25. 2010헌마243, 판례집 23-2하, 93 : 재정신청이 이유 없어 기각하는 결정이 확정된 후 다른 중요한 증거가 발견된 고소인과 그렇지 않은 고소인 사이에 형사피해자 재판절차진술권을 행사함에 있어서 차별이 발생하나, 이는 합리적인 근거에 기한 것으로서 청구인의 평등권을 침해한다고 볼 수 없다.

301) 헌재 2011. 5. 26. 2010헌마499, 판례집 23-1하, 254 : 형사재판의 경우는 부당한 구금의 장기화 방지, 실체적 진실발견을 위한 증거의 멸실이나 왜곡 방지, 일반예방 및 특별예방의 목적달성을 위한 형벌권의 조기실현 등을 위하여 민사재판에 비해 보다 신속하게 법률관계를 확정지을 필요가 있으므로, 민사소송법상 즉시항고 제기기간인 1주일의 절반 가량인 3일로 규정한 것은 그 차별취급에 합리적 이유가 있으므로 청구인의 평등권을 침해하지 아니한다.

302) 헌재 2013. 10. 24. 2012헌바428, 판례집 25-2하, 224 : 약식절차는 일반 형사재판과 달리 생명 또는 신체의 자유에 대한 제한을 가져오지 않는 경미한 사건만을 대상으로 하고 있으므로, 이러한 사건에 대하여는 효율성 및 신속성을 보다 강조하는 것이 전체적으로 사법자원의 효율적인 배분을 가져와 헌법상의 재판청구권을 더욱 충실하게 보장하는 방법이 될 수 있다. 따라서 약식명령에 대한 불복기간을 민사·행정재판보다 짧은 기간으로 하고 일반 형사판결과 같게 정한 것은 모두 합리적인 이유가 있는 것이므로, 이 사건 법률조항은 약식명령 피고인의 평등권을 침해하지 않는다.

303) 헌재 2013. 8. 29. 2011헌바253 등, 판례집 25-2상, 424 : 공판조서의 절대적 증명력을 인정하는 형사소송법 제56조는 증명력에 있어서 공판조서와 다른 증거방법을 차별하고 있으나, 그 입법취지, 절대적 증명력의 범위, 정확성을 담보하기 위한 형사소송법상의 여러 조항 등을 모두 고려할 때, 이러한 차별은 합리적인 이유가 있다고 인정되므로 평등원칙에 위반되지 아니한다.

근·이용 등 모든 문화활동에 있어서의 차별금지를 말한다.[304] 교육의 기회균등[305]은 보장되지만, 능력에 따른 차별은 인정된다.

3. 헌법 제11조 제1항의 열거적 규정인지, 예시적 규정인지 여부

우리나라 헌법은 차별금지규정을 두어 개별적인 평등권을 구체적으로 보장하고 있는데, 그 유형은 '차별금지의 사유'를 열거하는 경우와 '차별금지의 생활영역'을 규정하는 경우로 대별된다. 헌법 제11조 제1항 후문은 차별금지사유(성별·종교·사회적 신분)를 열거하고 있고, 차별금지영역에 관하여는 "모든 영역"에 있어서 차별을 금지하고 있다.

여기서 우리나라 헌법 제11조 제1항 제1문과 제2문간의 관계와 관련하여 차별금지사유인 성별·종교·사회적 신분이 열거적 규정인지, 예시적 규정인지가 문제된다. 이 문제는 크게 헌법 제11조 제1항 제2문의 성별·종교·사회적 신분이라는 차별적 금지사유를 평등권 심사기준인 완화된 심사기준 또는 엄격한 심사기준과 연결시켜 판단할 것인가 아니면 심사기준과는 무관하게 법적용의 대상을 넓혀 판단할 것인가로 요약할 수 있다.

먼저 헌법 제11조 제1항 제2문의 성별·종교·사회적 신분을 예시규정으로 보는 입장에서는 ① 학력·인종·출신지역 등 그 어떠한 사유로도 불합리한 차별은 인정할 수 없다는 것이 평등권 보장의 취지이고, ② 법의 사유를 개별적으로 명시한 것은 기존에 많이 발생하였고 논란의 여지가 있던 것을 조문화한 것이므로, 발생하리라고 예측할 수 없는 사항에 대해서도 이를 포괄할 수 있어야 한다고 한다. ③ 차별적 금지사유를 열거규정으로 본다면 국민의 평등권보장의 범위가 좁

304) 헌재 2017. 5. 25. 2015헌바373 등, 판례집 29-1, 143 : 문화재수리법위반과 다른 죄의 동시적 경합범에 대한 형을 정함에 있어 문화재수리법위반에 대해 징역형을 선택할지 여부는 그와 경합범으로 기소된 죄에 대한 징역형 선택 여부와 독립적으로 판단된다. 따라서 문화재수리법위반과 경합범으로 기소된 다른 죄의 경중이 심판대상조항에 따른 문화재수리기술자 자격 취소 여부에 영향을 끼치지 않으므로, 문화재수리법위반이 다른 죄와 별도로 기소되는 경우와 동시적 경합범으로 기소되는 경우 사이에 심판대상조항에 의한 차별취급은 존재하지 않는다. 따라서 심판대상조항은 평등원칙에 위반되지 아니한다.

305) 헌재 2009. 10. 29. 2008헌바77 등, 판례집 21-2하, 182 : 교육공무원 가산점 적용시한을 규정하고 있는 교육공무원법 부칙 제2조 제1항 제5호 중 별표 2의 제4호에 관한 부분과 관련하여, 입법자가 각 개인마다 가산점 부여 여부가 복잡하게 적용되는 것을 방지하고 제도의 한시적 운영이라는 취지에 따라 일률적으로 입학년도라는 기준에 따라 결정하였다고 하여 이를 두고 재량의 범위를 넘어서는 합리적인 이유 없는 차별에 해당한다고 보기는 어렵다.

아질 수 있다.

반면 헌법 제11조 제1항 제2문의 성별·종교·사회적 신분을 열거규정으로 보는 입장에서는 ① 헌법제정자는 과거의 역사적 경험에 비추어 성별·종교·사회적 신분에 의한 차별을 헌법규정을 통하여 금지하는 것이 필요하고, 일반적인 평등원칙(자의금지의 원칙 적용)만으로는 효율적으로 성별·종교·사회적 신분에 의한 차별을 배제할 수 없다고 판단한 것이다. 이처럼 헌법 제11조 제1항 제1문은 비합리적 차별을 일반적으로 금지하고, 동조 제2문에서는 특별히 차별금지기준을 한정적으로 열거한 헌법제정권자의 의사에 특별한 의미를 부여해야 한다는 것이다. ② 열거규정으로 보는 입장에서는 헌법 제11조 제1항 제1문의 사항은 합리성 심사기준에 의한 자의금지원칙을 적용하고, 동조 제2문에 규정된 차별금지사유에 대해서는 비례성원칙에 의한 엄격한 심사기준을 적용한다는 것이다. 헌법상 직접 차별금지기준을 규정하고 있는 경우에는 이러한 기준의 경우에는 입법형성권이 좁아지게 되는데, 제2문에 규정된 차별금지사유를 예시규정으로 본다면 평등권과 관련한 거의 모든 사유가 엄격한 심사기준이 적용되어 입법형성권이 매우 축소될 것이라고 한다. ③ 평등권의 보장범위가 지나치게 축소된다는 비판에 대하여는 제2문의 차별금지사유를 열거규정으로 해석하더라도 그 밖의 기준에 따른 차별이 허용되는 것이 아니고, 성별·종교·사회적 신분 이외의 다른 기준에 의한 차별은 합리성 심사기준(완화된 심사기준)을 적용하게 된다.

생각건대, 성별·종교에 의거한 차별은 평등심사와 관련하여 엄격한 심사기준이 적용되지만, 사회적 신분에 의거한 차별은 그 판단기준을 획일화할 수 없고 개별적으로 판단해야 할 것이다. 그 이유는 성별·종교는 그 개념이 명확한 반면, 사회적 신분이라는 개념은 사회에서 장기간 점하는 지위로서 일정한 사회적 평가를 수반하는 지위이므로 여러 가지 평가가 수반될 수 있는 개념이기 때문이다. 또한 기존의 일부 학설처럼 성별·종교·사회적 신분에는 엄격한 심사기준을 적용하고, 성별·종교·사회적 신분 이외의 다른 사유에 대한 차별은 완화된 심사기준이 적용된다고 하면 헌법상 평등권 심사기준의 심각한 오류가 발생한다. 왜냐하면, 성별·종교·사회적 신분 이외의 다른 사유 중에 엄격한 심사기준을 적용해야 하는 차별영역들이 다수 존재하기 때문이다. 인종, 피부색, 언어, 출신지역 등을 이유로 차별대우를 하는 국가작용의 경우에는 헌법 제11조 제1항 제2문의 성별·종교·사회적 신분에 해당되지 않더라도 인(人)관련적 차별대우로서 엄격한 심사가 적용되어야 하기 때문이다.

V. 평등권의 위헌심사기준

1. 자유권과 평등권간의 심사구조 차이

자유권 심사는 3단계 심사구조를 지닌다. 먼저 당해 자유권의 보호영역이 확정되어야 하고, 그 다음으로 기본권의 보호영역에 대한 국가의 침입(Eingriff)이 확인되어야 한다. 마지막으로 이러한 국가의 침입이 헌법적으로 정당화될 수 있는지를 심사한다.[306] 여기서 말하는 기본권의 보호영역(Schutzbereich)[307]이란 국가에 의해 해당 기본권에의 침입이 정당화되려면 헌법상 침입과 관련하여 요구되는 형식적·실질적 요건을 충족해야 하는 영역을 말한다.[308] 이러한 기본권의 보호영역은 원칙적으로 법률상 법익형량에 의해서 개별적으로 확정되는 것이 아니라, 헌법해석에 의하여 일반적으로 그 영역이 확정된다.[309]

반면, 평등권 심사는 2단계 심사구조를 지닌다. 평등권의 경우에는 보호영역이 존재하지 않기에 보호영역에 대한 제한도 없게 되는 것이다. 따라서 평등권에 있어서는 먼저 차별대우가 존재하는지 여부를 심사하고, 그 다음으로 그러한 차별을 헌법적으로 정당화할 수 있는지 여부를 심사하게 된다.[310]

---

306) 김주환, 일반적 평등원칙의 심사 기준과 방법의 합리화 방안, 공법학연구 제9권 제3호, 2008. 8, 206면.

307) 일부 견해는 기본권 보호영역을 "기본권에 의해서 보호되는 생활영역"이라고 정의한다 (Pieroth/Schlink, Grundrecht - Staatsrecht Ⅱ, Rn. 195).

308) 이에 관하여는 G. Lübbe-Wolff, Die Grundrechte als Eingriffsabwehrrechte, 1988, 25면 이하; 정태호, "자유권적 기본권의 '제한'에 관한 고찰" - 이른바 사실상의 기본권제약을 중심으로 -, 헌법논총 제13집, 565면 이하; 한수웅, "자유권의 보호범위", 헌법학연구 제12권 제5호, 2006. 12, 47면.

309) J. Isensee, Das Grundrecht als Abwehrrecht und das staatliche Schutzpflicht, § 111 Rn. 42 ('보호영역'은 침입의 효력범위 및 국가의 정당성근거 등 그 범위가 경직되고 확정적이다. 반면, '보호법익'은 법적 또는 현실적 가능성 기준에 따라 고려되어야 한다. 따라서 보호법익은 효과적인 조치나 기본권주체에 따라 다양하게 조절되기에 유동적이다); K. Stern, Das Staatsrecht der Bundesrepublik Deutschland, Bd. Ⅲ/2, S. 40; Pieroth/Schlink, Grundrecht - Staatsrecht Ⅱ, Rn. 253.

310) Pieroth/Schlink, Grundrecht - Staatsrecht Ⅱ, Rn. 10.

2. 평등권 심사단계

평등권 심사는 일반적으로 2단계로 구조화된다. 첫째, 차별대우의 존재를 확인하는 작업이 필요하다. 이 단계에서 차별표지(differentia specifica)에 의거하여 상이한 사람, 상이한 인적 집단 또는 상이한 상황이 공통의 상위개념하에서 논의될 수 있어야 한다. 둘째, 그러한 차별대우를 헌법적으로 정당화할 수 있는 사유가 존재하는지 여부를 판단하는 작업이다.[311)]

(1) 차별대우의 존재 확인

차별대우의 존재 확인이 필요하다. 예를 들어, 헌법적으로 정당화되는 차별대우로는 ① 어떤 사람, 어떤 인적 집단, 어떤 상황이 제한 또는 급부에 의하여, 참여나 절차를 통해 특정한 방식으로 법적인 대우를 받고 있는 경우, ② 다른 사람, 다른 인적 집단, 다른 상황이 특정한 다른 방식으로 법적인 대우를 받고 있는 경우, ③ 위의 두 사람, 두 인적 집단, 두 상황이 그 밖의 사람, 그 밖의 인적 집단, 그 밖의 상황을 제외하는 하나의 공통된 상위개념하에 파악될 수 있는 경우이다.[312)]

선결적 문제로서 헌법적으로 차별대우를 어떻게 선별할 것인가가 문제된다. 이를 위해 첫째, 올바른 비교집단을 선정하는 작업이 필요하다.[313)] 비교집단 상호간 본질적 동일성이 존재하고, 특정한 공통의 징표를 가지고 공통의 상위개념하에서 논의될 수 있어야 한다.[314)] 비교집단이 본질적으로 동일한가 여부는 당해 법규정의 '의미'와 '목적'에 의거해 판단된다. 입법자가 입법형성의 자유를 가지고 일정한 목적을 설정하고 이 목적을 달성하기 위한 규율대상을 차별적으로 규율할 필요성을 가진다면, 그에 합당한 차별기준을 설정하게 된다. 본질적 동일성 여부를 판단하기 위해서는 사람이나 인적 집단 또는 상황과 비교될 수 있는 것이어야 한다. 비교가능성은 비교점(tertium comparationis)을 필요로 한다.[315)] 비교점은 법적으

311) Michael/Morlok, Grundrechte, 2008, Rn. 787 ff.

312) Pieroth/Schlink, Grundrechte – Staatsrecht II,, Rn. 435

313) A. Podlech, Gehalt und Funktionen des allgemeinen verfassungsrechtlichen Gleichheitssatzes, 1971, S. 53 ff.

314) W. Heun, Freiheit und Gleichheit, in: Merten/Papier, HGR, Bd. Ⅱ, 2006, § 34, Rn. 40.

로 상이하게 대우되어지는 상이한 사람, 인적집단 또는 상황을 포괄하는 공통적인 상위개념(genus proximum)이다.[316] 근본적으로 공통의 상위개념에 포함될 수 있는가를 먼저 살펴야 한다. 예를 들면, 변호사, 세무사, 공인회계사, 관세사, 변리사, 건축사, 수의사, 행정사, 노무사 등의 보수와 부동산중계업자의 보수의 차별을 두고, 부동산중계업자에게는 법정수수료제도를 두어 법정수수료 초과하여 금품을 수수하는 경우 처벌하도록 한 법률 규정을 두었다.[317] 양자의 직업군이 공통의 상위개념에 포함될 수 있는지를 살펴보아야 한다. 양자의 보수는 자격증을 가진 자가 서비스를 제공하는 행위의 반대급부로서 받는 대가라는 공통의 상위개념을 지니고 있다. 그런데 다른 직업과 부동산중계업은 직업의 업무성격이 다르고 그 성격에 따른 보수의 차별을 정당화하는 이유(국민경제의 영향효과)가 존재하므로 입법자가 이를 달리 취급할 수 있는 것이다. 이러한 공통적인 상위개념하에 차별표지(differentia specifica)에 의거한 상이한 사람, 상이한 인적 집단 또는 상이한 상황이 완전하고 종국적으로 명확해져야 한다. 차별표지를 어떻게 선정하느냐에 따라 비교대상의 범위가 변화할 수 있다. 차별표지를 부정확하고 완화할수록 동일한 범주로 보아야 할 범위가 넓어지고, 차별표지를 정확하고 엄격하게 할수록 동일한 범주의 범위가 좁아진다. 예를 들면, 차별표지로서 '직업'으로 상정하면 내과의사와 안과의사는 동일한 범주에 속하게 된다. 그런데 차별표지를 '전공'으로 정한다면 내과의사와 안과의사는 다른 범주에 속하게 된다.

(2) 차별취급의 정당화 사유

차별취급이 존재하는 경우 이를 다르게 취급하는데 헌법상 정당한 사유가 있는지 여부를 심사하게 된다.

1) 우리나라 헌법재판소의 평등원칙 심사기준

평등원칙 위반 여부를 심사함에 있어서 엄격한 심사기준(비례성원칙)에 의할 것인지, 완화된 심사기준(자의금지원칙)에 의할 것인지는 입법자에게 인정되는 입법

---

315) A. Podlech, Gehalt und Funktionen des allgemeinen verfassungsrechtlichen Gleichheitssatzes, 1971, S. 64 ff.

316) P. Kirchhof, Der allgemeine Gleichheitssatz, in: Josef Isensee/Paul Kirchhof (Hrsg.), HdbStR Ⅴ, § 124 Rn. 20.

317) 헌재 2002. 6. 27. 2000헌마642·2001헌바12(병합), 판례집 제14권 1집, 644면 이하.

형성권의 범위에 따라 다르게 나타난다.[318] 특정 법률조항이 평등원칙에 위반되는지 여부는 원칙적으로 그 차별수단이 입법자의 자의가 존재하는지 여부를 판단하는 '자의금지원칙'에 의해 심사한다.[319] "자의금지원칙에 관한 심사요건은 첫째, 본질적으로 동일한 것을 다르게 취급하고 있는지에 관한 차별취급의 존재 여부, 둘째, 이러한 차별취급이 존재한다면 이를 자의적인 것으로 볼 수 있는지 여부라고 할 수 있다."[320]

우리나라 헌법재판소는 평등원칙 위반의 심사기준과 관련하여, 2가지 경우에는 '엄격한 심사기준'(비례성원칙)을 적용하고, 그 이외의 경우에는 '완화된 심사기준'(자의금지원칙)을 적용한다고 한다.[321] 즉, '엄격한 심사기준'(비례성원칙)은 첫째, 헌법에서 특별히 평등을 요구하고 있는 경우이다. 헌법이 스스로 차별의 근거로 삼아서는 안 되는 기준을 제시하거나 차별을 특히 금지하고 있는 영역을 제시하고 있는 경우, 그러한 기준을 근거로 한 차별이나 그러한 영역에서의 차별에 대하여 엄격하게 심사한다는 것이다.[322] 둘째, 차별적 취급으로 인하여 관련 기본권에 대한 중대한 제한을 초래하게 되는 경우이다. 차별적 취급으로 인하여 관련 기본권에 대한 중대한 제한을 초래하는 경우에는 입법형성권이 축소되어 엄격한 심사기준이 적용된다는 것이다.[323]

---

318) 헌재 1999. 12. 23. 98헌마363, 판례집 11-2, 770, 787; 헌재 2009. 2. 26. 2006헌마626, 판례집 21-1상, 211, 227; 헌재 2010. 11. 25. 2006헌마328, 판례집 22-2하, 446, 453; 헌재 2011. 6. 30. 2010헌마542, 판례집 23-1하, 545, 563; 헌재 2013. 9. 26. 2011헌바272, 판례집 25-2상, 683, 690.

319) 헌재 2001. 9. 27. 2000헌마342, 판례집 13-2, 422, 434-437; 헌재 2003. 7. 24. 2002헌바51, 판례집 15-2상, 103, 114-115; 헌재 2004. 6. 24. 2003헌바111, 판례집 16-1, 752, 756; 헌재 2005. 7. 21. 2004헌바2, 판례집 17-2, 44, 56; 헌재 2005. 10. 27. 2004헌바37; 헌재 2010. 6. 24. 2009헌바111; 헌재 2015. 9. 24. 2015헌바48; 헌재 2015. 9. 24. 2015헌바48, 판례집 27-2상, 613, 618; 헌재 2016. 9. 29. 2014헌바254, 판례집 28-2상, 316, 323; 헌재 2016. 12. 29. 2015헌바229, 판례집 28-2하, 498, 510; 헌재 2016. 12. 29. 2016헌바263, 판례집 28-2하, 629, 642; 헌재 2017. 7. 27. 2016헌바374, 공보 제250호, 788, 790-791.

320) 헌재 2003. 1. 30. 2001헌마64, 판례집 15-1, 48-49; 헌재 2010. 6. 24. 2009헌바111, 판례집 22-1하, 529, 544.

321) 헌재 1999. 12. 23. 98헌바33, 판례집 11-2, 770, 787; 헌재 2007. 3. 29. 2005헌마1144, 판례집 19-1, 335, 346; 헌재 2008. 12. 26, 2005헌바34, 판례집 제20권 2집 하, 594, 607; 헌재 2009. 7. 30, 2007헌마870, 판례집 제21권 2집 상, 348, 361-362; 헌재 2013. 9. 26. 2011헌바272, 판례집 25-2상, 683, 691; 헌재 2015. 12. 23. 2011헌바139, 판례집 27-2하, 456, 462-463.

322) 헌재 2008. 12. 26. 2006헌마1192, 판례집 20-2하, 787, 805; 헌재 2010. 4. 29. 2007헌바144; 헌재 2011. 11. 24. 2010헌바2; 헌재 2013. 11. 28. 2011헌마437, 공보 제206호, 1725, 1730; 헌재 2015. 11. 26. 2014헌바299, 판례집 27-2하, 218, 229.

2) 평 가

헌법재판소가 제시하는 '엄격한 심사기준'(비례성원칙)이 적용되는 "헌법에서 특별히 평등을 요구하고 있는 경우"의 해석이 문제된다. 헌법 제11조에서 규정하고 있는 성별·종교 또는 사회적 신분에 국한되는지 아니면 그 밖에 다른 헌법조항(헌법 제31조 제1항, 헌법 제32조 제4항, 헌법 제36조 제1항, 헌법 제39조 제2항 등)도 포함되는지 여부가 불분명하다.

또한 "차별적 취급으로 인하여 관련 기본권에 중대한 제한을 초래하게 되는 경우"[324]에서 기본권에 '중대한 제한'을 초래하게 되는 경우가 어떠한 경우인지 불분명하다. 기본권에 대한 '중대한 제한'에서 '중대한'이라는 제한의 정도 판단은 더욱 어려운 문제이다. '기본권에 중대한 제한을 초래하게 되는 경우'라는 기준에 입각하여 엄격한 심사기준을 적용한다는 것은 예측가능성을 저해할 뿐만 아니라, 개별 기본권별로 기본권의 중대한 제한을 유형화·구체화하기도 불가능하기 때문에 부적절한 기준이라 생각된다.[325]

Ⅵ. 주요 국가의 평등원칙의 심사기준

1. 미국 연방대법원의 평등보호 심사기준

(1) 미국의 합리성 심사기준

미국의 연방대법원 판례로 정립된 심사기준으로 합리성심사, 엄격한 심사, 그리고 중간심사의 기준들은 특별히 '평등권'과 관련된 기준이다. 먼저 합리성 심사

---

323) 헌재 1999. 12. 23. 98헌바33, 판례집 11-2, 732, 749; 헌재 2010. 4. 29. 2007헌바144; 헌재 2011. 11. 24. 2010헌바2; 헌재 2015. 11. 26. 2014헌바299, 판례집 27-2하, 218, 229.

324) 한수웅 교수는 '차별대우가 관련 기본권에 대한 중대한 제한을 초래하는 경우'란 '차별대우가 자유권에 대한 중대한 제한을 초래하는 경우'로 이해해야 한다고 주장한다(한수웅, "평등권에 관한 최근 헌법재판소결정의 문제점", 헌법논총 제26집, 2015, 268면).

325) 이부하, "헌법상 평등원칙에 대한 심사기준", 법학연구 제19권 제2호, 2011. 8, 275면; 이부하, "산업재해보상보험법상 출·퇴근 중 재해 사건에서 헌법재판소 견해 평가", 법과 정책 제23집 제1호, 2017. 3, 128면; 정문식, "평등위반 심사기준으로서 비례원칙", 법학연구 제51권 제1호, 2010. 2, 39면.

기준과 관련하여, 연방대법원은 수정헌법 제14조의 평등보호조항을 해석·적용함에 있어서 주(주)는 법률의 적용대상을 구별함에 있어서 광범위한 재량을 가지는 것으로 해석해 왔다. 주 법률이 합리적 기준이 있고 필요한 정부이익과 합리적으로 연관되어 있는 한, 법률상의 차별이 불평등한 결과를 가져온다고 해도 반드시 헌법상 평등보호조항에 위배되는 것은 아니다.[326)]

합리적 차별기준은 1920년의 Royster Guano Co v. Virginia 사건[327)] 판결에서 구체적으로 확립되었다. 이 사건에서 미국 연방대법원은 「차별은 자의적인 것이 아니라 합리적이어야 하며, 그 차별은 동일한 상황하에 있는 모든 사람들이 동일하게 처우될 수 있도록, 입법목적이 정당하고 목적과 실질적인 관련이 있는 차별수단으로서 상당한 정도의 근거가 있어야 한다」고 판시하였다. 여기서 미국 연방대법원은 첫째, 차별이 자의적인 것이 아니라 합리적인 근거가 있어야 함을 설시하고 있고, 둘째, 그 차별은 '입법목적'에 정당하고 '실질적인' 관련이 있는 차별수단이라고 하여, 입법목적과의 「실질적 관련성」을 강조하였다. 셋째, 입법목적과 구체적 차별수단 사이에는 엄격한 관계를 요구하지 않고, '상당한 정도의 합리적 근거'만을 요구하고 있다.

결국, 합리성 심사기준은 연방의회가 제정한 법률이 추구하는 목적과 수단에 합리적인 연관성만 존재하면, 당해 법률의 합헌성이 인정된다는 기준이다. 미국 연방대법원은 법률이 자의적이거나 일관성이 결여되지 아니한 경우에는 이러한 합리성 기준을 대부분 충족시키고 있는 것으로 보고 있다. 합리적 차별 여부에 대한 판단은 ① 차별의 근거, ② 그 차별에 의하여 침해받는 권리의 성격, ③ 그 차별에 관하여 정부(국가)가 획득하려는 이익에 의하여 좌우된다.[328)]

(2) 미국의 엄격한 심사기준

반면, 엄격한 심사는 입법목적과 차별하는 수단 간에 합리적인 관련성만 있으면 되는 것이 아니라, 어떠한 차별이 '기본적 권익'에 영향을 주거나 '위헌에 의심이 가는 차별'(suspect classification)에 기초를 둔 경우에 그 차별수단이 '절박한 공익'(compelling public interests) 달성을 위한 목적에 반드시 필요한 경우이어야 합

326) Jerome A. Barron & C. Thomas Dienes, Constitutional Law, 6th ed, (West Group), 2003, p. 214.

327) Royster Guano Co. v. Virginia, 253 U.S. 412 (1920).

328) Jerome A. Barron & C. Thomas Dienes, Constitutional Law, p. 214-215.

헌으로 판단된다. 엄격한 심사는 '위헌에 의심이 가는 차별'에 해당하는 사항과 '기본적 권익'에 해당하는 사항에 대하여 적용된다.

이처럼 미국의 합리성심사기준과 엄격한 심사기준은 평등권과 관련한 심사기준이고 목적과 수단간의 관계가 합리적이냐 아니면 반드시 필요한 관계이냐 에만 중점을 두고 있지, 피해의 최소성이라든가 법익의 균형성은 전혀 다루지 않고 있다. 따라서 미국에서 논의되는 합리성심사와 엄격한 심사기준은 원칙적으로 평등권에만 국한하여 적용되며, 목적과 수단의 관계만을 언급하기에 우리 헌법상 일컫는 비례성 심사기준의 내용과 동일시하기 어렵다.

(3) 미국의 중간심사기준

중간심사는 워렌(Warren) 대법원의 이중기준[329)]의 결함을 보완하기 위해 구상한 심사기준으로서, 엄격한 심사기준을 적용하게 되면 위헌이 되고, 합리성심사기준을 적용하게 되면 합헌이 되는 결과를 인식하면서부터 형성되기 시작하였다. 이중심사기준의 이론적 결함은 양 기준의 분리와 적용상 경직성에 있다. 즉, 엄격한 심사에 있어 '위헌의 의심이 가는 차별'과 '기본적 권익'에 해당하는지 여부 판단이 주관화될 가능성이 높다. 버거(Burger) 대법원은 평등보호사건에 있어서 이러한 경직성의 문제를 어떻게 해결할 것인가 궁리 끝에 "중간심사"(Intermediate test)를 개발하게 되었다. 이 심사기준을 '엄격한 합리성 심사'(Strict rationality test) 또는 '중간적 엄격심사'(Intermediate scrutiny test)라고도 한다.[330)] 이러한 중간심사기준은 그 차별이 중요한 정부목적을 달성하는 데 실질적으로 연관되는지에 대해 심사하게 된다. 평등보호에 있어서 이러한 중간심사는 '성차별'과 '혼인 외의 자에 대한 차별'에 적용되어 왔다.[331)]

이러한 중간심사 또는 엄격한 합리성심사는 1976년의 Craig v. Boren 사건[332)]에서 정립된 것이다. 오클라호마(Oklahoma) 주(州)의 청소년보호법에서 음주운전과

---

329) 이중심사기준이란 정신적 자유의 우월적 지위를 인정하여 경제적 자유의 합리성 심사보다는 정신적 자유를 규제하는 법률에 대하여는 엄격한 심사를 요구하는 이론이다.

330) G. Gunter, Constitutional Law, (11th ed., 1985), p. 596.

331) Barron & Dienes, Constitutional Law, p. 235, 241.

332) Craig v. Boren, 429 U. S. 190 (1976). 음주운전과 교통사고 방지의 목적에도 불구하고, 이 법령은 위헌으로 판결되었다. 이는 정형화(Stereotyping)를 촉진하는 목적으로 성을 이유로 하는 차별은 정당화될 수 없고, 남녀의 경제적 지위, 남녀의 특성에 관한 지나치게 광범위한 일반화에 기초한 차별은 평등보호조항위반이라고 판시하였다.

교통사고를 방지한다는 목적으로 맥주를 남자 21세, 여자 18세 이하에게 판매할 수 없도록 규정한 것이 성차별로서 문제된 사건이었다. 이 사건 판결에서 브레낸(Brennan) 대법관은 첫째, 성차별이 합리성을 가지기 위해서는 중요한 정부목적의 실현에 기여하여야 하고, 또한 그러한 목적을 실현하는데 실질적 관련이 있어야 하고, 둘째, 그러한 성차별과 주의 중요한 목적실현과의 사이에 실질적 관련이 있다는 것을 입증할 수 없으면, 그 주법은 위헌이라고 판결하였다.[333] 즉, 중간심사기준은 입법목적의 중요성과 그 목적과 차별수단과의 실질적 적합성을 그 특징으로 하고 있다.[334]

중간심사기준에 따르면, '성'에 근거한 적극적 평등실현조치의 법률은 중간심사를 받게 되는데 반해, '인종'에 근거한 적극적 평등실현조치의 법률은 엄격한 심사를 받게 된다. 이러한 결과는 소수인종에게 유리한 법률보다 여성에게 유리한 법률 제정을 더욱 쉽게 만든다. 이는 동일한 범주의 사회적 약자에 대한 차별임에도 다른 심사기준이 적용되는 문제가 발생한다.

2. 독일 연방헌법재판소의 평등원칙 심사기준

(1) 자의금지원칙

독일 연방헌법재판소는 "법률에 차별을 위한 합리적인 근거, 사물의 본질상 도출되는 근거 또는 특별히 객관적으로 명백한 근거를 발견할 수 없을 경우에 평등원칙을 위반한다."[335]고 판시하였다. 독일 헌법상 자의금지는 평등원칙 위반 여부를 판단하는 기준이다.[336] 여기서 '자의'를 구체화하는 권한은 원칙적으로 입법자에게 부여된다. 이러한 '자의'는 입법자에 의하여 의도적으로 불합리하게 행해진 차별이라는 의미의 '주관적 자의'가 아니라, 차별에 의해 규율하려는 사실관계에 있어서 차별의 명백한 불합리성을 의미하는 '객관적 자의'이다.[337] 입법자가 입법

---

333) Lockhart/Kamisar/Choper/Shiffscin, Constitutional Law, 6th ed.(St. Paul. West Publishing Co., 1986), pp. 1290-1292.

334) H. T. Laurence, The American Constitutional Law, New York, 1978, p. 1085.

335) BVerfGE 1, 14 (52).

336) 평등권과 관련한 자의금지를 설명하는 논문으로는 한수웅, "평등권의 구조와 심사기준", 「헌법논총」 제9집 (1998), 41면 이하; 박진완, "자의금지와 비례성의 원칙", 「헌법판례연구」 [5], 박영사, 2003. 11, 103면 이하; 김주환, "입법자의 평등에의 구속과 그에 대한 통제", 「헌법논총」 제11집 (2000), 431면 이하 참조.

형성권의 한계를 준수하였는지 여부의 판단 및 통제는 사법부, 특히 헌법재판소의 권한이 된다. 같은 것을 같게, 다른 것을 다르게 다루지 않았다고 바로 평등원칙 위반이 되는 것은 아니고, 그러한 차별대우가 헌법상 합리적인 이유를 지니지 못하는 경우, 즉 자의적인 경우 평등원칙 위반이 된다.[338]

자의금지원칙이란 본질적으로 서로 평등한 것을 자의적으로 불평등하게 또는 서로 불평등한 것을 자의적으로 평등하게 취급하는 것을 금지하는 원칙이다. 여러 대상이 평등한가 불평등한가는 비교되는 대상들이 갖고 있는 특징적인 표지들이 본질적인가 아니면 비본질적인가와 관련된다. 본질적인가 아니면 비본질적인가 여부는 비교가 행해지는 관점에 따라 달라진다. 즉 차별기준의 선택 문제이다.[339]

자의금지원칙에 따르면, 비교집단간의 상황을 판단하는 것이 아니라, 잘못된 법률적용을 판단하게 된다.[340] 이러한 판단양식은 헌법해석의 방법적 원칙들을 위반하게 된다.[341] 또한 일반적 평등원칙을 구체화하려는 자의금지원칙의 의도와는 달리, 평등원칙의 윤곽이 불분명하게 된다.[342] 또한 자의금지원칙은 평등원칙의 형성에 있어서 입법자에게 광범위한 형성권을 부여하고, 헌법재판소에게는 해당 법규범에 있어서 합리적인 이유만 있으면 위헌을 선언할 수 없게 되는 기준으로 작용한다. 따라서 자의금지원칙은 헌법재판소에 의한 입법자의 판단이나 입법결과에 대해 매우 약한 통제기준이 되며,[343] 헌법재판소의 판례경향을 사법적 자제 내지 사법소극주의로 흐르게 한다. 또한 자의금지원칙에 따르면, 이미 정해진 기본권의 유형이나 적용사유에 따라 다른 심사기준을 사용하게 할 수 있도록 헌법재판소에게 폭넓은 재량을 부여하게 된다.[344]

(2) 새로운 공식(die neue Formel)

독일 연방헌법재판소 제1재판부는 "새로운 공식"을 제시하였다. "새로운 공식"

---

337) BVerfGE 2, 266 (281).

338) BVerfGE 37, 121 (129).

339) 예를 들어 '인간'이라는 표지가 본질적인 것으로 간주되면 내국인과 외국인은 평등하게 취급되어야 하나 '국적'이라는 표지를 본질적인 것으로 볼 때는 불평등한 취급이 가능하다.

340) K. Hesse, Diskussionsbeitrag, S. 77.

341) St. Huster, Rechte und Ziele, S. 51.

342) G. Müller, Der Gleichheitssatz, VVDStRL 47 (1989), S. 37 (42).

343) St. Huster, Rechte und Ziele, S. 59.

344) 한수웅, "평등권의 구조와 심사시준", 헌법논총 제9집 (1998), 57-58면.

은 '인(人)관련적 차별'과 '사물관련적 차별'의 구성요건적 이분화를 시도한다.[345] 그리고 이 양자간에 있어서 상이한 기준을 적용함으로써 법적 효력을 미치게 한다. 즉, '인(人)관련적 차별'의 경우에는 다수의 인적 집단간의 차별대우를 정당화할만한 정도로 성질과 비중에 있어서 차이가 없음에도 불구하고 달리 취급한다면 엄격한 비례성 심사기준이 적용된다. 반면, '사물관련적 차별'의 경우에는 단순히 자의금지의 심사기준이 적용된다.[346] 새로운 공식에 의하면, 법적 차별을 정당화하는 이유로서 '존재하는 사실상의 차이'뿐만 아니라, 입법자가 차별대우를 통해 실현하려는 '입법목적'이 존재해야 한다. 이를 확인하기 위해 "새로운 공식"에 의하면, '성질과 비중에 따른 차별'이 존재하는가 여부를 판단한다.

"새로운 공식"에 의하면, 두 개의 인적 집단간의 차별에 있어서 차별대우를 정당화할 정도로 두 집단간에 성질과 비중에 따른 차이가 존재하는가를 기준으로 판단한다.[347] 이러한 성질과 비중에 따른 차별이 존재하고, 차별이 불평등한 대우를 정당화할 수 있는 경우에는 객관적인 근거로서의 엄격한 비례성 심사기준을 활용하게 된다. 즉, '정당화'의 개념과 '성질'과 '비중'을 언급한 것은 비례성 심사를 염두해 두고 이러한 공식을 만든 것이다.[348] 새로운 공식은 일반적 평등원칙의 심사에 있어서는 전통적인 '자의금지'의 심사기준을 사용하는 반면, 인(人)관련적 차별 영역에서는 '비례성' 심사기준을 사용함으로써 기존의 자의금지원칙상 기준의 방법적 문제점과 기능법적 측면상의 문제를 해결할 수 있는 단서를 제공하였다.[349]

새로운 공식은 '인(人)관련적 차별'과 '사물관련적 차별'의 명확한 구분을 전제로 사용할 수 있는 것이다. 그런데 일반적인 법규범의 구성요건은 사물관련적으로 규정되어 있더라도 결국에는 그러한 불평등의 법적 효과가 인적 주체에게 미치게 된다. 따라서 새로운 공식으로도 '인(人)관련적 차별'과 '사물관련적 차별'간을 명확히 구분하는 것은 불가능하다.[350]

---

345) BVerfGE 52, 277 (280); 55, 72 (88); 60, 123 (133 f.); 74, 9 (24).

346) BVerfGE 52, 277 (280); M. Sachs, Die Maßstäbe des allgemeinen Gleichheitssatzes – Willkürverbot und sogenannte neue Formel, JuS 1997, S. 125 f.

347) BVerfGE 52, 277 (280).

348) Vgl. G. F. Schuppert, Diskussionsbeitrag, in: VVDStRL 47 (1989), S. 98.

349) M. Sachs, Die Maßstäbe des allgemeinen Gleichheitssatzes – Willkürverbot und sogenannte neue Formel, JuS 1997, S. 124 f.

350) 김주환, "입법자의 평등에의 구속과 그에 대한 통제", 헌법논총 제11집 (2000), 460면.

새로운 공식에 따르면, '사물관련적 차별'이면서 간접적으로 '인(人)관련적 차별' 효과를 가져오지 않는 경우와 명백히 오판한 법원의 판결 등 자의적인 법적용의 경우 등에 한정하여 '자의금지'의 심사기준을 사용하는 반면, '인(人)관련적 차별'이거나 '사물관련적 차별'이면서 간접적으로 '인(人)관련적 차별' 효과를 가져오는 경우 등에는 '비례성' 심사기준을 사용한다.[351] 이러한 취지의 기준은 평등원칙 위반 심사에 있어서 대부분 '비례성' 심사기준을 적용하는 결과가 되므로, 이전까지 전통적인 자의금지 심사기준을 포기하고 비례성 심사시준으로 전환한다는 의미를 내포하고 있다.[352]

(3) 가장 새로운 공식(die neueste Formel)

1993년 독일 연방헌법재판소 제1재판부는 '제2차 성전환자' 판결[353](Transsexuelle Ⅱ)에서 "가장 새로운 공식"을 제시하였다.[354] 이 공식에 의하면, 인적 집단의 차별의 경우 엄격심사기준이 적용되는데, 인적 집단을 차별하면서 차별기준으로서 인적 관련 특징이 독일 기본법 제3조 제3항의 "성별, 가문, 인종, 언어, 출생지와 혈통, 신앙, 종교적 내지 정치적 견해"라는 차별기준에 근접할수록 또한 이로 인해 인적 관련 특징과 관련된 차별이 소수의 차별을 가져올 위험이 크면 클수록 심사기준은 더욱 엄격해진다. 반면에 인적 집단의 차별이라도 인적 관련 특징이 차별기준으로 사용되지 않는다면, 자의금지원칙과 엄격심사기준 사이의 중간단계의 심사가 이루어진다. 행위 관련적 차별에 있어서는 어느 정도로 당사자가 자신의 행위를 통하여 차별의 기준이 된 특징을 실현하는데 영향을 미칠 수 있는가에 따라 입법자의 기속 정도가 달라진다. 가장 새로운 공식을 정리하면, 인적 집단의 차별을 가져오는 경우와 차별이 다른 기본권의 행사에 불리한 영향을 미치는 경우에는 엄격심사를 하고, 그 이외의 경우에는 자의금지심사를 한다는 것이다.[355]

---

351) H. D. Jarass, Folgerungen aus der neueren Rechtsprechung des BVerfG für die Prüfung von Verstößen gegen Art. 3 Abs. 1 GG, NJW 1997, S. 2545 (2547 f.).

352) 한수웅, "평등권의 구조와 심사시준", 헌법논총 제9집 (1998), 65면.

353) BVerfGE 88, 87 ff.

354) '새로운 공식'과 '가장 새로운 공식'을 구별하는 견해(김주환, 공법학연구 제9권 제3호, 2008. 8, 216면 이하)와 동일시하는 견해(정문식, 법학연구 제51권 제1호, 2010. 2, 8면)가 있다.

355) 김주환, "입법자의 평등에의 구속과 그에 대한 통제", 헌법논총 제11집 (2000), 463면 이하.

Ⅶ. 우리나라 헌법재판소의 평등원칙 심사기준과 적용범위

1. 서 언

우리 헌법 제11조 제1항에는 "모든 국민은 법 앞에 평등한다"고 규정하고 있다. 이 경우 평등이란 절대적 평등이 아니라, 상대적 평등을 의미하는 것으로 이해된다.[356] 입법과 법의 적용에 있어서 합리적 근거가 없는 차별을 하여서는 아니된다는 상대적 평등의 위반을 판단하기 위해서는 또 다시 합리적인 근거 여부를 판단하는 기준이 필요하다. 우리 헌법재판소는 평등원칙의 위반여부에 대한 심사기준을 자의금지원칙에 의한 심사와 비례성원칙에 의한 심사(엄격한 심사척도)로 나누어 심사하고 있다.

2. 자의성 심사기준

우리나라 헌법재판소는 "헌법재판소의 심사기준이 되는 통제규범으로서의 평등원칙은 단지 자의적인 입법의 금지기준만을 의미하게 되므로 헌법재판소는 입법자의 결정에서 차별을 정당화할 수 있는 합리적인 이유를 찾아 볼 수 없는 경우에만 평등원칙의 위반을 선언하게 된다. 즉 헌법에 따른 입법자의 평등실현의무는 헌법재판소에 대하여는 단지 자의금지원칙으로 그 의미가 한정축소된다. 따라서 헌법재판소가 행하는 규범에 대한 심사는 그것이 가장 합리적이고 타당한 수단인가에 있지 아니하고 단지 입법자의 정치적 형성이 헌법적 한계 내에 머물고 있는가 하는 것에 국한시켜야 하며 …"라고 하여 자의금지원칙을 설명하고 있다.[357]

헌법재판소가 밝히고 있는 자의금지원칙에 관한 심사요건은 1) 본질적으로 동

356) 헌재 1994. 2. 24. 92헌바43, 판례집 6-1, 72, 75; 헌재 1996. 12. 26. 96헌가18, 판례집 8-2, 680, 701; 헌재 2001. 6. 28. 99헌마516, 판례집 13-1, 1393, 1406; 헌재 2001. 11. 29. 2001헌바4, 공보 63, 66; 헌재 2002. 3. 28, 2000헌바53, 판례집 제14권 1집, 159, 162; 헌재 2002. 6. 27, 2000헌마642, 판례집 제14권 1집, 644, 669; 헌재 2005. 12. 22, 2003헌가8, 판례집 제17권 2집, 577, 614; 헌재 2008. 12. 26, 2005헌바34, 판례집 제20권 2집 하, 594, 607.

357) 헌재 1997. 1. 16, 90헌마110, 판례집 제9권 1집, 90, 115.

일한 것을 다르게 취급하고 있는지에 관련된 차별취급의 존재여부와, 2) 이러한 차별취급이 존재한다면 이를 자의적으로 볼 수 있는지 여부이다. 그런데 1)의 요건과 관련하여 두 개의 비교집단이 본질적으로 동일한가의 판단은 일반적으로 관련 헌법규정과 당해 법규정의 의미와 목적에 달려 있고, 2)의 요건과 관련하여서 차별취급의 자의성은 합리적인 이유가 결여된 것을 의미하므로, 차별대우를 정당화하는 객관적이고 합리적인 이유가 존재한다면 차별대우는 자의적인 것이 아니게 된다.[358)]

3. 비례성 심사기준

(1) 비례성 심사기준의 의의

우리나라 헌법재판소는 자의금지원칙에 따른 심사 외에 특별히 엄격한 심사척도에 의한 심사를 인정하고 있다. 평등위반여부를 심사함에 있어서 엄격한 심사를 한다는 것은 자의금지원칙에 따른 심사, 즉 합리적 유무의 심사에 그치지 아니하고 비례성원칙에 따른 심사, 즉 차별취급의 목적과 수단 간에 엄격한 비례관계가 성립하는지를 기준으로 한 심사를 행함을 의미한다.[359)]

그러므로 차별입법의 평등위반여부를 심사함에 있어서 엄격한 심사척도에 의하게 되면, 자의금지원칙에 따른 심사에 비하여 위헌의 가능성이 높아지게 되고 그러한 만큼 헌법상 평등보장의 정도가 강화된다고 할 것이다.

(2) 평등원칙에서 비례성 심사기준

자유권의 심사기준으로서 '비례성원칙'[360)]은 입법목적 대(對) 수단의 관계라는 '관계성'에 초점을 둔 반면, 평등원칙의 심사기준으로서 '비례성원칙'은 비교대상 간의 비교에 초점이 있다.[361)]

---

358) 헌재 2003. 1. 30. 2001헌바64.

359) 헌재 1999. 12. 23. 98헌마363.

360) 자유권의 심사기준으로서 비례성원칙에 관하여는 이부하, "비례성원칙과 과소보호금지원칙", 헌법학연구 제13권 제2호, 2007. 6, 275면 이하.

361) W. Heun, in: Dreier, GG Ⅰ, 2004, Art. 3 Rn. 27; M. Sachs, JuS 1997, S. 124 (129); K. Odendahl, Der allgemeine Gleichheitssatz: Willkürverbot und "neue Formel" als Prüfungsmaßstäbe, JA 2000, S. 170 (172).

1) 차별목적의 정당성

입법자에 의해 계획되었거나 의도된 입법목적[362)]은 일단 정당성이 있다고 추정된다. 입법자가 법률에 정한 입법목적은 평등원칙과 무관한 헌법상 다른 사유로서 부정되어서는 안된다.[363)] 그러나 입법자는 특정한 차별목적을 추구한다고 여겨지지 않으므로,[364)] 차별목적의 정당성은 평등원칙의 심사기준으로 사용하기에 부적절하다.

2) 차별취급의 적합성

입법자가 입법을 통해 사용하는 차별취급의 수단이 수긍되고 객관적인 근거를 지닌다면, 실제로 법에 규정된 차별취급 수단이 현존하는 사실관계의 상이성을 고려하여 그 성질과 상황에서 적합한지 여부를 판단하는 단계이다. 현존하는 사실관계의 상이성과 특별히 관련 없이 법적 효과를 나타낸다면, 즉 차별취급이 입법목적 실현에 전혀 기여하지 못한다면, 그러한 차별취급은 적합성이 없다고 할 수 있다.[365)] 관련 법규정에서의 차별취급이 입법자가 의도하지 않은 결과를 나타낸 경우에만 차별취급이 적합하지 않다고 판단할 수 있다.

3) 차별취급의 필요성

차별취급의 필요성 심사에서는 사실적으로 확인된 차이가 법률상 차별취급을 수인할 수 있는 정도인지 여부를 판단하는 것이다. 사실적으로 확인된 차이가 그 정도의 상이한 법적 효과를 정당화할 수 있는지 여부를 판단하는 단계이다.[366)]

법에 규정된 차별취급의 수단 이외에 그 대안적인 수단이 존재하는지 여부를 판단하는 필요성 심사는 자유권의 방어권적 측면에서 유효한 심사방법이다. 차별

---

362) St. Huster, Rechte und Ziele, 1993, S. 233.

363) R. Wendt, Der Gleichheitssatz, NVwZ 1988, S. 778 (784); Kloepfer, Gleichheit als Verfassungsfrage, 1980, S. 61 (62); Chr. Gusy, Der Gleichheitssatz, NJW 1988, S. 2505 (2507).

364) Kischel, in: Epping/Hillgruber, BeckOK GG, Art. 3 Rn. 31; Michael/Morlok, Grundrechte, 1. Aufl. 2008, Rn. 800.

365) BVerfGE 100, 59 (93 ff.); Kloepfer, Gleichheit als Verfassungsfrage, 1980, S. 61 (62); Chr. Gusy, Der Gleichheitsschutz des Grundgesetzes, JuS 1982, S. 34. 이러한 전통적인 평등권의 적합성 심사방법과 관련하여, 법규정의 목적과 차별취급 간의 실질적인 관련성이 있는지를 판단할 수 있는지 의문이 든다(M. Albers, Gleichheit und Verhältnismäßigkeit, JuS 2008, S. 947).

366) R. Wendt, Der Gleichheitssatz, NVwZ 1988, S. 778 (785).

취급의 법적 효과가 자유권적 기본권과 관련된 경우에만 필요성 심사는 유의미하다.[367] 따라서 차별취급의 필요성 심사도 제한된 범위에서 기능하는 심사기준이다.[368] 평등원칙에서 차별취급의 필요성 심사는 입법자의 입법형성권을 고려하여, 일정한 차별취급의 부담이 기본권자에게 미치는 경우, 이러한 부담적 조치가 필요한지 여부를 심사하는 것이다.[369]

4) 법익의 균형성

법익의 균형성에서는 확인된 차이가 그러한 차별취급을 수인할 수 있을 정도인지 여부를 심사한다. 또한 상이한 법적 효과가 그 정도와 범위에서 정당화될 수 있는지 여부를 판단한다. 법익의 균형성 심사단계에서는 평가되는 차별취급의 비중을 결정해야 하고, 비교점에 의해 선택된 차이의 비중을 비교형량해야 한다.[370] 법익의 균형성에서는 한편으로는 입법목적, 차별기준 및 입법상황을 고려한 차별근거의 정당성과 다른 한편으로는 해당 기본권 주체에 대한 차별취급으로 인해 불리한 결과 간에 비교형량을 한다.[371]

5) 결 어

평등원칙의 심사기준으로서 '비례성원칙'은 목적 대(對) 수단 간의 관계에 초점을 맞추어 심사하는 것이 아니라, 상이하게 취급되는 비교대상간의 사실상 차이나 입법목적에 의해 그 성질과 비중에 있어서 차별취급의 헌법적 정당성이 있는지 여부에 그 초점을 맞추어 심사해야 한다.

4. 적극적 평등실현조치

형식적인 '법의 평등보호'－법 앞에 평등－만으로는 실질적인 평등의 보장을 이룰 수 없기 때문에 근래에 와서 실질적 평등의 실현방법을 강구하게 되었다.

367) 이와 관련하여 평등권에서의 필요성 심사는 자유권에서의 필요성 심사 보다 미약한 역할을 수행한다는 견해가 있다(정태호, "헌법재판소 평등권 심사기준의 재정립 필요성", 헌법학연구 제19권 제3호, 2013. 9, 100면).

368) Gubelt, in: v. Münch/Kunig, GG, 5. Aufl. (2000), Art. 3 Rn. 29.

369) BVerfGE 91, 389 (403 f.); Brüning, JZ 2001, S. 669 (672).

370) R. Wendt, Der Gleichheitssatz, NVwZ 1988, S. 778 (785).

371) M. Albers, Gleichheit und Verhältnismäßigkeit, JuS 2008, S. 947.

현대 사회국가·복지국가의 헌법은 생존권의 보장과 경제헌법의 채택을 통해 사회정의—실질적 평등—를 실현하고자 하였다. 그러나 국가의 적극적인 정책적 배려 없이는 실질적 평등은 실현될 수 없는 것이다. 미국에서 이와 같은 평등실현을 위해 인정된 조치가 이른바 '적극적 조치'(affirmative action)이다.

'적극적 조치'라 함은 과거 오랫동안의 차별로 불이익을 받아온 소수집단에게 그 불이익을 보상하기 위해 '우선적 처우'(preferential treatment)를 함으로써 실질적 평등을 실현하는 일련의 조치를 말한다.[372] 이 조치는 개인이 아닌 집단을 대상으로 하고 기회균등이 아닌 결과의 평등을 추구하는 정책이라는 점에 그 특징이 있다.[373] 그 이론적 논거는 첫째, 공적에 의한 재화와 용역의 배분이 각자에게 공정한 기회를 부여하지 아니함으로써 불공정한 경우이고, 둘째, 과거의 부당한 차별을 받아온 자들이 경쟁할 수 있는 지위에 오를 수 있도록 보상적 조치를 취하지 않는 한 공적제는 불평등을 극대화하며, 셋째, 부당한 차별을 제거하고 보상적 조치를 함으로써 기회균등을 보장하기 위해 불가결한 조치이어야 한다.

실질적 평등을 실현하기 위한 조치 중에서 가장 대표적인 것으로는 '할당제'(quota system)와 '목표제'(goal system)가 있는데, 현재로서는 고용과 고등교육기관의 입학에 국한되고 있다. '할당제'라 함은 입학과 취업에 있어서 소수인종이나 여성에 대하여 할당율을 정함으로써 우선적으로 처우하는 것을 말하며, '목표제'라 함은 그 목표율을 설정·실현함으로써 실질적 평등을 이루려는 것이다. 그런데 이들은 오히려 다른 집단에 대한 차별대우를 결과하였다고 주장하는 '역차별'(reverse discrimination)의 이론이 제기되고 있는 실정이다.[374] 우리나라도 최근에 이와 같은 실질적 평등의 보장을 위한 입법조치를 하고 있다. 실질적 평등을 적극적으로 실현하기 위해서는 경제·사회입법의 완비와 이를 구현하기 위한 적극조치들이 강구되어야 하며, 입법부작위에 의한 평등권의 침해가 일어나지 않도록 국회는 입

---

372) 이와 같은 우선적 처우를 위한 최초의 조치는 1965년에 Johnson 대통령하에서 대통령령 제11246호로 나왔다. 이 명령은 연방정부와의 계약조건으로 소수집단을 적극적으로 고용하는 것을 의무로 하고 있다.

373) 이는 과거의 집단적 차별로 인한 불이익에 대하여 보상해 주는 성격을 가지고 있으므로 '보상적 분류'라고도 불리운다.

374) Bakke v. University of California Regents, 18 Cal. 3d 34, 132 Cal. Rptr. 680, 553 p. 2d 1152 (1976), cer. granted 97 S. Ct. 1098 (1976). California 주대법원은 이 판결에서 의과대학 정원 100명 중 16명을 소수집단에 할당한 입학절차는 오히려 인종을 이유로 소수집단에 우선적 처우를 한 것이므로 평등보호조항에 위반된다고 판시하였다. 이 판례는 적극적 조치의 확장·적용에 대한 일종의 보수세력의 반격으로서 주목을 끌고 있다.

법의무를 다해야 할 것이다.

Ⅷ. 특권제도의 금지와 구체적 평등권의 보장

1. 특권제도의 금지

헌법은 제11조 제2항과 제3항에서 평등원리의 구체적 실현형태로서 특권제도의 금지와 영전일대의 원칙을 구체적으로 선언하고 있다.

(1) 계급제도의 부인

평등의 원칙의 당연한 결과로서 사회적 특수계급제도는 일체 인정되지 아니한다. 이것은 평등의 원리가 성립한 역사적 배경에서 알 수 있는 바와 같이 특수계급제도와 평등의 원칙은 양립할 수 없기 때문이다. 그러므로 귀족, 노예, 반상과 같은 봉건제도는 절대로 창설할 수 없다.

(2) 영전일대의 원칙

영전의 수여도 평등의 원칙상 피수여자의 표창의 범위를 일탈하여 그에게 특권을 부여하여서는 안된다. 그러므로 훈장 등의 영전의 수여는 받는 자에게만 효력이 있고 여기에 어떠한 특권도 따르지 아니한다. 다만, 훈장에 수반되는 연금지급[375]이나 그 유족에 대한 보훈[376][377]까지 부인하는 것은 아니다.

375) 헌재 2001. 6. 28. 99헌바32, 판례집 13-1, 1242(공상공무원을 국가유공자로 예우하되 공상군경 등과 달리 연금지급대상자에는 포함시키지 아니한 구 국가유공자예우등에관한법률 제12조 제1항이 평등의 원칙이나 평등권을 침해하는지 여부(소극): 국가예산이나 재정, 전체적인 사회보장의 수준 등을 고려하여 단계적인 입법을 통하여 해결하는 것이 합리적이고 타당한 방안이라고 할 것이며, 위와 같은 이유로 이를 평등의 원칙이나 평등권을 침해하여 위헌이라고 할 수는 없다고 할 것이다).

376) 헌재 2008. 12. 26. 2008헌마345, 판례집 20-2하, 945(6·25 전몰군경의 배우자가 1993. 1. 1. 이후 연금을 받은 사실이 있는 경우 6·25 전몰군경의 손자녀에 대한 취업보호의 혜택을 배제함으로써 1993. 1. 1.을 기준으로 그 배우자가 연금을 받은 사실이 있는 6·25 전몰군경의 자녀와 그렇지 아니한 자녀를 달리 취급하고 있는 구 '국가유공자 등 예우 및 지원에 관한 법률' 제29조 제2항 제2호 단서 중 "전몰군경의 배우자가 1993년 1월 1일 이후 제12조의 규정에 의한 보상금을 받은 사실이 있는 경우" 부분이 평등권을 침해하는지 여부(소극): 국가가

2. 구체적 평등권의 보장

헌법은 제11조에서 평등권에 관한 일반조항을 두면서도 평등권의 구체적 보장을 위해 개별조항에서 구체적 평등권을 규정하고 있다.

(1) 교육의 기회균등

헌법 제31조 제1항은 모든 국민의 교육의 기회균등을 보장하고 있다. 그러나 교육은 능력에 따라 차이가 있으므로 이에 따른 차별대우는 평등원칙에 위배되지 않는다.[378] 다만, 의무교육에 있어서는 능력에 따른 차별대우가 인정되지 않으며, 국가는 교육의 기회균등을 실질적으로 보장하기 위해 교육여건의 개선에 노력하여야 할 책임이 있다.[379]

제한된 재정능력으로 6·25 전몰군경의 유자녀의 생활을 실질적으로 보장하고자 하면서도 연금수급에 의하여 간접적으로 혜택을 받은 자들과 그렇지 못한 자들 사이에서 형평성을 도모하고자 한 것으로서 정당한 이유가 인정되므로 현저히 자의적인 차별이라고 할 수 없으므로 청구인의 평등권을 침해하지 아니한다).

377) 헌재 2006. 2. 23. 2004헌마675 등, 판례집 18-1상, 269(국 · 공립학교의 채용시험에 국가유공자와 그 가족이 응시하는 경우 만점의 10퍼센트를 가산하도록 규정하고 있는 국가유공자등예우및지원에관한법률 제31조 제1항·제2항, 독립유공자예우에관한법률 제16조 제3항 중 국가유공자등예우및지원에관한법률 제31조 제1항·제2항 준용 부분, 5·18민주유공자예우에관한법률 제22조 제1항·제2항이 기타 응시자들의 평등권과 공무담임권을 침해하는지 여부(헌법불합치) : 이 사건 조항의 차별로 인한 불평등 효과는 입법목적과 그 달성수단 간의 비례성을 현저히 초과하는 것이므로, 이 사건 조항은 청구인들과 같은 일반 공직시험 응시자들의 평등권을 침해한다).

378) "주립간호대학에 남성의 입학을 배제시킨 미시시피여자대학교의 정책은 수정헌법 제14조(평등보호조항)에 위반되는 것이다. … 주는 미시시피간호대학에 여성만에 대한 종래의 차별을 보상하려는 것으로서, 교육부분의 적극적 평등화조치(affirmative action)라고 하여 차별을 정당화하려고 시도하고 있다. 그러나 첫째, 주는 동 간호대학설립당시에 간호의 영역에서 여성들이 차별받고 있었다는 주장은 뒷받침할 어떠한 입증도 하지 못하고 있다. … 둘째, 간호대학에 남성이 같이 다닌다고 하여도 그 수업이나 여학생들의 활동에 아무런 영향을 주지 못한다. 결론적으로 주는 성차별을 정당화하기 위하여 필요한 입증을 다하지 못하였으므로 수정헌법 제14조를 위반한 것이다(Mississippi University for Women v. Hogan, 458 U.S. 718 (1982)).

379) 헌재 2012. 4. 24. 2010헌바164, 판례집 24-1하, 49(의무교육 대상인 중학생의 학부모에게 급식관련비용 일부를 부담하도록 하는 구 학교급식법 제8조 제1항 후단 및 제2항 전단 중 초 · 중등교육법 제2조의 중학교에 관한 부분이 의무교육의 무상원칙을 위반하였는지 여부(소

(2) 여성근로자에 대한 차별대우의 금지

헌법 제32조 제4항은 고용, 임금 및 근로조건에 있어서 여성근로자에 대한 차별대우를 금지하고 있다. 남녀평등에 관한 일반조항을 규정하고 있음에도 불구하고 근로관계에 있어서 남녀평등을 다시 규정하고 있는 것은 그 동안 근로분야에 있어서 사실상의 차별대우가 뿌리 깊게 만연되어 있었기 때문에 이를 시정하기 위해 특별히 규정하고 있는 것이다. 이를 구체화하기 위해 남녀고용평등법이 제정되었다.

(3) 혼인과 가족생활에서의 양성평등

헌법 제36조 제1항은 혼인과 가족생활에 있어서 양성의 평등을 특히 보장하고 있다. 인간의 존엄과 남녀평등의 실현은 가정에서 출발되어야 함을 강조하는 것으로 국가는 또한 이와 같은 평등보호의 책임을 지고 있다. 민법(특히, 친족·상속법)상 남녀불평등조항이 대부분 시정됨으로써 혼인과 가족생활에서의 양성평등은 거의 실현되고 있다고 하겠다.

(4) 평등선거의 원칙

헌법 제41조 제1항과 제67조 제1항에서 선거권의 평등과 함께 평등선거의 원칙을 보장하고 있다. 평등선거제도는 참정권에 있어서 평등의 원칙을 실현하기 위한 제도적 장치로써 근대 민주주의를 가능케 한 제도이다. 참정권 내지 선거제도에 있어서는 '절대적 평등'의 원리가 적용되는 점을 유의하여야 한다.

(5) 실질적·경제적 평등의 보장

국민의 실질적 평등을 제도적으로 보장하기 위해 우리 헌법은 생존권에 관한 규정(제31조-제36조)과 경제질서에 관한 조항(제9장)을 두고 있다. 특히 헌법은 균형있는 국민

극): 학교급식은 학생들에게 한 끼 식사를 제공하는 영양공급 차원을 넘어 교육적인 성격을 가지고 있지만, 이러한 교육적 측면은 기본적이고 필수적인 학교 교육 이외에 부가적으로 이루어지는 식생활 및 인성교육으로서의 보충적 성격을 가지므로 의무교육의 실질적인 균등보장을 위한 본질적이고 핵심적인 부분이라고까지는 할 수 없다).

경제의 성장과 사회정의의 실현을 위해 국가의 경제관여를 인정하고(제119조 2항), 경제적 약자에게 실질적 평등을 보장하기 위해 농지소작제도의 금지(제121조 1항), 중소기업의 보호·육성(제123조 3항), 독과점의 규제·조정(제119조 2항) 및 소비자보호운동의 보장(제124조) 등을 규정하고 있다.

IX. 평등권의 제한과 예외

1. 헌법상의 예외와 제한

(1) 특권의 예외적 인정

헌법은 일정한 신분에 대하여 특권을 부여하고 있는데, 이것은 원활한 직무수행과 그 권위를 위해 헌법이 특별히 인정한 예외로서 위헌문제는 일어나지 아니한다.

1) 정당의 특권

정당은 일반 결사에 비하여 여러 가지 특권이 부여되고 있다. 즉, 정당은 그 목적·조직과 활동이 민주적 기본질서에 위배될 경우에 헌법재판소의 심판에 의하지 아니하고는 해산되지 않으며, 그 운영에 필요한 자금을 국고로부터 보조받는다[380](제8조 3항·4항). 이 규정은 민주정치를 주도하는 정당이 그 기능을 원활하게 할 수 있도록 하기 위해 인정하는 것이다.

---

380) 헌재 2006. 7. 27. 2004헌마655, 판례집 18-2, 242(정당에 보조금을 배분함에 있어 교섭단체의 구성 여부에 따라 차등을 두는 정치자금에관한법률 제18조 제1항 내지 제3항이 평등원칙에 위반되는지 여부(소극): 정당의 공적기능의 수행에 있어 교섭단체의 구성 여부에 따라 차이가 나타날 수밖에 없고, 이 사건 법률조항이 교섭단체의 구성 여부만을 보조금 배분의 유일한 기준으로 삼은 것이 아니라 정당의 의석수비율과 득표수비율도 함께 고려함으로써 현행의 보조금 배분비율이 정당이 선거에서 얻은 결과를 반영한 득표수비율과 큰 차이를 보이지 않고 있는 점 등을 고려하면, 교섭단체를 구성할 정도의 다수 정당과 그에 미치지 못하는 소수 정당 사이에 나타나는 차등지급의 정도는 정당 간의 경쟁상태를 현저하게 변경시킬 정도로 합리성을 결여한 차별이라고 보기 어렵다).

2) 대통령과 국회의원의 특권

대통령은 형사상 특권을 가지고 퇴직 후에도 법률이 정하는 바에 따라 신분보장과 예우를 받는데(제84조·제85조), 이 규정은 국가원수로서의 권위를 부여하기 위한 것이다. 또한 국회의원은 불체포특권과 면책특권(제44조·제45조)을 가지고 있는데, 이 규정은 국회의 원활한 기능수행을 위해 인정되고 있는 것이다.

3) 국가유공자 등의 우선취업기회 보장

국가유공자·상이군경 및 전몰군경의 유가족은 법률이 정하는 바에 따라 우선적으로 근로의 기회를 부여받는다[381](제32조 6항). 이는 근로기회를 일반 국민보다 우선적으로 보장함으로써 보상의 성격을 가지고 있다. 군필자 가산점제도는 평등원칙에 합치되는가의 문제가 최근 제기되고 있다.

(2) 특수신분에 대한 제한

공무원과 군인 등 특수한 신분을 가진 자에 대하여는 그 신분적 특성 때문에 일반 국민에 비하여 일정한 기본권을 제한하고 있다.

1) 공무원의 근로3권의 제한

공무원인 근로자는 법률이 정하는 자에 한해 단결권·단체교섭권·단체행동권을 가지며(제33조 2항), 주요 방위산업체에 종사하는 근로자는 법률이 정하는 바에 따라 그

---

381) 헌재 2006. 2. 23. 2004헌마675 등, 판례집 18-1상, 269(국·공립학교의 채용시험에 국가유공자와 그 가족이 응시하는 경우 만점의 10퍼센트를 가산하도록 규정하고 있는 국가유공자등예우및지원에관한법률 제31조 제1항·제2항, 독립유공자예우에관한법률 제16조 제3항 중 국가유공자등예우및지원에관한법률 제31조 제1항·제2항 준용 부분, 5·18민주유공자예우에관한법률 제22조 제1항·제2항이 기타 응시자들의 평등권과 공무담임권을 침해하는지 여부(헌법불합치): 이 사건 조항의 경우 명시적인 헌법적 근거 없이 국가유공자의 가족들에게 만점의 10%라는 높은 가산점을 부여하고 있는바, 그러한 가산점 부여 대상자의 광범위성과 가산점 10%의 심각한 영향력과 차별효과를 고려할 때, 그러한 입법정책만으로 헌법상의 공정경쟁의 원리와 기회균등의 원칙을 훼손하는 것은 부적절하며, 국가유공자의 가족의 공직 취업기회를 위하여 매년 많은 일반 응시자들에게 불합격이라는 심각한 불이익을 입게 하는 것은 정당화될 수 없다. 이 사건 조항의 차별로 인한 불평등 효과는 입법목적과 그 달성수단 간의 비례성을 현저히 초과하는 것이므로, 이 사건 조항은 청구인들과 같은 일반 공직시험 응시자들의 평등권을 침해한다.

단체행동권을 제한받는다(동조 3항).[382][383]

2) 군경 등의 국가배상청구권 제한

군인·군무원·경찰공무원 기타 법률이 정하는 자가 직무수행과 관련하여 받은 손해에 대하여는 법률이 정하는 보상 외에 다시 국가배상을 청구하는 것은 인정되지 아니한다(제29조 2항).

3) 군사법원에 의한 재판

군인·군무원 등은 일반 법원에 의한 재판이 아닌 군사재판을 받는데(제27조 2항·제110조 4항), 이 규정은 헌법과 법률이 정한 법관에 의하여 법률에 의한 재판을 받을 권리에 대한 예외를 규정한 것이다.[384]

---

382) 헌재 1998. 2. 27. 95헌바10, 판례집 10-1, 65("방위산업에관한특별조치법에 의하여 지정된 방위산업체에 종사하는 근로자"에 대하여 쟁의행위를 금지시키고 있는 구 노동쟁의조정법 제12조 제2항이 "주요방위산업체에 종사하는 근로자의 단체행동권은 법률이 정하는 바에 의하여 이를 제한하거나 인정하지 아니할 수 있다"고 규정한 헌법 제33조 제3항의 명문에 반하는 것인지 여부(합헌)).

383) 헌재 2008. 7. 31. 2004헌바9, 판례집 20-2상, 50(국가공무원이나 지방공무원뿐만 아니라 업무의 공공성이 매우 큰 영역에 근무하는 근로자인 청원경찰에 대하여는 근로3권이 전부 제한될 수도 있다고 할 것이다. 이에 대하여 청원경찰의 근로3권 중 단체행동권 정도만 제한하고 나머지 단결권이나 단체교섭권은 인정하여야 한다는 입장이 있으나, 청원경찰 업무의 특성상 단결권행사나 단체교섭권한의 행사만으로도 시설의 경비업무에 지장을 초래할 가능성이 높고, 앞에서 본 바와 같은 청원경찰에 대한 신분보장과 그 업무의 강한 공공성, 그리고 무기를 휴대하고 경찰관의 직무를 수행하는 업무수행의 특수성 등을 고려할 때, 군인이나 경찰관과 마찬가지로 청원경찰에 대하여도 단체행동권뿐만 아니라 단결권과 단체교섭권도 제한할 필요성이 충분히 인정된다(합헌)).

384) 헌재 2013. 11. 28. 2012헌가10, 판례집 25-2하, 338('전투용에 공하는 시설'을 손괴한 군인 또는 군무원이 아닌 국민(이하 '일반 국민'이라 한다)이 군사법원에서 재판받도록 하는, 구 군사법원법 제2조 제1항 제1호 중 '구 군형법 제1조 제4항 제4호' 가운데 '구 군형법 제69조 중 전투용에 공하는 시설의 손괴죄를 범한 내국인에 대하여 적용되는 부분'이 헌법과 법률이 정한 법관에 의한 재판을 받을 권리를 침해하는지 여부(위헌): 군인 또는 군무원이 아닌 국민에 대한 군사법원의 예외적인 재판권을 정한 헌법 제27조 제2항에 규정된 군용물에는 군사시설이 포함되지 않는다. 그렇다면 '군사시설' 중 '전투용에 공하는 시설'을 손괴한 일반 국민이 항상 군사법원에서 재판받도록 하는 이 사건 법률조항은, 비상계엄이 선포된 경우를 제외하고는 '군사시설'에 관한 죄를 범한 군인 또는 군무원이 아닌 일반 국민은 군사법원의 재판을 받지 아니하도록 규정한 헌법 제27조 제2항에 위반되고, 국민이 헌법과 법률이 정한 법관에 의한 재판을 받을 권리를 침해한다).

4) 현역군인의 문관임용 제한

군인은 현역을 면한 후가 아니면 국무총리 또는 국무위원으로 임명될 수 없는데(제86조 3항·제87조 4항), 이는 문민정치의 확립과 군의 정치적 중립의무[385](제5조 2항)을 위해 특히 규정한 것이다.[386]

---

385) 헌재 2016. 2. 25. 2013헌바111, 판례집 28-1상, 42(헌법에서 국군의 정치적 중립의무를 강조하는 취지나 효과적인 국방정책의 실현방안 등을 고려할 때 군인 개인의 정치적 표현에는 제한이 따를 수밖에 없다. 군조직의 특성상 상관을 모욕하는 행위는 상관 개인의 인격적 법익에 대한 침해를 넘어 군기를 문란케 하는 행위로서, 그로 인하여 군조직의 위계질서와 통수체계가 파괴될 위험성이 커 이를 일반예방적 효과가 있는 군형법으로 처벌할 필요성이 있다. 단순한 결례나 무례의 수준을 넘어 상관에 대한 사회적 평가를 저하시킬 수 있는 경멸적 표현에 해당하여야만 심판대상조항의 처벌대상이 되므로 남용의 우려가 적고, 심판대상조항의 주된 보호법익이나 법정형의 상한 등을 고려할 때 심판대상조항의 법정형이 형벌 본래의 목적과 기능을 달성함에 있어 필요한 정도를 일탈하였다고 보기 어렵다. 형법 제20조 정당행위 규정 등에 의하여 구체적인 사건에서 표현의 자유를 통해 보장되는 이익 및 가치와 명예보호를 통한 이익 및 가치가 적절히 조화될 수 있음에 반하여, 심판대상조항으로 제한되는 행위는 상관에 대한 사회적 평가를 저하시킬 만한 추상적 판단이나 경멸적 감정의 표현이어서 비록 그 표현에 군인 개인의 정치적 의사 표현이 포함될 수 있다고 하더라도 군조직의 특수성과 강화된 군인의 정치적 중립의무 등에 비추어 그 제한은 수인의 한도 내에 있다고 보인다. 따라서 심판대상조항은 과잉금지원칙에 위배되어 군인의 표현의 자유를 침해하지 아니한다).

386) 헌재 2018. 4. 26. 2016헌마611, 공보 제259호, 759(병역의무를 이행하는 병에 대하여 정치적 중립 의무를 부과하면서 선거운동을 할 수 없도록 하는 국가공무원법 제65조 제2항, 공직선거법 제60조 제1항 제4호, 군형법 제94조 제1항 제4호, 제5호 가운데 제4호에 관한 부분, '군인의 지위 및 복무에 관한 기본법'(이하 '군인복무기본법'이라 한다) 제33조 제2항 중 각 병(兵)에 관한 부분이 청구인의 선거운동의 자유를 침해하는지 여부(소극): 병은 군인의 다수를 차지하므로, 만약 병이 선거운동을 통하여 선거에서 특정 후보나 정당을 지지하는 경향을 드러내는 경우, 그것이 국군 전체의 의사로 오도될 가능성이 있고 국군의 정치적 중립성이 크게 흔들릴 수 있다. 또한, 병은 원칙적으로 다른 병과 함께 집단생활을 하므로 생활 전반에 걸쳐 병 사이의 밀착 정도가 매우 높아, 어느 병의 선거운동은 다른 병의 선거와 관련한 의사 형성이나 고유의 직무 수행에 부당한 영향을 미칠 수 있다. 비록 병이 군의 지휘체계에서 가장 하부에 위치하지만, 병이 취급하는 정보 중에서도 국가안보와 직결된 민감한 군사비밀이 있고, 특정 후보나 정당과 밀착하여 선거에 영향을 줄 수 있는 비밀을 유출하는 경우 국군의 정치적 중립성은 물론 국가안보에도 위협이 될 수 있다. 또한, 병이 영외에 있더라도 군인이라는 신분은 계속 유지되며 정치적 중립 요구를 받는다는 점에도 변함이 없으므로, 이를 구별하여 휴가 기간에만 선거운동을 허용할 것도 아니다. 심판대상조항이 병의 선거운동의 자유를 전면적으로 제한하고 있으나, 위와 같은 사정을 고려하면 병이 국토방위라는 본연의 업무에 전념할 수 있도록 하고, 헌법이 요구하는 공무원과 국군의 정치적 중립성을 확보하며, 선거의 공정성과 형평성을 확보하기 위하여 반드시 필요한 제한이라 할 수 있다. 따라서 심판대상조항은 과잉금지원칙에 위배되어 청구인의 선거운동의 자유를 침해하지 않는다).

2. 법률에 의한 제한

평등권도 다른 기본권과 마찬가지로 국가안전보장, 질서유지 또는 공공복리를 위해서 필요한 경우에 법률로써 제한할 수 있는 것은 당연하다. 평등의 원칙에 대한 법률상의 예외로는 ① 공무원의 정당가입의 금지,[387] 정치활동의 제한, 거주지의 제한, ② 군인·군무원의 영내거주, 정치활동의 제한, ③ 수형자의 서신검열·교화 등 통신, 신체의 자유에 대한 제한(행형법), ④ 전과자 등에 대한 공무담임권의 제한(공직선거법), ⑤ 외국인의 체류와 출국, 토지소유, 주식소유 등에 대한 제한(출입국관리법·외국인의토지취득및관리에관한법률), ⑥ 귀화인의 외무공무원 임용의 제한 등을 들 수 있다. 이들은 합리적 차별의 유형에 속하므로 합헌이다.

3. 긴급명령 등에 의한 제한

평등권은 국가비상시에 대통령의 긴급명령, 긴급재정·경제처분 및 그 명령(제76조 1항·2항)에 의해 제한될 수 있다. 이들은 법률과 같은 효력을 가지는 것이지만 국가긴급권에 의해 예외적으로 발동되는 점에서 다른 것이다.

X. 결 어

입법자가 제정한 법규범에 대해 헌법재판소는 규율대상과 차별표지에 따라 자의금지 심사기준으로부터 엄격한 비례성 심사기준까지 다양한 심사기준을 가지고 그 법규범상의 불평등대우를 통제할 수 있다.[388] 일반적 평등원칙은 평등한 대우를 요구하는 인격권적·정신적 권리를 위한 방어권이다. 일반적 평등원칙은 평등한 대우를 하라는 원칙으로서 법적으로 주어진 상황에서 차별없이 대우되어야 함을 요구한다. 평등한 대우를 하라는 원칙 위반은 2가지 비교가능한 사실관계간의

387) 국가공무원법 제65조(정치 운동의 금지) ① 공무원은 정당이나 그 밖의 정치단체의 결성에 관여하거나 이에 가입할 수 없다.

388) M. Sachs, Die Maßstäbe des allgemeinen Gleichheitssatzes – Willkürverbot und sogenannte neue Formel, JuS 1997, S. 124 ff.

차별적 대우를 전제로 한다. 차별대우가 평등한 대우를 하라는 원칙을 위반했는지는 심사기준에 따라 달리 판단되어진다.

우리 헌법 제11조 제1항 제2문의 성별·종교·사회적 신분에 해당하느냐 아니면 해당하지 않느냐를 형식적으로 판단하게 되면 그에 따른 적용결과상 또 다른 차별을 유발하게 된다. 성별·종교·사회적 신분에 해당하느냐에 국한된 해석론이나 논쟁은 이제 종식되어야 한다. 평등원칙의 심사에 있어서 어떠한 심사기준을 적용할 것인가는 그 차별영역의 실질적 내용으로 판단해야 한다. 결국 인(人)관련적 차별대우에 해당하느냐 아니면 오직 사물관련적 차별대우에 해당하느냐를 실질적으로 판단하여 상이한 심사기준을 적용해야 한다. 만약 지금처럼 전통적인 해석론에 입각하여 헌법 규정에서 특별히 평등을 요구하고 있는 경우이거나 관련 기본권에 대한 중대한 제한을 초래하는 경우에 엄격심사기준을 적용한다면, 형식적인 결과나 자의적인 결과가 도출될 가능성이 높다. 무엇이 기본권에 대한 중대한 제한을 초래하게 되는 경우인가에 대한 해답을 주지 못하기 때문이다.

제 3 장 자유권

제 1 절 자유권의 일반이론

Ⅰ. 자유권의 연혁·발전

인권의 역사는 자유권의 보장에서 비롯되었고 또한 자유권을 중심으로 전개되어 왔다. 자유권사상은 근대 절대군주정하에서 군주의 자의적 지배에서 벗어나기 위한 시민계급의 투쟁의 무기로써 안출되었다. 근대 시민혁명 이후의 인권선언은 구체제로부터의 '인간의 해방'과 '개인의 자유'를 그 목표로 하고 있었다. 시민혁명은 인간의 존엄성을 실현하기 위해 개인주의·자유주의·자유방임주의를 그 이데올로기로서 표방하게 되었다. 로크(Locke)의 자연법사상이 그 당시의 인권사상의 확립에 중요한 역할을 하였는데, 인간은 불가양의 자연권을 가지며, 이 권리를 보장하기 위해 '사회계약→국가계약'을 체결하였다고 한다. 따라서 국가는 이와 같은 '천부적·불가양의 권리를 보장'할 의무만 있을 뿐 어떠한 이유로도 이를 침해할 수 없는 것이다.

이와 같은 사상적 배경 하에서 자유권이 최초로 문서화된 것은 1776년의 버지니아권리선언이었으며, 미국의 독립선언(1776년)과 프랑스 인권선언(1789년)에서 인권선언은 그 극에 달하게 되었다. 이 시기에 기본권은 곧 자유권을 의미하였고, 자유권은 곧 자연권으로 이해되었다. 따라서 자유권은 전국가적·초국가적 권리로써 생래적·불가양의 권리라고 믿었다. 국가와 사회의 구별을 전제로 하여 사회영역은 개인의 자율에 일임하고 국가가 이에 대하여 간섭·침해하지 않는 것을 원칙으로 하였다.

법실증주의, 특히 나치(Nazi)를 비롯한 전체주의 하에서 압박을 받아 오던 자연법사상이 제2차 세계대전 이후 독일, 일본 등 패전국가에서 부활되어 자유권을 자연권으로 보는 견해가 압도하게 되었다. 이른바 신자연법사상은 전체주의에 대한 전면적인 반성과 법실증주의에 대한 근본적인 비판에서 출발하여 새 술을 새 부대에 담기 위한 자구적 노력을 하게 되었다. 그러나 이러한 자유권의 관념은 국가성격이 전환됨에 따라 그 의미의 변질을 초래하였다. 즉, 국민주권국가에 있어서는 국민이 주권자로서 직접 국정에 참여하므로 자유권의 초국가적 권리성을 인정할 필요가 없고, 현대 복지국가에 있어서는 자유권은 생존권과의 조화를 이루어야 하므로 그 사회적 제약성이 강조되고 있다. 따라서 자유권은 그 기초를 자연권에 두고 있지만, '국가에 있어서의 자유'(freedom in state)를 의미하는 상대적 권리의 성격을 가지게 되었다.

Ⅱ. 자유권의 헌법상 의의

'자유권'이라 함은 모든 국민이 그의 자율영역에 있어서는 권력에 의한 간섭 내지 침해를 받지 아니할 권리를 말한다. 즉, 자유권은 국가에 대하여 적극적으로 일정한 작위를 요청할 수 있는 권리가 아니라, 국가의 위법적인 명령·강제를 소극적으로 거부(부작위의 요구)할 수 있는 권리이다. 여기에 자유권은 국가에 대한 소극적·방어적 공권을 의미한다. 또한 자유권에 있어서 자유의 본질은 '국가로부터의 자유'(freedom from state)를 의미한다.[389] 자유권을 그 본질에 있어서 자연법적 권리로 보든 실정법적 권리로 보든 간에, 그것은 실정헌법에 의해 보장되는 헌법적 권리이며, 그 제한이 법률에 유보된 상대적 권리이다.

Ⅲ. 자유권의 유형

자유권을 그 성질에 따라 유형화하는 것은 자유권의 체계화를 위하여, 특히 개별적 기본권의 성격과 그 제한의 문제를 논함에 있어서, 실익이 있다. 오늘날 기본권 전체를 하나의 가치체계로 구성하려는 경향에 비추어 보더라도 이것은 바람직하다고 하겠다. 여기서는 개별적 자유권을 그 성격에 따라 인신의 자유, 정신적

389) 국가와 사회의 구별을 부정하는 입장(동화적 통합론)과 국민주권 원리의 기초 위에 서 있는 민주국가나 사회정의의 실현을 목표로 하는 사회국가에 있어서 자유의 본질은 '국가에 있어서의 자유'(freedom in state)라고 한다(한태연, 헌법학, 867-888면).

자유, 표현의 자유, 사생활의 자유 및 경제적 자유의 5종으로 분류한다.

1. 인신의 자유

인신의 자유는 기본적 인권 중에서도 가장 기본적인 자유이며 다른 모든 자유의 근간을 이룬다. 그 연혁을 보더라도 다른 기본권보다 가장 먼저 인정되었으며, 또한 자유권의 모두에서 규정하는 이유도 여기에 있는 것이다. 우리나라 헌법은 제12조와 제13조에서 인신의 자유를 규정하고 있다.

2. 정신적 자유

정신적 자유는 인간정신의 자유를 달성하는 것을 목적으로 한다. 근세 초기에 종교의 자유를 필두로 인간정신의 자각과 함께 다른 정신적 자유가 보편화되었다. 정신적 자유는 그 제한가능성이 다른 기본권에 비해 협소한 것을 특징으로 한다. 우리나라 헌법은 제19조(양심의 자유), 제20조(종교의 자유), 제22조(학문과 예술의 자유) 등에서 정신적 자유를 규정하고 있다.

3. 표현의 자유

표현의 자유는 정신적 활동의 소산을 외부에 발표하는 자유를 말하는데, 이는 민주국가에 있어서는 국민의 정치참가를 보장하는 제도적 보장의 의의도 가진다. 이러한 의미에서 표현의 자유는 일반적으로 정신적 자유의 하나로 보나, 그 사회성·공공성에 착안하여 이를 별개의 유형으로 구분한 것이다. 우리나라 헌법은 제21조에서 표현의 자유인 언론·출판의 자유와 집회·결사의 자유를 보장하고 있다.

4. 사생활의 자유

프라이버시(privacy)의 자유는 사생활의 비밀과 자유의 보호를 직접적인 내용으로 하는데, 이것은 곧 인격권의 핵심을 이루고 있다. 이 자유는 최근에 인간의 존엄성에 대한 자각과 문명의 발달에 따른 현대사회에서 적극적으로 주장되기 시작한 것이다. 우리나라 헌법은 제17조에서 사생활의 비밀과 자유를 규정하였고, 헌법 제16조(주거의 자유)와 제18조(통신의 자유)가 프라이버시를 보장하고 있다.

5. 경제적 자유

경제적 자유는 자본주의 사회에서 비로소 인정된 것으로 자유로운 경제활동을 보호하기 위해 인정된 권리이다. 그런데 자본주의의 모순이 노정됨에 따라 사회정의와 실질적 평등의 구현을 위해 자유권 중에서 가장 많은 제한을 받는 것을 그 특색으로 한다. 우리 헌법은 제14조(거주·이전의 자유)와 제15조(직업선택의 자유), 제23조(재산권의 보장) 등을 규정하고 있다.

Ⅳ. 자유권의 한계와 제한

자유권은 헌법에 열거되지 아니한 이유로 경시되지 아니하며(제37조 1항), 국가는 이를 최대한 보장할 의무가 있다(제10조). 그러나 자유권은 그 보장에 있어서 일정한 한계가 있으며 또한 제한을 받고 있다.

1. 헌법유보

우리나라 헌법은 이른바 '일반적 헌법유보'(예 : 독일기본법 제2조 1항)에 관한 조항을 두고 있지 않지만, 국민의 권리가 헌법적 권리인 이상 헌법질서에 부합되어야 하는 한계를 가지는 것은 법리상 당연하다. 헌법 제8조 제4항에 있어서 정당해산의 요건으로서의 '민주적 기본질서'는 개별적 법률유보에 속한다. 여기에 민주적 기본질서는 자유권의 한계를 의미하며, 자유권은 그 범위 안에서만 보장되는 것이다. 또한 표현의 자유(제21조 4항)와 재산권의 보장(제23조 2항)에서 개별적 헌법유보조항을 두어 이들 권리의 헌법적 한계를 설정하고 있다.

2. 법률유보

헌법 제37조 제2항에서 기본권의 제한에 관한 법률의 일반유보조항을 두고 있다. 따라서 기본권을 제한하는 경우에 그것은 ① 국가안전보장, 질서유지 또는 공공복리를 위해 필요하여야 하며, ② 국회의 의결을 거친 법률에 의하여야 한다. 그러나 기본권을 제한하는 경우에도 그 본질적 내용을 침해할 수 없다. 이것은 곧 입법권의 한계를 설정하는 것으로서 이 한계를 넘은 입법권의 행사는 헌법재판소의 위헌법률심판권을 통해 사법적 통제를 받는다. 또한 우리나라 헌법 제37조 2항의 일반적 법률유보 이외에 개별적인 기본권에 대하여 법률로써 제한할 수 있는 '개별적 법률유보'에 관한 조항을 두고 있다(제12조 1항·제23조 1항).

3. 기본권보장의 예외

자유권도 국가비상사태하에서 국가긴급권이 발동되는 때에는 그 제한의 범위가 확대된다. 우리 헌법은 대통령에게 긴급명령, 긴급재정·경제명령(제76조)과 계엄(제77조)을 발할 수 있는 권한을 부여하고 있다. 이들은 기본권 보장에 대한 예외라는 점에서 그 발동요건의 엄격한 해석을 요한다. 또한 특수신분관계에 있는 국민에 대해서는 그 '사물의 본성'(Natur der Sache)상 자유권의 제한범위도 보다 넓게 인정된다.

제 2 절 인신의 자유권

Ⅰ. 신체의 자유

1. 신체의 자유의 연혁 및 입법례

신체의 자유는 시원적 권리로서 사상의 자유와 함께 인간의 자유 중에서도 가장 기초적인 자유로서 연혁적으로 기본권 중에서 가장 먼저 보장되기 시작하였다. 신체의 자유는 일찍이 영국의 1215년의 대헌장에서 비롯하여 1628년의 권리청원과 1679년의 인신보호영장제도를 거쳐 1689년의 권리장전에서 확립되었다. 이는 미국 1776년 버지니아권리선언과 1791년 연방헌법(수정헌법 제4조) 그리고 프랑스 1789

년의 인권선언 등에서 도입되었다. 특히 영국에서는 인신보호영장제도를 통해, 미국에서는 적법절차조항의 해석을 둘러싸고 많은 판례들이 나와 인신의 자유가 보장되어 왔다. 그리하여 신체의 자유권은 어느 헌법이나 자유권의 모두에서 규정하는 것이 원칙이다.

2. 신체의 자유의 헌법상 의의

(1) 의의와 범위

신체의 자유는 정신적 자유와 더불어 헌법이념의 핵심인 “인간의 존엄과 가치”를 구현하기 위한 가장 기본적인 자유로서 모든 기본권 보장의 전제조건이다. 그러하기 때문에 우리 헌법은 신체의 자유를 보장하기 위하여 여러 가지 세심한 배려를 하고 있다. 신체의 자유는 법률과 적법절차에 의하지 아니하고는 제한 또는 침해될 수 없다. 일반적으로 신체의 자유에는 신체거동의 자유와 신체안전의 자유가 포함된다.[390] 즉, 헌법 제12조의 신체의 자유는 ‘신체의 완전성’ 내지 ‘신체를 훼손당하지 아니할 권리’를 포함한다.

(2) 법적 성격

신체의 자유는 모든 국민이 인간으로서 향유하는 천부적·초국가적 자연권에 속한다. 따라서 외국인도 당연히 그 주체가 될 수 있다. 신체의 자유는 인간생존의 기본적인 조건이며, 따라서 모든 자유와 권리보다 우선하는 기본권이다. 신체의 자유는 불법적인 국가권력의 침해에 대하여 그 배제를 청구할 수 있는 권리이므로 전형적인 개인의 소극적·방어적 공권의 성격을 가지고 있다. 신체의 자유를 자연권으로 이해하는 경우에도 결코 절대적 기본권은 아니고 그 내용은 헌법에 의해 규정되고 법률에 의해 제한될 수 있는 ‘상대적 권리’에 불과하다.

390) 헌법 제12조가 보장하는 신체의 자유는 신체활동을 자율적으로 할 수 있는 신체거동의 자유와 함께 신체의 안전성이 외부로부터의 물리적인 힘이나 정신적인 위협으로부터 침해당하지 아니할 자유를 포함한다(헌재 1992. 12. 24. 92헌가8; 헌재 2018. 2. 22. 2016헌마780, 공보 제257호, 459, 462).

3. 신체의 자유의 내용

(1) 법률주의

신체의 자유란 법률에 의하지 아니하고는 체포·구속·압수·수색 또는 심문을 받지 않는 권리를 말한다(제12조 1항). '체포'라 함은 수사기관이 피의자의 신체의 자유를 구속하여 특정한 장소에 인치함을 말하며, '구속'이라 함은 신체의 자유를 박탈하여 일정한 장소에 계속 유치하는 것을 말한다.[391] 구속에는 구인과 구금이 포함된다. '압수'라 함은 법원이 직권으로 또는 수사기관이 법원의 허가를 얻어 증거물 또는 몰수될 것으로 판단되는 물건에 대한 점유의 강제적 취득을 말하며, '수색'이라 함은 사람 또는 물건을 발견하기 위하여 사람의 신체와 물건 기타의 장소에 대하여 행하는 검색을 말한다. 본조의 압수와 수색은 모두 직접 신체에 대한 것만을 뜻하고 가택에 대한 것은 제16조의 적용을 받는다. '심문'이란 진술을 강제함을 말한다.

신체의 자유에 대한 제한은 법치주의원칙에 따라 반드시 법률에 의해 행하여지는 것이지만(일반적 법률유보), 헌법은 신체의 자유의 중요성에 비추어 특별히 명문의 규정을 둔 것이다(개별적 법률유보).

(2) 적법절차

모든 국민은 적법한 절차에 의하지 아니하고는 처벌·보안처분 또는 강제노역을 받지 아니한다(제12조 1항 후문). 현행헌법은 신체의 자유를 보다 철저하게 보장하기 위해 영미법상의 적법절차원리를 도입하였다. 따라서 처벌·보안처분 또는 강제노역은 법률과 적법절차에 의해서만 가능하게 함으로써 신체의 자유를 보장하려는 것이다.

'처벌'이라 함은 형사상의 처벌에 국한되는 것이 아니라 행정벌 등 모든 불이

---

391) 헌재 2018. 5. 31. 2014헌마346, 공보 제260호, 871(헌법 제12조 제4항 본문의 문언 및 헌법 제12조의 조문 체계, 변호인 조력권의 속성, 헌법이 신체의 자유를 보장하는 취지를 종합하여 보면 헌법 제12조 제4항 본문에 규정된 "구속"은 사법절차에서 이루어진 구속뿐 아니라, 행정절차에서 이루어진 구속까지 포함하는 개념이다. 따라서 헌법 제12조 제4항 본문에 규정된 변호인의 조력을 받을 권리는 행정절차에서 구속을 당한 사람에게도 즉시 보장된다).

익이 되는 제재를 포함한다.[392] '보안처분'은 사회적으로 위험한 행위를 할 우려가 있는 자를 사회로부터 격리시켜 그 위험성을 제거하는 범죄의 예방처분을 말한다.[393] 그 구체적인 예로는 소년법에 의한 보호처분, 보호관찰 등에 관한 법률에 의한 보호관찰, 보안관찰법에 의한 보안관찰처분, 사회보호법에 의한 보호처분 등이 있다. 다만 보안처분은 형의 선고가 아닌 점에서 인권의 보장을 위한 견지에서 최소한의 경우에 국한되어야 할 것이다. '강제노역'이라 함은 본인의 의사에 반하여 노역을 강제함을 말한다.[394] 국가가 노역이 필요할 때에는 부역, 금품대납 등 자유로운 수급원칙에 따라 이를 충족시키는 것을 원칙으로 하며, 천재지변 등 일신전속적인 노역이 필수불가결할 때에 한하여 근로의무를 과할 수 있다. 징병제도는 헌법이 인정한 예외라고 볼 수 있다(제39조).

4. 신체의 자유의 실체적 보장

(1) 죄형법정주의

'죄형법정주의'[395]라 함은 '법률 없으면 범죄가 없고 법률 없으면 형벌도 없

392) 헌법 제12조 제1항은 "…법률과 적법한 절차에 의하지 아니하고는 처벌·보안처분 또는 강제노역을 받지 아니한다."라고 하여 적법절차원칙을 규정하고 있는데, 헌법재판소는 적법절차원칙이 형사소송절차에 국한하지 않고 모든 입법작용 및 행정작용에도 광범위하게 적용된다고 해석하고 있으므로, 수용시설의 안전과 질서를 유지하기 위한 징벌제도에 있어서도 적법절차원칙이 준수되어야 할 것이다(헌재 2014. 9. 25. 2012헌마523; 헌재 2016. 5. 26. 2015헌바378, 판례집 28-1하, 286, 292).

393) "보안처분은 형벌만으로는 행위자의 장래의 재범에 대한 위험성을 제거하기에 충분하지 못한 경우에 사회방위와 행위자의 사회복귀의 목적을 달성하기 위하여 고안된 특별예방적 목적처분으로서, 헌법은 1972. 12. 27. 개정헌법 이래 보안처분제도를 헌법상의 제도로 수용하여 왔으므로 헌법의 규정에 따라 어떠한 형태의 보안처분제도를 마련하느냐의 문제는 헌법에 위반되지 아니하는 한 오로지 입법권자의 형성의 자유에 속한다고 할 것이다."(헌재 1989. 7. 14. 88헌가5 등, 판례집 1, 69, 83; 헌재 2001. 7. 19. 2000헌바22, 판례집 13-2, 18, 22).

394) 제4공화국 헌법은 법률에 유보시켰고 제5공화국 헌법은 형의 선고의 경우에 국한시켰던 것을 현행헌법은 법률과 적법절차에 의하도록 하였다.

395) 죄형법정주의는 자유주의, 권력분립, 법치주의 및 국민주권의 원리에 입각한 것으로서 무엇이 범죄이며 그에 대한 형벌이 어떠한 것인가는 반드시 국민의 대표로 구성된 입법부가 제정한 법률로써 정하여야 한다는 원칙이고, 죄형법정주의를 천명한 헌법 제12조 제1항 후단이나 제13조 제1항 전단에서 말하는 "법률"도 입법부에서 제정한 형식적 의미의 법률을 의미하는 것임은 물론이다(헌재 1991. 7. 8. 91헌가4, 판례집 3, 336, 340).

다'(*nullum crimen sine lege, nulla poena sine lege*)는 근대형법의 기본원칙을 말한다. 죄형법정주의는 범죄와 형벌은 반드시 형식적 법률로써 정하고 범죄에 대한 처벌 등의 절차도 적정한 법률로써 정하여야 한다는 원칙을 그 내용으로 하며, 모든 국가기관의 자의적 권력행사로부터 신체의 자유를 보장하려는 것이다. 헌법 제12조 제1항 후문에서 "누구든지…법률에 의하지 아니하고는 처벌·보안처분 또는 강제노역을 받지 아니한다."고 규정한 것은 죄형법정주의를 선언한 것이다.

죄형법정주의는 그 실효성을 담보하기 위해 ① 법률주의, ② 명확성의 원칙, ③ 유추해석금지의 원칙,[396] ④ 소급효금지의 원칙,[397] ⑤ 적정성의 원칙[398] 등 다섯 가지의 파생원칙을 포함하고 있다. 헌법 제13조 1항은 형벌법규의 소급효를 명문으로 금지하고 있으며, 2항은 나아가 소급입법에 의한 참정권의 제한이나 재산권의 박탈을 금지하고 있다.[399]

죄형법정주의가 형식적 법률로써 처벌을 규정할 것을 요구하고 있으므로 벌칙규정을 하위법령에 위임할 수 있느냐의 문제가 일어난다. 일반적·포괄적인 위임은 물론 인정되지 아니하나, 모든 구체적인 사항을 법률에 의해 규정할 수 없으므로 구체적으로 범위를 정하여－이를테면, 형벌의 종류, 최고한도 등－위임하는

---

396) 형벌법규는 헌법상 규정된 죄형법정주의 원칙상 입법목적이나 입법자의 의도를 감안한 유추해석이 일체 금지되고, 법률조항의 문언의 의미를 엄격하게 해석하여야 하는바, 유추해석을 통하여 형벌법규의 적용범위를 확대하는 것은 '법관에 의한 범죄구성요건의 창설'에 해당하여 죄형법정주의원칙에 위배된다(헌재 2012. 12. 27. 2011헌바117, 판례집 24-2하, 387).

397) "과거의 사실관계 또는 법률관계를 규율하기 위한 소급입법의 태양에는 이미 과거에 완성된 사실·법률관계를 규율의 대상으로 하는 진정소급효의 입법과 이미 과거에 시작하였으나 아직 완성되지 아니하고 진행과정에 있는 사실·법률관계를 규율의 대상으로 하는 부진정소급효의 입법이 있다. 헌법 제13조 제2항이 금하고 있는 소급입법은 전자, 즉 진정소급효를 가지는 법률만을 의미하며, 이에 반하여 후자, 즉 부진정소급효의 입법은 원칙적으로 허용된다. 다만 부진정소급효를 가지는 입법에 있어서도 소급효를 요구하는 공익상의 사유와 신뢰보호의 요청 사이의 비교형량 과정에서, 신뢰보호의 관점이 입법자의 형성권에 제한을 가하게 된다."(헌재 1989. 3. 17. 88헌마1, 판례집 1, 9, 17-18; 헌재 1995. 10. 26. 94헌바12, 판례집 7-2, 447, 457-459; 헌재 1996. 2. 16. 96헌가2 등, 판례집 8-1, 51, 84-89; 헌재 1999. 4. 29. 94헌바37 등, 판례집 11-1, 289, 318; 헌재 2001. 4. 26. 99헌바55, 판례집 13-1, 869, 884; 헌재 2002. 7. 18. 99헌마574, 판례집 14-2, 29, 43; 헌재 2003. 4. 24, 2002헌바9, 판례집 15-1, 406, 414-415; 헌재 2003. 10. 30, 2001헌마700, 판례집 15-2, 137, 164-165.)

398) "죄형법정주의의 요청인 명확성, 적정성의 원칙에 위배되는지 여부에 관하여 살펴본다." (헌재 1997. 3. 27. 95헌가17, 판례집 9-1, 219, 232)

399) 참정권과 재산권에 대한 소급입법의 금지는 신체의 자유 보장과는 관련이 없으나, 제2공화국하에서 부정선거관련자와 부정축재자를 처벌하기 위한 헌법개정의 선례 때문에 그 후의 헌법개정에서는 이 조항을 항상 채택해 왔다.

것은 허용된다. 조례의 경우에도 벌칙규정을 두는 것은 인정되지만, 반드시 법률의 위임이 있어야 한다.

(2) 일사부재리의 원칙

일사부재리의 원칙 내지 이중처벌[400]금지의 원칙[401]은 동일한 범죄에 대하여 거듭 처벌되지 아니한다는 원칙을 말한다.[402] 즉, 실체판결이 확정된 사건(무죄 또는 처벌이 완료된 행위)에 대하여는 거듭 심판하는 것이 허용되지 아니한다. 이 원칙은 원래 죄형법정주의의 내용을 이루는 것은 아니지만, 우리나라 헌법 제13조 1항 후단에서 신체의 자유를 강화하기 위해 특별히 규정하고 있다. 형사소송법은 이 원칙을 따라 확정판결이 있는 때에는 면소의 선고를 해야 하고 유죄의 확정판결에 대한 재심은 그 선고받은 자의 이익을 위해서만 가능하도록 하고 있다.

이중처벌금지의 원칙은 영미법상의 '이중위험(double jeopardy)금지의 원칙'과는 구별된다. 이중위험금지의 원칙은 미국연방 수정헌법 제5조에서 인정된 것으로 공판절차가 일정한 단계에 이르면 다시는 그 절차의 부담을 되풀이할 수 없다는 원칙을 말한다. 일사부재리의 원칙이 실체적 확정력의 문제로서 판결의 확정에 의해 그 효력이 발생하는 데 반해, 이중위험금지의 원칙은 절차상의 문제로서 심판절차가 일정한 단계에 도달하게 되면 효력이 발생한다.

---

400) 이중처벌은 처벌 또는 제재가 동일한 행위를 대상으로 거듭 행해질 때 발생하는 문제로서, 심판대상조항과 같이 하나의 형사재판절차에서 다루어진 사건을 대상으로 동시에 징역형과 자격정지형을 병과하는 것은 이중처벌금지원칙에 위반되지 아니한다(헌재 2010. 7. 29. 2008헌바88; 헌재 2018. 3. 29. 2016헌바361, 공보 제258호, 552, 555).

401) 보안처분은 그 본질, 추구하는 목적 및 기능에 있어 형벌과는 다른 독자적 의의를 가진 사회보호적인 처분이므로 형벌과 보안처분은 서로 병과하여 선고한다고 해서 그것이 헌법 제13조 제1항 후단 소정의 이중처벌금지원칙에 해당되지 아니한다는 것이 헌법재판소의 확립된 견해이고, 보안관찰법상 보안관찰처분 역시 그 본질이 위에서 살펴본 바와 같이 헌법 제12조 제1항에 근거한 보안처분인 이상, 형의 집행종료 후 별도로 보안관찰처분을 명할 수 있다고 규정한 보안관찰처분 근거조항이 헌법 제13조 제1항이 규정한 이중처벌금지원칙에 위반되었다고 할 수 없다(헌재 1989. 7. 14. 88헌가5·8, 89헌가44(병합); 헌재 2015. 11. 26. 2014헌바475, 판례집 27-2하, 284, 295).

402) 일반적으로 일사부재리의 원칙과 이중처벌금지의 원칙을 동일한 개념으로 사용하고 있지만, 허영 교수는 이중처벌금지의 원칙이 일사부재리의 원칙의 형벌권적 내용이기 때문에 그 개념이 엄밀한 의미에서 완전한 동의어는 아니라고 한다(허영, 한국헌법론, 342면).

(3) 연좌제 금지

헌법 제13조 제3항은 "모든 국민은 자기의 행위가 아닌 친족의 행위로 인하여 불이익한 처우를 받지 아니한다."고 규정하여 이른바 연좌제를 금지하고 있다. 본래 '연좌제'라 함은 범죄자의 일정한 범위의 친족에게 형사상의 연대책임을 지우는 형사제도를 말한다. 이 제도는 전근대적인 것으로 '자기책임의 원리'[403]라는 헌법정신에 위배되는 것이다. 헌법 제10조가 정하고 있는 행복추구권에서 파생되는 자기결정권은 이성적이고 책임감 있는 사람의 자기의 운명에 대한 결정·선택을 존중하되 그에 대한 책임은 스스로 부담함을 전제로 한다. 자기책임의 원리는 이와 같이 자기결정권의 한계논리로서 책임부담의 근거로 기능하는 동시에 자기가 결정하지 않은 것이나 결정할 수 없는 것에 대하여는 책임을 지지 않고 책임부담의 범위도 스스로 결정한 결과 내지 그와 상관관계가 있는 부분에 국한됨을 의미하는 책임의 한정원리로 기능한다. 이러한 '자기책임의 원리'는 인간의 자유와 유책성, 그리고 인간의 존엄성을 진지하게 반영한 원리로서 그것이 비단 민사법이나 형사법에 국한된 원리라기보다는 근대법의 기본이념으로서 법치주의에 당연히 내재하는 원리로 볼 것이다.[404]

헌법 제13조 제3항은 "모든 국민은 자기의 행위가 아닌 친족의 행위로 인하여 불이익한 처우를 받지 아니한다."고 규정하고 있는바, 위 조항은 '친족의 행위와 본인 간에 실질적으로 의미 있는 아무런 관련성을 인정할 수 없음에도 불구하고 오로지 친족이라는 사유 그 자체만으로' 불이익한 처우를 가하는 경우에만 적용된다. 그 밖의 경우에는 문제된 불이익을 보호하는 다른 헌법규범이나 기본권규범을 찾아 그 친족과의 관계에서 본인에게 그러한 불이익을 주는 것이 과연 합리적 근거가 있는지, 또는 입법목적 달성을 위해 필요한 한도 내의 수단인지를 살펴봄으

---

403) 자기가 결정하지 않은 것이나 결정할 수 없는 것에 대하여는 책임을 지지 않는다는 자기책임 원리는 법치주의에 당연히 내재하는 원리다. 또 친족의 행위로 인하여 불이익한 처우를 받지 아니한다는 헌법 제13조 제3항은 자기책임 원리의 한 표현에 해당하는 것으로 자기책임 원리에 반하는 제재는 그 자체로 헌법에 위반된다(헌재 2005. 12. 22. 2005헌마19; 헌재 2011. 4. 28. 2009헌바90; 헌재 2011. 9. 29. 2010헌마68; 헌재 2016. 7. 28. 2015헌마236 등, 판례집 28-2상, 128, 171).

404) 헌재 2004. 6. 24. 2002헌가27, 판례집 16-1, 706, 714-715; 헌재 2009. 10. 29, 2008헌바146, 판례집 제21권 2집 하, 248, 263-264; 헌재 2010. 6. 24, 2007헌바101, 판례집 제22권 1집 하, 417, 432.

로써 그러한 법적 규율의 정당성 여부를 충분히 판단할 수 있기 때문이다.[405)]

여기에서 '친족의 행위'라 함은 단순히 민법상 친족[406)]인 배우자, 혈족, 인척의 행위만을 의미하는 것은 아니고, 자기책임의 원리의 측면에서 국민의 신체의 자유의 보장을 위해 모든 '타인'의 행위로 인한 불이익한 처우를 포함시킨다고 해석하는 것이 타당할 것이다. 불이익한 처우의 구체적인 예로는 공무담임권의 제한을 들 수 있다.

5. 신체의 자유의 절차적 보장

(1) 영장제도

1) 구속영장주의

헌법 제12조 제3항 본문에서는 "체포·구속·압수 또는 수색을 할 때에는 적법한 절차에 따라 검사의 신청에 의하여 법관이 발부한 영장을 제시하여야 한다."라고 규정함으로써 신체의 자유에 대한 제한은 법관의 영장에 의하여야만 한다는 영장주의[407)408)409)]를 채택하고 있다.[410)] 즉, 영장의 신청은 검사에 독점시켜 경찰

---

405) 헌재 2005. 12. 12. 2005헌마19, 판례집 17-2, 785, 792; 헌재 2012. 8. 23. 2010헌가65, 판례집 24-2상, 369, 388(본인과 친족 사이의 실질적·경제적 관련성에 근거한 것이지, 실질적으로 의미 있는 아무런 관련성을 인정할 수 없음에도 오로지 친족관계 그 자체만으로 불이익한 처우를 가하는 것이 아니므로 헌법 제13조 제3항에 위배되지 아니한다).

406) '친족'이란 '촌수가 가까운 일가'를 뜻하고, 민법상으로는 8촌 이내의 혈족, 4촌 이내의 인척, 배우자를 의미한다(민법 제777조).

407) 헌재 2016. 11. 24. 2014헌바401, 판례집 28-2하, 165('형의 집행 및 수용자의 처우에 관한 법률' 제41조 제4항 중 '미결수용자의 접견내용의 녹음·녹화' 조항이 영장주의에 위배되는지 여부(소극): 이 사건 녹음조항에 따라 접견내용을 녹음·녹화하는 것은 직접적으로 물리적 강제력을 수반하는 강제처분이 아니므로 영장주의가 적용되지 않아 영장주의에 위배된다고 할 수 없다).

408) 헌재 2015. 9. 24. 2012헌바302, 판례집 27-2상, 514(형사재판에 계속 중인 사람에 대하여 출국을 금지할 수 있다고 규정한 출입국관리법 제4조 제1항 제1호가 영장주의에 위배되는지 여부(소극): 심판대상조항에 따른 법무부장관의 출국금지결정은 형사재판에 계속 중인 국민의 출국의 자유를 제한하는 행정처분일 뿐이고, 영장주의가 적용되는 신체에 대하여 직접적으로 물리적 강제력을 수반하는 강제처분이라고 할 수는 없다. 따라서 심판대상조항이 헌법 제12조 제3항의 영장주의에 위배된다고 볼 수 없다).

409) 헌재 2012. 6. 27. 2011헌가36, 판례집 24-1하, 703(법원의 구속집행정지결정에 대하여 검사가 즉시항고할 수 있도록 한 형사소송법 제101조 제3항이 헌법상 영장주의 및 적법절차원칙

에 의한 신체의 자유의 침해를 방지하고 그 수사지휘권을 확립하는 한편, 영장의 발부는 사법기관인 법관에 독점시켜 행정기관에 의한 인권의 침해를 방지하려 하고 있다.[411] 여기에서 영장의 발부는 사법기관에 의한 체포의 허가를 의미하며, 신체의 자유를 보장하기 위한 가장 기본적인 제도이다.

체포·구속영장에는 "피고인의 성명, 주거, 죄명, 공소사실의 요지, 인치구금할 장소, 발부년월일, 그 유효기간과 그 기간을 경과하면 집행에 착수하지 못하며 영장을 반환하여야 할 취지"를 기재하여야 하며, 구체적 사항이 명시되지 아니한 이른바 '일반영장'(general warrant)은 금지된다.

형사소송법에서는 신체의 자유를 강화하기 위해 체포영장제도, 영장실질심사제 등을 채택하였다.

① **체포영장제도** : 피의자가 죄를 범하였다고 의심할 만한 상당한 이유가 있고, 정당한 이유 없이 검사 또는 사법경찰관의 출석요구에 응하지 아니하거나 응하지 아니할 우려가 있는 때에는 검사는 관할지방법원 판사에게 청구하여 체포영장을

에 위배되는지 여부(위헌): 법원이 피고인의 구속 또는 그 유지 여부의 필요성에 관하여 한 재판의 효력이 검사나 다른 기관의 이견이나 불복이 있다 하여 좌우되거나 제한받는다면 이는 영장주의에 위반된다고 할 것인바, 구속집행정지결정에 대한 검사의 즉시항고를 인정하는 이 사건 법률조항은 검사의 불복을 그 피고인에 대한 구속집행을 정지할 필요가 있다는 법원의 판단보다 우선시킬 뿐만 아니라, 사실상 법원의 구속집행정지결정을 무의미하게 할 수 있는 권한을 검사에게 부여한 것이라는 점에서 헌법 제12조 제3항의 영장주의원칙에 위배된다. 또한 헌법 제12조 제3항의 영장주의는 헌법 제12조 제1항의 적법절차원칙의 특별규정이므로, 헌법상 영장주의원칙에 위배되는 이 사건 법률조항은 헌법 제12조 제1항의 적법절차원칙에도 위배된다).

410) 헌법 제12조 제3항이 영장의 발부에 관하여 "검사의 신청"에 의할 것을 규정한 취지는 모든 영장의 발부에 검사의 신청이 필요하다는 데에 있는 것이 아니라 수사단계에서 영장의 발부를 신청할 수 있는 자를 검사로 한정함으로써 검사 아닌 다른 수사기관의 영장신청에서 오는 인권유린의 폐해를 방지하고자 함에 있으므로, 공판단계에서 법원이 직권에 의하여 구속영장을 발부할 수 있음을 규정한 형사소송법 제70조 제1항 및 제73조 중 "피고인을… 구인 또는 구금함에는 구속영장을 발부하여야 한다." 부분은 헌법 제12조 제3항에 위반되지 아니한다(헌재 1997. 3. 27. 96헌바28 등, 판례집 9-1, 313).

411) 헌법 제12조 제3항의 영장주의는 적법절차원칙에서 도출되는 원리로서, 형사절차와 관련하여 체포·구속·압수·수색의 강제처분을 함에 있어서는 사법권독립에 의하여 신분이 보장되는 법관이 발부한 영장에 의하지 않으면 아니 된다는 원칙이다. 따라서 영장주의의 본질은 강제처분을 함에 있어서는 중립적인 법관이 구체적 판단을 거쳐 발부한 영장에 의하여야만 한다는 데에 있다(헌재 2012. 5. 31. 2010헌마672) 이러한 영장주의는 사법권독립에 의하여 신분이 보장되는 법관의 사전적·사법적 억제를 통하여 수사기관의 강제적인 압수·수색을 방지하고 국민의 기본권을 보장하기 위한 것이다(헌재 2004. 9. 23. 2002헌가17등; 헌재 2018. 4. 26. 2015헌바370 등, 공보 제259호, 687, 691).

발부받아 피의자를 체포할 수 있다.[412)]

헌법 제12조 제6항은 체포 자체에 대한 헌법적 정당성을 법원에 심사청구할 수 있는 절차를 헌법적 차원에서 보장하기 위하여 체포의 헌법적 정당성이 인정되지 않는 경우 법원이 그 당사자를 석방하도록 결정하는 체포적부심사를 요구하고 있고,[413)] 위 절차에서 피체포자가 자기에게 이익이 되는 증거를 수집·제출하는 등 충분히 자신을 방어하기 위해서는 변호인의 조력이 반드시 필요하다(형사소송법 제214조의2 제10항, 제33조). 그런데 체포영장은 체포 자체의 근거가 될 뿐만 아니라(헌법 제12조 제3항, 형사소송법 제200조의2 제1항), 피의자 성명, 죄명, 피의사실 요지 등이 기재되어 있어(형사소송법 제200조의6, 제75조) 체포적부심사를 청구할 것인지 또는 체포적부심사절차에서 어떠한 공격·방어를 할 것인지 결정하기 위하여 필수적인 문서이다. 만약 체포영장을 등사하여 검토할 수 없다면, 변호인은 피체포자를 위한 방어활동에 현저한 지장을 받게 된다. 피의자는 체포될 때 체포영장을 제시받고(형사소송법 제200조의6, 제85조 제1항), 범죄사실의 요지, 체포의 이유 등을 고지받으나(형사소송법 제200조의5) 통상의 경우 법률지식이 부족하고 심리적으로 위축된 상태에 있으므로 변호인이 그를 통해 체포영장에 기재된 사실을 온전하게 파악하기란 불가능하고, 따라서 변호인이 체포영장을 통하여 그에 기재된 사실을 확인하는 것은 피체포자 보호를 위하여 반드시 필요하다. 체포영장에 대한 열람이 허용되는 경우에도, 열

---

412) 헌재 2018. 4. 26. 2015헌바370 등, 공보 제259호, 687(체포영장을 집행하는 경우 필요한 때에는 타인의 주거 등에서 피의자 수사를 할 수 있도록 한 형사소송법 제216조 제1항 제1호 중 제200조의2에 관한 부분이 헌법 제16조의 영장주의에 위반되는지 여부(헌법불합치): 헌법 제12조 제3항과는 달리 헌법 제16조 후문은 "주거에 대한 압수나 수색을 할 때에는 검사의 신청에 의하여 법관이 발부한 영장을 제시하여야 한다."라고 규정하고 있을 뿐 영장주의에 대한 예외를 명문화하고 있지 않다. 그러나 헌법 제12조 제3항과 헌법 제16조의 관계, 주거 공간에 대한 긴급한 압수·수색의 필요성, 주거의 자유와 관련하여 영장주의를 선언하고 있는 헌법 제16조의 취지 등을 종합하면, 헌법 제16조의 영장주의에 대해서도 그 예외를 인정하되, 이는 ① 그 장소에 범죄혐의 등을 입증할 자료나 피의자가 존재할 개연성이 소명되고, ② 사전에 영장을 발부받기 어려운 긴급한 사정이 있는 경우에만 제한적으로 허용될 수 있다고 보는 것이 타당하다. 심판대상조항은 체포영장을 발부받아 피의자를 체포하는 경우에 필요한 때에는 영장 없이 타인의 주거 등 내에서 피의자 수사를 할 수 있다고 규정함으로써, 앞서 본 바와 같이 별도로 영장을 발부받기 어려운 긴급한 사정이 있는지 여부를 구별하지 아니하고 피의자가 소재할 개연성만 소명되면 영장 없이 타인의 주거 등을 수색할 수 있도록 허용하고 있다. 이는 체포영장이 발부된 피의자가 타인의 주거 등에 소재할 개연성은 소명되나, 수색에 앞서 영장을 발부받기 어려운 긴급한 사정이 인정되지 않는 경우에도 영장 없이 피의자 수색을 할 수 있다는 것이므로, 헌법 제16조의 영장주의 예외 요건을 벗어나는 것으로서 영장주의에 위반된다).

413) 헌재 2004. 3. 25. 2002헌바104.

람은 한정된 시간 동안 일정한 장소에서 쭉 훑어보거나 조사하면서 보는 행위이므로, 원본과 동일한 문서를 보유할 수 있게 하는 등사에 비하여 한정된 시간 내에 더욱 철저한 방어권을 행사해야 하는 변호인에게 여전히 제약적인 방법이다. 그러므로 체포영장은 체포의 정당성을 가리는데 필수적인 문서이므로, 등사를 통하여 위 내용을 아무런 제한 없이 파악하는 것은 피체포자에게 보장된 변호인의 조력을 받을 권리의 가장 중요한 내용이고, 이에 대한 등사는 피의자신문조서, 참고인들의 진술조서 등 다른 수사기록에 대한 등사와 비교하여 더욱 엄격하게 보장되어야 한다.[414)]

② **구속영장제도** : 체포한 피의자를 구속하고자 할 때에는 체포한 때부터 48시간 이내에 구속영장을 청구하여야 하고, 그 기간 내에 구속영장을 청구하지 아니하는 때에는 피의자를 즉시 석방하여야 한다. 검사 또는 사법경찰관이 피의자를 체포한 경우 피의자를 구속하고자 할 때에는 지체 없이 검사는 관할지방법원판사에게 구속영장을 청구하여야 하고, 사법경찰관은 검사에게 신청하여 검사의 청구로 관할지방법원판사에게 구속영장을 청구하여야 한다. 이 경우 구속영장은 피의자를 체포한 때부터 48시간 이내에 청구하여야 하며, 긴급체포서를 첨부하여야 한다. 피의자가 죄를 범하였다고 의심할 만한 상당한 이유가 있고 ㉠ 피의자가 일정한 주거가 없는 때, ㉡ 피의자가 증거를 인멸할 염려가 있는 때, ㉢ 피의자가 도망하거나 도망할 염려가 있는 때에는 검사는 관할지방법원판사에게 청구하여 구속영장을 받아 피의자를 구속할 수 있고 사법경찰관은 검사에게 신청하여 검사의 청구로 관할지방법원판사의 구속영장을 받아 피의자를 구속할 수 있다. 다만, 다액 50만원 이하의 벌금, 구류 또는 과료에 해당하는 범죄에 관하여는 피의자가 일정한 주거가 없는 경우에 한한다.

피고인을 구인 또는 구금함에는 구속영장을 발부하여야 한다. 구속영장에는 피고인의 성명, 주거, 죄명, 공소사실의 요지, 인치 구금할 장소, 발부년월일, 그 유효기간과 그 기간을 경과하면 집행에 착수하지 못하며 영장을 반환하여야 할 취지를 기재하고 재판장 또는 수명법관이 서명날인하여야 한다. 피고인의 성명이 분명하지 아니한 때에는 인상, 체격, 기타 피고인을 특정할 수 있는 사항으로 피고인을 표시할 수 있다. 피고인의 주거가 분명하지 아니한 때에는 그 주거의 기재를 생략할 수 있다. 구속영장은 검사의 지휘에 의하여 사법경찰관리가 집행한다. 단, 급속을 요하는 경우에는 재판장, 수명법관 또는 수탁판사가 그 집행을 지

414) 헌재 2015. 7. 30. 2012헌마610, 판례집 27-2상, 293, 302-303.

휘할 수 있다.

③ **압수·수색영장제도** : 압수·수색에도 적법한 절차에 따라 검사가 신청하고 법관이 발부한 영장을 제시하여야 한다(제12조 3항). 공판정 외에서 압수 또는 수색을 함에는 영장을 발부하여 시행하여야 한다. 압수·수색영장에는 피고인의 성명, 죄명, 압수할 물건, 수색할 장소, 신체, 물건, 발부년월일, 유효기간과 그 기간을 경과하면 집행에 착수하지 못하며 영장을 반환하여야 한다는 취지 기타 대법원규칙으로 정한 사항을 기재하고 재판장 또는 수명법관이 서명날인하여야 한다. 다만, 압수·수색할 물건이 전기통신에 관한 것인 경우에는 작성기간을 기재하여야 한다. 압수·수색영장은 검사의 지휘에 의하여 사법경찰관리가 집행한다. 단, 필요한 경우에는 재판장은 법원사무관등에게 그 집행을 명할 수 있다. 압수·수색영장의 집행에 있어서는 타인의 비밀을 보지하여야 하며 처분받은 자의 명예를 해하지 아니하도록 주의하여야 한다(형소법 제113조－제116조).

2) 영장주의에 대한 예외

헌법은 이와 같이 사전영장제도를 원칙으로 하면서도 예외적으로 현행범인인 경우와 장기 3년 이상의 형에 해당하는 죄를 범하고 일정한 주거가 없거나 도피 또는 증거인멸의 염려가 있는 경우로서 긴급을 요하는 때에는 사후에 이를 청구할 수 있도록 함으로써 사후영장제도를 채택하고 있다.

사법경찰관이 피의자를 체포한 경우에는 즉시 검사의 승인을 받아야 한다. 긴급체포한 경우 검사 또는 사법경찰관은 범죄사실의 요지, 긴급체포의 이유 등을 기재한 긴급체포서를 작성하여야 한다. 다만 현행범일지라도 경미한 범죄인 경우에는 주거가 불분명한 때에만 영장없이 체포할 수 있다. 긴급체포한 후 피의자를 구속할 경우에는 체포시부터 48시간 내에 구속영장을 청구하여야 하며, 이를 청구하지 않거나 발부받지 못한 때에는 즉시 피의자를 석방하여야 한다.

긴급체포는 피의자가 사형·무기 또는 장기 3년 이상의 징역이나 금고에 해당하는 죄를 범하였다고 의심할 만한 상당한 이유가 있고, 피의자가 증거를 인멸할 염려가 있거나 피의자가 도망하거나 도망할 우려가 있는 경우로서 긴급을 요하여 지방법원판사의 체포영장을 받을 수 없는 때에 영장 없이 피의자를 체포하는 것이다. 이 경우 '긴급을 요한다.'함은 피의자를 우연히 발견한 경우 등과 같이 체포영장을 받을 시간적 여유가 없는 때를 말한다. 피의자가 긴급체포를 피하기 위하여 타인의 주거 등에 들어가는 경우 이를 확인한 수사기관으로서는 피의자 체포를 위하여 그 장소에 바로 들어가 피의자 수색을 할 수 있어야 한다. 이러한 경우에도 피의자가 타인의 주거 등에 소재할 개연성 및 수색에 앞서 수색영장을 발부받기 어려운 긴급한 사정이 충분히 인정된다. 따라서 긴급체포의 경우 역시 헌법 제16조의 영장주의의 예외를 인정할 수 있다.[415)]

3) 별건체포·구속의 문제

'별건체포·구속'이라 함은 중요한 사건에 관하여 구속영장을 청구할 수 있는 증거의 수집이 곤란하거나 법정기간 내에 증거를 완비할 수 없는 경우에 이미 증거가 수집된 경미한 사건으로 구속영장을 발부받아 체포·구속한 후 본건의 조사를 하는 수사방법을 말한다. 이와 같은 수사방법에 관하여는 별건체포·구속은 본건체포·구속의 효력과 별개의 것으로 합헌으로 보는 입장(일본 판례)과 본건에 관한 법관의 사전심사의 회피로 영장제도의 의의가 상실되므로 위헌이라는 입장이 있다. 생각건대, 범죄수사의 효율성만을 위하여 피의자·피고인의 헌법상 기본권을 침해해서는 안되므로 영장제도의 본래의 목적에 비추어 별건체포·구속은 위헌이라고 보는 것이 타당하다고 하겠다.[416)] 별건체포·구속에 의하여 수집된 증거는 이른바 '위법수집증거'로서 그 증거능력은 인정되지 아니한다.

4) 행정절차와 영장제도

행정절차에 있어서도 영장주의가 엄격하게 적용될 것인가에 관하여 학설이 대립되고 있다. 영장제도는 국가형벌권으로부터 국민의 신체의 자유를 보장하기 위한 것이므로 행정상 즉시강제에는 영장이 필요치 않다는 입장(영장불요설)과 영장제도가 형사작용에만 적용된다는 규정이 없는 이상 인권보장을 위해서는 행정상 즉시강제에도 영장주의가 적용되어야 한다는 입장(영장필요설)이 이론상 대립될 수 있다. 그러나 영장제도는 행정목적의 달성을 위해 불가피한 최소한의 경우에 그 적용이 배제될 수 있으나, 행정상 즉시강제가 형사사법의 목적과 경합되는 경우(임검·수색·압류 등)에는 영장이 필요하다고 하겠다(절충설). 이 입장이 현재 우리

---

415) 헌재 2018. 4. 26. 2015헌바370 등, 공보 제259호, 687, 692.

416) 대판 1996. 8. 12. 96모46 – "…구속의 효력은 원칙적으로 구속영장에 기재된 범죄사실에만 미친다고 할 것이므로, 위 종전의 구속영장에 의한 구속의 효력은 이 사건 구속영장에 기재된 별개의 범죄사실에는 미치지 아니한다 할 것이고, 따라서 이 사건 구속영장에 의하여 재항고인을 구속한 것이 종전의 구속영장에 의한 구속의 효력이 미치는 범죄사실로 구속한 것으로 볼 수는 없다 할 것이다."

나라의 다수설이다.

(2) 체포·구속이유 등의 고지제도

1) 고지제도의 의의

누구든지 체포 또는 구속의 이유와 변호인의 조력을 받을 권리가 있음을 고지받지 않고는 체포 또는 구속을 당하지 아니한다. 체포 또는 구속을 당한 자의 가족 등 법률이 정하는 자에게는 그 이유와 일시·장소가 지체없이 통지되어야 한다(제12조 5항). 이와 같은 형사피의자에 대한 체포·구속이유 및 변호인의뢰권 고지제도와 형사피의자의 가족 등에 대한 체포·구속이유 및 그 일시·장소 통지제도는 방어와 변명의 기회를 부여하고 나아가 인신의 자유를 보장하기 위해서 필요한 것이다.

이 제도는 영국에서는 구속이유표시제도로 확립되었고, 미국에서는 적법절차와 관련된 판례−Miranda 사건[417]−를 통해 발전되어 왔다.[418] 우리나라에서는 형사소송법에서 규정하고 있던 것을 현행헌법이 적법절차조항과 함께 명문으로 채택한 것이다. 구속이유 등의 고지제도는 피의자와 그의 가족 등이 수사기관으로부터 일정한 사실을 알 권리를 가지므로 주관적 권리의 성격을 가지는 동시에 형사절차상 일정한 제도의 보장, 즉 객관적 법질서의 성격을 가지고 있다.

2) 고지제도의 내용

고지와 통지를 받을 권리는 체포 또는 구속을 당하는 경우에 인정된다. 여기서 '체포' 또는 '구속'이라 함은 체포영장 또는 구속영장을 발부받아 체포 또는 구속되는 경우 외에 현행범인의 체포와 현행범인을 인도받은 경우도 포함된다(형사소송법 제213조의 2). 형사피의자는 범죄사실의 요지, 구속의 이유와 변호인선임권이 있음을 알리고 변

---

417) 미란다(Miranda) 원칙이라 함은 피의자 보호를 위한 일련의 절차적 권리, 즉 ① 피의자가 진술거부권을 가지고 있다는 사실, ② 피의자의 진술이 그에게 불리한 증거로서 사용될 수 있다는 사실, ③ 피의자가 변호인의 조력을 받을 수 있다는 사실을 피의자에게 고지하지 아니한 채 피의자를 구금한 상태에서 심문하여 얻은 피의자의 진술은 증거로 채택될 수 없다는 원칙을 말한다(Miranda v. Arizona, 383 U.S. 436 (1966)).

418) 대판 1995. 5. 9. 94도3016 – "피의자를 구속영장 없이 현행범으로 체포하기 위하여는 체포 당시에 피의자에 대하여 범죄사실의 요지, 체포의 이유와 변호인을 선임할 수 있음을 말하고 변명할 기회를 준 후가 아니면 체포할 수 없고, 이와 같은 절차를 밟지 아니한 채 실력으로 연행하려 하였다면 적법한 공무집행으로 볼 수 없다."

명의 기회를 준 후가 아니면 구속할 수 없다. 형사피의자의 가족 등 법률이 정하는 자는 변호인이 있는 경우에는 변호인, 변호인이 없는 경우에는 피의자의 법정대리인, 배우자, 직계친족, 형제자매, 호주 중 피의자가 지정한 자에게 체포 또는 구속의 이유, 그 일시와 장소 및 변호인의 조력을 받을 권리가 있음을 지체없이 서면으로 통지하여야 한다. 수사기관이 이와 같은 고지·통지의무를 이행하지 아니할 때에는 불법행위가 성립되고 관계공무원은 형사처벌을 받게 된다.

(3) 체포·구속적부심사제

누구든지 체포·구속을 당한 때에는 그 적부의 심사를 법원에 청구할 권리를 가진다(제12조 6항). '체포·구속적부심사제'라 함은 피의자 또는 관계인의 청구가 있으면 법관이 즉시 본인과 변호인이 출석한 공개법정에서 체포 또는 구속의 이유를 밝히도록 하고, 그 이유가 부당하거나 적법하지 아니할 때에는 법관이 직권으로 피의자를 석방시키는 제도를 말한다.[419] 이 구속적부심사청구권은 영미법계 국가의 '인신보호영장'(writ of habeas corpus)제도에서 유래하며, 1679년의 인신보호법과 미국연방헌법을 비롯한 각국 헌법에서 계수되었다. 이 제도는 군정법령에 의해 도입된 이래 우리 헌법상 줄곧 채택되어 왔으나, 제4공화국 헌법에서는 삭제되었던 것을 제5공화국 헌법은 다시 부활시켰다.

우리나라 형사소송법에 의하면, 체포 또는 구속된 피의자 또는 그 변호인, 법정대리인, 배우자, 직계친족, 형제자매나 가족, 동거인 또는 고용주는 관할법원에 체포 또는 구속의 적부심사를 청구할 수 있다. 피의자를 체포 또는 구속한 검사 또는 사법경찰관은 체포 또는 구속된 피의자와 위에 규정된 자 중에서 피의자가 지정하는 자에게 적부심사를 청구할 수 있음을 알려야 한다.

체포·구속적부심사제도는 구속영장을 발부한 법관이 아닌 다른 법관이 그 구

---

419) 헌재 2004. 3. 25. 2002헌바104, 판례집 16-1, 386(검사가 수사단계에서 판사로부터 발부 받은 구속영장에 근거한 구속에 관하여 형사소송법에 규정된 피의자에 대한 구속적부심사제도와 피고인에 대한 구속취소제도가 전반적으로 헌법 제12조 제6항의 요구를 충족시키는지 여부(헌법불합치): 우리 형사소송법은 피의자에 대하여는 제214조의2에서 구속적부심사제도를, 피고인에 대하여는 제93조에서 구속취소제도를 두어 당해 구속의 근거인, 검사가 수사단계에서 판사로부터 발부 받은 구속영장의 헌법적 정당성에 대하여 법원이 다시 심사할 수 있도록 하면서, 만일 그 구속영장 자체에서 명백한 하자 등이 발견되는 경우 법원이 당사자를 즉시 석방할 수 있도록 규정하고 있기 때문에, 입법자는 헌법 제12조 제3항 및 형사소송법 제201조의 적용영역에 관하여 그 입법형성의무 중 대부분을 일단 이행하였다고 보아야 한다).

속이유가 부당·불법한 경우에는 직권으로 석방시키는 제도이므로 불법·부당한 체포·구속으로부터 신체의 자유를 보장하는 사후구제책의 하나로서 영장발부에 대한 재심절차적 성격과 기능을 가지고 있다. 법원의 적부심 결정에 대해서는 검사나 피의자도 항고할 수 없다. 석방된 피의자는 도망하거나 증거를 인멸할 염려가 있다고 믿을 만한 충분한 이유가 있는 경우, 출석요구를 받고 정당한 이유없이 출석하지 아니한 경우와 주거의 제한 기타 법원이 정한 조건을 위반한 때 등을 제외하고는 동일한 범죄사실에 관하여 재구속되지 않는다.

6. 형사피의자와 형사피고인의 권리

형사피의자와 형사피고인은 신체의 자유를 실체적 측면과 절차적 측면이라는 양측면에서 보장받고 있다. 그리고 신체의 자유를 보장하기 위한 다른 권리들도 보장되어 있다. 양자는 기본적으로 모든 신체의 자유와 관련된 권리들을 공통적으로 향유하지만, 형사피고인은 소의 제기 이후에 발생하는 신분상의 특성 때문에 신속한 공개재판을 받을 권리, 법률과 적법한 절차에 의하지 아니하고는 처벌, 보안처분 또는 강제노역을 받지 아니할 권리를 더 가지고 있다.

(1) 무죄추정의 원칙

형사피고인은 유죄의 판결이 확정될 때까지는 무죄로 추정된다(제27조 4항).[420] 헌법상 유죄판결 확정 전에 무죄추정을 받는 사람이 형사피고인으로 규정되어 있기 때문에 공소제기 전의 형사피의자도 이 권리를 가질 수 있는가의 문제가 있지만, 형사피의자도 헌법정신에 비추어 당연히 이를 가진다고 해석할 수 있다. '유죄의

420) 헌재 2002. 1. 31. 2001헌바43, 판례집 14-1, 49(사업자단체의 독점규제및공정거래법 위반행위가 있을 때 공정거래위원회가 당해 사업자단체에 대하여 "법위반사실의 공표"를 명할 수 있도록 한 동법 제27조 부분이 무죄추정의 원칙에 반하는지 여부(적극): 공정거래위원회의 고발조치 등으로 장차 형사절차내에서 진술을 해야 할 행위자에게 사전에 이와 같은 법위반사실의 공표를 하게 하는 것은 형사절차내에서 법위반사실을 부인하고자 하는 행위자의 입장을 모순에 빠뜨려 소송수행을 심리적으로 위축시키거나, 법원으로 하여금 공정거래위원회 조사결과의 신뢰성 여부에 대한 불합리한 예단을 촉발할 소지가 있고 이는 장차 진행될 형사절차에도 영향을 미칠 수 있다. 결국 법위반사실의 공표명령은 공소제기조차 되지 아니하고 단지 고발만 이루어진 수사의 초기단계에서 아직 법원의 유무죄에 대한 판단이 가려지지 아니하였는데도 관련 행위자를 유죄로 추정하는 불이익한 처분이 된다).

판결'이라 함은 유죄에 관한 객관적인 입증이 있을 때까지는 "의심스러울 때에는 피고인의 이익을 위하여"라는 원칙에 따라 무죄로 취급되어야 하고, 유죄의 예측으로 부당한 진실추구를 위해 각종의 인권을 침해해서는 안되며, 비인도적인 강제조치(예: 모욕적 언동 등)에 대해서는 그 시정을 요구할 수 있다.[421] 여기에는 실형을 선고하는 판결은 물론 형의 면제 또는 집행유예·선고유예의 판결을 포함한다. 다만, 실체적 문제에 대한 판단을 하지 않고 형식적으로 재판을 종결시키는 면소판결은 이에 속하지 아니한다. 이 무죄추정의 원칙은 형사피의자와 형사피고인의 신체의 보호는 물론 인격과 명예의 실추를 막기 위해 형사원칙의 하나로 규정한 것이다. 인간의 존엄성을 존중하기 위해 이 원칙은 형사절차의 전 과정에서 준수되어야 한다. 여기에 수사권, 공소권, 재판권, 행형권 등의 행사에는 일정한 방법적 한계가 있는 것이다.[422][423][424]

---

421) 헌재 2011. 4. 28. 2010헌마474, 판례집 23-1하, 126(지방자치단체의 장이 '공소 제기된 후 구금상태에 있는 경우' 부단체장이 그 권한을 대행하도록 규정한 지방자치법 제111조 제1항 제2호가 자치단체장인 청구인의 공무담임권을 제한함에 있어 무죄추정의 원칙에 위반되는지 여부(소극): 이 사건 법률조항은 공소 제기된 자로서 구금되었다는 사실 자체에 사회적 비난의 의미를 부여한다거나 그 유죄의 개연성에 근거하여 직무를 정지시키는 것이 아니라, 구금의 효과, 즉 구속되어 있는 자치단체장의 물리적 부재상태로 말미암아 자치단체행정의 원활하고 계속적인 운영에 위험이 발생할 것이 명백하여 이를 미연에 방지하기 위하여 직무를 정지시키는 것이므로, '범죄사실의 인정 또는 유죄의 인정에서 비롯되는 불이익'이라거나 '유죄를 근거로 하는 사회윤리적 비난'이라고 볼 수 없다. 따라서 무죄추정의 원칙에 위반되지 않는다).

422) 헌법재판소는 몰수물품을 압수한 후 일정기간이 경과하여도 당해 관서에 출두하지 않거나 범인이 도주하였다는 이유로 재판이나 처분없이 그 물품을 국고에 귀속시키도록 한 법률규정은 헌법상 적법절차와 무죄추정의 원칙에 위배되는 것이라고 판시하였다. 즉 "재판이나 청문의 절차도 밟지 아니하고 압수한 물건에 대한 피의자의 재산권을 박탈하여 국고귀속시킴으로써 그 실질은 몰수형을 집행한 것과 같은 효과를 발생하게 하는 것이므로 헌법상의 적법절차의 원칙과 무죄추정의 원칙에 위배된다."(헌재 1997. 5. 29. 96헌가17(구 관세법 제215조 위헌제청)).

423) 헌재 2018. 1. 25. 2016헌바201 등, 공보 제256호, 286(법인인 의료기기업자의 대표자 등이 법인의 업무에 관하여 리베이트를 제공한 경우 법인에게도 벌금형을 과하도록 한 구 의료기기법 제46조 중 제44조의2에 관하여 '법인'을 처벌하는 부분이 자기책임원칙이나 무죄추정원칙에 위배되는지 여부(소극): 의료기기법 양벌조항은 '해당 업무에 관한 주의와 감독의 해태'라는 법인의 독자적인 책임요소를 구성요건요소로 규정하여 법인의 독자적인 책임이 인정되지 않는 경우에는 법인에 대하여 형사처벌을 과하지 아니하고, 대표자 등의 위법행위를 방지하기 위한 법인 차원의 관리·감독이 불가능하다고 할 수도 없으므로 자기책임원칙이나 무죄추정원칙에 위배되지 아니한다).

424) 헌재 2015. 9. 24. 2012헌바302, 판례집 27-2상, 514(형사재판에 계속 중인 사람에 대하여 출국을 금지할 수 있다고 규정한 출입국관리법 제4조 제1항 제1호가 무죄추정의 원칙에 위배되

(2) 체포·구속이유 등을 고지받을 권리

형사피의자가 체포 또는 구속을 당할 때에는 체포 또는 구속의 이유와 변호인의 조력을 받을 권리가 있음을 고지받을 권리가 있으며, 그의 가족 등 법률이 정한 자는 그 이유와 일시, 장소를 지체없이 통지받을 권리가 있다(제12조 5항 동법 제87조).

(3) 변호인의 조력을 받을 권리

누구든지 체포·구속을 받을 때에는 즉시 변호인의 조력을 받을 권리를 가진다(변호인 의뢰권). 형사피고인이 스스로 변호인을 구할 수 없을 때에는 법률이 정하는 바에 의하여 국가가 변호인을 붙인다(제12조 4항). 헌법 제12조 제4항 본문은 '변호인'의 조력을 받을 권리에 대하여, 같은 항 단서는 '국선변호인'의 조력을 받을 권리에 대하여 각 규정하고 있음은 명백하고, 위 '변호인'의 조력을 받은 권리가 수사의 개시에서부터 판결의 확정시까지 존속한다는 점에 관하여는 의문이 없다. 그리고 기소된 피고인이 스스로 변호인을 구할 수 없을 때에는 국가로 하여금 법률이 정하는 바에 따라 '국선변호인'의 조력을 받을 수 있도록 함으로써, 형사피고인의 경우 변호인의 조력을 받을 권리가 단순한 사적 권리일 뿐만 아니라 일정한 경우에는 공적 의무에 해당됨을 천명하고 있다.[425]

우리나라 헌법은 변호인의 조력을 받을 권리가 불구속 피의자·피고인 모두에게 포괄적으로 인정되는지 여부에 관하여 명시적으로 규율하고 있지는 않지만, 불구속 피의자의 경우에도 변호인의 조력을 받을 권리는 우리 헌법에 나타난 법치국가원리, 적법절차원칙에서 인정되는 당연한 내용이고, 헌법 제12조 제4항도 이를 전제로 특히 신체구속을 당한 사람에 대하여 변호인의 조력을 받을 권리의 중요성을 강조하기 위하여 별도로 명시하고 있다. 피의자·피고인의 구속 여부를 불문하고 조언과 상담을 통하여 이루어지는 변호인의 조력자로서의 역할은 변호인선임권과 마찬가지로 변호인의 조력을 받을 권리의 내용 중 가장 핵심적인 것

는지 여부(소극): 심판대상조항은 형사재판에 계속 중인 사람이 국가의 형벌권을 피하기 위하여 해외로 도피할 우려가 있는 경우 법무부장관으로 하여금 출국을 금지할 수 있도록 하는 것일 뿐으로, 무죄추정의 원칙에서 금지하는 유죄 인정의 효과로서의 불이익 즉, 유죄를 근거로 형사재판에 계속 중인 사람에게 사회적 비난 내지 응보적 의미의 제재를 가하려는 것이라고 보기 어렵다. 따라서 심판대상조항은 무죄추정의 원칙에 위배된다고 볼 수 없다).

425) 헌재 2004. 9. 23. 2000헌마138, 판례집 16-2상, 543, 554.

이고, 변호인과 상담하고 조언을 구할 권리는 변호인의 조력을 받을 권리의 내용 중 구체적인 입법형성이 필요한 다른 절차적 권리의 필수적인 전제요건으로서 변호인의 조력을 받을 권리 그 자체에서 막바로 도출되는 것이다.[426)]

변호인의 조력을 받을 권리에 대한 헌법과 법률의 규정 및 취지에 비추어 보면, '형사사건에서 변호인의 조력을 받을 권리'를 의미한다고 보아야 할 것이므로 형사절차가 종료되어 교정시설에 수용 중인 수형자나 미결수용자가 형사사건의 변호인이 아닌 민사재판, 헌법재판 등에서 변호사와 접견할 경우에는 원칙적으로 헌법상 변호인의 조력을 받을 권리의 주체가 될 수 없다.[427)] 다만, 최근 헌법재판소 판례가 변경되어 '행정절차'에서 구속을 당한 사람에게도 변호인의 조력을 받을 권리가 보장된다.[428)]

변호인을 의뢰할 수 있는 권리를 부여하는 것은, 피구속자가 일반적으로 법적인 지식이 부족하여 정당한 이익을 보호할 수 없기 때문에, 그 보호자로서 전문적인 변호인을 선정케 함으로써 사실상의 인신의 자유를 보호하려는 것이다. 체포·구속의 경우에는 변호인의 조력을 받을 수 있다는 사실을 고지하여야 한다(제12조 5항). 즉시 변호인의 조력을 받을 수 있게 한 것은 수사단계에 있어서도 변호인의 조력을 받을 수 있게 함으로써 피의자의 정당한 권리를 보호하려는 것이다. 변호인의 조력을 받을 권리를 실질적으로 보장하기 위해 변호인 접견·교통권이 보장되어야 한다.[429)][430)]

426) 헌재 2004. 9. 23. 2000헌마138, 판례집 16-2상, 543, 544.

427) 헌재 1998. 8. 27. 96헌마398, 판례집 10-2, 416, 430; 헌재 2004. 12. 16. 2002헌마478, 판례집 16-2하, 548, 564; 헌재 2013. 8. 29. 2011헌마122, 판례집 25-2상, 494, 503.

428) 헌재 2018. 5. 31. 2014헌마346, 공보 제260호, 871(헌법 제12조 제4항 본문에 규정된 "구속"에 행정절차상 구속도 포함되는지 여부(적극, 선례변경): 헌법 제12조 제4항 본문의 문언 및 헌법 제12조의 조문 체계, 변호인 조력권의 속성, 헌법이 신체의 자유를 보장하는 취지를 종합하여 보면 헌법 제12조 제4항 본문에 규정된 "구속"은 사법절차에서 이루어진 구속뿐 아니라, 행정절차에서 이루어진 구속까지 포함하는 개념이다. 따라서 헌법 제12조 제4항 본문에 규정된 변호인의 조력을 받을 권리는 행정절차에서 구속을 당한 사람에게도 즉시 보장된다).

429) 변호인의 도움을 받을 권리에는 단순한 접견·교통권뿐만 아니라 수사서류를 포함한 소송관계서류를 열람·등사하고 이에 대한 검토결과를 토대로 공격과 방어의 준비를 할 수 있는 권리도 포함된다(헌재 1997. 11. 27. 94헌마60).

430) 헌재 2011. 5. 26. 2009헌마341, 판례집 23-1하, 201(미결수용자의 변호인 접견권에 대한 제한가능성: 헌법재판소가 91헌마111 결정에서 미결수용자와 변호인과의 접견에 대해 어떠한 명분으로도 제한할 수 없다고 한 것은 구속된 자와 변호인 간의 접견이 실제로 이루어지는 경우에 있어서의 '자유로운 접견', 즉 '대화내용에 대하여 비밀이 완전히 보장되고 어떠한 제한, 영향, 압력 또는 부당한 간섭 없이 자유롭게 대화할 수 있는 접견'을 제한할 수 없다는

법원이 직권으로 변호인을 선정하여야 할 경우는 ① 구속적부심사에 있어서 피의자에게 변호인이 없는 때, ② 피고인이 미성년자, 70세 이상인 자, 농아자, 심신장애의 의심이 있는 자이거나 빈곤 기타 사유로 변호인을 선임할 수 없는 때, ③ 사형, 무기 또는 단기 3년 이상의 징역이나 금고에 해당하는 사건에 변호인이 없거나 출석하지 아니한 때, 또는 군사재판에서도 피고인에게 변호인이 없는 때 등이다.

(4) 체포·구속적부심사청구권

누구든지 체포 또는 구속을 당한 때에는 그 적부의 심사를 법원에 청구할 권리를 가진다(제12조 6항). 이것은 형사피의자와 형사피고인에 공통된 권리이다.

(5) 고문을 받지 아니할 권리

모든 국민은 고문을 받지 아니한다(제12조 2항). '고문'이라 함은 진술을 강요하기 위하여 폭행 기타의 방법으로 심신에 고통을 가하는 것을 말한다. 고문은 형법(동법 제125조)과 형사소송법(동법 제309조)에서 금지하고 있지만, 그 중요성과 실제에 있어서 근절되지 않는 점을 감안하여 헌법에서 특히 규정하고 있는 것이다. 근대 입헌주의적 헌법은 고문금지의 원칙을 채택하였으나, '자백은 증거의 왕'이라는 악폐 때문에 고문은 신체의 자유를 침해하는 가장 악랄한 수단으로 자행되어 왔다.

그런데 고문방지의 실효성을 보장하기 위해서는 이와 같은 선언적 방법만으로는 부족하고 일정한 제도적 장치가 마련되어야 한다. 첫째, 영미법상 확립된 '불법의 과실도 불법'이라는 원칙을 도입하여 자백에 의해 수집된 증거의 가치(증거능력)를 인정하지 않아야 된다.[431] 둘째, 실제로 고문을 자행한 공무원은 엄중하게 처벌하여야 하는데, 이것은 형법상 직권남용죄와 특정범죄가중처벌 등에 관한 법률에 의해 처벌되고, 공무원의 직무상 불법행위로 국가는 국가배상책임을 진다.

것이지, 변호인과의 접견 자체에 대해 아무런 제한도 가할 수 없다는 것을 의미하는 것이 아니므로 미결수용자의 변호인 접견권 역시 국가안전보장·질서유지 또는 공공복리를 위해 필요한 경우에는 법률로써 제한될 수 있음은 당연하다).

431) 마취분석은 위헌이지만, 거짓말탐지기의 사용은 피의자의 승락이 있는 경우에는 합헌이라고 본다(대판 1984. 2. 14. 83도3146 참조).

(6) 진술거부권(묵비권)

모든 국민은 형사상 자기에게 '불리한 진술'[432][433]을 강요당하지 아니한다(제12조 2항).[434] 이른바 묵비권을 규정한 것으로서 이것도 형사소송법(동법 제200조 2항·제289조)에 규정되어 있는 것을 헌법이 특히 명문화한 것이다.[435] 이것은 영국에서 보통법상의 권리로 확립되고 미국연방 수정헌법 제5조에 의해 인정된 이른바 '자기부죄에 대한 특권'을 도입한 것이다. '불리한 진술'이라 함은 유죄판결의 기초가 될 사실과 양형에 있어서 불리하게 될 사실의 진술을 말하며, '자기에게' 불리한 진술이라 함은 형사피의자 또는 형사피고인으로서 뿐만 아니라 증인으로서의 진술 중 자기에게 불리한 진술

---

432) 헌재 2017. 7. 27. 2012헌바323, 판례집 29-2상, 24(유사석유제품을 제조하여 조세를 포탈한 자를 처벌하도록 규정한 구 조세범 처벌법 제5조가 진술거부권을 제한하는지 여부(소극): '대체유류'를 제조하였다고 신고하는 것이 곧 석유사업법위반죄를 시인하는 것이나 마찬가지라고 할 수 없고, 신고의무 이행 시 과세절차가 곧바로 석유사업법위반죄의 처벌을 위한 자료의 수집·획득 절차로 이행되는 것도 아니므로, 교통·에너지·환경세 등의 납부 의무가 발생하고 그 세금을 신고·납부기한 내에 납부하지 아니하는 등의 사유로 심판대상조항에 따라 처벌된다고 하더라도 이를 두고 심판대상조항이 형사상 불리한 진술을 강요하는 것이라고 볼 수 없다. 따라서 심판대상조항은 진술거부권을 제한하지 아니한다).

433) 헌재 2014. 9. 25. 2013헌마11, 판례집 26-2상, 593(민사집행법상 재산명시의무를 위반한 채무자에 대하여 법원이 결정으로 20일 이내의 감치에 처하도록 규정한 민사집행법 제68조 제1항이 청구인의 진술거부권을 침해하는지 여부(소극): 재산목록을 제출하고 그 진실함을 법관 앞에서 선서하는 것은 개인의 인격형성에 관계되는 내심의 가치적·윤리적 판단에 해당하지 않아 양심의 자유의 보호대상이 아니고, 감치의 제재를 통해 이를 강제하는 것이 형사상 불이익한 진술을 강요하는 것이라고 할 수 없으므로, 심판대상조항은 청구인의 진술거부권을 침해하지 아니한다).

434) 헌법 제12조 제2항은 진술거부권을 보장하고 있으나, 여기서 "진술"이라 함은 생각이나 지식, 경험사실을 정신작용의 일환인 언어를 통하여 표출하는 것을 의미하는데 반해, 도로교통법 제41조 제2항에 규정된 음주측정은 호흡측정기에 입을 대고 호흡을 불어 넣음으로써 신체의 물리적, 사실적 상태를 그대로 드러내는 행위에 불과하므로 이를 두고 "진술"이라 할 수 없고, 따라서 주취운전의 혐의자에게 호흡측정기에 의한 주취여부의 측정에 응할 것을 요구하고 이에 불응할 경우 처벌한다고 하여도 이는 형사상 불리한 "진술"을 강요하는 것에 해당한다고 할 수 없으므로 헌법 제12조 제2항의 진술거부권조항에 위배되지 아니한다(헌재 1997. 3. 27. 96헌가11, 판례집 9-1, 245).

435) 헌재 2015. 9. 24. 2012헌바410, 판례집 27-2상, 528(국회에서 허위의 진술을 한 증인을 위증죄로 처벌하는 구 '국회에서의 증언·감정 등에 관한 법률' 제14조 제1항 본문 중 증인에 관한 부분이 진술거부권을 제한하는지 여부(소극): 국회증언감정법상의 증인의 경우 진술거부권을 고지받을 권리가 인정되지 않으므로, 청구인이 진술거부권을 고지받지 않았다고 하더라도 심판대상조항이 헌법상 진술거부권을 제한한다고 볼 수 없다).

을 포함한다.[436)]

수사기관인 검사 또는 사법경찰권이 피의자로부터 진술을 듣는 경우에는 사전에 묵비권이 있음을 고지하여야 한다. 이를 고지하지 아니한 상태에서 행한 피의자의 진술은 위법으로 무효이며, 따라서 유죄의 증거로 삼을 수 없다. 재판장도 공판심리절차에 있어서 피고인에게 심문에 대한 진술거부권이 있음을 고지하여야 한다.

(7) 자백의 증거능력·증명력 제한

피고인의 자백이 고문·폭행·협박·구속의 부당한 장기화 또는 기망 기타의 방법에 의하여 자의로 진술된 것이 아니라고 인정될 때 또는 정식재판에 있어서 피고인의 자백이 그에게 불리한 유일한 증거일 때에는 이를 유죄의 증거로 삼거나 이를 이유로 처벌할 수 없다(제12조 7항)고 규정하여 자백의 증거능력과 증명력을 제한하고 있다. 즉, 임의성이 없는 자백과 보강증거가 없는 불리한 유일한 자백은 정식재판에서 증거능력을 인정하지 않고 있다. '자백'이라 함은 자기의 범죄사실의 전부 또는 일부를 인정하는 모든 불이익한 진술을 말한다. 자백의 증거능력과 증명력의 제한에 관하여는 형사소송법이 규정하고 있지만(동법 제309조·제310조 참조), 헌법은 인권보장의 견지에서 이들 원칙을 특히 규정하고 있다.

영미국가에서는 위법수집증거의 배제원칙, 즉 불법으로 얻은 자백의 과실도 무효라는 원칙이 인정되어 자백의 강요를 금지하고 있다.[437)] 우리 대법원은 종래 이 원칙을 수용하고 있지 아니하였는데, 오히려 1990년대에 들어와서 이를 수용하는 경향을 걷고 있다. 이 문제는 인권보장형과 범죄예방형 중 어느 쪽을 더 선호하느냐의 문제로써 엄격하게 적용하는 것은 곤란하며, '전혀 인식하지 못한 경

---

436) 헌재 1997. 3. 27. 96헌가11 - "진술거부권은 현재 피의자나 피고인으로서 수사 또는 공판절차에 계속 중인 자 뿐만 아니라 장차 피의자나 피고인이 될 자에게도 보장되며, 형사절차뿐 아니라 행정절차나 국회에서의 조사절차 등에서도 보장된다. 또한 진술거부권은 고문 등 폭행에 의한 강요는 물론 법률로써도 진술을 강요당하지 아니함을 의미한다. 이때 '진술'이라 함은 언어적 표출, 즉 생각이나 지식, 경험사실을 정신작용의 일환인 언어를 통하여 표출하는 것을 의미한다."

437) 위법수집증거의 배제원칙은 *Mapp v. Ohio* (367 U.S. 634 (1961))와 *Miranda v. Arizona* (383 U.S. 436 (1966)) 등에서 형사절차상의 기본권으로 확립되었다. 그러나 이 원칙을 지키기 위해서는 과도한 사회적 비용을 부담해야 하므로 현재는 이 원칙을 완화·적용하고 있다(*United States v. Leon*, 468 U.S. 897 (1984)).

우,' '선의로 행한 경우' 등에는 그 적용을 배제하는 것이 바람직하다고 본다.

형사재판에 있어서는 증거의 증명력은 법관의 자유판단에 맡기는 '자유심증주의'가 기본원칙이지만, 자백의 임의성은 있으나 그것이 유일한 증거일 경우에는 그 증거능력은 인정하되 증명력을 제한하고 있다. 따라서 이 때 '보강증거'가 있어야 유죄의 판결을 할 수 있다(동법 제310조). 그런데 이 원칙은 정식재판에만 적용되므로 즉결심판 등 약식재판의 경우에는 자백만으로 유죄의 선고를 할 수 있다(즉결심판에 관한 절차법 제10조). 이 규정은 정식재판의 문호가 열려있는 한 위헌이라고는 볼 수 없다.

(8) 신속한 재판을 받을 권리

형사피고인은 상당한 이유가 없는 한 지체없이 공개재판을 받을 권리를 가진다. 이 권리는 그 자체가 독립된 기본권, 즉 청구권적 기본권에 속하지만, 직접·간접으로 신체의 자유를 보장하기 위한 것으로 신체의 자유의 절차법상 권리로 볼 수 있다. 그러나 재판의 심리는 국가의 안전보장 또는 안녕질서를 방해하거나 선량한 풍속을 해할 염려가 있을 때에는 법원의 결정으로 공개하지 아니할 수 있다(제109조). 다만 형의 선고는 반드시 공개법정에서 하여야 한다. 헌법 제27조 제3항 제1문에 의거한 신속한 재판을 받을 권리의 실현을 위해서는 구체적인 입법형성이 필요하고, 신속한 재판을 위한 어떤 직접적이고 구체적인 청구권이 헌법 제27조 제3항으로부터 직접 발생하지 않는다. 법원이 신속하게 판결을 선고해야 할 헌법이나 법률상의 작위의무가 존재하지 않는다.[438)]

(9) 형사보상청구권

헌법 제28조는 "형사피의자 또는 형사피고인으로서 구금되었던 자가 법률이 정하는 불기소처분을 받거나 무죄판결을 받은 때에는 법률이 정하는 바에 의하여 국가에 정당한 보상을 청구할 수 있다."고 규정함으로써, 형사피의자 또는 형사피고인으로서 구금되었던 자가 무죄판결 등을 받은 경우에 국가에 대하여 물질적·정신적 피해에 대한 정당한 보상을 청구할 수 있는 권리를 보장하고 있다. 이를 '형사보상청구권'이라 한다. 보상의 기준도 '정당한' 보상을 청구할 수 있도록 함으로써 그 적정성을 규정하도록 하고 있다.

---

438) 헌재 1999. 9. 16. 98헌마75, 판례집 11-2, 364.

국가의 형사사법절차는 법률이 규정하는 바에 따라 구체적 사건에서 범죄의 성립 여부에 관한 수사 및 재판절차를 진행하고, 법원의 심리, 판단 결과 범죄의 성립이 인정되는 경우 그에 대한 형의 양정을 하고 그 형을 집행하는 절차인바, 범죄의 혐의를 받은 피의자가 수사기관의 조사를 받고 법원에 기소되었다 하더라도 심리결과 무죄로 판명되는 경우가 발생할 수 있다. 이렇게 최종적으로 무죄 판단을 받은 피의자 또는 피고인이 수사 및 재판과정에서 상당한 기간 동안 구금되었던 경우가 있을 수 있는바, 이는 형사사법절차에 불가피하게 내재되어 있는 위험이라 할 것이다. 그런데, 이러한 위험이 형사사법절차에 불가피하게 내재된 것이라 하더라도 그 위험으로 인한 부담을 무죄판결을 선고받은 자 개인에게 지워서는 아니 되고, 이러한 형사사법절차를 운영하는 국가는 이러한 위험에 의하여 발생되는 손해에 대응한 보상을 하지 않으면 안된다. 헌법 제28조는 이러한 권리를 구체적으로 보장함으로써 국민의 기본권 보호를 강화하고 있다.[439]

Ⅱ. 적법절차

1. 적법절차의 헌법상 의의

(1) 개 념

미국에서 적법절차의 개념은 법원이 구체적 사건에서 법적 분쟁을 해결함에 있어서 일정한 절차 또는 가치를 수용 또는 배제함으로써 점진적으로 확립되어 왔다.[440] 가장 추상적 의미에 있어서 적법절차란 "우리들의 전통과 양심 속에 근본적인 것으로 자리잡고 있는 자유와 정의의 원칙"이며, 국가권력의 행사에 있어서 공정성(fairness)의 원리를 성취시키기 위한 "공정한 처우의 원칙"[441]이라고 정의되고 있다.

적법절차의 개념은 그 해석방법[442]에 따라 견해가 갈리고 있다. 해석주의자들

---

439) 헌재 2010. 10. 28. 2008헌마514 등, 판례집 22-2하, 180, 187.

440) Twining v. New Jersey, 211 U.S. 78 (1908).

441) Hurtado v. People of the State California, 110 U.S. 516 (1884) (Harlan, dissenting). 상세한 내용은 윤명선, "적법절차의 법리," 경희법학 제26권 제1호, 1992, 62-81면 참조.

442) Ely에 의하면 헌법해석의 방법을 크게 2유형, 즉 해석주의(interpretivism)와 비해석주의

(interpretivists)은 그 문언에 충실하게 접근하여 적법절차란 "법이 정하는 절차의 보장"을 의미한다고 한다.[443] 절차 속에 실체적 권리라는 개념이 포함될 수 없으며, 실체적 적법절차란 그 자체가 모순이라고 한다. 적법절차의 적극적 해석을 통해 헌법상 명문으로 규정되지 아니한 새로운 권리를 확인·선언하는 권한은 헌법이 부여한 것이 아니라 법원이 스스로 만들어 낸 것이라고 한다.

비해석주의자들(noninterpretivists)에 있어서 적법절차는 '적정한 절차'로서 법이 규정하는 것 "이상의 것"을 요구한다. 즉, 적법절차는 소송상의 적정한 절차 위에 실체적 내용의 적정성－"적정한 법의 절차"－보장도 요구하고 있다고 한다.[444] 법원은 헌법의 '최종적 해석권'을 가지고 있으며, 헌법상의 개괄조항을 해석함에 있어서 규범과 현실의 틈을 메우기 위해 '현대적 의미'를 부여하는 것은 그 본래적 기능이라는 것이다.

헌법은 제12조 제1항에서 "누구든지 … 법률과 적법한 절차에 의하지 아니하고는 처벌·보안처분 또는 강제노역을 받지 아니한다."고 규정하고 있는바, 여기에서 "적법한 절차"라 함은 이른바 적법절차주의를 채용하였음을 명시하는 것으로서 미국연방헌법수정 제5조 및 제14조에 규정된 적법절차(due process of law)의 보장을 받아들인 것이라 할 것이다. 위 적법절차의 원칙은 영미법계의 국가에서 국민의 인권을 보호하기 위한 기본원리의 하나로 발달되어 온 원칙으로, 미국헌법상 적법절차 법리의 전개는 절차적정성 내지 절차의 정의합치성을 뜻하는 절차적 적법절차에 그치지 아니하고, 입법내용의 적정성을 뜻하는 실체적 적법절차로 발전되어 왔다. 따라서 위 헌법조항의 적법한 절차라 함은 인신의 구속이나 처벌 등 형사절차만이 아니라 국가작용으로서의 모든 입법작용과 행정작용에도 광범위하게 적용되는 독자적인 헌법원리의 하나로, 절차가 형식적 법률로 정하여져야 할 뿐만 아니라 적용되는 법률의 내용에 있어서도 합리성과 정당성을 갖춘 적정한 것이어야 함을 요구하는 것이다.[445]

(noninterpretivisim)로 나누고 있다. 이 양분설은 미국헌정사를 통해 줄곧 논쟁의 대상이 되어 왔는데, 그 명칭과 내용에 있어서는 학자마다 다르다.

443) Raoul Berger, Government by Judiciary (Harv. Univ. Press, 1977), p. 199.

444) Grey, "The Constitution as Scripture," 37 *Stan. L. Rev.* 1 (1984).

445) 헌재 1996. 1. 25. 선고, 95헌가5; 헌재 1997. 3. 27. 선고, 96헌가11; 헌재 1997. 11. 27. 92헌바28, 판례집 9-2, 548, 566.

(2) 연 혁

적법절차의 기원은 영국의 1215년 대헌장에서 비롯된다. 존(John)왕은 제후들이 주장한 '봉건적 권리'를 승인하면서 '국가의 법'(law of the land)에 의하지 아니하고는 체포·구금·법외방치 또는 추방당하지 아니한다고 선언하였다. 그 후 20여년에 걸친 왕권과 제후들간의 권력투쟁으로 대헌장은 30회 이상 수정되었는데, 적법절차라는 용어가 처음으로 사용된 것은 '1354년의 법률'에서였다. 17세기에 와서 적법절차조항이 중요성을 가지게 된 것은 코크(Coke)경의 근대적 해석에 의해서였는데.[446] 국가의 법은 곧 적법절차를 의미하였으며, "보통법상의 적정절차"로 해석되었다. 여하튼, 그는 적법절차를 모든 영국민의 자유의 원천으로 발전시켰다.

이와 같은 적법절차의 원칙은 식민지 미국에서 헌법문서에서 여러 형태로 도입되었다.[447] 초기의 장전들은 이를 단순히 '영국민의 권리'로서 규정하였으나, 혁명기에 와서는 불가양의 '자연권'을 근거로 기본적 권리를 주장하기 시작하였다. 제퍼슨(Jefferson)은 적법절차의 두 요소로서 '형사권'과 '자연권'을 들었는데, 주헌법들은 대체로 이러한 적법절차에 관한 조항을 채택하였다. 연방헌법상의 권리장전 －수정헌법 제5조와 제14조－이 "누구도 … 적법절차에 의하지 아니하고는 생명·자유 또는 재산을 박탈당하지 아니한다."고 규정함으로써 비로소 연방차원에서 적법절차의 원리가 채택되었다.

2. 적법절차의 내용

(1) 절차적 적법절차

적법절차는 본래 절차의 '적정성'(what is due)을 보장하는 것이 그 목표이지만, 그 형성과정의 특질인 유연성 때문에 전형적인 절차모형을 추출하는 것은 쉽지 않다. 추상적으로 적법절차는 절차에 관한 법이 자의적이어서는 안되고, 그 제한의 수단과 목표 사이에는 합리적이고 실질적인 관련이 존재할 것을 요구한다.

적법절차원칙에서 도출할 수 있는 가장 중요한 절차적 요청 중의 하나로, 당사

---

446) Edward Coke, The Institute of the Laws of England (London, 1941), Second Part, p. 46.

447) H. D. Hazeltine, "The Influence of Magna Carta on American Constitutional Development", 17 Column. L. Rev. 1-33 (1917).

자에게 적절한 고지(告知)를 행할 것, 당사자에게 의견 및 자료 제출의 기회를 부여할 것을 들 수 있겠으나,[448] 이 원칙이 구체적으로 어떠한 절차를 어느 정도로 요구하는지는 일률적으로 말하기 어렵고, 규율되는 사항의 성질, 관련 당사자의 사익(私益), 절차의 이행으로 제고될 가치, 국가작용의 효율성, 절차에 소요되는 비용, 불복의 기회 등 다양한 요소들을 형량하여 개별적으로 판단할 수밖에 없을 것이다.[449]

절차적 적법절차의 공통된 요소는 '고지'(notice)와 '청문'(hearing)이다.[450] 첫째, 고지는 당사자에게 혐의사실 또는 소의 개시를 통지하는 것을 말한다. 특히 체포·구속·압수·수색은 영장의 제시라는 형태로 고지되어야 한다. 둘째, 청문은 공정하고 충분하며 합리적으로 행해져야 한다.[451] 청문은 관할권 있는 법원에 의해 공정한 심리와 판결을 거쳐 행해져야 한다. 청문의 필수적 요소로는 구술기회, 증거제출, 증인채택, 반대심문 등의 절차보장, 변호인의 조력을 받을 권리, 자기부죄금지의 원칙, 위법증거배제의 원칙, 이중처벌 금지의 원칙, 신속한 공개재판을 받을 권리 등이 포함된다.[452]

(2) 실체적 적법절차

'실체적 적법절차'의 원리는 미국연방헌법상의 권리장전이 소수의 자유와 권리만을 규정하고 있기 때문에 '새로운' 자유와 권리를 확인·선언하기 위한 방편으로서 안출된 것이다. 그 철학적 배경으로는 자연법 사상—고차적인 법(higher law)—을 들 수 있으며, 그 방법적 기초는 비해석주의에 입각한 '사법적극주의'(judicial

448) 헌재 1994. 7. 29. 93헌가3등, 판례집 6-2, 1, 11; 헌재 1996. 1. 15. 95헌가5, 판례집 8-1, 1, 16-17; 헌재 2002. 6. 27. 99헌마480, 판례집 14-1, 616, 634 참조.

449) 헌재 2003. 7. 24. 2001헌가25, 판례집 15-2상, 1, 18; 헌재 2015. 9. 24. 2012헌바302; 헌재 2018. 2. 22. 2017헌가29, 공보 제257호, 394, 403.

450) 16 C. C. J. S. Constitutional Law §968; Powell v. Alabama, 287 U.S. 45 (1932).

451) 헌재 1994. 7. 29. 93헌가3, 7 (병합) (사립학교법 제58조의 2 제1항 단서 및 제3호의 위헌제청사건) - "이 사건 규정에 의한 직위해제처분은 실질상 징계처분의 일종인 정직과 비슷한 처분인데도 불구하고 징계절차 또는 기타 이와 유사한 절차에 의하여 교원의 직위해제 여부를 결정하는 것이 아니라, 형사사건으로 기소되었다는 사실만을 이유로 해서 임면권자의 일방적인 처분으로 직위해제를 행하게 되어 있다. 따라서 징계절차에 있어서와 같은 청문의 기회가 보장되지 아니하여, 당해 교원은 자기에게 유리한 사실을 진술하거나 필요한 증거를 제출할 방법조차 없는 것이니, 그러한 의미에서 적법절차가 존중되고 있지 않다고 할 것이다."

452) 그러나 연방헌법상 권리장전 - 그 중에서도 절차적 기본권-이 주에까지 적용된 것은 수정헌법 제14조의 적법절차 조항의 채택과 이른바 '수용'(incorporation) 이론의 확립 때문이었다.

activism)에 있다고 하겠다. 실체적 적법절차는 적법절차의 실체적 보장, 즉 기본적 자유에 속하는 권리들은 수정헌법 제14조를 매개로 하여 헌법상의 새로운 권리로 수용하는 것을 말한다.[453)]

(3) 적정절차의 엄격성 완화

워렌(Warren) 대법원은 사법적극주의를 지향하여 형사절차상의 거의 모든 기본적 권리를 주에 적용하였으며, 헌법상 열거되지 아니한 자유와 권리도 폭넓게 새로운 인권으로 수용하였다. 그러나 형사피의자 내지 형사피고인의 권리보장에 치중하고 사회질서 또는 공공복리라는 공익 실현을 경시한다는 비판이 제기되었다. 브루노(Bruno) 보고서[454)]에서 주대법원장들은 워렌(Warren) 대법원의 판례경향이 미국 형사제도의 "위험한 발전"이라고 혹평하였다. 특히 연방의회는 이에 대한 반동(?)으로 1968년의 대범죄통제법(Title II of the Omnibus Crime Control and Safe Street Act of 1968)을 제정하였다.[455)]

버거(Burger) 대법원 이래 이와 같은 위험한 실험을 거부하고 개인적 인권과 공공의 질서를 조화시키는 방향으로 전환하기 시작하였다. 그 이유는 1968년의 대통령선거에서 보인 '법과 질서'에 대한 국민들의 요구와 닉슨(Nixon) 대통령이 임명한 보수적 대법관들의 사법철학에서 유래하였다. 그 이익을 어떻게 조화시킬 것인가에 관한 두 모델－범죄통제형과 인권보장형[456)]－중 적법절차의 공정성과 사회질서의 보장을 위해 그 기준을 정하는 것이 어려운 과제가 되었다. 현재의 렌퀴스트(Rehnquist) 대법원이 출범하면서 적법절차조항의 '축소해석론'은 더욱 진

---

453) 1890년대부터 1930년대 초반까지 미국에서는 자유방임적 자본주의가 발전함에 따라 연방대법원은 이를 뒷받침하기 위해 수정헌법 제14조의 적법절차 조항을 매개로 계약의 자유, 기업활동의 자유 등 실체적 권리를 확인하였다. 이 시기에 경제적 자유는 곧 '자유의 외연'으로 간주되었다(Christopher Wolfe, The Rise of Modern Judicial Review (Basic Books, Inc., 1986), Ch. 6.). 미국 연방대법원은 1960년대 중반부터 민권운동의 영향을 받아 실체적 적법절차의 법리를 다시 원용, 비경제분야에서 새로운 인권을 보장하기 시작하였다. 그 전기를 마련한 판례가 1965년의 Griswold v. Connecticut (381 U.S. 479 (1965) 판결이었으며, 오늘날에는 프라이버시권, 환경권, 소비자의 권리, 여성의 평등권 등이 있다.

454) 이 명칭은 1958년에 열린 Committee on Federal-State Relationships as Affected by Judicial Decision의 위원장인 Maryland주 대법원장의 이름을 따른 것이다.

455) 이 법의 목적은 Mallory의 취조, Miranda의 자백과 Wade의 증인심문에 관한 대법원의 판례를 번복하기 위한 것이다.

456) Herbert L. Packer, "Two Models of the Criminal Process", 113 Univ. Penn. L. Rev. 1 (1964) 참조.

전되었다. 금후의 방향은 개인적 자유와 공공의 이익을 형량함에 있어서 그 조화점으로서 "합리적 자유"(rational liberty)457)를 추구해 갈 것이다.

3. 적법절차의 해석

우리 헌법의 해석상 적법절차의 원리를 어떻게 수용할 것인가에 관하여는 아직 학설이 정립되지 않고 있다.

(1) 주의적 규정설

구(舊) 헌법 제11조 1항은 "누구든지 법률에 의하지 아니하고는 체포·구금·압수·수색·심문·처벌과 보안처분을 받지 … 아니한다."고 규정하고 있었는데, "법률에 의하지 아니하고는"이란 규정 안에 적법절차의 원리가 내포되어 있는 것으로 해석하는 학자들이 있었다.458) 그 논리적 근거는 1215년의 대헌장의 "국법에 의하지 아니하고는"이라는 구절이 적법절차의 근원이라고 하고 있다. 이 입장에서는 '적법절차'의 조항은 단지 주의적 규정으로 해석할 수 있을 것이다.

그런데 대헌장의 '국법에 의하지 아니하고는'이란 조항이 이미 1354년의 법률에서 '적정한 법의 절차'(due process of law)로 대체되어 사용되어 온 영미법상의 전통이나 형식적 법치주의의 보루로서 '법률주의'를 채택해 온 대륙법계의 헌법구조에 비추어 볼 때, 우리 헌법상 "법률에 의하지 아니하고는" 이라는 조항 그 자체를 적법절차의 근거조항으로 해석하는 것은 곤란하다고 본다.

(2) 법정주의설

이 설에 의하면 헌법 제12조 제1항과 제3항의 '적법한 절차'라는 규정만을 가지고 영미법상 적법절차의 원리를 도입한 것으로 해석하는 것은 논리적으로 문제가 있다고 한다.459) 즉, 제1항의 적법한 절차를 '적정한 법의 절차'로 해석하게 되면 '법률과 적법절차'는 개념상 동어반복이 되며, 제3항은 영장발부에 '적법한 절차'를 따르도록 하고 있는데, 영장주의 그 자체가 적법절차의 한 요소이므로 역시

---

457) Smith, Liberalism and American Constitutional Law, Ch. 9.

458) 양건, "새 헌법의 기본권조항", 고시계, 1987. 11. 36면.

459) 전재경, "한국에서의 적법절차의 수용과 전개", 법조 397호, 1989. 10, 92-95면.

동어반복을 결과하게 된다는 것이다. 따라서 우리 헌법의 체계적 해석을 위해서는 제37조 제2항의 '법률로써'라는 규정을 법치주의와 함께 적법절차의 일반적인 근거조항으로 보고, 제12조 제1항과 제3항의 적법한 절차는 그 특별조항으로서 '법정절차'만을 의미하는 것으로 본다.

그런데 제37조 제2항을 적법절차의 일반적 근거조항으로 해석하고 제12조의 '적법한 절차'는 형사절차상의 법정주의를 규정한 것으로 보는 데에는 논리구성상 난점이 있다고 하겠다. 문언해석이나 대륙법계의 전통에 비추어 볼 때 제37조 제2항 그 자체는 법치주의를 규정한 것이며, 적법한 절차는, 그 입법상의 모호성과 다양한 해석가능성에도 불구하고, 곧 '적법절차'를 채택한 것으로 해석하는 것이 합당한 것이다.

(3) 절차적·실체적 적정주의설

다수설은 영미법상 적법절차의 원리를 그대로 수용하여 제12조 제1항과 제3항의 '적법한 절차'는 그 법률의 내용이 '절차와 실체'에 있어서 모두 적정할 것을 요구하는 것으로 해석하고 있다.[460] 즉, 체포·구속·압수·수색·처벌·보안처분 또는 강제노역의 근거가 되는 법률의 제정은 '적정한 절차'를 거쳐야 하고 그 법률은 또한 '적정한 내용'을 가질 것을 요구하고 있다.[461]

우리나라 헌법은 그 인권구조나 법문화의 상이성에 비추어 영미법상의 적법절차원리를 무조건적으로 수용·적용할 수는 없다. 또한 입법취지나 문언의 모호성 때문에 다양한 해석방법이 갈릴 수도 있다. 그러나 '적법한 절차'라는 문언에 비추어 보거나 대륙법계의 법률주의의 결함을 보완하기 위해서도 원칙적으로 영미법상 적법절차의 원리에 입각해서 해석하는 것이 바람직하다고 본다.

(4) 양분설

이 설에 의하면 우리 헌법의 논리구조는 영미법과 상이하므로 적법절차의 원리를 도입한 경우에도 그 해석방법과 의미내용이 동일할 수 없기 때문에 제12조 제

460) 권영성, 헌법학원론, 381면 참조.

461) 헌재 1996. 2. 16. 96헌가2, 96헌바7·13(병합) – "적법절차라 함은 … 모든 입법작용과 행정작용에도 광범위하게 적용되는 독자적인 헌법원리의 하나로 절차가 형식적 법률로 정하여지고 그 법률에 합치하여야 할 뿐만 아니라 적용되는 법률의 내용에 있어서도 합리성과 정당성을 갖춘 정당한 것이어야 한다는 것을 의미한다."

1항의 적법한 절차는 죄형법정주의에 관한 규정을 별도로 두고 있으므로, '절차'가 적정한 내용의 법률로 정해질 것을 요구하는 '절차적 법정주의'로 해석하고, 이에 대하여 제3항의 적법한 절차는 '절차'와 '실체'가 모두 적정한 내용의 법률로 정해질 것을 요구하는 '절차적·실체적 법정주의'로 해석하고 있다.[462)]

우리 헌법이 적법절차를 도입함에 있어서 제12조 제1항의 '처벌·보안처분·강제노역'과 제3항의 '영장제도'로 나눠 규정하였고, 특히 제1항에서는 '법률에 의하지 아니하고는'이란 문언이 함께 규정되어 있어 이들 조항이 각기 다른 원리를 규정한 것처럼 볼 수도 있다. 그러나 이들 두 조항은 어의적으로 보든 그 연혁으로 보든 간에, 통일적으로 해석하는 것이 보다 합당하다고 본다.

(5) 결 어

영미법상 법의 지배는 그 실질면에서 볼 때 대륙법계의 '실질적 법치주의'와 상통하고 있다. 또한 우리 헌법은 미국 대법원의 판례를 통해 확립된 적법절차의 원리를 거의 명문으로 규정하고 있으며, 새로운 인권의 보장 필요성이 있는 경우에는 '헌법에 열거되지 아니한 자유와 권리' 조항에 의해 이를 확인·선언함으로써 '실체적 적법절차'의 원리를 원용할 이유가 없는 것이다.

그럼에도 불구하고 우리 헌법은 적법절차의 원리를 신체의 자유 가운데에서 채택하고 있는데, 그 이유는 형사절차상에 있어서 인권유린의 가능성이 가장 현저하고, 특히 과거의 쓰라린 경험에 비추어 이 원리를 채택한 것이다. 여기에 적법한 절차는 영미법상 적법절차의 원리를 도입한 것으로 보고 이는 기본권의 제한법률이 그 절차와 실체에 있어서 적정할 것을 요구하는 것이다. 다만 '법률에 의하지 아니하고는' 이라는 규정 등과의 관계에서 중복되는 것은 법치주의를 보완하기 위해 적법절차의 원리를 채택한 결과로써 규범조화적 해석방법에 의해 해결하면 될 것이다.

4. 적법절차의 적용대상과 범위

우리 헌법은 적법절차 조항을 신체의 자유에서 규정하고 있으므로 그 적용의 대상과 범위에 관하여 학설이 갈리고 있다.

---

462) 권영성, 헌법학원론, 381면.

(1) 적용대상

헌법 제12조 1항은 "… 적법한 절차에 의하지 아니하고는 처분·보안처분 또는 강제노역을 받지 아니한다."고 규정하고 있는데, 여기에 적법절차의 적용대상이 열거적인가 아니면 예시적인가의 문제가 있다.

1) 제한적 열거설

우리나라 헌법은 명문으로 적법절차에 의하지 아니한 처벌·보안처분·강제노역과 적법절차에 의하지 아니한 영장의 발부만을 금지하고 있기 때문에, 이 입장은 적법절차조항을 모든 기본권을 보장하기 위해 확대적용할 수는 없다고 한다.[463) 이 입장에서는 제12조 제1항과 제3항의 "엄격한 해석"(strict construction)을 통해 적법절차의 원리는 처벌·보안처분·강제노역과 영장발부에 국한해서 '제한적'으로 적용된다고 한다.

2) 예시설

이 입장에서는 적법절차의 적용대상이 '처벌·보안처분·강제노역'과 '영장발부'에 국한되는 것으로 해석해서는 안되며, 적법절차에 의하지 아니하고는 신체적·정신적 또는 재산적 불이익이 되는 모든 제재를 받지 아니한다는 의미로 해석한다.[464) 따라서 제12조 제1항과 제3항은 본인에게 불이익이 되는 제재의 대표적인 유형을 예시한 데 불과하다고 한다.

3) 헌법재판소 결정

헌법 제12조 제1항은 "법률과 적법한 절차에 의하지 아니하고는 처벌·보안처분 또는 강제노역을 받지 아니한다."고 규정하여 적법절차원칙을 규정하고 있다. 적법절차원칙은 형사소송절차에 국한하지 않고 모든 국가작용에 대하여 적용되므

463) 김철수, 헌법학개론, 460면.

464) 권영성, 헌법학원론, 382면; 헌재 1992. 12. 24. 92헌가8 - "우리 현행헌법에서는 제12조 제1항의 처벌·보안처분·강제노역 등 및 제12조 제3항의 영장주의와 관련하여 각각 적법절차의 원칙을 규정하고 있지만, 이는 그 대상을 한정적으로 열거하고 있는 것이 아니라 그 적용대상을 예시한 것이…다. 따라서 적법절차의 원칙은 헌법조항에 규정된 형사절차상의 제한된 범위 내에서만 적용되는 것이 아니라, 국가작용으로서 모든 입법작용 및 행정작용에도 광범하게 적용된다고 해석하여야 할 것이다."

로,[465] 출입국관리행정의 일환으로 이루어지는 강제퇴거명령 및 보호명령의 집행에 대하여도 적법절차원칙이 준수되어야 한다.[466]

4) 결 어

우리나라 헌법상 적법절차조항은 형사소송절차에 국한되지 않고, 모든 국가작용에 적용된다고 보아야 한다. 우리 헌법의 해석론으로는 신체의 자유와 관련된 형사절차에 국한하기 보다는 모든 국가작용에 적법절차를 준수하도록 함으로써 기본권 보장이 강화될 수 있다.

(2) 적용범위

형사절차에 있어서 요구되는 엄격한 적법절차의 요건들이 행정절차에 있어서도 그대로 적용되는가에 관하여 학설이 갈리고 있다.

1) 적용설

이 입장에서는 처벌은 형사상의 처벌뿐만 아니라 본인에게 불이익이 되는 모든 제재를 의미하고, 오늘날 행정국가에 있어서는 행정권에 의한 기본권의 침해가능성이 증대되고 있으므로 행정절차, 그 중에서도 행정처분에 있어서 적법절차의 원리가 그대로 적용되어야 한다고 주장한다.[467][468]

2) 적용완화설

이 입장에서는 행정절차, 특히 행정처분에 있어서도 원칙적으로 적법절차의 원리가 적용되어야 하지만, 행정절차에 있어서는 사법절차상 엄격한 적법절차원리의 적용이 완화된다고 주장한다. 이 경우에 그 처분에 대한 정식재판을 받을 권리가 보장되면 적법절차의 요건은 충족되는 것으로 보고 있다.

465) 헌재 1992. 12. 24. 92헌가8; 헌재 2014. 8. 28. 2012헌바433 등 참조.

466) 헌재 2018. 2. 22. 2017헌가29, 공보 제257호, 394, 402.

467) 권영성, 헌법학원론, 383면; 허영, 한국헌법론, 339면.

468) 헌법재판소는 모든 행정작용에 적용되어야 한다고 판시하고 있다(헌재 1996. 2. 16. 96헌가2, 96헌바7·13(병합); 헌재 1994. 4. 28. 93헌바26).

3) 유추적용설

헌법 제12조 제1항과 제3항의 해석상 적법절차의 원리를 행정절차에 직접적으로 적용하는 데에는, 위에서 본 바와 같이, 문제가 있다. 행정처분 등에 의해 불이익을 받는 경우에는 그 성질상 형벌과 유사한 제재에 해당하므로 적법절차의 원리를 유추적용하여 인권을 보장하면 될 것이다. 따라서 행정절차에 있어서도 당사자에게 통지와 청문의 기회를 제공하는 것이 최소한의 요건이지만, 그 구체적인 적정절차는 사물의 본성에 따라 인권의 보장과 능률의 향상이란 두 이익의 형량에 의해 결정되어야 한다.

제 3 절 정신적 자유권

Ⅰ. 양심의 자유

1. 양심의 자유의 연혁 및 입법례

(1) 연 혁

양심의 자유는 종교의 자유와 함께 인간의 내심의 자유로서 정신적 자유의 근원을 이루고 있다. 그러나 고대와 중세에 있어서는 국가권력은 무절제하게 남용되어 개인의 내심의 자유마저 억압되었다. 근대에 들어오면서 개성에 대한 자각과 합리주의의 발달은 내심의 자유의 절대적 보장을 주창하기 시작했으며, 수세기에 걸친 국가권력에 대한 투쟁의 결과 양심의 자유가 헌법전에 보장되기에 이르렀다. 이 자유는 권력자가 진리의 심판자가 될 수는 없고 자유로운 논쟁을 통해 진리 여부가 규명되어야 한다는 '사상의 자유시장이론'에 그 사상적 기초를 두었다. 양심의 자유가 초기에는 종교의 자유와 함께 규정되었으나 점차 독자적으로 보장되게 되었는데, 그 이유는 그것이 민주주의의 정신적 기반이며 또한 인간의 존엄과 가치의 보장을 위한 대전제이기 때문이다.

(2) 입법례

양심의 자유는 이미 1647년의 인민협정에서 규정되었지만 발효되지 못하였으며, 1663년의 미국 식민지헌장에서 최초로 명문화되었다. 그 후 1850년의 프로이센헌법과 1867년의 오스트리아헌법 등에서 규정되었지만, 이는 종교왕국의 전통 때문에 종교의 자유의 일환으로 보장되었다. 1919년 바이마르 헌법은 양심의 자유를 종교의 자유와 별도로 규정하기 시작하였고, 그 후 대부분의 헌법은 이 방식을 따르고 있다. 우리나라는 제5차 개헌 이전의 헌법에서는 양심의 자유를 신앙의 자유와 함께 동일조문에서 규정하고 있었으나, 제3공화국 헌법 이래 양심의 자유를 종교의 자유에서 분리시켜 독자적으로 규정하고 있다.

2. 양심의 자유의 헌법상 의의

(1) 양심의 개념

양심의 자유를 보장함에 있어서 '양심'의 개념이 그 선결문제인데, 이에 관하여는 학설이 대립되고 있다. 여기에는 양심을 ① 종교적 확신과 동일한 것으로 보는 견해(종교적 신앙설), ② 도덕적 의무의 자각 또는 도덕적 판단으로 보는 견해(도덕적 윤리설), ③ 세계관·사상 등과 같은 일반적 신조로 보는 견해(세계관설·사상설), ④ 내심의 작용을 포괄하는 것으로 보는 견해(정신적 관조설) 등이 있다.

1) 양심과 신앙의 구별

양심이란 그 기원에 있어서 종교의 자유와 불가분의 관계에 있고 그 용례에 있어서도 비기독교 국가에서는 신앙선택의 자유를 의미하고 있다는 점에서 이를 신앙의 자유로 보는 견해(종교적 신앙설)가 있다. 특히 양심의 자유를 신앙의 자유와 함께 규정하고 있는 헌법(버지니아 권리장전 제16조, 독일기본법 제4조)하에서는 이러한 주장이 가능하다. 그러나 양심은 일정한 상황에서 올바르게 행동하도록 하는 인간의 '내심의 요청'으로서 종교의 자유와는 구별되어야 한다. 즉, 신앙이 종교적 측면에서 파악되는 개념인 데 반해, 양심은 윤리적 측면에서 파악된 개념으로 양자는 구별된다.

2) 양심과 사상의 구별

양심을 곧 사상으로 간주하는 견해가 있는데, 우리 헌법상 사상의 자유를 보장한 규정이 없으므로 양심의 자유와 사상의 자유를 '일체'로 보아야 한다는 것이다.[469] 양심과 사상은 인간의 내심세계에서 자유로운 정신작용을 보장하는 것을 목적으로 하는 점에서 양자는 서로 불가분의 관계에 있다. 그러나 양심은 인격을 지키는 도덕적 규범으로 기능하는 데 반해, 사상은 지적 작용에 의해 형성되는 이상의 체계라는 점에서 구별된다.[470] 그러나 양심의 자유는 사상의 내면화를 의미하므로 여기에는 사상을 포괄하는 것으로 보는 견해가 지배적이다. 우리 헌법의 해석론으로서도 사상의 자유를 보장하는 명문의 규정이 없으므로 제19조의 양심의 개념을 확대해석하여 사상까지 포함되는 것으로 보아야 할 것이다.

3) 양심의 내포

이와 같이 역사적으로는 양심의 개념에 대한 견해가 대립될 수도 있고, 또한 입법례에 따라 달리 해석될 수도 있다. 그러나 양심이란 자신의 행위에 대한 윤리적 가치와 비가치에 대한 주관적 자각(윤리적 판단)이라고 정의할 수 있다.[471] 우리 헌법상 '종교'의 자유가 별도로 규정되고 있으므로 양심의 자유는 종교의 자유를 포함하지 않으며, 또한 '사상'의 자유는 별도로 규정하지 않고 있어 여기에는 사상의 자유가 포함된다. 여기에 '양심'이란 종교적 사항 이외에 '윤리적 사항이나 기타 사항에 대한 사상 내지 신념에 관한 내심의 자유'를 의미한다고 볼 수 있다.

4) 헌법재판소가 판시하는 '양심'

헌법상 보호되는 '양심'은 어떤 일의 옳고 그름을 판단함에 있어서 그렇게 행

---

469) 김철수, 헌법학개론, 551면.

470) 양심의 자유는 사상의 내면화를 의미하므로 여기에는 사상을 포괄하는 것으로 보는 견해가 지배적이다.

471) 우리 헌법재판소는 양심의 개념을 넓게 이해하고 있다. "헌법 제19조는 모든 국민은 양심의 자유를 가진다고 규정하여 양심의 자유를 기본권의 하나로 보장하고 있는바, 여기서 말하는 양심이란 세계관·인생관·주의·신조 등은 물론 이에 이르지 아니하여도 보다 널리 개인의 인격형성에 관계되는 내심에 있어서의 가치적·윤리적 판단도 포함된다."(헌재1991. 4. 1. 89헌마160; 헌재 1997. 3. 27. 96헌가11, 판례집 9-1, 245, 263; 헌재 1998. 7. 16. 96헌바35, 판례집 10-2, 159).

동하지 아니하고는 자신의 인격적인 존재가치가 허물어지고 말 것이라는 강력하고 진지한 마음의 소리로서 절박하고 구체적인 양심을 말한다.[472] 즉, '양심상의 결정'이란 선과 악의 기준에 따른 모든 진지한 윤리적 결정으로서 구체적인 상황에서 개인이 이러한 결정을 자신을 구속하고 무조건적으로 따라야 하는 것으로 받아들이기 때문에 양심상의 심각한 갈등이 없이는 그에 반하여 행동할 수 없는 것을 말한다.

이때 '양심'은 민주적 다수의 사고나 가치관과 일치하는 것이 아니라, 개인적 현상으로서 지극히 주관적인 것이다. 양심은 그 대상이나 내용 또는 동기에 의하여 판단될 수 없으며, 특히 양심상의 결정이 이성적·합리적인가, 타당한가 또는 법질서나 사회규범·도덕률과 일치하는가 하는 관점은 양심의 존재를 판단하는 기준이 될 수 없다.[473]

이처럼 개인의 양심은 사회 다수의 정의관·도덕관과 일치하지 않을 수 있으며, 오히려 헌법상 양심의 자유가 문제되는 상황은 개인의 양심이 국가의 법질서나 사회의 도덕률에 부합하지 않는 경우이므로, 헌법에 의해 보호받는 양심은 법질서와 도덕에 부합하는 사고를 가진 다수가 아니라 이른바 '소수자'의 양심이 되기 마련이다.[474]

(2) 양심의 자유의 법적 성격

양심의 자유는 신앙의 자유, 협의의 학문·예술의 자유와 함께 이른바 '내심의 자유'에 속하며, 행동의 자유에 선행하는 정신적 자유의 모체를 이루고 있다. 나아가 양심의 자유는 인간의 존엄성을 실현하기 위한 기초가 되므로 모든 '자유의 근원'이 되는 것이다. 그리하여 양심의 자유는 이른바 '최상급의 기본권'[475]으로서 '민주적 헌법질서의 기초'를 이루고 있다. 제3차 개헌 이전의 구헌법에서는 양심의 자유는 법률로써도 제한할 수 없는 절대적 자유권으로 해석되었으나, 제3차 개헌 이래 양심의 자유도 그 제한이 법률에 유보되어 있는 '상대적 자유권'의 하나로 변천하였다.

---

472) 헌재 1997. 3. 27. 96헌가11; 헌재 2018. 6. 28. 2011헌바379 등, 공보 제261호, 1017, 1031.
473) 헌재 2004. 8. 26. 2002헌가1; 헌재 2004. 10. 28. 2004헌바61 등; 헌재 2011. 8. 30. 2008헌가22등; 헌재 2018. 6. 28. 2011헌바379 등, 공보 제261호, 1017, 1031.
474) 헌재 2018. 6. 28. 2011헌바379 등, 공보 제261호, 1017, 1031.
475) 권영성, 헌법학원론, 429면.

3. 양심의 자유의 주체

양심의 자유의 주체는 모든 자연인이다. 그리고 양심의 자유는 성질상 '인간의 권리'를 의미하기 때문에 외국인도 이를 향유한다. 그러나 양심의 자유의 성격상 법인은 주체가 될 수 없다.

4. 양심의 자유의 내용

헌법 제19조가 보호하고 있는 양심의 자유는 양심형성의 자유와 양심적 결정의 자유를 포함하는 내심적 자유(forum internum)뿐만 아니라, 양심적 결정을 외부로 표현하고 실현할 수 있는 양심실현의 자유(forum externum)를 포함한다고 할 수 있다.[476] '양심형성의 자유'란 외부로부터의 부당한 간섭이나 강제를 받지 않고 개인의 내심영역에서 양심을 형성하고 양심상의 결정을 내리는 자유를 말하고, '양심실현의 자유'란 형성된 양심을 외부로 표명하고 양심에 따라 삶을 형성할 자유, 구체적으로는 양심을 표명하거나 또는 양심을 표명하도록 강요받지 아니할 자유(양심표명의 자유), 양심에 반하는 행동을 강요받지 아니할 자유(부작위에 의한 양심실현의 자유), 양심에 따른 행동을 할 자유(작위에 의한 양심실현의 자유)를 모두 포함한다.[477]

(1) 양심형성의 자유

'양심형성의 자유'는 자신의 논리적, 철학적, 정치적 식견에 따라 보편적 가치관을 형성하고 이에 의해 무엇이 옳고 그른가를 판단하는 일종의 신념 내지 확신을 자유롭게 가지는 것을 말한다. 나아가 구체적인 사항에 관한 양심의 형성·결정과정에서 외부의 간섭을 받지 않고 오로지 자기의 '내면의 소리'[478]에만 따를 수 있는 자유를 포함한다. 양심형성의 자유는 내심의 자유로서 "누구든지 그 사색에 대해서는 처벌하지 아니한다"는 법언처럼 어떠한 경우에도 처벌할 수 없는

476) 헌재 1998. 7. 16. 96헌바35, 판례집 10-2, 159, 166.
477) 헌재 2004. 8. 26. 2002헌가1, 판례집 16-2상, 141, 152.
478) 허영, 한국헌법론, 373면.

것이다. 이와 같은 양심의 자유가 실효성을 거두기 위해서는 옳고 그른 것에 대한 자유로운 토론이 보장되어야 하고, 다수자의 양심·윤리·사상과 다른 가치관을 가진 소수자에 대한 관용의 풍토가 조성되어야 한다. 왜냐하면 소수자의 양심에 대한 강제나 다수자의 양심에의 합치를 요구할 때에는 진정한 양심형성의 자유는 보장될 수 없기 때문이다.

양심형성의 자유는 그 형성과정에 국가기관이 관여하여 이를 방해 또는 강제해서는 안된다. 여기에 국가가 특정한 사상이나 도덕만을 위해 교육·홍보하는 것과 양심형성에 필요한 수단(자료수집·방송청취 등)의 이용을 방해하는 것 등이 양심형성에 대한 침해가 아닌가 하는 문제가 일어난다. 국가기관에 의한 이와 같은 조치들은 대체로 양심형성에 대한 침해로 간주되고 있다. 여기에는 국가가 옳고 그른 것에 대한 해석을 내린 것에 대해 반대할 수 있는 자유가 내포되어야 한다. 양심형성의 자유가 실질적으로 보장되기 위해서는 적합한 사회적 환경이 조성되어야 한다.

(2) 양심유지의 자유

'양심유지의 자유'라 함은 인간의 내면세계에 형성된 양심을 외부에 표명하지 않거나 그에 따라 행동할 것을 강제당하지 않는 자유—부작위의 자유—를 말한다. 여기에는 양심을 언어에 의해 표명하도록 강제당하지 않는 '침묵의 자유'와 양심을 일정한 행동에 의해 간접적으로 표명하도록 강요당하지 않는 '양심추지의 금지원칙'이 포함된다. '침묵'은 자기의 양심을 방어하는 주요한 수단이기 때문에 양심의 자유의 보호영역에 포함된다고 볼 수 있다.[479] 헌법 제12조 제2항이 보장하는 '불리한 진술거부권'(이른바 묵비권)은 형사절차에 있어서 인신의 자유를 보장하기 위한 것으로 양심의 유지를 위한 침묵의 자유와는 구별되어야 한다. '양심의 추지'라 함은 '십자가 밟기',[480] '충성선서' 등과 같이 일정한 행동을 강요하여 그 양심을 추정하는 것으로 바로 침묵의 자유를 침해하는 것이다. 이와 같이 국가권

479) 헌법재판소(헌재 1998. 7. 16. 96헌바35, 판례집 10-2, 159, 167)도 이 입장을 취하고 있다("불고지죄는 국가의 존립과 안전에 저해가 되는 타인의 범행에 관한 객관적 사실을 고지할 의무를 부과할 뿐이고 개인의 세계관·인생관·주의·신조 등이나 내심에 있어서의 윤리적 판단을 그 고지의 대상으로 하는 것은 아니므로 양심의 자유 특히 침묵의 자유를 직접적으로 침해하는 것이라고 볼 수 없"다).

480) 제2차 세계대전 당시 군국주의국가들이 기독교인인가를 밝히기 위해 '십자가밟기'를 자행하였다.

력이 개인의 양심을 강제적으로 고백시키거나 이를 추지하는 행위는 곧 양심의 자유에 대한 침해가 된다. 그러나 충성선서[481] 그 자체는 공무원이 국민 전체에 대한 봉사자라는 지위에서 할 수 있으며, 대통령은 헌법 제68조에 의해 의무적으로 하도록 되어 있다.

(3) 양심실현의 자유

양심상의 결정을 외부에 표명하거나 이에 따라 행동할 자유가 과연 양심의 자유에 포함되는가의 문제가 일어난다. 이에 대하여 부정설은 양심의 자유는 내심영역에 국한되고 양심의 결정을 행동으로 표현하는 자유까지 포함하는 것은 아니라고 하며, 긍정설은 여기에 외부영역까지 내포시켜 양심의 결정을 표명·실현하는 자유까지 포함시키고 있다. 부정설은 종교의 자유가 신앙의 외부적 표현인 종교적 의식이나 포교의 자유를 무제한으로 보장하는 것을 의미하지 않는 것처럼 양심의 자유도 양심의 결정에 따른 행동의 자유까지 보장하는 것은 아니며, 집총거부나 납세거부 등은 실정법상 명문규정이 없는 경우에는 보장되지 않는다고 본다. 이에 대하여 긍정설은 양심의 자유를 내심영역에 국한시킨다면 이를 특별히 보장하는 의미가 없으므로 양심실현의 자유도 포함된다고 본다.

독일에서도 "윤리적인 것을 바탕으로 형성되는 양심의 자유는 행동의 자유의 특수형태로서 헌법상 특권에 해당하는 것"으로 보는 긍정설이 통설이다.[482] 따라서 양심상 결정에 따른 표현행위는 일반적인 표현의 자유보다는 더 광범하게 보장되지 않으면 안된다.

(4) 양심의 자유와 관련된 문제

양심의 자유가 현실적인 문제와 관련되어 나타날 때 그 범위를 규정하는 것은 실로 곤란하며, 구체적인 사례에 비추어 판단할 수밖에 없다.

---

481) 충성선서의 예는 1955년에 워싱톤주가 법률로써 교원뿐만 아니라 모든 공직의 취임시에 파괴적 인물이 아님을 선서하도록 되어 있었다. 이에 대하여 연방대법원은 동법률의 추상성과 부명확성을 이유로 위헌이라고 판결하면서 다만 주 및 연방헌법 수호선서 이외에는 할 수 없다고 하였다. *Knight v. Board of Regents*, 390. U.S. 36 (1968) 참조.

482) E. W. Böckenförde, "*Das Grundrecht der Gewissenfreiheit*," *VVDStRL*, Heft 28, S. 50 f.

1) 증언의 거부

범죄수사나 국회증언에 있어서 단순한 '사실에 관한 지식'이나 '기술적 지식'에 관한 증언의 거부는 침묵의 자유에 포함되지 않으므로(예: 형소법 제147조(증인의증언의무)) 제19조의 양심의 자유의 보장대상이 되지 아니한다. 이와 같이 일정한 경우에 증언의 의무를 인정하고 있는 이유는 양심의 자유에 포함되는 침묵의 자유는 사상·신념 등을 이유로 특별한 불이익을 받는 일이 없도록 하자는 취지에서 보장하고 있기 때문에, '사실에 관한 지식'이나 '기술적 지식'의 진술을 거부하는 자유를 포함하지는 아니한다고 해석된다.

2) 취재원 비닉권

중요한 정보를 주는 취재원(取材源)이 본인의 신분을 밝히기가 곤란하거나 기자에게 밝히지 말아 달라고 요청한 경우, 기자는 언론의 자유 보장하에서 그 정보의 획득을 위해 취재원의 익명을 요구하는 조건으로 그 정보를 수령하여 보도하기도 한다. 이러한 상황에서 정보를 수령하는 기자가 유출된 정보를 게재하여 보도하기로 결정한 경우, 그 기자는 기소당해야 하는지가 문제된다. 이는 익명을 요구하는 취재원이 기밀정보를 제공한 경우 기자는 취재원의 신원을 법정에서 밝혀야 하는지의 문제와도 관련된다. 이른바 기자의 '취재원 비닉권'[483]이라는 문제이다.

미국 연방대법원은 Branzburg v. Hayes 사건에서 기자의 취재원 비닉권은 정보의 자유로운 흐름을 장려하고, 그러한 이유에서 헌법상 보호가 필수적이라는 생각을 부정하는 선례를 만들었다.[484] 그러나 미국 연방대법원은 2014년 5월 27일 기자에 취재원 공개거부권을 인정하는 판결을 내렸다.[485] 미국의 경우 형사사법권의 수행에 지장을 주기 때문에 취재원의 비밀보장은 인정되지 않는다고 보는 것이 일반적인 입장이다. 이에 반해 독일의 경우에는 1975년 형사소송법을 대폭

483) 취재원 비닉권에 관해 기존에 발행된 논문으로는 지성우, "언론기관의 취재원보호권에 관한 연구", 성균관법학 제15권 제2호, 2003, 1면 이하; 이희훈, "취재원 비닉권과 취재원 보호 입법에 대한 연구", 법학연구 제18권 제4호, 2008, 259면 이하; 박종보, "언론의 자유와 명예훼손 고소사건 수사", 언론과 법 제8권 제1호, 2009, 243면 이하; 이부하, 미국헌법에서 국가기밀 대(對) 기자의 취재특권, 미국헌법연구 제24권 제3호, 2013. 12, 179면 이하.

484) Branzburg v. Hayes, 408 U.S. at 698-99.

485) http://www.yonhapnews.co.kr/bulletin/2014/05/28/0200000000AKR20140528005700075.HTML (검색일: 2016년 8월 18일)

개정하면서 언론자유의 제도로서 언론기관의 증언거부권을 인정하고 있다.

3) 사죄광고를 명하는 판결

사죄광고를 판결로써 강제하는 것은 양심의 자유를 침해하는 것이 아닌가가 문제된다. 헌법재판소는 타인의 명예를 훼손한 불법행위(민법 제764조)에 대하여 사죄광고를 명하는 것은 양심의 자유를 침해하여 위헌이라고 판시하였다.[486] 그러나 정정보도를 명하는 것은 표현의 자유의 문제로서 양심의 자유에 대한 침해가 아니다.[487]

4) 양심적 병역거부

양심상의 결정에 의해 군복무를 거부할 수 있는가, 이른바 '양심적 병역거부'[488]의 문제가 종교의 자유에서와 마찬가지로 제기된다. 우리나라 판례는 "그리스도인의 양심상 결정으로 군복무를 거부한 행위는 응당 병역법의 규정에 따라 처벌되어야 하며, 이른바 양심상의 결정은 제19조의 양심의 자유에 속하는 것이 아니다"[489]라고 하여 이를 부정하고 있다. 우리나라의 통설도 이 입장을 취하고 있다. 그 이유는 양심의 자유에 그 의무적 표현인 '행동의 자유'까지 포함시킨다면 납세거부 등과 같이 실정법상 의무를 부정하는 것을 용인해야 하므로 인정할 수 없는 것이다. 그러나 미국과 독일에서는 집총이나 전투에 종사하는 것을 자기 양심에 반한다고 하여 거부할 때 이를 헌법이나 법률에 의해 양심적 병역거부로 인정하여 병역을 면제해 주거나 대체역무를 과하는 제도가 있다.[490] 양심적 병역

---

486) 헌재 1991. 4. 1. 89헌마160(민법 제764조의 위헌 여부에 관한 헌법소원심판) – "사죄광고란 … 국가가 재판이라는 권력작용을 통해 자기의 신념에 반하여 자기의 행위가 비행이며 죄가 된다는 윤리적 판단을 형성·강요하여 외부에 표시하기를 명하는 한편 의사·감정과는 맞지 않는 사과라는 도의적 의사까지 유포시키는 것이다. 따라서 … 침묵의 자유의 파생인 양심에 반하는 행위의 강제금지에 저촉되는 것이며, 따라서 헌법이 보호하고자 하는 정신적 기본권의 하나인 양심의 자유의 제약(법인의 경우라면 그 대표자에게 양심표명의 강제를 요구하는 결과가 된다)이라고 보지 않을 수 없다."

487) 서울고판 1994. 9. 27. 92나35846.

488) "이 사건 법률조항은 형사처벌이라는 제재를 통하여 양심적 병역거부자에게 양심에 반하는 행동을 강요하고 있으므로, '국가에 의하여 양심에 반하는 행동을 강요당하지 아니할 자유', '양심에 반하는 법적 의무를 이행하지 아니할 자유' 즉, 부작위에 의한 양심실현의 자유를 제한하는 규정이다."(헌재 2004. 8. 26. 2002헌가1, 판례집 16-2상, 141, 153)

489) 대판 1995. 12. 21. 95도894; 대판 1992. 9. 14. 92도1534; 대판 1976. 4. 27. 75누249; 대판 1969. 7. 22. 69도934.

거부자에게 양심의 자유를 보호하기 위해 입법적으로 '대체복무제'를 인정하는 것이 민주주의 원리에 적합하다. 최근 우리나라 헌법재판소도 양심적 병역거부자에 대한 대체복무제를 규정하지 아니한 병역종류조항이 과잉금지원칙을 위반하여 양심적 병역거부자의 양심의 자유를 침해한다고 '헌법불합치 결정을 내렸다.[491]

5. 양심의 자유의 제한과 한계

(1) 제한의 기준

양심의 자유는 제3차 개헌 이전에는 법률로써도 제한할 수 없는 절대적 자유권으로 해석되었으나, 제3차 개헌 이래 상대적 자유권으로 변화하였다. 따라서 양심의 자유도 기본권의 구조에 비추어 제37조 제2항에 의해 국가안전보장과 질서유지를 위해 필요한 때에는 법률로써 제한할 수 있다.

양심의 자유는 내심의 자유이기 때문에 원칙적으로 그 제한이 인정되지 아니하지만, 외부세계에 행동으로 나타날 때 규제대상이 되는 것은 당연한 것이다. 대법원도 이 입장을 따르고 있다.[492] 양심의 자유에 대한 국가권력의 관여는 불가피한 최소한에 그쳐야 하며, 공공복리와 같은 적극적 목적을 위해서는 인정되지 아니한다. 그리고 양심의 자유를 제한하는 경우에도 그 성질에 비추어 개별적·구체

---

490) 독일기본법은 "누구도 양심에 반하여 집총병역을 강제받지 아니한다…"(제4조 3항)라고 규정하고 있으며, 미국에서도 일반 병역법 제6조 8항은 "종교상의 교육 및 신념에 따라 모든 형태의 전쟁에 참가하는 것을 양심상 반대하는 자는 병역의무를 면제받는다."라고 규정하고 있다. 이외의 여타 세계 30여개국이 양심적 반전권을 인정하고 있으며, 이에 관한 입법은 점차 증가하는 추세를 보이고 있다. 그런데 양심적 반전권이 인정되는 경우에도 이는 전쟁 일반에 대해 반대하는 경우에 한하고 있음을 주의해야 한다. 이와 관련하여 미국판례(*Gillete v. United States*, 401 U.S. 437 (1971))는 전쟁 일반이 아니고 월남전쟁과 같은 특정의 전쟁만을 반대하는 자에게 양심적 반전권을 부인하였으며, 독일연방헌법재판소 판례도 "특정한 전쟁, 특정한 방식, 특정한 무기로 하는 전쟁을 거부하는 상황조건부 병역거부는 헌법 제4조 제3항에서 보호되지 않는다."하고 있다.

491) 헌재 2018. 6. 28. 2011헌바379, 383, 2012헌바15, 32, 86, 129, 181, 182, 193, 227, 228, 250, 271, 281, 282, 283, 287, 324, 2013헌바273, 2015헌바73, 2016헌바360, 2017헌바225(병합); 2012헌가17, 2013헌가5, 23, 27, 2014헌가8, 2015헌가5(병합).

492) 대판 1993. 9. 28. 93도173 – "양심의 자유는 헌법이 보장하는 기본적 권리이긴 하나 무제한적인 것이 아니기 때문에 헌법 제37조 제2항에 의하여 국가안전보장·질서유지 또는 공공복리를 위하여 필요한 경우에는 양심의 자유의 본질적 내용을 침해하지 않는 한도 내에서 제한할 수 있다."

적으로 제한의 가능성과 범위를 결정해야 하지만, 다른 정신적 자유권보다는 한층 협소할 것이다.

(2) 제한의 한계

양심의 자유가 국가안전보장 또는 질서유지를 위하여 필요한 때에 제한될 수 있는 경우에도 그 제한이 '본질적인 내용'을 침해하여서는 아니된다(제37조 2항 후단). 우리 헌정사에는 양심의 자유와 관련된 판례나 사건이 거의 없어서 일반적으로 문제시되지 아니하였지만, 특히 양심의 자유는 다른 자유권과는 달리 모든 정신적 자유의 기초를 이루고 있으므로 이 자유에 대한 지나친 제한은 정신적 존재로서의 인간의 존엄과 가치를 침해하는 것이 되기 때문에 그 제한의 한계는 중요시되어야 한다.

(3) 양심범의 문제

진정한 양심의 소리에 따라 법규범에 위반하는 행동을 하는 이른바 '양심범'의 문제가 오늘날에는 중요시되고 있다. 이것은 국가가 과연 양심범을 처벌하는 것이 바람직한가의 문제로서 양심의 자유와 형벌권의 갈등문제로 나타난다. 양심의 자유를 내심작용으로만 인정하는 입장에서는 문제될 여지가 없으나, 양심실현의 자유를 포함시키는 입장에서는 그 한계를 일탈하지 아니한 경우에 심각한 문제로 등장하게 된다. 양심범에게도 법의 구속력은 인정되므로 당연히 형벌권의 대상이 되는 것은 의문의 여지가 없지만, 그 법규의 집행·적용이 바람직한가 또한 고려되지 않으면 안된다. 따라서 국가가 형벌권을 행사하는 경우에 양심범의 특수성을 감안하여 최대한 관용을 베풀고 형벌권 행사를 자제해야 한다.

(4) 반체제적 사상의 문제

양심의 자유와 관련하여 가장 문제가 되는 것은 헌법의 근본이념인 민주주의 그 자체를 부정하는 사상이나 헌법체제의 파괴·변혁을 주장하는 사상도 양심의 자유로서 보장될 수 있느냐 하는 것이다. 이에 대하여 내면적 한계설은 민주주의를 부정하거나 헌법체제를 파괴하는 반체제적 사상은 비록 내심의 세계에 머물러 있는 경우에도 용납되지 않는다고 보는 데 반해, 내면적 무한계설은 반체제적 사상도 양심상의 결정에 머물러 있는 한 규제의 대상이 될 수 없고(실체의 문제), 또한 민주적 기본질서를 부정하는지 여부를 입증할 수도 없으므로(입증의 문제) 허용된다고 한다.[493] 그런데 절대적 무제약설의 입장에 서게 되면 어떠한 형태로든 이를 제약하는 것은 양심의 자유에 대한 제한으로 위헌이라고 할 것이다.

그 동안 우리나라에서는 일제시대부터 내려온 '사상전향제'의 위헌성 여부를 둘러싸고 논쟁이 있어 왔다. 내심에 머물러 있는 사상의 포기를 외부에 표명하도록 강제하는 사상전향제는 양심의 자유－특히 침묵의 자유－를 침해하는 것으로 위헌의 소지가 있었다. 이른바 '준법서약제도'를 두었다. 이는 양심범으로 복역중인 자에게 법질서를 준수하겠다는 서약서를 받고 석방시키는 제도이다. 이는 내심의 자유로서의 사상의 자유는 보장하되, 그 실현으로 나타나는 외부적 행위에 대하여는 합법성을 요구하는 것으로 양심의 자유를 침해하는 것이 아니고 합헌이라고 본다.

생각건대, 우리 헌법질서에 있어서 제8조 제4항의 '민주적 기본질서'는 '방어적·전투적 민주주의'를 내포하고 있으므로 민주주의를 부정하는 사상은 허용되지 않지만, 그것이 내심의 세계에 머물러 있는 한 침묵의 자유의 보장의 일환으로 처벌을 하지 않는 선에서 양자를 조화시킬 수 있다. 그러나 양심의 실현을 위한 수단으로 행한 행위가 실정법을 위반하는 경우에는 처벌의 대상이 된다.[494]

Ⅱ. 종교의 자유

1. 종교의 자유의 연혁 및 입법례

(1) 연 혁

중세에 있어서는 정교일치의 정책과 종파의 투쟁으로 인하여 개인의 신앙의 자유와 진정한 의미의 종교의 발달은 저해되었다. 국가가 공인한 종교(국교) 이외에는 어떠한 종교도 믿을 수 없었으며, 이에 위반되면 이단자로써 가혹한 처벌을 받았다. 종교의 자유는 종교개혁에서 비롯되어 칼비니즘(Calvinism)과 퓨리타니즘

493) 권영성, 헌법학원론, 434면.

494) 헌법재판소도 이 입장을 취하고 있다(헌재 1997. 11. 27. 92헌바28).

(Puritanism)에 의해 점차 확립되었다. 그 사상적 기초는 관용의 정신으로서 이교도에 대한 관용과 화합의 과정 속에서 점차 인정되어 온 것이다. 이러한 종교의 자유는 구미에서 교회 및 이와 결합된 국가권력에 대항하여 수세기에 걸친 투쟁의 결과 획득한 근대정신의 최고봉으로서 기본권 중에서 선구적 역할을 하였다. 그리하여 종교의 자유는 근대 민주주의의 정신적 기초로 간주되기에 이르렀다.

(2) 입법례

종교의 자유는 영국의 1647년과 1649년의 인민협정 중에서 이미 주장되었고, 1689년의 권리장전에서 재확인되었으며, 같은 해에 채택된 '관용법'에 의해 그 기초가 확립되었다. 종교의 자유를 찾아 신천지에 이주해 온 미국선조들은 무엇보다도 종교의 자유를 가장 중시하였다. Rhode Island주는 Providence시를 건설하고 비기독교에 대해 완전한 관용을 베풀어 종교적 공존을 허용하였고, 1776년의 버지니아권리선언(제16조)이 종교의 자유를 명문으로 선언한 이래 각 주 헌법이 이를 수용하였으며, 마침내 1787년의 미국연방 수정헌법 제1조에서 이를 보장하게 되었다. 20세기에 들어 와서는 1919년 바이마르 헌법(제135조)을 비롯하여 대부분의 헌법들이 종교의 자유, 나아가 정교분리의 원칙을 규정하고 있다. 우리나라에서 제헌헌법은 양심의 자유와 함께 신앙의 자유(제12조 1항)를 규정하고 있었으나, 제5차 개헌 이래 양심의 자유를 별개의 조항에서 규정하고 신앙의 자유를 종교의 자유로 대체하고 있다.

2. 종교의 자유의 헌법상 의의

(1) 개 념

'종교의 자유'라 함은 자기가 원하는 종교를 믿거나 어떠한 종교도 믿지 않는 자유를 말한다. 종교의 자유는 신앙의 자유를 기초로 하며, 이에 수반되는 종교적 행위와 종교적 결사·선교·종교교육 등을 자유롭게 할 수 있는 자유를 포함한다. 불완전한 인간은 본능적으로 절대자에 대한 신앙을 가지고 있고 이를 체계적으로 발전시켜 독립된 종교를 형성하게 되었다. 개인의 정신적 자주성을 위해서는 종교문제는 개인에게 맡기고 국가가 간섭해서는 안되므로 국교의 부인과 정교의 분리라는 제도적 보장이 선행되어야 하며, 이른바 중성국가의 이념이 절대적으로 실천되어야 한다. 이 때 비로소 종교의 자유는 실질적으로 보장될 수 있는 것이다.

(2) 법적 성격

종교의 자유는 양심의 자유, 협의의 학문·예술의 자유와 함께 이른바 '내심의 자유'에 속하며, 정신적 자유의 모체를 이루고 있다. 제3차 개헌 이전의 구헌법에서는 법률로써도 제한할 수 없는 '절대적 자유권'으로 해석되었으나, 제3차 개헌 이래 종교의 자유도 제한이 가능한 '상대적 자유권'으로 변화되었다. 그러나 종교의 자유는 정신적 자유라는 성격에 비추어 다른 자유권보다는 그 제한이 더 한정되어야 할 것이다. 신앙의 자유는 그 성질상 원칙적으로 자연인에게 보장되는 것이지만, 종교활동에 대해서는 법인도 그 주체가 된다.

(3) 양심의 자유와의 관계

원래 서양에서는 양심의 자유가 종교의 내면적 자유를, 신앙의 자유가 종교의 외면적 자유를 의미하는 뜻으로 사용되었다. 그러나 우리 용어로는 종교와 양심은 별개의 의미로 사용되고, 또한 우리 헌법은 종교와 양심의 자유를 독립시켜 규정하고 있으므로 종교의 자유는 종교에 관한 대내외적인 모든 자유를 의미하는 데 반하여, 양심의 자유는 종교사항이 아닌 윤리적 사항과 기타 사항에 대한 사상 내지 신념에 관한 내심의 자유로 보아야 할 것이다. 다만 신앙의 자유는 일반적으로 사상의 자유를 특히 종교적 측면에서 보장하는 것이라고 생각된다. 그러나 신앙과 양심이 결합되어 '종교적인 양심'으로 표현되는 경우에는 두 기본권이 상충관계에 있는 것이 아니라 보완관계에 있다고 보아 더 강력하게 보장되어야 한다.

3. 종교의 자유의 보호영역과 내용

(1) 종교의 자유의 보호영역

독일 연방헌법재판소의 일관된 판례에 의하면, 종교의 자유의 근거조항인 독일 기본법 제4조 제1항과 제2항[495]의 법문을 확장해석하고 있다.[496] 즉, 신앙의 자유

495) 독일 기본법 제4조 제1항은 "신앙과 양심의 자유 및 종교적·세계관적 고백의 자유는 불가

는 단지 신앙을 가지는 자유뿐만 아니라, "자신의 신앙 기준에 근거하여 자신의 전체 행동의 방향을 설정하고, 자신의 내적인 신앙의 신념에 따라 행동하는 자유"도 포함하고 있다.[497]

독일 기본법 제4조가 그 법문에서 신앙의 자유, 종교적 고백의 자유, 종교행사의 자유로 구분을 시사하고 있는 것처럼, 독일 기본법 제4조의 법문 내용은 엄청난 분화를 일으키고 있다. 종교의 자유의 보호영역 확정과 관련하여, 기본권주체의 자기 이해에 기인하는 종교적 행위가 중요한 의미를 가진다.[498] 예를 들면, 종교적 활동과 관련된 구제활동이나 자선활동도 이에 포함된다.[499]

종교의 자유의 보호영역을 세분화하려는 시도는 헌법 조문과 헌법 체계와의 밀접한 관련성 때문에 신뢰성이 높은 근거를 지니고, 법학적 통찰력을 향상시킬 수 있는 해석을 제시한다.[500] 또한 종교의 자유의 보호영역을 제한하려는 시도를 방지할 수 있다. 종교의 자유는 인권의 핵심적 권리에 속한다.[501] 왜냐하면 종교는 인간의 도덕적 정체성의 핵심이기 때문이다.[502] 국가의 법질서가 개인의 종교적 신념을 침해하지 못하도록 종교의 자유는 가능한 한 최대한 보장되어야 한다.

(2) 종교의 자유의 내용

우리나라 헌법재판소 판례에 의하면, "종교의 자유는 그 구체적 내용에 관하여 일반적으로 신앙의 자유, 종교적 행위의 자유 및 종교적 집회·결사의 자유라는 3요소로 구성되어 있다."고 한다.[503] 그런데 신앙의 자유와는 달리, 종교적 행위의 자

침이다." 그리고 제4조 제2항은 "종교행사를 방해받지 않을 자유는 보장된다."라고 규정되어 있다. 따라서 독일 헌법학계에서는 개인의 종교적·세계관적 자유에 대한 국가의 중립성이 중요한 문제로 논의되고 있다.

496) BVerfGE 24, 236 (245 f.); 32, 98 (106); 33, 23 (28); 41, 29 (49); 93, 1 (15); 108, 282 (297).

497) BVerfGE 32, 98 (106 f.); 33, 23 (28); 42, 312 (323); 83, 341 (353 f.); 93, 1 (15); 108, 282 (297).

498) S. Muckel, Religiöse Freiheit und staatliche Letztentscheidung, 1997, S. 61 ff.

499) BVerfGE 24, 236 (247 f.); 53, 366 (392 f.).

500) M. Morlok, in: H. Dreier (Hrsg.), GG Ⅰ, 2. Aufl. 2004, Art. 4 Rn. 54.

501) M. Morlok, in: H. Dreier (Hrsg.), GG Ⅰ, Art. 4 Rn. 21; U. Mager, in: I. v. Münch/P. Kunig (Hrsg.), GG Ⅰ, 5. Aufl. 2000, Art. 4 Rn. 1; J. Kokott, in: M. Sachs (Hrsg.), GG, 4. Aufl. 2007, Art. 4 Rn. 3.

502) M. Morlok, in: H. Dreier (Hrsg.), GG Ⅰ, Art. 4 Rn. 41.

503) 헌재 2001. 9. 27. 2000헌마159, 판례집 13-2, 353, 360; 헌재 2015. 4. 30. 2013헌마190, 공보 제223호, 729, 732.

유와 종교적 집회·결사의 자유는 양자의 행위태양이 종교적 신념에 기인한 적극적인 작위나 표현을 지향하기에, 종교적 집회·결사의 자유는 동일한 범주인 종교적 행위의 자유에 포함될 수 있다.[504] 또한 절대적인 기본권인 '신앙의 자유'와 구별되게, '종교적 고백의 자유'는 별도의 종교의 자유의 내용으로 분류할 수 있다.[505]

따라서 종교의 자유의 내용은 '신앙의 자유', '종교적 고백의 자유', '종교적 행위의 자유'로 구성되어 있다고 볼 수 있다. 또한 종교적 행위의 자유에는 종교적 의식 및 집회·결사의 자유, 종교전파·교육의 자유[506] 등이 포함되어 있다. 신앙의 자유, 종교적 고백의 자유와 종교적 행위의 자유는 독일 기본법 제4조의 협의의 의미에서 보호되어야 하고, 그 밖의 종교적으로 유발된 행위들은 다른 기본권 조항들에 의해 적용되어야 한다.[507]

1) 신앙의 자유

종교적 신념을 보호영역으로 하는 신앙의 자유는 절대적 기본권이다.[508] 신앙의 자유는 내심의 신앙을 형성하고 유지하는 자유이다.[509] 국가가 종교적 신념 형성과 유지에 어떠한 방법으로 영향력을 행사한다면, 이는 신앙의 자유의 제한이 될 수 있다. 예를 들면, 국가가 공영방송을 통해 특정한 종교적 내용을 지속적으로 방송한 경우, 신앙의 자유를 침해할 수 있다. 또한 초등학교에 기독교상징인 십자가상을 비치할 것을 규정하고 있는 바이어른 주의 초등학교에 대한 학교명령[510]은 신앙의 자유를 침해할 수 있으며, 국가의 종교적 중립성 원칙에 위반될 수 있다.

---

504) 이에 관해서는 강태수, "독일 무슬림의 종교의 자유", 「세계헌법연구」 제15권 제2호, 2009, 7-9면.

505) 이와 동일한 분류로는 한수웅, 헌법학, 2016, 720-721면.

506) 종교전파의 자유는 누구에게나 자신의 종교 또는 종교적 확신을 알리고 선전하는 자유를 말하며, 포교행위 또는 선교행위가 이에 해당한다(헌재 2008. 6. 26. 2007헌마1366, 판례집 20-1하, 472, 482).

507) F. Schoch, Grundrechtsdogmatik vor den Herausforderungen einer multikonfessionellen Gesellschaft, FS für Hollerbach, 2001, S. 159; K.-H. Kästner, Hypertrophie des Grundrechts auf Religionsfreiheit?, JZ 1998, S. 974 (981).

508) 우리나라 헌법재판소도 "종교적 행위의 자유는 신앙의 자유와는 달리 절대적 자유가 아니다."라고 하여 신앙의 자유는 절대적 자유로 보고 있다(헌재 2001. 9. 27. 2000헌마159, 판례집 13-2, 353, 361).

509) L. Michael/M. Morlok, Grundrechte, 2008, § 9 Rn. 190.

510) BVerfGE 93, 1 (15 ff.) – Kruzifix Beschluß

2) 종교적 고백의 자유

종교적 고백은 언론·출판의 자유 중 특별한 의사표현의 자유(사상·의견의 표명)의 하나이다. 그런데 일반적 의사표현의 자유와 다르게, 종교적 고백은 인격 관련적 의미에서 자기 인식적인 성격이 강하다. 종교적 고백의 표현수단으로는 구두(口頭)와 문서로뿐만 아니라, 상징적인 복장 착용으로도 가능하다. 유럽인권협약 제9조에 의하면, 예배, 종교수업, 종교의식의 실행 등은 종교적 고백에 속한다.[511)] 종교적 선교도 종교적 고백에 속한다.[512)]

국가가 신앙고백을 금지시키거나 방해하는 경우 또는 신앙고백을 명시적·묵시적으로 강제하는 경우, 신앙고백의 자유가 침해된다. 예를 들면, 국가가 국공립학교 교사에게 수업시간에 특정 종교의 상징물이나 복장 착용을 금지하는 경우이다.[513)]

3) 종교적 행위의 자유

여기서 말하는 종교적 행위의 자유는 헌법 제10조에서 근원하는 '일반적 행동의 자유'에 대해 특별한 성질을 가진다. 특별한 행동의 자유로서 종교적 행위의 자유는 국가의 종교적 중립성 원칙에 의해 보호된다. 종교적으로 유발된 행위를 특별한 정도로 보호하여 헌법적 한계로부터 무제한적으로 자유롭게 만든다면, 기본권 보장의 위험이 유발된다. 따라서 특별한 종교적 행위의 자유와 일반적 행동의 자유와의 경계가 설정되어야 한다.[514)] 일반적 행동의 자유는 특정한 생각에 의한 행동을 보장하는 반면, 종교적 행위의 자유는 종교적 이유에서 특정하게 결정되어 나온 행동을 보장하는데 차이가 있다.[515)]

4. 종교의 자유의 제한과 한계

(1) 제한의 유형

종교의 자유는 제3차 개헌 이전에는 법률로써도 제한할 수 없는 절대적 자유권

511) M. Morlok, in: H. Dreier (Hrsg.), GG Ⅰ, Art. 4 Rn. 63.

512) BVerwGE 30, 29 (30 f.); Grabenwarter, EMRK, 3. Aufl., § 22 Rn. 89; Jarass, EU-Grundrechte, § 15 Rn. 7, S. 182.

513) BVerfGE 108, 282 (294 ff.).

514) L. Michael/M. Morlok, Grundrechte, § 9 Rn. 192.

515) L. Michael/M. Morlok, Grundrechte, § 9 Rn. 195.

으로 해석되었으나, 제3차 개헌 이래 '상대적 자유권'으로 변화하였다. 그러나 종교의 자유는 인간의 내심에 기초를 두고 있는 정신적 자유의 일종이므로 그 보장은 가능한 한 널리 인정되어야 하며, 그에 대한 제한은 최소한에 그쳐야 한다.

구 헌법하에서 종교의 자유가 절대적 자유권으로 간주되었던 때에도 공공질서의 유지를 위하여 법률로 제한하지 않을 수 없었던 경우가 있었다. 첫째, 종교를 빙자하여 국가나 사회의 안녕질서나 선량한 풍속을 해치는 범죄에 해당하는 행위를 하여서는 안된다.[516) 이를테면, 회교를 신봉하는 사람일지라도 우리나라에서는 일부다처제는 인정되지 않고, 우리나라의 기본질서를 위배하여 전제주의 내지 독재정치를 할 것을 신조로 하는 종교는 인정되지 아니한다. 둘째, 종교의 자유를 이유로 국민의 의무를 회피할 수 없다. 예를 들면, 신앙을 이유로 병역의무를 거부할 수 없다는 것이 우리나라의 판례이며, 의무교육을 거부할 수 없다는 것이 미국판례의 태도이다.

종교의 자유도 헌법 제37조 제2항에 의해 제한할 수 있다.[517) 그러나 종교의 자유는 그 성질에 비추어 개별적·구체적으로 제한의 가능성과 범위를 결정하여야 한다. 첫째, 신앙의 자유는 인간의 내심의 세계에만 국한된 문제이므로, 성질상 어떠한 법률로써도 제한할 수 없다. 둘째, 종교의 외면적 자유(신앙실천의 자유)는 대외적 행위로 나타나 공공질서에 영향을 미치게 되므로 국가안전보장과 질서유지를 위해 제한가능성이 인정된다. 다만 공공복리를 위해서도 종교의 자유를 제한할 수 있는가에 대해서는 견해가 대립될 수 있는데, 종교의 자유의 제한은 질서유지를 위한 소극적 목적을 위해서만 인정되어야 하며, 공공복리의 증진이라는 적극적 목적을 위해서는 인정되지 아니한다고 보아야 할 것이다. 예를 들면, 비과학적인 질병치료를 행하거나 과다한 헌금액을 교리를 동원하여 강요하는 사이비종교는 허용되지 않으며,[518) 사교도 금지된다. 종교적 행위가 도로교통법 등의 법률에 위반할 때 당연히 제한을 받는다.

---

516) 대판 1983. 3. 8. 92도3248 - "성직자가 … 적극적으로 은신처를 마련하여 주고 도피자금을 제공하는 따위의 일은 이미 정당한 직무의 범위를 넘는 것이며 이를 가리켜 사회상규에 반하지 아니하여 위법성이 조각되는 정당행위라고 할 수 없다."

517) 대판 1992. 12. 22. 92도1742 - "종교교육 및 종교지도자의 양성은 헌법 제20조에 규정된 종교의 자유의 한 내용으로서 보장되지만, 그것이 학교라는 교육기관의 형태를 취할 때에는 헌법 제31조 제1항, 제6항의 규정 및 이에 기한 교육법상 각 규정들에 의한 규제를 받게 된다."

518) 대법원은 "믿음의 깊이는 헌금액의 다과에 의해 판단된다"는 등의 설교를 한 박 장로 사건(대판 1959. 12. 4) 등에서 사기죄를 인정하였다(서울고판 1992. 5. 30. 92노1008(소위 세모그룹 유병언 목사 사기사건); 서울형사지판 1993. 5. 20. 93노2(소위 다미선교회사건)).

(2) 제한의 한계

종교의 자유가 국가의 안전보장 또는 질서유지를 위하여 필요한 경우에 제한할 수 있는 때에도 그 '본질적 내용'을 침해해서는 안된다(제37조 2항 후단). 제한의 정도에 관한 판단기준으로는 과잉금지원칙을 들 수 있다. 종교의 자유는 다른 자유권과는 달리 인간의 정신세계에 기초를 둔 자유이므로 이에 대한 지나친 제한은 정신적 존재로서의 인간의 존엄과 가치를 침해하는 것이다.

5. 국교부정 및 정교분리의 원칙

(1) 헌법상 의의

헌법 제20조 제2항은 "국교는 인정되지 아니하며, 종교와 정치는 분리된다."고 규정하여 국교의 불인정과 정교분리의 원칙을 보장하고 있다. 종교의 자유는 정치와 종교의 분리원칙을 필연적으로 포함하지는 않으며, 국가의 종교에 대한 태도는 나라마다 다르다. 그러나 종교의 자유를 철저히 보장하고, 특히 무종교의 자유를 명실상부하게 보장하기 위하여서는 정치와 종교는 분리되어야 한다. 이러한 종교의 자유는 유럽에서 국교제도에 대한 반항으로부터 형성된 역사적 사실에 비추어 여기에는 국교제도 및 정교일치의 부정이 대부분의 국가에서 그 제도적 내용에 포함되게 되었다.

이러한 의미에서 국교제도는 종교의 자유와 평등의 원칙(제11조)에 위배된다. 또한 국교제도 및 정교일치의 부정은 국가와 정치의 종교에 대한 중립—종교적 중립성의 원칙—을 의미한다. 따라서 종교의 자유가 주관적 공권인 데 반해, 국교부인과 정교분리의 원칙은 제도적 보장의 성격을 가지고 있다. 그리하여 전통을 존중하는 의미에서 형식적으로 국교제도를 존속시키고 있는 국가를 제외하고는 현대 민주국가들은 거의 전부가 국교의 불인정 및 정교분리의 원칙을 채택하고 있으며, 우리나라 헌법도 이 원칙에 따르고 있다.

(2) 내 용

1) 특정종교의 우대와 정치간섭의 금지

어떠한 종교단체도 국가로부터 특권을 받는 것은 금지된다. 이것은 특권을 부여받지 아니한 다른 종교단체에 대한 평등권을 뜻하는 동시에 권력에 의한 종교의 통제를 가할 수 있기 때문이다. 또한 종교단체가 정치에 관여하는 것이 가능한가의 문제가 일어날 수 있는데, 우리 헌법은 정교분리를 원칙으로 하고 있으므로 종교단체의 정치개입은 금지된다고 하겠다. 다만 종교인이 개인적으로 정치활동을 하는 것은 가능하다. 국가가 재정적으로 특정 종교 내지 종교단체를 원조하거나 편의를 제공하는 것도 금지된다. 이를테면, 국가나 공공단체가 그 조직의 유지·사용을 위해 국고금 기타 공금을 지출할 수 없고, 종교법인에 공익 이외의 사업으로 얻은 수입에 대한 조세를 면제해 줄 수 없다.

2) 국가의 종교교육과 종교활동의 금지

국가는 스스로 종교교육 기타 종교활동을 할 수 없다. 예컨대, 국공립학교에서의 특정한 종교교육은 금지되고(교육기본법 제6조 2항),[519] 다만 일반적인 종교에 관한 연구나 교수가 인정될 뿐이다. 다만 사립학교에서의 종교교육의 자유는 인정된다. 또한 국가공무원은 종교적 행위를 강요당하거나 특정 종교단체에 가입·탈퇴를 강요받지 아니한다. 국가적 식전에서 특정 종교의 의식을 거행하든가[520] 특정한 종교를 위해 국경일을 제정하는 것은 금지된다. 이에 대해서 특정 종교에서 유래하더라도 종교적 의미보다 오히려 세속적 의미가 더 강해진 경우는 예외라고 볼 수 있을 것이다. 우리나라는 성탄절 외에 석가탄신일을 국경일로 정하고 있다.

3) 특정종교에 대한 차별대우의 금지

국가는 신앙의 자유가 보장되는 반사적 결과로서 특정 종교의 유무를 이유로 차별대우를 하지 아니할 의무를 진다. 즉, 모든 국민은 그 종교적 신앙에 의해 정치적·경제적·사회적·문화적 생활의 모든 영역에서 차별을 받지 아니한다(제11조 1항). 예를 들면, 특정 종교의 유무는 국회의원 입후보의 요건이 되지 않으며, 학위의

519) Torcaso v. Watkins, 387 U.S. 488 (1961).

520) Engel v. Vitale, 370 U.S. 421 (1962).

수여, 영업의 면허, 조세의 부과 등에 있어서 신앙의 유무를 이유로 차별대우를 받지 아니한다.

Ⅲ. 학문의 자유

1. 학문의 자유의 연혁 및 입법례

(1) 연 혁

진리탐구의 자유를 의미하는 학문의 자유는 인간의 자유, 특히 정신적 자유를 그 근본원리로 하는 근대 민주주의의 발전과 함께 형성되었다. 학문의 자유는 근대 서구에 있어서 사상 내지 언론의 자유와 함께 또는 그 내용으로서 주장되어 왔는데, 학문의 자유가 독립적으로 주장된 것은 17세기에 영국의 Bacon과 Milton에 의해서 라고 한다. 그러나 근대적 의미의 학문의 자유는 19세기의 독일에서 '대학의 자유'와 함께 확립되기 시작하였다.[521] 영미국가에서는 이것이 시민적 자유로 발전한 반면, 독일에서는 강학의 자유로써 보장되었다.

(2) 입법례

학문의 자유가 헌법상 처음으로 선언된 것은 19세기의 독일에서였다. 즉, 1849년의 프랑크푸르트헌법에서 최초로 규정되었고, 보수적 헌법이었던 1850년의 프로이센헌법도 이를 계수하였다. 1919년 바이마르 헌법은 예술의 자유와 함께 학문의 자유를 규정하였으며, 제2차 세계대전 이후의 민주적 헌법은, 표현상의 차이는 있을지언정, 거의 예외 없이 학문의 자유를 보장하게 되었다. 우리 헌법은 주관적 공권으로서의 학문의 자유(제22조 1항)를 보장하는 한편, '교육의 자주성·전문성·정치적 중립성 및 대학의 자율성'(제31조 4항)을 보장함으로써 학문의 자유에 대한 제도적 보장을 명문화시켜 놓고 있다.

---

521) 대학의 자치는 중세에까지 소급될 수 있다. 즉, 1219년에 Tours대학이 개설되면서 대학의 자유는 어느 정도 인정되었다. 그러나 근대적 의미의 대학은 나폴레옹 전쟁시에 설립된 베를린(Berlin) 대학에서 비롯되었는데, 이는 독일 특유의 산물이라고 할 수 있다.

2. 학문의 자유의 헌법상 의의

(1) 개 념

'학문'이란 자연과 사회의 변화와 발전에 관한 법칙을 발견하고 새로운 진리를 탐구하는 모든 정신적 활동을 말한다. 첫째, 학문의 연구는 사회발전과 생활향상의 원동력이 되는 정신적 자유로써 최대한 보장되어야 한다. 둘째, 학문의 발전에는 권위적 강제보다 창조적 자유에 바탕을 둔 자유로운 연구(독자성)가 존중되어야 한다. 셋째, 오늘날에는 학문의 자유가 민주시민의 육성과 인간다운 생활을 누리기 위한 기능을 하고 있다. 넷째, 학문의 자유가 보장되어야 양심의 자유나 표현의 자유 등 정신적 기본권이 그 실질적 내용을 가질 수 있게 된다. 따라서 학문의 자유의 보장이야말로 인간의 존엄성을 궁극적 가치로 하는 민주주의의 실현을 위해 필연적으로 요청되는 것이다.

(2) 법적 성격

학문의 자유의 법적 성격에 관하여는 기본권의 보장인가 또는 제도적 보장인가에 대하여 학설이 대립될 수 있다. 독일에서는 연혁적으로 학문의 자유가 대학의 자유를 의미해 왔기 때문에 제도적 보장이라는 견해가 지배적이었으나, 오늘날에는 학문의 자유가 동시에 주관적인 공권을 의미한다. 이에 대하여 영미국가에서는 학문의 자유를 개인적 자유의 일환으로 보장하고 있으므로 원칙적으로 주관적 공권으로 보고 있다.

우리나라에 있어서도 학문의 자유는 일차적으로는 학문활동을 자유롭게 보장하는 자유권으로서 일종의 '주관적 공권'을 의미하지만, 나아가 문화국가의 실현을 위한 객관적 질서의 보장이라는 측면에서 '제도적 보장'의 성질도 가지고 있다.[522)]

3. 학문의 자유의 내용

학문의 자유에는 협의의 학문의 자유인 연구의 자유와 학술활동의 자유인 교수

522) 김철수 교수는 제22조 제1항은 기본권으로서의 학문의 자유를 보장하고, 제31조 제4항은 학문 그 자체의 제도적 보장을 규정하는 것으로 해석한다(헌법학개론, 569면).

의 자유, 연구발표의 자유, 학문상 집회·결사의 자유 등이 포함되며, 나아가 광의로는 학문기관의 자유, 특히 대학의 자유도 그 내용이 된다.

(1) 연구의 자유

학문의 자유는 연구의 자유를 그 전제로 한다. 누구든지 연구대상의 선택, 연구방법, 연구내용, 연구과정에서 외부적 권위, 즉 국가권력에 의한 강제적 개입 또는 간섭을 받지 않고 독립적으로 행하여야 한다. 연구의 자유는 학문의 자유의 본질적 내용을 이루며, 그 성질상 절대적 자유로서 법률로써도 제한할 수 없다.

그런데 우리나라에서는 공산주의를 연구함에 있어서 국가보안법 및 관련법과의 관계에서 문제가 있다. 순수하게 공산주의이론을 연구하는 것은 보장되지만, 공산주의 사상을 탐구·선전·고취하는 것은 '민주적 기본질서'에 반하는 것으로 인정되지 아니한다. 따라서 공산주의 문헌을 구입·보관하는 것은 실질적으로 연구의 자유를 보장하기 위해 인정되어야 하나,[523] 관세법에 의해 그 수입이 금지되고 있어 법리상 문제가 되어 왔다. 또한 그 실험이 공중의 위해를 가져올 수 있는 핵물질·폭발물·의학연구를 위한 인체실험 등은 자기책임 하에서 행하여져야 하지만, 국민의 안녕과 복리를 위해 사전에 당국에 신고하도록 하는 조치는 연구의 자유에 대한 제약이라고 볼 수 없다.

(2) 교수의 자유

연구자는 그 학문적 성과와 견해를 교수하는 자유를 가진다. '교수'는 학문기관 내에서 연구결과를 전수하는 학술활동의 한 과정으로서 여기에는 교수내용의 자유와 교수방법의 자유가 포함된다. 자유로운 교수 또는 진리의 자유로운 전파를 통한 학문의 보급과 발전을 위하여는 필수적인 것이다. 그러나 교수의 자유(강학의 자유)는 주로 대학 이상의 고등교육기관에 있어서만 인정되고 하급교육기관, 특히 의무교육기관에 대하여는 국가의 관여가 인정되는 것이 일반적이다.

교수의 자유는 '교육의 자유'와는 구별되어야 하는데, 하급교육기관은 단순한 지식의 전달을 사명으로 하고 있으므로 교육의 자유는 법률에 의해 국가기관의

---

523) 대판 1986. 9. 9. 86도1187 - "헌법상 학문의 자유는 진리의 탐구를 순수한 목적으로 하는 경우에 한하여 보호를 받는 것이므로 반국가단체를 이롭게 할 목적으로 공산주의 혁명이론 및 전술에 관한 내용을 담은 서적을 소지하고 있었다면 그것은 학문의 자유에 대한 한계를 넘은 것이라고 할 것이다."

관여를 받고 있다(헌법 제31조 6항).

(3) 연구발표의 자유

연구자는 연구의 성과를 교수 이외의 방법으로 발표하는 자유를 가진다. 왜냐하면 학문의 자유는 발표의 자유를 보장해야 하며, 연구 결과의 자유로운 발표나 어떤 사항에 대한 토론·비판 등은 학문발전에 기초가 되기 때문이다. 학술논문의 발표, 저술의 출판, 학술강연, 세미나 개최·참석 등이 여기에 속한다. 연구발표의 자유에는 당연히 '학설의 자유'가 포함된다. 여기에 중요한 것이 진리의 탐구·접근을 위해 '비판의 자유'가 인정되어야 하며, 국가권력이 학문 외적인 고려에서 개입·규제하는 것은 자제되어야 한다.

연구발표의 자유는 일종의 표현의 자유에 속하는 것이지만, 그 성질상 학문의 자유를 보장하기 위해 그 보다는 강력한 보호를 받는다. 예컨대, 집회 및 시위에 관한 법률은 학문에 관한 경우에 그 적용을 배제하고 있다. 다만 발표의 장소에 따라 제한의 정도는 달라질 것이다. 즉, 연구발표를 학회나 교육기관에서 행한 경우에는 일반 청중이 모인 공개집회에서 행한 경우보다 더 보장받을 수 있다고 본다.[524]

(4) 학문적 집회·결사의 자유

학문을 위한 집회·결사의 자유는 학문을 공동으로 연구·발표하기 위해 집회를 개최하거나 단체를 설립하는 자유를 말하며, 연구결과를 발표하기 위한 이론적 전제가 되는 것이다. 따라서 이 경우의 집회·결사의 자유는 그 성질상 일반적인 집회·결사의 자유보다는 더 광범하게 보장을 받을 것이다. '집회 및 시위에 관한 법률'에서도 학문에 관한 집회에 대해서는 이 법의 적용을 배제하고 있다.

4. 대학의 자유

학문의 자유는 연혁적으로 학원의 자유, 특히 대학의 자유 또는 대학의 자치를 의미하였다. 학문의 연구 내지 교수는 대학 기타 고등교육기관에서만 행해지는

524) 그 발표내용이 학문연구의 결과인 이상 그 장소에 의한 제한의 차이를 인정하는 것은 부당하다는 견해가 있다(허영, 한국헌법론, 395면).

것은 아니고 연구기관도 이 기능을 수행하지만, 이러한 교육기관이 학문의 발전을 담당하는 역할이 가장 크므로 대학의 자유가 특히 강조되어 온 것이다.

(1) 의의 및 본질

'대학의 자유'는 학문연구기관으로서의 대학이 그 운영에 관한 모든 사항을 외부의 간섭 없이 자율적으로 결정할 수 있는 것을 말한다. 그런데 이를 보장하기 위해서는 '대학의 자치'를 그 전제로 한다. 또한 대학 내부에서도 자유롭고 자율적인 교육과 연구가 보장되고 동료의 원리에 입각한 교수 상호간의 동등권이 보장되어야 한다.

그런데 대학의 자치의 헌법적 근거에 관하여는 학설이 갈리고 있다. 여기에는 ① 헌법 제22조 제1항의 학문의 자유의 제도적 보장으로 보는 견해,[525] ② 헌법 제31조 제4항의 교육제도의 보장, 특히 대학의 자율성에서 찾는 견해,[526] ③ 학문의 자유와 교육제도의 양자를 통합적으로 해석·파악하는 견해[527] 등이 있다. 생각건대, 대학의 자유는 일차적으로는 학문의 자유에 있어서 제도적 보장으로 간주되고 있는데, 그 이유는 대학의 자치가 학문연구와 학술활동의 실효성을 보장하기 위한 필수적 제도이기 때문이다.[528] 그러나 우리 헌법은 나아가 교육제도의 자주성, 특히 대학의 자율성을 보장하고 있으므로 이차적으로는 이 조항에서 그 근거를 찾을 수 있다고 하겠다.

(2) 내 용

대학의 자유는 대학 운영에 관한 대학의 자주적 결정권에 그 기초를 두고 있다. 대학의 교수 내지 연구자는 공무원의 여부를 묻지 않고 학문의 연구·발표 및 교수에 있어서는 법관에 유사한 일종의 직무상의 독립이 인정되어야 한다.[529] 여

---

525) 허영, 한국헌법론, 396면.

526) 김철수, 헌법학개론, 574면.

527) 권영성, 헌법학원론, 249면.

528) 헌재 1992. 10. 1. 92헌마68·76(병합)(1994학년도 신입생선발입시안에 대한 헌법소원) - "헌법 제31조 제4항이 … 보장하고 있는 교육의 자주성이나 대학의 자율성은 헌법 제22조 제1항이 보장하고 있는 학문의 자유의 확실한 보장수단으로 꼭 필요한 것으로서 이는 대학에게 부여된 헌법상의 기본권이다."

529) 헌법재판소는 교수재임용제도에 대하여 3가지 입장으로 나뉘고 있다(헌재 1993. 5. 13. 91헌마190(교수재임용추천거부 등에 대한 헌법소원)).

기에는 대학인사, 대학학사, 대학질서, 대학재정 등 대학운영에 관한 모든 사항이 포함된다. 오늘날에는 특히 대학의 인사가 교수회의 자주적 판단에 일임되어야 하며, 그 신분보장이 강력하게 요청되고 있다. 그러므로 감독관청·대학의 장 등에 의한 권위적인 지휘·통제는 이들 모든 분야에서 배제되어야 한다. 그리고 학생선발, 성적평가, 학위수여, 학생징계 등 학사관리에 있어서 대학의 자율성은 최대한 존중되어야 한다. 또한 대학의 내부기관인 각종의 위원회 등의 활동에 대한 간섭·통제도 배제되어야 할 것이다.

대학의 자치와 관련하여 '학생회의 자치'가 여기에 포함되느냐에 관하여는 학설이 대립된다. 부정설은 대학자치의 주체는 어디까지나 교수와 기타 연구자이고 학생은 영조물의 이용자에 불과하여 고유한 학생자치는 부정된다고 한다. 이 견해는 학생이 학문적·인간적으로 아직 성숙되지 못한 피교육자라는 특성에서 그 논거를 찾고 있다. 이에 대하여 긍정설은 학생도 교수와 함께 대학의 주체이므로 학생의 자치(학생회)가 당연히 포함된다고 한다. 이 견해는 학생과 교수의 평등한 지위를 강조하면서 동등한 참여권을 주장하고 있다.

생각건대, 대학생은 대학의 한 구성원임에는 틀림없으나 그렇다고 대학자치의 주체는 아닌 점을 유의하여야 한다. 학생의 자치는 '학습권'의 일환으로 정규의 강의 이외에 과외활동을 자율적으로 하는 것을 말하며, 그 주체는 원칙적으로 학생회가 된다. 그러나 학생의 자치가 곧 교수회의 자치와 대등한 관계에 있는 것은 아니다. 왜냐하면, 대학의 자유는 어디까지나 '학문성'(특히 교수의 자유)을 전제로 하여 인정되는 것이므로 학생의 자치활동은 교수의 지도하에서 행하여져야 하며, 그 목적을 일탈한 학생활동이 대학자유의 일환으로 보호될 수는 없기 때문이

---

① 연임보장규정으로 보지 않는 입장(다수의견) - "교수재임용제도는 … 연임이 보장되어 자동적으로 재임용되어 임기가 계속되도록 되어 있는 것이 아니며, 나아가 대통령이 청구인을 당연히 재임용하지 아니하면 안되는 연임보장규정이라고 해석할 수 없다."

② 적법절차를 존중하는 입장(재판관 조규광, 김양균의 반대의견) - "학장의 교수 추천행위는 … 기속재량행위라고 할 것이며, 인사위원회의 동의가 없는 한 학장 개인이 의도한 대로 단독처리할 수는 없다고 할 것이다 … 추천철회행위는 적법절차에 위배한 자의적 처분이 되어 청구인의 평등권, 공무담임권 등 헌법상 보장된 기본권을 침해하여 취소되어야 할 것 … 이다."

③ 결정재량권으로 보지 않는 입장(재판관 변정수의 반대의견) - "교육의 자주성·전문성·정치적 중립성·대학의 자율성과 학문의 자유 및 이를 위한 전제조건으로서의 대학교원의 신분보장을 위해서는 임용권자는 그 교원의 능력과 자질에 객관적으로 명백한 하자가 발견되지 않는 한 반드시 해당교원을 재임용하여야 하며, 따라서 임용권자에게는 재임용 여부에 대한 결정재량권이 부여되어 있다고 볼 수 없다."

다.[530] 따라서 학원의 민주화 내지 대학민주주의의 이름으로 학생들의 대학행정에의 동등한 참여는 인정될 수 없는 것이다.[531]

(3) 한 계

대학의 자유 내지 자치의 인정은 대학의 치외법권적 특권을 인정하는 것이 아니라 학문의 자유를 보장하기 위하여 국가권력, 특히 경찰권의 대학에의 개입을 부득이한 최소한의 경우에 국한시키려는 것이다. 대학당국이 원칙적으로 자주적인 가택권, 질서유지권과 징계권을 행사하여야 한다. 경찰이 대학에서 교수·학사·학생활동 등을 감시한다면 학문의 자유가 침해되고 대학의 자유가 위축될 위험이 있으므로 학원 내에서의 경찰권의 자의적 발동은 배제되어야 한다. 따라서 대학구내에서의 안녕과 질서의 유지책임은 일차적으로는 대학당국에 있으며, 그 수습이 불가능하다고 판단되는 경우에 대학의 장의 요청이 있을 때에만 경찰권의 진입·행사가 가능하다. 그 개입요건으로는 ① 대학의 유지능력, ② 그 진압대상인 활동의 질서침해 위험성의 경중, ③ 긴박성, ④ 그 활동의 성격 등을 생각할 수 있다. 이 경우에도 경찰권은 과잉금지의 원칙을 존중하는 선에서 행사되어야 한다. 학원내에서 학생들이 주도한 집회일지라도 학문활동과는 관계없는 정치적·사회적 활동을 한 때에는 대학의 자치에 의해 보호받지 못한다.

5. 학문의 자유의 한계와 제한

(1) 한 계

학문의 자유도 일정한 헌법적 한계를 가지고 있다. 독일기본법은 학문의 자유를 보장하면서 "교수의 자유는 헌법에 대한 충성으로부터 면제되지 아니한다"(제5조 3항)고 규정하여 '헌법에의 충성의무'를 인정하고 있으며, "자유민주적 기본질서를 파괴할 목적으로 … 학문의 자유 … 를 남용하는 자는 그 기본권들을 상실한다."(제18조)고 규정하여 기본권실효제도를 두고 있다.

---

530) 허영, 한국헌법론, 398면. 교수의 자유와 학습권은 수직관계의 성격을 가지고 있지 결코 수평관계로 볼 수는 없는 것이다.

531) 독일연방헌법재판소는 이를 부인한 바 있다(BVerfGE 35, 79).

(2) 제 한

제3차 개헌 이래 학문의 자유는 이른바 절대적 자유권에서 '상대적 자유권'으로 변화하여 현행헌법 아래서는 학문의 자유도 제37조 2항에 의한 법률유보의 자유권으로서 그 요건에 해당하는 한 법률로써 제한할 수 있다. 학문의 자유 가운데 '연구의 자유'는 신앙·양심의 자유와 마찬가지로 내면적 자유에 속하므로 원칙적으로 그 제한이 인정되지 아니한다. 그러나 연구의 발표 등 학술활동과 같이 외부적 행위로 나타날 때에는 학문의 자유도 제37조 제2항에 의한 제한을 받는다. 다만, 학문의 자유에 대한 제한은 성질상 다른 자유에 비하여 그 범위가 협소할 것이고, 또한 불가피한 최소한에 그쳐야 할 것이다.

학문의 자유에 대한 제한에 있어서 문제되는 것은 공공복리를 위한 제한이 가능한가의 문제이다. 진정한 학문의 발전에는 국가권력의 권위적 강제보다 자유로운 진리탐구가 필요하며, 적극적인 공공복리를 이유로 하는 학문의 자유에 대한 제한은 용인되지 않는다고 한다.[532)]

학문의 자유는 국가안전보장·질서유지 또는 공공복리를 위하여 필요한 경우에 제한할 수 있지만, 그 제한은 학문의 본질적 내용을 침해해서는 안되며(제37조 2항 후단), 그 자유가 지나치게 침해되어 정신적 존재로서의 인간의 존엄과 가치(제10조)를 훼손해서는 안된다.

Ⅳ. 예술의 자유

1. 예술의 자유의 연혁 및 입법례

예술의 자유는 미적 가치의 자유로운 표현을 위해 인정되는 것으로 예술활동을 보호함으로써 문화생활영역에서 개성신장에 이바지하고 문화국가의 실현을 위한 방법적 기초를 다지기 위한 것이다. 근대 이전에는 예술이 종교활동에 예속되어 그 일환으로써 또는 그 봉사수단으로만 인정되었다. 종교개혁과 문예부흥을 통해 국교분리의 원칙이 확립됨에 따라 비로소 예술은 그 독자성을 개척하기 시작하였

---

532) 이에 대하여 공공복리를 위해서도 제한할 수 있다는 견해가 다수설이다.

고 미적 추구의 자유를 기본권으로 주장하게 되었다. 그러나 예술의 자유가 독자적 권리로 헌법상 채택되지는 않았고 표현의 자유의 일환으로 인정되었다.

예술의 자유를 최초로 헌법에서 규정한 것은 1919년 바이마르 헌법(제142조)으로서 이 권리는 그 만큼 새로운 기본권의 하나로 간주되고 있다. 오늘날 독일, 이태리, 알젠틴, 브라질 등 소수의 국가만이 예술의 자유의 보장규정을 두고 있으며, 우리 헌법도 학문의 자유와 함께 예술의 자유를 보장하고 있다.

2. 예술의 자유의 헌법상 의의

(1) 예술의 자유의 개념 문제

예술의 자유는 개념규정이 곤란하기 때문에 다른 기본권과는 달리 예술의 자유의 보호영역을 설정하는 작업이 어렵다.[533] 오늘날 예술의 자유와 관련하여 가장 많이 논의되는 문제의 하나는 예술의 자유의 보호객체의 문제, 즉 예술의 자유에 의해 보호를 받는 예술이 과연 무엇인가 하는 문제이다. 이러한 예술의 개념정의에 있어서의 어려움은 무엇보다 예술의 창조적 자율성 내지 혁신성이 국가에 의한 일방적 개념정의를 곤란하게 만들고 있다는 데에 기인하고 있다. 국가가 예술과 비예술을 임의로 구분하여 그에 대한 보호의 여부를 결정한다면 예술의 자유를 헌법적으로 보장하는 의미가 현저하게 감소될 것은 자명하다. 그렇다고 '무엇이 예술이냐'를 판단할 수 있는 어떤 보편적 기준이 존재하는 것도 아니다. 오히려 오늘날의 전위예술, 실험적 예술의 분야에서 확인될 수 있는 것처럼 기존의 예술관념 내지 기존의 미적 평가기준의 붕괴는 예술에 대한 보편타당한 개념정의를 내리는 것을 금지하고 있다고 보는 입장이 대두되는가 하면, 다른 한편으로는 "예술로 규정될 수 없는 것은 보호될 수도 없다"는 말과 함께 예술의 자유에 관한 헌법규정으로부터 실질적 개념정의가 명령되고 있다는 결론이 도출되기도 하는 것이다.[534]

---

533) "예술은 법질서에 선행하는 개념으로서 그 자체를 일반적·객관적으로 규정하는 것은 불가능하다. 그럼에도 불구하고 입법자가 예술이라는 개념을 사용하게 된다면 법개념으로서의 그 기능상 입법목적에 따라 필요로 하는 내용을 그 개념에 부여하는 것은 원칙상 이를 거부하지 못한다 할 것이다."(BVerwGE 39, 197 (203 ff)).

534) A. Arndt, Der Kunst im Recht, NJW, 1966, S. 25 ff.; J. Isensee, Wer definiert die Freiheitsrechte? Selbstverständnis der Grundrechtsträger und des Staates, 1980, S. 35.

(2) 내용적 기준설

예술의 개념을 내용적 기준에 따라 실질적으로 정의하려는 시도들은 예술의 어원에서부터 개념정의를 시작한다. 클라인(v. Mangoldt-Klein)은 우리말로 예술 또는 기술의 의미로 사용되는 "Kunst"라는 단어가 Können(능력)이라는 단어에서 도출된 것으로 보면서, 단어의 일반적 의미로는 완성을 시킬 수 있는 능력을 의미하여, 이것이 우리가 예술이라 말하는 좁은 의미로 사용될 때에는 "영적·정신적 내용을 고유한 가치를 갖고 있는 형식을 통해 특정한 법칙에 따라 형상화시키는 것"이라고 정의한다.[535] 이와 유사하게 하르트립(v. Hartlieb)은 예술을 "그 본질이 상상과 미적인 것에 속해 있으며, 최소한의 창조성을 보여주는 정신적·영적 내용의 형상화"라고 정의하였다.[536]

그러나 이같이 미학의 관점을 끌어들여 예술의 정의하려는 입장을 따르게 되면 계속성과 안정성을 목표로 하는 국가가 예술의 본질[537]을 규정지음으로써 결국 법과 예술의 창조적 혁신성이 불가피한 충돌을 일으키게 된다는 것이 주지의 사실이다. 이러한 문제를 피하기 위해 예술의 본질에 대한 접근을 포기하지는 않더라도 미학적 관점과는 다른 법적 구성을 시도하는 노력이 있었다. 숄츠(Rupert Scholz)가 "인식될 수 있고 표상으로 나타낼 수 있도록 형태를 부여하는 모든 창조적이고 개인적인 행위는 … 예술로 파악될 수 있다. 그것은 그 창조자의 개인적 체험이 객관화되어 표현된 것이며, 커뮤니케이션을 통한 외부로의 의미전달을 지향하고 있는 것이다."[538]라고 말하는 것은 이런 맥락에서 이해되어야 할 것이다.

(3) 형식적 기준설

국가의 예술에 대한 개념정의는 오로지 형식적인 기준에만 의존해야 한다는 반

---

535) v. Mangoldt/Klein, Das Bonner Grundgesetz, 2. Aufl., 1966, S. 254.

536) v. Hartlieb, Die Freiheit der Kunst und das Sittengesetz, S. 24.

537) BVerfGE 30, 173 메피스토(Mephisto) 판결에서는 "예술의 본질은 예술가의 감흥, 생활경험 그리고 개인적인 체험이 어느 특정한 형태의 예술적 언어로 직접 표출되는 창조적인 형성(schöpferische Gestaltung)이라고 볼 수 있다. 모든 예술적 활동은 합리적으로는 풀어낼 수 없는, 의식적 및 무의식적 과정들의 혼합인 것이다. 예술적 창조에는 직관, 상상 및 예술적 이해가 공동으로 작용한다. 그것은 무엇보다도 전달이 아니라 표현이며, 더욱이 예술가의 인격의 가장 직접적인 표현인 것이다"고 판시하고 있다.

538) Maunz/Dürig/Herzog/Scholz, Grundgesetz, Rn. 29 zu Art. 5/Ⅲ.

대견해도 있다. 예컨대 영화의 예술성에 대하여 언급하면서 "법원의 판단에 맡겨져 있지 않은 예술적 가치의 문제는 도외시하고 … 자유롭게 생각한 행동을 표현하는 것"이라는 입장에서 표현의 자유와의 구별에 관심을 집중시켰던 초기의 독일연방행정재판소판례[539]도 예술의 내용보다 형식에 치중하고 있다고 볼 수 있다.

또한 크니스(Wolfgang Knies)는 예술의 자유의 목적에서 볼 때, 그리고 국가가 예술의 재판관 노릇을 하는 것은 금지되어야 한다는 관점에서 볼 때, 예술의 질적 내용에 대해서는 국가가 법적으로 규정을 내리는 것이 불가능하며, 또 용납될 수도 없다고 주장한다. 다만 기술적이고 형식적인 유형의 예술개념만이 허용된다는 것이다.[540]

뮬러(Friedrich Müller)도 국가에 의한 예술의 내용적 정의를 금지해야 된다고 주장한다. 그는 독일기본법 제5조 제3항 제1문(예술의 자유)의 '예술'이라는 단어를 유형별로 구분하는 정도까지만이 예술의 자유의 보호에 합치된다고 생각한다. 헌법적 개념구성에 있어서의 실제적 유용성의 요청과 법치국가적으로 요청되는 규범의 명확성 및 방법의 명확성은 예술에 대한 가치적 개념이 아니라 개별화된 구조개념만을 허용한다는 것이다.[541]

(4) 결 어

예술개념의 정의를 포기한다거나 오로지 주관적이거나 극도로 예술의 자유를 상대화시키는 것은 예술의 자유의 기본권 보장을 불안정하게 하게 될 위험이 있다. 또한 예술개념의 정의가 갖는 기본적 의의는 무엇보다 예술의 자유에 의해 보호되는 보호객체를 확정하는 데 있다. 보호객체의 확정 없이는 예술의 자유에 대한 헌법적 보장은 실현될 수 없다. 그리고 그러한 보호객체를 확정할 권한이 국가에 부여되어 있다는 것도 부정할 수 없는 사실이다.

스스로를 예술이라고 주장하는 모든 활동이 곧바로 헌법적으로 보장되는 예술로 인정될 수 없다는 것은 자명하다. 그렇다고 어떤 실질적인 내용을 예술개념의 구속력 있는 기준으로 삼는 데에도 문제가 있다. 초기에 많이 논의되던 미학적 기준들의 경우에는 과거와 오늘날의 미적 기준자체가 많이 달라졌고, 또 그러한 기준들이 지금 이 순간에도 계속 변화되고 있다는 것이 문제될 것이다. 또 독일

539) BVerwGE 1, 303(305 f.).

540) W. Knies, Schranken der Kunstfreiheit als Verfassungsrechtliches Problem, 1967, S. 214 ff.

541) F. Müller, Freiheit der Kunst als Problem der Grundrechtsdogmatik, S. 41 f.

연방헌법재판소나 숄츠(R. Scholz)가 예술의 핵심적 개념요소로 생각하고 있는 창조적 형성(schöpferische Gestaltung)이 과연 무엇인지, 모방과 창조의 한계는 어디인지 등의 문제도 간단하게 대답될 수 있는 문제는 아니다. 더욱이 예술의 특성상 예술에 대한 내용적 기준들은 점차 주관화되어 가는 경향을 뚜렷하게 보이고 있다. 그러나 국가가 특정한 활동을 예술로 인정하고, 그에 대한 특별한 보호를 부여하는 것이 자의적이어서는 안 될 것이기 때문에 보다 객관적인 기준을 필요로 하는 것이다.

헌법적인 예술개념은 특정 장르의 예술활동 또는 예술작품의 미학적 수준 내지 질에 대한 논란과 상관없이 적어도 오늘날 일반적으로 인정되는 모든 장르를 포괄할 뿐만 아니라, 새롭게 형성되는 예술분야들까지도 수용할 수 있는 여지를 갖고 있는 객관적이고 가치중립적인 것이어야 한다. 그러한 예술개념은 불가피하게 내용적·실질적 요소보다는 형식적 내지 기능적 요소에 의존하게 될 것이다. 이렇게 보면 예컨대 예술은 자연과는 달리 인공이 가해진 문화현상이라는 점, 따라서 예술가의 내면이 외부로 표출된 것이라는 점, 그리고 외부세계와의 커뮤니케이션을 지향하고 있다는 점 등이 기본적인 관점으로 받아들여질 수 있다. 반면에 예술적 이념과의 친근성이나 예술적 창조의 의도, 혹은 특정한 목적과의 관련성과 같이 주관화되기 쉬운 요소들은 예술 개념의 표지로 받아들이기 곤란하다. 즉 광고목적으로 만들어졌는지, 아니면 어떤 정치적 목적으로 만들어졌는지의 여부(이른바 참여예술의 문제)가 그것이 헌법적으로 보호되는 예술작품으로 인정되는지의 여부에 영향을 미치지는 않는다는 것이다.[542] 그렇다고 예술이 내용적으로 완전히 자유롭다는 것은 아니다. 예술은 그 자신의 제작·표현과정을 통해 스스로를 정의한다. 따라서 스스로가 예술임을 주장하는 예술가의 요청 이외에도 그 요청의 예술의 대중(비평가, 감상자) 가운데 어떻게 받아들여지는가도 중요한 판단기준으로 작용될 수 있다.[543]

3. 법적 성격

예술의 자유의 법적 성격에 대하여는 상대적으로 논의가 적은 편이다. 독일 바이마르헌법 제142조에서 예술의 자유가 처음 명문화되었을 때, 예술의 자유의 법

542) E. Denninger, Freiheit der Kunst, in: Handbuch des Staatsrechts Bd. Ⅵ, S. 847 (858).

543) P. Häberle, Freiheit der Kunst im Verfassungsstaat, AöR Bd. 110(1985), S. 577(597 ff.)

적 성격에 대하여도 적지 않은 논의가 있었다. 당시의 통설은 "예술의 자유"가 제도로서의 예술을 보호하는 것이라는 점을 강조하면서 예술의 자유에 대해 일차적으로 제도적 보장 내지 해석의 기준으로서의 성격을 강조하였다.[544] 이러한 통설의 입장이 예술의 자유가 갖는 주관적 공권으로서의 성격을 소홀히 다루는 반면, 기제(Giese), 키칭어(Kitzinger)는 예술의 자유의 주관적 공권성을 강조하는 입장을 취하고 있었다.[545] 제2차 세계대전 후 제정된 독일기본법에서는 제1조 제3항이 "이하의 기본권은 직접효력을 갖는 법으로서 입법권, 집행권 및 사법권을 구속한다"고 명시함으로써 예술의 자유가 제소가 가능한 주관적 공권으로 인정된다는 점에 대해서 더 이상 이론의 여지가 없게 되었다. 그러나 주관적 공권성과 제도적 보장의 경합을 인정하면서 예술의 자유를 독특한 성격과 구조를 갖는 제도적 보장이라고 보는 견해[546]도 존재한다.

이러한 법적 성격에 관한 논의들은 무엇보다 예술의 자유라는 기본권이 갖는 효력의 문제와 결부되어 있다. 예술의 자유를 단순히 고전적인 제도적 보장으로서만 이해한다면 그것은 자유권으로서 보장하는 것보다도 오히려 약화된 보장을 의미하며, 이러한 결론은 오늘날 받아들여지기 힘들다. 로페르츠(Roperz)처럼 지방자치제 또는 직업공무원제와 같은 전통적 의미의 제도적 보장과는 구별되는 독특한 성격과 구조의 제도보장으로 예술의 자유를 인정하는 경우에는, 예술적 영역에 있어서의 활동의 자유(주관적 공권) 외에도 예술적 창조작업을 가능하게 만들기 위한 전제들을 국가가 가능한 한 마련해 주어야 한다는 의미(객관적 법)의 측면을 고려하고 있다는 점이 특징으로 나타난다. 하지만 기본권의 이중성을 인정하는 입장에서는 그것도 굳이 제도적 보장론을 끌어들일 논거로서는 충분치 못하다.

예술의 자유는 기본권이 일반적으로 그러하듯이 주관적 권리로서의 측면과 객관적 질서의 요소로서의 양측면을 갖는다. 그러나 오늘날 예술의 자유의 법적 성격을 특별히 논의하는 실익을 찾자면 그것은 오히려 일반적 표현의 자유와 예술의 자유의 구별, 학문의 자유와 예술의 자유의 구별 등에서 나타나는 예술의 자

544) G. Anschütz, Die Verfassung des Deutschen Reichs, 14. Aufl. 1933, S. 662; L, Gebhard, Handkommentar zur Verfassung des Deutschen Reichs, 1932, S. 518; Carl Schmitt, Art. 142 WRV, in : G. Anschütz/R. Thoma(Hrsg.), Handbuch des Deutschen Staatsrechts, Bd. Ⅱ, 1932, S. 594, 604.

545) F. Giese, Die Verfassung des Deutschen Reichs vom 11, August 1919, 8. Aufl., 1931, S. 299; Kitzinger, Art. 142 Satz 1, in: Die Grundrechte und Grundpflichten der Reichsverfassung, Bd. Ⅱ, 1930, S. 449(465 f.).

546) H-R. Roperz, Die Freiheit der Kunst nach dem Grundgesetz, 1966, S. 73 ff.

유의 특성, 그리고 전통적 자유권과 구별하여 근래 새롭게 파악되고 있는 이른바 문화적 기본권으로서의 예술의 자유가 갖는 특성 등과 관련하여 파악되어야 할 것이다.

일반적 표현의 자유 또는 학문의 자유와 구별되는 예술의 자유의 법적 성격은 예술의 특성으로부터 나온다. 예술은 조직화된 구조 또는 권력으로서의 국가에 의하여 정하여지는 것이 아니라, 인간의 자유로운 인격의 창조적 발현으로서 형상화되는 것이며, 그것은 무엇보다도 구속받지 않는 창의성, 기존의 것에 대한 부정을 통해 탄생되는 혁신성, 그리고 객관화·체계화되기 어려운 고도의 주관성을 특성으로 한다.[547] 따라서 예술활동에는 다른 기본권보다 넓은 자율성의 영역이 필요하며 인정되어야 하는 것이다. 나아가 문화국가적 관점에서 예술의 자유를 문화적 기본권으로 이해할 경우, 예술에 대한 국가적 지원의 성격과 내용에 대한 이해가 보다 분명해질 수 있을 것이다. 즉 국가의 예술에 대한 지원은 생존배려의 관점에서 행해지는 사회국가적 관점에서의 급부와는 달리, 전체국가의 문화적 수준의 향상이라는 관점에 따라 행해지며 따라서 그 지원의 내용과 정도도 그런 맥락에서 이해되어야 할 것이다.

4. 예술의 자유의 내용

예술의 자유는 객관화될 수 있는 주관적인 미적 감각세계를 창조적이고도 개성적으로 추구하고 표현할 수 있는 자유를 그 내용으로 한다. 구체적으로는 예술창작의 자유, 예술표현의 자유, 예술적 집회·결사의 자유 등이 여기에 포함된다.

(1) 예술창작의 자유

조형예술(건축·조각·공예미술), 표현예술(무용·연극), 음악예술(음악·비디오), 언어예술(시·소설·희곡) 등 모든 분야에서 그 소재·형태·과정 등의 자유로운 선택을 포함한 모든 예술창작활동의 자유를 그 내용으로 한다. 다만 예술에 내포된 '자기목적성' 때문에 목적이 아닌 수단이나 도구로써 행해지는 상업광고물[548] 등은 예

547) E. Denninger, Freiheit der Kunst, in: Handbuch des Staatsrechts Bd. Ⅵ, S. 850 f.

548) 상업광고는 영리적 목적을 목표로 하고 있는 이상 직업(수행)의 자유에 속하며, 경제적 기본권으로서 광범한 제한이 가능하다. 그렇다고 상업성이 있는 광고는 무조건 예술의 자유에서 배제할 것이 아니라, ① 제작자의 주관적 의도, ② 표현 그 자체의 객관적 예술성, ③ 표

술창작의 자유의 보호를 받지 못한다. 단순한 기능적인 능력에 의해서 이루어지는 작업활동도 원칙적으로 그 보호대상에서 제외된다.

(2) 예술표현의 자유

예술표현의 자유[549]는 창작된 예술품을 일반 대중에게 전시·공연·출판·보급할 수 있는 자유를 말한다. 예술의 자유는 국가기관에 대하여 적극적으로 예술품을 전시·공연·출판·보급해 줄 것을 요구할 수 있는 권리가 포함되어 있는 것은 아니지만, 그 실효성을 위해서 적극적 정책을 수립·집행해 나갈 의무가 있다. 예술품을 판매하는 등 경제적 활동에 이용하는 경우에는 재산권의 보장(제23조)에 의해서, 직업적으로 활용하는 경우에는 직업의 자유(제15조)에 의해서 보호를 받는다. 예술에 대한 비평은 예술의 자유에 속하는 문제가 아니라 표현의 자유와 관련된 문제이다.

(3) 예술적 집회·결사의 자유

예술적 집회·결사의 자유는 예술활동을 위한 집회의 개최와 결사의 조직을 자유롭게 할 수 있는 권리를 말한다. 그런데 극장, 박물관, 미술관, 공연장, 전시장 등은 곧 예술의 자유의 주체가 될 수 없다. 예술활동을 위한 집회·결사는 일반적인 집회·결사의 자유보다는 광범하게 보장받는다.

5. 예술의 자유의 한계와 제한

예술의 자유의 한계와 제한은 대체로 학문의 자유의 그것과 같은 법리가 적용되지만, 예술의 특성(사회윤리와의 관계) 때문에 그 제약은 더 광범하게 인정될 것이다.

(1) 한 계

예술의 자유는 법률에 의한 제한이 어렵고 적합하지 않기 때문에 그 한계가 중

현수단의 실질적 이용가능성 등을 고려하여 예술의 영역에 속하는가의 여부를 결정하여야 할 것이다.

549) 헌법 제22조는 예술의 자유를 기본권으로 보장하고 있는바, 예술의 자유는 예술창작품을 표현하는 예술표현의 자유를 포함한다(헌재 2004. 5. 27. 2003헌가1 등, 판례집 16-1, 670, 694).

요시된다. 우리나라 헌법상 예술의 자유도 민주적 기본질서에 위배될 수 없으며, 타인의 권리나 명예 및 사회윤리를 침해하여서는 안된다.[550] 예컨대, 음란[551]물의 제작·반포행위는 많은 규제를 받는다.

(2) 제 한

예술의 자유는 다른 법익과의 조화를 위해 헌법 제37조 제2항의 일반적 법률유보조항에 의한 제한을 받는다. 예술창작의 자유는 학문연구의 자유와 마찬가지로 절대적 권리에 속하나, 예술발표의 자유와 예술적 집회·결사의 자유는 상대적 권리로서 그 제한이 가능하다. 그러나 예술의 특성상 국가에 의한 간섭, 특히 '수준심사'나 '사전심사'는 허용되어서는 안된다. 영화·연극에 대해서는 그 대중성·직접성·위험성 때문에 질서유지 또는 사회윤리, 특히 청소년의 보호를 위해 사전검열이 가능하며, 청소년 보호를 위한 '등급심사제도'는 사전검열에 해당하지 아니한다.[552][553]

6. 저작자·발명가·과학기술자와 예술가의 보호

헌법 제22조 제2항은 "저작자·발명가·과학기술자와 예술가의 권리는 법률로써

---

550) 헌재 1990. 9. 10. 89헌마82 – "개인의 성적 자기결정권도 국가적·사회적 공동생활의 테두리 안에서 타인의 권리·공중도덕·사회윤리·공공복리 등의 존중에 의한 내재적 한계가 있는 것이다."

551) "인간존엄 내지 인간성을 왜곡하는 노골적이고 적나라한 성적 표현으로서 오로지 성적 흥미에만 호소할 뿐 전체적으로 보아 하등의 문학적, 예술적, 과학적 또는 정치적 가치를 지니지 않은 것"으로 해석되는 음란한 행위(헌재 1998. 4. 30. 95헌가16; 대법원 2008. 5. 8. 선고 2007도47129 판결; 대법원 2008. 7. 10. 선고 2008도244 판결; 헌재 2015. 6. 25. 2013헌가17 등, 판례집 27-1하, 402, 417).

552) 우리나라 헌법재판소는 사전등급제 자체는 사전검열이 아니라고 판단하였다. "영상물등급위원회의 등급분류보류제도는 우리 헌법이 절대적으로 금지하고 있는 사전검열에 해당하는 것으로서 헌법에 위반된다."(헌재 2001. 8. 30. 2000헌가9, 판례집 13-2, 134, 151)

553) "영화진흥법 제21조 제3항 제5호는 '제한상영가' 등급의 영화를 '상영 및 광고·선전에 있어서 일정한 제한이 필요한 영화'라고 규정하고 있는데, 이 규정은 제한상영가 등급의 영화가 어떤 영화인지를 말해주기보다는 제한상영가 등급을 받은 영화가 사후에 어떠한 법률적 제한을 받는지를 기술하고 있는바, 이것으로는 제한상영가 영화가 어떤 영화인지를 알 수가 없고, 따라서 영진법 제21조 제3항 제5호는 명확성원칙에 위배된다."(헌재 2008. 7. 31. 2007헌가4, 판례집 20-2상, 20)

보호한다."고 규정하고 있는 바, 이 규정은 학문과 예술의 자유를 실질적으로 보장하고 나아가 이들의 권리－지적 소유권 내지 무체재산권－를 보호함으로써 문화국가의 실현에 기여하기 위한 것이다. 여기에는 저작권과 특허권·실용신안권·의장권·상표권 등의 산업재산권 및 소프트웨어, 반도체 칩, 데이타 베이스 등의 제3자의 권리 등이 속한다. 그런데 컴퓨터의 개발과 함께 모든 정보가 이를 통해 전파되고 있으므로, 그 저작권－영업비밀 등－의 보호가 시급한 과제가 되고 있다. 이를 위하여 저작권법, 발명진흥법, 과학기술진흥법, 문화예술진흥법, 문화재보호법, 특허법, 영화진흥법 등의 법률이 제정되어 있다.

제 4 절 표현의 자유

Ⅰ. 언론·출판의 자유

1. 언론·출판의 자유의 연혁 및 입법례

(1) 연 혁

언론·출판의 자유는 근대국가에 있어서 전형적인 자유권의 하나로 인정되고 있지만, 이는 정치적·경제적 또는 종교적 권위에 대한 비판을 그 내실로 하는 점에서 항상 억압을 받아 왔다. 그러던 것이 근대사회에 와서 언론·출판의 자유가 사회발전의 원동력이 되고 민주주의의 실현에 대전제가 된다는 견지에서 부단한 투쟁의 결과 획득된 것이다. 오늘날 방송, Cable TV, 위성방송, 인터넷방송 등 언론매체의 다양화로 언론의 자유는 새로운 상황에 놓이게 되었으며, 이들 매체를 통한 언론의 자유를 어떻게 보장할 것인가가 중요한 과제가 되고 있다.

(2) 입법례

언론의 자유를 선언한 최초의 장전은 1647년과 1649년의 인민협정이며, 1695년의 검열법의 폐지에 의해서 거의 확립되었다. 그 후 1776년의 버지니아권리선언

(제12조), 1791년의 미국연방헌법(수정헌법 제1조), 1789년의 프랑스인권선언(제11조) 등에서 표현의 자유가 규정·보장된 이래 현대헌법은 거의 예외 없이 이를 보장하고 있다. 우리 헌법도 제헌헌법 이래 줄곧 언론·출판의 자유, 이른바 '표현의 자유'(제21조 1항)를 보장하고 있으며, 나아가 통신·방송의 시설기준과 신문의 기능을 보장하기 위하여 법률로 정하도록 하고 있다(동조 3항). 특히 외국의 위성방송전파가 국경을 넘어 들어오게 됨에 따라 언론의 자유의 보장범위와 심지어는 전파주권문제까지 제기되고 있으며, 이들 문제가 입법론적으로 해결되어야 할 것이다.

2. 언론·출판의 자유의 헌법상 의의

(1) 개 념

'언론·자유'라 함은 개인의 정신적 활동의 소산인 사상 또는 의견을 언어·문자·도형 등의 방법으로 불특정한 다수인에게 발표·전달하는 자유를 말한다. 사상발표의 수단에 따라 협의에 있어서 언론의 자유와 출판의 자유로 구분된다. 이 경우에 '언론의 자유'라 함은 담화·연설·토론·방송 등 주로 구두(口頭)에 의한 사상발표의 자유를 말하고, '출판의 자유'라 함은 문서·도서·사진·조각 등 주로 문자 기타 상형에 의한 사상발표의 자유를 말한다.

헌법 제21조에서 보장하고 있는 '표현의 자유'는 전통적으로는 사상 또는 의견의 자유로운 표명(발표의 자유)과 그것을 전파할 자유(전달의 자유)를 의미한다. 개인이 인간으로서의 존엄과 가치를 유지하고 행복을 추구하며 국민주권을 실현하는 데 필수불가결한 것이고, 종교의 자유, 양심의 자유, 학문과 예술의 자유 등의 정신적인 자유를 외부적으로 표현하는 자유이다. 표현의 자유의 내용으로서는 의사표현·전파의 자유, 정보의 자유, 신문의 자유 및 방송·방영의 자유 등이 있다. 이러한 언론·출판의 자유의 내용 중 의사표현·전파의 자유에 있어서 의사표현 또는 전파의 매개체는 어떠한 형태이건 가능하며 그 제한이 없으므로, 담화·연설·토론·연극·방송·음악·영화·가요 등과 문서·소설·시가·도화·사진·조각·서화 등 모든 형상의 의사표현 또는 의사전파의 매개체를 포함한다.[554]

---

554) 언론·출판의 자유의 보호대상이 되는 의사표현 또는 전파의 매개체는 어떠한 형태이건 가능하므로, 담화·연설·토론·연극·방송·음악·영화·가요 등과 문서·소설·시가·도화·사진·조각·서화 등 모든 형상의 의사표현 또는 의사전파의 매개체를 포함한다(헌재 2001. 8. 30. 2000헌가9, 판례집 13-2, 134, 148).

광의의 의미로 언론·출판의 자유를 묶어서 '언론의 자유' 내지 '표현의 자유'(freedom of expression)라고 부른다. 이에는 방송법상 언론인 '방송'도 포함된다. 최광의의 의미에서 '언론의 자유'란 언론·출판·집회·결사의 자유를 포괄적으로 말한다. 오늘날 정보사회에 있어서 언론·출판의 자유는 고전적인 사상·의견의 표명과 전달의 자유 외에 정보의 자유(알 권리)와 보도기관의 자유(취재의 자유, 편집·편성의 자유) 등을 포괄한다. 따라서 헌법 제21조 제1항의 언론·출판의 자유는 광의의 의미의 '표현의 자유'라고 할 수 있다.

(2) 기 능

원래 언론·출판의 자유는 첫째, 지식과 정보의 획득 나아가 진리발견의 조건으로서 인격발전과 자기실현을 위한 수단으로 인식되었다. 둘째, 필요한 정보 수집을 통해 인간다운 생활을 누릴 수 있도록 하는 데 기여한다. 셋째, 근대 내지 현대 민주국가에 있어서 국민주권은 선거제도에 의해 행사되며, 여론정치의 모체를 이루는 표현의 자유를 그 전제로 한다. 표현의 자유는 진정한 민의의 표명과 올바른 여론의 형성을 가능케 하는 민주정치의 본질적인 제도적 장치로 간주되고 있다.[555)]

오늘날 표현의 자유는 다른 모든 자유를 보장하는 데 불가결한 조건으로 인정되며, 민주적 기본질서에 있어서 구성적인 것으로 규정되고 있다. 미국에서는 언론의 자유의 중요성에 비추어 많은 학설과 판례가 다른 자유에 대한 '우월적 지위'(preferred position)를 인정하고 있다.

(3) 법적 성격

언론·출판의 자유의 성격은 그 연혁에서 보더라도 국가로부터의 자유를 의미하는 주관적 공권을 그 본질로 한다. 이 점에서 언론·출판의 자유는 국가에 의한 간섭·방해를 받지 않고 사상·의견을 표현하는 자유를 의미한다. 또한 오늘날에는 언론·출판의 자유가 정보의 수집을 위한 대국가적 청구권을 포함하고 있으므로 청구권적 성격도 아울러 가지고 있다.

---

555) Emerson은 표현의 자유의 기능으로서 ① 개인적 자아실현의 수단, ② 진리발견의 기능, ③ 의사결정에의 참여방법, ④ 사회적 균형의 실현 등을 들고 있다. T. I. Emerson, "Legal Foundations of the Right to Know", Vol. 1976 : 1 Wash. Univ. L. Q. 1 at 2.

표현의 자유는 자신의 의사를 표현·전달하고, 의사형성에 필요한 정보를 수집·접수하며, 객관적인 사실을 보도·전파할 수 있는 자유를 그 내용으로 하는 주관적 공권일 뿐 아니라, 의사표현과 여론형성 그리고 정보의 전달을 통하여 국민의 정치적 공감대에 바탕을 둔 민주정치를 실현시키고 동화적 통합을 이루기 위한 객관적 가치질서로서의 성격도 갖는다.

(4) 다른 기본권과의 관계

언론·출판의 자유와 집회·결사의 자유는 전자(前者)가 순수한 사상발표의 자유임에 반해, 후자(後者)는 이와는 다른 일정한 형태의 행동을 포함하며, 또한 전자가 개인적 성질의 자유인 데 반해, 후자는 단체적 성질의 자유인 점에서 다르지만, 표현의 자유라는 점에서 양자는 공통된다. 다만 집회에서 행한 연설이나 토론의 성격에 대해 협의의 언론의 자유에 속한다는 견해[556]와 집회·결사의 자유에 포함된다는 견해[557]가 대립되고 있다. 그러나 우리 헌법은 이들 자유를 동일 조문에서 규정하고 있으므로 구별할 실익은 없다고 하겠다.

언론·출판의 자유와 다른 기본권, 즉 종교·양심의 자유, 학문·예술의 자유는 일반법과 특별법의 관계에 있다고 볼 수 있다. 따라서 신앙이나 양심상의 결정을 외부에 표현하는 경우에 이는 신앙과 양심의 자유에 속하며(제19조·제20조), 연극·영화·음악·사진 등 사상발표의 수단이 순수한 예술의 세계에 속할 때에는 이는 예술의 자유에 해당한다(제22조 1항). 따라서 이들 자유는 표현의 자유보다 우선적으로 적용되고 더 광범하게 보장된다.[558]

3. 언론·출판의 자유의 주체와 효력

언론·출판의 자유의 주체와 효력은 그 법적 성격과 기능의 중요성 때문에 다른 기본권과는 다른 점을 유의할 필요가 있다.

(1) 주 체

언론·출판의 자유는 개인뿐만 아니라 신문사, 통신사, 방송사 등의 법인에게도

556) 김철수, 헌법학개론, 594면.

557) 권영성, 헌법학원론, 442면.

558) 대판 1996. 9. 6. 96다19246·19253.

인정되며, 오늘날에 있어서 언론·출판의 자유는 보도기관의 자유로서의 의의가 더 강조되고 있다. 언론의 자유는 외국인에게도 원칙적으로 보장되지만, 정치적 표현의 자유는 국민주권의 구현을 위해 제한받는다는 것이 지배적 견해이다.

(2) 효 력

언론·출판의 자유는 원칙적으로는 대국가적 방어권으로서 국가기관에 대하여 효력을 발생한다. 언론의 자유는 '국가 대 사인'의 관계에서 '언론사 대 사인'의 관계, 즉 사인 상호간의 관계로 그 중점이 바뀌고 있는 것이 특징이다. 따라서 이 자유에도 대사인적 효력이 인정되는데, 헌법이 명문으로 규정하고 있으므로 다른 기본권과는 달리 사인간에 직접적용된다고 보는 입장이 있다.

4. 언론·출판의 자유의 내용

언론·출판의 자유는 종래 사상과 의견의 표현·전달의 자유로만 이해되었으나, 오늘날에는 중요한 정보의 국가독점화 경향과 언론매체의 비약적인 발달로 여기에는 정보의 자유와 보도의 자유가 포함되고 있다.[559] 그 중에서도 정보를 단지 받아들이는 수동적 위치에 놓이게 된 국민들이 정보를 수령·수집할 수 있는 자유, 이른바 '알 권리'가 중요시되고 있다.

(1) 의사표현의 자유

사상과 의견의 발표와 전달의 자유 즉, 의사표현의 자유는 언론·출판의 자유의 본원적 내용을 이룬다. '의사표현의 자유'는 소극적으로는 개인의 의사를 발표하고 전달함에 있어서 국가권력의 방해나 간섭을 받지 아니할 권리를 말하며, 적극적으로는 개인의 의사표명을 통해 여론형성에 참여할 수 있는 권리를 말한다.[560]

---

559) 헌재 1993. 5. 13. 91헌바17 : "일반적으로 헌법상의 언론·출판의 자유의 내용으로서는 의사표현·전파의 자유, 정보의 자유, 신문의 자유 및 방송·방영의 자유 등을 들고 있다. 이러한 언론·출판의 자유의 내용 중 의사표현 또는 전파의 매개체는 어떠한 형태이건 가능하며 그 제한이 없다. 즉 담화·연설·토론·연극·방송·음악가요 등과 문서·소설·시가·도화·사진·조각·서화 등 모든 형상의 의사표현 또는 의사전파의 매개체를 포함한다. 그러므로 음반 및 비디오물도 의사형성적 작용을 하는 한 의사의 표현·전파의 형식의 하나로 인정되며, 이러한 작용을 하는 음반 및 비디오물의 제작은 언론·출판의 자유에 의해서도 보호된다고 할 것이다."

의사표현의 형식은 언어, 문자, 도형, 현수막, 각종의 전자매체 등 그 제한이 없다. 그런데 비언어적 매체에 의한 표현, 즉 '상징적 표현'도 여기에 포함되는가가 문제되는데, 미국 연방대법원 판례는 상징적 표현도 표현의 자유로서 인정하고 있다.[561)]

그런데 의사의 개념 속에 사실보도까지를 포함시킬 것인가에 관하여 학설이 대립되고 있다. 평가적 의사설은 의사의 표명은 사실보도와 대비되는 것으로 가치판단이 선행되는 '평가적 의사'로 좁게 이해하고, 단순한 사실보도는 국민의 알 권리를 충족시키기 위한 보도의 자유에 의해 보호된다고 한다.[562)] 이에 대하여 사실전달 포함설은 의사표명과 사실보도를 구별하는 것이 어렵고 정보유통의 적극적인 보호를 위해 의사표현의 자유에 사실보도까지 포함시켜 넓게 해석할 수도 있다고 한다. 사실전달도 가치판단이 포함되어 있는 경우가 많고, 평가적 의사만이냐 아니면 단순한 사실의 전달이냐를 명확히 구별하기가 쉽지 않다. 따라서 의사에는 사실의 전달도 포함되는 것으로 본다. 그러나 통계조사 등과 같이 명백히 가치판단이 들어가지 않는 경우는 의사 개념에서 제외된다.

헌법상 의사표현에 포함되는지와 관련하여 중요한 과제는 '사실의 주장'과 '가치 판단'의 구분이다.[563)] 어떤 사실의 주장이 의견과 견해의 부분이 결여되어 있어, "엄격한 의미에서 의사를 표명하지 않았다."[564)]고 볼 수 있더라도 사실의 주장이 의사형성을 위한 전제조건을 이루는 한 이러한 사실의 주장은 표현의 자유의 보호영역에 포함된다.[565)] 사실의 주장이 의견형성에 기여가 인정되지 않는다면 헌법적으로 보호되지 않는다.[566)]

---

560) 미국 연방대법원은 연방 수정헌법 제1조가 보장하는 언론의 자유에 있어서 '언론'이라 함은 '순수한 언론'(pure speech)을 의미하며, 음란·선동 등과 같은 '언론 플러스'(speech plus)는 여기에 포함되지 아니한다고 한다.

561) 검은 리본의 부착·징집카드의 소각과 같은 행위가 월남전 반대의사의 표현방법으로 사용된 경우에 이는 의사의 상징적 표현으로 볼 수 있기 때문에 '상징적 언론'(symbolic speech)이라고 하여 수정헌법 제1조의 보호를 받는다고 한다. O'Brien v. U.S., 391 U.S. 367 (1968); Tinker v. Des Moines School Distirct, 391 U.S. 503 (1969).

562) 허영, 한국헌법론, 515-516면.

563) Sachs/Bethge, GG, 7. Aufl. 2014, Art. 5 Rn. 27 ff.; Maunz/Dürig/Grabenwarter, GG, 70. EL 2013, Art. 5 Rn. 48; Schmidt-Bleibtreu/Hofmann/Henneke/Odendahl, GG, 13. Aufl. 2014, Art. 5 Rn. 3; v. Mangoldt/Klein/Starck/Starck, GG, 6. Aufl. 2010, Art. 5 Rn. 26; v. Münch/Kunig/Wendt, GG, 6. Aufl. 2012, Art. 5 Rn. 9 f.

564) BVerfGE 85, 1 (15); 90, 241 (247).

565) BVerfGE 61, 1 (8); 65, 1 (41).

(2) 정보기본권

현대 정보사회에 있어서 언론·출판 등에 의한 표현의 자유는 '정보의 자유'(정보기본권)(freedom of information)가 중심이 되고 있다. 모든 사상·의견의 형성과 발표가 정보에 의해 이루어지며, 그 정보의 흐름 전과정(정보원→정보수집→정보처리→정보전달→국민)에서 정보기본권이 보장되어야 한다. 정보기본권은 '정보접근권', '정보수령권'(정보수집권), '정보공개청구권', '정보보호권'으로 구성된다.[567] 국가기능의 확대에 따른 정보의 국가독점과 언론매체의 비약적 발전에 의한 정보의 집중 때문에 '표현을 하는 자'(정보를 보내는 자)와 '표현을 받는 자'(정보를 받는 자)의 분리현상이 생겼다. 이로 인하여 일반 국민은 정보를 일방적으로 받아들이는 수동적 상태에 놓이게 되었으며, 표현의 자유의 헌법적 보장의 중점은 '받는 자의 자유', 즉 '알 권리'로 전환되었다.

1) 정보공개청구권

헌법재판소는 정보공개법이 제정되기 이전부터 정부가 보유하고 있는 정보에 대하여 정당한 이해관계가 있는 자가 그 공개를 요구할 수 있는 권리를 알 권리로 인정하고, 이를 표현의 자유에 당연히 포함되는 기본권이라고 선언하였다.[568]

어떤 문제가 있을 때 그에 관련된 정보에 접근하지 못하면 문제의 내용을 제대로 알기 어렵고, 제대로 내용을 알지 못하면 자기의 의견을 제대로 표현하기 어렵기 때문에 알 권리는 표현의 자유와 표리일체의 관계에 있으며, '정보공개청구권'은 알 권리의 당연한 내용이 되는 것이므로, 공공기관이 보유·관리하는 정보는 원칙적으로 모든 국민에게 공개되어야 하지만(정보공개법 제5조 제1항), 이러한 알 권리라도 헌법 제37조 제2항에서 규정하는 바와 같이 국가안전보장·질서유지 또는 공공복리를 위하여 필요한 경우에는 본질적인 내용을 침해하지 아니하는 한 법률로써 제한할 수 있는 것이다.[569]

566) BVerfGE 54, 208 (219); 61, 1 (8); 90, 241 (247).

567) Leon Green, "The Right to Communicate", 35 *N. Y. U. L. Rev.* 903 (1960).

568) 헌재 1989. 9. 4. 88헌마22, 판례집 1, 176, 188-189.

569) 헌재 2004. 8. 26. 2003헌바81등, 판례집 16-2상, 284, 291; 헌재 2011. 3. 31. 2010헌바291, 공보 제174호, 603, 606.

2) 개인정보자기결정권

헌법 제10조 제1문에서 도출되는 일반적 인격권 및 헌법 제17조의 사생활의 비밀과 자유에 의하여 보장되는 개인정보자기결정권은 자신에 관한 정보가 언제 누구에게 어느 범위까지 알려지고 또 이용되도록 할 것인지를 그 정보주체가 스스로 결정할 수 있는 권리이다.[570] 즉 정보주체가 개인정보의 공개와 이용에 관하여 스스로 결정할 권리를 말한다. 개인정보자기결정권의 보호대상이 되는 개인정보는 개인의 신체, 신념, 사회적 지위, 신분 등과 같이 개인의 인격주체성을 특징짓는 사항으로서 그 개인의 동일성을 식별할 수 있게 하는 일체의 정보라고 할 수 있고, 반드시 개인의 내밀한 영역이나 사사(私事)의 영역에 속하는 정보에 국한되지 않고 공적 생활에서 형성되었거나 이미 공개된 개인정보까지 포함한다. 또한 그러한 개인정보를 대상으로 한 조사·수집·보관·처리·이용 등의 행위는 모두 원칙적으로 개인정보자기결정권에 대한 제한에 해당한다.[571]

3) 잊혀질 권리

헌법적으로 '잊혀질 권리'(the right to be forgotten)의 필요성[572]에 대해 상당한 공감대가 형성되었다. '잊혀질 권리'(the right to be forgotten)는 아직 통일된 정의 개념이 확립되어 있지 않다. '잊혀질 권리'는 '삭제할 권리'[573](the right to delete), '망각할 권리'[574](the right to oblivion) 등의 용어로도 사용된다.

잊혀질 권리는 모든 정보와 관련된 것이 아니라, 개인관련성 정보에 관한 권리이다. 구체적으로 자연인인 개인과 관련될 수 있는 모든 정보를 대상으로 한다.[575] 이름이나 주소 등 개인의 기초정보는 이에 포함되지 않는다. 잊혀질 권리

---

570) 헌재 2005. 7. 21. 2003헌마282; 헌재 2015. 6. 25. 2014헌마463, 판례집 27-1하, 586, 591.

571) 헌재 2005. 5. 26. 99헌마513 등, 공보 105, 666, 672; 헌재 2005. 7. 21. 2003헌마282 등, 판례집 17-2, 81, 90; 헌재 2012. 8. 23. 2010헌마47 등, 판례집 24-2상, 590, 602.

572) 문재완, "프라이버시 보호를 목적으로 하는 인터넷 규제의 의의와 한계 - '잊혀질 권리' 논의를 중심으로 -", 언론과 법 제10권 제2호, 2011. 12, 11면 이하; 지성우, "소위 '잊혀질 권리'(Right to be forgotten)에 관한 탐색적 연구", 정보법학 제15권 제3호, 2011. 12, 60면 이하; 이부하, "인터넷상 잊혀질 권리에 대한 헌법적 고찰", 홍익법학 제18권 제1호, 2017. 2, 287면 이하.

573) Chris Conley, "The Right to Delete", AAAI Spring Symposium Series, 2010. 3, p.53.

574) Jeremy Warner, "The Right to Oblivion : Data Retention from Canada to Europe in Three Backward Steps", 2 UOLTJ, 2005, p.75; Jeffrey Rosen, The Right to be forgotten, 64 STAN. L. REV. ONLINE 88, 2012, pp.88.

에서 중요한 문제는 어느 시점까지의 개인정보를 삭제하도록 인정할 것인지의 시적 소급 문제가 있다. 사적(私的)이고 내밀(內密)한 정보이면 일수록, 잊혀질 권리의 보호영역에 해당될 가능성이 높다. 자발적으로 자신의 정보를 공개한 사람은 그 정보가 온라인상에서 삭제될 때까지 더 오랫동안 수인해야 한다.[576] 공인(公人)[577]은 일반인 보다 시간적으로 더 인내를 요구한다. 잊혀질 권리와 관련하여, 전통적인 국가 공권력에 의한 기본권 침해 보다는 사인이나 사기업에 의한 개인정보 침해의 경우가 일반적이다. 잊혀질 권리의 수범자인 언론사의 범위 문제가 중요하다. 잊혀질 권리의 수범자는 '신문 등의 진흥에 관한 법률' 제2조 4호의 인터넷신문사업자와 6호의 인터넷뉴스서비스사업자가 될 수 있다. 또한 검색엔진 서비스 사업자[578]뿐만 아니라, 포털(portal) 사이트 사업자도 포함되어야 한다.[579]

(3) 보도의 자유

사상표현의 수단으로서 신문·잡지·라디오·텔레비전 등 언론매체가 급속히 발달하게 됨에 따라 언론의 자유의 주된 담당자가 언론매체로 바뀌었다. 특히 언론매체는 여론의 형성에 미치는 영향이 중대하기 때문에 그에 의한 표현의 자유가 오늘날 언론의 자유 중에서도 가장 중요시되고 있다. 그리하여 '보도의 자유'가 언론·출판의 자유에 있어서 그 중핵을 이루고 있다. 보도의 자유가 협의로는 출판물 또는 전파매체에 의해 의사를 표현하고 사실을 전달하는 자유, 즉 신문과 방송에 의한 보도의 자유를 말한다. 그러나 광의로는 보도기관의 공공성과 사회성 때문에, 그 자주성·독립성이 보장되고, 보도의 공정성이 확립되어야 하며, 또한 그 보급·전달이 자유롭게 이루어져야 한다. 따라서 보도의 자유에는 언론기관 설립의 자유, 취재의 자유, 편집·편성의 자유, 신문보급·방송보도의 자유 등이 포함된다.

---

575) EuGH, EuZW 2010, S. 939 Rn. 52.

576) Volker Boehme-Neßler, Das Recht auf Vergessenwerden – Ein neues Internet-Grundrecht im Europäischen Recht, NVwZ 2014, S. 829.

577) 공인의 개념과 범위에 관해서는 이부하, "공인(公人)의 인격권과 표현의 자유", 서울법학 제20권 제1호, 2012. 5, 43면 이하.

578) 검색엔진 서비스 사업자는 개인정보의 '관리자'에 해당하고, 검색엔진의 활동은 개인정보의 '처리'에 해당한다(함인선, "'잊혀질 권리'와 관련한 EU사법재판소의 판결에 대한 검토", 법학논총 제36권 제1호, 2016. 3, 831면).

579) 주정민, "온라인 언론보도 내용의 기사삭제청구권과 잊혀질 권리", 언론과 법 제14권 제2호, 2015. 8, 48면.

1) 언론기관 설립의 자유

언론·출판의 자유는 언론기관을 자유롭게 설립할 수 있는 자유를 포함하고 있다. 그러나 언론기관이 무절제하게 설립되는 폐단을 방지하기 위해 헌법 제21조 제3항은 통신·방송의 시설기준을 법률로 정하도록 함으로써 언론기관의 시설기준 법정주의를 채택하고 있다. 이에 따라 방송법은 언론기관의 설립·운영에 여러 가지 제한규정을 두고 있다. 즉, 법인만이 언론기업을 소유할 수 있다. 방송은 전파법에 의하여 허가를 받은 방송법인만이 할 수 있다. 특히 언론기업의 겸영을 금지함으로써 그 독과점화를 방지하고 있다.

2) 취재의 자유

보도의 자유에 취재의 자유가 포함되는가의 문제가 제기된다. 국민의 알 권리를 실질적으로 보장하기 위해서는 그 전제로서 취재의 자유가 인정되는 것은 당연하다.[580] 다만 취재의 자유는 다른 법익과의 형량을 통해서 그 한계가 결정되는데, 사생활의 비밀과 자유, 국가기밀, 기타 일반적 법률유보에 의해 제한될 수 있다. 취재의 자유―이른바 정보수집권―는 소극적으로는 국가기관에 의해 정보수집을 방해받지 않는 권리를 의미하는 동시에 적극적으로는 국가기관에 대하여 일정한 정보의 공개를 청구할 수 있는 권리―정보공개청구권―를 포함하고 있다.[581]

이와 관련하여 '취재원 비닉권'이 취재의 자유에 포함되는가의 여부가 문제되는데, 원칙적으로 인정될 수 없다는 것이 일반적 경향이다. 그러나 취재의 자유가

---

580) 취재의 자유가 보도의 자유에 포함되지 않는다고 보는 견해도 있다. 문홍주, 제6공화국 한국헌법, 273면.

581) 미국의 1967년의 정보자유법(Freedom of Information Act : FOIA)은 대통령령이 정한 9개의 비밀사항을 제외한 모든 정보를 정부가 의무적으로 공개하도록 하고 있다. 9개의 비밀사항은 다음과 같다, ① 국방 또는 대외정책을 위하여 대통령령이 비밀로 특정한 것, ② 오직 정부기관 내부의 인사에 관한 규칙 및 관행에 관한 것, ③ 특정법으로 정하여 공표가 면제된 것, ④ 기업비밀 및 제3자로부터 수집한 것으로 비밀의 특약을 수반하는 기업상 또는 금융상의 정보, ⑤ 정부기관 상호간 또는 기관 내부의 각서 또는 서한으로써 해당기관과 소송상 대립하는 기관 이외의 제3자에게는 법률상 열람이 용인되지 않는 것, ⑥ 인사상 및 의학상의 서류 및 이에 속하는 서류로써 이것을 공개함으로써 개인의 프라이버시를 명백히 부당하게 침해할만한 것, ⑦ 법에 의해 정부기관 이외의 제3자에게도 열람이 허용된 경우를 제외하고 경찰 혹은 검찰 목적을 위하여 만들어진 조서, ⑧ 금융기관의 규칙 또는 감독의 권한을 갖는 정부기관이 권한행사를 위하여 준비한 심사 작업 또는 상황에 관한 보고에 포함된 것이나 그것에 관한 것, ⑨ 물리학상 및 지구물리학상의 자원에 관한 정보 및 지도를 포함한 자료 등이다.

공중에 대한 자유로운 정보유통의 확보라는 관점에서 취재원 비닉권을 원칙적으로 인정하려는 입장도 있다.[582] 왜냐하면, 이 권리가 인정되지 않게 되면 언론이 공정보도라는 기능을 다 할 수 없기 때문이다.

3) 편집·편성의 자유

언론기관이 대기업화·독과점화 됨에 따라 국가기관의 개입 가능성이 커지고 또한 언론기관의 상업화로 인한 보도의 오도가능성이 높아가고 있다. 따라서 언론의 공공성을 확립하기 위해서는 편집·편성권이 한편으로는 국가권력으로부터 독립성을 얻어야 하는 동시에, 다른 한편으로는 언론기업－그 경영권－으로부터 자율성을 획득해야 한다. 따라서 보도내용에 대한 국가적 간섭을 배제하기 위해 사전검열제도가 인정되지 아니하며, 경영권과 편집권의 분리·독립이 공정보도를 위한 기본적인 전제가 된다. 정간법은 발행인이 종사자의 편집과 제작활동을 보호하도록 하고 있으며, 방송법과 종합유선방송법(이하 '종방법')은 방송편성의 자유를 보장하고 있다. 보도기관이 사회적 공기로서의 기능을 다하기 위해서는 '공정성 원칙'(fairness doctrine)에 의해 보도하는 동시에 '자율규제'를 통해 국권개입의 가능성을 배제해야 한다.

4) 신문의 자유

신문의 자유는 처리된 정보를 국민에게 전달함으로써 알 권리를 충족시키는 정보의 흐름 가운데 최종단계에 속하는 자유이다. 따라서 신문의 보급 내지 배포에 대한 국가적 개입·통제는 신문의 자유, 나아가 보도의 자유에 대한 중대한 침해가 된다.

(4) 방송의 자유

독일 연방헌법재판소 판례에 의하면, 방송은 다음의 3가지 과제를 수행한다. 첫째, 모든 사람에게 수신을 가능하게 하는 '기본공급', 둘째, 제공의 측면에서 프로그램의 '내용수준 확보', 셋째, 구조적 측면에서 현존하는 다양한 의견들을 중계함으로써 '의견의 다양성을 보장'하는 것이다.[583] 방송에서 의견의 다양성을 보

582) 허영, 한국헌법론, 520면.

583) BVerfGE 74, 297 (326).

장하기 위해서는 다수의 민영 방송사가 존재해야 한다. 정보의 독점을 막고 내용적 균형을 보장하기 위해서 국가의 감독은 제한적이어야 하고, 민영방송사가 자율적으로 방송 프로그램을 형성할 수 있어야 한다.[584)]

방송이란 “일반 대중을 대상으로 하여 특정한 물리적, 전자적 전파에 의한 정보 내용의 전송”이라고 정의된다.[585)] 방송매체의 광범위한 효력으로 인해, 방송은 사회에서 가장 중요한 정보원 중 하나로 인식되었다. 방송의 신빙성과 잠재적 영향력의 결과, 시청자는 방송을 편안한 정보 수령원으로 인식하고 있다. 이러한 이유에서 방송의 헌법적 과제 보장을 위해 국가에게는 방송법질서의 형성이라는 의무가 부여되고 있다.[586)]

방송의 목적은 사회에 존재하는 다양한 의견을 전파하는데 있다. 방송은 광범위한 효력과 잠재적 영향력을 지니고 있어서 악용되기 쉽기 때문에, 방송에 대한 규제나 감독이 필요하다. 따라서 방송의 자유를 제대로 행사하기 위해서, 입법자는 입법형성권을 행사해야 한다. 과거에는 주파수의 희소성으로 인한 경쟁의 부족으로,[587)] 오늘날에는 다양한 프로그램 제공을 위한 공법상 조직과 재정 지원을 위해,[588)] 입법자는 공영방송과 민영방송을 다원적으로 조직화해야 한다. 민영방송도 기본공급 과제에 기여하기 때문에, 민영방송사에게도 국가의 재정 지원이 이루어져야 한다.[589)] 독일 연방헌법재판소는 “방송은 헌법적으로 자유로운 의사형성의 과정을 보호하는 ‘매체’이자 ‘요인’이”라고 판시하여 왔다.[590)]

독일 연방헌법재판소는 방송의 특성으로 ‘광범위한 효력’(Breitenwirkung), ‘최신성’(Aktualität), ‘잠재적 영향력’(Suggestivkraft)을 들고 있다.[591)] 방송의 ‘광범위한 효력’은 인적 범위 측면에서 다수의 사람들에게 영향을 줄 수 있는 가능성을 말한다. 즉, 대다수의 시민들은 일상생활 중 시청각 대중매체를 시청하며 대부분의 시

584) BVerfGE 83, 238 (296 f.).

585) Herzog, in: Maunz/Dürig (Hrsg.), GG, Art. 5 Abs. 1 Rn. 195; Jarass, in: Jarass/Pieroth, GG, Art. 5 Rn. 36; Starck, in: von Mangoldt/Klein/Starck (Hrsg.), GG I, Art. 5 Abs. 1 Rn. 36; Wendt, in: v. Münch/Kunig, GG, Art. 5 Rn. 58.

586) BVerfGE 12, 205 (262 f.); 136, 9 (28).

587) BVerfGE 12, 205 (261 f.); 59, 295 (322 ff.).

588) BVerfGE 12, 205 (261 f.); 119, 181 (220 f.); 136, 9 (29).

589) BVerfGE 73, 118 (157 ff.).

590) BVerfGE 57, 295 (320); 83, 238 (295 f.); 95, 220 (236).

591) BVerfGE 31, 314 (325); 90, 60 (87); 97, 228 (256); 103, 44 (74); 114, 371 (387); 119, 181 (215).

간을 보낸다.[592] 방송의 '최신성'은 방송 내용을 신속히 그리고 동시에 시청자에게 전송시킬 수 있음을 말한다. 방송의 '잠재적 영향력'은 방송 전송의 형태로서 문자, 음향, 동영상을 결합하여, 프로그램화한 정보를 송신하여 시청자에게 고도의 신빙성을 갖도록 함을 의미이다.[593]

(5) 액세스권

'액세스권'(right of access)이라 함은 일반적으로 언론매체에 접근해서 이를 이용할 수 있는 '언론매체접근·이용권'을 말한다. 오늘날 대중매체는 독점기업으로 발전해 가고 있으므로 일반 국민의 접근·이용이 사실상 어렵게 되어 알 권리의 실효성을 확보하기 위해 이 권리의 필요성이 인정되고 있다. 여기에는 대중매체를 개인의 의사표현을 위해 이용할 수 있는 '광의의 접근권'과 자기에 관한 보도와 관련하여 반론 또는 석명의 기회를 요구할 수 있는 '협의의 접근권'－반론권과 석명권－이 있다. 광의의 접근권이 국민에게 여론형성에 참가할 수 있는 기회를 부여하기 위한 것이라면, 협의의 접근권은 인격권을 보호하기 위한 것이다. 이들 권리의 헌법적 근거는 결국 언론·출판의 자유의 객관적 질서라는 측면에서 도출될 수 있다.[594] 우리 법제상으로는 정정보도청구권, 반론보도청구권, 추후보도청구권을 규정하여 반론권과 석명권을 인정하고 있다.

5. 언론·출판의 자유의 한계

(1) 헌법적 한계의 의의

언론·출판의 자유가 민주국가에서 아무리 중요성을 띠는 우월적 자유라고 할지라도 아무런 제약을 받지 않는 절대적 자유를 의미하는 것은 아니다. 언론·출판의 자유도 민주적 기본질서(헌법 제8조 제4항)에 위배되어서는 안되며, 국가적 안전을 해롭게 하거나 사회윤리를 문란케 하거나 타인의 권리를 침해하여서는 안된다.

그런데 헌법 제21조 제4항 전문은 "언론·출판은 타인의 명예나 권리 또는 공중도덕이나 사회윤리를 침해하여서는 아니된다."고 규정하여 언론·출판의 자유에

592) Zubayr/Gerhard, MP [Media Perspektiven] 2007, S. 187 (188); BVerfGE 119, 181 (215).
593) BVerfGE 97, 228 (256); 119, 181 (215).
594) 허영, 한국헌법론, 524면.

대한 '헌법적 한계'(이른바 개별적 헌법유보)를 설정하고 있다.

언론·출판의 자유를 보장하면서 이와 같이 특별한 헌법적 한계를 두고 있는 것은 언론기관이 그 자유와 특권을 행사함에 있어서 사회적 책임과 공공적 의무를 다하도록 하기 위한 것이다. 또한 이 규정은 사인간의 기본권 효력을 명시적으로 규정함으로써 언론의 사회적 책임의 구현과 동화적 통합의 실현에서 그 헌법적 의의를 찾기도 한다.[595)]

(2) 헌법적 한계의 내용

우리나라 헌법 제21조 제4항은 타인의 명예나 권리, 공중도덕이나 사회윤리를 침해해서는 안된다고 규정하고 있다. 우리나라 헌법재판소는 "언론의 자유가 개인의 인격발현 및 민주주의 형성에 있어 불가결한 기본권임은 누구도 부인할 수 없다. 그러나 오늘날 언론기관이 정치적·사회적으로 미치는 영향력은 강력하여 언론기관이 공정성과 객관성을 유지하지 않을 경우 자칫 정치적, 사회적 여론을 왜곡시킬 수 있으며, 명예, 사생활 비밀과 같은 개인의 소중한 자유에 회복하기 어려운 피해를 입힐 수 있다. 이에 우리 헌법 제21조 제4항은 "언론·출판은 타인의 명예나 권리 또는 공중도덕이나 사회윤리를 침해하여서는 아니된다."고 규정하여 막중한 언론의 사회적 책임과 의무를 헌법적 차원에서 강조하고 있다."[596)] 고 판시하고 있다.

헌법 제21조 제4항의 법적 성격에 관하여, 첫 번째 견해는 헌법 제21조 제4항은 표현의 자유의 내재적 한계를 규정한 것으로 이해한다.[597)] 두 번째 견해는 헌법 제21조 제4항을 헌법적 한계를 정한 것이라는 것이다.[598)] 헌법 제21조 제4항의 헌법적 한계는 개별적 헌법유보로 이해할 수 없고, 헌법제정권자가 직접 보호영역을 정한 것이라고 본다.[599)] 세 번째 견해는 헌법 제21조 제4항은 헌법구조상 개별적 헌법유보로서 기능하지 못하며, 주의적인 규정에 지나지 않는다고 본다.[600)] 네 번째 견해에서는 헌법 제21조 제4항을 가중법률유보에 해당한다고 보

595) 허영, 한국헌법론, 525-526면.

596) 헌재 2006. 6. 29. 2005헌마165등; 헌재 2016. 6. 30. 2013헌가1, 판례집 28-1하, 413, 422.

597) 김철수, 헌법개설, 박영사, 2015, 189면; 권영성, 헌법학원론, 법문사, 2010, 509면; 성낙인, 헌법학, 법문사, 2016, 1186면; 김학성, 헌법학원론, 피앤씨미디어, 2018, 618면.

598) 허영, 한국헌법론, 박영사, 2015, 593-596면.

599) 허영, "기본권의 내재적 한계에 관한 연구", 연세법학연구 4권, 1986, 389-390면.

600) 정종섭, 헌법학원론, 박영사, 2014, 612면.

는 견해이다.[601)]

생각건대 헌법 제21조 제4항의 타인의 명예나 권리, 공중도덕이나 사회윤리는 언론·출판의 자유의 보호영역이나 내재적 한계와는 관련이 없다고 판단된다. 기본권의 '내재적 한계'란 헌법상 명문규정이 없음에도 불구하고 그 한계를 인정할 때 이르는 용어이다. 헌법 제21조 제4항에서는 타인의 명예나 권리, 공중도덕이나 사회윤리를 침해해서는 안된다고 명문 규정이 존재하기 때문에 내재적 한계에 해당되지 않는다. 또한 타인의 명예나 권리, 공중도덕이나 사회윤리를 침해할 가능성이 있는 표현조차도 본래 표현의 자유의 보호영역에 포함되기 때문에, 헌법원칙(예를 들면, 비례성원칙)에 의한 판단을 받게 된다. 따라서 기본권의 보호영역에 해당하는지 여부와는 관련이 없다. 생각건대, 헌법 제21조 제4항의 타인의 명예나 권리, 공중도덕이나 사회윤리는 헌법 제37조 제2항의 비례성 원칙에 의한 심사 이외에 추가적인 입법목적의 정당성을 다투는 기본권제한의 사유가 될 수 있다.

1) 명예훼손

언론·출판의 자유는 개인의 명예를 침해해서는 안된다. 헌법 제10조로부터 도출되는 일반적 인격권에서 보호되는 개인의 명예에 관한 권리가 포함된다. 이 때 '명예'는 사람이나 그 인격에 대한 '사회적 평가'를 말한다. 즉, 객관적·외부적 가치평가를 말하는 것이지 단순히 주관적·내면적인 명예감정은 포함하지 않는다고 보아야 한다.[602)] "왜냐하면, 헌법이 인격권으로 보호하는 명예의 개념을 사회적·외부적 징표에 국한하지 않는다면 주관적이고 개별적인 내심의 명예감정까지 명예에 포함되어 모든 주관적 명예감정의 손상이 법적 분쟁화될 수 있기 때문이다. 따라서 주관적·내면적·정신적 사항은 객관성과 구체성이 미약한 것이므로 법적인 개념이나 이익으로 파악하는 데는 대단히 신중을 기해야 한다."고 판시하고 있다.[603)] 명예란, 자신의 인격에 대한 사회적 평가라고 말할 수 있고, 명예훼손이란 사회적 평가를 저하시키는 행위를 말한다.

명예훼손이란 이러한 명예를 침해하는 행위를 말하고, 이와 같은 객관적·외부적

---

601) 계희열, 헌법학 中, 박영사, 2000, 117면.

602) 헌재 2005. 10. 27. 2002헌마425, 판례집 17-2, 311, 319; 헌재 2010. 11. 25. 2009헌마147, 판례집 22-2하, 480, 487; 한수웅, "표현의 자유와 명예의 보호", 저스티스 제84호, 2005. 4, 23면.

603) 헌재 2005. 10. 27. 2002헌마425, 판례집 17-2, 311, 319-320; 헌재 2010. 11. 25. 2009헌마147, 판례집 22-2하, 480, 487.

가치평가를 저해하는 행위를 말한다. 의견 또는 논평을 표명하는 표현행위에 의해서도 명예훼손이 될 수 있다.[604] 다만, 단순한 의견 개진만으로는 상대방의 사회적 평가가 저해된다고 할 수 없다.[605] 또한 공적 인물의 공적 활동에 대한 명예훼손적 표현은 사인에 대한 명예훼손적 표현 보다 그 제한이 더 완화되어야 한다.[606]

민법은 제750조, 제751조에서 고의 또는 과실로 인한 위법한 명예훼손적 표현으로 타인에게 손해를 가하거나 타인의 신체, 자유 또는 명예를 해하거나 정신상 고통을 가한 경우에 손해배상책임을 지는 규정을 두고, 형법은 제307조 내지 제309조에서 공연히 사실(또는 허위의 사실)을 적시하여 명예를 훼손하거나, 사람을 비방할 목적으로 신문, 잡지 또는 라디오 기타 출판물에 의한 명예를 훼손하는 행위와 공연히 모욕하는 행위에 형사제재를 과하는 한편, 형법 제310조는 '진실한 사실로서 오로지 공공의 이익에 관한 것일 때에는' 위법성이 조각됨으로서 처벌되지 않는다.

우리나라 헌법재판소는 공적 인물의 공적 활동에 관한 명예훼손적 표현이 문제된 경우 형법상 명예훼손죄 규정의 해석기준을 다음과 같이 제시하고 있다. "첫째, 명예훼손적 표현이 진실한 사실이라는 입증이 없어도 행위자가 진실한 것으로 오인하고 행위를 한 경우, 그 오인에 정당한 이유가 있는 때에는 명예훼손죄는 성립되지 않는 것으로 해석하여야 한다. 둘째, 형법 제310조 소정의 '오로지 공공의 이익에 관한 때에'라는 요건은 언론의 자유를 보장한다는 관점에서 그 적용범위를 넓혀야 한다. 셋째, 형법 제309조 소정의 '비방할 목적'은 그 폭을 좁히는 제한된 해석이 필요하다. 법관은 엄격한 증거로써 입증이 되는 경우에 한하여 행위자의 비방 목적을 인정하여야 한다."고 판시하였다.[607] 이는 공적 인물의 공

---

604) 대판 1988. 6. 14. 선고 87다카1450; 1997. 10. 28. 선고 96다38032; 1999. 2. 9. 선고 98다31356 참조.

605) 대판 1991. 5. 14. 선고 91도420.

606) 표현의 자유와 명예의 보호는 인간의 존엄과 가치, 행복을 추구하는 기초가 되고 민주주의의 근간이 되는 기본권이므로, 이 두 기본권을 비교형량하여 어느 쪽이 우위에 서는지를 가리는 것은 헌법적 평가 문제에 속한다. 명예훼손적 표현의 피해자가 공적 인물인지 아니면 사인인지, 그 표현이 공적인 관심 사안에 관한 것인지 순수한 사적인 영역에 속하는 사안인지의 여부에 따라 헌법적 심사기준에는 차이가 있어야 하고, 공적 인물의 공적 활동에 대한 명예훼손적 표현은 그 제한이 더 완화되어야 한다. 다만, 공인 내지 공적인 관심 사안에 관한 표현이라 할지라도 일상적인 수준으로 허용되는 과장의 범위를 넘어서는 명백한 허위사실로서 개인에 대한 악의적이거나 현저히 상당성을 잃은 공격은 제한될 수 있어야 한다(헌재 2013. 12. 26. 2009헌마747, 판례집 25-2하, 745).

607) 헌재 1999. 6. 24. 97헌마265, 판례집 11-1, 768, 769.

적 활동에 관해서는 개인의 인격권 보다 표현의 자유를 더 우선시하고자 하는 입장이다.

2) 일반적 인격권

언론·출판에 의해 침해되어서는 안 될 타인의 권리로는 '일반적 인격권'[608]이 있다. '일반적 인격권'은 개인의 인격을 존중하고 인격을 발현하는 기본권이다.[609] 존엄성을 지닌 인간은 자기결정권을 지니며 인격권의 주체가 된다.[610] 이러한 의미에서 일반적 인격권의 보호영역은 '사생활의 보호'와 '사회적 인격상에 대한 자기결정권'이라 할 수 있다.[611]

표현의 자유와 인격권이 상충하는 경우에는 인격권 침해의 리스크(risk)를 완화하기 위한 조치를 취해야 한다. '뉴스성'(newsworthiness)이 있는 기사에 대한 국민의 알 권리와 일반적 인격권 간에 상충의 경우에는 비교형량이 이루어진다. '뉴스성'의 판단기준으로는 ① 공공의 이익, ② 공적 인물,[612] ③ 공적 기록 등이 인정되고 있다.[613]

3) 공중도덕·사회윤리

언론·출판의 자유는 공중도덕이나 사회윤리를 침해할 수 없다(헌법 제21조 제4항). 방송법에도 방송통신심의위원회가 방송의 공정성 및 공공성을 심의하기 위하여 방송심의의 사항으로 '공중도덕과 사회윤리에 관한 사항'을 규정하고 있다(방송법 제33조 제2항 4호). 공중도덕[614]이나 사회윤리[615]의 구체적인 유형을 열거하는

---

608) BVerfGE 7, 198 (206 f.); BVerfGE 21, 209 (216); BVerfGE 32, 311 (316).

609) 이부하, "방송매체에서 인격권 침해에 대한 헌법적 보호", 홍익법학 제19권 제3호, 2018. 9, 144면.

610) 양천수, "현대 초연결사회와 새로운 인격권 보호체계", 영남법학 제43호, 2016. 12, 219면.

611) 한수웅, "헌법상의 인격권", 헌법논총 제13집, 2002, 637면 이하; 한수웅, "표현의 자유와 명예의 보호", 저스티스 제84호, 2005. 4, 25면.

612) 이부하, "공인(公人)의 인격권과 표현의 자유", 『서울法學』 제20권 제1호, 2012. 5, 43면 이하.

613) Don R. Pember, Privacy and the Press (Univ. of Washington Press, 1972), Ch. XII.

614) 헌법재판소는 "'공중도덕(公衆道德)'은 시대상황, 사회가 추구하는 가치 및 관습 등 시간적·공간적 배경에 따라 그 내용이 얼마든지 변할 수 있는 규범적 개념이므로, 그것만으로는 구체적으로 무엇을 의미하는지 설명하기 어렵다."고 판시하였다(헌재 2016. 11. 24. 2015헌가23, 판례집 28-2하, 104).

615) '사회윤리'란 "우리 사회가 요구하는 최소한의 질서 또는 도덕률"을 의미한다고 볼 수 있다(헌재 2012. 2. 23. 2011헌가13, 판례집 24-1상, 25, 35-36).

것은 곤란하며, 특정한 표현이 공중도덕이나 사회윤리를 침해하는 경우까지 헌법이 보호하지 않는다는 것이다.

형법은 음란한 문서·도서 등의 반포·판매·임대·공연한 전시를 하는 자를 처벌토록 하고 있다.[616] 음란의 판단은 그 대상을 전체적으로 평가하여 사회평균인을 기준으로 건전한 윤리감정을 침해하느냐 여부에 따라 판단하여야 한다.[617] 헌법재판소는 음란물의 규제는 합헌이며, '저속한 간행물'의 출판금지는 위헌이라고 판시하였다.[618]

6. 언론·출판의 자유에 대한 제한

언론·출판의 자유도 절대적 자유가 아니므로 국가안전보장·질서유지 또는 공공복리를 위하여 필요한 경우에 법률로써 제한할 수 있다. 이를 제한하는 방법에는 사전제한, 사후제한과 예외적 제한이 있다. 언론·출판의 자유는 우월적 지위

---

616) 우리나라에서는 고야의 '나체의 마야'(대판 1970. 10. 30. 70도1879), 박승훈의 소설 '0년 구멍과 뱀의 대화'(서울형사지판 1969. 12. 15. 69고27460) 마광수 교수의 '즐거운 사라'(대판 1995. 6. 16. 94도2413) 등이 음란을 이유로 유죄판결을 받았고, 소설 '반노'(서울형사지판 1973. 11. 16. 71노3610) 등에서 음란에 관해 법적 문제가 되었다.

617) 음란 개념에 대하여 "표현물을 전체적으로 관찰·평가해 볼 때 단순히 저속하다거나 문란한 느낌을 준다는 정도를 넘어서서 존중·보호되어야 할 인격을 갖춘 존재인 사람의 존엄성과 가치를 심각하게 훼손·왜곡하였다고 평가할 수 있을 정도로 노골적인 방법에 의하여 성적 부위나 행위를 적나라하게 표현 또는 묘사한 것으로서, 사회통념에 비추어 전적으로 또는 지배적으로 성적 흥미에만 호소하고 하등의 문학적·예술적·사상적 가치 등을 지니지 아니하는 것을 뜻한다."(헌재 2013. 8. 29. 2011헌바176, 판례집 25-2상, 413)

618) "우리 재판소는 '음란한' 표현과 달리 '저속한' 표현은 일정한 사회적 가치를 가지고 있어서 이를 전면 금지시키는 것은 표현의 자유에 대한 침해가 된다고 하면서, 외설성이 음란에는 달하지 않는 성적 표현, 한두 번의 폭력적 표현, 다소 상세한 살인현장의 묘사, 성을 소재로 한 유머, 왜곡된 사회도덕이나 윤리를 풍자하는 다소 품위없는 표현 등이 '저속'에 해당한다고 하였는데(헌재 1998. 4. 30. 95헌가16, 판례집 10-1, 352-353), 이러한 저속한 표현 중에는 '공공의 안녕질서'나 '미풍양속'에 반하는 것이 얼마든지 있을 수 있기 때문이다."(헌재 2002. 6. 27. 99헌마480, 판례집 14-1, 616, 630-631)
헌법재판소는 음란 또는 저속한 간행물을 출판했을 경우 등록을 취소하도록 한 출판사 및 인쇄소의 등록에 관한 법률 제5조의 2 제5호에 대한 위헌제청에서 "'저속한 간행물'은 그 의미와 기준이 애매모호할 뿐만 아니라 어느 정도 상스러운 표현이 저속에 해당되는지 알 수 없으며…특히 청소년 보호를 이유로 성인이 볼 수 있는 간행물까지 '저속한 간행물'로 금지시킨 것은 성인의 알 권리의 수준을 청소년 수준으로 맞출 것을 국가가 강요하는 것이어서… '저속한 간행물' 부분은 명확성의 원칙에 반할 뿐만 아니라 출판의 자유와 성인의 알 권리를 침해하는 규정이어서 헌법에 위반된다."며 위헌결정을 하였다(헌재 1998. 4. 30. 95헌가16).

에 있으므로 그 제한에 있어서 합헌성추정의 원칙은 배제되어야 한다. 그리고 그 제한은 일정한 원칙에 따라 엄격하게 행해져야 하며, 이 경우에도 본질적 내용을 침해할 수는 없다. 그러나 인터넷·전자통신기기·위성방송 등 표현매체의 획기적 발전은 표현의 자유의 사회적 책임을 다하기 위해 그 한계와 제한의 문제를 새롭게 제기한다. 왜냐하면, 그 표현매체의 파급성은 막강한 데 반해, 그 표현에 대한 책임은 거의 지지 않기 때문이다. 특히 인터넷(Internet)상에 나타난 표현행위의 문제는 심각하므로 입법에 의한 해결방법이 모색되어야 할 것이다.

(1) 사전제한

1) 일반원칙

언론·출판에 대한 허가나 검열과 같은 사전제한은 절대로 인정되지 아니한다. 표현의 자유에 대한 탄압은 역사적으로 사전제한에 의해 행하여졌으며, 특히 여론의 형성을 억압하므로 민주주의의 최대의 적이라는 점에서 이를 인정하지 아니한다. 헌법 제21조 제2항은 "언론·출판에 대한 허가나 검열은 … 인정되지 아니한다."고 규정하여 언론·출판의 자유에 대한 사전제한을 명시적으로 금지하고 있다.

2) 허가제와 검열제

사전통제의 유형에는 허가제와 검열제가 있다. '허가'라 함은 자연적 자유에 속하는 행위를 법령으로 제한 또는 금지하고 특정한 경우에 이를 해제함으로써 그 행위를 적법하게 행할 수 있게 하는 행정처분을 말한다.

헌법 제21조 제2항은 언론·출판에 대한 허가나 검열은 인정되지 아니한다고 규정하고 있다. 여기서 말하는 '검열'은 그 명칭이나 형식과 관계없이 실질적으로 행정권이 주체가 되어 사상이나 의견 등이 발표되기 이전에 예방적 조치로서 그 내용을 심사, 선별하여 발표를 사전에 억제하는, 즉 허가받지 아니한 것의 발표를 금지하는 제도를 뜻하고, 이러한 사전검열은 법률에 의하더라도 불가능하다. 헌법 제21조 제2항에서 규정하고 있는 검열금지란 '사전억제'를 의미하기에, 의사표현이 공개된 후 국가기관에 의한 사후심사는 허용된다.[619)]

사전검열금지원칙이 모든 형태의 사전적인 규제를 금지하는 것은 아니고, 의사표현의 발표 여부가 오로지 행정권의 허가에 달려있는 사전심사만을 금지한다.

---

619) Herzog, Art. 5 Rn. 299.

헌법재판소는 헌법이 금지하는 사전검열의 요건으로 첫째, 일반적으로 허가를 받기 위한 표현물의 제출의무가 존재할 것, 둘째, 행정권이 주체가 된 사전심사절차가 존재할 것, 셋째, 허가를 받지 아니한 의사표현을 금지할 것, 넷째, 심사절차를 관철할 수 있는 강제수단이 존재할 것을 들고 있다.[620]

헌법 제21조 제2항에서 금지하는 '검열'은 표현물에 대한 '내용심사'를 의미하기 때문에, 표현물에 대한 형식적 심사는 이에 해당되지 않는다.[621] 따라서 표현물의 외형적이고 객관적인 사항에 한정된 심사제도는 사전검열에 해당되지 않는다. 예를 들면, 표현물에 대해 미리 등급을 심사하는 이른바 '등급심사'는 외형적으로는 사전검열과 유사해 보이나, 표현물의 내용을 심사하는 것이 아닌 형식적인 심사이기에 사전검열에 해당되지 않는다.

헌법이 금지하는 방송 검열의 주체는 국가기관, 특히 행정기관이어서는 안된다는 것이다.[622] 헌법상 검열금지의 원칙은 의사표현의 발표여부가 오로지 행정권의 허가에 달려있는 사전검열만을 금지한다는 의미이다. 여기서 표현물의 사전검열기관이 행정기관인지 여부는 형식적으로 행정기관인지에 의해서라기보다는 그 실질에 따라 판단되어야 한다.[623] 따라서 행정권이 아닌 독립적인 위원회에서 검열을 행한다고 하더라도 행정권이 주체가 되어 검열절차를 형성하고 검열기관의 구성에 지속적인 영향을 미칠 수 있는 경우라면, 실질적으로 보아 그 검열기관은 행정기관이라고 보아야 한다.[624] 그 반면, 편집자, 출판사 발행인, 민영방송사업자 등 비국가적 기관 등은 검열의 주체가 아니다.[625] 즉, 방송물이 방영하기 전에 방송종사자에 대한 내부의 지시감독권행사는 헌법상 의미의 검열은 아니다. 그러나 국가가 제3자인 사인을 대리시켜 다른 민영방송사의 방송내용을 사전검열하는 경우, 기본권의 제3자적 효력 문제뿐만 아니라, 국가의 기본권보호의무 위반 여부도 판단할 필요성이 있다.

헌법 제21조 제3항은 "통신·방송의 시설기준과 신문의 기능을 보장하기 위하여 필요한 사항은 법률로 정한다."고 규정하여 통신·방송시설의 법정주의를 채택

620) 헌재 1996. 10. 31. 94헌가6; 헌재 2008. 6. 26. 2005헌마506; 헌재 2015. 12. 23. 2015헌바75; 헌재 2018. 6. 28. 2016헌가8 등, 공보 제261호, 992, 997.

621) Hoffmann-Riem, S. 427.

622) Degenhart, Art. 5 Rn. 919.

623) 헌재 1996. 10. 4, 93헌가13; 헌재 2001. 8. 30, 2000헌가9.

624) 헌재 1996. 10. 4, 93헌가13; 헌재 2001. 8. 30, 2000헌가9.

625) Dreier, Art. 5, Rn. 141.

하고 있다.[626] 이 규정은 신문사·방송사·통신사의 난립을 방지하여 언론의 공적 기능을 건실하게 수행하도록 하기 위한 것이다. 그러나 등록이 실질적으로 사전검열과 같은 효과를 거두기 위해 그 요건을 엄격하게 규정하는 것은 위헌이 될 수 있다.

그러나 방송법과 전파법은 방송국의 설립에 대한 허가제를 규정하고 있고, 종합유선방송법과 유선방송관리법도 종합유선방송국을 운영하고자 하는 자와 유선방송업자에 대한 허가제를 채택하고 있는데, 전파자원의 희소성 때문에 이들에 대한 허가제는 당연시되고 있다. 그리고 정보원의 다양성 확보와 공정성의 실현을 위해 프로그램에 대한 규제가 광범하게 인정되고 있다.

3) 사전검열 관련 헌법재판소 결정

헌법재판소는 "영화진흥법 제21조 제4항이 규정하고 있는 영상물등급위원회에 의한 등급분류보류제도는, 영상물등급위원회가 영화의 상영에 앞서 영화를 제출받아 그 심의 및 상영등급분류를 하되, 등급분류를 받지 아니한 영화는 상영이 금지되고 만약 등급분류를 받지 않은 채 영화를 상영한 경우 과태료, 상영금지명령에 이어 형벌까지 부과할 수 있도록 하며, 등급분류보류의 횟수제한이 없어 실질적으로 영상물등급위원회의 허가를 받지 않는 한 영화를 통한 의사표현이 무한정 금지될 수 있으므로 검열에 해당한다."고 판시하였다.[627]

사전심의를 받지 아니한 의료광고를 금지하고 이를 위반한 경우 처벌하는 의료법 조항이 사전검열금지원칙에 위배되는지 여부와 관련하여, 헌법재판소는 "의료광고의 사전심의는 보건복지부장관으로부터 위탁을 받은 각 의사협회가 행하고 있으나 사전심의의 주체인 보건복지부장관은 언제든지 위탁을 철회하고 직접 의료광고 심의업무를 담당할 수 있는 점, 의료법 시행령이 심의위원회의 구성에 관하여 직접 규율하고 있는 점, 심의기관의 장은 심의 및 재심의 결과를 보건복지부장관에게 보고하여야 하는 점, 보건복지부장관은 의료인 단체에 대해 재정지원을 할 수 있는 점, 심의기준·절차 등에 관한 사항을 대통령령으로 정하도록 하고 있는 점 등을 종합하여 보면, 각 의사협회는 행정권의 영향력에서 벗어나 독립적이고 자율적으로 사전심의업무를 수행하고 있다고 보기 어렵다. 따라서 이 사건 법률규정들은 사전검열금지원칙에 위배된다."고 판시하였다.[628]

---

626) 헌재 2006. 6. 29. 2005헌마165 등, 판례집 18-1하, 337, 384.

627) 헌재 2001. 8. 30. 2000헌가9, 판례집 13-2, 134 (위헌).

인터넷게시판을 설치·운영하는 정보통신서비스 제공자에게 본인확인조치의무를 부과하여 게시판 이용자로 하여금 본인확인절차를 거쳐야만 게시판을 이용할 수 있도록 하는 본인확인제를 규정한 '정보통신망 이용촉진 및 정보보호 등에 관한 법률' 조항 및 시행령 조항은 "게시 글의 내용에 따라 규제를 하는 것이 아니고, 정보통신서비스 제공자의 삭제의무를 규정하고 있지도 않은바, 의견발표 전에 국가기관에 의하여 그 내용을 심사, 선별하여 일정한 사상표현을 저지하는 사전적 내용심사로는 볼 수 없으므로 사전검열금지원칙에 위배된다고 할 수 없다."고 판시하였다.[629)]

방송위원회로부터 위탁을 받은 한국광고자율심의기구로 하여금 텔레비전 방송광고의 사전심의를 담당하도록 한 것이 헌법이 금지하는 사전검열에 해당하는지 여부와 관련하여, 헌법재판소는 "한국광고자율심의기구는 행정기관적 성격을 가진 방송위원회로부터 위탁을 받아 이 사건 텔레비전 방송광고 사전심의를 담당하고 있는바, 한국광고자율심의기구는 민간이 주도가 되어 설립된 기구이기는 하나, 그 구성에 행정권이 개입하고 있고, 행정법상 공무수탁사인으로서 그 위탁받은 업무에 관하여 국가의 지휘·감독을 받고 있으며, 방송위원회는 텔레비전 방송광고의 심의 기준이 되는 방송광고 심의규정을 제정, 개정할 권한을 가지고 있고, 자율심의기구의 운영비나 사무실 유지비, 인건비 등을 지급하고 있다. 그렇다면 한국광고자율심의기구가 행하는 방송광고 사전심의는 방송위원회가 위탁이라는 방법에 의해 그 업무의 범위를 확장한 것에 지나지 않는다고 할 것이므로 한국광고자율심의기구가 행하는 이 사건 텔레비전 방송광고 사전심의는 행정기관에 의한 사전검열로서 헌법이 금지하는 사전검열에 해당한다."고 판시하였다.[630)]

건강기능식품 기능성광고 사전심의와 관련하여, 헌법재판소는 광고의 심의기관이 행정기관인지 여부는 기관의 형식에 의하기보다는 그 실질에 따라 판단되어야 하고, 행정기관(행정기관인 식약처장)의 자의로 개입할 가능성이 열려 있다면 개입 가능성의 존재 자체로 헌법이 금지하는 사전검열이라고 보고 있다.[631)]

---

628) 헌재 2015. 12. 23. 2015헌바75, 판례집 27-2하, 627 (위헌).
629) 헌재 2012. 8. 23. 2010헌마47 등, 판례집 24-2상, 590, 602.
630) 헌재 2008. 6. 26. 2005헌마506, 판례집 20-1하, 397 (위헌).
631) 헌재 2018. 6. 28. 2016헌가8 등, 공보 제261호, 992 (위헌).

(2) 사후제한

1) 일반원칙

언론·출판에 대한 제한은 '사후통제'를 원칙으로 하며, 이 경우에도 그 남용을 막기 위해 일정한 원칙을 강구하지 않으면 안된다. 언론·출판의 자유도 기본권 제한의 일반원칙에 따라 제한된다(제37조 2항). 즉, 국가안전보장·질서유지 또는 공공복리를 위하여 필요한 경우에 그 제한이 가능하며, 이 경우에도 형식적 의미의 법률에 의하되 그 법률은 불명확하거나 막연하지 않아야 한다(명확성의 원칙). 그 제한은 필요한 최소한에 그쳐야 하며(과잉금지의 원칙), 그 본질적 내용을 침해하여서는 안된다. 사후적 제한의 남용을 막기 위해서는 '명백하고 현존하는 위험'의 원칙이 적용되어야 한다고 한다.

2) 공공복리를 위한 제한

공공복리를 위해서도 표현의 자유가 제한될 수 있는가 여부가 문제된다. 언론·출판의 자유는 공공복리를 위하여 제한할 수 있다고 한다.

3) 국가기밀

현대국가에 있어서는 군사·외교 등에 관한 '국가기밀'[632]이 널리 인정되고 있어 언론·출판의 자유와 국가기밀이 충돌하는 경우에 국가기밀의 범위가 문제된다. 일반적으로 그 기준은 언론·출판의 자유는 최대한 보장되어야 하고 그 제한은 최소한이어야 한다고 할 수 있다.[633] 미국에서는 1969년에 정보자유법(Freedom of Information Act)을 제정하여 정부의 정보에 대한 국민의 알 권리를 강화하는 반면, 대통령령에 의해 국방 또는 외교정책을 위해 비밀을 지키는 것이 특히 요구

632) "국가기밀은, 일반인에게 알려지지 아니한 것 즉 비공지(非公知)의 사실(넓은 의미)로서, 국가의 안전에 대한 불이익의 발생을 방지하기 위하여 그것이 적국 또는 반국가단체에 알려지지 아니하도록 할 필요성 즉 '요비닉성'이 있는 동시에, 그것이 누설되는 경우 국가의 안전에 명백한 위험을 초래한다고 볼 만큼의 실질적 가치가 있는 것 즉 '실질비성'을 갖춘 것이어야 한다."(헌재 1997. 1. 16. 92헌바6 등, 판례집 9-1, 1, 35)

633) 헌재 1992. 2. 25. 89헌가104(군사기밀보호법 제6조 등에 대한 위헌심판결정) - "군사기밀의 범위는 국민의 표현의 자유 내지 "알 권리"의 대상영역을 가능한 최대한 넓혀 줄 수 있도록 필요한 최소한도에 한정되어야 할 것이다."

되는 사항에 관하여는 국가기밀로써 중요한 예외를 인정하고 있다.[634] 우리 법제상으로는 형법, 국가보안법, 국가공무원법, 군형법, 계엄법, 군사기밀보호법, 국가정보원법 등이 국가기밀, 군사상의 기밀, 직무상 지득한 비밀 등을 규정하고 있다. 헌법재판소는 반국가단체 등의 활동을 찬양·고무한 자에 대한 처벌규정인 국가보안법 제7조 제1항 및 제5항에 대하여 표현의 자유의 침해가능성을 인정하면서도 국가의 존립·안전을 위태롭게 하거나 자유민주적 기본질서에 실질적 해악을 줄 명백한 위험성이 있는 경우에 한하여 적용된다고 하여 한정합헌결정을 내린 바 있다.

4) 상업광고

정치광고나 의견광고 등의 광고는 널리 개인의 의견표명과 정보전달의 수단으로 활용되며, 따라서 표현의 자유에 포함된다고 할 수 있다. 그러나 '상업광고'도 여기에 포함되어 표현의 자유로서 헌법상 보호를 받을 수 있는가의 문제된다. 미국 연방대법원은 영리적 언론과 비영리적 언론을 구별하고 영리적 언론은 수정헌법 제1조(언론의 자유)의 보호를 받지 못하는 것으로 판시하였다. New York Times 사건[635] 이후 이와 같은 2분법은 적용되지 않기 시작하였고, 비록 영리적 언론이라도, 약할지라도 헌법상 보호를 받는 것으로 보았다. 그런데 순수한 영리적 목적을 위한 상업광고는 원칙적으로 직업수행의 자유에 속하는 것으로 일반적인 표현의 자유의 보장보다는 미약할 수밖에 없다.

광고물도 사상·지식·정보 등을 불특정다수인에게 전파하는 것으로서 언론·출판의 자유에 의한 보호를 받는 대상이 됨은 물론이고,[636] 상업적 광고표현 또한 보호 대상이 되며,[637] 텔레비전 방송광고 역시 언론·출판의 자유의 보호 대상이 된다.[638]

헌법재판소는 "상업광고를 제한하는 입법은 헌법 제15조의 직업의 자유 중 직

---

634) 1953년에 Eisenhower 대통령이 공포한 Safeguarding Official Information in the Interests of the Defence of the United States 대통령령 10501호는 국가기밀을 ① Top Secret, ② Secret, ③ Confidential 등으로 구분하고 있다. 그리고 일정기간이 경과하면 자동적으로 그 기밀이 해제되도록 되어 있다.

635) New York Times Co. v. Sullivan, 376 U.S. 254 (1964).

636) 헌재 1998. 2. 27. 96헌바2, 판례집 10-1, 118, 124.

637) 헌재 2000. 3. 30. 99헌마143, 판례집 12-1, 404, 410.

638) 헌재 2008. 6. 26. 2005헌마506, 판례집 20-1하, 397, 410.

업수행의 자유도 동시에 제한하게 된다."고 판시하고 있다.[639] 또한 "상업광고는 표현의 자유의 보호영역에 속하지만 사상이나 지식에 관한 정치적, 시민적 표현행위와는 차이가 있는 한편, 직업수행의 자유의 보호영역에 속하지만 인격발현과 개성신장에 미치는 효과가 중대한 것은 아니다. 그러므로 상업광고 규제에 관한 비례의 원칙 심사에 있어서 '침해의 최소성' 원칙은 같은 목적을 달성하기 위하여 달리 덜 제약적인 수단이 없을 것인지 혹은 입법목적을 달성하기 위하여 필요한 최소한의 제한인지를 심사하기 보다는 '입법목적을 달성하기 위하여 필요한 범위 내의 것인지'를 심사하는 정도로 완화되는 것이 상당하다."고 판시하고 있다.[640]

5) 규제유형

언론·출판의 자유를 사후에 규제하는 법률로는 '방송법', '신문 등의 진흥에 관한 법률' 등이 있다. 언론기관의 자율적 규제를 강화하기 위해 법률들이 있다.

(3) 예외적 제한

이상과 같은 표현의 자유에 대한 일반적인 제한 이외에도 헌법은 예외적으로 이를 제한할 수 있는 경우를 인정하고 있다.

1) 비상사태하의 제한

대통령이 비상사태하에서 헌법 제76조에 의해 긴급명령을 발한 경우에는 언론·출판의 자유를 제한할 수 있으며, 헌법 제77조 제3항에 의해 비상계엄이 선포된 경우에는 계엄사령관은 포고령에 의해 언론·출판의 자유에 대하여 특별한 조치를 할 수 있다.

2) 특수신분관계에 있어서의 제한

특수신분관계에 있는 자, 즉 공무원이나 군인·군무원, 수형자 또는 국·공립학교 학생과 같이 특별한 신분을 가진 자는 그 성질상 언론·출판의 자유에 대한 제한이 어느 정도 인정되고 있다. 그러나 이와 같은 예외적인 경우에 인정되는

639) 헌재 2005. 10. 27. 2003헌가3; 헌재 2014. 3. 27. 2012헌바293; 헌재 2016. 3. 31. 2014헌마794, 공보 제234호, 651, 655; 헌재 2016. 9. 29. 2015헌바325, 판례집 28-2상, 446, 449.

640) 헌재 2005. 10. 27. 2003헌가3; 헌재 2014. 3. 27. 2012헌바293; 헌재 2014. 9. 25. 2013헌바28; 헌재 2015. 12. 23. 2012헌마685, 판례집 27-2하, 655, 665.

제한도 그 본래의 목적이나 성질에 비추어 필요한 최소한에 그쳐야 한다.

7. 언론·출판의 자유 규제입법의 합헌성 판단기준

언론·출판의 자유를 규제하는 입법은 기본권의 제한에 관한 일반원칙에 따라 이루어져야 하며, 특히 그 중요성(우월적 가치)에 비추어 언론·출판의 자유 규제입법에 대한 위헌판단은 신중을 기해야 한다. 이에 관한 합헌성 판단기준은 미국의 판례이론의 영향을 받고 있다.[641)]

(1) '명백하고 현존하는 위험'의 원칙

'명백하고 현존하는 위험'(clear and present danger)의 원칙은 1919년의 Schenck 판결[642)]에서 홈즈(Holmes) 대법관이 제기한 이론이다. 제1차 세계대전 중 징병제의 반대를 주장하는 문서를 반포한 자가 방첩법(Espionage Act, 1917)의 위반으로 기소된 이 사건에서 그는 다음과 같은 의견을 개진하였다. "모든 행위의 성격은 그 행위가 행하여진 상황에 달려 있다. 언론의 자유가 가장 잘 보장된다고 하더라도 극장에서 거짓말로 '불이야'라고 외쳐 공포감을 일으키는 사람까지 보호하지는 않을 것이다. 모든 경우에 문제가 되는 것은 그 표현이 의회가 방지할 권한이 있는 실질적인 해악을 초래할 명백하고 현존하는 위험을 조성할만한 상황에서 행하여졌으며 그러한 성격을 가지고 있는가 하는 점이다. 이는 근접성(proximity)과 정도(degree)의 문제인 것이다."

이로써 표현의 자유를 제한하는 입법이 단지 위험한 경향을 가진 것만으로는 부족하고 '명백하고 현존하는 위험'이 있을 경우에만 그 제한이 가능하다는 법리를 제시함으로써 표현의 자유를 광범하게 보장하고자 하였다.[643)] 나아가 Brandeis 대법관은 1927년의 Whitney v. People of State of California 사건[644)]에서 '중대하

---

641) 윤명선, "'표현의 자유'의 제한법리," 고황 제31호, 1987, 278-292면 참조.

642) Schenck v. U.S., 249 U.S. 47 (1919).

643) 헌재 1992. 1. 28. 89헌가8 (재판관 변정수의 반대의견) - "집회 및 시위를 금지하고 그 위반행위에 대하여 형벌을 과하는 법률은 최고도의 명확성이 요구될 뿐더러 그 위반행위를 처벌하기 위하여는 그것이 장래에 있어 국가나 사회에 단지 해로운 결과를 가져올 수 있는 성향을 띠고 있다는 것만으로는 부족하고, 법률에 의하여 금지된 해악을 초래할 명백하고도 현실적인 위험성이 입증된 경우에 한정되어야 하는 것이다."

644) 274 U.S. 357 (1927).

고 급박한'(serious and imminent) 해악이 발생한 경우에 그 제한을 인정하려고 하였다. 그 후 1940년대에 와서 '우월적 지위'의 이론과 결합되어 일시적으로 이 이론이 적용되다가 1951년의 Dennis 사건에서 명백하고 현존하는 위험을 재공식화하였다. 2단계로 이루어지는데, 첫째, 연방정부는 표현을 제한할 실질적인 이익을 입증해야 한다. 연방의회는 정부전복의 폭력을 방지할 실질적인 이익을 지녀야 한다. 둘째, 입법에 있어서 제한되는 표현이나 행위가 "명백하고 현존하는 위험"에 해당한다는 것을 입증해야만 한다. 여기서 '해악의 중대성'의 정도에 따라, 정부 개입을 정당화할 수 있는 명백하고 현존하는 위험이 달라진다.[645] 1957년 Yates v. United States 사건[646]은 데니스(Dennis) 사건에서 재공식화한 명백하고 현존하는 위험 원칙을 후퇴시켰다. 결론적으로 데니스(Dennis)와 예이츠(Yates) 판결 이후, 미국 연방대법원은 대부분의 사건에서 "명백하고 현존하는 위험" 원칙을 받아들이지 않았다.[647] 홈즈(Holmes)에 의해 정의된 "명백하고 현존하는 위험" 원칙은 자유로운 표현에 대한 정부의 침해를 제한하기 위해 실행가능한 심사기준으로서 받아들여지지 않았다. Brandenburg v. Ohio[648] 사건은 최상의 전원재판부의 의견이었고, 대단히 중요한 의미를 가지는 판결이 되었다. 워렌(Warren) 대법원은 "명백하고 현존하는 위험" 원칙을 논증하면서 이 원칙의 영향을 받았다.[649]

"명백하고 현존하는 위험" 원칙은 표현의 자유를 제약하는 원리로서 각국의 입법과 판례에 미친 영향이 크다. 우리나라 헌법재판소는 반국가단체의 활동을 찬양·고무하는 자를 처벌하기 위한 국가보안법 제7조 제1항·제5항에 대해 그 규정들이 국가의 존립·안전을 위태롭게 하거나 민주적 기본질서에 실질적 해악을 미칠 명백한 위험이 있는 행위에 대해서만 적용된다고 하여 한정합헌 결정을 내린 바 있다.[650]

---

645) Dennis v. U.S., 341 U.S. 494, 71 S.Ct. 857, 95 L.Ed. 1137 (1951).

646) 354 U.S. 298, 77 S.Ct. 1064, 1 L.Ed.2d 1356 (1957).

647) Brennan, The Supreme Court and the Meiklejohn Interpretation of the First Amendment, 79 Harv.L.Rev. 1, 8 (1965).

648) 395 U.S. 444, 89 S.Ct. 1827, 23 L.Ed.2d 430 (1969).

649) 이부하, "미국헌법상 명백하고 현존하는 위험 원칙", 헌법학연구 제12권 제2호, 2006. 6, 173면 이하.

650) "국가의 존립안전이나 자유민주적 기본질서에 무해한 행위는 처벌에서 배제하고, 이에 실질적 해악을 미칠 명백한 위험성이 있는 경우로 처벌을 축소 제한하는 것이 … 표현의 자유의 우월적 지위에 비추어 당연한 요청이라고 하겠다."(헌재 1990. 4. 2. 89헌가113; 헌재 1990. 6. 25. 90헌가11; 헌재 1992. 2. 25. 89헌가104; 헌재 1992. 4. 14. 90헌바23).

(2) '이중기준' 원칙

'이중기준'(double standard)의 원칙은 1938년의 Carolene Products, Co. 사건[651)]에서 스톤(Stone) 대법원장이 이른바 각주 (4)에서 제안하였다. "입법이 문언상 헌법의 특정한 금지조항 예컨대, 최초의 수정헌법 10개조와 같은 것이 수정헌법 제14조에 포함된다고 해석될 때에도 마찬가지로 특정한 금지라고 간주되는 범위내에 있다고 보이는 경우에는 합헌성 추정이 기능하는 영역은 위태롭게 될 것이다."라고 하면서 수정헌법 제1조의 언론·출판의 자유는 특별한 보장을 받는다고 주장하였다.[652)] 즉, 수정헌법 제1조가 보장하는 정신적 자유, 특히 표현의 자유는 경제적 자유에 비해 우월적 지위가 보장된다고 하여 이중기준의 원칙을 도출하였다.

이중기준 원칙은 헌법재판의 2단계 구조(two-tiered framework)를 구성하고 있다. 하단에는 경제적 자유와 같은 2차적 자유가 포함되며, 합헌성의 기준으로 '합리성'(reasonableness)만이 요구되는 데 반해, 상단에는 기본적 자유와 회의적 분류가 포함되며, 합헌성의 기준으로 '엄격한 심사'(strict scrutiny)를 요구한다. 이 이론은 1940년대까지 Thomas v. Collins 사건[653)]과 Kovacs v. Cooper 사건[654)] 등에 의해 계승되어 왔으나, 프랭크퍼터(Frankfurter) 대법관에 의해 강력한 비판을 받은 후 거의 이 이론은 유지되지 않았다.[655)]

기본권이 상충하는 경우에 구체적 기본권의 가치의 우열에 따라 그 효력범위를 정하는 데 유력한 이론이라고 할 수 있다.

(3) '이익형량' 원칙

'이익형량' 원칙(interest balancing test)은 1941년의 Bridge v. California 사건[656)]에

---

651) U.S. v. Carolene Products, Co., 304 U.S. 144 (1938).

652) 1937년의 Palko v. Connecticut (302 U.S. 319 (1937))에서 Cardozo 판사는 수정헌법 제1조가 보장하는 언론·출판의 자유는 "다른 모든 형태의 자유의 모체이며 부가결한 조건"이라고 강조하였다.

653) 323 U.S. 516 (1945).

654) 336 U.S. 77 (1949).

655) 이 입장도 역시 결함을 가지고 있는데, ① 단지 민주적 절차의 유지라는 점에서 그 우월성을 정당화시키는 것은 너무 편협하고, ② 사법절차는 어디까지나 주관적이 되기 쉽고 엄격한 심사도 상대적일 수밖에 없으며, ③ 사법소극주의를 지향하여 법원이 자제하는 경우에 그 해결이 용이하지 아니할 것이고, ④ 자유와 질서가 상충하는 경우에 자유가 우월한 지위에 있다는 것은 한 측면에 불과한 것이다.

서 프랭크퍼터(Frankfurter) 대법관이 그의 반대의견에서 "수정헌법 제1조가 보호하는 이익만이 절대적인 것은 아니며 그것은 권리장전이 보장하는 다른 이익들의 보호를 위한 수단을 마비시켜서는 안된다."고 주장함으로써 이익형량 이론의 기반을 다져 놓았다. 이익형량 원칙은 표현의 자유를 제한함에 있어서 표현의 자유를 보호하는 이익과 이를 제한함으로써 얻는 이익을 개별적 사건에서 비교형량하여 그 제한 여부를 결정하게 된다.[657]

이익형량이론은 미국적인 실용주의(pragmatism)에 기초를 두면서 표현의 자유와 함께 다른 헌법상의 자유도 보장하려는 해석기술이지만, 표현의 자유 보장이라는 측면에서 볼 때 우월적 지위이론에서 크게 후퇴한 것이다. 따라서 이 이론에 대해서는 많은 비판이 가해지고 있다. 블랙(Black) 대법관은 Barenblatt v. U.S. 사건[658]에서 이익형량 이론은 "수정헌법 제1조의 자유들을 직접 제한하는 법률도 정당화시킬 수 있다"고 비판하였고, Dennis 사건에서는 더글라스(Douglas) 대법관도 '명백하고 현존하는 위험'의 원칙이 더 이상 설 곳이 없다고 만가를 불렀다.[659]

1960년대 후반에 접어들면서 냉전시대가 지나가자 연방대법원의 태도도 바뀌어 1967년의 United States v. Robel 사건[660] 에서는 이익형량이론이 적용되지 아니하였고, Brandenburg 사건[661]에서도 워렌(Warren) 대법원장은 Whitney 판례[662]를 완전히 번복하였다. 그러나 보수적 성향을 가진 판사들로 구성된 버거(Burger) 대법원과 렌퀴스트(Rehnquist) 대법원에서 이 원칙은 다시 시험대 위에 오를 것으로 예견된다. 캘븐(Kalven)이 지적한 것처럼 '형량기술은 아직까지 분석의 도구로서' 완성되지는 않았으며, 사건별로 변화할 것은 명백하다고 하겠다.

656) 314 U.S. 252 (1941).

657) 사건별로 그 이익을 형량하여 결정하기 때문에 '사건별 형량' 이론(ad-hoc balancing test)이라고도 한다.

658) 360 U.S. 109 (1959).

659) 이 이론의 결점은 ① 법원이 그 결정에 도달하는 데 지도원리를 제공하지 못하고, ② 법원이 이 원칙을 경직되게 채택할 경우에 곤란하고 지연되어 사법과정에서는 부적합하며, ③ 수정헌법 제1조에 대하여 아무런 실제적 의미를 부여하지 못하고, ④ 누구에게도 필수적으로 보장되는 권리를 사전에 예고해 주지 못하는 데 있다.

660) 389 U.S. 258 (1967).

661) Brandenburg v. Ohio, 395 U.S. 444 (1969).

662) Whitney v. People of State of California, 274 U.S. 357 (1927).

(4) '절대적 접근' 원칙

'절대적 접근' 원칙(absolutist approach)은 블랙(Black) 판사가 이익형량이론의 대안으로 주창한 것으로 '어의적 접근법'(literalist approach)에 따라 수정헌법 제1조를 문자 그대로 해석하여 표현의 자유를 절대적인 권리로 격상·보장해야 한다고 주장한다.[663] 즉, "언론의 자유는, 아무런 일탈없이, 예외없이, 만약, 그러나, 반면에 등의 조건 없이 정부가 … 그들의 의견에 대하여 아무것도 할 수 없다는 것이 나의 견해이다. … 그러나 내가 의도하는 것은 '의회가 언론 또는 출판의 자유를 제한하는 어떤 법도 제정할 수 없다'는 수정헌법 제1조의 명확한 문언을 따르는 것이다."

그러나 이 이론은 연방대법원에서 다수의견으로 형성·채택되지는 아니하였다. 그도 '언론'과 '행동'을 준별하는 제퍼슨(Jefferson)의 이론을 따라 절대적 보장을 받는 것은 '순수한 언론'(pure speech)에 국한되며, '언론 플러스'(speech plus), 즉 언론과 행동을 결합하는 행위는 이와 같은 보장을 받을 수 없다고 구별하였다. 또한 표현의 시간, 장소, 방법에 관한 합리적인 규제는 헌법상 허용된다고 보았다. 여하튼, 워렌(Warren) 대법원이 '사건별 형량이론'을 포기한 중요한 이유가 블랙(Black) 대법관의 공헌이었음은 부인할 수 없다.[664]

모든 표현이 언제 어떤 상황에서도 정부의 모든 규제로부터 보호되는 것은 아니며, 어느 지지자도 이와 같은 극단적인 입장을 취하지는 않는다. 마이클존(Meiklejohn)의 이론이 현실적으로 표현의 흐름에 대한 '합리적 규제'를 배제하지 않지만, 그 합리성을 시험하는 기준을 제시하지 못하고 있다. 블랙(Black)과 더글라스(Douglas) 대법관이 은퇴한 현재 이 이론은 미국 연방대법원에서 그 추종자를 찾아볼 수 없고 학리상으로도 그 제약성을 극복할 수는 없다.

---

663) Hugo Black, A Constitutional Faith (Alfred Knopf, 1969), p. 45.

664) 절대적 접근이론을 지지한 유일한 학자는 Meiklejohn으로서 그의 유명한 논문 "The First Amendment Is An Absolute"(Vol. 1961 Sup. Ct. Rev. 244)에서 그는 국민자치론에 입각해서 표현의 자유의 절대성을 주장하였다. 수정헌법 제1조에 의하여 보호받는 언론은 '정치적 언론' 즉, 정치적 자유의 관념의 가장 긴요한 표현을 의미하며, 음란, 광고, 비방 등 국민자치와 무관한 비정치적 언론은 보호대상이 되지 못한다고 구별하고 있다. 수정헌법 제1조가 보호하는 사상과 표현의 자유는 '사적 권리'로서가 아니라 '공적 권한' 즉, 통치의 책임으로서 인정하였다.

(5) '한계획정형량'의 원칙

표현의 자유를 제한하는 입법에 대한 합헌성 심사의 기준들이 그 시대적 배경 하에서 다양하게 안출되어 왔지만, 각기 단점들을 가지고 있는 것이다. 따라서 최근에는 절대적 접근 이론의 '명확성'과 이익형량 이론의 '구체적 타당성'이란 장점들을 결합시킨 새로운 '한계획정형량'의 원칙(definitional blancing test)이 유력하게 주장되고 있다.[665] 1942년의 *Chaplinsky v. New Hampshire* 사건[666]에서 머피(Murphy) 대법관은 수정헌법 제1조의 한계획정형량 접근방법을 고안해냈다. 수정헌법 제1조는 사회적 가치가 있는 표현을 보장하고 표현의 본질적 부분을 구성하지 않거나 질서·도덕 등과 같은 사회적 이익에 우선하는 언론의 범주에 속하지 않는 표현은 보호받지 않는다는 것이다. 따라서 투쟁적 언어, 음란, 비방, 상업언론 등은 수정헌법 제1조의 보장범위에 속하지 아니한다. 이 이론은 워렌(Warren) 대법원하에서 표현의 자유를 보장하기 위해 광범하게 활용되었다.

에머슨(Emerson)은 사건별 형량이론의 무원칙성과 불확실성을 배제하고 표현의 자유의 적용에 명확한 법이론을 제시하고자 '표현'(expression)과 '행동'(action)을 구분하는 2분법을 사용한다. 그리하여 표현인 경우에는 이를 보호하고 행동인 때에는 규제를 받아야 하는데, 그 결정기준이 모호한 경우에는 그 해악이 직접적인가, 그것이 구제될 수 없는가 등을 기준으로 결정되어야 한다는 것이다.[667][668] 이 이론도 결국 형량기술을 사용하지만 사건별 형량이론과 다른 점은 우선 표현할 수

---

665) Nimmer는 '한계획정형량의 원칙'(definitional balancing test)(M. B. Nimmer, "The Right to Speak from Times to Times : First Amendment Theory Applied to Libel and Misapplied to Privacy", 56 Cal. L. Rev. 33, at 935), 또는 '본질형량의 원칙'(per se balancing test) (Comment, "Newsmen's Privilege Against Compulsory Disclosure of Sources in Civil Suits – Toward an Absolute Privilege?", 45 U. C. Cole. L. Rev. 35, at 188-189)이라고 부르고, Emerson은 '분류이론'(classification test)(T. I. Emerson, "Toward a General Theory of the Amendment", 72 Yale. L. J. 877 (1963))으로, Ely는 '유형별 형량의 원칙'(categorization and first balancing test)(J. H. Ely, "Flah Desecration: A Case Study in the Roles of Categorization and Balancing in First Amendment Analysis", 88 Harv. L. Rev. 1482 (1984)) 등으로 다양하게 부르고 있다.

666) 315 U.S. 568 (1942).

667) Emerson, "Toward a General Theory of the Amendment", 72 Yale L. J. 877 (1963), n. 47.

668) 이에 대하여 Nimmer는 '보호받는 표현'과 '보호받지 못하는 표현'으로 구분하고 있다. 그는 양자를 모두 표현으로 부르고 그 안에서 2분법을 사용하면서 절대론자들이 의식적으로 배제하는 이익형량을 사용한다. Comment, "Newsmen's Privilege Against Compulsory Disclosure of Sources in Civil Suits", pp. 188-189.

있는 범주를 유형화하여 이에 속하는 일반적 이익과 대립되는 다른 이익을 헌법적 가치에 따라 계열화함으로써 유형별로 이익형량하는 이론이다. 그리하여 이 방법은 이른바 '유형별 형량'의 원칙(categorization and balancing test)이라고 불린다.

이 접근방법도 다른 이론과 마찬가지로 그 범주를 엄격하게 확정해야 하기 때문에 양자를 구분하는 '경계선'을 어디에서 찾을 것인가의 문제가 일어난다. 결국 수정헌법 제1조의 표현의 자유의 보장과 제한의 문제는 다른 사회적 이익과의 '조화'의 문제로 귀착되며, 사회발전에 따라 '역학관계'에 의해 조정될 것이다.

Ⅱ. 알 권리

1. 알 권리의 연혁 및 입법례

알 권리의 개념은 미국 연방대법원의 판례들을 통해 서서히 형성되기 시작하였다. 즉, 방송에 있어서 청취자의 역할이 강조되었고,[669] 문학작품을 읽을 권리가 보장되었으며,[670] 팜플렛(pamphlet)을 통해 정보를 얻을 권리[671] 등이 승인되었다. 그러나 알 권리의 제도적 구현을 위한 노력은 언론계에 의해 적극적으로 추진되었다. 미국 신문편집인협회 산하의 정보자유위원회(Freedom of Information Committee)가 주축이 되어 언론통제에 대한 비판과 알 권리의 수호운동을 전개하였다. 그 결과 각 주에서 주민들에게 각종의 자치기관회의에 출석할 수 있는 권리를 부여한 회의공개법들(open meeting statutes)이 제정되었고, 1946년의 행정절차법(Administration Procedure Act: APA)의 불비를 시정하기 위해 1967년에는 정보자유법(Freedom of Information Act: FOIA)이 제정되었다. 이 법은 국민에게 정부의 정보를 청구할 수 있는 권리를 부여할 뿐 아니라, 그 침해시에 사법적 구제에의 길도 열어 놓았다.

정보의 자유(특히, 알 권리)를 명문으로 보장하고 있는 입법례로는 세계인권선언(제19조), 독일기본법(제5조 1항)과 우리나라는 국가정보화 기본법, 공공기관의 정보공개에 관한 법률 등이 있으며, 정보공개를 입법화하는 것이 공개정부를 지향하는 현대 민주국가의 일반적 경향이다.

---

669) Fisher's Blend Station, Inc. v. State Tax Commission, 297 U.S. 650 (1936).

670) Martin v. City of Struthers, 319 U.S. 141 (1943).

671) Marsh v. Alabama, 326 U.S. 501 (1946).

2. 알 권리의 헌법상 의의

(1) 개 념

'알 권리'(right to know)라 함은 정보의 흐름속에서 그 수령대상이 되는 국민이 일반적으로 접근할 수 있는 정보를 자유롭게 수령하고 나아가 수집할 수 있는 권리를 말한다. 20세기에 들어와서는 국가기능의 확대에 따른 정보의 국가독점과 언론매체의 비약적 발전에 의한 정보의 집중 때문에 정보를 보내는 자와 정보를 받는 자의 분리현상이 생겼으며, 이로 인하여 일반 국민은 일방적으로 정보를 받는 수동적 상태에 놓이게 되었다. 그리하여 국민을 표현의 자유의 실질적인 주체로서 복귀시키기 위해 안출된 개념이 바로 '알 권리'이다. 이 자유는 소극적으로는 공권력의 방해없이 일반적으로 접근할 수 있는 정보에 접할 수 있는 자유(정보수령권)을 의미하지만, 적극적으로는 일정한 정보에 접근·청구·수집할 수 있는 자유(정보수집권)을 포함한다.[672][673][674] 알 권리는 정보를 전달하는 매체에 따라 '읽을 권리'(신문), '들을 권리'(TV와 Radio)[675]와 '볼 권리'(TV)로 구별할 수 있다. 알 권리가 연혁적으로는 표현의 자유의 한 구성요소로 수용되어 왔으나, 오늘날에는 국민이 주권자로서의 지위를 회복하는 동시에 인간다운 생활의 향유를 위해 필요한 '독자적'이고 '복합적'인 권리로 정립되고 있다.

---

672) 허영, 한국헌법론, 516면.

673) 독일에서는 "일반적으로 접근할 수 있는 정보원으로부터 방해를 받지 않는 알 권리"(기본법 제5조 1항)라는 소극적 개념으로 이해하고 있는 데 반해, 미국에서는 국정공개청구권과 언론매체에 대한 접근권 등을 포함하는 적극적 개념으로 이해하는 경향이 있다.

674) 헌재 1989. 9. 4. 88헌마22 : "사상 또는 의견의 자유로운 표명은 자유로운 의사의 형성을 전제로 하는데, 자유로운 의사의 형성은 충분한 정보에의 접근이 보장됨으로써 비로소 가능한 것이며, 다른 한편으로 자유로운 표명은 (정보의) 자유로운 수용 또는 접수와 불가분의 관계에 있다고 할 것이다. 그러한 의미에서 정보에의 접근·수집·처리의 자유, 즉 "알 권리"는 표현의 자유에 당연히 포함되는 것으로 보아야 하는 것이다. … "알 권리"의 생성기반을 살펴볼 때 이 권리의 핵심은 … 국민의 정부에 대한 일반적 정보공개를 구할 권리(청구권적 기본권)라고 할 것이며, … 청구인의 정당한 이해관계가 있는 정부보유의 정보의 개시 요구에 대하여 행정청이 아무런 검토 없이 불응한 부작위는 헌법 제21조에 규정된 표현의 자유의 한 내용인 "알 권리"를 침해한 것이라 할 수 있다."

675) 상세한 내용은 윤명선, "들을 권리," 송헌 안이준 박사 화갑기념논문집, 1995, 769-788면 참조.

(2) 기 능

국민주권국가에 있어서 주권자인 국민이 현명하게 선거권을 행사하고 국정운영에 적극적으로 참가할 때에 비로소 국민의 '자기통치'는 가능해진다. 마이클존(Meiklejohn)에 의하면, 투표는 통치라는 나무의 '가지'이며, 언론의 자유는 가지에 건강과 영양을 공급하는 '뿌리'이다.[676] 민주정치에 생명력과 활력소를 불어넣고 나아가 주권자로서의 국민의 지위를 실질적으로 회복하는 기능을 담당하는 것이 바로 이 뿌리, 즉 표현의 자유와 알 권리인 것이다.

비밀은 부패, 무책임과 독재를 결과한다. 민주국가에 있어서 알 권리는 통치자에게 책임을 부여하고 또한 이들을 감시·비판함으로써 독재에의 전향을 방지하고 나아가 소수자를 보호하기 위한 기능을 수행한다.[677] 또한 알 권리는 다른 자유의 실현을 위해서도 중요한 의의를 가진다. 매디슨(Madison)은 자유로운 언론이야말로 다른 모든 권리의 보장을 위한 유일한 효과적인 수호자라고 하였다.[678]

오늘날 대량생산·대량소비를 기본으로 하는 시장경제체제하에서 소비자로서의 일반 국민은 생산자가 제공하는 상품을 일방적으로 구매하는 위치에 놓여 있다. 또한 공해, 환경오염, 의료·의약사고, 근로환경조건, 개인정보의 집적 등의 문제가 국민의 일상생활과 직결되고 있다. 따라서 오늘날과 같은 산업사회에 있어서 일반 국민의 인간다운 생활을 보장하기 위해서도 알 권리는 중요한 역할을 하게 된다.

(3) 알 권리의 법적 성격

1) 헌법적 근거

오늘날 알 권리에 관한 명문의 규정이 없는 경우에도 오늘날 이를 헌법상의 권리로 승인하고 있다. 그러나 그 헌법적 근거에 관하여는 학설이 대립하고 있다. 알 권리는 일반적으로 표현의 자유에서 그 헌법적 근거를 구하고 있다. 이 경우에도 그 해석방법에 따라 합리화시키는 방법이 다르다.[679] 해석주의의 입장에서

---

676) A. Meiklejohn, "Freedom to Hear and to Judge", 10 Lawyers Guild Rev. 28 (1950).

677) Blasi, "The Checking Value in First Amendment Theory", 1977 AB Found. Res. J. 521.

678) 6 Writings of James Madison, p. 398 (1906).

679) David Mitchell Ivester, "The Constitutional Right to Know," 4 *Hastings Cons. L. Q.* 153 (1977).

는 표현의 자유를 지혜롭게 행사하기 위해서는 문리해석의 당연한 결과로써 알 권리가 인정된다고 한다. 이에 대해 기능주의의 입장에서는 국민의 자기통치에 효율적으로 참여하는 데 필요한 자유로운 토론과 활동을 보장하기 위해 알 권리가 인정된다고 한다.

우리나라에서는 알 권리의 헌법적 근거를 ① 표현의 자유(제21조 1항)에서 구하는 견해, ② 인간의 존엄권·행복추구권(제10조)에서 찾는 견해와 ③ 표현의 자유(제21조 1항)를 비롯하여 국민주권의 원리(제1조), 인간의 존엄성·행복추구권(제10조)과 인간다운 생활을 할 권리(제34조 1항) 등에서 복합적으로 구하는 견해[680] 등이 있다. 생각건대, 알 권리는 복합적 권리로서 다양한 기능을 수행하고 있으므로 그 헌법적 근거도 어느 특정한 조항에서 찾기보다는 국민주권의 원리, 표현의 자유, 인간의 존엄성·행복추구권과 인간다운 생활을 할 권리 등에서 복합적으로 구하는 것이 타당할 것이다. 우리나라 헌법재판소는 알 권리의 헌법적 근거를 헌법 제21조에서 찾고 있다.[681]

2) 법적 성격

국민의 알 권리는 그 내용과 기능의 다양성으로 인해 복합적 성격을 가지고 있다. 알 권리는 표현의 자유의 일환으로 일차적으로는 자유권적 성격을 가진다. 즉, 국민은 이 권리를 침해하는 국가행위의 배제를 주장할 수 있다. 이 권리는 동시에 국가에 대하여 정보의 공개를 요구하고 언론기관에 접근하여 반론권을 행사할 수 있는 청구권적 성격도 가진다.[682] 그리고 알 권리는 인간다운 생활을 보장할 국가의 의무에 대응하여 이에 관한 정보를 수집할 수 있는 권리로서 사회권적 성격도 가진다고 볼 수 있다. 이와 같이 국민의 알 권리는 자유권적·청구권적·

---

680) 권영성, 헌법학원론, 445-446면.

681) "정부나 공공기관이 보유하고 있는 정보에 대하여 정당한 이해관계가 있는 자가 그 공개를 요구할 수 있는 권리는 알 권리로서 이러한 알 권리는 헌법 제21조에 의하여 직접 보장된다. 어떤 문제가 있을 때 그에 관련된 정보에 대한 공개청구권은 알 권리의 당연한 내용이 된다."(헌재 2009. 9. 24. 2007헌바107; 헌재 2011. 3. 31. 2010헌바291 등; 헌재 2015. 6. 25. 2011헌마769 등, 판례집 27-1하, 513, 520).

682) 헌법재판소는 알 권리의 자유권적 성격과 청구권적 성격을 인정하고 있다(헌재 1991. 5. 13. 90헌마133 : "'알 권리'는 표현의 자유와 표리일체의 관계에 있으며, 자유권적 성질과 청구권적 성질을 공유하는 것이다. 자유권적 성질은 일반적으로 정보에 접근하고 수집·처리함에 있어서 국가권력의 방해를 받지 아니한다는 것을 말하며, 청구권적 성질은 의사형성이나 여론형성에 필요한 정보를 적극적으로 수집하고 수집을 방해하는 방해제거를 청구할 수 있다는 것을 의미하는 바, 이는 정보수집 또는 정보공개청구권으로 나타난다."(헌재 1989. 9. 4. 88헌마22)

사회권적·참정권적 성격을 아울러 가지는 복합적 권리이지만, 그 중요성은 주권자로서의 국민의 실질적인 지위회복에 있으므로 참정권적·청구권적 성격이 더 강조되고 있다.

알 권리는 이른바 '배경적 권리'(background right)[683]로서 추상적 권리의 성격을 가지고 있기 때문에 이 권리의 실현을 위해서는 구체적인 입법의 뒷받침이 있지 않으면 안된다. 또한 보도매체의 공적 책임론과 결부시켜 국가기관의 정보제공의무를 인정하고 있는데, 이것은 국민의 알 권리에 봉사하는 의무의 성격을 가지는 것이다.

3. 알 권리의 주체

알 권리는 원칙적으로 국민 개인에게 속하는 '개인적 권리'로서 국가기관 또는 언론매체에 대하여 정보공개의 청구 또는 접근·반론의 제기를 할 수 있다. 따라서 국민 개인에게 원칙적으로 소송의 당사자적격이 인정된다. 그러나 알 권리를 단순히 개인적 권리로만 보는 것은 곤란한데, 그 이유는 주권자로서 누리는 권리라는 그 성격에 비추어 보거나 개별 국민에 의한 남소의 방지를 위한 실용적 측면에서 보더라도 그러한 것이다.[684] 여기에서 알 권리는 곧 '집단적 권리'(collective right)라 할 수 있다. 알 권리의 실현을 위해 현실적인 의의를 가지는 주체는 특정한 정보에 관하여 이해관계를 같이하는 국민의 '집단' 내지 '소수자'인 것이다.[685] 따라서 환경소송에 있어서처럼 집단에 대한 당사자적격이 부여되어야 한다.

4. 알 권리의 내용

(1) 범 위

알 권리는 공권력의 방해없이 일반적으로 접근할 수 있는 정보원으로부터 정보를 수령하고 이를 취사·선택할 수 있는 자유(정보수령권)와 여론형성에 필요한 정

683) Dworkin, Taking Rights Seriously, p. 93.

684) Comment, "Standing of Television Viewers to Contest FCC Orders : The Private Action Goes Public", 66 Colum. L. Rev. 1511 (1966).

685) Office of Communication of the United Church of Christ v. FCC, 359 F. 2d, 944 (1966).

보를 수집할 수 있는 자유(정보수집권)를 그 내용으로 한다.686) 종래의 표현의 자유가 주로 정보를 보내는 자의 자유를 의미하였다면, 오늘날 알 권리는 정보를 받는 자의 자유를 주로 그 내용으로 한다. 여기에서 '정보'란 모든 정보를 포괄하는 것이 아니라 '일반적으로 접근할 수 있는 정보'를 말하며, 따라서 알 권리에도 일정한 한계가 있는 것이다.

알 권리로서 보장받는 구체적인 내용과 범위에 관하여는 견해에 따라 다르다. '개인적 정당성'이론은 알 권리란 "사회적, 미적, 도덕적 기타의 관념과 경험을 받을 권리"라고 포괄적으로 규정하는 데 반해,687) '정치적 정당성'이론은 알 권리의 범위를 '공적 문제'를 기준으로 국민이 자기통치를 실현하기 위해 공적 문제에 관한 정보를 받는 것에 국한시킨다. 그런데 오늘날에는 그 정보가 '정치적' 성격을 가지는 것에 국한하지 않고 사회적 중요성이 있는 정보도 이에 포함시킴으로써 알 권리의 범위를 점차 확대해 가고 있다.

(2) 국가기관에 대한 정보공개청구권

국가기관은 공개정부의 이상을 실현하기 위해 국민에게 국가의 일반적인 정보를 공개할 의무가 있다. 그럼에도 불구하고 국가기관이 공공문제에 관한 중요한 정보를 공개하지 아니하는 경우에는 주권자로서의 국민 또는 그 수탁자로서의 언론매체가 그 공개를 청구할 수 있는 '정보공개청구권'이 보장되어야 한다.688)

알 권리 그 자체는 배경적 권리에 불과하므로 그 구체적 보장을 위해서는 입법조치가 따르지 않으면 안된다. 미국에서 이를 본격적으로 입법화한 것은 정보자유법(1966년)과 회의공개법(1978년)에 의해서였다. 우리나라 헌법상 국회의 '회의공

---

686) Wiggins에 의하면, 알 권리는 ① 정보를 얻을 권리, ② 사전억제 없이 인쇄할 권리, ③ 적법절차에 의하지 아니하고는 보복을 받지 않고 인쇄할 권리, ④ 정보전달에 필수적인 시설과 자료에 접근할 권리와 ⑤ 정부 또는 시민의 간섭없이 정보를 넓힐 권리 등을 그 내용으로 한다. J. R. Wiggins, Freedom or Secrecy (Oxford Univ. Press, 1964), pp. 3-4.

687) Red Lion Broadcasting Co. v. FCC, 395 U.S. 392 (1969).

688) "'공공기관의 정보공개에 관한 법률'이 제정되기 이전에 이미, 정부가 보유하고 있는 정보에 대하여 정당한 이해관계가 있는 자가 그 공개를 요구할 수 있는 권리를 알권리로 인정하면서 이러한 알권리는 표현의 자유에 당연히 포함되는 기본권임을 선언하였다. 어떤 문제가 있을 때 그에 관련된 정보에 접근하지 못하면 문제의 내용을 제대로 알기 어렵고, 제대로 내용을 알지 못하면 자기의 의견을 제대로 표현하기 어렵기 때문에 알권리는 표현의 자유와 표리일체의 관계에 있고 정보의 공개청구권은 알권리의 당연한 내용이 되는 것이다."(헌재 2010. 12. 28. 2009헌바258, 판례집 22-2하, 721, 729)

개의 원칙'과 법원의 '재판공개의 원칙'이 있고, 국회의 국정조사·감사권(제61조)을 통해서만 그 공개를 어느 정도 기대할 수 있다. '공공기관의 정보공개에 관한 법률'을 제정·공포하였다.

'공공기관의 정보공개에 관한 법률' 제9조에서 국민의 알 권리를 보장하기 위하여 공공기관이 보유·관리하고 있는 정보를 공개할 의무를 규정하고 있다. 그러나 공공기관이 보유·관리하는 정보 중 다음에 해당하는 경우에는 예외적으로 공개하지 않을 수 있다.[689] ① 다른 법률 또는 법률에서 위임한 명령(국회규칙·대법원규칙·헌법재판소규칙·중앙선거관리위원회규칙·대통령령 및 조례로 한정한다)에 따라 비밀이나 비공개 사항으로 규정된 정보, ② 국가안전보장·국방·통일·외교관계 등에 관한 사항으로서 공개될 경우 국가의 중대한 이익을 현저히 해칠 우려가 있다고 인정되는 정보, ③ 공개될 경우 국민의 생명·신체 및 재산의 보호에 현저한 지장을 초래할 우려가 있다고 인정되는 정보, ④ 진행 중인 재판에 관련된 정보와 범죄의 예방, 수사, 공소의 제기 및 유지, 형의 집행, 교정(矯正), 보안처분에 관한 사항으로서 공개될 경우 그 직무수행을 현저히 곤란하게 하거나 형사피고인의 공정한 재판을 받을 권리를 침해한다고 인정할 만한 상당한 이유가 있는 정보, ⑤ 감사·감독·검사·시험·규제·입찰계약·기술개발·인사관리에 관한 사항이나 의사결정 과정 또는 내부검토 과정에 있는 사항 등으로서 공개될 경우 업무의 공정한 수행이나 연구·개발에 현저한 지장을 초래한다고 인정할 만한 상당한 이유가 있는 정보. 다만, 의사결정 과정 또는 내부검토 과정을 이유로 비공개할 경우에는 의사결정 과정 및 내부검토 과정이 종료되면 제10조에 따른 청구인에게 이를 통지하여야 한다. ⑥ 해당 정보에 포함되어 있는 성명·주민등록번호 등 개인에 관한 사항으로서 공개될 경우 사생활의 비밀 또는 자유를 침해할 우려가 있다고 인정되는 정보, ⑦ 법인·단체 또는 개인(이하 '법인 등'이라 한다)의 경영상·영업상 비밀에 관한 사항으로서 공개될 경우 법인 등의 정당한 이익을 현저히 해

---

689) 헌재 2010. 12. 28. 2009헌바258, 판례집 22-2하, 721 : 공공기관이 보유·관리하는 개인정보를 공개하면 개인의 사생활의 비밀 또는 자유를 침해할 우려가 있다고 인정되는 경우에 이를 비공개할 수 있도록 규정하고 있는 '공공기관의 정보공개에 관한 법률' 제9조 제1항 제6호 본문이 청구인의 알권리(정보공개청구권)를 침해하는지 여부(소극). 헌재 2009. 9. 24. 2007헌바107, 판례집 21-2상, 533; 헌재 2011. 3. 31. 2010헌바291, 공보 제174호, 603 : 공공기관이 보유·관리하는 시험에 관한 정보로서 공개될 경우 업무의 공정한 수행이나 연구·개발에 현저한 지장을 초래한다고 인정할 만한 상당한 이유가 있는 경우에는 이를 공개하지 아니할 수 있도록 정하고 있는 '공공기관의 정보공개에 관한 법률' 제9조 제1항 제5호 중 "시험"에 관한 부분이 청구인들의 알권리(정보공개청구권)를 침해하는지 여부(소극).

칠 우려가 있다고 인정되는 정보, ⑧ 공개될 경우 부동산 투기, 매점매석 등으로 특정인에게 이익 또는 불이익을 줄 우려가 있다고 인정되는 정보 등이다.

(3) 언론매체에 대한 접근권

언론기업의 집중·독점으로 인해 일반 국민들은 언론매체에 대한 접근이 제한되거나 그릇된 보도로 인해 불이익을 받는 경우가 자주 일어난다. 이로 인해 국민 개인이 프로그램의 편성에 참여하고 그릇된 정보에 반론을 펼 수 있는 이른바 언론매체에 대한 '액세스권'(access right)의 필요성이 대두되고 있다. 여기에는 ① 비판·항의·요구·진정, ② 의견광고, ③ 반론권, ④ TV 참가, ⑤ 언론기관에의 참가 등이 포함된다.

우리나라에서는 헌법 제21조 제4항이 간접적으로나마 언론매체에 대한 '액세스권'의 헌법적 근거가 된다고 할 수 있다. 언론중재 및 피해구제 등에 관한 법률에서는 언론의 피해를 받은 자에게 '정정보도청구권', '반론보도청구권', '추후보도청구권'을 규정하고 있다.

언론중재 및 피해구제 등에 관한 법률 제14조에서 '정정보도청구권'을 규정하여 "사실적 주장에 관한 언론보도가 진실하지 않음으로 인하여 피해를 입은 자"는 당해 언론보도가 있음을 안 날부터 3월 이내에, 당해 언론보도가 있은 후 6월 이내에 그 보도내용에 관한 정정보도를 언론사에 청구할 수 있도록 하고 있다. 이 정정보도청구권은 언론사의 고의·과실이나 위법성을 요하지 않고(제14조 2항), 정정보도청구의 소 제기로 인하여 민법 제764조의 규정에 의한 권리의 행사에 영향을 미치지 않으며(제26조 4항), 민법상의 불법행위로 인한 손해배상청구권의 소멸시효에 비하여 현저히 짧은 제소기간을 두고 있다는 점(제14조 1항)에서, 보도내용의 진실 여부와 관계없이 사실적 보도에 의하여 인격권을 침해당한 자가 언론사에 대하여 자신의 사실적 주장을 게재하여 줄 것을 청구하는 반론보도청구권이나 민법상 불법행위에 기한 청구권과는 전혀 다른 새로운 성격의 청구권이다.

'반론보도청구권'은 사실적 주장에 관한 언론보도 등으로 인하여 피해를 입은 자가 당해 언론보도가 있음을 안 날부터 3월 이내에, 당해 언론보도가 있은 후 6월 이내에 그 보도 내용에 관한 반론보도를 언론사 등에 청구할 수 있다. 청구에는 언론사 등의 고의·과실이나 위법성을 필요로 하지 아니하며, 보도 내용의 진실 여부와 상관없이 그 청구를 할 수 있다.

'추후보도청구권'은 언론 등에 의하여 범죄혐의가 있거나 형사상의 조치를 받았다고 보도 또는 공표된 자가 그에 대한 형사절차가 무죄판결 또는 이와 동등한 형태로 종결되었을 때에는 그 사실을 안 날부터 3개월 이내에 언론사 등에 이 사실에 관한 추후보도의 게재를 청구할 수 있다. 추후보도에는 청구인의 명예나 권리 회복에 필요한 설명 또는 해명이 포함되어야 한다.

(4) 사인간의 알 권리

현대사회에 있어서 일반 국민들은 사회·복리행정의 수혜자이면서도 이들 정책에 관한 정보를 받지 못하고 있고 소비자의 입장에서 일방적으로 상품을 구매당하는 수동적 위치에 놓여 있다. 그리하여 국민들이 현명하게 생활을 설계·향유하기 위해서는 개인정보수집 등에 관한 정보를 받을 권리가 필요하게 되었다. 이를 위해서는 일차적으로 당해 기업이 기업의 윤리와 사회적 책임을 통감하고 필요한 정보를 일반 국민, 적어도 이해관계자에게 공개·제공하여야 한다. 그러나 궁극적으로는 국가기관이 적절한 입법과 철저한 규제행정을 통해 이를 달성하여야 한다.

5. 알 권리의 한계와 제한

(1) 한 계

알 권리도 표현의 자유와 마찬가지로 그 보장에 있어서 일정한 한계를 가지고 있다. 즉, 알 권리는 그 내용이 '민주적 기본질서'(제8조 4항)에 합치되는 범위 안에서만 보장되며, 그 행사가 타인의 '명예나 권리'와 '공중도덕이나 사회윤리'(제21조 4항) 및 '사생활의 비밀과 자유'(제17조)를 침해해서는 안된다. 이러한 것들은 알 권리의 이른바 '헌법적 한계'[690]에 속한다.

알 권리의 한계문제는 특히 국가기밀과의 관계에서 제기된다. 국가사무에 관한 일반적인 정보는 원칙적으로 공개되어야 하지만, 국가기밀이 공개되어서는 안된다. 헌법재판소는 '국가기밀'이란 "일반인에게 알려지지 아니한 것 즉 비공지(非公知)의 사실(넓은 의미)로서, 국가의 안전에 대한 불이익의 발생을 방지하기 위하여 그것이 적국 또는 반국가단체에 알려지지 아니하도록 할 필요성 즉 '요비닉성'이

690) 허영, 한국헌법론, 525면.

있는 동시에, 그것이 누설되는 경우 국가의 안전에 명백한 위험을 초래한다고 볼 만큼의 실질적 가치가 있는 것 즉 '실질비성'을 갖춘 것이어야 한다."라고 정의하고 있다.[691] 현대국가에 있어서는 국방 · 외교 등의 분야에서 국가기밀을 인정하고 이들을 국정공개 청구의 대상에서 제외시키고 있다. 그런데 현대국가에서는 국가기밀의 범위가 더욱 확대되고 있으므로 알 권리의 범위는 이 이익과의 형량을 통해 결정되어야 할 것이다.

(2) 제 한

알 권리에 대한 사전제한으로서 허가제나 검열제는 인정되지 아니한다. 그런데 신문, 방송, 통신 등 언론기관의 시설기준에 관하여는 법정주의(제21조 3항)에 의한 제한을 받는다. 국가 비상사태하에서는 대통령이 긴급명령(제76조)과 비상계엄(제77조 3항)에 의해 알 권리에 대한 제한 또는 특별조치를 할 수 있다.

알 권리는 국가안전보장, 질서유지 또는 공공복리를 위해 필요한 경우에는 법률로써 제한할 수 있다. 이 권리를 제한하는 경우에도 언론·출판의 자유에 대한 제한이론과 기준이 일반적으로 적용된다. 즉, 이 권리의 제한에는 명확성의 원칙, 과잉금지의 원칙, 이중기준의 원칙, 법익형량의 원칙 등이 적용된다. 알 권리가 민주적 기본질서의 구성요소로서 우월적 지위에 있는 만큼 그 제한은 신중을 기해야 하며, 그 제한법률의 합헌성 추정 원칙은 인정되지 아니한다.

Ⅲ. 집회 · 결사의 자유

1. 집회 · 결사의 자유의 헌법상 의의

(1) 의 의

집회와 결사는 인간의 정신활동의 한 형태로서 표현행위의 한 유형이다. 민주사회에 있어서 집회·결사의 자유는 집단적인 민의의 표명을 가능케 하고 올바른 여론을 형성하는 사회발전의 원동력으로서 민주적 기본질서의 본질적 요소로 간

---

691) 헌재 1997. 1. 16. 92헌바6 등, 판례집 9-1, 1, 35.

주되고 있다. 그리하여 집회·결사의 자유는 '다른 모든 자유의 모체이며 불가결한 조건'으로까지 주장되고 있다. 특히 현대국가에 있어서는 다양한 기능의 분화와 이익집단의 출현으로 집단행동에 의한 표현의 자유의 보장이 증대되고 있으며, 그것이 사회질서에 미치는 영향이 직접적이고 크기 때문에 그 통제문제가 중요시되고 있다.

(2) 입법례

역사적으로 보더라도 집회·결사의 자유는 청원권과 관련을 가지며, 일반 표현의 자유와는 별개의 형식으로 규정되어 왔는데, 오늘날 민주국가의 헌법들은 일반적으로 언론·출판의 자유와는 별도로 집회·결사의 자유를 보장하고 있다. 그러나 우리 헌법은 제21조에서 언론·출판의 자유와 함께 표현의 자유의 일환으로 규정하고 있다. 집회와 결사의 자유는 양자가 집단적 표현행위라는 점에서 공통되지만, 그 본질과 내용에 있어서는 상이하다. 따라서 우리 헌법은 동일 조항에서 규정하면서도 그 법적 규제는 달리하고 있다.

(3) 기 능

집회·결사의 자유는 언론의 자유를 전제로 하는 점에서 언론·출판의 자유에 대한 '보충적 기능'(Komplementärfunktion)을 가진다고 할 수 있다. 언론·출판의 자유가 개인적 권리라고 한다면 집회·결사의 자유는 '집단적 권리'라는 점에 그 특질이 있으며, 통치구조에 대한 효과적인 투입기능을 수행하게 된다. 특히 보도매체가 국가기관에 의한 간섭·통제를 받거나 언론기관에 의한 독과점으로 인해 그 본래의 기능을 다 하지 못하는 경우에는 언론의 자유를 보완하는 기능을 수행하며, 정책결정에서 소외되고 보도매체가 등한시한 '소수자'의 권리실현을 위한 방편으로서 중요한 의의를 가진다.

2. 집회의 자유

(1) 헌법상 의의

헌법상에 집회의 자유가 제대로 보장되고 있고 이를 국가기관이 제대로 해석해야만 국민의 진정한 의사에 의한 새로운 정권 창출과 그로 인한 국민의 기본권 보장이 마련될 수 있다. 인권의 역사는 자유의 쟁취를 위해 민중의 결집인 단체에 의해 일정한 사회적 합의가 표출되고 이것이 혁명으로 발전한 결과이다. 그런데 오늘날 대의제를 원칙으로 채택한 헌법하에서는 국민이 직접적으로 자신의 의사를 표출하는 것이 힘들어졌다. 왜냐하면, 현대사회에서 국민은 국가 및 언론매체에 의해 취사선택된 의사만을 수신하고 이를 바탕으로 국민의 의사가 형성될 가능성이 크기 때문이다. 또한 국민은 의사표현의 주체로서 보다는 의사표현의 수신기로서 전락한 것이 현실이다. 이러한 제한된 의사표현의 상황하에서 공동의 목적을 가지고 표현하려는 일정한 다수인의 회합에게 헌법상 보장하는 기본권이 집회의 자유인 것이다. 집회의 자유는 개인적인 자유권이나, 다수인의 회합이라는 집단적인 현상으로 보호된다.[692)]

(2) 집회의 자유의 기능

집회의 자유의 기능은 '인격의 자유로운 발현'과 인간의 존엄으로서의 '민주적 의사형성'이라는 양자의 측면에서 이해되고 있다.[693)] 우리나라 헌법재판소도 독일 연방헌법재판소와 같이 집회의 자유의 헌법상 기능을 개인의 인격발현과 민주주의를 구성하는 요소로서 다음과 같이 이해하고 있다. "집회의 자유는 개인의 인격발현의 요소이자 민주주의를 구성하는 요소라는 이중적 헌법적 기능을 가지고 있다. 인간의 존엄성과 자유로운 인격발현을 최고의 가치로 삼는 우리 헌법질서 내에서 집회의 자유도 다른 모든 기본권과 마찬가지로 일차적으로는 개인의 자기결정과 인격발현에 기여하는 기본권이다. 뿐만 아니라, 집회를 통하여 국민들이 자신의 의견과 주장을 집단적으로 표명함으로써 여론의 형성에 영향을 미친다는 점에서, 집회의 자유는 표현의 자유와 더불어 민주적 공동체가 기능하기 위하여 불가결한 근본요소에 속한다."[694)]

집회의 자유는 인격발현을 위한 필수적인 기본권이자, 정치과정에 적극적인 참여를 위한 민주적인 시민권의 한 표현이다.[695)] 이런 의미에서 집회의 자유는 대의민주주의 기능이 약화된 경우에 이를 보완하는 직접민주주의의 수단이 될 수

692) O. Depenheuer, in: Maunz/Dürig, GG, Art. 8 Rn. 2.
693) Herzog, in: Maunz/Dürig, GG (Voraufl.), Art. 8, Rn. 16 f.
694) 헌재 2003. 10. 30, 2000헌바67·83(병합), 41면 이하.
695) Vgl. BVerfGE 69, 315 (343).

있으며, 소수의 의견을 국정에 반영함으로써 소수자를 보호하는 기능을 수행할 수 있다.[696] 집회의 자유의 2가지 상이한 정당성 이념 및 기능간의 갈등관계는 이미 인식되고 있다. 따라서 이러한 양 기능간의 갈등관계를 기본권의 조화로운 해석을 통해 사회통합의 방향으로 해결하도록 해석하고 적용해야 한다.

(3) 집회의 자유의 구성요소

1) 집단적인 회합행위

집회의 자유에 있어서 '집회'라 함은 다수인이 공동의 목적추구를 위해 일정한 장소에서 일시적으로 회합하는 행위를 말한다.[697] 집회는 일시적 회합이라는 점에서 계속적 조직인 결사와 구별된다. 집회가 성립되기 위한 인원은 불특정한 다수인으로서 집단적 힘의 행사가 가능할 정도는 되어야 할 것이다.[698] 이처럼 집회의 개념적 요소로는 ① 다수인, ② 공동의 목적, ③ 일시적 공동의 회합이 있다.[699] 집회가 성립하기 위해서 어느 정도의 다수인이 최소한 필요한가에 대해 2인설[700]과 3인설[701]이 대립하고 있다. 그러나 독일 민법 제56조 및 제73조에서 사단법인의 구성원 수를 3인 이상으로 하도록 하는 규정을 집회의 자유의 최소한의 인원수로서 그대로 대입하는 것은 문제가 있다. 독일 민법과 같은 법률조항을 지니지 않은 우리 법체계에서 독일 민법상 사단의 구성원 수인 3인 이상이라는 수를 헌법상 집회에 필요한 최소한의 인원수로서 적용하는 것 또한 무리가 있다. 3인이라는 인원수는 절대적인 수가 아니며, 일반적으로 '다수인'이라는 의미는 2인 이상으로 이해할 수 있다. 집회에서의 공동의 의사형성은 2인으로 가능하며,

---

696) 권영성, 헌법학원론, 536면; 허영, 한국헌법론, 561면.

697) Kunig, in: von Münch/Kunig, GG I, Art. 8, Rn. 2 ff.; Ladeur, in: Ridder, Art. 8, Rn. 17 ff.; Schulze-Fielitz, in: Dreier, GG I, Art. 8, Rn. 23 ff.

698) 독일에서는 그 최소한의 인원에 관하여 2인설과 3인설의 대립이 있고, 현재 3인설이 독일과 우리나라의 다수설로 되어 있으나, 이를 3인 이상으로 규정하는 것은 현실적으로 아무런 의미가 없다고 본다.

699) 권영성, 헌법학원론, 536면.

700) 정종섭, 헌법학원론, 528면; 한수웅, 헌법학, 756면; 이부하, 헌법학원론, 454면.

701) 허영, 한국헌법론, 589면; 성낙인, 헌법학, 590면; 김학성, 헌법학원론, 472면; Hoffmann-Riem, in: AK I, Art. 8, Rn. 18; B. Pieroth/B. Schlink, Grundrechte, Rn. 695 (Pieroth/Schlink의 경우 결사에 대한 민법의 규정(독일 민법 제56조, 제73조) 그리고 일반적 언어사용관례 등을 고려하여 최소정족수로서 7인 혹은 3인을 고려하고 있다).

따라서 다수인은 최소한 2인 이상을 의미한다고 보아야 한다.[702)]

또한 집회의 개념으로서 '공동의 목적추구'가 필요하다. 즉, 집회의 개념정의를 함에 있어서 '여러 사람의 단순한 회합'이라는 개념만으로는 불충분하다. 왜냐하면, 예를 들어 거리에서 교통사고 또는 교통신호등 앞에 서 있는 다수인, 혹은 관광안내소에서 정보를 얻거나 지도를 받기 위해 줄서있는 사람들의 집합은 집회가 아니라 단순한 군집에 불과하기 때문이다. 공동의 목적추구는 다수인의 행위의사로부터 도출할 수 있다. 그렇다고 해서 공동목적의 구체화가 요구되거나 공동목적의 일치가 요구되지는 않는다. 다만, 집회장소에 존재하지만, 다른 목적을 추구하는 것으로 인식될 수 있는 사람은 집회참여자로 보지 않는다.[703)]

집회개념의 구성요소로서 공동목적에 공동의 의견형성과 의견표명이 포함되어야만 하는가 여부에 대해서는 의견이 대립된다. 더 나아가 이러한 의견이 공적인 사안과 관련된 것이어야만 하는가(가장 협의의 집회개념) 아니면 어떠한 사안에 대한 상론(사적인 사안)으로도 충분한가 여부도 논의되고 있다. 그와 동시에 이러한 의견표명이 공적인 의견표명에 국한하는지 혹은 사적인 의견표명도 포함하는지 여부에 대해서도 견해가 대립하고 있다.[704)] 이러한 공동목적의 범위에 대하여 협의설, 광의설, 최광의설 3가지 견해가 대립되고 있다.[705)] 그 중 '협의설'[706)]은 집회참여자들의 의사는 공적인 사안, 특히 정신적 투쟁을 위한 그리고 정치적 의사형성에 영향을 미치기 위한 수단으로 집회의 목적을 국한해야 한다는 입장이다. 또한 집회에서의 집회참여자들의 의사는 공적인 사안일 필요는 없고, 사적인 사안일지라도 공동의 의사형성과 의사표현이 있으면 충분하다는 '광의설'이 있다.

---

702) Gallwas, JA 1986, S. 484 (486); Herzog, in: Maunz/Dürig, GG, Art. 8, Rn. 48; Chr. Gusy, in: v. Mangoldt/Klein/Starck, GG I, Art. 8 Rn. 15; Höfling, in: Sachs, GG, Art. 8 Rn. 9; Kniesel/Poscher, in: Lisken/Denninger, Rn. J 46; Schulze-Fielitz, in: Dreier, GG I, Art. 8, Rn. 23; B. Pieroth/B. Schlink, Grundrechte, Rn. 695; M. Kloepfer, Versammlungsfreiheit, in: Isensee/Kirchhof, HStR VI, 2001, § 143 Rn. 15.

703) BVerfGE 84, 203 (209 ff.); 92, 191 (202 f.).

704) Pieroth/Schlnik, Grundrechte, Rn. 690.

705) 허영, 한국헌법론, 590면(협의설은 민주적인 공동생활에 대한 공적인 관심사를 의논하고 천명함으로써 여론형성 내지 의사형성에 기여하기 위한 것만을 공동의 목적으로 이해하는 입장이다. 광의설은 공적인 사항을 함께 협의하고 의사표현하기 위한 것에 국한될 필요가 없고 언론의 자유에 준해서 의사표현을 위한 모든 집회를 다 포함해야 한다고 보고 있다. 최광의설에 의하면 결사의 자유와의 상호관계하에서 타인과 접촉하기 위한 목적이면 족하고 꼭 의사표현을 위한 것은 아니라고 한다).

706) BVerfGE 69, 315 (360).

그리고 집회의 자유는 집단적인 형태의 인격형성을 보장하려는 것으로 공동의 의사형성 또는 의사표현에 국한할 필요가 없고, 내적 유대에 의한 의사접촉의 요소가 있으면 된다는 '최광의설'이 있다.

최광의설처럼 내적 유대에 의한 의사접촉의 목적으로 타인과 접촉하는 것을 집회로 넓게 이해한다면 헌법상 집회의 자유의 보호범위가 너무 넓어진다는 문제점이 있다. 예를 들어, 최광의설에 의하면 인권단체가 개최한 민주화운동의 일생을 그린 영화제에 참여한 사람들간에 내적 유대관계가 인정된다면 이 역시 헌법이 보호해야 하는 집회에 해당하게 된다. 반대로 협의설처럼 사적인 의사표현을 위한 회합을 집회개념에서 제외시킨다면 소수자 보호라는 헌법적 기능이 무시될 수 있고, 집회의 자유의 보호범위가 좁혀질 위험이 있다. 따라서 집회를 공적인 사안에 대한 의견표명에만 한정하는 협의의 집회개념은 받아들이기 어렵다. 왜냐하면 공적인 사안과 사적인 사안을 명확히 구분하기 어렵고, 이러한 결과 법적용자에 의해 불분명한 사안의 경우에는 공적인 사안으로 확대 해석·적용하는 결과를 유발하기 때문이다.[707] 또한 협의의 집회개념은 우리 헌법조문의 문구로부터의 문리적 해석뿐만 아니라, 헌법 제21조의 집회의 자유에 대한 체계적 해석으로부터도 아무런 근거를 찾을 수 없다. 공동의 의견형성과 의견표명은 비록 그것이 우발적 집회에서 우연히 행해진 공적인 사안에 대한 의견표명에 해당한다고 할지라도, 집회개념의 구성요소로서 공동목적에 포함될 수 있어야 한다.

결론적으로 공동의 의사형성과 의사표현이 있으면, 공적인 사항이든 사적인 사항이든 불문해야 한다. 집회의 자유는 표현의 자유에 대한 보충적 기능을 수행하고 있고, 집회의 자유를 정치적 사안 내지 공적인 사안만으로 국한할 필요가 없기 때문에, 공적인 사안이든 사적인 사안이든 관계없이 의사표현을 위한 모든 집회를 헌법이 보호해야 하는 집회로 보는 것이 타당하다. 이러한 의미에서 집회의 자유는 공적인 집회 그리고 비공적인 집회 양자 모두를 보호해야 한다.

일반적인 집회형태 외에 다른 유형의 회합형태도 존재한다. 처음에는 결여된 공동의 목적추구가 추후에 생기는 경우와 같이, 단순한 회합이 집회로 전환될 수도 있다. 따라서 처음에는 계획하지 않아 공동의 목적추구가 결여되어 있었으나, 나중에 순간적 동기에 의해 공동목적이 발생한 '우발적 집회'(Spontanversammlungen)는 집회의 자유의 보호대상이 되는 집회에 해당된다.[708] 이러한 우발적 집회에는

707) 서정범, 「집회 및 시위에 관한 법률」상의 집회의 개념, 공법학연구 제8권 제2호, 2007, 380면.
708) Chr. Gusy, in: v. Mangoldt/Klein/Starck, GG I, Art. 8 Rn. 30.

주최자가 없기 때문에 집회를 개최하기 전에 관할 경찰서장에게 신고할 수 있는 상황이 아니다. 따라서 우발적 집회의 경우에는 신고의무가 면제된다. 우발적 집회의 경우 신고의무를 부과하게 되면 집회를 통해 달성하고자 하는 목적이 불가능해지고, 우발적 집회는 신고의무 유형의 집회에 포함되지 않기 때문이다.[709] 또한 '긴급집회'(Eilversammlungen)의 경우에는 다수인이 급박하고 중대한 사안에 대해 집단적으로 의사를 표명하려할 경우 집회개최의 준비 없이 이루어지는 집회이다.[710] 이러한 긴급집회의 경우에 주최자는 있으나, 720시간(30일) 전부터 48시간 전의 사전신고를 하는 것이 시간상 불가능하며, 집회목적의 위험성이 없는 경우이다.[711] 다만, 긴급집회의 경우에는 사전신고의무는 면제되지만, 사후신고의무는 있기에 가능한 한 조속하게 신고해야 한다.

집회참여자의 공동목적의 내용은 집회의 조건으로서 필요하지 않다. 이러한 점에서 집회의 자유는 '내용상 중립적'이다.[712] 사적인 집회든, 경제적인 집회든, 종교적인 집회든, 문화적 집회든, 정치적 목적의 집회든 집회의 자유의 보호와 관련하여 무관하다. 따라서 집회가 공동의 의사형성 및 의사표현의 목적을 추구한다면, 그 표현된 의사는 헌법 제21조 제1항의 표현의 자유에 의하여 그 허용성을 판단하면 될 것이고, 집회에서 종교적인 행진의 목적을 지니고 있다면, 그 종교적인 행진은 헌법 제20조 제1항의 종교의 자유에 의해 그 허용성을 판단하면 될 것이다.[713]

집회의 구성요건으로서 집회참여자의 존재 그리고 공동목적 이외에 그러한 목적의 공동의 추구, 즉 '집단적인 행동'이 있어야 한다. 집회의 목적만이 공동이 되어야 할 뿐만 아니라, 다수인에 의해 공동목적의 추구가 발생해야 한다. 집회에 있어서 중요한 것은 회합이 자발적으로 취해져야 하는 것이다. 즉, 집회는 원칙적으로 비조직적인 집단의 행위이다. 어떠한 종류의 행위를 하느냐는 집회의 개념과 무관하다. 따라서 공동행위의 다양한 형태가 헌법적으로 보호된다.[714] 예를 들면, 집회의 대상에 대한 유창한 연설, 일정장소에 기초한 고정된 장소에서의 집회이든 장소이동의 집회이든 불문한다.

---

709) 한수웅, 헌법학, 법문사, 768면.

710) 이희훈, 집회의 개념에 대한 헌법적 고찰, 헌법학연구 제12권 제5호, 2006. 12, 167면.

711) Höfling, in: Sachs, GG, Art. 8 Rn. 19.

712) Hoffmann-Riem, in: AK I, Art. 8, Rn. 64.

713) Chr. Gusy, in: v. Mangoldt/Klein/Starck, GG I, Art. 8 Rn. 17.

714) BVerfGE 69, 315 (343).

집회란 집회 장소에 집회참여자들이 신체적으로 함께 현존할 것을 전제로 한다. 만약 집회참여자의 존재가 공간적으로 분리된다면, 목적의 공동성이라는 집회의 성격을 설명할 수 없게 된다. 예를 들면, 인터넷을 통한 '가상적 집회'는 헌법적 의미에서의 집회라 할 수 없다.[715] 집회가 고정된 장소에서 행해지는가 아니면 그렇지 않은가 여부는 중요하지 않다. 따라서 집회의 자유는 집단적 시위를 보호한다.[716] 집시법 제2조 제2호에서는 시위를 "여러 사람이 공동의 목적을 가지고 도로, 광장, 공원 등 일반인이 자유로이 통행할 수 있는 장소를 행진하거나 위력(威力) 또는 기세(氣勢)를 보여, 불특정한 여러 사람의 의견에 영향을 주거나 제압(制壓)을 가하는 행위"라고 정의하고 있다. 이렇게 볼 때 우발적 집회가 집단적 시위행진으로 이어진 일련의 과정은 집회의 개념에 포함됨으로 우발적 집회도 집회의 자유의 보호대상이 된다.

공동행위의 지속성 요건은 집회의 자유의 구성요건을 위해서 무의미하다. 공동행위는 최소한의 지속성만 가지면 된다.[717] 집회의 자유의 시간적 최소한과 최대한의 요건은 원칙적으로 존재하지 않는다.[718] 집회가 공동의 목적을 가진 다수인의 회합이라면 헌법상 '결사'(Vereinigung)와 구별이 되지 않을 수 있기 때문에 또 다른 요건이 필요한데, 이 추가적 요건이 '일시적 회합'이라는 요건이다. 옥외집회의 경우에는 주최자가 일시 및 장소를 기재한 신고서를 관할 경찰서장에 제출하기 때문에 상대적으로 시간적 제약을 받을 수 있다. 우리나라 헌법재판소는 야간시위를 절대적으로 금지하는 집시법 조항에 대해 한정위헌 결정을 하였다.[719]

2) 평화성(Friedlichkeit)

폐쇄된 공간에서의 집회인 옥내집회 뿐만 아니라, 열린 공간에서의 집회인 옥외집회에서도 비무장의 평화적 집회만이 우리나라 헌법 제21조의 집회의 자유의

---

715) O. Depenheuer, in: Maunz/Dürig, GG, Art. 8 Rn. 45; Höfling, in: Sachs, GG, Art. 8 Rn. 9.

716) 집회의 개념에 집단적 시위가 포함되는가 여부에 대하여는 견해가 대립되고 있다. 다수설은 집단적 시위나 시위행렬은 움직이는 집회로서 집단적 사상표현의 한 형태이기 때문에 집회개념에 포함된다고 보고 있다(권영성, 헌법학원론, 536면).

717) Schulze-Fielitz, in: Dreier, GG I, Art. 8, Rn. 29.

718) Geis, in: Friauf/Höfling (Hrsg.), Berliner Kommentar zum Grundgesetz, Bd. 1, Art. 8, Rn. 33.

719) 헌재 2014. 3. 27. 2010헌가2 등, 판례집 26-1상, 324 : 해가 뜨기 전이나 해가 진 후의 시위를 금지하는 '집회 및 시위에 관한 법률' 제10조 본문 중 '시위'에 관한 부분 및 이에 위반한 시위에 참가한 자를 형사처벌하는 집시법 제23조 제3호 부분이 집회의 자유를 침해한다고 한정위헌 결정을 내렸다.

실질적인 보호대상이 된다. 우리나라 집회 및 시위에 관한 법률 제5조 제1항 제2호에 의하면, "집단적인 폭행, 협박, 손괴, 방화 등으로 공공의 안녕질서에 직접적인 위협을 끼칠 것이 명백한 집회 또는 시위"의 주최를 금지함으로써 비폭력적인 집회만이 보호대상이 됨을 밝히고 있다. 집회의 자유가 대의과정을 보충하며 자신의 의사를 폭력적으로 관철하려고 압박해서는 안된다는 의미에서 집회의 평화성은 집회의 자유에 내재된 요소라 할 수 있다.

집회의 자유의 중첩적인 한계로서 '평화성'과 '비무장성' 요소가 있다. 평화적 집회와 비평화적 집회를 구별하는 기준으로 ① 심리적 폭력설과 ② 물리적 폭력설이 대립하고 있다.[720] 독일 연방헌법재판소의 판결에 의하면, 비평화적 집회이기 위한 '폭력'이란 사람과 사물에 대한 물리적 폭력행위가 가해져야 함을 요건으로 한다.[721]

집회는 다수인의 신체적인 현존과 활동을 전제로 하며, 따라서 일정한 정도의 신체성을 전제로 한다. 비평화적 집회에 해당하려면, 사람 또는 사물의 물리적 완전성에 대한 현저한 위험가능성이 존재해야 한다.[722] 또한 자구권 행사를 방지하기 위해 그리고 취약한 소수자의 이익을 대변하기 위해 국가에게 공권력 행사의 독점권을 부여하는 법질서하에서 집회의 평화성이 보장되어야 한다.[723] 생각건대, '폭력'이란 사람이나 사물에 대한 행위자의 적극적인 신체적 영향력 행사이고, 이러한 폭력의 개념에 심리적 폭력까지 포함시키면 집회의 자유의 보호영역이 협소해지기 때문에 '물리적 폭력'으로 국한함이 타당하다. 따라서 집회의 자유에서 의미하는 폭력은 물리적 폭력에 국한해야 하므로, 공공도로상에서의 '연좌(連坐)시위'는 교통소통을 방해함으로써 법적인 평온을 깨뜨리고 다른 교통이용자들의 불편을 초래함으로써 심리적 고통을 유발한다 할지라도, 사람이나 사물에 대한 물리적 폭력이 없는 한 평화적 시위로 보아야 한다.[724]

헌법상 집회의 자유에서의 '폭력' 개념은 합헌적 해석을 위해 형법상 일반적인 폭력의 개념을 원용할 수는 없다.[725] 각 개별법률에서는 각 법률에 위반되는 집회상 폭력의 개념을 일일이 설명하고 있지 않다. 폭력 내지 비평화성의 개념은

---

720) 권영성, 헌법학원론, 538면; 허영, 한국헌법론, 591면; 홍성방, 헌법학(中). 184면.

721) BVerfGE 69, 315 (360).

722) O. Depenheuer, in: Maunz/Dürig, GG, Art. 8 Rn. 79.

723) BVerfGE 69, 315 (360).

724) BVerfGE 73, 206 (249); 87, 399 (406); 92, 1 (18); 104, 92 (105 f.)

725) BVerfGE 73, 206 (248); 76, 211 (217); 92, 1 (14 ff.).

이미 집회의 자유의 보호영역에서 법률유보하에 있다. 집회의 목적이나 집회의 진행이 생명, 신체, 자유 또는 그 밖의 제3자의 중요한 법익이나 공익에 대하여 범죄의 실행이나 범죄의 시도를 수반하지 않는 한, 그 집회는 평화적이라 할 수 있다.[726] 집회뿐만 아니라, 개별 참여자 또는 모든 참여자의 행위도 비폭력적이어야 한다. 이러한 폭력성 내지 비평화성은 폭력행위와 같은 다소의 위험성 있는 행위 또는 사람이나 사물에 대한 공격적인 폭력행위에 있어서도 적용된다.[727] 이러한 의미에서 평화성 개념은 집회참여자에게는 폭력행위로의 부작위의무라 할 수 있다. 우리 헌법재판소도 평화적 또는 비폭력적 집회만이 집회의 자유의 보호대상이라는 것을 확인하고 있다.[728] 이러한 점에서 우발적 집회와 그에 연이어서 행해진 거리행진은 비폭력의 평화적 성격을 지니고 있는 한 우리 헌법 제21조의 집회의 자유의 실질적 보호영역안에 있다.

(4) 집회의 자유의 주체

집회의 자유의 주체는 원칙적으로 자연인이다. 반면, 특정한 인적 단체에게 집회의 자유의 주체성을 인정할 수 있다. 예를 들면, 공무원단체는 원칙적으로 집회의 자유의 주체가 될 수 있다. 다만, 현행 국가공무원법 제66조 제1항에 의거하여 사실상 노무에 종사하는 공무원을 제외한 공무원은 노동운동이나 그 밖에 공무외의 일을 위한 집단행위를 해서는 안된다.

법인도 집회의 자유의 주체가 될 수 있다. 또한 정당도 집회의 자유의 주체성을 지닌다. 그러나 공법인은 집회의 자유의 주체로서 보장받을 수 없다. 또한 사법인은 어느 범위내에서 집회의 자유의 주체성을 인정받을 수 있는지에 대해 이견이 있다. 사법인은 집회의 개최시와 집회에의 초청시에 기본권 주체가 될 수 있다.[729]

---

726) Dietel/Gintzel/Kniesel, Versammulungsgesetz, 15 Aufl., 2008, § 1 Rn. 138 ff.

727) BVerfGE 73, 206 (248).

728) "집회의 자유에 의하여 보호되는 것은 단지 '평화적' 또는 '비폭력적' 집회이다. 집회의 자유는 민주국가에서 정신적 대립과 논의의 수단으로서, 평화적 수단을 이용한 의견의 표명은 헌법적으로 보호되지만, 폭력을 사용한 의견의 강요는 헌법적으로 보호되지 않는다. 헌법은 집회의 자유를 국민의 기본권으로 보장함으로써, 평화적 집회 그 자체는 공공의 안녕질서에 대한 위험이나 침해로서 평가되어서는 아니 되며, 개인이 집회의 자유를 집단적으로 행사함으로써 불가피하게 발생하는 일반대중에 대한 불편함이나 법익에 대한 위험은 보호법익과 조화를 이루는 범위 내에서 국가와 제3자에 의하여 수인되어야 한다는 것을 헌법 스스로 규정하고 있는 것이다." 헌법재판소 2003. 10. 30. 2000헌바67 · 83(병합).

(5) 집회의 자유의 대상

집회의 자유를 보장해야 하는 기본권 수범자는 국가이다. 먼저 국가기관 중 입법자는 집회의 자유의 보호영역을 형성할 때, 평화적이라는 구성요건을 구체화해야 한다. 또한 집회의 자유의 헌법규정은 행정부의 모든 관청, 특히 경찰을 기속한다. 집회의 주최자가 기본권 담당자가 될 수 있는지 여부는 그들의 법적 권한에 의해 좌우된다. 기본권 행사자로서 행하는 주최자의 행위는 기본권 담당자로 볼 수 없다.

헌법상 집회의 자유는 '국가의 침입[730](Eingriff)에 대한 보호'라는 의미를 가진다. 그 밖에 적법한 집회에 대해 사인인 제3자가 장애, 방해, 폭력행위를 가하는 경우에는 국가의 보호의무가 발생한다.[731] 이 경우 사인인 방해자의 행위는 국가로부터 기본권보호를 받지 못할 수도 있다. 그 방해자의 행위가 개별적인지 아니면 집단적인지는 관계없다. 집단적인 행위에 의한 방해로는 반대집회의 개최가 있다. 적법한 집회를 개최하거나 진행하는 것을 방해하는 개인적 또는 집단적 행위는 헌법상 보호받지 못하게 된다.[732] 따라서 국가의 보호의무는 적법한 집회를 방해하는 다른 참여자들에 대해 행사되어야 한다. 따라서 집회의 자유는 사인에 대해 간접적인 제3자적 효력을 미친다.

(6) 집회의 자유의 보장내용

집회의 자유는 평화롭게 다수인이 회합하는 자유를 보장한다. 다수인의 회합이 집회참여자가 공적인 의사에 영향을 미치는 데 관심을 두는 것이 아니라, 직접적으로 제3자를 겨냥한 행위[733]나 제3자에 대한 불법행위[734]에 그 초점이 있는 경우에는 집회의 자유로 보호되지 않는다. 의사표현적 기본권으로서 집회의 자유의

---

729) M. Kloepfer, Versammlungsfreiheit, in: Isensee/Kirchhof, HStR VI, 2001, § 143 Rn. 34.

730) Eingriff를 침해로 사용하는 예가 많은데, 이는 적절하지 않은 것 같다. 침해는 이미 기본권 보호영역에 대한 결과가 발생한 것을 의미하는 것이므로 Verletzung을 지칭한다고 보아야 한다. 따라서 여기서는 침해와 구별되는 용어로 '침입'(Eingriff)이라는 용어를 사용한다.

731) BVerfGE 69, 315 (355); Benda, in: BK, Art. 8 Rn. 60 f.; Schulze-Fielitz, in: Dreier, GG I, Art. 8, Rn. 110.

732) BVerfGE 84, 203 (209 ff.).

733) Vgl. BVerfGE 104, 92 (105).

734) Geis, in: Friauf/Höfling, GG I, Art. 8 Rn. 45.

내용은 다양한 집회 특유의 행위양식을 포함한다. 개개인이 회합하는 자유 중에 사적인 집회의 자유는 집회의 자유의 중심에 있다. 그리고 집회의 자유에 의하여 구체적으로 보호되는 주요행위에는 집회의 조직과 준비행위(초대장교부, 홍보), 집회장소와 시간의 선택, 집회장소로 이동·도착하는 것 그리고 집회장소로부터 벗어나거나 해산하는 것, 집회에 관심이 있어서 참여하는 것뿐만 아니라 집회에 대해 비판적 태도를 견지한 참여, 그리고 집회의 지휘가 있다.[735] 집회의 주최자간의 회합도 집회의 자유에 의해 보장된다. 집회주최자는 다수의 자연인이나 사법인도 될 수 있다. 집회장소로의 이동을 방해하거나, 집회장소로부터 귀가하는 것을 방해하거나, 집회참여자에 대한 검문의 방법으로 시간을 지연시킴으로써 집회장소에 접근하는 것을 방해하는 등 집회의 자유행사에 영향을 미치는 모든 조치는 금지된다.[736] 따라서 집회에 참여하려는 의도에서 행해진 것이 아니라, 오히려 집회를 방해하고 좌절시키기 위한 목적에서 집회에 참여 내지 집회에의 출석은 집회의 자유에 의해 보호될 수 없다.[737]

집회장소의 선택은 일반적으로 집회의 목적 및 내용과 밀접한 내적 관련이 있기 때문에, 집회의 장소에 대한 선택이 집회의 성과를 결정짓는 경우가 적지 않다.[738][739][740] 집회장소가 바로 집회의 목적과 효과에 대하여 중요한 의미를 가지기 때문에, 누구나 '어떤 장소에서' 자신이 계획한 집회를 할 것인가를 원칙적으로 자유롭게 결정할 수 있어야만 집회의 자유가 효과적으로 보장될 수 있다.[741] 즉, 집회장소의 선택은 집회의 자유의 중심적 역할을 하며, 이는 헌법적으로 보장된다.[742]

---

735) Pieroth/Schlink, Grundrechrte, Rn. 705; Benda, in: BK, Art. 8 Rn. 36; Dietel/Gintzel/Kniesel, Versammulungsgesetz, § 1 Rn. 73 ff.

736) 헌법재판소 2003. 10. 30. 2000헌바67·83(병합).

737) BVerfGE 84, 203 (209 f.).

738) 헌재 2018. 5. 31. 2013헌바322 등, 공보 제260호, 838(누구든지 국회의사당의 경계지점으로부터 100미터 이내의 장소에서 옥외집회 또는 시위를 할 경우 형사처벌한다고 규정한 '집회 및 시위에 관한 법률' 제11조 제1호 중 '국회의사당'에 관한 부분 및 제23조 중 제11조 제1호 가운데 '국회의사당'에 관한 부분이 집회의 자유를 침해하는지 여부(헌법불합치)).

739) 헌재 2018. 6. 28. 2015헌가28 등, 공보 제261호, 985(국무총리 공관 인근에서 옥외집회·시위를 금지하고 위반시 처벌하는 '집회 및 시위에 관한 법률' 제11조 제3호, 제23조 제1호 중 제11조 제3호에 관한 부분이 집회의 자유를 침해하는지 여부(헌법불합치)).

740) 헌재 2018. 7. 26. 2018헌바137(누구든지 각급 법원의 경계지점으로부터 100미터 이내의 장소에서 옥외집회 또는 시위를 할 경우 형사처벌한다고 규정한 '집회 및 시위에 관한 법률' 제11조 제1호 중 "각급 법원" 부분 및 제23조 제1호 중 제11조 제1호 가운데 "각급 법원"에 관한 부분이 모두 헌법에 합치하지 아니한다는 결정을 선고하였다(헌법불합치)).

741) BVerfGE 84, 203 (209 f.).

집회의 자유에는 그 누구도 자신에 의사에 반하여 강제로 집회에 참여하거나, 강제로 집회를 조직할 수 없는 소극적 집회의 자유도 포함한다.[743] 집회의 자유는 집회참여에 대한 자유로운 결정을 보장한다. 따라서 헌법은 현대의 대중적 대규모 집회에 참가할 의무로부터 해방시켜준다.

(7) 효 력

집회의 자유는 대국가적 방어권으로서 모든 국가기관을 구속한다. 사인에 의해 집회의 자유가 침해되는 경우에는 기본권의 대사인적 효력을 인정하는 간접적용설에 의거해 헌법 제21조가 간접적으로 적용된다. 집시법도 "누구든지 폭행·협박 기타의 방법으로 평화적인 집회 또는 시위를 방해하거나 질서를 문란하게 하여서는 아니된다."고 규정하여 집회의 자유의 제3자적 효력을 인정하고 있다.

(8) 한계와 제한

1) 한 계

집회의 자유도 타인의 권리, 도덕률이나 헌법질서에 위배되거나 민주적 기본질서에 반하여 행사될 수 없다. 또한 집회와 시위는 평화적·비폭력적·비무장이어야 한다. 집시법(동법 제5조 1항)도 "헌법재판소의 결정에 의해 해산된 정당의 목적을 달성하기 위한 집회 또는 시위와 집단적인 폭행·협박·손괴·방화 등으로 공공의 안녕질서에 직접적인 위협을 가할 것이 명백한 집회 또는 시위"를 금지하고 있다.

2) 제 한

집회의 자유도 국가안전보장·질서유지 또는 공공복리를 위하여 필요한 경우에는 법률로써 사후적인 제한을 할 수 있다. 그러나 그 성질상 사전제한인 '허가제'는 인정되지 아니하며(제21조 2항), '신고제'만 허용된다. 신고제는 행정상 필요에 의해 인정되는 것으로 합헌이다. 사후제한을 위한 법률로는 형법, 국가보안법, 집회 및 시위에 관한 법률 등이 있다. 집시법은 옥외집회 및 시위에 대해서만 사전신고의무를 부과하고 있으며, 야간옥외집회·시위, 중요한 공공관서[744][745]의 100m 이내

---

742) BVerfGE 73, 206 (249); Burgi, DÖV 1993, S. 633.

743) BVerfGE 69, 315 (343); Benda, in: BK, Art. 8 Rn. 56; Höfling, in: Sachs, GG, Art. 8 Rn. 25.

에서의 집회·시위와 교통소통에 방해가 되는 집회·시위를 원칙적으로 금지하고 있다. 그러나 학문·예술·체육·종교·의식·친목·오락·관혼상제 및 국경행사에 관한 집회는 이를 금지하거나 제한할 수 없다. 신고서를 접수한 경찰서장 등은 일정한 사유가 있을 때 48시간 안에 그 집회 또는 시위의 금지를 주최자에게 통고할 수 있으며, 이에 대하여는 72시간 내에 그 행정구역을 관할하는 서울특별시장·광역시장 또는 도지사에게 이의신청을 할 수 있다. 그 이의신청의 결정에 불복하는 때에는 행정소송을 제기할 수 있으며, 제소된 날로부터 3월 이내에 판결하여야 한다. 문제는 이와 같은 규정들에 의한 신고제가 허가제처럼 운영되는 데 있는 것이다.

집회의 자유를 제한함에 있어서 특히 이익형량의 원칙, 과잉금지의 원칙, 명백하고 현존하는 위험의 원칙, 규범조화적 해석방법 등이 적용되어야 하며, 그 본질적 내용을 침해하여서는 아니된다. 우발적 집회의 경우에는 사전신고가 불가능하기 때문에 무조건 해산명령을 발하는 것은 그 본질적 내용을 침해하는 것이므로, 그 집회의 목적이 자유민주적 기본질서에 위배되지 않고 그 방법이 평화적인 경우에는 가능한 한 보호되어야 할 것이다.[746)]

3. 결사의 자유

(1) 헌법상 의의

1) 개 념

헌법 제21조 제2항의 '결사의 자유'라 함은 "다수의 자연인 또는 법인이 공동의 목적을 위하여 단체를 결성하거나 또는 이미 결성된 단체에 자유롭게 가입할

744) 헌재 2018. 6. 28. 2015헌가28, 2016헌가5 (병합): 국무총리 공관 경계로부터 100미터 이내의 장소에서 시위를 금지하고, 이를 위반할 경우 처벌하는 '집회 및 시위에 관한 법률' 제11조 제3호 중 '시위'에 관한 부분, 제23조 제1호 중 '제11조 제3호를 위반한 시위 주최자'에 관한 부분이 집회의 자유를 침해하는지 여부에 관한 사건에서 헌법재판소는 헌법불합치 결정을 하였다.

745) 헌재 2018. 7. 26. 2018헌바137, 공보 제262호, 1259: 각급 법원의 경계 지점으로부터 100미터 이내의 장소에서 옥외집회 또는 시위를 할 경우 형사처벌한다고 규정한 '집회 및 시위에 관한 법률' 제11조 제1호 중 '각급 법원' 부분 및 제23조 제1호 중 제11조 제1호 가운데 '각급 법원'에 관한 부분이 집회의 자유를 침해하는지 여부에 관한 사건에서 헌법재판소는 헌법불합치 결정을 하였다.

746) 허영, 한국헌법론, 537면.

수 있는 자유를 말한다."[747] 결사의 자유에서 말하는 '결사'란 "자연인 또는 법인의 다수가 상당한 기간 동안 공동목적을 위하여 자유의사에 기하여 결합하고 조직화된 의사형성이 가능한 단체를 말하는 것"[748]이므로, 공법상의 결사는 이에 포함되지 아니한다.[749][750] 그 목적은 민주적 기본질서에 위배되지 않는 한 어떤 것이라도 허용되지만, 그 가입과 탈퇴가 자유로운 자발적 결사만이 이 자유를 누릴 수 있다. 다만 그 목적이 정치적인 정당, 종교적인 결사, 학문·예술을 위한 결사, 근로조건의 향상을 위한 결사 등은 특수한 결사로써 각기 제8조·제20조·제22조·제33조의 적용을 우선적으로 받는다.

2) 법적 성격과 기능

결사의 자유도 주관적 공권인 동시에 헌법질서의 범위 안에서 인정되는 객관적 법질서의 성격을 동시에 가지고 있다. 결사의 자유의 보장은 최소한의 결사제도의 보장을 의미하는 제도적 보장으로 보는 것이 타당하다고 본다.[751]

결사의 자유는 개인의 인격발현에 기여한다. 개인은 타인과의 결사를 통해 자기정체성을 확립하고 개인의 인격발현에 도움이 될 수 있다. 또한 결사의 자유는 민주주의 정치과정에서 결집하여 국민의 의사형성이 이루어져 민주적인 시민의 힘이 표출될 수 있으므로, '민주적 의사형성'에 기여한다.

3) 결사의 징표

(가) 공동의 목적

결사는 일정한 공동의 목적을 달성하기 위한 것이다. 단체가 자유민주적 기본질서에 반하는 목적을 취하지 않는다면, 원칙적으로 공동의 목적에는 제한이 없

---

747) 헌재 2002. 8. 29, 2000헌가5, 판례집 제14권 2집, 106, 122.

748) 헌재 1996. 4. 2. 92헌바47, 판례집 8-1, 370, 377; 헌재 2002. 9. 19. 2000헌바84, 판례집 14-2, 268, 288.

749) 헌재 1996. 4. 25, 92헌바47, 판례집 제8권 1집, 370.

750) 헌재 1997. 5. 29. 94헌바5 - "헌법 제21조 제1항이 보장하고 있는 결사의 자유에 의하여 보호되는 '결사'의 개념에는 법률이 공공목적에 의하여 구성원의 자격을 정하고 있는 특수단체의 조직활동까지 포함되는 것으로 볼 수는 없다." 헌재 1994. 2. 24. 92헌바43; 헌재 1996. 4. 25. 92헌바47 - "결사의 자유에서 말하는 결사란 자유의사에 기하여 결합하고 조직화된 의사형성이 가능한 전체를 말하는 것이므로 공법상의 결사는 이에 포함되지 아니한다."

751) 허영 교수는 결사의 자유에 내포된 제도적 보장은 슈미트(C. Schmitt)의 제도적 보장이나 헤벌레(Häberle)의 제도적 기본권이론과는 다르다고 한다(한국헌법론, 539면).

다. 따라서 정치적·종교적·학문적·예술적·사교적 목적 등도 가능하다.

(나) 자발적 의사

결사는 자발적인 것이어야 한다. 단체의 설립·존속이 자발성에 기인하지 않은 경우 우리나라 헌법 제21조 제1항의 결사에 포함되지 않는다. 따라서 자연발생적인 혈연공동체나 지연공동체는 선택성·자발성이 없기 때문에 결사의 자유의 보호를 받는 결사에 해당되지 않는다.

(다) 지속성·조직성

'지속성'은 결사를 집회와 구별하는 징표가 된다. 단체가 일정한 지속성을 가지려면, 단체의 의사형성을 위해 일정한 조직을 가져야 한다. 이러한 '조직성'도 결사의 징표이다.

(2) 주 체

1) 자연인

결사의 자유는 국민의 권리로 이해할 수 있다. 다만, 헌법재판소는 "인간의 존엄과 가치 및 행복추구권 등과 같이 단순히 '국민의 권리'가 아닌 '인간의 권리'로 볼 수 있는 기본권에 대해서는 외국인도 기본권 주체가 될 수 있다."고 판시하고 있다.

2) 법 인

법인도 기본권의 성질상 단체가 기본권의 주체가 될 수 있는 경우, 결사의 자유를 누릴 수 있다.[752)]

(3) 내 용

우리나라 헌법재판소는 "헌법 제21조가 규정하는 결사의 자유라 함은 다수의 자연인 또는 법인이 공동의 목적을 위하여 단체를 결성할 수 있는 자유를 의미

752) 수협은 기본적으로 사법인적 성격을 지니고 있다 할 것이므로, 위 조합의 활동도 결사의 자유 보장의 대상이 된다(헌재 2012. 2. 23. 2011헌바154; 헌재 2012. 12. 27. 2011헌마562 등; 헌재 2016. 11. 24. 2015헌바62; 헌재 2017. 6. 29. 2016헌가1, 판례집 29-1, 241, 249)

하는 것으로, 이에는 적극적으로 단체결성의 자유, 단체존속의 자유, 결사에의 가입·잔류의 자유와 소극적으로 기존의 단체로부터 탈퇴할 자유와 결사에 가입하지 아니할 자유가 모두 포함된다. 특히 결사의 자유에 포함되는 단체활동의 자유는 단체 외부에 대한 활동뿐만 아니라 단체의 조직, 의사형성의 절차 등 단체의 내부적 생활을 스스로 결정하고 형성할 권리인 단체 내부 활동의 자유를 포함한다."[753]고 판시하고 있다.

결사의 자유에는 결사결성의 자유, 결사활동의 자유, 결사존속의 자유, 결사해체의 자유와 결사에의 가입·탈퇴의 자유 등이 포함된다. 또한 결사가 그 자체의 의사를 형성하고 활동할 수 있는 결사 자체의 자유도 보장된다. 그 가입과 탈퇴의 자유가 인정되지 아니하는 단체는 이에 포함되지 아니한다. 이와 관련하여 결사에 가입하지 아니할 자유, 이른바 소극적 결사의 자유가 보장되는가가 문제가 된다. 일반 결사의 경우에 사법적 결사에서는 이것이 인정되고, 공법적 결사에 있어서는 인정되지 않는다.

1) 적극적 결사의 자유

헌법에서 보호하는 결사의 자유는 결사결성의 자유, 결사활동의 자유, 결사존속의 자유, 결사에의 가입의 자유 등이 포함된다. 기본권의 방어권적 성격으로부터 국가가 결사결성을 금지하거나 결사에 있어서 사전허가제를 두는 것을 금지한다.

2) 소극적 결사의 자유

헌법상 결사의 자유의 소극적 측면으로는 결사에 가입하지 아니할 자유, 결사에의 탈퇴의 자유 등이 포함된다. 사적 단체에의 강제가입이 문제된다. 예를 들면, 변호사회나 변리사회에 법률로 의무가입이 요구되는 경우이다. 이에 대해 헌법재판소는 "가입조항으로 인하여 변리사들이 받는 불이익은 변리사회에 가입할 의무가 발생하는 것에 불과한 반면, 가입조항이 달성하고자 하는 공익은 중대하므로 가입조항은 법익의 균형성 요건도 갖추었다."고 판시하였다[754]

753) 헌재 2012. 12. 27. 2011헌마562 등; 헌재 2016. 11. 24. 2015헌바62; 헌재 2018. 2. 22. 2016헌바364, 공보 제257호, 418, 421.

754) 가입조항은 변리사의 변리사회 의무가입을 통하여 대한변리사회(이하 '변리사회'라고만 한다)의 대표성과 법적 지위를 강화함으로써 변리사회가 공익사업 등을 원활하게 수행할 수 있도록 하고, 산업재산권에 대한 민관공조체제를 강화하여 궁극적으로 산업재산권 제도 및 관련 산업의 발전을 도모하기 위한 것으로, 입법목적의 정당성과 수단의 적합성이 인정된다(헌

(4) 효 력

결사의 자유도 모든 국가권력을 구속하며, 사인에 대하여는 간접적용설에 따라 간접적으로 적용된다고 본다.

(5) 한계와 제한

결사의 자유도 범죄목적의 결사(형법 제114조), 반국가적인 결사(국가보안법 제3조)와 반민주적인 결사 등은 헌법상 인정될 수 없다. 결사의 자유에 있어서는 사전제한의 허가제는 인정되지 않고 헌법 제37조 제2항에 의한 '사후제한'만이 가능하다. 결사의 자유의 중요성에 비추어 사후제한에 있어서는 명백하고 현존하는 위험의 원칙 또는 과잉금지의 원칙 등이 적용되어야 한다. 그리고 그 제한은 본질적 내용을 침해해서는 안된다.

제 5 절 사생활의 자유권

Ⅰ. 사생활의 비밀과 자유

1. 사생활의 비밀과 자유의 연혁 및 입법례

(1) 연 혁

프라이버시권리는 원래 미국에서 19세기 말엽부터 과학·기술의 발전, 산업화에 따른 도시화, 생활양식의 변화, 특히 대중매체의 도색적 경향의 결과 개인의 사적 영역·비밀이 침입·노출됨에 따라 그 보장 필요성이 인식되기 시작하였다. 프라이버시(privacy)가 최초로 하나의 독립된 권리로 주창된 것은 워렌(Warren)과 브랜다이스(Brandeis)의 논문[755]이었다. 이들은 보통법(common law)하에서 인간의 정신,

재 2017. 12. 28. 2015헌마1000, 판례집 29-2하, 487).

755) Samuel D. Warren and Louis D. Brandeis, "The Right to Privacy," 4 Harv. L. Rev. 193

감정, 지성의 침해에 대한 법적 구제가 불충분하기 때문에 프라이버시를 일반적인 인격권으로 보고 그 침해에 대하여 불법행위소송(tort action)을 인정할 것을 역설하였다.

> ※ Warren · Brandeis의 Privacy권
> (『The Right to Privacy』 1890년 Harvard Law Review 제4권 제5호, 12월 15일 발행 pp.193~220)
>
> 1890년 Boston 시내에 살고 있던 Warren은 자신의 딸의 결혼 축하연을 자신의 저택에서 많은 인사를 초청하여 아주 정성스럽게 열었다. 그런데 Boston에서 발간되는 신문 중 하나인 The Saturday Evenning Gazette는 그 신문의 "Blue Blood"라는 칼럼에서 그 날 축하연의 여주인인 Warren부인에 관하여 아주 개인적이고 당황케하는 모습들을 자세하게 다룰 뿐만 아니라, 초청된 인사들의 명단까지 공개하였다.
> Warren씨는 그의 사회적 지위에 비추어 자신의 부인이 축하연에서 사사로운 행적이 자세히 보도된데 매우 불쾌하게 생각하면서 법적 대응을 하려고 친구인 Brandeis변호사를 찾아가 의논하였다. Brandeis는 Warren과 Harvard 법대 동기생이었고 수석으로 졸업한 수재였으며 후일 연방대법원의 유명한 대법관이 되었다. 언론에 의해 개인의 사생활이 폭로되어 피해를 입은 사생활침해에 대한 법적 구제수단을 강구하였다. 기존의 법리에 따른 구제의 곤란(피해의 입증곤란), 정신적 고통으로 받은 피해의 구제어려움이 상존하였다. 이에 새로운 권리의 필요성으로 두 사람은 논문을 쓰게 되었다.

뉴욕 주의회는 1902년의 *Roberson* 사건[756]의 판결에 유의하여 다음 해에 최초로 프라이버시법[757]을 제정하였다. 프라이버시권리가 판례를 통해 처음으로 승인된 것은 1905년의 *Pavesich* 사건[758]에서였다. 개인에게 있어서는 '호기심'이, 국가에 있어서는 '감시'가 프라이버시를 침해하게 되는 동기였다. 1931년의 *Melvin* 사

(1890). 이 논문은 Boston사교계에서 유명한 Warren부인이 황색신문(yellow papers)에 의한 폭로기사에 시달리는 것을 보고 그 법적 구제방법을 마련하기 위해 쓰여진 사실은 잘 알려져 있는 바와 같다.

756) Roberson v. Rochester Folding Box Co., 171 N.Y. 538, 64 N.E. 442 (1902).

757) N.Y. Sess. Laws 1903, Ch. 132. 1-2. 이 법률은 2개조로 되어 있는데, 광고 또는 영업의 목적으로 승락없이 성명 또는 초상을 사용한 경우에 형벌 또는 불법행위의 책임을 묻고 있다.

758) Pavesich v. New England Life Insurance Co., 122 Ga. 190, 50 S. E. 68 (1905). 원고 Pavesich는 '남루한 옷을 입은 병약한 자'로 나온 사진을 신문광고에 사용한 뉴잉글랜드보험회사를 상대로 프라이버시의 침해로 인한 손해배상의 소를 제기하였는데, 조지아주 대법원은 원고의 승소판결을 내렸다.

건[759]에서 행복추구권을 근거로 프라이버시 법리를 전개하였는데, 이를 계기로 대부분의 주는 판례를 통해 프라이버시권을 승인하게 되었다.

미국연방대법원은 1957년 이래 수정헌법 제1조(언론의 자유), 제4조(주거의 불가침), 제5조와 제14조(적법절차) 등에 의거하여 일련의 프라이버시이익을 인정해 왔으나,[760] 1965년의 *Griswold* 사건[761]에서 비로소 프라이버시권리가 하나의 '헌법상의 권리'로 승인되었다. 원래 프라이버시권리는 미국문화의 산물로서 인간의 존엄성을 실현하고 인격의 자유로운 발전을 도모하기 위한 개인주의와 자유주의의 배경하에서 생성·발전되어 왔다.

(2) 입법례

독일과 일본의 경우도 헌법상 명문의 규정이 없기 때문에 판례를 통해 프라이버시권을 승인해 오고 있는데, 그 헌법적 근거를 독일은 인격권(제2조 1항)에서 그리고 일본은 행복추구권(제13조 1항)에서 찾고 있다. 최근에는 여러 나라에서 특별입법을 통해 구체적으로 프라이버시권리를 보장하기 시작하였다.

프라이버시권을 헌법에서 보장하고 있는 입법례는 매우 드문데, 스페인헌법, 터키헌법, 이집트헌법 등을 들 수 있다. 오늘날 프라이버시권을 적극적으로 보장하기 위해 그리고 그 복합적 성격 때문에 특별입법을 제정하고 있는데, 미국은 프라이버시법(1974)을 비롯하여 정보자유법(1966), 연방회의공개법(1976), 은행비밀법(1970), 공정신용보고법(1970), 초·중등교육법(1974) 등을, 독일은 1977년의 '연방정보보호법'을, 프랑스는 1978년의 '정보처리·축적·자유에 관한 법률'을, 영국은 '정보보호법'(약칭)을 제정하였다. 국제기구도 프라이버시권리에 관한 적극적인 관

759) Melvin v. Reid, 112 Cal. App. 285, 297(1931). 원고 Melvin은 그녀의 동의없이 과거의 매춘부 생활을 기초로 하고 본명까지도 사용한 영화 '붉은 옷'(the red kimono)을 제작·상영한 피고에 대하여 프라이버시의 침해로 인한 손해배상청구소송을 제기, 승소판결을 받았다.

760) 미국연방대법원이 판례를 통해 privacy권리의 '영역'(zone)으로 선언한 것으로는 결사 내에 있어서의 프라이버시, 정치적 신조에 속하는 프라이버시, 익명으로 삐라 등을 배포할 수 있는 프라이버시, 신체의 불가침에 관한 프라이버시, 결혼생활에 있어서 부부간의 프라이버시, 자녀의 출산·양육·교육 등에 관한 프라이버시, 음란문서의 사적 소유의 프라이버시, 부당한 압수·수색을 받지 아니할 권리, 도청당하지 아니할 프라이버시, 행정조사에 있어서의 프라이버시, 싫은 정보를 받지 아니할 프라이버시, 자기에 관한 기록에의 접근·정정·통제권 등이 있다.

761) Griswold v. Connecticut, 381 U.S. 479 (1965). 연방대법원은 이 사건에서 산아제한에 관한 정보의 배포를 금지한 코넥티켓주법이 미혼자간의 프라이버시권리를 침해하였다고 하여 처음으로 프라이버시권리가 '헌법상의 권리'임을 선언하였다.

심을 보이고 있으며, 1948년의 세계인권선언(제112조)과 국제연합의 "시민적·정치적 권리에 관한 규약"(제17조)이 이를 보장하고 있다.

미국에서는 1965년 비로소 헌법상의 권리로 승인되기에 이르렀다. 우리나라도 제5공화국 헌법에서 프라이버시권을 인정하기 시작했다. 현행 헌법 제17조는 이를 보장하고 있다.

2. 사생활의 비밀과 자유의 헌법상 의의

(1) 개 념

사생활의 비밀과 자유의 개념을 규정하기 위해서는 이 권리가 미국법상 프라이버시(privacy)에서 유래하기 때문에 그 개념을 먼저 이해하지 않으면 안된다. 원래 프라이버시권은 '홀로 있을 권리'라는 소극적 개념으로 이해되었으나, 정보사회에 있어서는 '정보통제권'이라는 적극적 개념으로도 사용되고 있다. 따라서 이 개념은 이들 양면을 포괄하는 것으로 정립되어야 한다.

1) 소극적 개념

프라이버시권은 원래 '홀로 있을 권리'(a right to be let alone),[762] 즉 사회적 존재로부터의 은둔 또는 독거를 누릴 수 있는 권리로 이해되었다. 인간은 누구나 자아를 둘러싼 '비밀'을 가지고 있으며, 자기만의 세계의 '평온'을 누리면서 인생을 영위하기를 원한다. 이와 같은 영역은 인격의 성역으로서 그 비밀의 공개나 그 평온에의 침입은 개인의 자율성에 대한 침해가 되며, 나아가 인간의 존엄성을 훼손하게 된다. 그리하여 프라이버시권은 일반적으로 '인격권'으로 특징지워진다.[763]

프로서(Prosser)는 독립된 프라이버시권은 존재하지 않으며 단지 그 성격이 전혀 다른 4종의 '프라이버시 이익'이 산재해 있을 뿐이라고 하였다.[764] 프라이버시권은 그 이익이 다양하고 그 범위가 포괄적이며 그 성격이 모호하기 때문에 독립된 하나의 권리로 관념하는 데에는 어려움이 있지만, 일반적으로 하나의 독립된 권

762) '홀로 있을 권리'의 개념은 1888년에 Cooley 판사가 처음으로 사용하였다. Thomas Cooley, Torts (2nd ed., 1888), p. 91. 독일에서는 '나만의 영역'(Eigenraum)이라는 용어를 사용한다. 허영, 헌법이론과 헌법, 502면 참조.

763) Warren and Brandeis, "The Right to Privacy", at 193.

764) William Prossser, "Privacy", 48 California L. Rev. 383, 392 (1960).

리, 즉 불가침의 인격권으로 파악하면서 개인의 자율성의 보장과 사적 비밀의 불가침을 내용으로 하는 포괄적 권리라고 한다.

2) 적극적 개념

오늘날과 같은 정보사회에 있어서는 프라이버시권이 소극적으로 '자기에 관한 정보의 결여'만을 요구하는 것으로는 부족하고, 적극적으로 '자기에 관한 정보를 통제할 수 있는 권리'가 요구되고 있다.[765] 현대국가는 개인에 관한 온갖 정보를 문서로 수집·보관·처리하는 '문서사회'(dossier society)로 변하였으며, 새로운 정보기술의 개발로 경쟁사회는 사회적 병리의 새 유형인 '자료수집광'(data-mania)이 되었다. 특히 컴퓨터의 개발로 모든 정보처리에 일대 혁명을 가져옴에 따라 프라이버시의 침해가능성은 더욱 증대되었다. 이와 같은 배경하에서 이른바 '정보상의 프라이버시'가 새로운 권리로 부각되고 있다. 여기에 '프라이버시권'이라 함은 정보통제권으로 이해하여 개인(또는 집단)이 자기에 관한 정보를 언제, 어떻게 그리고 어느 범위에서 타인에게 제공할 것인가를 결정할 수 있는 권리를 말한다.[766] 이 개념은 많은 프라이버시 이익을 포괄하며, 정부기관이 보관하는 개인의 정보로부터의 프라이버시보호를 다룰 수 있는 점에서 설득력이 있다. 그러나 프라이버시권을 정보에 대한 접근·정정·통제권으로만 이해하는 것은 너무 협소하고 그 본래의 의의를 외면하는 것이 된다.

3) 통합적 개념

오늘날 프라이버시권의 개념은 프라이버시 이익들을 모두 포함할 수 있도록 포괄적으로 규정되지 않으면 안된다. 여기에 '프라이버시권'이라 함은 사적 영역에 있어서 개인의 자율성을 보호하고, 부당한 사적 사항의 침입 또는 공개를 인정하지 않으며, 자기정보에 관한 접근·정정·통제를 보장하는 권리를 말한다. 따라서 우리 헌법상의 사생활의 비밀과 자유는 곧 프라이버시권으로 보고, 그 해석론으로는, 사적 영역에서의 개인의 자율성 보장, 사적 사항의 부당한 침입·공개의 배제 및 자기정보에 관한 통제를 그 내용으로 하는 권리로써 궁극적으로는 인간의 존엄성을 실현하기 위한 포괄적 권리를 의미한다.[767]

---

765) Charles Fried, "Privacy", 77 Yale L. J. 475, 482 (1965).

766) Allen F. Westin, Privacy and Freedom (Atheneum, 1970), pp. 7-8.

767) 김철수 교수는 '사생활의 비밀과 자유'를 소극적 권리로만 이해하고 '자기정보를 통제할 수

(2) 법적 성격

사생활의 비밀과 자유는 다양한 프라이버시 이익을 하나의 독립된 권리로 보장하는 '포괄적 권리'이다. 그런데 우리 헌법은 신체의 자유(제12조), 주거의 불가침(제16조), 통신의 불가침(제18조) 등에서 특수한 프라이버시 이익을 보장하고 있으므로 이들 구체적 기본권과 일반적인 프라이버시권을 보장하는 제17조와의 관계가 문제된다. 사생활의 비밀과 자유는 '일반법'으로 보고 이들 프라이버시 이익을 특별히 규정한 조항들은 '특별법'으로 보는 것이 합리적일 것이다. 따라서 특별법은 일반법에 우선한다는 법일반 원칙에 따라 특별조항을 우선적으로 적용하여야 한다.

사생활의 비밀과 자유는 그 침해로 인한 정신적 고통을 구제하기 위한 기본권이므로 그 본질에 있어서 '인격권'의 성격을 가진다.[768] 또한 이 권리는 인격권의 보장을 목적으로 하는 점에서 '일신전속적 권리'에 속한다. 사생활의 비밀과 자유는 원칙적으로 '자유권'의 일종이지만, 오늘날 정보사회에 있어서는 자기정보에의 접근·정정·통제권의 성격을 가지고 있으므로 '청구권적 성격'도 아울러 가지고 있다.

3. 사생활의 비밀과 자유의 주체

사생활의 비밀과 자유는 개인의 인격적 자율성을 보장하기 위한 권리이므로 그 주체는 원칙적으로 '자연인'이다. 프라이버시권이 인간의 존엄성을 실현하기 위한 인간의 권리를 의미하는 한 외국인도 성격상 그 주체가 될 수 있다. 공판정에서 진술하는 피고인이나 증인 등도 그 주체가 된다.[769] 또한 프라이버시권은 인격권

있는 권리'는 제10조의 인간의 존엄권조항에 의해 보장된다고 한다(헌법학개론, 515면).

768) 명예훼손도 인격권의 침해와 정신적 손해를 그 내용으로 하고 있지만, 그 침해대상이 사회적 평가에 국한되고 진실성의 증명이 면책사유가 되는 점에서 사사의 공표가 정신적 고통을 주는 경우에는 진실을 공개한 때에도 보호받는 프라이버시권과는 구별된다.

769) 헌재 1995. 12. 28. 91헌마14 - "공판정에서 진술을 하는 피고인 · 증인 등도 인간으로서의 존엄과 가치를 가지며(제10조), 사생활의 비밀과 자유를 침해받지 아니할 권리를 가지고 있으므로(제17조), 본인이 비밀로 하고자 하는 사적인 사항이 일반에 공개되지 아니하고, 자신의 인격적 징표가 타인에 의하여 일방적으로 이용당하지 아니할 권리가 있다. 따라서 모든 진술인은 원칙적으로 자기의 말을 누가 녹음할 것인가와 녹음된 자기의 음성이 재생될 것인지 여부 및 누가 재생할 것인지 여부에 관하여 스스로 결정할 권리가 있다."

을 보장하기 위한 권리인 점에서 사자(死者)는 원칙적으로 그 주체가 될 수 없다. 다만 이 권리의 침해가 동시에 그의 가족 등 생존자의 권리를 침해하는 경우에는 예외적으로 소송이 성립되고 그 결과 생존자의 권리가 보장되어야 할 것이다.

법인 또는 권리능력없는 사단 등의 단체도 이 자유의 주체가 될 수 있는가에 관하여는 학설이 대립되고 있다. 부정설은 프라이버시권이 인간의 존엄성과 인격적 자율성을 보호하기 위한 것이므로 법인은 원칙적으로 이 권리의 주체가 될 수 없다고 한다.[770] 이에 대하여 긍정설은 법인의 명칭 기타 표지가 타인에 의해 영업적으로 이용되는 경우 등에는 그 성질상 가능한 범위 내에서 프라이버시 법리를 적용할 수 있다고 한다.[771]

4. 사생활의 비밀과 자유의 내용

헌법 제17조는 "모든 국민은 사생활의 비밀과 자유를 침해받지 아니한다."고 규정하여 사생활의 비밀과 자유를 국민의 기본권의 하나로 보장하고 있다. 사생활의 비밀은 국가가 사생활영역을 들여다보는 것에 대한 보호를 제공하는 기본권이며, 사생활의 자유는 국가가 사생활의 자유로운 형성을 방해하거나 금지하는 것에 대한 보호를 의미한다. 구체적으로 사생활의 비밀과 자유가 보호하는 것은 ① <u>개인의 내밀한 내용의 비밀을 유지할 권리</u>, ② <u>개인이 자신의 사생활의 불가침을 보장받을 수 있는 권리</u>, ③ <u>개인의 양심영역이나 성적 영역과 같은 내밀한 영역에 대한 보호</u>, ④ <u>인격적인 감정세계의 존중의 권리와 정신적인 내면생활이 침해받지 아니할 권리</u> 등이다. 요컨대 헌법 제17조가 보호하고자 하는 기본권은 "사생활영역의 자유로운 형성과 비밀유지"라고 할 것이다.[772]

(1) 사생활의 자유의 불가침

'사생활의 자유의 불가침'이란 사생활의 자유로운 형성과 영위, 즉 사생활의 자율을 침해받지 아니하는 것을 말한다. 이는 사생활의 비밀의 불가침에 비해 적극

---

770) 김철수, 헌법학개론, 516면.

771) 변재옥, "정보화사회에 있어서 프라이버시의 권리", 서울대학교대학원 박사학위논문, 1979, 39면.

772) 헌재 2003. 10. 30. 2002헌마518, 판례집 15-2하, 185, 206; 헌재 2007. 5. 31. 2005헌마1139, 공보 128, 646, 650; 헌재 2008. 4. 24. 2006헌마402·531(병합)

적인 내용을 그 대상으로 한다. 원래 민주국가는 개인의 존엄성의 실현을 그 목적으로 하고 있으므로 타인의 권리를 침해하지 않는 한 개인의 행동은 그 자율에 맡기고 있다. 따라서 사생활의 자율성 보장은 프라이버시권의 기초를 이루고 있다. 여기에는 대체로 결혼·임신·피임·낙태, 자녀의 양육·교육, 장발·의복형태, 성생활 등의 자유가 포함된다.[773] 그러나 동성애는 우리의 전통문화(제9조)에 비추어 성적 자기결정권에 속하지 않으며, 따라서 사생활의 비밀로써 보호받지 못한다.[774]

(2) 사생활의 비밀의 불가침

'사생활의 비밀의 불가침'이란 ① 개인의 사사에의 침입, ② 개인의 난처한 사사의 공개, ③ 공중에게 오해를 낳게 할 사사의 공표, ④ 성명·초상 등 사사의 영리적 이용 등으로부터 보호를 받는 것을 의미한다.[775]

1) 사사(私事)에의 침입

본인의 의사에 반하여 감시, 도청, 비밀녹음, 비밀촬영 등에 의해 사생활의 비밀을 탐지하거나 사생활의 평온을 침입하는 행위는 허용되지 아니한다. 거짓말탐지기, 마취분석 등에 의해 개인에 관한 정보를 얻는 것도 금지된다. 개인의 독거 또는 사사에의 침입이 불법행위가 되기 위해서는 그 침해대상은 사적 영역 또는 사항이어야 하며, 그 침해행위는 통상인의 수인의 한계를 넘을 정도로 주관적인 감정을 침해하여야 한다. 그러나 법률상 사적 비밀을 인정하지 않는 경우, 즉 범죄수사상 경찰의 촬영, 지문채취, 신체측정행위, 법인의 기록 등은 프라이버시의 침해가 되지 아니한다.

2) 사적 사항의 공개

사사는 개인의 자율에 일임되어야 하며, 난처한 사사를 무단으로 공개하여서는 안된다. 사사의 공개는 일반적으로 신문, TV 등 대중매체에 의해 이루어지는 경우

---

773) 이들은 미국판례가 현재까지 개인적 자율성의 일환으로 인정하고 있는 것들이다. Paul v. Davis, 424 U.S. 693 (1976).

774) 동성연애에 대한 헌법재판소 판례는 없으나, 우리의 전통문화인 성도덕과 일부일처주의 등을 파괴하므로 성적 자기결정권에 속하지 않고, 따라서 사적 비밀로서 보호받을 수 없다.

775) 이들 프라이버시의 침해태양은 Prosser교수가 300개 이상의 프라이버시 판례를 조사·분석한 후 4개 유형으로 나눈 것을 따른 것이다. Prosser, "Privacy", p. 383.

에 문제가 된다. 사사의 공표가 불법행위가 성립되기 위해서는 사적 비밀을 공공연하게 공표하여 보통의 감수성을 가진 인간에게 정신적 고통을 주어야 하며, 공개된 사항이 자기에 관한 것이라는 동일성의 입증이 있어야 한다. 그 대상은 개인의 신체상의 특징, 상세한 성관계, 비정상적인 행위 등 난처한 사실을 공포하는 데 국한되어야 한다. 이 유형이 본래적이고 가장 광범한 것으로 오늘날에 와서는 자료은행의 급증과 컴퓨터망의 발전으로 그 침해가능성이 더욱 증대되고 있다.

3) 오해를 낳게 할 사사의 공표

허위의 사실을 공표하거나 사실을 과장·왜곡되게 공표하여 특정인을 진실과 다르게 인식하도록 만드는 것은 프라이버시의 침해가 된다. 개인의 의견이나 발언을 허위로 발표하거나, 다른 상황의 사진을 무단 사용하여 허위의 인상을 주거나, 무고한 사람의 성명, 사진, 지문 등을 범인사진진열실에 비치하는 행위 등이 이에 해당한다. 이 때에 오인을 받는 공표는 통상인의 감수성에 비추어 수인할 수 없을 정도의 것이어야 한다.

4) 사사의 영리적 이용

성명, 초상, 경력 등이 사실과 일치하더라도 영리의 목적으로 사용되어 본인의 인격적 이익을 침해하는 행위는 프라이버시의 침해가 된다. 단순한 우발적 사용은 불법행위가 되지 아니하며, 여기에는 동일성의 입증이 있어야 한다. 그런데 영국에서는 사사의 영리적 사용이 인격적 성격보다는 재산적 성격이 더 강하다고 하여 이 유형의 행위를 프라이버시 침해에 관한 대상에서 제외시킨 것은 시사적이라 할 수 있다.[776] 다만, 위의 두 유형은 불법행위와 관련된 사항으로 헌법상 프라이버시권으로서는 그 의의가 적다고 하겠다.

(3) 자기정보에 관한 관리·통제권

'자기정보에 관한 관리·통제권'이란 자신에 관한 정보의 유통을 통제할 수 있는 권리를 말한다. 즉, 개인이 그에 관한 정보가 언제, 어떻게 그리고 어느 범위에서 타인에게 전달할 것인가를 결정할 수 있는 권리를 의미한다. 자기에 관한

---

776) Wacks는 제3·4유형의 false light과 appropriation은 그 보호법익이 프라이버시가 아니라 동일성이라고 한다. Raymond Wacks, The Protection of Privacy (Sweet & Naxwell, 1980), p. 170.

정보가 사생활의 비밀과 자유와 관련이 있는 경우에 그 공표·유통·이용은 프라이버시의 침해를 가져오게 되는 것이다.

(4) 사생활권의 범위

사생활의 비밀과 자유의 구체적인 내용은 광범하고 잡다하기 때문에 그 범위를 획일적으로 규정하는 것은 곤란하다. 우리 헌법재판소가 현재 사생활의 비밀과 자유로 인정한 것은 '성적 자기결정권,'[777] 계약의 자유,[778] 혼인의 자유,[779] 청소년의 당구장 이용[780]등에 머물고 있다. 특히 개인의 모든 정보가 집적·유통·활용되는 정보사회에서는 프라이버시권리가 더욱 침해될 위험성이 있는데, 사생활의 자유는 '정보자기결정권' 즉, 개인관련정보의 이용과 공개는 원칙적으로 개인이 스스로 결정할 권리를 보호함으로써 실현되는 것이다. 사생활의 비밀과 자유는 다양한 유형으로 이루어져 있으므로 헌법이 기본권으로서 보장하는 범위를 '사생활권'이라고 규정하고, 그 범위를 입법과 판례를 통해 확립해 나가야 할 것이다.

5. 사생활의 비밀과 자유의 한계와 제한

사생활의 비밀과 자유는 그 내용이 포괄적이고 다양하지만, 헌법상 이를 보장하는 데에는 일정한 한계가 있다. 즉, 이 권리도 타인의 권리를 침해하거나 사회윤리 또는 헌법질서에 위반되어서는 안된다. 또한 국가안전보장, 질서유지 또는 공공복리를 위하여 필요한 경우에는 법률로써 제한할 수 있다.[781][782] 그러나 그

---

777) 헌재 1990. 9. 10. 89헌마82.

778) 헌재 1991. 6. 3. 89헌마204.

779) 헌재 1997. 7. 16. 95헌가6·13(병합).

780) 헌재 1993. 5. 13. 92헌마80.

781) 헌재 2011. 10. 25. 2009헌마691, 판례집 23-2하, 82(교도소장이 수용자가 없는 상태에서 실시한 거실 및 작업장 검사행위(이하 '이 사건 검사행위'라 한다)가 수용자의 사생활의 비밀 및 자유를 침해하는지 여부(소극): 이 사건 검사행위는 교도소의 안전과 질서를 유지하고, 수형자의 교화·개선에 지장을 초래할 수 있는 물품을 차단하기 위한 것으로서 그 목적이 정당하고, 수단도 적절하며, 검사의 실효성을 확보하기 위한 최소한의 조치로 보이고, 달리 덜 제한적인 대체수단을 찾기 어려운 점 등에 비추어 보면 이 사건 검사행위가 과잉금지원칙에 위배하여 사생활의 비밀 및 자유를 침해하였다고 할 수 없다).

782) 헌재 2011. 9. 29. 2010헌마413, 판례집 23-2상, 726(구치소장이 수용자의 거실에 폐쇄회로 텔레비전(이하 'CCTV'라 한다)을 설치하여 계호한 행위(이하 '이 사건 CCTV 계호행위'라 한다)

제한은 필요한 최소한에 그쳐야 하며, 그 본질적 내용을 침해할 수 없다. 사생활의 비밀과 자유의 보장범위는 결국 이익형량의 원칙과 규범조화적 해석방법에 의해 합리적으로 결정되어야 한다.783)

(1) 표현의 자유와의 관계

사생활의 비밀은 현실적으로는 언론매체에 의해 자주 침해되고 있으며, 그 파급효과가 회복할 수 없을 정도로 크기 때문에 사생활의 비밀과 언론의 자유가 충돌하는 경우에 양자의 조화가 필요하다.784) 따라서 '홀로 있을 권리'와 '알 권리,' 즉 사적 비밀과 공적 공개의 이익형량을 통해 기본권 보장에 만전을 기하는 것이 중요한 헌법과제가 되고 있다. 일반적으로 뉴스성이 있는 기사는 국민의 알 권리를 충족시키기 위한 필요에서 사생활의 비밀을 침해하더라도 언론의 자유의 일환으로 인정되고 있다(언론의 자유의 우월성).

프라이버시권의 침해 여부를 결정하기 위한 뉴스성의 판단기준으로는 ① 공공의 이익(public interest), ② 공적 인물(public figure)과 ③ 공적 기록(public record) 등이 제시되고 있다.785)

가 과잉금지원칙에 위배하여 수용자의 사생활의 비밀 및 자유를 침해하는지 여부(소극): 피청구인은 청구인의 사생활의 비밀 및 자유에 대한 제한을 최소화하기 위한 조치를 취하고 있는 점, 상시적으로 청구인을 시선계호할 인력을 확보하는 것이 불가능한 현실에서 자살이 시도되는 경우 신속하게 이를 파악하여 응급조치를 실행하기 위하여는 CCTV를 설치하여 청구인의 행동을 지속적으로 관찰하는 방법 외에 더 효과적인 다른 방법을 찾기 어려운 점 등에 비추어 보면, 이 사건 CCTV 계호행위는 피해의 최소성 요건을 갖추었다 할 것이고, 이로 인하여 청구인의 사생활에 상당한 제약이 가하여진다고 하더라도, 청구인의 행동을 상시적으로 관찰함으로써 그의 생명·신체를 보호하고 교정시설 내의 안전과 질서를 보호하려는 공익 또한 그보다 결코 작다고 할 수 없으므로, 법익의 균형성도 갖추었다. 따라서 이 사건 CCTV 계호행위가 과잉금지원칙을 위배하여 청구인의 사생활의 비밀 및 자유를 침해하였다고는 볼 수 없다).

783) 헌재 2014. 6. 26. 2012헌마331, 판례집 26-1하, 609(금융감독원의 4급 이상 직원에 대하여 공직자윤리법상 재산등록의무를 부과하는 공직자윤리법 제3조 제1항 제13호 중 공직자윤리법 시행령 제3조 제4항 제15호에 관한 부분(이하 '이 사건 재산등록 조항'이라 한다)이 금융감독원의 4급 직원인 청구인들의 사생활의 비밀의 자유 및 평등권을 침해하는지 여부(소극): 이 사건 재산등록 조항에 의하여 제한되는 사생활 영역은 재산관계에 한정됨에 비하여 이를 통해 달성할 수 있는 공익은 금융감독원 업무의 투명성 및 책임성 확보 등으로 중대하므로 법익균형성도 충족하고 있다. 따라서 이 사건 재산등록 조항은 청구인들의 사생활의 비밀과 자유를 침해하지 아니한다).

784) 윤명선, "사생활의 비밀과 언론의 자유", 월간고시, 1992. 3. 참조.

785) Don R. Pember, Privacy and the Press (1972). 이는 그 첫 자음을 본 따서 3P원칙이라고 부른다. Brisco 사건에서는 그 기준으로 ① 공표된 사실의 사회적 가치, ② 사적 사항의 침해

첫째, 국민의 알 권리의 대상이 되는 사항은 보도하는 것이 '공공의 이익'에 부합되므로 사생활의 비밀보다 우월하다. 언론매체가 보도하는 내용은 보도적 가치, 교육적·계몽적 가치와 오락적 가치를 가지고 있는 것으로 계열화시킬 수 있다. 그리하여 보도적 가치는 프라이버시의 그것보다 우월하고, 교육적·계몽적 가치는 프라이버시 이익과 비교형량하여야 하며, 단순한 오락적 가치만을 가진 보도는 프라이버시권의 우월성을 인정하여야 한다. 공공의 이익에 부합되기 때문에 언론기관이 일반적으로 면책되는 경우로는 범죄자의 체포·구금, 법의 집행, 공중의 보건과 안전, 공공행정에 관한 토론, 사이비종교, 의료시설, 여성운동, 범죄희생자 등이 포함된다.

둘째, '공적 인물'은 국민의 알 권리의 대상이 되기 때문에 그 사생활의 범위가 일반 국민에 비해 제한된다. 공적 인물이란 그의 지위, 재능, 명성, 생활양식 또는 인기 등에 의해 명사가 된 자를 말하는데, 여기에는 정치인, 고급관료, 연예인, 운동선수 등 자발적으로 유명인사가 된 경우와 범인과 그 가족, 피해자 등처럼 비자발적으로 유명인사가 된 경우가 있다. 그러나 단순히 공적 인사라는 사실만으로 사생활이 무한정하게 공개되어서는 안되며, 공적 생활 내지 공공의 이익이 되는 사건에 개입된 범위 안에서만 프라이버시는 제한될 수 있다.

셋째, '공적 기록'에 의해 얻은 자료는 개인의 프라이버시보다 우월하기 때문에 프라이버시 소송의 대상이 되지 아니한다. 여기에는 주민등록, 군복무기록, 국가기관의 개인정보화일, 변호사 등의 자격취득 등의 기록이 해당된다. 그러나 범죄기록, 소득세기록 등의 공표가 개인의 프라이버시를 침해하는 것으로 볼 수 있는 경우들이 있다. 소년범죄자, 강간희생자 등의 경우에는 형사정책상의 이유 때문에 일반적으로 성명의 보도를 제한하고 있다.

(2) 수사권과의 관계

수사권의 발동과 사생활의 비밀은 그 성격상 서로 저촉되기 때문에 양자 간의 이익의 균형·조화가 요구되고 있다. 국가의 수사권은 영장에 의해 그 발동이 개시되며, 합법적으로 행사되어야 한다. 이와 관련하여 범죄수사상 전화도청을 하거나 증거보전을 위한 사진촬영을 하거나 수사내용상 프라이버시가 관련된 경우들이 일어난다. 이와 같은 경우에는 공공의 이익을 위해 개인의 사생활의 비밀이 제한되

정도, ③ 공적 사항의 자발적 접근의 정도 등을 들고 있다. Brisco v. Reader's Digest Association Inc., 4 Cal. 3d, 529 (1971).

지 않을 수 없지만, 그 제한은 합리적인 범위 안에서 최소한에 국한되어야 한다.

(3) 국정조사권과의 관계

국회의 조사권은 그 법적 성격을 어떻게 이해하든 간에, 그 권한행사를 위해 광범하게 행사되고 있는데, 프라이버시권과의 상호 저촉이 문제가 되고 있다. 조사권의 발동은 국회가 그 기능을 수행하는 데 필요한 범위 안에서 이루어져야 하며, 이 경우 국민은 증언의무를 가지고 있다. 그러나 국정조사의 목적과 직접적인 관련이 없는 프라이버시에 관한 조사는 허용되지 않으며 그 증언을 거부할 수 있다. 사생활의 비밀에 관한 조사를 부득이하게 하는 경우에는 합리적인 범위 안에서 최소한에 그쳐야 한다.[786)]

Ⅱ. 주거의 자유

1. 주거의 자유의 헌법상 의의

주거는 사생활의 중심이 되는 장소 내지 설비로서 주거의 자유는 인간이 자유를 누리기 위한 '최소한의 조건'이다. "각자의 주거는 그의 성(城)이다"(One's home is his castle)라는 법언이 말해주듯이, 주거는 사생활을 공간적으로 보호하는 단위이며, 그 안에서는 자유가 절대적으로 행사될 수 있는 것이다. 헌법 제16조에서는 주거의 불가침과 영장제도를 규정하여 주거의 자유를 보장하고 있다. 주거의 자유는 사생활의 비밀을 보장하는 것을 그 내용으로 하지만, 양자는 특별법과 일반법의 관계에 있으므로 주거의 자유가 우선적으로 적용된다.

2. 주거의 자유의 내용

주거의 자유는 주거의 불가침을 그 내용으로 한다. 종래 그 법익은 주거의 안전과 평온을 보호하기 위한 것으로 이해되었으나, 오늘날에는 그 위에 사생활의

786) 우리나라의 '국정감사 및 조사에 관한 법률'은 감사 또는 조사가 개인의 사생활을 침해할 목적으로 행사되어서는 안된다고 규정하고 있다(제8조).

비밀을 그 보호법익으로 하고 있다고 본다. 여기에 '주거'라 함은 사람이 거주하는 설비로서 사생활을 위한 주거공간을 의미한다. 따라서 '주거'란 주택보다는 광범한 개념으로서 사무실, 연구실, 기숙사, 호텔·여관 등의 방, 상점, 공장, 작업장 등이 널리 포함된다. 주거의 자유를 이와 같이 광범하게 인정하는 경우에 그 자유의 주체가 누구인가의 문제가 발생할 수 있는데, 원칙적으로 그 생활공간의 장(학교의 장, 사장 등)이 주거의 자유의 주체가 된다고 본다. 그러나 기숙사나 여관의 객실의 경우에는 그 거주자의 사생활의 비밀을 보호하기 위해 거주자가 주체가 된다.

거주자의 동의 없이 사적인 생활공간의 내부에 들어가는 것은 주거의 자유에 대한 침해가 된다. 동의에는 명시적 동의 뿐 아니라 추정적 동의(예를 들면, 상점에 행인이 들어가는 경우)도 포함된다. 주거자의 동의가 있었다고 하더라도 불법행위를 할 목적으로 들어간 경우에는 진정한 동의가 있었다고 볼 수 없으므로 이는 주거의 침입이 되고 형법상 주거침입죄가 성립된다. 도청기 등을 사용하여 내부에서의 대화를 도청·녹음하는 것은 사생활의 비밀을 침해하는 동시에 주거의 자유를 침해하는 것이 된다. 사인에 의해서도 주거의 침입은 일어나며, 이 경우에는 형법상 주거침입죄가 적용된다.

3. 주거의 압수·수색에 대한 영장주의

주거에 대한 압수나 수색을 할 때에는 검사의 신청에 의해 법관이 발부한 영장을 제시하여야 한다(제16조 2문). 이 규정은 가택수색에 대한 영장주의를 채택함으로써 국가기관에 의한 주거의 자유 침해를 방지하기 위한 것이다. 여기에서 '수색'이란 목적물을 발견하기 위해 행하는 각종의 처분을 말하고, '압수'란 강제적으로 물건의 점유를 취득하는 것을 말한다. 형사절차상 주거에 대한 압수·수색에는 정당한 이유와 적법절차에 의해 발부된 영장이 필요하다. 가택에 대한 압수·수색에 관하여는 적법절차조항이 없지만, 신체의 자유와 마찬가지로 적법절차의 원리가 적용되어야 한다. 영장에는 수색할 장소와 압수할 물건을 명시하여야 하며, 그 대상을 포괄적으로 기재하는 일반영장(general warrant)은 금지된다. 다만 현행범인을 체포하거나 긴급구속을 할 때에는 합리적인 범위 내에서 영장없이 주거에 대한 압수·수색을 할 수 있다.

이와 같은 영장주의가 행정절차(행정상 강제)에 있어서도 엄격하게 적용될 수 있느냐가 문제되고 있다. 소방·위생·세무·영업감독 등 행정상 긴급한 목적으로 주거에 들어가는 것은 법률의 근거가 있고 합리적인 범위 내에서 행하여지는 것이므로 영장이 필요하지 않다. 그러나 산림법 위반사건이나 조세법 위반사건 등에 있어서처럼 형사상의 목적을 위한 경우에는 영장이 필요한 것이다. 다만, 행정목적을 위한 영장은 형사절차의 경우와는 달리 그 요건을 완화하여 발부할 수 있다.

4. 주거의 자유의 제한

주거의 자유도 국가안전보장·질서유지 또는 공공복리를 위하여 필요한 경우에는 법률로써 제한할 수 있다. 이를 제한하는 경우에는 기본권 제한의 일반법리, 즉, 과잉금지의 원칙 등이 적용되어야 한다. 주거의 자유를 제한하는 법률로는 소방법·우편법·전염병예방법·마약법·관세법·조세범처벌법·국세징수법·경찰관직무집행법·근로기준법·형사소송법 등이 있다.

Ⅲ. 통신의 자유

1. 통신의 자유의 헌법상 의의

통신의 자유는 한편으로는 통신의 내용을 보호하고 다른 한편으로는 통신의 비밀을 침범하지 않게 하기 위해 인정된다. 통신비밀의 불가침을 기본권으로 보장하게 된 것은 전화·팩스뿐만 아니라, 페이스북이나 카톡에 의한 메시지 전달 등 그 기기나 기술의 발전에 따라 그 범위가 확장되고 있다. 헌법 제18조는 이들 가치를 보호하기 위해 통신의 불가침을 규정하고 있다.

2. 통신의 자유의 내용

통신의 자유는 통신의 불가침을 그 내용으로 하는데, 이는 적극적으로 통신의 비밀을 알게 된 행위와 직무상 알게 된 정보를 누설하는 행위를 금지함을 말한다. 여기에 '통신'이라 함은 신서, 전화, 텔렉스 그 밖의 우편물 등의 수단에 의한 격지자간의 의사의 전달 또는 물품의 접수를 말한다. 통신의 자유의 주요 내용은 열람금지, 누설금지, 정보금지 등으로 구별할 수 있다. '열람금지'란 봉한 통신을 개피하거나 그 내용을 검열·도청 등의 방법으로 적극적으로 인지하는 것을 금지하는 것이다. '누설금지'란 봉하지 아니한 통신이나 기타 직무상 지득한 사실을 누설하는 것을 금지하는 것이다.[787] 그리고 '정보금지'란 통신업무의 내용을 정보활동의 목적에 제공하는 것을 금지하는 것이다. 사인이 봉함 기타 비밀장치한 사람의 편지, 문서 또는 도화를 개봉하게 되면 처벌된다.[788]

3. 통신의 자유의 제한

통신의 자유도 국가안전보장·질서유지 또는 공공복리를 위하여 필요한 경우에는 법률로써 제한할 수 있다. 이 경우에도 기본권제한의 법리, 특히 과잉금지의 원칙이 적용되어야 한다. 그 대표적인 법률이 '통신비밀보호법'으로서 치안상 또는 국방상 위해를 미칠 염려가 있는 때에는 통신에 대한 제한을 할 수 있도록 하였다.[789] 그 밖에도 반국가단체와의 통신, 헌법 또는 정부를 폭력으로 파괴할 것

787) 헌재 2011. 8. 30. 2009헌바42, 판례집 23-2상, 286, 293(공개되지 아니한 타인간의 대화를 녹음 또는 청취하여 지득한 대화의 내용을 공개하거나 누설한 자를 처벌하는 통신비밀보호법 제16조 제1항 제2호 중 '대화의 내용'에 관한 부분이 과잉금지원칙에 반하여 대화의 내용을 공개한 자의 표현의 자유를 침해하는지 여부(소극): 이 사건 법률조항이 불법 감청·녹음 등을 통하여 취득한 타인간의 대화내용을 공개·누설하는 경우 그러한 취득행위에는 관여하지 않고 다른 경로를 통하여 그 대화내용을 알게 된 사람이라 하더라도 처벌하는 것은 위와 같이 헌법 제18조에 의하여 보장되는 통신의 비밀을 보호하기 위함이다).

788) 봉한 서신을 태양에 비추어 그 내용을 탐지한 경우에도 신서개파죄에 해당된다.

789) 헌재 2018. 6. 28. 2012헌마191 등, 공보 제261호, 1108(통신비밀보호법 제13조 제1항 중 '검사 또는 사법경찰관은 수사를 위하여 필요한 경우 전기통신사업법에 의한 전기통신사업자에게 제2조 제11호 바목, 사목의 통신사실 확인자료의 열람이나 제출을 요청할 수 있다' 부분이 과잉금지원칙에 위반되어 청구인들의 개인정보자기결정권과 통신의 자유를 침해하는지 여부(헌법불합치): 수사기관은 위치정보 추적자료를 통해 특정 시간대 정보주체의 위치 및 이동상황에 대한 정보를 취득할 수 있으므로 위치정보 추적자료는 충분한 보호가 필요한 민감한 정보에 해당되는 점, 그럼에도 이 사건 요청조항은 수사기관의 광범위한 위치정보 추적자료 제공요청을 허용하여 정보주체의 기본권을 과도하게 제한하는 점, 위치정보 추적자료의 제공요청과 관련하여서는 실시간 위치추적 또는 불특정 다수에 대한 위치추적의 경우 보충성 요건을 추가하거나 대상범죄의 경중에 따라 보충성 요건을 차등적으로 적용함으로써 수사에 지장을 초래하지 않으면서도 정보주체의 기본권을 덜 침해하는 수단이 존재하는 점, 수사기관의 위치정보 추적자료 제공요청에 대해 법원의 허가를 거치도록 규정하고 있으나 수사의 필요성만을 그 요건으로 하고 있어 절차적 통제마저도 제대로 이루어지기 어려운 현실인 점 등을 고려할 때, 이 사건 요청조항은 과잉금지원칙에 반하여 청구인들의 개인정보자기결정권과 통신의 자유를 침해한다).

을 주장하는 통신을 금지하고 있고, 법원은 피고인이 발송하거나 피고인에 대하여 발송된 우체물 등을 압수할 수 있으며, 교도관은 수형자의 서신수발을 검열할 수 있다.[790] 또한 관세우체국은 수출입우편물에 대한 검사를 하고, 파산관재인은 우편물이나 전보를 개피할 수 있다.

4. 통신의 자유와 도청·역탐지·감화·발신자전화번호통보제도

전화도청이나 도청기구에 의한 도청은 원칙적으로 금지되며, 형사상 범죄수사의 필요로 도청을 하는 경우에는 검사의 신청에 의한 법원의 허가가 있어야 한다. 범죄와 무관한 제3자에 대한 도청은 허용되지 아니한다. 외국에는 도청을 규제하는 입법이 있으며, 우리나라도 '통신비밀보호법'이 있다.

전화의 발신장소를 탐지하는 이른바 '역탐지'는 현행범에 해당되는 경우에 검사가 법원의 허가를 얻으면 허용된다. 이러한 조치는 현행범에 대한 영장발부 없는 체포의 경우와 동일한 법리에 의해 인정된다.

국가안전보장에 대한 위해를 방지하기 위하여 정보수집이 필요한 경우에는 대통령령이 정하는 정보수사기관의 장은 6월 이내에 통신제한조치를 할 수 있는데, 통신의 일방 또는 쌍방당사자가 내국인 경우에는 고등법원 수석부장판사의 허가를 얻어야 하고, 우리나라에 적대하는 국가, 반국가활동의 혐의가 있는 외국의 기관·단체와 외국인, 대한민국의 통치권이 사실상 미치지 아니하는 한반도 내의 집단이나 외국에 소재하는 그 산하단체의 구성원의 통신인 경우에는 대통령의 승인을 얻어 통신제한조치를 할 수 있다.

최근에 협박전화·음란전화 등의 전화폭력이 극성을 부리게 됨에 따라 이를 방지하기 위한 방법의 일환으로 이른바 발신자전화번호통보제도가 생겼다. 이 제도는 수신자의 요청에 의해 전화국컴퓨터에 발신자의 전화번호와 통화시간을 기억하는 장치를 한 후 그의 요청이 있는 경우에는 이를 자동통보하게 하는 것이다. 통신비밀보호법은 전기통신사업법에 의한 전기통신업자가 수신인의 요구가 있을 때에는 송신인의 전화번호를 통보할 수 있게 하고 있다.

---

790) 헌재 1995. 7. 21. 92헌마144.

제 6 절 경제적 자유권

Ⅰ. 직업의 자유

1. 직업의 자유의 연혁 및 입법례

(1) 연 혁

근대 시민혁명시대의 여러 인권선언은 직업선택의 자유에 관한 별도의 규정을 두지 않았다. 왜냐하면 직업선택의 자유를 재산권을 보장하는 규정에 의하여 간접적으로 보장된다고 보거나 포괄적인 자유에 포함되는 것으로 파악하였기 때문이다.[791)]

우리나라 헌법 제15조는 "모든 국민은 직업선택의 자유를 가진다"고 규정하여 개인의 사회적·경제적 생활의 기초가 되는 직업선택의 자유를 보장하고 있다. 직업선택의 자유가 헌법상 명문화된 것은 제3공화국 헌법에서부터이다. 제3공화국 헌법 제13조는 직업선택의 자유를 규정함으로써 종래의 학설의 대립을 입법적으로 해결하였다. 그런데 제4공화국 헌법 제13조는 "모든 국민은 법률에 의하지 아니하고는 직업선택의 자유를 제한받지 아니한다."고 규정하여 개별적 법률유보하에 두었다. 그 후 제5공화국 헌법 제14조가 다시 법률유보 조항을 삭제하였고, 현행 헌법도 그대로 유지하고 있다.

(2) 입법례

직업선택의 자유를 최초로 규정한 실정법은 프랑스의 1791년 명령이었다. 직업선택의 자유가 헌법상 명문으로 규정된 것은 1919년 바이마르(Weimar)헌법 제111조 및 제151조에서 비롯되고 있다. 직업선택의 자유는 독일 기본법(제12조), 스위스헌법(제31조－제33조), 노르웨이헌법(제110조), 인도헌법(제22조), 일본헌법(제22조) 등에서 보장되고 있다.

---

791) 권형준, "직업선택의 자유", 법학논총 제10집, 한양대학교 법학연구소, 1993. 10, 145면.

직업의 자유에 관하여 ① 명문의 규정을 두지 아니한 국가(예: 미국, 중국 등)와 명문의 규정을 둔 경우에도, ② 거주·이전의 자유와 동일한 조문에서 규정하고 있는 국가(예: 일본, 바이말공화국 등), ③ 독립의 규정을 두고 있는 국가(예: 독일, 우리나라 등) 등이 있다.

2. 직업의 자유의 헌법상 의의

(1) 개 념

'직업'(Beruf)이라 함은 "생활의 기초를 형성하고 유지하는데 필요한 계속적인 모든 허용된 활동"을 말한다. 즉, 직업이란 "생활의 기본적인 수요를 충족시키기 위한 계속적 소득활동을 의미하며 그러한 내용의 활동인 한 그 종류나 성질을 불문한다."[792] 독일 연방헌법재판소 판례도 동일한 내용이다.[793] 헌법 제15조에서 "모든 국민은 직업선택의 자유를 가진다."고 하여 직업의 자유를 보장하고 있다. 직업선택의 자유라 함은 개인이 자기가 원하는 바에 따라 어떠한 직업을 선택하고 나아가 선택한 직업에 종사하여 영위할 수 있는 자유로서 사경제활동의 자유 내지 영업의 자유라고도 말한다. 우리 헌법 제15조는 "직업선택의 자유"라고 규정하고 있어 마치 직업선택의 자유만 보장하고 있는 것처럼 보인다. 그러나 동조는 직업선택의 자유뿐만 아니라 개인의 직업생활과 관련된 종합적이고 포괄적인 기본권으로서의 '직업의 자유'를 보장하고 있다고 해석해야 타당할 것이다. 왜냐하면 직업의 선택과 그 선택한 직업의 종사 내지 영위는 상호 불가분의 관계를 맺고 있어서 헌법 제15조가 개인이 종사할 직업을 결정하는 자유만을 보장하고 선택한 직업에 자유로이 종사할 수 있는 자유를 보장하지 않는다면 직업선택의 자유 그 자체가 무의미하게 되기 때문이다.

직업의 개념으로부터 3가지 요소를 추출해 내고 있다. 우리나라 학설과 판례에서는 '생활수단성', '계속성', '공공무해성'이라는 개념요소를 들고 있다.

---

792) 헌재 1993. 5. 13. 92헌마80, 판례집 5-1, 365, 374; 헌재 2002. 5. 30. 2000헌마81, 판례집 14-1, 528, 541; 헌재 2007. 3. 29. 2005헌마1144, 판례집 19-1, 335, 343; 헌재 2010. 2. 25. 2009헌바38, 판례집 22-1상, 275, 285; 헌재 2014. 5. 29. 2011헌마363, 판례집 26-1하, 378, 383.

793) BVerfGE 7, 377 (397 ff.); BVerfGE 105, 252 (265); BVerfGE 115, 276 (300).

1) 생활수단성

그 활동이 생활의 기초를 형성하고 유지하는데 필요한 활동이 아니면 안된다. 그러므로 단순한 취미활동은 직업이라 할 수 없다. 그러나 구체적인 경우에 그 활동이 실제로 생계를 보장할 수 있는 정도의 충분한 생활비를 벌어야 하는 것은 아니다. 또한 하나의 직업만이 아니라 두 가지 또는 그 이상의 직업을 가지고 있더라도 생계의 기초를 형성하고 유지하는데 필요한 활동인 경우에는 모두 직업이라고 할 수 있다.[794) '생활수단성'과 관련하여, 단순한 여가활동이나 취미활동은 직업의 개념에 포함되지 않으나, 겸업이나 부업은 생활의 수요를 충족하기 위한 활동이므로 직업에 해당한다고 볼 수 있다.[795)]

2) 계속성

직업이라고 인정되기 위해서는 그 활동이 적어도 일정기간 계속되는 계속성을 가져야 한다. 그러나 계속성의 요건을 충족했는지 여부는 각각의 구체적인 경우에 따라서 판단할 수밖에 없다.[796)] '계속성'과 관련하여, 주관적으로 활동의 주체가 어느 정도 계속적으로 해당 소득활동을 영위할 의사가 있고, 객관적으로도 그러한 활동이 계속성을 띨 수 있으면 족하다. 예를 들면, 휴가기간 중에 하는 일, 수습직으로서의 활동, 대학생의 본업이라 하더라도 방학기간을 이용하여 또는 휴학 중에 학비 등을 벌기 위해 학원강사로서 일하는 행위는 계속성을 갖추었다고 보인다.[797)]

3) 공공무해성(?)

어떤 활동이 직업이라고 할 수 있기 위해서는 허용된 공공무해성을 지녀야 한다고 주장한다.[798)] 즉, 사회적으로 허용되는 소득활동으로서 공공에 유해하지 않는 활동이어야 한다는 것이다.[799)]

헌법재판소는 직업의 개념요소로서 공공무해성을 언급한 적은 없다. 그런데 최

794) 남기환, "직업선택의 자유", 월간고시, 1986. 2, 82면.
795) 헌재 2003. 9. 25. 2002헌마519, 판례집 15-2상, 454, 471.
796) 허영, 한국헌법론, 476면.
797) 헌재 2003. 9. 25. 2002헌마519, 판례집 15-2상, 454, 471.
798) 허영, 한국헌법론, 476면.
799) 권영성, 헌법학원론, 2010, 574면.

근 헌법재판소가 “성매매는 성판매자의 입장에서 생활의 기본적 수요를 충족하기 위한 소득활동에 해당하기 때문에 성판매자의 직업선택의 자유를 제한한다.”고 설시하여 공공무해성이 직업 개념의 요소가 아님을 시사했다.[800]

사회적으로 허용되는 공공무해성이라는 개념제한적 요소를 직업 개념으로 삼게 되면, 직업의 자유의 보호영역에 포함되지 못함으로 인해 본안판단을 받지 못하는 행위들이 발생하게 되고 이는 직업의 자유는 축소시키는 결과가 된다.[801]

(2) 법적 성격

직업선택의 자유는 인격의 신장을 위한 전제조건으로서 넓은 의미의 행동의 자유를 의미하므로 기본적으로는 자유권의 성격을 가진다. 직업은 또한 생활의 기본적 수요를 충족시키기 위한 경제적 활동을 의미하기 때문에 자유권 중에서도 ‘경제적 자유권’의 범주에 속한다. 따라서 국가는 어떤 직업의 선택을 강제하거나 일정한 직업의 수행을 방해할 수 없다.

직업선택의 자유를 직업의 자유로 파악할 경우 이는 개개인의 주관적 공권으로서의 성격을 가진다. 왜냐하면 노동과 직업이 삶의 기초인 곳에서 직업의 자유는 개개인이 삶을 형성해 나가는 한 부분인 것이고, 사유재산제를 기본으로 하는 사회에서 개인이 창의와 능력을 발휘하여 자유로운 인격의 발현을 기함에 필수불가결하기 때문이다.[802] 한편 직업의 자유는 국가의 형성요소로서 객관적 법질서의 성격도 아울러 지닌다. 국가의 사회질서와 경제질서는 국민 개개인이 선택한 직업의 수행에 의하여 형성되기 때문에 직업의 자유는 사회적 시장경제질서의 불가결한 요소로서 우리 헌법상 객관적 원리로서의 의미를 가지게 된다.

---

800) 헌법재판소는 최근 결정에서 “헌법 제15조에서 보장하는 ‘직업’이란 생활의 기본적 수요를 충족시키기 위하여 행하는 계속적인 소득활동을 의미하고, 성매매는 그것이 가지는 사회적 유해성과는 별개로 성판매자의 입장에서 생활의 기본적 수요를 충족하기 위한 소득활동에 해당함을 부인할 수 없다 할 것이므로, 심판대상조항은 성판매자의 직업선택의 자유도 제한하고 있다.”고 하여, 공공무해성을 직업 개념의 징표에서 제외하는 듯 한 뉘앙스를 준다(헌재 2016. 3. 31. 2013헌가2, 판례집 28-1상, 259, 272).

801) ‘공공무해성’의 문제점에 관해서는 한수웅, 헌법학, 2016, 667면.

802) K. Hesse, Grundzüge des Verfassungsrechts der Bundesrepublik Deutschland, 20. Aufl., 1995, S. 162.

3. 직업의 자유의 주체

직업선택의 자유의 주체는 '국민'(자연인)이다. 대한민국의 국적을 가진 자연인인 국민은 헌법상 당연히 직업선택의 자유의 주체가 된다. 다만, 미성년자는 법정대리인의 승낙을 받지 않고는 특정 영업을 할 수 없고(민법 제8조 1항), 공무원이나 군인 등 특수신분관계에 있는 자는 일정한 제한이 있다.

일반적으로 자연인뿐만 아니라 사법(私法)상 사법인도 직업의 자유의 주체가 된다.[803] 사법인이 직업의 자유의 주체가 되는 이유는 직업의 자유가 인간(자연인)이라는 특성과 무관하기 때문이다. 법인은 그 존속 취지상 직업을 행사하는 것은 아니지만, 자연인이 생활의 수입을 얻을 목적으로 일하는 것처럼 법인은 수익을 창출하기 위한 활동을 한다고 볼 수 있다.[804] 그러나 공권력의 행사자인 공법인은 기본권의 주체가 아니라 국민의 기본권을 보호 내지 실현해야 할 책임과 의무를 지는 지위에 있을 뿐이다.[805] 즉, 공법인은 원칙적으로 기본권의 주체가 아니라, 공권력으로서 그 권한에 의해 행동한다. 공법인이 사법(私法)상 독립법인으로서 법적 과제를 수행하는 경우에도 기본권 주체가 되지 못한다.[806] 사법인이 일부는 공적인 부분을, 일부는 사적인 부분을 담당하는 혼합된 기업은 기본권 주체가 어느 정도까지 인정될 수 있는지가 문제된다. 판례에서는 국가가 지배적인 영향력을 행사하는 경우, 공적 과제의 수행하는 것으로 보아 기본권 주체성을 부정한다. 지배력의 기준은 공권력이 재산의 반 이상을 소유하고 있는 경우, 지배적인 영향력을 행사하는 것으로 판단한다.[807]

헌법재판소 판결에 의하면, 외국인은 직업선택의 자유의 주체가 된다고 한다.[808] 직장선택의 자유란 개인이 그 선택한 직업분야에서 구체적인 취업의 기회를 가지거나, 이미 형성된 근로관계를 계속 유지하거나 포기하는 데 있어 국가의 방해를 받지 않는 자유로운 선택·결정을 보호하는 것을 내용으로 한다.[809]

---

803) BVerfGE 53, 1 (13). 헌재 1996. 3. 28. 94헌바42, 판례집 8-1, 199, 206; 헌재 2010. 6. 24. 2007헌바101 등, 판례집 22-1하, 417, 434.

804) BVerfGE 102, 197 (212 f.); BVerwGE 97, 12 (23).

805) 헌재 2014. 6. 26. 2013헌바122, 판례집 26-1하, 561.

806) BVerfGE 68, 193 (208 f., 212 f.); Mann, in: Isensee/Kirchhof, HdbStR VI, 3. Aufl. (2008), § 146 Rn. 27 f.

807) BVerfGE 128, 226 (246 f.); Zimmermann, JuS 1991, S. 294.

808) 헌재 2011. 9. 29. 2007헌마1083, 2009헌마230·352(병합).

4. 직업의 자유의 내용

헌법 제15조는 모든 국민은 직업선택의 자유를 가진다고 규정하고 있다. 헌법 제15조가 특정 직업의 자격 및 요건에 관한 법률을 만들어야 할 명시적인 입법의무를 부여하였다고 볼 수는 없다.[810)]

(1) 내 용

직업선택의 자유는 누구나 자유롭게 자신이 종사할 직업을 선택하고, 그 직업에 종사하며, 이를 변경할 수 있는 자유를 말하며, 이에는 개인의 직업적 활동을 하는 장소 즉 직장을 선택할 자유도 포함된다.[811)] 직업의 자유의 내용에는 직업의 자유에는 모든 국민이 ① 원하는 바에 따라 어떤 직업이라도 자유로이 선택할 수 있는 자유(결정의 자유), ② 선택한 직업을 수행하는 자유(수행의 자유), ③ 직업을 자유로이 전환할 수 있는 자유(전직의 자유), ④ 여러 개의 직업을 선택하여 동시에 함께 행사할 수 있는 자유(겸직의 자유),[812)] ⑤ 직업을 가지지 아니하는 자유(무직의 자유) 등이 포함된다. 법인의 설립은 그 자체가 간접적인 직업선택의 한 방법이다.[813)]

(2) 직업수행의 자유

직업선택의 자유에는 선택한 직업을 공권력으로 부터 방해받지 않고 자유로이 수행할 수 있는 직업수행의 자유 내지 직업종사의 자유가 포함된다. 직장선택의 자유는 직업수행의 자유의 당연한 내포로써 인정된다. 여기에서 문제되는 것이 이른바 '영업의 자유'와의 관계이다. 영업은 넓은 의미의 직업의 일종이므로 다수설은 영업의 자유는 직업수행의 자유 내지 직업종사의 자유에 포함된다고 본다. 이에 대하여 영업의 자유가 자연인의 경우에는 직업의 자유의 한 내용에 불과하

809) 헌재 2002. 11. 28. 2001헌바50, 판례집 14-2, 668, 678.
810) 헌재 2010. 7. 29. 2008헌가19 등, 판례집 22-2상, 37, 54.
811) 헌재 1989. 11. 20. 89헌가102, 판례집 1, 329, 336; 헌재 2002. 11. 28. 2001헌바50, 판례집 14-2, 668-667.
812) 헌재 1997. 4. 24. 95헌마90, 판례집 9-1, 474, 480.
813) 헌재 1996. 4. 25. 92헌바47, 판례집 8-1, 370, 380.

지만, 법인의 경우에는 직업의 자유 그 자체라고 할 수 있다. 직업수행의 자유는 그 성질상 직업결정의 자유나 전직의 자유에 비해 더 광범한 법률상 규제가 가능하다.[814)]

(3) 근로의 의무와 무직의 자유

직업선택의 자유의 내용으로서 무직의 자유를 인정하는 경우에 근로의 의무(제32조 2항)와의 관계가 문제된다. 우리 헌법상 근로의 의무는 근로에 종사할 것을 권유하는 단순한 윤리적 의무에 불과하다고 보는 다수설에 의하면, 직업선택의 자유에는 '무직'의 자유가 당연히 포함된다고 한다. 이에 대하여 근로의 의무를 법적 의무로 보는 소수설의 입장에서는 무위도식하는 것은 원칙적으로 인정되지 않는다고 하여 무직의 자유를 직업선택의 자유에서 제외한다. 다만 자유업의 종사는 인정하고 있다.

5. 직업의 자유의 제한

직업선택의 자유도 국가안전보장, 질서유지 또는 공공복리를 위하여 필요한 경우에는 법률로써 제한할 수 있다. 직업선택의 자유와 직업행사의 자유는 기본권 주체에 대한 그 제한의 효과가 다르기 때문에 제한에 있어서 적용되는 기준도 다르며, 특히 직업행사(수행)의 자유에 대한 제한의 경우 인격발현에 대한 침해의 효과가 일반적으로 직업선택 그 자체에 대한 제한에 비하여 작기 때문에, 그에 대한 제한은 보다 폭넓게 허용된다고 할 수 있다. 직업수행의 자유는 직업선택의 자유에 비하여 공공복리 등 공익상의 이유로 비교적 넓은 법률상의 규제가 가능하지만, 그 경우에도 헌법 제37조 제2항에 따른 비례의 원칙은 지켜져야 한다.

(1) 일반적 법률유보에 의한 제한

우리 헌법상 직업선택의 자유는 제37조 제2항에 의한 제한을 받되, 이는 법률로써만 할 수 있다. 여기에는 기본권 제한의 일반원리가 적용된다. 그 제한의 형식은 금지제, 등록제, 면허제, 자격제, 허가제, 특허제 등이 있다.

---

814) 헌재 1993. 5. 13. 92헌마80 - "…직업결정의 자유나 전직의 자유에 비하여 직업종사(직업수행)의 자유에 대하여서는 상대적으로 더욱 넓은 법률상의 규제가 가능하다."

그런데 직업의 선택이 국가안전보장에 직접 영향을 미치는 경우는 거의 없다. 그 제한의 대표적인 경우로는 무기의 판매·제조 금지를 들 수 있다. 직업의 자유의 제한은 주로 사회질서와의 관계에서 문제된다. 즉, 치안유지를 위한 제한(예: 자동차운전사의 면허제, 복표발행 등의 허가제, 도박장개업범의 처벌), 선량한 풍속의 유지를 위한 제한(예: 윤락행위 또는 그 매개행위의 금지, 음행매개범의 처벌, 음화 등 반포·제조범의 처벌 등)을 들 수 있다.

또한 공공복리를 위해 제한할 수 있는 경우로는 전염병 예방과 같은 소극적 목적을 위한 것과 국가정책적 고려, 특히 복지국가적 견지에 입각한 적극적 개념으로서 국가·사회 일반의 이익증진을 위한 것(예: 철도의 경영인가제, 일정한 어업의 면허제 또는 허가제, 광업권자의 자격제, 외국인의 수출입업에 대한 허가·승인제 등)이 포함된다.

(2) 헌법규정에 의한 제한

직업선택의 자유는 다른 헌법규정에 의해 제한되는 경우가 있다. 그 대표적인 예로는 ① 자연자원의 채취·개발·이용(제120조), ② 국토의 이용·개발(제122조), ③ 농어촌의 개발(제123조), ④ 대외무역의 규제(제125조), ⑤ 국방상 또는 국민경제상 중요한 기업의 국공유화(제126조) 등의 경제조항에 의하여 공공복리를 위한 직업선택의 자유의 제한을 들 수 있다. 이와 같은 제한은 직업선택의 자유가 객관적 법질서의 성격을 가지는 당연한 결과이다.

(3) 특수신분관계에서 오는 제한

헌법 또는 법률에 정한 공무원이 다른 영업에 종사하는 것이 금지 또는 제한되는 경우가 있다. 공무원에 대한 제한은 자유의사에 의해 그 신분을 취득한 결과로 받는 것이며 인권보장의 원칙에도 위배되지 아니하므로 직업선택의 자유에 대한 침해라고 볼 수는 없다. 그러나 그 제한은 합리적인 범위를 일탈해서는 안된다.

(4) 단계이론

직업의 자유에 관한 제한이론으로 독일 연방헌법재판소에 의해 약국판결(Apotheken-Urteil)[815]에서 이론전개된 '단계이론'은 다음과 같다.

1) 직업수행의 자유 제한(1단계)

직업의 자유를 제한할 경우 직업선택의 자유를 제한하는 것이 아니라, 그 침해가 경미한 직업수행의 자유를 제한하는 것이다. 예를 들면 영업시간(유흥업소의 심야영업을 제한), 영업장소(학교부근에 유흥업소 영업제한), 영업방법(담뱃갑 위에 담배경고문구의 부착의무)을 제한하는 것이다. 직업수행의 자유를 제한할 경우 입법자는 입법형성의 자유가 상당히 크다. 그밖에, 백화점의 바겐세일 횟수 제한, 택시의 합승행위금지, 택시의 격일제 영업제도, 음식점의 영업시간 제한 등이 그 예이다.

2) 주관적 사유에 의한 직업선택의 자유 제한(2단계)

1단계의 직업수행의 자유를 제한하는 경우에도 어려우면, 2단계 주관적 사유에 의한 직업선택의 자유를 제한하여 목적을 달성해야 한다. 직업을 선택하는 데 일정한 전문성, 기술성, 숙련성을 요하는 경우 자격증소지나 시험합격, 교육과정의 이수를 거친 자에게만 직업선택의 기회를 제한하는 것이다. 이러한 제한은 법이 보호하는 공익이 사익보다 큰 경우 정당화될 수 있다.

3) 객관적 사유에 의한 직업선택의 자유 제한(3단계)

개인의 능력과는 상관없이 직업선택을 제한하는 목적달성을 위해 객관적인 기준에 따른 허가를 하는 것이다. 중대한 공익이 명백하고 현존하는 위험을 방지하기 위한 경우에만 정당화될 수 있다. 예를 들면 버스나 화물차의 영업의 허가를 필요한 만큼의 수로 제한하는 것, 약국의 개업허가를 주민에 대한 약품공급에 필요한 만큼의 수로 제한하는 것 등이 이에 속한다.

4) 결 어

직업의 자유를 제한하기 위한 독일 연방헌법재판소의 3단계이론은 독일 기본법의 특수한 상황에서 개발된 헌법이론이다. 독일 기본법 제12조 제1항 후문에는 "직업수행은 법률에 의하여 또는 법률에 근거하여 규제할 수 있다."고만 규정되어 있다. 따라서 독일 헌법이론상 직업선택의 자유는 법률로써 제한할 수 없게 되었다. 이러한 상황을 극복하고자 독일 연방헌법재판소는 직업선택의 자유도 제한하기 위해 3단계이론을 고안해 내었다. 그런데 우리나라 헌법이론에서는 직업

---

815) BVerfGE 7, 377 ff.

수행의 자유뿐만 아니라, 직업선택의 자유도 헌법 제37조 제2항에 의해 법률로써 제한할 수 있으므로, 단계이론이 적용될 여지가 적다.

Ⅱ. 재산권의 보장

1. 재산권의 헌법상 의의

(1) 재산권의 연혁 및 입법례

근대 초의 서구사회는 봉건사회의 속박에서 벗어나 재산권을 '신성불가침의 권리'로 인정하였으며, 이러한 사상은 계약자유의 원칙과 결합되어 근대법의 기본원리로 형성되었다. 이것은 중세의 봉건적인 정체사회를 타파하고 근대 산업사회를 발전시키는 원동력이 되었다. 근대국가에 있어서 재산권의 보장은 자유의 보장과 함께 국가의 가장 중요한 임무로 간주되었으며, 국가는 개인의 경제활동에 간섭할 수 없었다. 여기에서 재산권은 '국가로부터의 자유'를 의미하였고, 그 보장은 절대적이었다.

그러나 자본주의의 발전과정에서 야기된 부익부·빈익빈의 사회적 모순은 심각한 사회문제 발생으로 인해 재산권의 절대불가침 원리는 수정받지 않을 수 없게 되었다. 그리하여 바이마르 헌법은 최초로 재산권의 의무수반과 그 행사의 공공복리적 합성(제153조)을 규정하게 되었으며, 제2차 세계대전 이후의 각국 헌법은 예외없이 재산권의 사회적 성격을 규정하고 있다. 여기에 현대헌법은 사유재산제를 원칙으로 인정하면서 사회 전체의 복리를 위해 재산권에 대한 제한·규제·의무를 과하는 사회적 법치국가의 원리를 채택하고 있다. 따라서 재산권은 실정권으로서 그 성격이 변질되었고 국가의 경제에 대한 적극적인 개입의 필요성이 증대되었다.

(2) 재산권의 개념

"우리 헌법이 보장하고 있는 재산권은 '경제적 가치가 있는 모든 공법상·사법상의 권리'이고, 이 때 재산권보장에 의하여 보호되는 재산권은 '사적유용성 및 그에 대한 원칙적 처분권을 내포하는 재산가치가 있는 구체적 권리'를 의미한다."[816] 헌법재판소 결정에서는 "헌법상 보장된 재산권은 사적 유용성 및 그에 대한 원칙적인 처분권을 내포하는 재산가치 있는 구체적인 권리이므로, 구체적 권리가 아닌 단순한 이익이나 영리획득의 단순한 기회 또는 기업활동의 사실적·법적 여건은 기업에게는 중요한 의미를 갖는다고 하더라도 재산권보장의 대상이 아니다"라고 판시하였다.[817] 헌법 제23조 제1항에서 규정하고 있는 '재산권 보장'이란 재산권주체에게 재산권에 대한 사적 유용성(Privatnützigkeit)과 처분권(Verfügungsbefügnis)을 보장한다는 의미이다.[818] 사적 유용성을 보장한다는 것은 재산권주체의 재산에 대한 배타적인 사용·이용·수익을 가능케 한다는 의미이며, 처분권능을 보장한다는 것은 법률에 의거하여 재산에 대한 자유로운 처분을 가능케 한다는 의미이다.

"헌법이 보장하고 있는 재산권의 범위에는 동산·부동산에 대한 모든 종류의 물권은 물론, 재산가치 있는 모든 사법상의 채권과 특별법상의 권리 및 재산가치 있는 공법상의 권리 등이 포함되나, 단순한 기대이익이나 반사적 이익 또는 경제적인 기회 등은 재산권에 속하지 않는다."[819]

(3) 재산권의 법적 성격

재산권이 근대 초기에는 신성불가침의 절대적 권리로서 인정되었으나, 현대 복지국가에서는 그 내용과 한계를 법률로써 정하는 동시에 의무를 수반하는 상대적 권리로 전환되었다.[820] 그리하여 이와 같은 재산권의 사회성·의무성(사회적 기속성)으로 인하여 재산권의 법적 성격을 둘러싸고 학설의 대립이 있다.

---

816) 헌재 1992. 6. 26. 90헌바26, 판례집 4, 362, 372; 헌재 1996. 8. 29. 95헌바36, 판례집 8-2, 90, 103; 헌재 2010. 4. 29. 2007헌바40, 판례집 22-1상, 606, 613; 헌재 2011. 10. 25. 2009헌바234, 판례집 23-2상, 774, 785; 헌재 2012. 10. 25. 2011헌마307, 판례집 24-2하, 38, 64.

817) 헌재 1996. 8. 29. 95헌바36, 90, 103; 1997. 11. 27. 97헌바10, 651, 664; 1998. 7. 16. 96헌마246, 283, 309-310; 2002. 7. 18. 99헌마574, 29, 44; 2003. 10. 30, 2001헌마700, 2003헌바11(병합).

818) BVerfGE 53, 290 ff.; 58, 345 ff. 우리나라 헌법재판소도 "재산권의 본질적 내용인 사적유용성(私的有用性)과 원칙적인 처분권(處分權)을 부인해서는 안된다."고 판시하여 독일 연방헌법재판소의 입장을 따르고 있다(헌재 2003. 4. 24, 99헌바110, 396면).

819) 헌재 2003. 6. 26. 2002헌마484, 판례집 15-1, 802, 808 등; 헌재 2011. 10. 25. 2009헌바234, 판례집 23-2상, 774, 785; 헌재 2012. 10. 25. 2011헌마307, 판례집 24-2하, 38, 64.

820) 헌재 1989. 12. 22. 88헌가13("…현대국가에서는 재산권의 내용과 한계를 법률로 정할 수 있도록 하고 있고, 의무를 수반하는 상대적 권리로 규정하고 있는 것이다.")

1) 자유권설

이 설은 재산권은 원칙적으로 자유권에 속하며, 그 보장은 '최대한의 보장'을 의미한다고 본다. 다만 재산권의 내용과 한계가 법률로 정해지는 데 불과하며, 따라서 그 제한은 제37조 2항에 의해서만 가능하고, 그 행사의 공공복리적합성은 법률적 의무가 아니라 도의적·사회적 의무라고 한다.

2) 제도보장설

이 설은 재산권은 천부의 인권이 아니라 헌법규정에 의해 비로소 보장되는 제도보장, 즉, 사유재산제도의 보장을 의미한다. 따라서 재산권의 보장은 상대적이며, 법률에 의해 내용과 한계는 정책적으로 결정된다고 한다. 이 입장에서는 재산권의 보장은 '최소한의 보장'이 된다.

3) 절충설

재산권의 보장은 헌법에 의해 창설되는 제도의 보장을 의미하지만, 일단 사유재산제도가 보장된 후에는 재산권은 자유권의 성격을 가지며, 그 제한은 제37조 제2항에 의해서만 가능하다고 한다. 동화적 통합이론에서는 재산권의 보장은 주관적인 공권의 차원을 넘어 객관적 가치질서로서의 성격을 강조한다.[821] 이 설은 자유권설과 제도보장설을 절충한 견해로써 현재 우리나라의 통설·판례이다.[822]

4) 결 어

재산권의 제도보장이론은 재산권의 신성불가침성이 부인되고 경제에 대한 국가의 규제·조정이 불가피하게 된 현대 복지국가에서 제기된 것인데, 오늘날 재산권의 보장은 곧 자본주의 경제체제의 채택을 의미하고 아울러 사회주의 경제체제에로의 경사를 방지하는 현대적 의미를 내포하고 있다. 그러나 이것이 곧 재산권의 자유권성을 부정하는 것은 아니므로 절충설의 입장이 타당한데, 다만 자유권으로서의 보장과 경제질서와의 조정이 중요한 과제가 되고 있다.

---

821) 허영, 한국헌법론, 452-453면.

822) 헌재 1993. 7. 29. 92헌바20 – "재산권 보장은 개인이 현재 누리고 있는 재산권을 개인의 기본권으로 보장한다는 의미와 개인이 재산권을 향유할 수 있는 법제도로서의 사유재산제도를 보장한다는 이중적 의미를 가지고 있다."

2. 재산권의 주체와 객체

(1) 주 체

재산권은 모든 국민에게 보장된다. 자연인은 물론 재산권의 성질상 법인도 당연히 그 주체가 된다. 외국인도 재산권의 주체가 될 수 있느냐의 문제가 있지만, 우리 헌법상 외국인은 제23조에 의해 재산권이 보장되는 것은 아니고, 국제법과 국제조약의 범위 내에서 인정된다.[823)]

민간기업이 토지수용의 주체가 될 수 있는지에 관해서는 2가지 측면에서 접근할 수 있다. 하나는, 헌법 규정을 살펴보아야 한다. 헌법 제23조 제3항에서는 재산권의 수용절차는 법률에 근거하여야 하며, 재산권의 수용에는 공공필요가 있어야 하고, 수용시 정당한 보상을 하여야 한다고 규정하고 있지만, 헌법에서 재산권 수용 주체를 명확히 규정하지 않고 있다. 즉, 재산권의 수용 주체가 국가만인지 민간기업도 포함되는지 여부는 우리 헌법 규정에서 개방되어 있다. 둘은, 현실적 필요성을 인식해야 한다. 공익사업의 사업시행자를 국가나 지방자치단체로 제한하게 되면, 국가나 지방자치단체가 예산상의 제약으로 사업 추진이 어려워지거나 비효율적인 사업시행이 될 가능성이 있다.[824)] '공익사업을 위한 토지 등의 취득 및 보상에 관한 법률' 제2조 3호에서도 '사업시행자'란 '공익사업을 수행하는 자'라고 규정하고 있어, 민간기업 등 사인이 공용수용의 주체가 될 수 있는지 여부가 불명확하다. 이러한 이유로 사인에게 수용권 부여는 위헌이 아니라는 것이 통설·판례이다.[825)]

사인이 공용수용의 사업시행자가 된다고 하더라도, 토지수용권의 주체로서 국가 이외에 사인이 직접 주체가 될 수 있는지가 문제된다.[826)] 국민의 재산권에 대

---

823) 예컨대, '외국인토지법'(제3조)은 "건설교통부장관은 대한민국 국민, 대한민국의 법령에 의해 설립된 법인 또는 단체나 대한민국정부에 대하여 자국인의 토지의 취득 또는 양도를 금지하거나 제한하는 국가의 개인·법인·단체 또는 정부에 대하여는 대통령령이 정하는 바에 따라 대한민국 안의 토지의 취득 또는 양도를 금지하거나 제한할 수 있다"고 규정하여 외국인의 토지에 관한 권리를 제한하고 있다. 그 밖에도 광업법(제6조), 수산업법(제5조 3항), 특허법(제5조) 등에 의한 제한이 있다.

824) 헌재 2009. 9. 24. 2007헌바114.

825) 장은혜, "사인수용의 허용성과 한계", 행정법연구 제33호, 2012, 82면.

826) 이에 관해서는 이재삼, "공익사업에 있어서 사인의 수용권에 관한 연구", 토지공법연구 제

한 수용 주체는 원칙적으로 국가 또는 지방자치단체이다. 공용수용권의 주체가 국가뿐만 아니라, 사인에게도 확대되었다. '사인에 의한 행정'으로서 사인수용은 "사인이 위임받은 행정권한의 행사뿐만 아니라, 어떠한 형태로든 사인이 행정사무나 국가적 사무의 성격을 지닌 사무를 수행하는 경우"도 포함한다.[827] 수용 주체의 확대로서 사인수용은 '국가행정의 효율적 운영' 내지 '국가재정의 한계 극복'[828]을 위해 인정된다. 민간기업도 토지수용권의 주체가 된다.

협의취득의 경우가 아닌, 토지수용위원회의 수용재결의 경우[829]에는 합의제 행정기관인 토지수용위원회의 재결을 거치므로, 국가 또는 지방자치단체가 토지수용권의 주체가 된다. 또한 여기서 논의되는 헌법재판소 사건에서는 민간기업이 수용의 주체가 되더라도,[830] 그 민간기업에게 수용권을 부여하는 전제로서 '산업단지 지정처분' 등은 국가 내지 지방자치단체가 행사한다. 더욱이, 궁극적으로 수용에 요구되는 공공필요성에 대한 최종적인 판단권한은 국가 내지 지방자치단체에 유보되어 있다.

(2) 객 체

'재산권'이란 재산상의 이익을 주장할 수 있는 법상의 힘을 말하며, 실정법상 인정되는 경제적 가치가 있는 모든 권리가 여기에 포함된다.[831][832] 즉, 소유권을

43집 제1호, 2009, 255-256면; 홍석한, "사회기반시설 민간투자제도와 기본권 보장", 미국헌법연구 제23권 제2호, 2012. 8, 278-279면.

827) 황윤원, "사인의 토지수용에 관한 법적 연구", 단국대 박사학위논문 2009, 29면.

828) 정하명, "사인수용에 대한 미국 연방정부와 주정부의 법적 대응", 공법학연구 제11권 제4호, 2010, 404면.

829) 공익사업을 위한 토지 등의 취득 및 보상에 관한 법률 제80조(손실보상의 협의·재결) ① 제79조제1항 및 제2항에 따른 비용 또는 손실이나 토지의 취득에 대한 보상은 사업시행자와 손실을 입은 자가 협의하여 결정한다. ② 제1항에 따른 협의가 성립되지 아니하였을 때에는 사업시행자나 손실을 입은 자는 대통령령으로 정하는 바에 따라 관할 토지수용위원회에 재결을 신청할 수 있다.

830) 국가가 수행해야 할 공적 사업의 대상이 무엇인가 하는 쟁점보다는 이미 공적 사업의 대상이었던 사업의 민영화의 한계를 논해야 한다(김해룡, "공적 사업의 민간화에 있어서의 법적 과제 - 경제행정법의 기본문제", 외법논집 제35권 제1호, 2011, 209면).

831) 헌재 1992. 6. 26. 90헌바26 - "헌법이 보장하고 있는 재산권은 경제적 가치가 있는 모든 공법상·사법상의 권리를 뜻하고, 그 재산가액의 다과를 불문한다."

832) 헌법에 의하여 보호되는 재산권은 "사적 유용성 및 그에 대한 원칙적 처분권을 내포하는 재산가치 있는 구체적 권리이므로 구체적인 권리가 아닌 단순한 이익이나 재화의 획득에 관한 기회 등"은 재산권 보장의 대상이 되지 않는다(헌재 1997. 11. 27. 97헌바10).

비롯한 물권, 채권, 상속권, 환매권,[833] 임금 내지 퇴직금채권,[834] 광업권·어업권 등의 특별법에 의한 재산권, 수리권·하천점유권, 연금청구권·각종 복지권 등 공법적 성질을 가지는 재산권과 저작권, 특허권·실용신안권·의장권·상표권 등의 산업소유권, 컴퓨터 소프트웨어, 반도체칩, 데이터베이스, 영업비밀 등 제3의 재산권(지적 재산권) 등 사법상·공법상의 모든 권리를 말한다. 공법상의 재산권은 물론 사유재산인 경우에 국한되며, 공공재산과 같은 공유재산은 포함되지 아니한다. 여기에 재산권의 보장이란 재산의 소유만이 아니라 재산권의 취득·처분의 자유를 보장함을 의미한다.

공법상의 권리인 '사회보험수급권'이 재산권적인 성질을 가지기 위해서는, ① 공법상의 권리가 권리주체에게 귀속되어 개인의 이익을 위해 이용 가능해야 하고(사적 유용성), ② 국가의 일방적인 급부에 의한 것이 아니라 권리주체의 노동이나 투자, 특별한 희생에 의하여 획득되어 자신이 행한 급부의 등가물에 해당하는 것이어야 하며(수급자의 상당한 자기기여), ③ 수급자의 생존의 확보에 기여해야 한다(생존보장에 기여).[835]

3. 재산권 보장의 내용

헌법 제23조 제1항 제1문에서 '모든 국민의 재산권은 보장된다'라고 하여 재산권의 보장을 선언하고, 제2문에서 '그 내용과 한계는 법률로 정한다'라고 하여 재산권의 내용과 한계가 법률에 의해 구체적으로 형성되도록 규정하고 있다. 그리하여 헌법이 보장하는 재산권의 내용과 한계는 국회에서 제정되는 형식적 의미의 법률에 의하여 정해지게 된다.[836]

---

833) 수용된 토지 등이 공공사업에 필요 없게 되었을 경우에 피수용자가 그 토지 등의 소유권을 회복할 수 있는 권리 즉, '환매권'은 헌법상의 재산권 보장으로부터 도출되는 것으로서 헌법이 보장하는 재산권의 내용에 포함되는 권리라고 보는 것이 상당하다(헌재 1994. 2. 24. 선고, 92헌가15·17·20·24; 헌재 1995. 2. 23. 93헌바29, 공보 제9호, 134, 138).

834) 임금 내지 퇴직금채권은 근로의 대가로서의 금품에 대한 청구권으로서 사용자에 비해 경제적 약자인 근로자의 보호를 위하여 이에 대한 특별한 보호의 필요성이 인정된다 하더라도, 기본적으로는 그 재산권적 성질이 바뀌는 것은 아니라고 할 것이므로 동 채권은 헌법이 보장하는 재산권의 내용에 포함되는 권리라고 보는 것이 상당하다(헌재 1998. 6. 25. 96헌바27, 판례집 10-1, 811, 819).

835) 헌재 2009. 5. 28. 2005헌바20 등; 헌재 2016. 9. 29. 2014헌바254, 판례집 28-2상, 316, 332.

836) 헌재 1993. 7. 29. 92헌바20, 44-45면; 헌재 2000. 2. 24. 97헌바41, 163면.

그리고 헌법 제23조 제2항에서는 '재산권의 행사는 공공복리에 적합하도록 하여야 한다'고 규정하고 있다. 이 헌법규정은 재산권 행사의 공공복리적합의무 즉, 재산권의 사회적 기속성을 규정하고 있는 것이다. 또한 재산권의 내용과 한계를 구체적으로 형성함에 있어서 입법자는 일반적으로 광범위한 입법형성권을 가지지만, 재산권의 본질적 내용을 침해하여서는 아니되고 사회적 기속성을 함께 고려하여 균형을 이루도록 해야 한다는 등 입법형성권의 한계를 일탈해서는 안된다는 것이다.[837)]

또한 헌법 제23조 제3항에서는 '공공필요에 의한 재산권의 수용·사용 또는 제한 및 그에 대한 보상은 법률로써 하되, 정당한 보상을 지급하여야 한다'고 하여 공공필요에 의한 공용수용과 그 보상에 관한 헌법적 근거를 두었다. 헌법 제23조 제3항의 공공필요에 의한 재산권의 수용·사용 또는 제한을 헌법이 규정하는 요건을 갖춘 경우에만 예외적으로 인정한다고 볼 수 있다. 공공필요에 의한 재산권의 공권력적, 강제적 박탈을 의미하는 공용수용(公用收用)은 헌법상의 재산권 보장의 요청상 불가피한 최소한에 그쳐야 한다. 즉 공용수용은 헌법 제23조 제3항에 명시되어 있는 대로 국민의 재산권을 그 의사에 반하여 강제적으로라도 취득해야 할 공익적 필요성이 있을 것, 법률에 의거할 것, 정당한 보상을 지급할 것의 요건을 모두 갖추어야 한다.[838)]

이와 같은 헌법해석에 의하면, 우리 헌법상 재산권보장의 체계는 헌법 제23조 제1항 제1문은 원칙적으로 재산권의 존속보장을 선언한 것이다. 그리고 헌법 제23조 제1항 제2문·제2항을 하나의 범주로 그리고 헌법 제23조 제3항을 하나의 범주로 보아 2원적 체계로 이루어져 있다고 할 수 있다. 즉, 사회적 기속을 받는 재산권이기에 보상이 필요없는 헌법 제23조 제1항 제2문·제2항에 속하는지 아니면 공공필요에 의한 공용침해이기에 보상이 지급되어야 하는 헌법 제23조 제3항에 속하는지를 판단해야 한다.

(1) 구체적 재산권의 보장

'재산권의 보장'이란 개인이 재산을 소유·상속하고 사용·수익·처분할 수 있는 권리를 보장하는 것을 말한다. 재산권의 자유로운 행사·처분은 사적 자치의 법적 기초로서 경제적 자유, 나아가 모든 자유의 실질적 조건이 된다.

---

837) 헌재 2000. 2. 24. 97헌바41, 164면.
838) 헌재 1994. 2. 24, 92헌가15, 38, 57면.

그러나 오늘날 재산권의 보장은 상대성을 가지고 있으므로 재산권의 내용과 한계를 법률로 정하도록 하고 있는데, 이것은 행정권·사법권으로부터의 보장을 의미한다. 그런데 헌법이 그 제한과 규제를 법률에 유보하고 있는 것이 곧 입법권에 대한 방치를 의미하는 것은 아니며, 국회가 법률을 제정함에 있어서 기본권의 존중(제10조), 평등의 원칙(제11조), 일반적 법률유보의 원리(제37조 2항) 등 헌법상의 기본원칙을 준수하여야 한다. 국가가 과세권을 행사함에 있어서도 국민의 재산권 보장을 위해 조세법률주의원칙에 따라야 한다.

그런데 토지소유권의 제한으로서 토지거래허가제가 그 한계를 넘은 것이 아닌가에 관하여 학설이 대립되고 있다. 토지는 유한하고 재생산이 불가능한 희소성 때문에 그 소유에는 사회적 구속성이 광범하게 인정되고 있으며, 이른바 '토지공개념'이 승인을 받게 되었다. 토지에 대한 공법상 제한으로는 사회화, 공공수용 및 사회적 구속의 형태가 있다. 사회화는 체제문제와 직결되는 것으로 사유재산제의 본질을 침해할 수 없는 헌법적 한계가 인정되고 있으며, 공용수용은 헌법이 승인한 형태로서 보상을 그 전제로 한다. 그렇다면 토지거래허가제는 사회적 구속－특별희생－에 해당하여 토지소유권에 대한 합헌적 제한인가가 문제된다. '토지거래허가제'라 함은 토지의 투기적인 거래로 인한 지가상승을 억제하기 위하여 규제구역 내에 있는 토지에 관한 소유권 또는 지상권 기타 사용·수익을 목적으로 하는 권리의 계약(토지 등의 거래계약)을 체결하고자 하는 당사자는 공동으로 관할 시·도지사의 허가를 받도록 하고, 허가를 받지 아니하고 체결한 토지 등의 거래계약은 그 효력이 발생하지 않게 한 제도이다.[839] 토지소유권은 다른 기본권에 비하여 제한가능성이 광범하게 인정되지만, 사유재산제의 본질적 내용을 침해하는 제한은 인정될 수 없다.

(2) 사유재산제도의 보장

재산권의 보장은 사유재산제의 보장을 전제로 하며, 그 실효성을 보장하기 위해 불가결한 전제가 된다. 여기에 사유재산제의 보장이란 그 제도 자체의 부인을

---

839) 헌재 1989. 12. 22. 88헌가13, 판례집 1, 357; 헌재 1997. 6. 26. 92헌바5, 판례집 9-1, 595 (국토이용관리법 제21조의3 제1항의 토지거래허가제는 사유재산제도의 부정이 아니라 그 제한의 한 형태이고 토지의 투기적 거래의 억제를 위하여 그 처분을 제한함은 부득이한 것이므로 재산권의 본질적인 침해가 아니며, 헌법상의 경제조항에도 위배되지 아니하고 현재의 상황에서 이러한 제한수단의 선택이 헌법상의 비례의 원칙이나 과잉금지의 원칙에 위배된다고 할 수도 없다).

금지하는 것이며, 그 구체적인 내용과 한계는 광범위한 입법형성의 자유가 있다. 그러나 국회가 입법의무의 불이행으로 보상청구권을 규정하지 아니한 경우에 이는 재산권에 대한 침해가 되고 위헌인 것이다.

이러한 제도보장으로서의 재산권의 체계는 원칙적으로 자본주의경제체제에 의하여 결정되며, 예외적으로 이른바 수정자본주의의 원리를 채택하고 있다. 사유재산제의 중핵은 생산수단의 사유에 있으므로 생산수단의 전면적 사회화나 사유재산제의 부인은 인정되지 아니한다. 구체적인 재산권의 보장은 이와 같은 객관적 법질서로서의 경제질서의 범위 안에서 인정되는 것이다.

(3) 소급입법에 의한 재산권 박탈의 금지

헌법은 제5차 개헌 이래 소급입법에 의한 재산권의 박탈을 금지함으로써 재산권의 보장에 만전을 기하고 있다. 소급입법금지의 원칙은 죄형법정주의의 당연한 내용이나, 4·19 이후의 「부정축재처리법」이나 5·16 이후의 「부정축재처리법」 등의 재현을 방지하기 위해 헌법이 특별히 규정한 것이다. 헌법 제13조 제2항은 "모든 국민은 소급입법에 의하여 재산권을 박탈당하지 아니한다."고 규정하여 소급입법에 의한 재산권의 박탈을 금지하고 있는데, 이러한 재산권의 보장은 국민 개개인이 재산권을 향유할 수 있는 법제도로서의 사유재산제도를 보장한다는 의미와 함께 그 기조 위에서 그들이 현재 누리고 있는 구체적 재산권을 개인의 기본권으로 보장한다는 이중적 의미를 지니고 있다.[840] 만일 소급입법에 의하여 사유재산권이 부인된다거나 이미 형성된 재산권이 상실된다면 헌법상의 자유민주주의적 경제질서에 반하게 되고 사소유권을 근간으로 한 재산권의 본질이 근본적으로 훼손될 소지가 있으므로, 우리나라 헌법은 소급입법에 의한 재산권박탈을 명시적으로 금지하고 있는 것이다.

소급입법은 신법이 이미 종료된 사실관계에 작용하는지 아니면 현재 진행중인 사실관계에 작용하는지에 따라 '진정소급입법'과 '부진정소급입법'으로 구분되고, 전자는 헌법적으로 허용되지 않는 것이 원칙이며 특단의 사정이 있는 경우에만 예외적으로 허용될 수 있는 반면, 후자는 원칙적으로 허용되지만 소급효를 요구하는 공익상의 사유와 신뢰보호의 요청 사이의 교량과정에서 신뢰보호의 관점이 입법자의 형성권에 제한을 가하게 된다.[841] 헌법 제13조 제2항에 의거하여 소급

840) 헌재 1993. 7. 29. 92헌바20, 판례집 5-2, 36, 44; 헌재 1994. 2. 24. 92헌가15 등, 판례집 6-1, 38, 55; 헌재 2001. 5. 31. 99헌가18 등, 판례집 13-1, 1017, 1093.

입법에 의한 재산권의 박탈이 금지되는 것은 진정소급효의 입법이다.[842)]

우리나라 헌법재판소는 진정소급효의 예외사유를 다음과 같이 설시하고 있다. "기존의 법에 의하여 형성되어 이미 굳어진 개인의 법적지위를 사후입법을 통하여 박탈하는 것 등을 내용으로 하는 진정소급입법은 개인의 신뢰보호와 법적안정성을 내용으로 하는 법치국가원리에 의하여 특단의 사정이 있어 예외적으로 허용되는 경우를 제외하고는 헌법적으로 허용되지 아니하는 것이 원칙이며, 진정소급입법이 허용되는 예외적인 경우로는 일반적으로, ① 국민이 소급입법을 예상할 수 있었거나, ② 법적상태가 불확실하고 혼란스러워 보호할만한 신뢰이익이 적은 경우와 ③ 소급입법에 의한 당사자의 손실이 없거나 아주 경미한 경우, 그리고 ④ 신뢰보호의 요청에 우선하는 심히 중대한 공익상의 사유가 소급입법을 정당화하는 경우 등을 들 수 있다."[843)]

(4) 무체재산권의 보장

재산권의 객체에는 모든 재산적 가치가 있는 권리를 포함하고 있으므로 무체재산권도 당연히 여기에 포함된다. 헌법 제22조 제2항은 "저작자·발명가·과학기술자와 예술가의 권리는 법률로써 보호한다."고 규정하여 저작권·특허권 등과 같은 무체재산권을 특별히 보장하고 있다. 이것은 학문·예술·과학 등의 발전을 위해 인정하는 것이지만, 이와 같은 지적 소유권에도 물론 일정한 한계가 있다고 하겠다.

4. 재산권의 제한

헌법 제23조 제3항은 "공공필요에 의한 재산권의 수용·사용 또는 제한 … 은 법률로써 … 한다."고 규정하여 국가권력에 의한 재산권 제한의 유형·형식 및 그 보상에 관한 규정을 두고 있다.

---

841) 헌재 1995. 10. 26. 94헌바12, 판례집 7-2, 447, 457-459; 1999. 7. 22. 97헌바76 등, 판례집 11-2, 175, 195; 헌재 2004. 7. 15. 2002헌바63, 판례집 16-2상, 59, 71.

842) 헌재 1997. 6. 26. 96헌바94, 판례집 9-1, 631, 639; 헌재 2011. 2. 24. 2009헌바89 등, 판례집 23-1상, 108, 118.

843) 헌재 1989. 3. 17. 88헌마1, 판례집 1, 9; 헌재 1996. 2. 16. 96헌가2 등, 판례집 8-1, 87-88; 헌재 1998. 9. 30, 97헌바38, 판례집 10-2, 530, 539.

(1) 재산권의 제한

우리나라 헌법은 재산권의 사회성·의무성이 증대됨에 따라 공공필요에 의한 경우에 법률로써 재산권의 수용·사용 또는 제한을 할 수 있도록 하였다. 이것은 국민의 재산권을 보장하는 동시에 공공복리와의 조화를 기하기 위하여 재산권에 대한 침해를 전제로 그 규준을 설정한 것이다. '수용'이란 소유권 기타 권리의 강제적 취득을 말하고, '사용'이란 소유권 기타 권리의 일시적 사용을 말하며, '제한'이란 재산권의 내용의 특정부분을 행사할 수 없게 제한하는 것을 말한다. 대체로 공공필요에 의한 사유재산의 제한은 공용수용,[844] 공용사용, 공용제한[845] 등의 형식으로 행하여지고 있다. 그 밖에도 재산권은 법률로써 국방상 또는 국민경제상 긴절한 필요가 있는 경우에는 사영기업의 국·공유화가 가능하고(제126조), 국토의 효율적인 이용·개발·보전을 위한 제한과 의무를 과할 수 있다(제122조).

(2) 재산권 제한의 목적

재산권의 제한은 제37조 제2항의 국가안전보장, 질서유지 또는 공공복리를 위해 필요한 경우 외에 제23조 제3항의 '공공필요'를 위한 경우에 할 수 있다. 우리나라 헌법 제23조 제3항의 '공공필요'라는 개념은 추상적이고 불확정적 개념이다. 재산권의 공용수용을 위한 목적인 '공공필요'는 사업시행자와 토지소유자 간의 이해충돌이 발생하는 상황에서 중요한 판단개념이 된다. 공공필요의 해석에 관한 우리나라 학설과 헌법재판소 견해를 살펴본다.

1) 공공필요를 비례성원칙과 동일시하는 견해

공공필요란 공공이익을 위한 일정한 공익사업을 실현하거나, 국가안전보장·질서유지 등의 공익목적을 달성하기 위해 재산권의 수용이 불가피한 경우를 말한

---

844) 헌법재판소는 공용수용이 '① 국민의 재산권을 그 의사에 반하여 강제적으로라도 취득해야 할 공익적 필요성이 있을 것, ② 수용과 그에 대한 보상은 모두 법률에 의할 것, ③ 정당한 보상을 지급할 것' 등의 요건을 갖추어야 합헌성을 인정받는다고 판시하였다(헌재 1998. 3. 28. 93헌바12).

845) 헌재 1997. 11. 27. 96헌마279 - "… 공용제한은 국가나 지방자치단체가 공공필요에 따라 특정 재산권을 강제적으로 수용·사용·제한하는 것이다. 공용수용에 따른 보상이 성립하기 위해서는 이에 선행하는 재산권에 대한 강제적 제한이 전제되어야 한다."

다. 공용수용에 있어서 공공필요는 그 재산권 침해의 적법성을 정당화하는 실질적 근거이자 한계를 이루고, 공익사업의 성립요건에서 요구하였던 공익목적에의 지향만이 아니라, 특정의 공익사업이 사실상 공공필요를 실현하는데 봉사했는지를 심사하여 그 적법 여하를 판단하기 위한 요건이 된다. 구체적인 사안에 있어 특정 사업이 공공필요를 충족하였는지를 판단함에 있어서는 수용을 통해 기대되는 공익과 피수용자의 재산권보호에 관한 이익을 비교형량하여 엄격히 해석해야 한다. 재산권 수용을 정당화하는 공공필요의 요건이 존재하는지 여부를 판단하는 데 있어서 비례성원칙이 하나의 척도가 된다.[846)]

2) 공공필요를 '공공성'과 '필요성'이라는 2가지로 구성되었다는 견해

공용수용에 있어서 공공필요는 사업의 '공공성'과 '필요성'이라는 2가지 요소로 구성되어 있다. 사업의 공공성이 인정된다고 하여 공용수용이 허용될 수 있는 것이 아니며, 공익을 위해 사익의 희생을 요구하는 현실적 필요성이 추가적으로 충족되어야 한다.[847)] 공용수용이 허용될 수 있는 공익성을 가진 사업, 즉 공익사업의 범위는 공용수용에 대한 법률유보원칙에 따라 법률에서 명확히 규정되어야 한다. 공익에 도움이 되는 사업이라도 공익사업으로 실정법에 열거되어 있지 않은 사업은 공용수용에 있어서 공공성을 지닌 사업이라 할 수 없다.[848)] 공용수용에 있어서 '필요성'은 목적물의 공익사업에의 적합성과 목적물 취득의 보충성 및 목적달성에의 필요최소성을 내포하는 개념이다.[849)]

3) 고양된 공익이라는 견해

공공필요는 단순히 공익이나 국가의 이익 이상의 중대한 공익으로서 특정한 공익사업과 관련하여 특정인 내지 특정집단에 대한 재산권 침해가 불가피한 '고양된 공익'개념이다.[850)] 헌법 제23조 제3항의 '공공필요'는 헌법 제37조 제2항의 '국가

---

846) 류하백, "토지수용에 있어 공익사업 강제의제규정의 위헌성", 토지공법연구 제44집, 2009. 5, 4면.

847) 정찬우, "사인의 토지수용권에 관한 고찰", 입법학연구 제11집 2호, 2014, 97면.

848) 김연태, "공공수용의 요건으로서 '공공필요'", 고려법학 제48권, 2007, 89-91면.

849) 김연태, "공공수용의 요건으로서 '공공필요'", 고려법학 제48권, 2007, 94면.

850) 김성수, "행정상 손실보상의 요건으로서 공공의 필요와 특별한 희생의 재조명", 「행정상 손실보상의 주요문제」, 박영사, 1997, 31면; 정남철, "사인을 위한 공용수용의 위헌성 판단", 헌법논총 제17집, 2006. 12, 382면.

안전보장, 질서유지 또는 공공복리' 개념보다 협의의 개념이며, 공공필요를 충족하기 위해서는 특별히 공용수용에 부수되는 특유한 정당화 근거가 요청된다.[851)]

4) 헌법재판소의 입장

헌법재판소는 "헌법 제23조 제3항에서 규정하고 있는 '공공필요'는 "국민의 재산권을 그 의사에 반하여 강제적으로라도 취득해야 할 공익적 필요성"으로서, '공공필요'의 개념은 '공익성'과 '필요성'이라는 요소로 구성되어 있는바, '공익성'의 정도를 판단함에 있어서는 공용수용을 허용하고 있는 개별법의 입법목적, 사업내용, 사업이 입법목적에 이바지 하는 정도는 물론, 특히 그 사업이 대중을 상대로 하는 영업인 경우에는 그 사업시설에 대한 대중의 이용·접근가능성도 아울러 고려하여야 한다. 그리고 '필요성'이 인정되기 위해서는 공용수용을 통하여 달성하려는 공익과 그로 인하여 재산권을 침해당하는 사인의 이익 사이의 형량에서 사인의 재산권침해를 정당화할 정도의 공익의 우월성이 인정되어야 하며, 사업시행자가 사인인 경우에는 그 사업 시행으로 획득할 수 있는 공익이 현저히 해태되지 않도록 보장하는 제도적 규율도 갖추어져 있어야 한다."[852)]고 판시하고 있다.

5) 결 어

생각건대, '공공필요'란 공익을 위해 일정한 공익사업을 실현하거나 국가안전보장·질서유지 등의 공익목적을 달성하기 위해서 재산권의 공용침해가 필요한 경우로 넓게 해석하여야 할 것이다.[853)] 즉, 공공필요란 '공익적 필요성'으로 해석할 수 있다.[854)] 여기서 '필요'란 단순한 공익과 사익간의 이익형량을 의미하지, 비례

---

851) 김성수, "행정상 손실보상의 요건으로서 공공의 필요와 특별한 희생의 재조명", 고시계 1997/7, 11면.

852) 헌재 2014. 10. 30. 2011헌바172 등, 판례집 26-2상, 639.

853) 이부하, "재산권의 존속보장과 재산권에 관한 법이론", 공법학연구 제9권 제3호, 2008. 8, 344면.

854) 우리 헌법재판소도 '공공필요'를 '공익적 필요성'으로 이해하고 있다. "공공필요에 의한 재산권의 공권력적·강제적 박탈을 의미하는 공용수용은 헌법 제23조 제3항에 명시된 대로 국민의 재산권을 그 의사에 반하여 강제적으로라도 취득하여야 할 공익적 필요성이 있을 것, 수용과 그에 대한 보상은 모두 법률에 의거할 것, 그리고 정당한 보상을 지급할 것의 요건을 갖추어야 한다."(헌재 1998. 3. 26. 93헌바12, 판례집 10-1, 226, 243; 헌재 2000. 6. 1. 98헌바34, 판례집 12-1, 607, 617-618 등; 헌재 2011. 10. 25. 2009헌바281, 799; 헌재 2011. 12. 29. 2010헌바205·282·296·297(병합), 639; 헌재 2014. 10. 30. 2011헌바172 등, 판례집 26-2상, 639). 이와 관련하여 김성수 교수는 "우리 헌법 제23조 제3항의 공공필요는 보다 유연

의 원칙상의 필요성 원칙과 동일하지 않다. 만약 헌법 제23조 제3항의 공공필요에 헌법 제37조 제2항의 공공복리와 같이 비례성원칙이 동일하게 적용된다면, 굳이 공공필요라는 별개의 개념을 사용하지 않았을 것이다. 헌법 제23조 제3항의 공공필요는 정책적 사유 및 사회정의적 사유로 인한 공용수용을 정당화시키는 넓은 개념이라 할 수 있다. 헌법 제23조 제3항의 공공필요의 충족 여부에 비례성원칙을 적용할 특별한 이유는 없다.

헌법 제23조 제3항의 공공필요는 헌법 제37조 제2항의 공공복리보다 더 넓고 적극적인 개념으로, 정책적 제약 및 사회정의를 실현하기 위한 경우까지 포함한다.[855] 왜냐하면, 공공복리에 해당되지 않지만 공공필요에 해당되는 경우가 있고, 공공복리에 해당되는 경우는 거의 모두 공공필요에 해당되기 때문이다. 예를 들면, 국가가 도로나 철도건설을 위해 개인의 사유지를 수용하는 경우, 공공복리 및 공공필요에 해당하는 경우이나, 도시계획시설 중 화장장·공동묘지·납골시설 등 보건위생시설을 건립하고 위한 수용의 경우에는 공공복리라고 보기 보다는 공공필요에 의한 공용침해에 해당된다. 따라서 공공필요에 의한 재산권 제한범위가 공공복리에 의한 재산권 제한범위보다도 넓다고 생각한다.[856]

(3) 사회적 기속과 공용침해의 구분 기준

재산권을 제약하는 경우에는 반드시 '보상'을 하여야 하는데, 이것은 사유재산제를 채택하는 당연한 결과이다. 손실보상과 관련하여, 사회적 기속과 공용침해의 한계설정을 위한 기준으로는 재산권행사가 제약되는 '인적 범위'를 기준으로 하는 입장과 재산권행사를 제약하는 '정도'를 기준으로 특별희생성 여부를 판단하는 입장으로 나뉜다. 전자(前者)의 형식적 기준설로는 '개별행위설'과 '특별희생설'이 주장된다. '개별행위설'은 행정기관의 개별적 침해, 즉 특정인 또는 국한된 범위 내의 자에 대한 재산권침해여부에 따라 구분하며, '특별희생설'은 특정인에게 타인

하게 해석할 필요와 가능성이 있다. 다시 말하자면, 우리나라의 경우 처음부터 특정 사업이 오로지 공익 또는 공공복리를 위해서 이루어지는 경우는 물론 사업시행의 과정 또는 그 부수적인 결과로서 공익의 실현이 가능한 경우까지 포함하여 토지수용을 허용하는 방향으로 공공필요 개념의 해석에 대한 확장이 이루어질 수 있다."(김성수, "사인을 위한 공용침해와 재산권 보장", 원광법학 제24집 제4호, 2008. 12, 81면)

855) 홍성방, 헌법학, 현암사, 2008, 529면; 정종섭, 헌법학원론, 박영사, 2008, 600면.

856) 이부하, "재산권의 존속보장과 재산권에 관한 법이론", 공법학연구 제9권 제3호, 2008. 8, 344면.

에 비해 불평등하게 특별한 희생을 요구하는 재산권 침해는 공용침해이며, 일반적 제약을 하는 경우에는 사회적 기속이라는 입장이다.[857] 후자(後者)의 실질적 기준설에는 보호가치성설(Schutzwürdigkeitstheorie)[858], 사적 효용성설[859], 목적위배설[860], 수인한도설[861], 중대성설[862], 실체감소설[863], 상황기속성설[864] 등이 있다. 판례의 입장은 일관되지 않는다.[865]

---

857) BGHZ 6, 270 (279 f.); 23, 30 (33); 60, 145 (147); 80, 111 (117); 100, 335 (337); 105, 15 (20). '보호가치성설'은 역사, 법률의 취지 등에 따라 보호할 만한 가치가 있는 재산권에 대한 제약만을 손실보상을 필요로 하는 공용침해로 보는 견해이다.

858) W. Jellinek, Verwaltungsrecht, 3. Aufl., 1931, S. 413.

859) R. Rheinhardt, Wo liegen für den Gesetzgeber die Grenzen gemäß Art. 14 des Bonner Grundgesetzes über Inhalt und Schranken des Eigentums zu bestimmen?, in: Rheinhardt/Scheuner, Verfassungsschutz des Eigentums, 1954, S. 10 (29). '사적 효용성설'(Privatnützigkeitstheorie)은 라인하르트(R. Rheinhardt)가 창안한 것으로, 재산권의 사적 효용성을 기준으로 공용침해와 재산권의 사회적 기속을 구별하고자 하는 이론이다. 재산권이 제한되는 경우에도 사적 효용성이 침해되지 않으면 재산권의 '사회적 기속'에 해당되고, 사적효용성이 박탈되어 공적으로 이용되면 보상을 요하는 '공용침해'라는 것이다.

860) E. Forsthoff, Lehrbuch des Verwaltungsrechts, 1973, S. 343. '목적위배설'(Zweckentfremdungstheorie)은 '기능설'이라고도 하며, 공익적 관점에서 재산권의 본래의 객관적인 이용목적 또는 본래의 기능에 위배되는지를 기준으로 구별하는 입장이다.

861) BVerwGE 5, 143 (145 f.). 수인한도설(Zumutbarkeitstheorie)에 설명과 비판은 R. Stödter, Öffentlich-rechtliche Entschädigung, 1933, S. 190 ff.; ders., Über den Eigentumseingriff, DÖV 1953, S. 91 ff. '수인한도설'은 재산권의 침해가 현저하거나 수인할 수 없을 때에는 재산권의 사회적 기속이 아니라, 공용침해라는 것이다.

862) BVerwGE 5, 143 (145 f.); 19, 94 (98); 47, 144 (154); 51, 121 (138); 61, 295 (302). '중대성설'(Schweretheorie)은 재산권의 "침해의 중대성과 범위"에 있어서 그 강도가 중대하면 공용침해가 된다는 것이다.

863) E. R. Huber, Wirtschaftsverwaltungsrecht, Bd. II, 1954, S. 28. '실체감소설'(Substanzminderungstheorie)은 후버(Huber)가 주장한 이론으로, 재산권의 침해가 예견할 수 없었던 실체적인 경우까지 이르면 재산권의 사회기속이 아니라, 보상을 해야 하는 공용침해라고 하였다. 즉, 재산권의 침해가 중대하여 재산권의 실체적 내용과 관련된 경제적 기능이 박탈당하는 경우에는 공용침해에 해당한다는 견해이다.

864) BGHZ 23, 30 (33 f.); 60, 126 (130 f.); 72, 211 (218); 80, 111 (116). '상황구속성설'(Situationsgebundenheitstheorie)은 특히 토지 등의 재산권이 처한 지정학적 상황으로 '조리상' 주어진 효용이 거부되거나 본질적으로 제약당하면 '공용침해'가 되며, 재산권주체가 재산권이 처한 상황을 이미 예상할 수 있는 단순한 재산상 제한의 경우에는 '사회적 기속'에 해당한다.

865) 대법원은 직접적인 근거규정이 없는 경우에도 관련규정의 유추해석을 통해 손실보상을 인정하기도 하고(대판 1987. 7. 21. 84누126; 대판 1992. 5. 22. 2291누2356), 관련규정이 없이도 손실보상을 인정하기도 하며(대판 1972. 11. 28. 72다1597), 경우에 따라서는 법규에 보상규정이 없을 때에 공적 목적을 위한 것임에도 손실보상 대신 불법행위로 처리하기도 하고 있다(대판 1966. 10. 18. 66다1715; 대판 1991. 2. 22. 90다16474).

보상청구권의 법적 근거에 관하여도 학설의 대립이 있는데, 방침규정설은 제23조 제3항은 방침규정으로 그 보상 여부는 입법자의 재량에 맡겨져 있다고 하며, 직접효력설은 제23조 제3항은 직접 효력을 발생하는 규정으로 헌법규정에 의해 청구권을 행사할 수 있다고 한다.

(4) 경계이론 대(對) 분리이론

1) 경계이론

'경계이론'(Schwellentheorie)에 의하면 공용침해와 사회적 기속은 개별적 제도가 아니라, 그 재산권 침해정도의 차이로 구분된다. 즉, 사회적 기속과 공용침해 모두 재산권의 제한을 의미하나, 사회적 기속은 공용침해보다 재산권 침해가 적은 경우로서 보상없이 감수해야 되는 반면, 공용침해는 재산권의 사회적 기속의 범주를 넘어서서 보상을 필요로 하는 재산권의 침해를 말한다. 경계이론은 '재산권의 사회적 기속'과 '공용침해'간에 재산권 침해정도에 따라 양자간 변화가능성이 있기에, 이를 '문턱이론'이라고도 한다. 경계이론에서는 입법자가 보상에 관한 입법을 하지 않을 경우, 재산권의 제한이 수용적 결과를 가져온다면 '법원'이 독자적으로 직접 보상에 관한 판단을 할 수 있게 된다.

재산권보장과 관련하여 '존속보장'의 우선성을 인정할 경우, 재산권 침해시 권리구조의 단계는 행정쟁송(위법한 공용침해의 취소소송)→결과제거청구권→손해전보로 이루어지게 된다. 마지막 단계의 손실보상은 재산권의 존속보장이 불가능하거나 기대불가능시 행사가능하다. 그런데 '가치보장'을 우선할 경우에는 공권력에 의한 재산권 침해시 행정쟁송과 손실보상간의 선택적 청구가 가능하게 된다.[866) '경계이론'은 재산권이 특별희생 또는 수인한도를 넘어서는 경우 재산권보장의 내용이 존속보장에서 가치보장으로 전환되는 것으로 파악한다. 즉, 위헌적인 재산권 침해의 경우에도 손실보상만 해주면 그 위헌성이 치유된다는 생각이다. 이러한 사고는 기본권 주체의 재산권보장을 '존속보장'으로 보는 것이 아니라, 재산권의 침해를 수인하면 사후에 보상해 주면 된다는 '가치보장'적 입장이며, 재산권보장의 본질이라는 헌법정신과 일치하지 않는다.

공용침해와 사회적 기속의 구별기준에 대한 '경계이론'에 입각한 '개별행위설', '특별희생설', 수인한도설, 중대성설 등은 양자의 경계를 설정하는 기준으로 만족

---

866) 김성수, 일반행정법, 677면.

할 만한 이론을 제시하지 못하고 있는 불완전한 기준으로, 설득력이 부족하다. 또한 이러한 이론들은 구체적인 실무에 적용할 경우에 불명확한 기준이기에 법적 불안정성을 야기할 수 있다.

2) 분리이론

'분리이론'(Trennungstheorie)은 독일기본법 제14조 제1항 2문의 재산권 내용규정과 독일기본법 제14조 제3항의 공용침해를 명확히 분리하여 재산권의 내용규정인지, 또는 공용수용인지는 재산권 침해의 정도나 범위에 의해서가 아니라, 입법자의 형성에 따라 결정된다는 이론이다. 독일 연방헌법재판소가 제시한 분리이론(Trennungstheorie)에 따르면 '재산권의 내용 및 한계규정'과 '수용'은 각기 서로 다른 기능을 충족시키고 엄격하게 구별되는 독립된 법제도이다. 재산권의 내용 및 한계규정과 수용을 구별하기 위한 기준은 경계이론상의 침해의 강도가 아니라, 침해의 형태와 목적이다.

분리이론은 헌법상 재산권의 내용을 원칙적으로 '존속보장'으로 이해함으로써 헌법상 재산권보장의 내용에 더욱 합치된다.[867] 분리이론에 의하면, 헌법에서 보호하는 재산권의 침해시 금전적 보상은 존속보장이 가치보장의 단계에서 불이익을 입지 않는 한도에서만 가능하다. 따라서 입법자의 입법은 재산권의 본질이 되도록이면 사적 소유를 보장하는 한도에서만 정당성을 갖는다.[868]

분리이론에서는 먼저 재산권 침해의 '형태'를 기준으로 재산권규정이 일반적·추상적일 때에는 재산권의 '사회적 기속'으로, 재산권규정이 개별적·구체적일 때에는 '공용수용'으로 본다. 즉, 재산권규정이 '구체적인' 재산권자의 법적 지위를 '특정한 공공의 과제를 수행하기 위하여' 박탈하였다면 '공용수용'으로, 그와 상대적으로, 재산권자의 권리와 의무를 '일반적, 추상적'으로 규정하였으면 '재산권의 내용 및 한계규정'으로 분류될 수 있다. 그 다음으로 침해의 '목적'을 기준으로 재산권의 '사회적 기속'은 재산권의 권리와 의무를 장래를 향하여 객관법적으로 규율하는 것을 목적으로 하는 반면, '공용수용'은 침해를 통해서 재산권자의 법적 지위를 전면적 또는 부분적으로 박탈하는 것을 목적으로 한다.[869]

---

867) 김문현, 재산권의 사회적 기속성과 공용수용의 체계에 대한 검토, 공법연구 제32집 제4호, 2004년 3월, 13면; 정하중, 헌법재판소의 판례에 있어서 재산권보장, 헌법논총 제9집, 1998. 12, 277 (287)면.

868) BVerfGE 100, 226 (244 ff.).

869) Vgl. J. Rozek, Die Unterscheidung von Eigentumsbindung und Enteignung, 1998, S. 21 ff.

3) 결 어

재산권의 내용과 한계를 결정하는 것은 헌법에 의해 정해진 내용을 법률로 확정해야 하는 '입법자의 과제'이다. 이러한 취지에서 경계이론에서 주장하는 바와 같이 '법원'이 재산권의 제한이 사회적 기속인지 또는 공용침해인지를 판단하게 하는 것은 '입법자의 몫'을 빼앗아 가는 것이다. 만약 재산권의 침해가 사회적 기속인지 여부를 '법관'이 결정하게 한다면, 이는 법치국가가 요구하는 명확성원칙과 예측가능성을 침해하는 것이다.[870)]

경계이론은 가치보장적 사고로 인하여 금전보상만을 고려할 수 있으나, 분리이론에 의하면 재산권 침해의 완화를 위한 다른 다양한 가능성을 제공할 수 있다. 예컨대 구역지정의 해제와 같은 대상조치, 토지매수청구권, 수용신청권의 부여, 금전적 보상, 경과규정 기타의 수단 중에서 입법자가 구체적인 방법과 절차를 고려하여 정할 수 있다.[871)]

(5) 보상의 기준과 방법

재산권 침해에 대한 보상방법으로 제헌헌법은 '상당한 보상'을, 제3공화국 헌법은 '정당한 보상'을 규정하였고, 제4공화국 헌법은 이를 완전히 '법률'에 위임하였던 것을 제5공화국 헌법은 '이익형량'에 의하도록 하였으며, 현행헌법은 제3공화국 헌법처럼 '정당한 보상'을 요구하고 있다.

보상의 기준에 관하여는 침해된 재산의 객관적 가치를 완전하게 보상해야 한다는 '완전보상설'과 사회통념에 비추어 합리적 보상이면 된다는 '상당보상설', 그리고 구체적 사안에 따라 원칙적으로 완전보상을 요구하나 때로는 상당보상을 할 수도 있다는 '절충설'이 대립되고 있다. 현행헌법상 정당한 보상의 해석에 있어서도 완전보상설,[872)] 상당보상설과 절충설의 대립이 있으나, 절충설의 입장이 타당

---

870) 강태수, 재산권의 내용과 한계 및 보상, 법학논집 제16집, 청주대법학연구소, 1999, 16면; 김광수, 재산권 보장의 구조와 사회적 의무, 공법연구 제28집 3호, 2003. 3, 59면.

871) BVerfGE 100, 226 (245 f.); O. Depenheuer, 공법연구 제29집 3호, 2001. 5, 28면. 우리나라 헌법재판소도 "사업시행자에 의한 토지매수가 장기간 지체되어 토지소유자에게 토지를 계속 보유하도록 하는 것이 경제적인 관점에서 보아 더 이상 요구될 수 없다면, 입법자는 매수청구권이나 수용신청권의 부여, 지정의 해제, 금전적 보상 등 다양한 보상가능성을 통하여 재산권에 대한 가혹한 침해를 적절하게 보상하여야 한다"고 판시하고 있다(헌재 1999. 10. 21. 97헌바26).

하다고 본다. 그러나 판례는 '완전보상설'의 입장을 취하고 있다.[873)]

보상액의 결정방법은 당사자의 협의, 행정기관의 재결, 그리고 소송에 의한다.[874)] 보상의 지급방법은 금전보상과 현물보상, 선급과 후급, 일시금지급과 분할금지급 등이 있으며, 구체적인 방법은 개별적인 법률에서 정할 문제이다.

(6) 불가분조항(연대조항)

우리나라 헌법 제23조 제3항의 공용침해 규정이 "공용침해의 근거법률과 이에 대한 손실보상의 근거법률이 각각 상이한 법률에 규정되어서는 안되고 하나의 법률 속에 동시에 규정되어야 한다."는 요구인 '불가분조항'[875)](Junktimklausel)을 의미하는지에 대해 논란이 있다.

헌법상 불가분조항은 첫째, 법에 정한 보상과 절차에 따라서만 재산권이 공용침해될 수 있다는 재산권보장기능을 지니며, 둘째, 법률에 의거하여 공공필요로 재산권을 침해한 경우에는 반드시 보상을 하여야 한다는 의미에서 입법자에게 경고적 기능을 한다. 또한 셋째, 공용침해로 인하여 재산권 침해자에게 지급되는 보상금의 재원은 예산인 국고이기에 국회가 담당해야 한다는 국회의 예산특권보장기능을 지닌다.[876)]

헌법 제23조 제3항의 '공용수용'과 '보상'에 있어서는 불가분조항이 인정되는데

---

872) 허영, 한국헌법론, 464면.

873) 헌재 1990. 6. 25. 89헌마107; 헌재 1995. 4. 20. 93헌바20·66, 94헌바4·9, 95헌바6(병합); 헌재 1998. 3. 26. 93헌바12-"헌법이 규정한 '정당한 보상'이란 이 사건 소원의 발단이 된 소송사건에서와 같이 손실보상의 원인이 되는 재산권의 침해가 되는 기존의 법질서 안에서 개인의 재산권에 대한 개별적인 침해인 경우에는 그 손실보상은 원칙적으로 피수용재산의 객관적인 재산가치를 완전하게 보상하는 것이어야 한다는 완전보상을 뜻하는 것으로서 보상금액 뿐만 아니라 보상의 시기와 방법 등에 있어서도 어떠한 제한을 두어서는 아니된다는 것을 의미한다고 할 것이다."

874) 헌재 1990. 6. 25. 89헌마107-"…개발이익은 그 성질상 완전보상의 범위에 포함되는 피수용자의 손실이라고는 볼 수 없으므로, 개발이익을 배제하고 손실보상액을 산정한다 하여 헌법이 규정한 정당보상의 원리에 어긋나는 것이라고는 판단되지 않는다"; 헌재 1991. 2. 11. 90헌바17, 18(병합).

875) "不可分條項"을 "附帶條項"(정하중, 행정법총론, 법문사, 2002, 550면) 또는 "결부조항"(강현호, 한국헌법 제23조와 독일 기본법 제14조의 해석, 토지공법연구 제18집, 2003. 6, 75 (84)면)으로 사용하는 학자도 있다.

876) 강태수, 분리이론에 의한 재산권체계 및 그 비판에 대한 고찰, 헌법학연구 제10권 제2호, 2004. 6, 139면.

이론(異論)이 없으나, 공용사용과 공용제한의 경우 문제된다. 이 경우에도 일반적인 재산권의 제약이 아니라, 공용수용에 준할 정도의 중대하고 보상을 요하는 재산권 침해시 법률로써 보상을 하여야 한다고 해석하는 것이 헌법 제23조의 재산권보장의 2차적 기능인 "가치보장"에도 부합하리라 본다.[877] 현행 헌법 제23조 제3항은 "공공필요에 의한 재산권의 수용·사용 또는 제한 및 그에 대한 보상은 법률로써 하되 …"라고 규정하고 있어, 보상에 관한 사항을 법률로서 규정할 것만 요구하고 있고, 공용침해의 근거법률과 손실보상조항을 동시에 규정할 것을 요구하지 않는 것처럼 보이지만, 우리 헌법도 불가분조항 원칙을 요구하고 있다고 보아야 할 것이다.[878] 왜냐하면, 첫째, 우리 헌법 제23조 제3항의 '법률'은 공용침해에 관한 조항과 보상에 관한 조항을 동시에 규정하고 있는 법률이라고 해석될 수 있으며, 둘째, 불가분조항 원칙이 헌법상 인정된다는 조건하에서 공용침해시 보상을 해주어야 '가치보상'이 이루어질 수 있으며,[879] 셋째, 헌법 제23조 제3항에서 법률로 내용과 한계를 정한 재산권에 대하여 공공필요에 의하여 수용, 사용 또는 제한하는 경우 그 제한은 '법률'로써 '정당한 보상'[880]을 지급하도록 규정하고 있기 때문이다.

이와 관련하여 문제가 되는 것은 수용적 효과를 유발하는 입법을 하면서도 보상규정이 없는 경우이다. 이는 2가지 경우로 구분될 수 있는데, 첫째는 입법자가 수용을 예상했지만, 보상규정을 두지 않는 경우와 둘째는 입법자가 재산권의 내용과 한계를 결정하는 경우에 예측하지 못한 과도한 재산권 침해가 발생하는 경우이다.[881] 전자(前者)의 경우에는 보상규정이 없는 법률이므로 헌법에 위반되어 위헌·무효가 된다.[882] 후자(後者)의 경우에는 그러한 법률을 무효화하기 보다는

---

877) 정남철, 재산권의 사회적 구속과 수용의 구별에 관한 독일과 한국의 비교법적 고찰, 공법연구 제32집 제3호, 2004. 2, 363 (370)면.

878) 정연주, 공용침해의 헌법상 허용조건, 연세법학연구 제3집, 1995, 455 (466)면; 정연주, 재산권보장과 이익형량, 공법연구 제29집 제3호, 2001. 5, 29 (56)면 이하.

879) 정연주, 토지재산권의 범위와 손실보상, 민주, 법치국가의 발전과 사회통합, 한국공법학회, 2008. 6, 210면.

880) 헌재 1990. 6. 25. 89헌마107 188면 이하. 헌법 제23조 제3항에서 의미하는 "정당한 보상"이란 "원칙적으로 피수용재산의 객관적인 재산가치를 완전히 보상하는 것이어야 한다는 '완전보상'을 뜻하는 것으로서 보상금액뿐 아니라 보상의 시기와 방법 등에 있어서도 어떠한 제한을 두어서는 아니된다는 것을 의미한다." "객관적 가치란 그 물건의 성질에 정통한 사람들의 자유로운 거래에 의하여 도달할 수 있는 합리적인 매매가능가격, 즉 시가에 의하여 산정되는 것이 보통이다."

881) 조홍석, "재산권 제한의 체계적 구조", 법과 정책연구 제3집 제2호, 2003, 44면.

행정작용에 의해 제한의 효과가 발생한 경우에는 당해 행정작용을 취소하고, 입법에 의해 제한되는 경우에는 조정적·조절적 보상의무 있는 내용규정으로서 재산권 침해가 전보될 수 있는 조치를 취할 수 있다.

5. 재산권의 한계

헌법 제23조 제1항 후문은 재산권에 관한 법률유보에 관하여 규정하고 있고, 헌법 제23조 제2항은 재산권의 헌법적 한계를 규정하고 있다.

(1) 사유재산제의 한계

헌법 제23조 제1항 후문은 재산권의 "내용과 한계는 법률로 정한다."고 규정하여 사유재산제의 구체적인 내용과 한계를 법률에 유보하고 있다. "재산권의 내용과 한계를 법률로써 정한다."고 함은 어떠한 경제적 가치가 재산권으로서의 권리를 구성하는가, 또한 재산권으로서의 권리가 어느 한계까지 미치는가를 법률로써 정한다는 것을 의미한다. 이는 재산권의 보장에 관한 '개별적 법률유보'를 의미한다. 따라서 전술한 제도적 보장의 원리에 위배되지 않는 한 재산권에 대한 규제·제한은 입법적 재량에 위임되어 있다고 할 수 있다. 이러한 재산권의 내용과 한계는 제도적 보장으로서의 사유재산제에 의해 결정되지만, 그 본질적인 내용을 침해하는 법률은 위헌이다.

재산권에 대한 규제 내지 제한의 형식은 '법률', 즉 국회의 의결을 거쳐 제정된 형식적 의미의 법률이어야 한다. 그러나 우리 헌법은 대통령이 비상사태하에서 발하는 긴급명령과 긴급재정·경제처분 및 그 명령(제76조)에 의한 예외를 인정하고 있는데, 이 경우에 그 요건은 엄격하게 해석·적용되어야 한다. 여기서 문제되는 것은 명령이나 조예에 의한 재산권의 규제·제한이 가능하느냐에 관한 것이다. 이에 대하여 법률보다 하위법규인 명령이나 조례에 의해 재산권을 제한할 수 없다는 견해가 지배적이다. 그런데 지방자치단체가 법률의 위임이 없는 경우에도 공공필요를 위해 부득이한 경우에는 그 사용권만을 일시적으로 제한하는 것이 허용된다는 견해가 있다.[883] 재산권의 제한과 규제에 있어서 재산권과 공공이익간의

882) 정하중, "헌법재판소의 판례에 있어서 재산권보장", 헌법논총 제9집, 1998. 12, 277 (329)면 이하: 보상규정이 있더라도 정당한 보상에 미치지 못하는 경우에는 당해 법률은 위헌·무효이다(330면).

비례성원칙(과잉금지의 원칙)이 적용되어야 한다.[884)]

(2) 재산권의 헌법적 한계

헌법 제23조 제2항은 "재산권의 행사는 공공복리에 적합하도록 하여야 한다." 고 규정하여 재산권행사의 '공공복리 적합의무'를 규정하고 있다. 이는 모든 국민에게 인간다운 생활을 보장할 수 있도록 재산권의 사회적 구속성을 명시한 '헌법적 한계'를 의미한다.

"재산권의 행사를 공공복리에 적합하도록 하여야 한다."는 것은 주관적 권리로서의 재산권을 행사함에 있어서 오로지 자기의 이익만을 위하여 행사하거나 남용해서는 안되며, 사회 전체의 이익을 고려하고 증진시켜야 함을 의미한다. 즉, 모든 국민들의 생존보장의 실효성을 확보하기 위해 사익과 공익의 조화·실현을 기하고 나아가 사회정의를 실현하려는 것이다. 여기에서 '공공복리'라 함은 재산권의 역사성과 제도성을 부여하는 특수한 개념으로 사회적 법치국가의 이념에 비추어 결정되어야 한다. 여기서 '의무'가 윤리적 의무인가 또는 법적 의무인가에 관해 학설의 대립이 있다. 윤리적 의무설은 그 의무가 재산권의 내용이 되고, 공공복리에 위배되는 재산권의 행사는 법적으로는 권리남용에 의해 처리될 것이므로 이 의무는 단순한 윤리적 의무에 불과하다고 한다. 이에 대하여 법적 의무설은 그 행사에 있어서 공공복리에의 적합성을 개별적인 헌법 내지 법률조항들이 규정하고 있으므로 법적 의무로 보아야 한다고 한다.

헌법 제23조에서는 재산권은 법률로써 규제될 수 있고, 그 행사 또한 일정한 제약을 받을 수 있음을 규정하고 있다. 재산권이 법질서 내에서 인정되고 보호받기 위해서는 입법자에 의한 형성을 필요로 한다. 즉, 재산권은 이를 구체적으로 형성하는 법이 없을 경우에는 재산에 대한 사실상의 지배만 있을 뿐이므로 다른 기본권과는 달리 그 내용이 입법자에 의하여 법률로 구체화됨으로써 비로소 권리다운 모습을 갖추게 된다. 입법자는 재산권의 내용을 구체적으로 형성함에 있어서 헌법상의 재산권 보장(헌법 제23조 제1항 제1문)과 재산권의 제한을 요청하는 공익 등 재산권의

---

883) 권영성, 헌법학원론, 492면.

884) 헌재 1992. 6. 26. 90헌바26 - "재산권의 성질상 부과되는 사회구속은 물론 질서유지 또는 공공복리라는 공익적 필요가 있으면 일정한 한도 내에서 법률로써 제한할 수 있는 것이다. 그러나 방법의 적절성·피해의 최소성·법익의 비례성 또는 균형이라는 과잉금지의 원칙에 반하거나 재산권의 본질적 내용을 침해해서는 아니된다."(헌재 1990. 9. 3. 89헌가95).

사회적 기속성(헌법 제23조 제2항)을 함께 고려하고 조정하여 양 법익이 조화와 균형을 이루도록 하여야 한다.[885)]

우리 헌법은 재산권 행사의 사회적 의무성을 강조하는 것에 더하여 "국가는 국민 모두의 생산 및 생활의 기반이 되는 국토의 효율적이고 균형 있는 이용·개발과 보전을 위하여 법률이 정하는 바에 의하여 그에 관한 필요한 제한과 의무를 과할 수 있다."(제122조)고 함으로써, 토지재산권에 대한 한층 더 강한 규제의 필요성과 그에 관한 입법부의 광범위한 형성권을 규정하고 있다.[886)]

Ⅲ. 거주·이전의 자유

1. 거주·이전의 자유의 헌법상 의의

(1) 연혁 및 입법례

봉건사회에서는 신분계급과 장원조직 때문에 대부분의 사람들이 특정토지에 속박되어 거주·이전의 자유가 인정되지 아니하였다. 근대 시민사회의 성립은 이와 같은 신분적 구속과 영지에의 속박으로부터의 해방에 기인한 것이었다. 그리하여 거주·이전의 자유는 근대사회에 앞서 인정되기 시작하였다. 그러나 이 자유는 생래적인 권리로서 자명한 것으로 간주되어 버지니아 권리장전, 프랑스 인권선언, 미국 연방헌법 등 근대적 권리장전은 명문의 규정을 두지 아니하였다. 거주·이전의 자유가 처음으로 명문화되기 시작한 것은 1919년 바이마르 헌법이었으며, 그 후 자본주의경제질서를 헌법화한 국가에서는 이를 규정하게 되었다. 우리 헌법 제14조는 국민의 기본적 자유권의 일환으로 거주·이전의 자유를 보장하고 있다.

(2) 법적 성격

'거주·이전의 자유'라 함은 자기가 원하는 곳에 주소 또는 거소를 정하고 이를

---

885) 헌재 2012. 7. 26. 2011헌마169, 판례집 24-2상, 285, 301; 헌재 2013. 10. 24. 2012헌바376, 판례집 25-2하, 216, 221.

886) 헌재 2009. 7. 30. 2007헌바110, 판례집 21-2상, 197, 211; 헌재 2013. 10. 24. 2012헌바376, 판례집 25-2하, 216, 221.

자유롭게 이전하거나 그의 의사에 반해 이전하지 아니할 자유를 말한다. 이 자유는 다른 기본권에 비하여 특히 복합적 성격을 가지고 있다. 첫째, 거주·이전의 자유는 자본주의체제의 불가결한 요소로서 직업선택의 자유, 재산권의 보장과 함께 경제적 자유권에 속한다. 둘째, 거주·이전의 자유는 신체활동의 자유의 연장선에서 거주·이전을 보장함으로써 인신의 자유의 성격도 아울러 가지고 있다. 셋째, 거주·이전의 자유는 자유로운 인격형성의 장을 마련함으로써 사생활의 비밀의 보장과 나아가 정신적 자유와 밀접한 관련성을 가지고 있다.

2. 거주·이전의 자유의 내용

거주·이전의 자유는 국내에서의 거주·이전의 자유, 국외에의 거주·이전의 자유와 국적이탈의 자유를 포함하고 있다.

(1) 국내에서의 거주·이전의 자유

국내에서의 거주·이전의 자유는 국내에서 자유롭게 주소 또는 거소를 정하고 이전할 수 있는 자유를 말한다. 대한민국의 영토는 한반도와 그 부속도서이므로(제3조) 군사분계선 이북에도 우리의 주권은 인정되지만, 현실적으로 통치권이 미치지 아니하므로 거주·이전의 자유가 북한지역에는 인정되지 않는다. 국가보안법은 반국가단체의 지배하에 있는 지역으로부터 잠입하거나 그 지역으로 탈출하는 것을 금지하고 있다(동법 제6조). 그러나 남북교류협력에 관한 법률은 통일부장관의 승인을 얻은 왕래를 허용하고 있다(동법 제9조).

(2) 국외이주와 해외여행의 자유

국외이주는 외국에 영주하는 경우는 물론 해외에 장기간 거주하는 것도 포함한다. 국외이주가 거주·이전의 자유에 포함된다고 보는 견해가 다수설이다. 또한 해외여행의 자유도 당연히 거주·이전의 자유에 포함된다. 그러나 이 자유도 법률유보에 의한 제한을 받는다. 출입국관리법(동법 제4조)과 해외이주법(동법 제3조)은 출국 또는 해외이주가 금지되는 사람과 이주지역이 제한되는 경우를 규정하고 있다. 해외이민은 정부의 허가사항으로 되어 있다. 또한 출입국관리법은 여권 또는 선원수첩의 소지를 출국조건으로 하고 있어 여권발급에 대한 제한은 사실상 해외여행의 자유에 대한 제한을 의미하는 것이다(동법 제3조). 해외이주의 자유에는 해외로부터 귀국하는 자유(귀국의 자유)도 포함된다.

(3) 국적이탈의 자유

국적이탈(한국국적을 이탈하여 외국에 귀화하는 것)의 자유[887]가 거주·이전의 자유에 포함되는가에 관하여는 견해의 대립이 있을 수 있으나, 이를 포함시키는 것이 통설이다. 세계인권선언은 국적이탈의 자유를 명문으로 규정하고 있다(동선언 제15조 2항). 국적법은 스스로 외국의 국적을 취득한 경우에는 우리나라의 국적을 상실하게 하였고(동법 제15조), 복수국적자의 경우에는 법무부장관에게 신고를 하여 국적을 이탈할 수 있게 하였다(동법제12조 – 제14조). 따라서 무국적의 자유는 인정되지 아니한다. 국적이탈의 허가에는 원칙적으로 조건을 붙이는 것이 허용되지 않지만, 거주·이전의 자유가 탈세·병역기피 등 범죄의 수단으로 악용되는 것은 허용되지 않는다.

3. 거주·이전의 자유의 제한

거주·이전의 자유도 국가안전보장·질서유지 또는 공공복리를 위해 필요한 경우에 법률로써 제한할 수 있다. 이 경우에도 과잉금지의 원칙 등 기본권 제한의 일반원칙이 적용되어야 한다. 여기에는 군사상 필요에 의한 경우(특별조치에 의한 제한, 군사시설에의 출입제한·강제퇴거), 질서유지를 위해 필요한 경우(보호처분, 소방상 강제처분, 이주제한과 퇴거처분 등), 공공복리를 위해 필요한 경우(환자의 격리수용·격리수감 및 치료, 전염병 예방조치, 형사피고인의 주거제한) 등이 있다.

또한 민사법상의 제한으로는 파산자의 주거지 제한, 친권자의 미성년자에 대한 거소지정권, 부부의 동거의무 등이 있다. 그밖에도 수형자·공무원·군인 또는 군무원 등 특수신분관계에 있는 자의 거주·이전의 자유는 제한된다.

---

887) 국적을 이탈하거나 변경하는 것은 헌법 제14조가 보장하는 거주·이전의 자유에 포함된다(헌재 2006. 11. 30. 2005헌마739; 헌재 2004. 10. 28. 2003헌가18 등; 헌재 2015. 11. 26. 2013헌마805 등, 판례집 27-2하, 346, 354).

제4장 사회적 기본권

제1절 사회적 기본권의 일반이론

Ⅰ. 사회적 기본권의 연혁·발전

1. 연 혁

근대 시민사회는 재산권의 절대성, 계약의 자유, 과실책임의 원칙 등을 내용으로 하는 '사적 자치'[888]를 기본원리로 채택하여 왔다. 그리하여 국가는 '사적 자치'를 최대한으로 존중함으로써 개인이 자율적으로 생존을 유지하고 생활을 설계할 수 있도록 경제질서를 구축하였다. 이러한 사회적·경제적 배경하에서 채택된 근대헌법에 있어서 개인에게 보장된 기본권은 곧 자유권을 의미하였다. 특히 경제적 자유권의 보장은 자본주의의 비약적인 발전을 가져 왔다.

그러나 자본주의의 파행적 발전은 실업자군의 급증, 빈부격차의 현저, 경제공황의 만연 등의 사회적 병리를 초래하였다. 그 결과 시민은 경제적 곤궁으로 인해 생존 그 자체에 대한 위협을 받게 되어 자유권은 사실상 공허화하게 되었고, 경제적 약자에 있어서 자유란 한낱 '빈곤에의 자유' 내지 '기아(飢餓)로부터의 탈출권'만을 의미하게 되었다. 그리하여 생존 그 자체를 권리로써 보장받아 실질적

888) "사적 자치의 원칙이란 자신의 일을 자신의 의사로 결정하고 행하는 자유뿐만 아니라 원치 않으면 하지 않을 자유로서 우리 헌법 제10조의 행복추구권에서 파생되는 일반적 행동자유권의 하나이다. 이런 사적 자치의 원칙은 법률행위의 영역에서는 계약자유의 원칙으로 나타나는데 계약자유의 원칙은 계약의 체결에서부터 종결에 이르기까지 모든 단계에서 자신의 자유의사에 따라 계약관계를 형성하는 것으로서 계약의 내용, 이행의 상대방 및 방법의 변경뿐만 아니라 계약 자체의 이전이나 폐기도 당사자 자신의 의사로 결정하는 자유를 말한다고 할 것이다."(헌재 2003. 5. 15. 2001헌바98, 판례집 15-1, 534, 547)

평등을 실현하겠다는 생존권의 사상이 나오게 되었으며, 국가는 이와 같은 사회정의의 실현을 위해 경제에 적극적으로 개입하는 사회국가로 변모하게 되었다.

2. 입법례

생존권이 헌법에 처음으로 등장한 것은 1919년 바이마르 헌법으로, "경제생활의 질서는 각인으로 하여금 인간으로서의 가치 있는 생활을 보장할 것을 목적으로 하는 정의의 원칙에 적합하여야 한다"(제151조 1항)는 규정을 대원칙으로 선언하였다.[889] 다만, 이 규정은 생존권을 명백하게 주관적 권리로서 규정하지는 않았으며, 인간다운 생활의 보장이 곧 경제적 자유의 한계를 이루고 있음을 분명히 하였다. 제2차 세계대전 이후의 각국 헌법(프랑스제4공화국헌법 전문, 이태리헌법 제1조·제3조·제4조, 독일기본법 제1조·제20조 등)은 이러한 진보적 경향을 따라 예외 없이 생존권을 계승·보장하게 되었다.

특히 국제헌장에서 생존권에 관한 상세한 규정들을 두고 있는데, 세계인권선언은 제22조 이하에서 인간의 존엄과 인격의 자유로운 발전에 불가결한 경제적·사회적·문화적 권리를 열거·선언하고 있으며, 특히 1966년에 채택·발효된 국제인권규약(International Covenant on Human Rights) A규약(경제적·사회적 및 문화적 권리에 관한 규약)은 광범하게 생존권에 관하여 규정하고 있으나, 체약국에 대한 구속력이 현재로서는 담보되지 못하고 있다.

3. 생존권으로부터 복지권으로

생존권은 사회적·경제적 약자에게 '빈곤으로부터의 자유', 즉 생활의 배려를 보장해 줌으로써 인간다운 생활을 실현하기 위해 인정된 기본권이다. 그러나 제2차 세계대전 이후 후기산업사회에 들어선 선진자본주의국가들은 초보적인 생존의 보장에서 더 나아가 고단위의 복리를 요구하게 되었다. 즉, 복지국가에 있어서는 모든 국민에게 건강하고 문화적인 최저생활을 영위하는 데 위협을 주는 모든 '위험'으로부터 해방시키기 위한 '사회보장'(social security)이 확산되고 있다. 이를 '복지

---

889) 생활곤궁자에 대한 국가의 배려의무는 이미 시민혁명기의 헌법들(프랑스의 1791년의 헌법과 1793년의 헌법)에서 명문으로 규정되었다. 이들 헌법에는 공적 구제가 국가의 신성한 의무임을 선언하고 있었다. 그러나 이는 경제적 자유권의 제한을 전제로 하지 않았고 또한 이를 구체화하기 위한 입법이 소극적이었다는 점에서 오늘날의 생존권과는 그 성격을 달리한다.

권'이라고 부른다.

사회국가를 국민 스스로 생활설계를 할 수 있도록 사회구조의 골격적 테두리만을 규제하는 국가형태로 이해하는 입장에서는, 생존권은 '자유의 조건'만을 구현하는 데 그 의의가 있으므로 자율적 생활설계를 부정하는 복지국가, 특히 스칸디나비아형의 복지국가는 사회적 법치국가와는 양립될 수 없다고 한다.[890] 그러나 우리나라 헌법학자들은 일반적으로 사회국가와 복지국가를 동일시하고 혼용하는 경향이 있다. 이들 개념은 그 연혁이나 성격에 비추어 구별하는 것이 바람직하다고 본다. 즉, 시계열상으로는 생존의 배려에서 '복지의 배려'로 사회정의의 요청을 확대시켜 왔으며, 그 수혜대상도 경제적 약자라는 일부 계층에서 '전체 국민'으로 확산되었다.

복지국가는 사회보장제도를 채택함으로써 소득재분배의 실시, 생활수준의 격차 축소 등을 이룸으로써 사회적 평등의 실현에 기여하였다. 여기에서 '평등'이라 함은 '출발점에 있어서의 평등', 즉, 조건의 평등을 의미하며 사회주의가 지향하는 '결과에 있어서의 평등'을 의미하지는 않는 점을 유의하여야 한다. 그런데 복지국가는 경제의 계획화를 수반하게 되어 경제적 자유에 대한 위협이 될 수도 있으며, 복지의 요청은 국가와 국민의 고부담 의무를 초래하고 있는 점에서 위기에 직면하고 있다. 따라서 사회보장제도를 채택함에 있어서 자유와 통제의 합리적 조화점을 찾아야 하며, 오늘날 복지국가는 어느 정도의 복리가 사회정의의 실현에 적합할 것인가의 과제를 해결하지 않으면 안된다.

Ⅱ. 사회적 기본권의 헌법상 의의

1. 개 념

'사회적 기본권'[891]이란 모든 국민이 인간다운 생활을 누릴 수 있도록 하기 위해 국가로 하여금 생활에 필요한 제반 조건을 확보해 주도록 적극적인 개입·관여를 청구할 수 있는 권리를 말한다. 생존 그 자체를 스스로 해결할 수 없는 사

890) 허영, 한국헌법론, 495면.

891) 사회적 기본권은 학자에 따라 '생존권적 기본권'(김철수, 구병삭), '사회적 기본권'(한태연, 권영성), '생활권적 기본권'(문홍주), '사회국가적 기본권'(안용교) 등 다양하게 불리고 있다.

회적·경제적 약자에게는 형식적인 자유의 보장이 아니라, 실질적인 생존 보장이 더 긴요한 권리로 요구되었다. 그리하여 사회정의와 실질적 평등의 실현을 목표로 하는 사회국가가 등장하게 되었으며, 그 내용이 '생존배려'에서 나아가 문화적 생활을 요구하고 있으므로 이것을 '사회권'이라고 부른다. 사회권은 현대헌법의 세계적 경향을 이루며, 현대국가의 복지국가적 요청을 더욱 제고시키고 있다. 사회권은 자유의 실현을 위한 '조건의 형성'을 의미하며, 국가의 적극적인 간섭을 통해 실현된다는 점에서 '국가에 의한 자유'(freedom by state)를 상징하고 있다. 이 기본권은 사회정의의 실현을 위해 국가의 적극적인 정책이 요구되므로 "사회정책적 기본권" 또는 "사회질서형성의 원리"라고도 불린다.

2. 구 조

우리 헌법은 전문에서 '국민생활의 균등한 향상'을 도모할 것을 선언하여 사회국가의 건설을 위한 기본적인 방향을 제시하였으며, 헌법 제10조에서 '인간으로서의 존엄과 가치'를 기본권 보장의 근본원리로 규정하고 있다. 또한 헌법 제119조 제2항에서는 국가는 균형있는 국민경제의 성장과 사회정의의 실현 및 경제의 민주화를 위해 경제에 관한 규제와 조정을 할 수 있도록 함으로써 복지국가의 실현을 위한 국가의 책무를 선언하고 있다. 이들 조항은 사회권의 보장방향과 국가의 실현의무를 규정한 것으로써 사회권과 구조적 관련을 가지고 있다.

사회적 기본권은 '인간다운 생활을 할 권리'(제34조 1항)를 그 기본이념으로 선언하고, 이를 실현하기 위해 ① 노동기본권: 근로의 권리(제32조 1항)와 근로자의 권리(제33조), ② 인간다운 생활을 할 권리(제34조 1항)와 ③ 사회적·문화적 권리: 교육을 받을 권리(제31조), 환경권(제35조), 보건권·모성의 보호를 받을 권리(제36조) 등을 구체적으로 규정하고 있다. 즉, 사회권은 인간다운 생활을 할 권리를 목적조항으로 하고, 다른 권리들을 수단조항으로 구성되어 있다.[892)]

이러한 사회권의 구체적 유형은 각국 헌법에 따라 다소의 차이가 있기는 하지

---

892) 우리나라 학자들은 헌법조항별로 사회적 기본권을 유형화하고 있을 뿐, 그 성격에 따른 분류방법을 시도하지 않고 있다. 다만, 한태연 교수는 사회적 기본권을 ① 근로의 권리, ② 사회적 보장의 권리, ③ 사회적·문화적 발전의 권리 등으로 나누고 있다. 또한 허영 교수는 생활영역에 따라 기본권을 분류하면서 교육을 받을 권리, 보건에 관한 권리와 환경권을 '정신·문화·건강생활영역'의 기본권으로, 근로활동권과 인간다운 생활을 할 권리를 '경제생활영역'의 기본권으로 구분하고 있다(허영, 한국헌법론, 407-430, 467-496면).

만, 현대 복지국가에 있어서는 사회적 기본권의 중요성이 점고하여 그 내용이 풍부해지는 것이 대세이다. 다만 이에 관한 국가의 의무는 충분한 재정적 뒷받침이 있어야 그 실효를 거둘 수 있으므로 국가의 경제발전이 생존권 보장의 대전제가 되며, 이 경우에 비로소 그 유형도 확대될 수가 있는 것이다.

Ⅲ. 사회적 기본권의 법적 성격

1. 학 설

사회권의 법적 성격에 관하여는 종래 학설의 대립이 첨예하였고, 그 보장범위와 관련하여 어려운 문제가 제기되고 있다.

(1) 프로그램적 규정설

이 설은 사회권에 관한 헌법규정은 재판상 소구할 수 있는 구체적·현실적 권리가 아니라 국가에 대하여 이를 구체화할 정치적·도덕적 의무를 선언한 추상적·프로그램적 규정이라고 한다. 이는 바이마르 헌법하의 독일의 통설이었으나, 오늘날에는 거의 추종자가 없다. 사회권이 구체적인 권리가 되기 위해서는 이를 구체화하는 입법이 있어야 하고, 또한 재정적·예산상의 능력이 구비되어야 하는데, 이들 전제가 결여되어 있는 경우에 이 규정은 어디까지나 입법자에 대하여 정책적 지침(사회정책의 기본방향)을 제시하는 프로그램적 규정에 불과하다고 한다. 따라서 국가의 의무는 단지 개인의 생존을 보장하기 위한 입법을 할 정치적·도덕적 의무에 불과하며, 헌법규정에 의해 이를 법원에 소구할 수 있는 재판규범이 아닌 것이다.[893)]

(2) 법적 권리설

이 설은 사회권이 주관적 권리를 국민에게 부여한 것으로 이에 대응하는 법적

---

893) 한태연 교수는 "사회적 기본권은 개인의 주관적 권리로서의 그 헌법의 규정 여하를 막론하고 그것은 국가의 경제적 능력 여하에 의존하는 미완의 권리를 의미한다."고 하여 이 권리의 실효성에 관하여 의문을 제기하고 있다(한태연, 헌법학, 934면).

의무를 국가가 가진다고 한다. 이 입장을 취하는 경우에도 헌법규정에 의거하여 직접 소구할 수 있는가에 따라 학설이 나뉘고 있다.

1) 추상적 권리설

사회권은 비록 추상적일지라도 법적 권리이며, 국가는 입법 등을 강구할 추상적 의무를 가진다고 한다. 사회권의 경우에 그 보장수단이 불완전하다는 점이다. 또한 국가의 의무 이행이 재판에 의해 강제되지 아니하는 경우에도 헌법에 의한 법적 의무이다. 따라서 국민은 국가에 대하여 입법 기타 조치를 요구할 수 있는 권리를 가진다. 이 견해가 현재 우리나라의 다수설이다. 그러나 구체적인 입법이 없는 한 사회권규정만으로는 재판청구권이 인정되지 않으며, 구체적 청구권의 인용 여부는 입법정책의 문제로 보는 점에서 프로그램적 규정설과 구별할 실익은 없다.

2) 구체적 권리설

사회권은 입법이 없는 경우에도 현실적으로 국가에 대하여 청구할 수 있는 구체적 권리이며, 국가는 이에 적극적으로 응할 법적 의무가 발생한다고 한다. 즉, 사회권을 구체화하기 위한 입법이 없더라도 현실적으로 효력을 가지는 '완전한 권리'라고 본다. 최근에 와서 사회권을 구체적 권리로 파악하려는 견해가 많아지고 있다. 여기에도 국가는 입법을 할 의무가 있으며, 입법하지 아니하거나 불충분한 경우에는 위헌이지만 위헌심사의 대상은 되지 않는다는 견해와 국민은 입법을 요청할 권리가 있으며, 입법이 이루어지지 않는 경우에는 권리침해가 되므로 국가에 대하여 부작위위헌확인소송을 제기할 수 있다는 견해 등이 대립되고 있다. 이 입장은 사회권에 구체적인 재판규범적 효과를 부여하려고 한다. 그런데 이 견해를 전폭적으로 채택하는 학자들은 드물고, 원칙적으로 추상적 권리설을 따르면서 구체적 권리성을 부분적으로 인정하는 입장이 있다(불완전한 구체적 권리설).[894]

3) 결 어

사회권이 헌법상의 기본권으로 규범화되어 있는 이상 프로그램적 규정설은 인정될 수 없으며,[895] 현재 상황에 있어서는 추상적 권리설의 입장이 가장 타당하

---

894) 권영성, 헌법학원론, 555-556면.

895) 바이마르 헌법 하에서 프로그램적 규정설이 지배하였던 이유는 경제질서의 측면에서 인간

다고 생각된다. 사회권은 그 본질에 있어서 자유권과는 상이하기 때문에 그 이질적인 특성을 무시하고 자유권의 성격과 대비하는 데 문제가 있다고 하겠다. 국민의 권리는 생활규범으로서 외부적 환경과의 연관 속에서 성장하는 것으로 사회적·경제적 조건이 성숙되고 이를 구체화하기 위한 입법이 이루어질 때 비로소 구체적 권리로서의 성격을 인정받게 된다.[896] 따라서 우리 헌법이론상 이들 조건이 성숙되지 않았으므로 구체적 권리설을 채택하기에는 아직 시기상조라고 본다.

우리나라 헌법재판소는 사회적 기본권의 침해 여부를 판단함에 있어서 "입법자는 광범위한 입법재량을 가지고 국가의 재정능력, 국민 전체의 소득 및 생활수준, 기타 여러 가지 사회적·경제적 여건 등을 종합하여 합리적인 수준에서 결정할 수 있다. 다만 그 결정이 현저히 자의적이거나 사회적 기본권의 최소한도의 내용마저 보장하지 않은 경우에 한하여 헌법에 위반된다."고 판시하고 있다.[897] 헌법재판소는 사회적 기본권 관련 심사기준으로서 "국가가 실현해야 할 사회적 기본권의 최소한도의 내용을 보장"했는지 여부에 중요한 기준을 둔다. '최소한도의 내용 보장'이 무엇을 의미하는지가 불투명하고, 이는 입법자가 사회적 기본권의 보장 의무를 면할 수 있는 구실로서 작용할 수 있다.[898]

2. 기타 문제

(1) 자유권적 성격

사회권에 있어서도 국가가 '건강하고 문화적인 최저생활'을 침해하는 경우에는 소송을 통하여 그 침해행위의 배제를 청구할 수 있다. 이는 자유권적 성격에서

다운 생활의 보장을 선언하였을 뿐 기본권 보장의 형식으로 규정하지 아니하였던 점도 간과할 수 없다.

896) 미국에서는 생존권이 대체로 구체적 권리로 간주되고 있는데, 그 이유는 구체적 권리성을 인정할만큼 그 여건이 성숙되었고 구체적 입법이 되어 있기 때문이다.

897) 헌재 2015. 7. 30. 2014헌바371, 판례집 27-2상, 256, 267; 헌재 2015. 4. 30. 2013헌마435, 판례집 27-1하, 79, 88; 헌재 2014. 6. 26. 2012헌마459, 판례집 26-1하, 629, 641; 헌재 2014. 5. 29. 2012헌마515, 판례집 26-1하, 423, 431; 헌재 2008. 10. 30. 2005헌마1156, 판례집 20-2상, 1007, 1019; 헌재 1999. 4. 29. 97헌마333, 판례집 11-1, 503, 513; 헌재 1997. 5. 29. 94헌마33, 판례집 9-1, 543, 554.

898) 정태호, "원리모델에 의한 사회적 기본권 침해여부의 판단기준 및 심사구조", 「헌법학연구」 제13권 제3호, 2007. 9, 553면("입법자는 언제나 '최소한 조치'만을 취하기만 하면 항상 그 위헌판단을 면할 수 있다는 것이라면 이에는 동의할 수 없다.").

나오는 것으로 이 경우에는 구체적 권리로서의 재판규범성도 가지고 있다.

(2) 입법부작위의 위헌문제

사회권이 입법부작위 즉, 국회가 이를 구체화하는 법률을 제정하지 아니함으로써 침해된 경우에 국민은 그 위헌 여부를 소구할 수 있는가 즉, 부작위위헌확인소송 또는 작위의무이행소송이 가능한가가 문제된다. 이는 사회권의 보장에 있어서 가장 어려운 문제로서 찬반 양론이 대립되고 있다. 입법부작위에 대한 위헌확인소송의 가능성에 대하여 회의적인 견해도 있으나, 사회권 조항이 단순한 입법재량의 문제가 아니라 헌법에 의한 '입법구속에 있어서 입법재량'의 문제로 인식되면서 국회가 구체적인 입법을 하지 않으면 위헌이라고 보는 견해가 유력해지고 있다. 현행 헌법에서 공권력의 불행사에 의한 기본권의 침해에 대하여 헌법소원을 인정함에 따라 입법부작위에 의해 사회권이 침해된 경우에 헌법소원을 통한 입법부작위위헌확인과 권리구제를 인정한다.[899]

Ⅳ. 사회적 기본권과 자유권적 기본권의 관계

1. 양 기본권의 상이점

자유권과 사회권은 그 이념적 배경, 법적 성격, 보장방법, 제한 등에 있어서 전반적으로 상이점을 가지고 있다.

(1) 이념상 차이

자유권이 형이상학적인 자연법 사상에 기초를 두고 개인주의·자유주의의 배경하에서 형성·발전해 온 데 반해, 사회권은 형이하학적인 생존·생활의 보장을 요구하는 집단주의·평등주의의 배경하에서 생성·발전하여 왔다. 또한 자유권이 개

899) 헌재 1989. 3. 17. 88헌마1 – "헌법에서 기본권보장을 위해 법령에 명시적인 입법위임을 하였음에도 입법자가 이를 이행하지 않을 때 그리고 헌법해석상 특정인에게 구체적인 기본권이 생겨 이를 보장하기 위한 국가의 행위의무 내지 보호의무가 발생하였음이 명백함에도 불구하고 입법자가 전혀 아무런 입법조치를 취하고 있지 않은 경우가 여기에 해당될 것이며, 이 때에는 입법부작위가 헌법소원의 대상이 된다고 봄이 상당할 것이다."

인적 자유의 보장을 목표로 한 시민적 법치국가의 산물인 데 반해, 사회권은 사회적 평등의 실현을 지향하는 사회적 법치국가의 산물인 것이다.

(2) 주체상의 차이

이와 같은 역사적 성격의 차이는 권리주체의 성격에 반영되고 있는데, 자유권의 주체는 추상적 존재로서의 인간이었고, 사회권의 주체는 구체적 존재로서의 시민이었다. 여기에 자유권은 천부적·초국가적 권리로서 인간의 권리를 의미하기 때문에 원칙적으로 내국인은 물론 외국인도 그 주체가 될 수 있지만, 사회권은 국가내적·헌법창설적 권리이므로 원칙적으로 국민만이 향유할 수 있고 외국인은 그 주체가 될 수 없다.

(3) 법적 성격의 차이

자유권이 국가로부터 개인의 자유 보장을 위한 소극적 권리인 데 반해, 사회권은 국가에 대하여 인간다운 생활의 보장을 요구하는 적극적 권리를 의미한다. 그리하여 '국가로부터의 자유'를 그 본질로 하는 자유권은 국가의 원칙적 불간섭을 통해 보장될 수 있는 데 반해, '국가에 의한 자유'를 그 특질로 하는 사회권은 국가의 적극적 개입에 의해 비로소 실현될 수 있다.

(4) 효력상의 차이

자유권이 입법, 행정, 사법 등 모든 국가권력을 직접 구속하는 효력을 가지며, 구체적 권리로써 재판규범으로 기능하는 데 반해, 사회권은 입법의 의무만을 규정하는 정도의 권리이며, 이른바 추상적 권리로서 구체적인 재판규범으로서의 효력이 약하다. 다만 사회권도 자유권적 효력을 가지는 범위 내에서 재판규범성이 인정되며, 일정한 요건을 구비하게 되면 우리 헌법상 헌법소원을 통해 입법부작위에 의한 침해로부터 구제를 받을 수 있다.

(5) 제한상의 차이

자유권에 있어서 헌법 제37조 제2항의 법률유보가 자유와 권리를 제한하는 권리제한적 법률유보를 의미하는 데 반해, 사회권에 있어서 그것은 권리를 구체화시키는 권리형성적 법률유보를 의미한다. 기본권의 제한기준인 공공복리가 자유권의 경우에는 제한적 유보로 적용되는 데 반해, 사회권에 있어서는 형성적 유보로 기능하고 있다.

2. 양 기본권의 조화의 과제

자유권과 사회권은 국가권력의 행사라는 관점에서 비교할 때 상극적 관계에 있다. 즉, 자유권이 소극적인 권리로서 '국가로부터의 자유'를 보장하는 데 반해, 사회권은 적극적 권리로서 '국가에 의한 자유'를 추구하고 있다. 사회권은 자유권의 제한 위에서 인정되므로 사회권을 보장할수록 자유권은 축소될 수밖에 없다. 그러나 원래 사회권은 경제적 약자의 생존을 보장하기 위한 권리로서 형식화된 근대 헌법상의 자유와 평등에 대해 실질적인 자유와 평등을 보장해 주기 위한 것으로 자유권을 보완하는 성격을 가지고 있다. 그러므로 이들 양자는 그 성격면에서는 상호 모순관계에 있으면서도 인간의 존엄성의 실현이라는 목적면에서는 서로 보완관계에 있으므로 상호 조정·조화될 때에 비로소 기본권 보장의 궁극적인 실효를 거둘 수 있게 된다.

사회권의 실질적인 보장을 위해서는 자유권의 제한을 불가피하게 초래하며, 이들의 상호관계는 입법에 의해 결정된다. 그러나 현대 복지국가에 있어서 사회권의 보장은 자유권의 지나친 희생 위에서 이루어져서는 안된다. 입헌민주국가에 있어서는 원칙적으로 국민의 자유와 창의를 우선적으로 보장하면서 사회권은 다른 국민의 자유권의 제한이 가능한 최소한에 그치는 한계에서 행해져야 하며, 그 제한도 주로 경제적 자유에 국한되어야 할 것이다.[900)]

따라서 현대 복지국가에 있어서 자유권과 사회권은 서로 모순 내지 배척관계에 설 것이 아니라 원만한 조화를 이루도록 조정되어야 한다. 그 조화의 기준은 궁극적으로는 양 권리가 기반을 두고 있는 법치국가원리와 복지국가원리의 조화에서 구하게 된다. 다만 사회권의 보장이 국가의 경제적 발전을 그 전제로 하기 때문에 후진국가에 있어서는 사회권 보장의 실효성을 확보하는 것이 어려운 과제이다.

---

900) Rawls는 기본적 자유에 대한 평등한 권리와 사회적·경제적 불평등을 2개의 정의의 원리로 들고, 전자가 후자에 우선한다고 보아 자유권이 생존권의 우위에 서는 것으로 본다.

제 2 절 근로기본권

일반적으로 근로의 권리와 근로3권을 독립된 기본권으로 설명하고 있다. 그러나 근로자를 개인 차원에서 보호하기 위한 근로의 권리와 집단적 활동을 보장하기 위한 근로3권은 일체로서 근로자를 보호하기 위한 헌법상의 기본권으로 볼 수 있다.[901]

I. 근로의 권리

1. 근로의 권리의 연혁 및 입법례

(1) 연 혁

근대 자연법사상하에서는 근로권은 개인의 천부적 권리의 일종으로 이해되었고, 따라서 국가권력은 이를 침해할 수 없는 자유권(즉, 근로의 자유)으로 주장되었다. 그러나 19세기 후반에 들어오면서 자본주의의 발전은 여러 가지 사회적 모순, 특히 실업자가 속출하게 되어 근로의 권리를 소극적 의미의 자유권으로 이해하는 것은 무의미하게 되었다. 사회적·경제적 약자인 근로자로서는 자유권의 보장만으로는 인간다운 생활을 누릴 수 없으며, 근로의 기회가 부여되지 않는 한 스스로 생존을 영위할 수 없기 때문에 한편으로는 근로의 권리를 적극적인 사회적 기본권으로 주장하게 되고, 국가는 사회적·경제적 방법에 의해 적극적으로 근로의 기회를 제공할 의무를 지게 되었다.

(2) 입법례

근로의 권리를 처음으로 헌법에서 규정한 것은 1919년 바이마르 헌법(제163조 2항)이

901) 권영성 교수는 근로자의 보호를 위한 헌법조항을 총칭하여 노동헌법(Arbeitsverfassung)이라고 한다(헌법학원론, 578면).

었다. 그러나 이 조항은 근로의 기회를 보장한 것이 아니라 생활비의 지급을 규정하고 있었고, 어디까지나 프로그램적 규정으로 이해되었다. 제2차 세계대전 이후 자본주의 국가들은 헌법에서 근로의 권리를 보장하게 되었는데, 1946년 프랑스 제4공화국헌법, 1947년 이탈리아 헌법, 1947년 일본국 헌법 등이 대표적이다.

우리나라 헌법은 근로의 권리를 보장하여 근로의 기회를 국가가 제공하도록 하는 동시에 나아가 인간다운 생활을 보장하기 위해 근로자 고용의 증대, 적정임금의 보장, 최저임금제의 실시 등을 규정하고 있다. 나아가 근로조건 기준의 법정주의, 여자근로에 대한 특별보호와 여성의 차별금지, 연소근로자의 특별보호, 국가유공자·상이군경 및 전몰군경의 유가족에 대한 우선적 근로기회의 보장을 규정하고 있다(제32조).

2. 근로의 권리의 헌법상 의의

'근로의 권리'라 함은 일할 의사와 능력이 있는 자가 국가에 대하여 근로의 기회를 제공해 줄 것을 요구할 수 있는 권리를 말한다. 여기서 근로는 생존을 위한 경제활동인 한, 육체적 활동뿐만 아니라 정신적 활동도 포함한다. 이러한 근로의 권리는 생활의 기본적 수요를 충족시킴으로써 인간다운 생활의 보장과 궁극적으로 인간의 존엄성을 실현하기 위한 기본적인 조건이 된다.

그러나 근로의 권리의 개념도 그 법적 성격을 어떻게 이해하느냐에 따라 달리 정의되고 있다. 추상적 권리설은 국가에 대하여 단지 근로의 기회를 제공하도록 요구할 수 있는 권리라고 한다. 이에 대하여 구체적 권리설은 근로의 권리를 근로의 의사와 능력이 있는 자가 취업의 기회를 요구하고 취업하지 못한 경우에는 생계비의 지급을 청구할 수 있는 권리라고 한다. 다만 이 경우에도 헌법조항을 직접 근거로 하여 국가에 대하여 취업의 기회를 청구할 수 있는 것은 아니라고 한다.

3. 근로의 권리의 내용

(1) 범 위

근로의 권리가 구체적으로 어떤 내용을 포함하는가에 대하여는 견해가 대립되고 있다.

1) 근로기회제공청구권설

이 설은 일반적으로 근로의 의사와 능력이 있는 자가 국가에 대해 근로기회의 제공을 요구할 수 있는 권리를 말한다고 한다.

2) 생활비지급청구권설

이 설은 근로의 의사와 능력이 있는 자가 사기업에 취업할 수 없을 경우에는 국가에 대하여 근로기회의 제공을 요구하고, 그것이 불가능할 때에는 상당한 생활비의 지급을 청구할 수 있는 권리라고 한다.[902)]

3) 결 어

자본주의국가에 있어서는 완전고용이 이루어지지 않는 한 사실상 국가가 모든 국민에게 직장을 알선해 줄 수 없으며, 구체적인 입법이 없는 한 생활비의 지급을 청구할 수 있는 권리라고도 볼 수 없다. 따라서 근로의 권리란 단순히 '근로의 기회'를 제공하도록 요구할 수 있는 권리에 불과하다고 본다.

(2) 국가의 고용증진의무

근로의 권리가 현실적으로 실효성을 확보하기 위해서는 구체적인 법률이 제정되어야 하며, 튼튼한 재정적 뒷받침이 있어야 한다. 국가는 전체와 개인의 조화를 위하여 경제 전역에 걸친 관여와 조정을 하여야 한다. 그리하여 헌법 제32조 제1항 후문에서 "국가는 사회적·경제적 방법으로 근로자의 고용의 증진 … 에 노력하여야" 한다고 규정하여 근로의 권리에 대응한 국가의 의무를 선언하고 있다. 우리나라는 자본주의 경제체제를 원칙으로 하면서 예외적으로 국가의 규제와 관여를 인정하고 있으며, 그 실현수단은 사회적·경제적 방법에 국한시키고 있다. 따라서 국가는 근로자들의 인간다운 생활의 보장을 위해 '문화적인 최저생활'을 향유할 수 있도록 입법 또는 정책을 수립할 의무를 지고 있다.

(3) 해고의 자유의 문제

근로의 권리의 보장이 사용자의 해고의 자유를 제한하는 법리가 될 수 있는가

---

902) 김철수, 헌법학개론, 690면.

에 대하여는 학설이 갈린다.

1) 부정설

이 입장에 의하면 근로의 권리는 국가 대 국민의 관계에서 인정되는 것이고 사용자와 근로자의 사인관계에 적용되는 것은 아니므로 사용자의 해고의 자유는 제한될 수 없다고 한다.

2) 긍정설

이 입장에 의하면 오늘날 근로의 권리는 고용을 유지하는 권리를 내포하고 있고 헌법 제32조 제3항 내지 제5항은 사인간(즉, 노사관계)에 직접 적용된다고 보아 해고의 자유가 제한된다고 한다.

3) 사 견

근로의 권리는 사인간에도 적용되어 사용자의 해고의 자유를 제한할 수 있는 것으로 보는 것이 타당하다. 따라서 '정당한 이유'가 없는 해고는 위헌으로 무효가 된다고 하겠다.[903] 특정 신조나 사상과 밀접히 연관된 소위 경향사업(傾向事業)에 있어서 근로자가 이러한 경향성을 상실한 경우 등이 일반적으로 이러한 정당한 이유에 해당하는 것으로 인정되고 있다.[904]

(4) 구체적 내용

우리나라 헌법은 근로의 권리의 실효성을 보장하고 나아가 문화적 최저생활을 향유함으로써 인간다운 생활을 누릴 수 있도록 하기 위해 여러 가지 제도적 장치를 마련하고 있다.

1) 근로조건기준의 법정주의

헌법 제32조 제3항은 근로조건의 기준을 법률로 정하도록 함으로써 근로조건기준의 법정주의를 규정하고 있다. 여기에 '근로조건'이란 근로계약에 있어서의 모

---

903) 근로자의 보호를 위해서는 입법론상 근로기준법에서 해고의 사유, 입증책임의 전환, 사전청문제도, 해고된 자의 보상청구권 등을 규정해 두는 것이 바람직하다고 본다.

904) 헌재 2005. 3. 31. 2003헌바12, 판례집 17-1, 340, 350.

든 조건, 즉 임금, 노동시간, 휴식, 위생시설, 재해보상, 고용의 기간 및 해고의 조건, 각종 보험제도 등을 말한다. 근로조건의 기준을 "법률로 정한다."고 함은 근로의 조건을 당사자의 의사에 일임하지 않고 근로자의 이익을 보장하기 위하여 국가가 법률을 제정하여 여기에 간섭·통제한다는 것을 의미한다. 즉, 당사자의 자유로운 계약에 의한 근로조건에 법률이 최저한의 제한을 둔다는 것을 뜻한다. 헌법은 근로조건의 기준으로 '인간의 존엄성'을 설정하고 있다. 따라서 국가는 노임의 조정과 근로자의 보호에 대한 적극적인 관여정책을 펴고, 이에 필요한 범위 안에서 계약자유의 원칙의 수정 내지 제한을 선언하는 것을 의미한다.

2) 적정임금의 보장과 최저임금제의 시행

헌법 제32조 제1항 2문은 근로자를 위한 적정임금의 보장과 최저임금제의 시행을 규정하고 있다. 여기에 '임금'이란 "사용자가 근로의 대가로 근로자에게 임금, 봉급, 그 밖에 어떠한 명칭으로든지 지급하는 일체의 금품을 말한다."(근로기준법 제2조 제1항 5호) 또한 '평균임금'이란 "이를 산정하여야 할 사유가 발생한 날 이전 3개월 동안에 그 근로자에게 지급된 임금의 총액을 그 기간의 총일수로 나눈 금액을 말한다. 근로자가 취업한 후 3개월 미만인 경우도 이에 준한다."라고 정의하고 있다(근로기준법 제2조 제1항 6호). 국가는 건강하고 문화적인 생활을 누릴 수 있도록 적정수준의 임금을 정하도록 입법조치를 할 의무가 있다. 나아가 근로자의 생활안정을 위해 최저임금법에 의해 '최저임금제'를 시행하고 있다. 최저임금법은 근로자에 대하여 임금의 최저수준을 보장하여 근로자의 생활안정과 노동력의 질적 향상을 꾀함으로써 국민경제의 건전한 발전에 이바지하는 것을 목적으로 하고 있다. 임금은 노동의 대가성으로 받는 것이므로 무노동·무임금의 원칙이 인정된다.[905]

3) 여자와 소년의 근로의 특별보호

헌법 제32조 제4항과 제5항은 여자와 연소자의 근로를 특별히 보호하고 있다. 이 규정은 국가가 근로조건의 기준을 법률로써 정하는 경우에 여자와 소년에 대하여는 특별한 보호를 위한 조치를 정할 것을 명하는 것이다. 헌법이 특히 이와 같은 규정을 둔 이유는 여자와 소년은 성년남자에 비하여 체질이 약하므로 그들의 혹사는 생존과 보건에 지대한 영향을 미치기 때문이며, 연혁적으로도 노동입법은 아동과 부녀자에 대한 노동보호법에서 비롯된 것이다. 즉, 이는 신체적 약자

905) 권영성, 헌법학원론, 583면 주1).

를 특별히 보호하여 실질적 평등을 구현하기 위한 것이다.

여기에 '특별한 보호'라 함은 임금의 부당한 저하, 노동시간의 부당한 차별이나 혹사를 금하고, 또한 여자와 소년의 육체상의 특수사정을 고려하여 인도적 및 보건상의 이유로 특별한 보호를 위한 법률의 규정을 두어야 한다는 것을 의미한다. 근로기준법은 이 규정에 의해 여자에 대한 생리휴가, 출산전후의 유급휴가 등의 보장과 소년에 대한 최저연령·노동시간의 단축에 관한 규정 및 여자와 소년의 보호를 위한 야간작업의 금지, 갱내근로의 금지에 관한 규정 등을 두고 있다. 나아가 여성은 고용·임금 및 근로조건에 있어서 차별대우를 받지 아니한다. 이에 근로기준법은 균등처우의 원칙을 규정하고 있고, 남녀고용평등법은 동일노동·동일임금의 원칙을 채택하고 있다.

4) 국가유공자 등 유가족의 우선적 근로기회 부여

헌법 제32조 제6항은 국가유공자·상이군경 및 전몰군경의 유가족에 대하여 우선적으로 근로의 기회를 부여하도록 규정하고 있다. 현행헌법은 종래 법률의 형식으로 국가유공자 등의 유가족에게 우선적으로 근로기회를 부여하였던 것을 헌법에서 명문으로 규정하고 있다. 따라서 이들의 우선취업이 평등원칙에 위반되는가의 여부가 문제될 수 있던 것을 입법론적으로 해결하였다. 그 구체적인 법률로는 '국가유공자 예우 및 지원에 관한 법률'이다. 애국지사 및 그 유족, 공상군경, 순직공무원의 유족, 기타 적용대상자에 대하여 대통령령이 정하는 비율의 범위안에서 우선 채용하여야 한다고 규정하고 있다.[906)]

---

906) 구 '국가유공자 등 예우 및 지원에 관한 법률'('국가유공자법'이라 한다) 제31조 제3항 본문 중 선발예정인원이 3명 이하인 채용시험의 경우 국가유공자법상 가점을 받을 수 없도록 한 부분이 청구인의 평등권을 침해하는지 여부(소극): 국가유공자법상 가산점 제도는 일반 응시자가 부여받을 수 있는 근로의 기회를 축소시키게 되므로, 이러한 제도 형성에 있어서는 일반 국민의 채용기회 확보와 국가유공자 등에 대한 보호 사이에 적절한 조화를 이루도록 하는 것이 필요하다. 심판대상조항이 선발예정인원 3명 이하인 채용시험에서 취업지원 대상자가 국가유공자법상 가점을 받지 못하게 한 것은 채용시험의 핵심인 균등한 기회 제공을 통한 공정경쟁이라는 가치가 형해화되지 않도록 하기 위한 부득이한 조치로서 이것이 현저히 합리성을 결여한 자의적인 차별이라고 보기 어려우므로, 심판대상조항은 청구인의 평등권을 침해하지 않는다(헌재 2016. 9. 29. 2014헌마541, 판례집 28-2상, 510).

Ⅱ. 근로자의 근로3권

1. 근로3권의 연혁 및 입법례

(1) 연 혁

사유재산제, 계약의 자유, 과실책임의 원칙이라는 3대 원칙을 기조로 한 근대 시민법 원리는 자본주의의 비약적인 발전을 가져왔다. 이들 제도는 중세적인 봉건제도를 타파하고 근대적인 개인의 자유 보장에 결정적인 역할을 하였다.[907] 그러나 자본주의의 발전은 근로대중의 실업과 빈곤이라는 사회적 병폐를 초래하였고, 근로자는 생계수단으로서 노동력을 상품으로 팔수밖에 없는 어려운 입장에 놓이게 되었다. 이들에게 보장된 형식적인 자유와 평등은 결과적으로는 부자유와 불평등을 초래하였다. 그리하여 경제적 약자인 근로자가 실질적 평등을 누리기 위해서는 서로 단결하고 단체행동을 함으로써 사용자에게 대항하지 않으면 안되게 되었다. 그 결과 현대헌법은 단결권과 함께 단체교섭권과 단체행동권을 생존권적 기본권의 일환으로 보장하기에 이른 것이다.

(2) 입법례

근대 시민법은 계약자유의 원칙에 위반한다는 이유로 초기에는 근로자의 단결권의 보장 요구에 적대적이었다. 각국의 입법은 노동조합의 결성을 비롯하여 근로자의 단결을 금지하고 이를 범죄로 규정하였다. 이와 같은 단결권의 금지조치에 대하여 노동운동은 반격을 가하기 시작하였고, 생산능률의 저하 등 심각한 상태에 당면하게 되자 국가는 근로자들의 단결을 방임하게 되었다. 근로자의 단결권이 적극적으로 보장을 받게 된 것은 20세기에 들어와서 자본주의의 체제개혁이 이루어진 때부터 비롯된다. 헌법에서 이를 최초로 규정한 것은 1919년 바이마르 헌법이었으며, 그 후 현대 헌법은 근로3권을 거의 예외없이 보장하고 있다.

---

907) Maine이 적절하게 표현한 것처럼 법체계의 특징은 '신분에서 계약으로'(from status to contract) 전환되기에 이르렀다. H. Maine, Ancient Law (Bacon Press, Reprint of 1861 Edition).

2. 근로3권의 헌법상 의의

(1) 개 념

'근로3권'이라 함은 근로자가 근로조건의 유지·향상을 목적으로 사용자와 대등한 지위에서 교섭할 수 있도록 자주적으로 단체를 결성하고 집단적으로 교섭하며 나아가 단체행동을 할 수 있는 권리를 말한다.[908] 이와 같은 단결권·단체교섭권과 단체행동권은 상호간에 밀접한 관련을 가지고 있다. 단결권은 노동조합을 결성하기 위한 전제가 된다는 점에서 기본적 권리라고 할 수 있다. 그러나 궁극적으로 사용자에 대한 교섭권과 쟁의권을 인정하지 않는다면 단결권 그 자체는 무의미해진다. 이와 같이 근로3권은 노사간에 대등한 위치에서 근로조건을 교섭·타결하여 궁극적으로 근로자들의 인간다운 생활을 보장하려는 데 그 목적이 있다.

(2) 헌법상 의의

근로자에게 근로3권을 보장하고 있는 헌법상 의의는 다원적이다.

첫째, 근로3권을 헌법상 보장하고 있는 것은 입법의 형식으로 보장하는 경우보다 철저한 보장을 하고 있음을 의미한다. 여기에 노동입법은 헌법상 보장된 근로3권의 기본원리에 합치되어야 하고, 이에 위반될 때에는 위헌법률심사를 통해 그 위헌 여부를 결정하게 된다.

둘째, 근로자에게 근로3권을 보장함으로써 사용자와 대등한 위치에서 자주적으로 근로조건에 관하여 교섭할 수 있도록 하기 위한 것이다.[909] 비로소 근대 시민법체계하에서 발생하는 사회적 불평등은 시정될 수 있고 사용자에 대응하는 실질적 평등을 실현할 수 있는 것이다.

---

908) 헌법이 단결권·단체교섭권·단체행동권을 근로3권으로 규정하고 있을 뿐, '단체협약체결권'을 규정하고 있지 않다고 하더라도 근로조건의 향상을 위한 근로자 및 그 단체의 본질적인 활동의 자유인 '단체교섭권'에는 단체협약체결권이 포함되어 있다(헌재 1998. 2. 27. 94헌바13·26, 95헌바44(노동조합법 제33조 제1항 위헌소원)).

909) 헌재 2012. 3. 29. 2011헌바53; 헌재 2015. 5. 28. 2013헌마671 등; 헌재 2018. 5. 31. 2012헌바90, 공보 제260호, 825, 830: "헌법 제33조 제1항이 근로자에게 근로3권을 기본권으로 보장하는 뜻은 근로자가 사용자와 대등한 지위에서 단체교섭을 통하여 자율적으로 임금 등 근로조건에 관한 단체협약을 체결할 수 있도록 하기 위한 것이다. 이러한 노사 간 실질적 자치라는 목적을 달성하기 위해서는 무엇보다도 노동조합의 자주성이라는 전제가 필요하다."

셋째, 근로3권은 궁극적으로 근로자에게 인간다운 생활을 보장하기 위한 제도적 장치로서의 의의를 가진다. 근로자가 사용자와 대등한 위치에서 근로조건에 관하여 실질적인 교섭을 할 수 있을 때에만 비로소 사회정의가 실현될 수 있으므로 근로3권은 근로의 권리를 실효성 있게 보장하기 위한 수단적 의의를 가진다.

(3) 법적 성격

1) 자유권설

이 설은 근로3권을 집회·결사의 자유의 특수한 형태에 불과한 것으로 자유권의 일환으로 보는 입장이다.[910] 즉, 근로3권을 국가권력으로부터 부당한 방해와 간섭을 받지 않는 소극적 권리로 본다. 그리하여 근로3권도 집회·결사의 자유와 마찬가지로 '국가로부터의 자유'를 그 본질로 이해한다.

2) 사회권설

이 설에 의하면 근로3권은 국가에 대하여 적극적으로 근로자의 단결권·단체교섭권·단체행동권을 보장해 주도록 요구할 수 있는 권리로서 사회권의 일종으로 보고, 국가는 이에 대응하여 입법 기타 조치를 할 의무를 진다고 한다. 이 입장에서는 근로3권은 '국가에 의한 자유'를 의미한다.

3) 복합권설

이 설에 의하면 근로3권은 국가가 그 권리행사를 부당하게 침해·간섭해서는 안된다는 자유권적 측면과 근로자의 인간다운 생활의 보장을 위해 국가가 적극적으로 입법하도록 요구할 수 있는 사회권적 측면을 동시에 가지고 있다고 본다.

4) 헌법재판소의 판례

헌법재판소는 "근로3권은 자유권적 기본권으로서의 성격과 사회권적 기본권으로서의 성격을 모두 포함하는 것이어서 근로3권이 제대로 보호되기 위하여는 근로자의 권리행사의 실질적 조건을 형성하고 유지해야 할 국가의 적극적인 활동 즉 적절한 입법조치를 필요로 한다. 이때 국가의 적극적인 활동이라 함은 입법자

910) 박일경 교수는 근로3권을 자유권이라고 하면서, 근로권은 수익권에서 그리고 근로3권은 자유권에서 설명하고 있다(제6공화국 신헌법, 285면 이하).

가 근로자단체의 조직, 단체교섭, 단체협약, 노동쟁의 등에 관한 노동조합 관련법의 제정을 통하여 노사간의 세력균형이 이루어지고 근로자의 근로3권이 실질적으로 기능할 수 있도록 하기 위하여 필요한 법적 제도와 법규범을 마련하여야 할 의무가 있다는 것을 의미"[911]한다고 하여 혼합설을 취하고 있다.

5) 결 어

근로3권은 국가의 간섭이나 영향을 받지 않고 자유롭게 근로자단체를 결성하고 단체의 목적을 추구할 권리를 갖는다는 의미에서 자유권적 성격을 지닌다. 또한 근로3권을 부당노동행위시 국가가 적극적으로 개입하여 법적 구제를 부여하는 국가의 적극적 행위를 필요로 한다는 측면에서 사회권적 기본권의 성질이 있다. 따라서 근로3권이 자유권적 성질과 사회권적 성질을 아울러 내포하고 있는 복합적 성질의 권리라고 이해할 수 있다.

이에 따라 근로3권의 자유권적 성격으로 인하여 노동조합 및 노동관계조정법 제4조는 폭력·파괴행위가 아닌 노동조합의 단체교섭·쟁의행위 기타 정당한 행위를 형법 제20조의 '정당행위'로 취급하여 보호하고 있다. 또한 사회권적 성격에서는 노동조합및노동관계조정법은 사용자가 노동조합 및 근로자에 대해 단체교섭 및 쟁의행위로 인한 손해의 배상을 청구할 수 없도록 하고(법 제3조), 사용자의 부당노동행위를 금지하며(법 제81조), 사용자의 부당노동행위로 인해 권리를 침해당한 근로자·노동조합은 노동위원회에 구제를 신청할 수 있도록(법 제82조) 하고 있다.

3. 근로3권의 주체

근로3권의 주체는 근로자이다. '근로자'라 함은 "직업의 종류를 불문하고 임금·급료 기타 이에 준하는 수입에 의하여 생활하는 자"를 말한다. 즉, 근로자는 노동력을 제공하고 그 대가로써 생활하는 사람이다. 경제적 약자일지라도 자기의 재산으로 생업을 하는 자, 즉 자영업자는 원칙적으로 근로자가 아니다. 즉, 사용자의 지휘·명령하에서 노무를 제공하고 그 대가인 임금·금여를 얻어 생활을 영위하는 이른바 종속노동의 제공자를 말한다. 따라서 근로자는 육체근로자이든 정신근로자이든 불문하며, 현재 취업중인 자 뿐만 아니라 실업 중에 있는 자(노동력 제공의 의

911) 헌재 2009. 2. 26. 2007헌바27, 판례집 21-1상, 61.

사와 능력이 있는 자)[912]도 포함하고, 내국인은 물론 외국인[913]도 포함한다. 다만 공무원인 근로자에 대하여 현행 헌법(제33조 2항)은 법률이 정하는 자(국가공무원법 제66조 1항·2항의 사실상 노무에 종사하는 공무원)에 한하여 근로3권을 가진다고 하여, 일정한 범위의 공무원을 근로 3권의 주체에서 제외하고 있다.[914] 또한 법률이 정하는 주요 방위산업체에 종사하는 근로자에게는 단체행동권을 제한하고 있다(제33조 3항).[915]

현재 실업 중인 자는 노동력제공의 의사와 능력이 있는 한, 근로 3권의 주체가 될 수 있다. 그 이유는 노동력제공의 의사와 능력이 있는데도 불구하고 실업중인 자를 근로 3권의 주체에서 제외한다면 사용자의 부당한 해고 등에 대항할 수 있는 방법이 제약되기 때문이다.

노동조합 및 노동관계조정법 제2조 4호 "라. 근로자가 아닌 자의 가입을 허용하는 경우. 다만, 해고된 자가 노동위원회에 부당노동행위의 구제신청을 한 경우에는 중앙노동위원회의 재심판정이 있을 때까지는 근로자가 아닌 자로 해석하여서는 아니된다." (라)목 본문에서 말하는 '근로자'에는 특정한 사용자에게 고용되어 현실적으로 취업하고 있는 자뿐만 아니라, 일시적으로 실업 상태에 있는 자나 구직중인 자도 노동3권을 보장할 필요성이 있는 한 그 범위에 포함된다고 판시하였다.[916]

사용자는 물론 근로3권의 주체가 될 수 없다. 사용자는 단체를 결성할 수 있고, 단체교섭의 상대방이 되며 근로자의 근로3권에 대응하여 '직장폐쇄' 등 일정한 행위를 할 수는 있으나,[917] 사용자가 근로3권의 주체가 되는 것은 아니다. 사용자의

---

912) 사용자의 부당해고로 해고중인 자를 보호하기 위해서 필요한 것이다.

913) 국내거주 외국인과 불법체류 외국인도 포함한다.

914) 헌재 2007. 8. 30. 2003헌바51, 2005헌가5(병합)(국가공무원법 제66조 제1항 등 위헌소원) - "사실상 노무에 종사하는 공무원에 대하여서만 근로3권을 인정하고 … 있는 것은 헌법 제33조 제2항에 근거를 두고 있을 뿐 아니라 합리적인 이유가 있다 할 것이므로 헌법상 평등의 원칙에 위반되는 것이 아니다."

915) 이에 의거하여 제정된 '방위산업체에 관한 특별조치법'은 주요 방위산업체에 종사하는 근로자의 노동쟁의행위에 관하여는 '노동조합 및 노동관계조정법'이 정하는 바에 따라 제한 또는 금지하도록 하고(동법 제4조), 노동조정법은 주요 방위산업체에 종사하는 근로자 중 전력·용수 및 주로 방산물자를 생산하는 업무에 종사하는 자는 쟁의행위를 생산할 수 없다고 규정하고 있다(동법 제41조 2항·방산법 제18조). 통신사업은 노정법상 '필수 공익사업'에 해당하므로 그 쟁의활동은 일정한 제약을 받는다(동법 제51조·제54조·제76-80조 등).

916) 대판 2004. 2. 27. 선고 2001두8568 판결.

917) 노동조합 및 노동관계조정법 제46조 제1항 "사용자는 노동조합이 쟁의행위를 개시한 이후에만 직장폐쇄를 할 수 있다."

단체결성은 헌법 제21조 1항의 결사의 자유에 의해 보호되고, 단체교섭은 계약의 자유 내지 일반적 행동의 자유에 의해 보호되며, 직장폐쇄 등은 기업의 자유 내지 재산권보장에 의해 보호된다. 사용자단체도 단체결성과 단체교섭을 할 수 있으나, 근로3권의 주체가 되는 것은 아니다. 따라서 근로자단체와 사용자단체에 대한 헌법적 보장 수준은 서로 다르다.

4. 근로3권의 내용

(1) 단결권

1) 단결권의 의의와 주체

'단결권'이라 함은 근로자가 근로조건의 유지·개선 기타 근로자의 경제적·사회적 지위의 향상을 목적으로 사용자와 대등한 지위에서 교섭할 수 있는 자주적인 단체를 결성할 수 있는 권리를 말한다. 여기서 단체는 일시적 단체인 쟁의단도 포함되지만, 일반적으로 계속적 단체인 노동조합을 의미한다. 단결권은 근로조건의 유지·개선 기타 근로자의 경제적·사회적 지위의 향상을 도모함을 목적으로 사용자와 대등한 교섭주체로서의 자주적 단체(노동조합)를 결성하고, 이에 가입하여 일상적 활동을 할 수 있는 권리를 말한다.

단결권은 목적성과 자주성을 개념요소로 한다. 계속성은 단결권의 필수요소가 아니다. 따라서 일시적인 쟁의단체의 결성도 가능하다. 자주성이 국가권력과 사용자의 간섭을 배제하는 것[918]인지, 제3자인 사인에 의한 간섭까지 배제하는 것인지에 관해 견해가 나뉜다.

단결권은 크게 개인적 단결권과 집단적 단결권으로 구분할 수 있다.[919] 개인적 단결권이란 개개의 근로자가 노동조합 등 단결체를 결성하거나 이에 가입하고 활동함에 있어서 국가나 사용자의 부당한 개입이나 간섭을 받지 아니할 권리를 말한다.[920] 또한 집단적 단결권이란 근로자집단이 조직을 유지·확대하고 집단목적

918) 국가권력에 의한 자주성침해는 위헌이고, 사용자에 의한 자주성침해는 부당노동행위로서 위법이다.

919) R. Scholz, Koalitionsfreiheit, in: J. Isensee/P. Kirchhof (Hrsg.), HStR Ⅵ, 2001, § 151 Rn. 80 ff. 88 ff.

920) 정종섭, 「헌법학원론」, 박영사, 2012, 702면.

을 달성하기 위하여 단결체를 구성할 수 있는 권리를 말한다.[921] 따라서 개인적 단결권 영역에서는 개개 근로자가 주체가 되며, 집단적 단결권 영역에서는 근로자집단이 주체가 될 수 있다. 사용자와 사용자단체는 헌법 제33조 제1항에 의한 단결권의 주체가 되지 못한다.

우리나라 헌법 제33조 제1항에 의하면, "근로자는 근로조건의 향상을 위하여 자주적인 단결권·단체교섭권 및 단체행동권을 가진다."라고 규정하고 있어 개인의 단결권을 보장하는 형식으로 규정되어 있다. 그러나 헌법상 단결권은 개인의 기본권으로서 개인적 단결권임과 동시에 단체의 기본권으로서 집단적 단결권의 이중적 성격을 지닌 기본권이다.[922]

2) 단결권의 내용

(가) 적극적 단결권

근로자가 단체를 결성하거나 노조에 가입하여 활동함에 있어 국가나 타인의 부당한 간섭·방해를 받지 않을 권리이다. 근로자의 단결을 금지하는 법규는 위헌이며, 근로자가 노동조합에 가입하지 않을 것 또는 노동조합으로부터 탈퇴할 것을 조건으로 하는 계약(황견계약)을 체결하거나 단결권의 행사를 이유로 근로자를 해고함은 위헌이다.

(나) 소극적 단결권

단체를 가입하지 않을 권리와 단체로부터 탈퇴할 권리인 소극적 단결권이 단결권에 포함될 것인가, 즉 가입강제는 금지되는가에 관하여 견해가 대립된다.

소극적 단결권도 단결권에 포함된다는 견해, 소극적 단결권은 생존권으로서의 단결권에 의해서는 인정될 수 없지만, 결사의 자유에 의해 인정된다는 견해, 소극적 단결권은 일반적 행동자유권 또는 헌법에 열거되지 않은 자유권으로 보장되지만, 어느 정도의 단결강제가 허용된다는 견해가 있다.

소극적 단결권은 단결권의 일부로서 인정되지만, 적극적 단결권의 실효성을 보장하기 위해 법이 허용하는 합리적 범위내에서 가입강제가 허용된다고 본다. 노동조합 및 노동관계조정법 제81조 2호 단서[923]는 단결강제의 한 유형인 유니온

---

921) 이부하, 「헌법학원론」, 신론사, 2008, 556면.

922) 한수웅, 「헌법학」, 법문사, 2011, 960면.

923) "노동조합이 당해 사업장에 종사하는 근로자의 3분의 2 이상을 대표하고 있을 때에는 근

샵(Union Shop)을 허용하고 있다.

(다) 집단적 단결권

근로자집단이 조직을 유지·확대하고 집단목적을 달성하기 위하여 단결체를 구성할 수 있는 권리를 말한다. 단위별노동조합이 산업별노동조합이나 노동조합 총연합단체를 결성하는 것이 이에 해당한다.

근로자집단은 미가입 근로자의 가입을 권유하거나 다른 근로자집단과 연합하여 단결체를 결성할 수 있으며, 조직의 존립·확대를 위해 구성원에게 필요한 통제를 가할 수 있다. 복수의 연합단체의 결성[924]도 허용된다.

(2) 단체교섭권

단체교섭권은 근로자가 근로자단체[925]의 이름으로 근로조건의 향상을 위해 사용자·사용자단체와 근로조건에 관해 자주적으로 교섭할 수 있는 권리를 말한다. 단체교섭행위 이외에 타결된 내용을 단체협약으로 체결할 권리인 단체협약체결권도 단체교섭권에 포함되어 있다.[926] 단체교섭권은 근로자가 사용자와 대등한 위치에서 교섭하여 근로조건을 자주적으로 정하는 것을 목적으로 한다. 단체교섭권에는 단체협약체결권이 포함되는데, 단체협약은 자치규범으로서 규범적 효력을 가지며, 노동관계법에 의한 특별한 보호를 받는다. 단체협약은 노동조합과 사용자 또는 사용자단체가 노동조건 등에 관하여 합의에 의하여 서면으로 체결하는 협정으로서, 개별적 노사관계 및 집단적 노사관계에 관한 기준을 설정함으로써 일정기간 노사관계를 안정시키는 기능을 한다.[927] 단체교섭권의 인정은 집단적 근로계약을 일반계약으로부터 분리시켜 민법 대신에 노동관계법을 적용하여 특별히

로자가 그 노동조합의 조합원이 될 것을 고용조건으로 하는 단체협약의 체결"은 예외로 하여 부당노동행위에 해당되지 않는다고 규정하고 있다. 헌법재판소는 당해 사업장에 종사하는 근로자의 3분의 2 이상을 대표하는 노동조합의 경우 단체협약을 매개로 한 조직강제[유니언 샵(Union Shop) 협정의 체결]를 용인하고 있는 노동조합 및 노동관계조정법 제81조 제2호 단서가 근로자의 단결권을 보장한 헌법 제33조 제1항에 위반되지 않는다고 하였다(헌재 2005. 11. 24. 2002헌바95 등).

924) 예를 들면, 한국노총이 존재하는데, 민주노총이 결성하는 것이 이에 해당한다.

925) 노동조합은 '단체성'을 필수적 요소로 하므로 조합원이 1인이거나 또는 증가될 일반적 가능성이 없는 경우에는 당사자 능력을 상실한다(대판 1998. 3. 13. 97누19830).

926) 헌재 1998. 2. 27, 94헌바13.

927) 헌재 1998. 3. 26. 96헌가20.

보호하는 기능을 한다.

단체교섭권은 근로자의 개별적 문제를 대상으로 하는 것이 아니라, 근로자집단을 대상으로 하므로, 근로자가 개별적으로 단체교섭권의 주체일 수는 없고 근로자단체가 그 주체이다. 사용자나 사용자단체는 단체교섭의 상대방이 되지만, 단체교섭권의 주체가 되는 것은 아니다. 단체교섭은 근로조건의 유지·개선 기타 근로자의 경제적·사회적 지위의 향상을 도모함을 목적으로 하므로, 이와 무관한 사용자의 경영권, 인사권, 이윤취득권에 속하는 사항은 원칙적으로 단체교섭의 대상에서 제외된다.

사용자가 단체교섭을 정당한 이유없이 거부하거나 해태하는 경우에는 부당노동행위가 된다. 이와 같은 부당노동행위에 대하여는 노동조정법에 따라 근로자 또는 노동조합은 노동위원회에 그 구제를 신청할 수 있다. 구제를 신청받은 노동위원회는 조사 등의 필요한 조사와 심문을 한 후 부당노동행위가 성립한다고 판단하는 경우에는 구제명령을 하여야 한다. 구제명령을 받은 후 중앙노동위원회에 재심을 신청하지 않거나 행정소송을 제기하지 않은 경우 노동위원회의 명령은 확정력을 갖게 되어 반드시 준수하여야 한다. 또한 단체협약은 다른 법규보다 우선적 효력을 가지므로 민·형사상 책임은 면제된다. 노사간의 대립과 갈등을 해소하여 산업평화를 이루고 경제발전에 기여하기 위해 중앙노사정협의회제도가 채택되고 있다.

(3) 단체행동권

1) 단체행동권의 의의

'단체행동권'이라 함은 근로자가 근로조건의 향상을 위해 집단적으로 쟁의행위 등을 할 수 있는 권리를 말한다. 여기서 '노동쟁의'라 함은 "임금·근로시간·후생·해고 기타 대우 등 근로조건의 결정에 관한 주장의 불일치로 인하여 발생한 분쟁상태"를 말하고, '쟁의행위'라 함은 "파업·태업·직장폐쇄 기타 노동관계 당사자가 그 주장을 관철할 목적으로 행하는 행위와 이에 대항하는 행위로서 업무의 정상적인 운영을 저해하는 행위"를 말한다. 이 권리는 근로3권 중에서 가장 강력하고 최종적이며 본질적인 권리이다.[928)]

---

928) 정당한 쟁의행위로 성립하기 위하여서는 ① 쟁의행위 주체가 단체교섭의 주체로 될 수 있는 자이어야 하고, ② 목적이 근로조건의 향상을 위한 노사간의 자치적 교섭을 조성하는 데

2) 단체행동권의 주체

근로자의 단체행동은 동일한 목적을 추구하는 다수 근로자의 의식적인 집단행위이므로, 단체행동권의 주체는 노동조합이다. 단, 주요 방위산업체 종사자는 헌법 제33조 제3항에 근거하여 단체행동권이 부인된다. 또한 단체교섭권이 없는 일시적 근로자단체는 단체행동권의 주체가 될 수 없다.

헌법재판소는 노동쟁의조정법 제12조 제2항에 대한 헌법소원[929]에서 "모든 공무원에게 단체행동권, 즉 쟁의권을 근본적으로 부인하고 있는 노동쟁의조정법 제12조 제2항 중 「국가·지방자치단체에 종사하는 노동자」에 관한 부분은 현행 헌법 제33조 제2항의 규정과 저촉되고 충돌되는 것으로 헌법 제37조 제2항의 일반적 법률유보조항에 의하여서도 정당화될 수 없다"고 하여 헌법불합치결정을 하였다.

사용자는 단체행동권의 주체는 아니지만, 노동조합이 쟁의행위를 개시한 후에 미리 행정관청 및 노동위원회에 신고한 후에 직장폐쇄를 할 수 있다.[930] 생각건대 사용자의 직장폐쇄는 이론적 근거로는 노사균형론과 사용자의 자기방어권에서, 헌법상 근거로는 재산권보장(제23조)과 기업의 경제상의 자유(제119조 1항), 직업의 자유(제15조)에 의해 인정되지만, 직장폐쇄는 쟁의권에 대한 방어행위로서 수동적·방어적인 수단으로 보충성에 입각하여 행해져야지, 적극적·공격적으로 행하는 것은 헌법의 취지에 반한다고 본다.

3) 단체행동권의 내용

근로자의 단체행동에는 파업(Strike)·태업(Sabotage)·불매운동(Boycott)·시위농성(Picketing) 등이 있다. 노동력의 제공을 거부하는 것을 '파업'이라 하고, 노동력을 제공하되 작업능률을 고의로 떨어뜨리는 것을 '태업', 사용자 또는 그 거래처로부터의 상품구입을 거절하거나 단체협약체결을 비롯한 단체교섭을 거부하는 것을

에 있어야 하며, ③ 사용자가 근로자의 근로조건 개선에 관한 구체적인 요구에 대하여 단체교섭을 거부하였을 때 개시하여야 하며, 특별한 사정이 없는 한 조합원의 찬성결정 및 노동쟁의 발생신고 등 절차를 거쳐야 한다. 그리고 ④ 쟁의 수단과 방법이 사용자의 재산권과 조화를 이루어야 하고 폭력의 행사에 해당하지 않아야 한다(대판 1998. 1. 20. 97도588).

929) 헌재 1993. 3. 11, 88헌마5.

930) 이러한 사용자의 직장폐쇄에 관하여 견해가 대립되는데, 위헌설(김철수)은 헌법 제33조는 근로자의 단체행동권만을 보장하는 것이므로 사용자의 직장폐쇄는 위헌이라고 하며, 합헌설(권영성, 허영)은 사용자의 직장폐쇄는 소유권에 근거한 것 또는 노사균형론에 근거한 것으로 합헌이라고 한다.

'불매운동', 조업희망자들의 사업장 출입을 감시·저지하면서 파업에 동참할 것을 촉구하는 것을 '시위농성'이라 한다.

근로자는 정당한 쟁의행위에 대해 민사상·형사상 책임을 지지 않으며, 쟁의행위에 가담하였다는 이유로 해고 기타 불리한 처우를 받지 않는다. 이와 관련하여 무노동·무임금에 관하여 노동조합 및 노동관계조정법 제44조에서는 사용자는 쟁의행위에 참가하여 근로를 제공하지 않은 근로자에 대해 그 기간 중의 임금을 지급할 의무가 없고, 노동조합은 쟁의기간에 대한 임금의 지급을 요구하며 이를 관찰할 목적으로 쟁의행위를 해서는 안된다고 규정하고 있다.

4) 단체행동권의 한계

쟁의행위란 파업·태업·직장폐쇄 기타 노동관계 당사자가 그 주장을 관철할 목적으로 행하는 행위와 이에 대항하는 행위로서 업무의 정상적인 운영을 저해하는 행위를 말한다. 근로자의 쟁의행위는 정당한 행위여야 한다. 정당한 쟁의행위라 함은 ㉠ 그 주체가 단체교섭의 주체가 될 수 있는 자라야 하고, ㉡ 그 목적이 근로조건의 향상을 위한 노사간의 자치적 교섭을 조성하는데 있어야 하며, ㉢ 사용자가 근로자의 근로조건의 개선에 관한 단체교섭의 요구를 거부할 때 개시하되, 특별한 사정이 없는 한 조합원의 찬성결정과 법 소정의 쟁의발생신고를 거쳐야 하고, ㉣ 그 수단과 방법이 사용자의 재산권과 조화를 이루어야 함은 물론 폭력 행사에 해당하지 않는 것이어야 한다.[931]

(가) 주체상 한계

쟁의행위는 노동조합에 의해 주도되어야 한다. 주요방위산업체 종사하는 근로자 중 전력·용수 및 주로 방산물자를 생산하는 업무에 종사하는 자는 쟁의행위를 할 수 없다.

(나) 목적상 한계

근로조건의 유지·개선과 근로자의 경제적·사회적 지위의 향상을 도모하기 위한 것이어야 한다. 이와 무관한 이념투쟁 또는 정치투쟁의 수단으로 이용된 순수한 정치파업은 허용되지 않으나, 노동관계법의 개폐나 최저임금제, 근로조건, 노동정책과 관련된 정치적 파업을 의미하는 산업적 정치파업은 허용된다.

---

931) 헌재 1996. 12. 26. 90헌바19.

(다) 절차상 한계

민주적인 절차를 거쳐야 한다. 단체교섭의 요구를 사용자가 거부하거나 근로조건의 결정에 관해 당사자간에 주장의 불일치가 있는 등 분쟁상태가 발생한 때에는 어느 일방이 상대방에게 서면으로 통보해야 하고, 법정의 조정절차를 거쳐야 하며, 조합원의 직접·비밀·무기명투표에 의한 조합원 과반수의 찬성으로 쟁의행위를 결정해야 한다.

(라) 방법상 한계

쟁의행위는 폭력이나 파괴행위 또는 생산 기타 주요업무에 관련되는 시설과 이에 준하는 시설로서 대통령령이 정하는 시설을 점거하는 형태로 이를 행할 수 없다. 또한 사업장의 안전보호시설에 대하여 정상적인 유지·운영을 정지·폐지 또는 방해하는 행위는 쟁의행위로서 이를 행할 수 없다(노동조합 및 노동관계조정법 제42조). 노동조합이 사용자의 의사에 반하여 생산수단을 자기의 지배하에 두고 경영까지 장악하는 생산관리는 사용자의 재산권에 대한 중대한 침해이므로 허용되지 않는다.

5. 근로3권의 효력

(1) 대국가적 효력

근로자의 근로3권이 대국가적 효력을 가진다는 점에 대해서는 이론의 여지가 없다. 단결권은 자유권적 성격을 띠고 있으므로 국가권력에 의한 간섭·침해를 배제하도록 청구할 수 있는 '소극적 효과'를 가진다. 즉, 국가권력은 근로조건의 개선·유지와 근로자의 지위향상을 위한 노동자의 단결권행사를 금지·방해·침해해서는 아니되며, 이를 이유로 처벌해서는 안된다(형사면책).

또한 단결권은 사회권적 성격을 가지고 있으므로 국가기관에 대하여 그 실현을 청구할 수 있는 '적극적 효과'도 가진다. 즉, 근로자는 사용자의 부당노동행위 등으로 인해 단결권의 행사가 방해를 받을 경우에는 국가권력에 대해 법적 보호를 청구할 수 있다.

(2) 대사인적 효력

단결권의 대사인적 효력(제3자적 효력)에 대하여는 학설이 대립되고 있다.

1) 간접적 효력설

우리나라 헌법에는 근로자의 단결권에 있어서 사인간의 직접적 효력에 관한 명문의 규정이 없으므로 단결권은 기본권에 내포된 객관적 가치질서로서의 성질을 근거로 하여 사인간에 간접적으로 적용된다고 한다.[932] 단결권에 직접적인 대사인적 효력을 인정하게 되면 결과적으로 근로3권의 주관적 사권성을 인정하게 되고 이를 위반한 근로계약은 당연히 무효가 된다.

2) 직접적 효력설

이 입장은 단결권이 대국가적 효력을 가질 뿐만 아니라 사인간에도 직접적으로 효력을 발생한다고 한다. 헌법상 명문의 규정은 없지만, 단결권은 그 성질상 사용자를 필수적 전제로 하고 있고, 그 내용상 사인간의 관계가 명백한 이상, 이 권리는 직접적으로 적용되어야 한다고 본다. 이 입장에서는 근로3권이야말로 대사인간에 직접적으로 적용되는 대표적인 예로 들고 있다.

생각건대, 단결권은 대사인간에 직접적으로 적용되므로 사용자가 근로자의 단결권행사에 간섭·침해해서는 안되고, 국가는 사용자의 부당노동행위를 방어해 줄 의무가 발생한다. 근로자 상호간에도 단체에의 가입·탈퇴 등을 방해하지 아니할 의무가 발생한다고 하겠다.

6. 근로3권의 한계와 제한

(1) 한 계

근로3권은 절대적 기본권이 아니므로 헌법질서의 테두리 안에서 보장된다. 즉, 민주적 기본질서에 위배되거나 경제질서의 기본원리를 침해하는 것은 허용되지 아니한다. 나아가 헌법은 제33조 제2항과 제3항에서 공무원의 근로3권과 주요 방

---

932) 허영, 한국헌법론, 256, 488-490면. 독일기본법(제9조 3항)은 직접적 효력에 관한 명문의 규정을 두고 있기 때문에 직접적으로 적용된다고 본다.

위산업체 근로자의 단체행동권을 제한하는 헌법적 한계를 규정하고 있다.

1) 공무원인 근로자의 근로3권의 제한

헌법 제33조 제2항은 "공무원인 근로자는 법률이 정하는 자에 한하여 단결권·단체교섭권 및 단체행동권을 가진다."고 하여 공무원의 근로3권을 원칙적으로 제한하고 일정한 공무원에 한하여 이를 보장하고 있다. 이와 같은 제한의 근거는 공무원이 전체 국민에 대한 봉사자라는 지위에서 구하는 '전체봉사설'과 국가업무라는 직무의 성질에서 찾는 '직무성질설'[933]이 있다. 생각건대, 공무원은 '국민 전체에 대한 봉사자'(제7조 1항)로서 공공이익을 위해 복무하여야 한다. 따라서 공무원의 근로관계는 사기업의 그것과는 성질상 다르며, 다른 법적 취급을 하는 것이 곧 평등의 원칙에 위배되는 것이 아니라고 본다.

근로3권을 보장받는 공무원의 범위를 국가공무원법과 지방공무원법은 "사실상 노무에 종사하는 공무원"에 한하여 인정하고, 이를 다시 위임하여 그 범위를 국회규칙·대법원규칙·헌법재판소규칙·중앙선거관리위원회규칙 또는 대통령령으로 정하고 있다. 그리하여 현재 근로3권을 누릴 수 있는 공무원은 '사실상 노무에 종사하는 공무원'으로 규정하고 있다.

헌법재판소는 "노동운동 기타 공무 이외의 일을 위한 집단적 행위를 금지하면서, 사실상 노무에 종사하는 공무원 중 대통령령 등이 정하는 자에 한하여 노동3권을 인정하는 국가공무원법 제66조 제1항은 헌법 제33조 제2항에 근거한 것이고, 전체국민의 공공복리와 사실상 노무에 공무원의 직무의 내용, 노동조건 등을 고려해 보았을 때 입법자에게 허용된 입법재량권의 범위를 벗어난 것이라 할 수 없다."[934]

2) 주요 방위산업체에 종사하는 근로자의 단체행동권의 제한

헌법 제33조 제3항은 "법률이 정하는 주요 방위산업체에 종사하는 근로자의 단체행동권은 법률이 정하는 바에 의하여 이를 제한하거나 인정하지 아니할 수 있다."고 하여 주요 방위산업체에 종사하는 근로자에 대하여는 단체행동권을 제한하고 있다. 이 규정은 국가안전보장에 미치는 영향 때문에 단결권과 단체교섭권은 인정하되, 단체행동권을 제한할 수 있도록 한 것이다. 종전에는 방위산업에 관

933) 권영성, 헌법학원론, 559-600면.

934) 헌재 2007. 8. 30. 2003헌바51 등, 판례집 19-2, 213, 214.

한 특별조치법에 의하여 지정된 방위산업체에 종사하는 근로자로 규정하고 있었지만, 주요 방위산업체에 종사하는 근로자 등 전력, 용수 및 주로 방산물자를 생산하는 업무에 종사하는 자에 한하여 쟁의행위를 할 수 없도록 하고 있다.[935)]

(2) 제 한

1) 헌법 제37조 제2항에 의한 제한

근로자의 근로3권도 국가안전보장·질서유지 또는 공공복리를 위해 필요한 경우에는 법률로써 제한할 수 있다. 다만 공공복리를 위한 제한이 가능한가에 관하여 부정설은 단결권과 단체행동권은 그 자체가 공공복리에 합치되는 것이므로 공공복리를 이유로 제한한다는 것은 불합리하다고 하지만, 긍정설은 공공복리를 위한 제한도 가능하다고 본다.

근로3권을 헌법 제37조 제2항에 의해 제한하는 경우에 기본권 제한의 일반원칙에 따라 행하여져야 한다. 즉, 그 제한은 불가피한 경우(보충의 원칙)에 최소한에 그쳐야 한다(비례의 원칙). 이 경우에도 그 본질적 내용을 침해할 수 없다. 그러므로 노동조합의 조직 그 자체를 금지하거나 그 내부문제에 개입하여 자율성을 침해하거나 공무원의 근로3권을 전면적으로 부정하는 것은 허용되지 아니한다.

2) 국가긴급권에 의한 제한

헌법 제77조에 의한 비상계엄이 발하여진 경우에는, 법률에 의하지 않고 근로3권이 제한될 수 있다.

---

935) 헌재 1998. 2. 27. 95헌바10 – "구 노동쟁의조정법 제12조 제2항에 의하여 쟁의행위가 금지되는 방산업체의 근로자는 '방위산업에관한특별조치법에 의하여 지정된 방위산업체에 종사하는 근로자'이므로 이 문면만을 따로 떼어 놓고 보면 방위산업에관한특별조치법에 의하여 지정된 방산업체에는 주요방산업체는 물론 일반방산업체도 포함되는 것으로 볼 수 있어, 일응 "주요방위산업체에 종사하는 근로자의 단체행동권은 법률이 정하는 바에 의하여 이를 제한하거나 인정하지 아니할 수 있다"고 규정한 헌법 제33조 제3항의 명문에 반하는 것이 아닌가하는 의문이 제기될 수도 있겠으나, 방위산업에관한특별조치법 제18조는 "주요방산업체에 종사하는 근로자의 노동쟁의 행위에 관하여는 노동쟁의조정법이 정하는 바에 의하여 제한 또는 금지된다"라고 규정하고 있으므로 법률에 의하여 쟁의행위가 금지되는 방산업체의 근로자는 주요방산업체의 근로자에 한정되고 있음이 명백하다. … 쟁의행위가 금지되는 '방위산업체에 종사하는 근로자'의 범위를 방산물자의 생산이라는 실질적인 기준에 따라 주요 방산물자를 직접 생산하거나 생산과정상 그와 긴밀한 연계성이 인정되는 공장에 속하는 근로자에 한정함으로써 해석상 그 범위의 제한이 가능하다고 볼 것이다."

제 3 절 인간다운 생활을 할 권리

I. 인간다운 생활을 할 권리의 연혁·입법례

1. 연 혁

근대 서구사회는 자유방임주의사상을 배경으로 발전하여 왔으므로 근대헌법에 있어서 기본권은 곧 자유권을 의미하였다. 그런데 자본주의의 파행적 발전은 사회적·경제적 약자의 생존 그 자체에 대한 위협을 초래하여 자유권은 공허하게 되었고, 생존 그 자체를 보장하기 위하여 생존권사상이 출현하게 되었다. 그리하여 국가의 성격은 야경국가로부터 사회국가로 전환됨과 동시에 인간다운 생활을 보장하기 위한 '생존권'이 현대헌법의 불가결한 요소로 등장하게 되었다.

2. 입법례

생존권이 헌법에서 최초로 규정된 것은 1919년 바이마르 헌법(제151조)이었다. 그 후 각국 헌법은 이러한 진보적 경향에 따라 생존권에 관한 규정을 두게 되었으며, 제2차 세계대전 후에 제정된 헌법들은 이를 보다 구체적으로 규정하고 있다. 세계인권선언도 제22조에서 인간의 존엄성과 인격의 자유로운 발달에 불가결한 경제적·사회적 권리를 선언하고 있다. 그리고 1966년에 채택된 '경제적·사회적·문화적 권리에 관한 국제규약'(이른바 A규약) 제9조도 사회보장에 관한 권리를 규정하고 있다.

헌법 제34조 제1항은 "모든 국민은 인간다운 생활을 할 권리를 가진다."고 선언하여 '인간다운 생활을 할 권리'를 보장하고, 이를 실현하기 위해 제2항 내지 제6항에서 여러 가지의 사회보장제도를 규정하고 있다.[936]

---

936) 동 규정은 행위규범과 통제규범으로서의 기능한다고 보는 것이 헌법재판소의 태도이다. 즉 헌법 제34조는 "입법부와 행정부에 대하여는 국민소득, 국가의 재정능력과 정책 등을 고려하여 가능한 범위 안에서 최대한으로 모든 국민이 물질적인 최저생활을 넘어서 인간의 존엄성

Ⅱ. 인간다운 생활을 할 권리의 헌법상 의의

1. 개 념

'인간다운 생활을 할 권리'라 함은 인간의 존엄과 가치에 상응하는 건강하고 문화적인 최저생활을 할 권리를 말한다. 헌법 제34조 제1항의 인간다운 생활을 할 권리는 제10조의 인간으로서의 존엄과 가치를 사회적 기본권에서 구현하기 위한 사회적·경제적 기초로서 이것은 바로 사회적 기본권의 이념적 기초를 의미한다. 인간다운 생활을 할 권리는 '추상적 권리'(abstract right)[937]로서 이를 실현하기 위해 사회적 기본권을 구체적으로 규정하고 있다.[938] 그러나 인간다운 생활을 할 권리가 헌법 제10조와 같은 최고의 가치는 아니며, 인간의 존엄과 가치를 실현하기 위한 수단성을 가지고 있다. 또한 인간다운 생활을 할 권리는 사회국가의 실현을 위한 방법적 기초(정책지표의 제시)로서 국가에 대한 의무를 인정하고 있다.

2. 법적 성격

인간다운 생활을 할 권리의 법적 성격에 관하여는 학설이 대립되고 있다.

(1) 프로그램적 규정설

이 설은 인간다운 생활을 할 권리는 구체적·현실적 권리가 아니라 입법자에 대한 정책적 지침을 부여하는 것으로 국가의 의무는 정치적·도덕적 의무에 불과

에 맞는 건강하고 문화적인 생활을 누릴 수 있도록 하여야 한다는 행위의 지침, 즉, 행위규범으로서 작용하지만, 헌법재판에 있어서는 다른 국가기관, 즉, 입법부나 행정부가 국민으로 하여금 인간다운 생활을 영위하도록 하기 위하여 객관적으로 국가기관의 행위의 합헌성을 심사하여야 한다는 통제규범으로 작용하는 것이다"(헌재 1997. 5. 29. 95헌마33).

937) Dworkin, Taking Rights Seriously, p. 98.

938) 김철수 교수는 인간다운 생활을 할 권리를 '주생존권적 기본권'이라 하고 그 밖의 다른 개별적인 생존권적 기본권들이 여기서 '파생'한다고 본다(헌법학개론, 663면). 이에 대해 권영성 교수는 인간다운 생활권은 사회적 기본권에 관한 '총칙규정'이고 다른 사회적 기본권은 이를 실현하기 위한 구체적인 '수단'이라고 한다(헌법학원론, 563면).

하다고 한다.

(2) 법적 권리설

이 설은 인간다운 생활을 할 권리는 국민의 주관적 공권을 의미하며, 국가는 이에 대응한 법적 의무를 진다고 한다. 이 입장도 추상적 권리설은 이 권리가 어디까지나 추상적 권리에 불과하며, 구체적인 입법조치가 있어야 비로소 국가에 대하여 소구할 수 있다고 하는 데 반해, 구체적 권리설은 이 권리가 구체적인 입법조치의 유무를 불문하고 국가에 대하여 인간다운 생활의 보장을 청구할 수 있는 구체적이고 현실적인 권리라고 한다.[939)]

(3) 결 어

인간다운 생활을 할 권리가 우리 헌법상 국민의 권리로 규정되어 있고, 그 적극적인 보장을 위해 법적 권리로 보는 견해가 타당하다고 본다. 그러나 법적 권리로 보는 경우에도 현실적으로 인간다운 생활을 할 권리가 국가의 재정적 능력에 의해 제약을 받고 그 구체적인 입법은 국회의 재량(입법형성권)에 유보되어 있으므로 현 단계에 있어서는 추상적 권리로 보는 것이 타당하다. 헌법재판소도 이 입장을 취하고 있다.[940)] 사회국가 내지 복지국가가 이루어져서 사회보장권 등이 광범하게 보장될 때에 비로소 이것은 구체적 권리로 될 것이다. 따라서 현 단계에서 이 권리는 추상적 권리로서 국가에 대하여 현실적인 급부청구권이 발생한다거나 법원에 그 위반을 이유로 한 소송을 제기할 수는 없다고 하겠다.[941)]

---

939) 김철수, 헌법학개론, 663면; 허영, 한국헌법론, 493면.

940) 헌재 1995. 7. 21. 93헌가14(국가유공자 예우 등에 관한 법률 제9조 본문에 대한 위헌심판사건) - "인간다운 생활을 할 권리로부터는 인간의 존엄에 상응하는 생활에 필요한 '최소한의 물질적인 생활'의 유지에 필요한 급부를 요구할 수 있는 구체적인 권리가 상황에 따라서는 직접 도출된다고 할 수는 있어도, 동 기본권이 직접 그 이상의 급부를 내용으로 하는 구체적인 권리를 발생케 한다고는 볼 수 없다고 할 것이다. 이러한 구체적 권리는 국가가 재정형편 등 여러 가지 상황들을 종합적으로 감안하여 법률을 통하여 구체화할 때에 비로소 인정되는 법률적 권리라고 할 것이다."

941) 이 권리가 입법에 의해 '완전한 소송청구권'이 생긴다고 하는 견해는 그 추상적 권리성을 반증하는 것은 아닌지 의심스럽다(김철수, 헌법학개론, 663면),

Ⅲ. 인간다운 생활을 할 권리의 내용

1. 범 위

인간다운 생활을 할 권리는 구체적으로 그 기준을 어디에서 찾을 것인가에 관하여 학설이 대립되고 있다.

(1) 물질적 최저생활설

이 설은 인간다운 생활을 할 권리는 물질적인 궁핍으로부터의 해방을 그 내용으로 하는 '물질적 최저생활권'을 말한다고 한다.[942] 경제발전의 초기단계에 있어서는 국가의 재정능력이 부족하였기 때문에 이를 기준으로 해 왔다. 인간의 존엄성에 상응하는 건강하고 문화적인 생활을 영위하는 것은 개인의 책무이고, 국가는 궁핍으로부터의 해방을 보장해 주는 데 그 헌법상 의의가 있다고 한다.

(2) 문화적 최저생활설

이 설은 인간다운 생활을 할 권리가 인간의 존엄과 가치에 상응하는 건강하고 문화적인 최저생활을 누릴 수 있는 권리를 의미한다고 본다. 오늘날 물질적인 최저생활로는 인간다운 생활을 할 수 없다고 보고 일정한 수준의 문화적 최저생활을 요구하고 있다. 헌법 제35조 제3항이 쾌적한 주거생활을 할 수 있도록 정책개발을 요구하고 있는 것은 이를 뒷받침하는 것이다.

(3) 결 어

산업화와 함께 국민들의 생활수준은 향상되고 있고 사회국가원리가 점차 실현되고 있으므로 인간다운 생활을 할 권리의 구체적 내용은 넓어지고 그 기준은 향상되어야 한다고 본다. 따라서 인간다운 생활을 할 권리는 건강하고 문화적인 최저생활을 할 수 있는 권리로 해석하는 것이 바람직하다고 하겠다.

---

942) 허영, 한국헌법론, 491면.

그러나 건강하고 문화적인 최저한도의 생활수준은 일률적으로 규정할 수 없다. 그 구체적 수준은 그 사회의 경제적 발전과 사회적·문화적 여건에 따라 상이하므로 어느 정도의 수준을 인간다운 생활을 할 권리의 내용으로 할 것인가는 어려운 문제이다. 다만, 국회가 이 권리를 입법화함에 있어서 그 생활수준은 한 나라의 생산력, 국민소득, 국가적 재정상태, 저소득층의 범위, 국민감정 등에 따라 결정될 것이다. '적정한 수준의 복지제도'가 이루어져야 할 필요가 있다.

2. 구체적 내용

(1) 사회보장을 받을 권리

우리나라 헌법은 인간다운 생활의 보장방법의 일환으로 헌법 제34조 2항에서 국가가 사회보장·사회복지의 증진에 노력할 의무를 규정하고 있다. '사회보장'이라 함은 국가가 사회보험 또는 공공부조를 통해 국민의 최저생활을 보장하기 위해 실시하는 모든 조치를 말한다. 국가나 공공단체는 그 경비의 전부 또는 일부를 부담하며, 국민은 국가의 사회보장을 실시할 의무에 대응한 사회보장을 받을 권리, 즉, 사회보장수급권을 가진다.[943)][944)] 사회보험은 그 권리형성의 원인관계에 있어서 반대급부를 전제로 하고 있기 때문에 그 재산권적 보호를 논의할 정도로 권리성이 강하다. 그러나 기본적으로는 사회적 기본권에 속하며, 여기에 그 권리보장에는 한계가 있다.

1) 사회보험의 급여를 받을 권리

'사회보험'이란 국가 또는 공공단체가 보험자가 되고 국민에게 발생하는 사회적 위험을 보험의 방식으로 대처함으로써 국민의 건강과 소득을 보장하는 제도를 말한다.[945)] 그 재원은 조세와 보험료이다. 여기에는 의료보험, 상해보험, 양로보

---

943) 사회보장에는 사회보험, 공적 부조, 사회보상, 사회복지의 4요소가 포함된다고 하는 견해(권영성, 헌법학원론, 568면)와 사회보장과 생활보호를 별개의 유형으로 보는 견해(김철수, 헌법학개론, 665-667면)가 대립되고 있다.

944) 미국에서는 Brennan대법관이 Goldberg v. Kelly 판결(397 U.S. 254 (1970))에서 '복지권'(welfare right)이란 개념을 사용하였으며, Reich 교수는 이를 '새로운 재산'(new property)이라고 불렀다.

945) 사회보장기본법 제3조 2호.

험, 실업보험, 연금보험 등이 있다. 이에 관한 법률로는 국민건강보험법[946], 국민연금법, 의료보험법, 직업안정법, 공무원연금법, 군인연금법, 군인보험법, 산업재해보상보험법 등이 있다.

2) 사회복지의 혜택을 받을 권리

'사회복지'라 함은 모성·아동·노령자·심신장애자 등 일부 국민의 건강과 복지를 보장하기 위한 제도인데, 사회구호시설에는 양로원, 고아원, 무료진료소, 직업훈련원 등이 있다. 헌법은 특히 여자, 노인과 청소년의 복지향상을 위해 국가가 노력할 의무를 규정하고 있다. 이에 관한 법률로는 사회보장기본법, 사회복지사업법, 아동복지법, 모자보건법, 노인복지법, 장애인복지법 등이 있다. 사회복지제도는 보건, 교육, 고용, 주택, 사법제도 등의 영역으로 확대되어야 하는데, 국가가 이를 실천하기 위해서는 막대한 재정적 뒷받침을 전제로 하기 때문에 사회보장의 내용은 당연히 제약을 받고 있다.

(2) 생활보호를 받을 권리

인간다운 생활의 보장을 위해 헌법 제34조 5항에서 생활무능력자에 대한 국가의 보호의무를 규정하고 있으며, 국민은 이에 대응한 생활보호를 받을 권리(생활보호청구권)를 가진다. 생활보호청구권은 그 구체적 내용이 오로지 국회의 입법형성권에 의존하고 있으므로 사회보장청구권에 비해 그 권리성이 약하다고 하겠다. 여기에서 '생활무능력자'라 함은 노령, 질병, 그 밖의 근로능력의 상실로 인하여 생활을 유지할 능력이 없는 자를 말한다. 따라서 근로능력이 있는 자는 헌법 제32조와 헌법 제34조 제1항에 의한 인간다운 생활을 보장받게 된다. 이에 관한 법률로는 기본법인 '국민기초생활 보장법'을 비롯하여 국가유공자 등 예우 및 지원에 관한 법률 등이 있다. 사회보장제도의 발달과 함께 생활무능력자에 대한 국가의 보호는 더욱 확대되고 있으며, 따라서 법률에 유보된 주관적 권리가 실질화되는 경향이 있다.

---

946) "국민건강보험은 모든 국민들에게 일반적이고 보편적인 수준의 요양급여를 제공하고자 하는 사회보험"이라고 한다(헌재 2007. 8. 30. 2006헌마417, 판례집 19-2, 341, 349).

Ⅳ. 국가의 사회보장 실현의무

헌법 제34조 제2항 내지 제6항은 국가에 대하여 사회보장의 실현의무를 규정하고 있다. 즉, 국가는 ① 사회보장·사회복지를 증진시킬 의무, ② 생활무능력자에 대한 생활보호의 의무, ③ 노인과 청소년의 복지향상을 위한 정책실시의무와 ③ 재해예방과 위험으로부터의 보호의무를 지고 있다.[947] 인간다운 생활을 할 권리는 국가의 이와 같은 의무 이행을 통해서만 보장될 수 있다. 그런데 이와 같은 사회보장제도는 국가가 국민 스스로의 생활설계를 통해 인간다운 생활의 실현이 가능하도록 하는 데 그 목적이 있으므로 국민생활을 전적으로 규율하는 스칸디나비아식의 복지국가와는 본질적으로 다르다는 견해가 있다.[948]

제 4 절 사회적·문화적 권리

Ⅰ. 교육권

헌법은 모든 국민에게 '교육을 받을 권리'를 보장하고 그 실효성을 뒷받침하기 위해 의무교육 및 무상교육의 실시, 교육의 자주성과 정치적 중립성의 보장, 평생교육의 진흥, 교육제도의 법률주의를 규정하고 있다(제31조). 그런데 교육을 받을 권리는 '학습권'을 의미하며, 그 대칭개념인 '교육할 권리'(교육권)는 포함되지 않는다. 우리 헌법은 전체적으로는 학습권과 교육권을 포괄하는 교육에 관한 기본적 권리, 즉, '교육기본권'을 광범하게 보장하고 있다. 그렇지만 헌법 제31조가 모든 교육기본권을 포괄하고 있지는 않다.

---

947) 헌법재판소는 국가가 국민의 사회보장 실현의무를 이행하고 있는가의 여부는 ① 입법을 하였는가의 여부, ② 입법을 하였다고 하더라도 그 내용이 현저히 불합리하여 헌법상 인정될 수 있는 재량의 범위를 일탈하였는가의 여부 등을 기준으로 판단하여야 한다고 판시하였다(헌재 1997. 5. 29. 95헌마33(1994년 생계보호기준 위헌확인)).

948) 사회보험제도가 자유의 조건 내지 자유의 증대를 위한 것이어야 하며, 그 반대의 경우는 사회국가 실현의 방법적 한계를 일탈한 것으로 본다(허영, 한국헌법론, 495면).

1. 교육을 받을 권리

(1) 연혁 및 입법례

전제군주국가에서는 교육이 일부 특권계급에 의해 독점되었고, 초기 입헌국가에서도 교육에 대한 방임주의의 결과 사실상 교육의 기회균등의 원칙은 유린되었다. 그러나 오늘날 민주국가에서는 교육의 중요성은 점고하고 있다. 따라서 오늘날 각국 헌법은 교육의 기회균등원칙을 선언하고 나아가 현실적으로 그 실현을 위한 각종 수단을 강구하게 되었다.

근대헌법에서 교육의 권리가 처음으로 선언된 것은 1815년~1830년 사이의 독일 여러 주헌법이었으며, 그 후 1830년의 벨기에 헌법을 거쳐 바이마르 헌법(제146조), 중국헌법(제21조), 일본헌법(제26조), 프랑스 제4공화국헌법(전문), 독일기본법(제7조) 등에서 찾아볼 수 있는데, 우리 헌법도 이러한 경향에 따라 교육을 받을 권리를 명문으로 규정하고 있다.

(2) 헌법상 의의

1) 개 념

'교육을 받을 권리'라 함은 국민이 국가에 대하여 교육을 받을 수 있도록 적극적인 배려를 요구할 수 있는 권리, 즉 학습권[949)]을 말한다. 이 권리는 소극적으로 교육받는 것을 국가에 의해 방해받지 아니할 뿐만 아니라, 적극적으로 국가가 교육에 필요한 외적 조건들(재정, 시설, 제도 등의 공여·정비)을 갖춤으로써 능력에 따라 균등하게 교육을 받을 수 있는 권리이다. 이것은 어디까지나 피교육자의 입장에서 교육을 받을 권리(학습권)를 내포할 뿐, 교육자의 입장에서 교육할 권리(교육권)를 포함하지는 않는다.

이러한 권리를 헌법이 보장하는 이유는 첫째, 교육은 인간의 능력개발과 나아

949) 헌법재판소는 국민의 교육을 받을 권리를 '수업권'(헌재 1992. 10. 1. 92헌마68·76(병합), 재판관 김양균의 반대의견)이라 명명하고 있다. 그러나 '교육을 받을 권리'는 이른바 '수학권'(修學權)이라 할 수 있고, 교원의 '가르칠 권리'는 이른바 '교육권'이라 말할 수 있다(헌재 2000. 12. 14. 99헌마112 등, 판례집 12-2, 399, 408).

가 인격형성에 필수불가결하고, 둘째, 교육은 어느 정도의 교양과 지식의 습득을 통해 인간다운 생활을 향유하도록 하는 데 필수적 조건이며, 셋째, 교육은 새로운 문화적 생활을 영위할 수 있도록 생활환경을 개선하는 역할을 하고, 넷째, 교육은 민주정치에 필요한 민주시민을 배양하는 기능을 수행하기 때문이다.[950] 이와 같이 교육은 교양과 지식의 개발을 통해 건전한 민주시민을 배양하는 기능을 수행하고 있다.

2) 법적 성격

교육을 받을 권리는 국가에 대하여 교육받을 것을 요구할 수 있는 '주관적 공권'이다. 이 권리는 학문의 자유, 직업선택의 자유, 참정권, 평등권 등과 밀접한 관련을 가지고 있으며, 따라서 복합적 권리의 성격을 가지고 있다. 여기에 특히 중요한 것이 '객관적 법질서'로서의 측면이다.[951] 그리하여 교육을 받을 권리의 실효성을 보장하기 위해 무상의무교육제도를 비롯한 각종의 제도적 보장을 규정하고 있다.

교육을 받을 권리는 교육받는 것을 국가기관에 의해 방해받지 않는 자유권적 측면을 가지고 있다. 그러나 이 권리는 그 본질에 있어서 사회적 기본권이므로 국가에 대한 청구를 내용으로 하는 적극적 성격을 그 특질로 한다.[952] 그런데 그 구체적인 성격 내지 효력에 관해서는 학설이 나뉜다. 추상적 권리설은 이 규정이 입법의 의무만을 규정한 것으로 그 의무는 사법(司法)적으로 이행을 강행할 수 없는 도의적 의무에 지나지 않는다고 한다. 이에 대하여 '구체적 권리설'은 교육의 권리도 교육에 필요한 외적 조건을 제공하도록 구체적인 청구권이 발생하고 그 위반에 대하여 재판을 청구할 수 있는 법적 권리라고 한다.[953] 생각건대, 사회적 기본권의 본질은 추상적 권리라는 점에 있지만, 경제의 발전과 함께 입법을 통해 이를 점차 구체화하고 있으므로 교육을 받을 권리도 이에 따라 구체적 권리의 성격을 지니고 있다.

---

950) 헌재 1994. 2. 24. 93헌마192, 판례집 6-1, 173, 177.

951) 허영 교수는 교육을 받을 권리가 국가의 구조적 원리와 밀접한 관계가 있음을 지적하면서 '객관적 가치질서'로서의 성격을 강조하고 있다(한국헌법론, 408면).

952) Rawls는 교육이야말로 실질적 평등의 구현을 위한 담보라고 한다. Rawls, A Theory of Justice, p. 290.

953) 김철수, 헌법학개론, 675면; 권영성 교수는 이를 '불완전하나 구체적 권리'라고 한다(헌법학원론, 573면).

(3) 주 체

교육을 받을 권리는 국가내적 권리이므로 원칙적으로 국민에게만 보장되고 외국인에게는 인정되지 않는다. 이 권리는 그 성질상 자연인에게만 보장되고 법인은 제외된다. 모든 국민은 평생교육을 받을 권리가 있기 때문에 의무교육을 받을 아동과 각급 학교의 학생은 물론 일반 시민도 그 주체가 된다.

청소년에게 교육을 시킬 주체는 국가이다. 그러나 청소년 교육을 시킬 본질적 주체는 학부모이다. 부모의 자녀교육권은 비록 헌법에 명문으로 규정되어 있지는 아니하지만 혼인과 가족생활을 보장하는 헌법 제36조 제1항, 행복추구권을 보장하는 헌법 제10조 및 헌법에 열거되지 아니한 기본권의 보장에 관한 헌법 제37조 제1항에서 나오는 기본권으로, 부모가 자녀의 교육 및 양육에 관하여 전반적인 계획을 세우고 자신의 인생관·사회관·교육관에 따라 자유롭게 자녀를 교육하고 양육할 권리를 말한다.[954)]

(4) 교육받을 권리의 내용

모든 국민은 능력에 따라 균등하게 교육을 받을 권리를 가진다(제31조 1항).

1) '교육'을 받을 권리

교육을 받을 권리의 대상이 되는 '교육'은 학교교육·공민교육·사회교육·평생교육 등을 포함하는 광의의 교육을 의미하지만, 그 중에서도 교육체계가 제도적으로 구비된 학교교육이 가장 중요한 비중을 차지하고 있다.[955)] 이 권리의 대상은 국가 또는 지방자치단체이며, 따라서 국가는 이에 대응하는 의무를 진다. 이 권리를 실효성있게 하기 위해 광범한 무상교육제도·학비보조제도·장학금제도 등 일련의 적극적 수단이 필요한데, 교육기본법은 여러 가지 방법을 규정하고 있다.

2) '능력에 따라' 교육을 받을 권리

교육은 그 능력에 따라 균등하게 받을 수 있다. 여기에 '능력'이란 교육을 받을

---

954) 헌재 2000. 4. 27. 98헌가16; 헌재 2009. 10. 29. 2008헌마635; 헌재 2014. 4. 24. 2011헌마659·683(병합).

955) 허영 교수는 교육을 받을 권리의 내용으로서 모든 교육시설에 균등하게 참여할 것을 요구할 수 있는 이른바 '교육청구권'을 참여권 이론의 일환으로 인정하고 있다(한국헌법론, 410면 참조).

수 있는 일신상의 능력(정신적·육체적 능력)을 말하고, 재력·환경·성별·사회적 지위 기타 비전속적 능력은 포함되지 아니한다. 따라서 '능력에 따른 교육'이라 함은 정신적·육체적 능력에 상응하는 교육을 말한다.[956] 따라서 특정한 가문이나 사회적 지위에 있는 자의 자녀들만을 입학시키는 것은 위헌이다. 입학시험 등에 있어서 공개경쟁시험제는 능력에 따른 취급을 의미한다.

3) '균등하게' 교육을 받을 권리

국민이 '균등하게' 교육을 받는다는 것은 단순히 국가가 교육분야에서 불합리한 차별대우를 해서는 안된다는 소극적인 내용이 아니다. 왜냐하면 그것은 국민의 법 앞에서의 평등의 당연한 내용이기 때문이다. 그러므로 '균등하게 교육을 받는다.'는 것은 재력의 부족 기타 애로사항 때문에 능력은 있으나 의무교육 이상을 받을 수 없는 국민이 국가로 하여금 교육시설을 설비하여 그가 원하는 교육을 시켜 줄 것을 청구할 수 있는 적극적인 의미를 가진다. 여기에 국가는 모든 국민이 실질적으로 균등하게 교육을 받을 수 있도록 각종 교육제도를 실시할 의무를 지고 있다. 교육기본법은 이를 위해 국가 또는 지방자치단체가 학교를 지역적 또는 종별적으로 공평하게 배치하고, 특수교육·영재교육·교육의 정보화 등 특수한 교육방법을 강구하며, 장학금·학비보조금제도를 실시하도록 하고 있다.

교육의 평등은 일차적으로 취학의 평등을 의미하므로 성별·신앙·사회적 지위·인종·신체적 조건 등을 이유로 차별할 수 없다. 또한 수학의 평등이 요구되지만, 학교의 격차를 줄이기 위해 학군제를 두거나 남녀학교를 구분하고 합리적 범위에서 교과목의 차이를 인정하는 것은 위헌이 아니다. 그리고 교육의 평등을 실현하기 위해 국가는 사학에 대한 지원과 통제를 할 책임이 있다.

4) 헌법재판소의 견해

"헌법은 제31조 제1항에서 '능력에 따라 균등하게'라고 하여 교육영역에서 평등원칙을 구체화하고 있다. 헌법 제31조 제1항은 헌법 제11조의 일반적 평등조항에 대한 특별규정으로서 교육의 영역에서 평등원칙을 실현하고자 하는 것이다. 평등권으로서 교육을 받을 권리는 '취학의 기회균등', 즉 각자의 능력에 상응하는

---

956) 헌재 2017. 12. 28. 2016헌마649, 판례집 29-2하, 537 : 검정고시로 고등학교 졸업학력을 취득한 사람들('검정고시 출신자')의 수시모집 지원을 제한하는 내용의 피청구인 국립교육대학교 등의 '2017학년도 신입생 수시모집 입시요강'('수시모집요강')이 청구인들의 균등하게 교육을 받을 권리를 침해하는지 여부(적극)

교육을 받을 수 있도록 학교 입학에 있어서 자의적 차별이 금지되어야 한다는 차별금지원칙을 의미한다. 헌법 제31조 제1항은 취학의 기회에 있어서 고려될 수 있는 차별기준으로 '능력'을 제시함으로써, 능력 이외의 다른 요소에 의한 차별을 원칙적으로 제한하고 있다. 여기서 '능력'이란 '수학능력'을 의미하고 교육제도에서 '수학능력'은 개인의 인격발현과 밀접한 관계에 있는 인격적 요소이며, 학교 입학에 있어서 고려될 수 있는 합리적인 차별기준을 의미한다."[957]

(5) 의무교육의 무상원칙

1) 교육의 의무

의무교육에 있어서 의무를 지는 자는 자녀의 '보호자'이다. 의무교육을 받아야 할 자는 취학연령[958]에 있는 미성년자 또는 생활능력이 없는 자이기 때문에 교육을 받을 권리를 실효성있게 행사할 수 있도록 하기 위해서 그 보호자에 대한 의무로 규정하고 있다. 초·중등교육법은 학령아동의 친권자 또는 후견인 등은 그 보호하는 어린이를 취학시킬 의무가 있으며, 경제적 사유로 인하여 의무교육대상자를 취학시키기 곤란한 때에는 국가 또는 지방자치단체는 교육비를 보조할 수 있다. 또한 국가와 지방자치단체는 의무교육을 실시하기 위해 필요한 학교의 설립, 운영, 교재와 경비의 부담 등의 의무를 진다.[959] 이와 같이 의무교육에 있어서 교육을 받을 자와 받게 할 의무자가 상이한 데 그 특색이 있다. 그러나 어린이의 보호자는 어린이를 반드시 국공립학교에 취학시킬 의무가 있는 것은 아니고 사립학교에 취학시키는 것도 무방하다.

2) 의무교육의 대상

의무교육의 대상은 6년의 초등교육과 3년의 중등교육이다.

---

957) 헌재 2017. 12. 28. 2016헌마649, 판례집 29-2하, 537, 544.

958) 헌재 1994. 2. 24. 93헌마192 – "의무취학시기를 만 6세가 된 다음날 이후의 학년초로 규정하고 있는 교육법 제96조 제1항은 헌법 제31조 제1항의 능력에 따라 균등하게 교육을 받을 권리를 본질적으로 침해한 것으로 볼 수 없다."

959) 헌재 1991. 2. 11. 90헌가27(교육법 제8조의2에 관한 위헌심판) – "의무교육제도는 교육의 자주성·전문성·정치적 중립성 등을 지도원리로 하여 국민의 교육을 받을 권리를 뒷받침하기 위한 헌법상의 교육기본권에 부수되는 제도보장이라 할 것이다."

3) 의무교육의 무상원칙

국민에게 교육의 의무를 부과하고 있는 이상 그 실효성을 거두기 위해서는 의무교육의 무상제도가 필수불가결한 것이다. 헌법이 의무교육을 무상[960]으로 하고 있다(제31조 3항). 그 범위에 관하여는 학설이 대립되어 있다.

① **무상범위 법정설** — 이 설은 무상의 범위를 법률이 정하는 바에 따른다는 입장이다.

② **수업료 무상설** — 이 설은 국가의 재정능력을 고려하여 수업료의 면제만을 의미한다는 입장이다.

③ **취학필수비 무상설** — 이 설은 수업료 외에 교재, 학용품, 급식 등 수업에 필요한 모든 비용을 무상으로 해야 한다는 입장이다.

④ 결어 — 현행 교육법제는 국가의 재정적 기초가 약하다는 현실에 비추어 학교의 설립·경영자가 수업료 기타 납부금을 받을 수 있도록 규정하고 있다. 그러나 모든 국민의 교육의 기회균등을 실현하기 위해서는 국가의 재정적 부담능력을 개선해서 수업료는 물론 교과서, 학용품, 급식 등의 교육비용을 가능한 한 무상으로 하도록 최대한 노력을 기울여야 할 것이다. 국가의 이러한 의무는 국공립학교에 국한되며, 사립학교의 수업료 징수는 사학의 선택이 무상의 특권을 포기하는 것을 의미하므로 의무교육의 무상규정에 위반되지 않는다.

2. 교육제도의 보장

교육은 국가의 백년대계의 기초를 이루고 있으며, 교육의 자주성·전문성·정치적 중립성과 대학의 자율성이 보장되지 않는 한 교육의 건전한 발전과 순수한 진리탐구의 기능을 할 수 없으므로 헌법은 교육제도의 '제도적 보장'을 규정하고 있다.

(1) 교육의 자주성·전문성·정치적 중립성과 대학의 자율성 보장

교육은 외부세력의 간섭이나 개입을 배제하여 그 자주적 발전을 보장하기 위해

960) 헌재 2012. 4. 24. 2010헌바164, 판례집 24-1하, 49 : 의무교육 대상인 중학생의 학부모에게 급식관련비용 일부를 부담하도록 하는 구 학교급식법 제8조 제1항 후단 및 제2항 전단 중 초·중등교육법 제2조의 중학교에 관한 부분이 입법형성권의 범위를 넘어 헌법상 의무교육의 무상원칙에 반하는 것으로 보기는 어렵다.

교육의 '자주성'과 '전문성'을 규정하고 있다.[961] 오늘날 교육은 국가적 감독을 받고 있으므로 교육의 자주성을 보장하기 위해서는 그 권한은 합리적인 범위 안에서 이루어져야 한다. 교육의 자주성을 실현하기 위해서는 교사의 교육시설 설치자·감독자로부터의 자유, 교육내용에 대한 교육행정의 권력적 개입의 배제, 교육관리기구(특히 교육감)가 확립되어야 한다. '지방교육자치에 관한 법률'에 의하면 교육감은 주민의 보통·평등·직접·비밀선거에 따라 선출한다. 교육감의 임기는 4년으로 하며, 교육감의 계속 재임은 3기에 한한다. 특히 정치적 세력이나 행정력의 자의에 의해 교육이 운영될 때 교육의 일관된 발전이 저해될 위험성이 다분하게 있으므로 '정치적 중립성'을 견지할 것을 규정하고 있다. 교육의 정치적 중립성을 보장하기 위해서는 교육의 권력으로부터의 독립, 교원의 정치적 중립, 교육의 정치적 무당파성 등이 그 전제가 된다. 교육의 정치적 중립성을 보장하기 위해 교육기본법은 교원의 정치활동을 원칙적으로 금지하고 있으며, 지방교육자치에 관한 법률은 교육위원과 교육감의 자격요건에서 정당원을 배제하고, 국회의원·지방의회의원 등의 직을 겸할 수 없도록 하였다. 그러나 정당법은 이에 대한 예외로서 전임강사 이상의 대학교원은 정당의 발기인이나 정당원이 될 수 있도록 규정하고 있다. 교원은 전문성의 신장과 지위향상을 위하여 교육단체를 조직하여 교육감 또는 교육부장관을 대상으로 교섭·협의할 수 있다.

교육의 자율성 중에서 가장 중요한 것이 대학의 자율성(대학의 자치)이다. 대학의 자율성이 보장될 때에 비로소 대학교육은 참된 진리를 탐구하는 역할을 다 할 수 있기 때문에 헌법은 특히 이를 보장하고 있다. 교육을 받을 권리에 대응하여 교육할 자유(이른바 '교육의 자유')가 인정될 수 있는가의 문제가 일어난다. 교육의 자유는 학문의 자유의 일환으로 보장되고 있으며, 대학에 있어서는 이른바 교수의 자유(강학의 자유)가 철저하게 인정되고 있다. 그러나 아직 지적으로 성숙하지 못하고 인격을 도야 중에 있는 초·중등학생을 대상으로 한 하급교육기관에 있어서는 교사들에게 교육의 자유가 제한될 수밖에 없다.[962]

---

961) 헌재 1992. 10. 1. 92헌마68, 76(병합) - "헌법 제31조 제4항이 보장하고 있는 교육의 자주성이나 대학의 자율성은 … 헌법 제22조 제1항이 보장하고 있는 학문의 자유의 확실한 보장수단으로 꼭 필요한 것으로서 이는 대학에게 부여된 헌법상의 기본권이다."

962) 헌법재판소는 수업권은 수학권을 위하여 제한할 수 있다는 결정을 한 바 있다(헌재 1992. 11. 12. 89헌마88).

(2) 평생교육의 진흥

헌법은 국민의 인간다운 생활의 구현과 문화국가의 지향·발전을 위해 '평생교육제도'를 도입하였다(제31조 5항). 이 규정은 국민에게는 평생교육을 받을 권리를, 국가에 대해서는 평생교육을 진흥할 의무를 부여하는 것이다. '평생교육'이란 학교교육 이외에 사회교육·직업교육·가정교육·노인교육 등 넓은 의미에 있어서 모든 교육을 포괄하는 개념으로서 연령에 의한 제한을 인정하지 않는다. 이를 실현하기 위해 방송·통신교육, 산업대학, 기술대학, 사회교육원, 시간제등록 등의 제도가 도입되었다. 평생교육의 일환으로서 특히 중요한 것이 직업적성교육이다.

(3) 교육제도의 법정주의

헌법 제31조 제6항은 "학교교육 및 평생교육을 포함한 교육제도와 그 운영, 교육재정 및 교원의 지위에 관한 기본적인 사항은 법률로 정한다."고 하여 교육제도 법정주의를 규정하고 있다. 이 조항은, 특히 학교교육의 중요성에 비추어 교육에 관한 기본정책 또는 기본방침 등 교육에 관한 기본적 사항을 국민의 대표기관인 국회가 직접 입법절차를 거쳐 제정한 형식적 의미의 법률로 규정하게 함으로써 국민의 교육을 받을 권리가 행정기관에 의하여 자의적으로 무시되거나 침해당하지 않도록 하고, 교육의 자주성과 중립성을 유지하고자 하는 데에 그 의의가 있다.[963] 그런데 헌법 제31조 제6항 소정의 교육제도 법정주의는 교육제도에 관한 기본방침을 제외한 나머지 세부적인 사항까지 반드시 형식적 의미의 법률만으로 정하여야 한다는 의미는 아니다. 그러므로 입법자가 정한 기본방침을 구체화하거나 이를 집행하기 위한 세부시행 사항은 하위법령에 위임이 가능하다.[964]

그 대상은 교육제도와 그 운영, 교육재정 및 교원의 지위에 관한 기본적 사항이다.[965] 이것은 교육의 기본적 사항을 법률로써 정하도록 함으로써 교육의 자주

963) 헌재 2013. 11. 28. 2011헌마282 등; 헌재 2016. 2. 25. 2013헌마838, 판례집 28-1상, 242, 251.

964) 헌재 1991. 2. 11. 90헌가27; 헌재 2016. 2. 25. 2013헌마838, 판례집 28-1상, 242, 251.

965) 헌재 2016. 2. 25. 2013헌마838, 판례집 28-1상, 242(초·중등교육법 제23조 제3항의 위임에 따라 동법 시행령 제43조 제1항 제1호가 규정한 초등학교의 교과에 '외국어(영어)'가 포함되어 있음에도 불구하고, 동법 제23조 제2항의 위임에 따라 제정된 '초·중등학교 교육과정'(교육과학기술부 고시 제2012-31호)이 초등학교 1, 2학년의 교과에서 영어 과목을 배제한 것이

성의 보장을 뒷받침하고 있다. 여기서 '교육제도'란 교육의 이념, 기본방침, 내용, 교육행정의 조직, 학제, 교육감독 등을 포함하는데, 이에 관한 기본적인 법률로써 교육기본법과 교육공무원법이 있다. 교원에 대한 예우와 처우를 개선하고 신분보장과 교육활동에 대한 보호를 강화함으로써 교원의 지위를 향상시키고 교육 발전을 도모하는 것을 목적으로 '교원의 지위 향상 및 교육활동 보호를 위한 특별법'을 제정하였다.

Ⅱ. 환경권

1. 환경권의 연혁 및 입법례

(1) 연 혁

현대사회에 있어서 과학과 기술의 발달에 따른 경제성장은 그와 비례해서 자연환경의 오염과 파괴를 가져왔다. 인간은 자연과의 조화를 이루면서 문명을 발전시켜야 함에도 불구하고, 오로지 환경을 이용·소비·파괴하였을 뿐 이를 관리·보전·보호하는데 소홀히 하였다. 그리하여 지구는 생태적 순환능력이 의심될 정도로 '위태로운 서식처'로 변해 인간의 생존위기의 의식이 높아지게 되었다.

그러나 이와 같은 환경의 오염과 파괴에 대한 종래의 시민법원리는 무기력할 뿐만 아니라 그 고식적인 수정만으로는 환경문제에 철저하게 대처할 수 없게 되었다. 여기에 공해와 환경파괴로부터 생명과 신체의 안전을 기하고 나아가 환경보전을 통해 인간다운 생활을 누릴 수 있는 제도적 장치가 긴요하게 되었으며, 따라서 환경권은 '새로운 기본권'으로 인정되기에 이르렀다.

(2) 입법례

1960년대에 들어와서 환경문제가 심각한 사회적 과제로 등장함에 따라 환경권 사상이 법제화되기 시작하였다. 미국에서는 1969년에 국가환경정책법이 제정되어

헌법 제31조 제6항의 교육제도 법정주의에 위반되는지 여부(소극): 초·중등교육법 제23조 제2항이 교육과정의 기준과 내용에 관한 기본적인 사항을 교육부장관이 정하도록 위임한 것 자체가 교육제도 법정주의에 반한다고 보기 어렵다).

환경권리장전으로 간주되고 있으며,[966] 나아가 환경권이 헌법상의 권리로 인정되기에 이르렀다.[967] 독일에서는 1972년 환경의 보호를 위한 연방헌법의 개정이 이루어졌다. 환경권을 헌법에서 명문으로 규정한 나라로는 스위스(1971년 헌법 제24조 7항), 그리스(1975년 헌법 제24조), 스페인(1978년 헌법 제45조 1항) 등이 있다.

우리나라에서도 1963년에 처음으로 공해방지법이 제정되었으나 그 실효를 거두지 못하였고, 1971년에는 적극적인 환경대책을 마련하기 위해 이 법을 대폭 수정·강화하였다. 1977년에는 해양오염방지법과 함께 환경보전법이 제정되었지만, 환경권의 성격에 관하여는 견해의 대립이 있었고 시행상의 여러 문제점이 야기되었다. 1980년 헌법개정과 함께 비로소 환경권이 헌법상의 권리로 규범화되었다. 그 후 1983년에는 환경오염방지사업단법이 제정되었고, 1990년에 환경정책기본법 등이 채택됨에 따라 환경보전법은 폐지되었다. 나아가 대기·수질·소음 등 개별분야에서 이들을 규제하기 위한 단행법들이 제정되고 있다.

2. 환경권의 헌법상 의의

(1) 개 념

오늘날 인간다운 생활을 누리기 위한 조건은 '물질적 최저생활'의 보장을 넘어서 '깨끗한 환경에서 생활할 수 있는 권리'의 보장이 요구되고 있다. 즉, 환경권은 '문화적 최저생활' 내지 '환경적 최저생활'[968]을 누리기 위한 조건이 된다. 환경권은 새로이 규범화된 기본권이기 때문에 그 의의에 대해서는 학자들 간에 정의를 달리하고 있다. '환경권'이란 인간다운 생활을 할 수 있는 환경에서 생존할 권리, 즉 깨끗한 환경에서 쾌적한 생활을 할 권리를 의미한다. 이 권리는 나쁜 환경의 배제라는 소극적 측면을 넘어서 적극적으로 깨끗한 환경을 보전·육성해 줄 것을 청구할 수 있는 권리를 말한다.

---

966) 그 후 이에 따른 환경관계입법이 다수 제정되었다. 예를 들면, Clean Air Amendment of 1970, Resource Recovery Act of 1970, Water Quality Improvement Act of 1970, National Land Use Policy Act of 1971, Federal Environmental Pesticide Control Act of 1971 등이 있다.

967) 그 근거로는 Privacy 권리를 인정한 것과 같은 논리에 의해 수정헌법 제5조·제14조의 '실질적인 적법절차', 수정헌법 제5조·제6조·제8조·제1조 제9항 등의 '반영권'(penumbra), 수정헌법 제9조의 '헌법에 열거되지 아니한 권리' 등을 들고 있다.

968) 허영, 한국헌법론, 421면.

(2) 법적 성격

환경권은 새로운 인권의 하나로 최근에 등장하였고 그 성격상 여러 기본권과 관련을 가지고 있으므로 그 법적 성격에 관하여는 학자들간에 백가쟁명을 하고 있다. 환경권은 그 본질에 있어서 국가에 대하여 환경의 보호와 개선을 적극적으로 청구할 수 있는 사회적 기본권에 속한다. 또한 환경권은 국가기관에 의한 환경의 침해·방해로부터 소극적으로 그 배제를 요구할 수 있는 자유권적 성격을 가진다. 이에 따라 환경권의 침해로 인하여 피해나 위협을 받은 국민은 국가에 대하여 손해배상청구권이나 침해배제청구권을 행사할 수 있다. 나아가 건강하고 쾌적한 환경을 조성·보전해 줄 것을 국가기관에 대해 청구할 수 있는 권리(생활환경조성청구권)라는 점에서 청구권적 성격도 가진다. 이와 같이 환경권은 여러 가지 기본권의 성격을 동시에 가지는 복합적 기본권의 일종이다.

(3) 본 질

환경권을 사회적 기본권의 하나로 보는 경우에도 그 본질에 관하여는 견해가 갈리고 있다.

1) 프로그램 규정설

이 설은 환경권이 입법권으로 하여금 환경보전과 개선조치를 하도록 도의적·정치적 의무만을 선언하고 있으며, 국가의 의무위반시에 정치적 책임은 물을 수 있어도 법적 책임은 물을 수 없다고 한다.

2) 추상적 권리설

이 설은 환경권이 국민이 건강하고 쾌적한 환경 속에서 살 수 있도록 필요한 입법을 요구할 수 있는 법적 권리로 본다. 그러나 국가의 의무위반시에 재판을 통해 구제받을 수 없고 입법에 의해서만 구체적 청구권이 발생하는 것으로 본다.

3) 구체적 권리설

이 설은 환경권이 법적 권리로서 그 침해에 대하여 법원에 직접 소구할 수 있는 구체적 권리라고 한다. 환경침해행위의 중지청구, 방해배제, 예방청구 등의 구체적 청구권이 발생한다고 본다.

4) 불완전한 구체적 권리설

이 설은 환경권을 구체화하기 위한 법률의 제정은 입법권의 의무이며, 그 법률의 내용형성에 있어서만 재량이 인정된다고 한다. 따라서 환경권은 단순한 입법재량의 문제가 아니라 "헌법에 의한 입법구속에 있어서 입법재량의 문제"로 보고, 입법이 없거나 불충분한 경우 법원에 부작위위헌확인의 소를 제기할 수 있는 '불완전한 구체적 권리'만을 인정하고 있다.[969) 그러나 구체적인 입법이 없으면 환경보전 등의 구제조치를 소구할 수 없다고 하는 점에서 추상적 권리설에 가깝다고 하겠다.

5) 결 어

환경권도 다른 사회적 기본권의 경우와 마찬가지로, 현 단계에서는 '추상적 권리'로서 이를 구체화하기 위한 입법조치가 수반되어야 비로소 구체적 권리가 되고 소송을 통한 권리구제가 가능하다고 하겠다. 환경권은 환경보전과 상린관계 등이 전제가 되지 않고서는 그 실효성을 기대할 수 없기 때문에 우리 헌법도 환경보전의무조항을 환경권과 함께 채택하고 있다. 이와 같이 환경권은 다른 어느 기본권보다 그 의무성이 강하게 요구되고 있는 바, 환경권이야말로 권리와 의무의 '이중성'을 그 특징으로 하고 있다.[970)]

3. 환경권의 주체

헌법 제35조 제1항은 국민의 환경권의 보장, 국가와 국민의 환경보전의무를 규정하고 있다. 이는 국가뿐만 아니라 국민도 오염방지와 오염된 환경의 개선에 관한 책임을 부담함을 의미한다.[971)] 따라서 환경권의 주체는 '국가'와 '국민'이다. 여기서 국민에는 자연인만이 포함되는가 또는 법인이나 권리능력없는 사단도 포

---

969) 권영성, 헌법학원론, 605면.

970) 허영 교수는 환경권은 효과적인 환경입법에 의해서만 그 실효성을 기대할 수 있으므로 법률제도의 보장이라는 '제도적 보장'의 성격도 아울러 가지고 있다고 한다(한국헌법론, 422면).

971) 헌재 2012. 8. 23. 2010헌바167, 판례집 24-2상, 438, 447; 헌재 2016. 11. 24. 2013헌가19, 판례집 28-2하, 73, 81.

함되는가에 관하여는 견해가 대립되고 있다. 일설은 환경권의 본질이 어디까지나 생존권이라는 점에 있으므로 그 주체는 자연인에 국한된다고 한다. 다른 입장은 환경은 만인의 공유에 속하고 적극적으로 좋은 환경을 향유할 권리를 인정할 것이 요망되므로 법인이나 권리능력 없는 사단도 그 주체가 될 수 있다고 한다. 그러나 환경권은 그 성질상 자연인인 개인 또는 단체만이 향유한다고 보는 것이 타당하다고 본다.

환경권은 현실적으로는 특정한 환경에 대해 일정한 이해관계를 가지는 모든 국민, 즉, 오염된 환경으로 피해를 입은 모든 주민이 그 주체가 된다. 이와 같이 환경권이 '집단적 권리'로서 보장받는 경우에도 환경소송에 있어서는 누가 그 제소권을 가지는가, 즉 당사자적격－원고적격－의 문제가 일어난다. 환경권의 경우에는 오히려 집단적 보장이 효율적이므로 '집단소송'(class action)을 제도화하여 이들의 권리주체성(원고적격)을 인정하는 것이 바람직하다고 본다.[972] 또한 환경권은 현재 생존하고 있는 세대에 국한하여 보장되는 것이 아니라 미래세대를 위한 기본권으로서의 성격이 중요시되어야 하며, 따라서 깨끗한 환경을 자손들에게 남겨주기 위해 이를 보전·개선할 의무가 충실하게 이행되어야 한다.

4. 환경권의 내용

(1) 환경의 범위

환경권은 건강하고 쾌적한 환경에서 생활할 권리를 말하며, 이를 보장하기 위해 깨끗한 환경의 보전과 공해의 배제를 그 내용으로 한다.

환경권의 객체인 '환경'은 인간을 둘러싼 모든 주위, 즉 총체적인 실체를 의미한다. 그러나 그 개념은 상대적인 것으로 특정한 시대와 사회에 있어서 과학적 지식과 사회적 통념에 따라 그 내용은 결정될 것이다. 일반적으로 환경은 자연적 환경, 인공적 환경 및 사회적 환경으로 대별된다. 자연적 환경이란 대기, 물, 토양, 산림, 일광, 경관, 지형 등과 같은 자연상태로 있는 환경을 말한다. 인공적 환경이란 공원, 도로, 교량, 학교, 전기·가스, 상·하수도, 그 밖의 후생시설과 같이 기술과 자본이 투자되어 조성된 환경을 말한다. 사회적 환경이란 경제적·정치적·문화적 또는 교육적 환경 등을 포괄해서 말한다. 환경권의 대상이 되는 환경에는 일반

---

972) 미국에서는 환경소송에 있어서 이른바 '집단소송'(class action)을 인정하고 있다.

적으로 자연적 환경과 인공적 환경만을 포함시키고 사회적 환경은 포함시키지 않는 것이 종래 지배적 견해이었다.[973] 그런데 최근에 와서는 환경권에 사회적 환경도 포함시키고 있는데, 그 헌법적 근거로서 헌법 제35조 제3항의 쾌적한 주거생활의 보장조항에서 찾고 있다.[974] 따라서 모든 국민은 널리 건강하고 쾌적한 환경, 즉, 자연적·인공적·사회적 환경에서 생활할 권리를 가지고 있다고 하겠다.

(2) 환경권의 내용

환경권은 구체적으로는 환경오염·파괴 등이 발생한 경우에 이에 대한 배제청구권과 건강하고 쾌적한 생활환경의 조성청구권 등을 그 내용으로 한다.

1) 공해배제청구권

환경오염·파괴 등으로 인해 생활환경의 피해나 생명·신체의 위협을 받는 국민은 국가에 대하여 공해배제청구권을 행사할 수 있고, 현실적으로 침해된 경우에는 손해배상청구권을 행사할 수 있다. 이러한 점에서 환경권은 자유권적 성격을 가지고 있다. 이 권리는 상린관계성 때문에 이익형량에 의해 그 보장범위가 결정되어야 하므로 수인의 한도를 넘는 경우에만 인정될 수 있다. 또한 환경침해가 타인의 기본권 행사에 의해 발생하는 경우에는 궁극적으로 공공복리와의 이익형량을 통해 보장되어야 할 것이다.

2) 생활환경조성청구권

국민은 국가에 대하여 환경파괴의 예방, 깨끗한 환경의 회복·개선, 쾌적한 환경의 조성 등을 청구할 수 있는 권리를 가진다. 이 권리는 국가에 대하여 적극적으로 환경보호·개선조치를 청구할 수 있는 권리로서 전형적인 사회적 기본권에 속한다. 여기에는 자연환경의 보전뿐만 아니라 인공적 환경 나아가 사회적 환경(가장 넓은 의미에 있어서 '생활환경') 등이 포함된다. 현행헌법은 국가에게 주택개발정책 등을 통해 모든 국민이 쾌적한 주거생활을 할 수 있도록 의무를 부여한 결과 '쾌적한 주거생활권'을 보장하고 있다(제35조 3항). 그런데 쾌적한 환경의 조성·관리에는 경제적 비용의 투입, 다른 기본권의 보장과의 이익형량 및 환경보전의무가

---

973) 우리 환경정책기본법(제3조)은 환경이란 자연환경과 생활환경을 말한다고 하여 그 개념을 좁은 의미로 파악하고 있다.

974) 권영성 교수는 '생활환경'이라는 용어를 사용하고 있다(헌법학원론, 606면).

전제가 되어야 이행이 가능한 것이다.

(3) 환경권 법률주의

헌법 제35조 제2항은 "환경권의 내용과 행사에 관하여는 법률로 정한다."고 하여 환경권법률주의를 선언하고 있다. 즉, 환경권의 구체적인 내용과 그 행사방법은 입법에 위임하고 있다. 환경권의 실효성을 확보하기 위해 국회는 환경권의 합리적 범위와 적절한 구제방법을 입법화해야 할 의무가 있다.

종래 환경보전법은 모든 환경문제를 규율하기 위해 제정되었지만, 점차 복잡해지는 환경문제를 효과적으로 대처할 수 없게 되었다. 1990년에 와서 '환경정책기본법'을 제정하여 환경보전정책의 기본이념과 시책방향을 제시하고, 각종의 환경문제를 효율적으로 규율하기 위해 단행법들(대기환경보전법, 소음·진동규제법, 수질환경보전법, 유해화학물질관리법, 자연환경보전법)을 제정하였다. 또한 환경오염으로 인한 피해조사와 분쟁조정을 위한 알선·조정·재정의 절차 등을 규정한 '환경분쟁 조정법'이 제정되었다.

5. 환경권의 효력

환경권은 모든 국가권력을 직접 구속하는 효력을 가지는 동시에 국가는 환경보전을 위해 노력하여야 할 의무가 있다(대국가적 효력). 국회는 환경권을 보호하기 위한 입법의 의무를 지고, 행정기관과 사법기관도 환경권을 침해할 수 없다. 행정기관에 의해 환경권이 침해되는 때에는 행정소송을 제기할 수 있다. 국가의 부작위로 인한 손해발생에 대하여도 국가배상청구가 인정되어야 한다.

환경권은 사인에 대한 효력도 가진다(대사인적 효력). 환경권이 사인이나 공공단체에 의해 침해되는 경우에도 국가에 대하여 오염된 환경의 배제를 청구할 수 있고, 사인에 대하여는 오염의 배제나 손해배상을 청구할 수 있다. 사인에 의해 침해되는 때에는 간접적으로 환경권규정이 적용된다(간접적용설). 우리 헌법은 국민에게 환경보전의 의무를 규정하고 있어 직접적 효력을 인정한 것처럼 볼 수도 있겠지만,[975] 이 조항이 곧 사법관계에 직접 적용되는 것을 의미하지는 않는다.

975) 권영성 교수는 환경권이 사인간에도 직접 적용된다고 한다(헌법학원론, 609면).

6. 환경권의 한계와 제한

(1) 한 계

환경권도 절대적 권리가 아니므로 이익형량의 원칙에 따라 그 내용을 결정하지 않으면 안된다. 이 경우에도 그 형량의 기준을 어디에서 구하느냐에 따라 학설이 대립한다.

1) 환경권론

이 입장은 깨끗한 환경의 보존을 제1차적인 선택의 기준으로 보고, 예외적으로 인근분쟁적인 환경오염사건과 같은 호환성이 있는 경우에 한하여 일정한 이익형량을 인정하는 견해이다. 환경권론은 환경파괴의 중요성을 고려하여 이익형량에 있어서 환경보전에 우위를 인정하려는 입장으로서 환경오염만으로 위법성이 있다고 한다.

2) 수인한도론

이 입장은 합리적인 이유가 있고 그 사건이 경미하여 수인한도를 넘지않는 한 위법이 아니며, 그 범위 내에서의 비교형량의 판단은 원칙적으로 법원의 판단에 일임하는 견해이다. 수인한도론은 사상적으로는 환경보전과 경제발전의 조화론에 근거를 둔 입장으로서 환경침해가 수인한도를 넘는 경우에 비로소 위법성을 띠게 된다고 한다.

3) 결 어

환경권의 범위를 정하는 궁극적인 기준은 이익형량에 의해 결정할 수밖에 없으며, 수인한도 내의 침해는 환경권의 한계라고 보는 것이 타당할 것이다. 수인의 정도는 사회발전의 단계와 사회통념에 따라 구체적 사건에서 객관적으로 결정되어야 하지만, 각 법익을 최대한 조화시킬 수 있는 선에서 그 수인한도가 결정되어야 할 것이다.

(2) 제 한

환경권도 국가안전보장·질서유지 또는 공공복리를 위하여 필요한 경우에는 법률로써 제한할 수 있다. 국가안전보장을 위한 제한에는 국방을 위한 무기실험·군용시설물의 설치 등이 있는데, 이에 관한 법률로는 군사시설보호법·해군기지법·군용항공기지법 등이 있다. 사실상 환경권의 제한은 주로 공공복리를 위해 부과되는데, 사회적 유용성과 환경권, 특히 국가에 있어서는 개발이익과 환경보전의 이익형량이 그 범위를 정하는 데 있어서 중요한 문제인 것이다. 이에 관한 법률로는 환경보전법·국토건설종합계획법·국토이용관리법·도시계획법·토지구획정리사업법·해양오염방지법 등이 있다.

환경권의 제한에 있어서도 기본권의 제한원리가 일반적으로 적용된다. 즉, 그 제한의 목적은 합헌이어야 하고, 그 방법은 적합하여야 하며, 그 제한은 과잉금지의 원칙에 따라 최소한에 그쳐야 한다. 그리고 환경권을 제한하는 경우에도 그 본질적 내용은 침해할 수 없다.

7. 환경권의 사인에 의한 침해와 구제

현대사회에 있어서는 사인에 의한 환경의 침해가 빈번하게 일어나고 있으므로 사법상의 구제방법도 중요시되고 있다. 환경권의 이익을 보호하기 위한 사법상 수단으로서는 상린관계에 의한 물권적 청구권, 불법행위 등을 들고 있다. 그 침해가 수인한도를 넘는 경우에는 손해배상청구권과 소유권·점유권에 의거한 권리침해배제청구권, 불법행위를 이유로 한 권리침해정지청구권 등이 인정되며, 환경권의 성격상 사전적 규제를 위한 '금지명령'(injunction)[976]이 강구되어야 한다. 또한 '환경개선비용 부담법'은 환경개선사업에 소요되는 재원의 확보를 위해 환경개선부담금제도 및 환경오염방지사업비용 부담금제도를 도입하였다.

그러나 사법적 구제방법만으로는 불충분하므로 실효적인 구제방법을 위해서는 행정적 관여와 국가에 의한 피해자의 구제관계－국가에 대한 작위청구권－등에 의해 보완되어야 할 것이다. 환경관계법의 규정만으로는 대처하기 어려운 환경범죄를 가중·처벌하기 위해 '환경범죄 등의 단속 및 가중처벌에 관한 법률'이 제정

976) 금지명령은 영미법상의 제도로서 환경침해에 대한 금지명령은 오염피해가 현실로 발생하거나 또는 그 발생이 예측되는 경우에 그 배제 또는 예방을 명하는 사법적 결정을 말한다.

되었다. '환경분쟁 조정법'은 환경오염 등으로 인한 분쟁이 발생할 때에는 환경분쟁조정위원회가 이를 간편하고 신속한 절차에 따라 해결하는 환경분쟁조정제도를 설치하였다.

8. 환경권의 실현을 위한 입법론적 과제

환경권은 새로이 형성 중에 있는 기본권으로서 다른 기본권과는 상이한 성격을 가지고 있고, 따라서 종래의 기본권이론으로서는 충분히 보장될 수 없기 때문에 새로운 법이론의 구성과 적극적인 정책의 전환이 요구되고 있다. 그리하여 환경입법정책의 기본방향을 어떻게 설정하고 환경권을 실현하기 위한 제도적 장치들을 어떻게 마련할 것인가가 환경권 보장의 중요한 과제이다.

(1) 재판규범성의 확립

환경권이 헌법상 사회적 기본권으로 규정되고 있는 경우에도 법원을 통해 현실적으로 구제받을 수 있기 위해서는 구체적 권리성(이른바 재판규범성)이 인정되지 않으면 안된다. 추상적 권리설에 의하면, 환경권은 추상적 권리에 불과하므로 구체적인 입법이 없는 한 법원에 소구할 수 있는 권리가 아니어서 그 권리성이 약하다고 하겠다. 그러나 구체적 권리설은 환경권에 대해서도 재판규범성을 인정하고, 적어도 입법부작위위헌확인소송을 수용하고 있다. 환경권의 충분한 보장을 위해서는 이와 같은 방향으로 발전하여 재판규범성을 널리 인정해야 할 것이며, 법원은 환경소송에 있어서 사법적극주의를 지향하는 적극적인 자세전환이 요망된다.

(2) 환경재판의 특수성

환경소송에 있어서는 원고적격, 고의·과실, 인과관계의 입증문제 등이 특히 중요한 문제가 된다. 환경권의 피해는 오염된 환경 속에서 생활하는 모든 자와 관련이 있으므로 개인뿐만 아니라 단체도 원고가 될 수 있다. 동일한 피해를 입은 주민들이 그 대표를 선정하여 소송을 할 수 있도록 당사자적격을 인정하는 미국식의 '집단소송'이 도입되어야 할 것이다. 그러나 그 인과관계의 입증은 고도의 전문적 지식과 기술을 요하기 때문에 개연성이론이 적용되고 그 입증책임이 원고인 국민에게 있는 것이 아니라 국가에게 전환되는 이른바 '입증책임전환의 원칙'

이 채택되고 있다. 그리고 고의·과실이 없는 경우에도 그 책임을 인정하는 무과실책임의 원칙이 적용되어야 한다.

(3) 구제수단의 보완·강화

환경분쟁은 산업화의 결과로서 고도의 기술적 문제가 포함되어 있고 사회집단 안의 구조적인 이해관계가 얽혀 있어 고전적인 소송형태로는 해결하기 곤란한 경우가 많다. 이와 같은 분쟁의 해결에는 고도의 과학·기술적인 전문지식이 필요하고 또한 미래지향적인 판단이나 예측을 수반하는 정책결정이 요구된다. 즉, 환경분쟁의 해결에는 '과거를 재판하는 법'과 '미래를 선택하는 정책'의 조화가 요구되는 것이다. 현재 우리나라 법제상으로는 환경소송의 사전절차로서 환경분쟁조정제도가 도입되었으며, 사전구제방법으로서 환경정책의 입안과정에 대한 주민참가제도－이를테면, 공해대책심의위원회, 환경보전자문회의, 환경행정에 관한 Ombudsman제도 등－의 도입이 요청되고 있다.

(4) 환경보호운동의 확대·전개

환경권은 집단적 권리의 성격을 가지고 있으므로 그 실질적 보장은 이해관계를 같이 하는 집단적 국민에 의한 자구적 노력에 의할 수밖에 없다. 특히 환경권의 경우에는 사전적·예방적 권리보호가 중요하다. 다른 기본권에 비해 그 침해가 직접적이고 광범하기 때문에 그 역량을 결집하는 것은 보다 용이한 것이다. 이 영역이야말로 의회주의의 결함을 보완하기 위해 직접민주주의(주민참여제도)가 요구되고 있다. 환경권의 최종적인 보장·실현은 궁극적으로는 국민들의 헌법의식에 달려 있다고 하겠다. 따라서 환경보호단체의 결성을 통해 환경보호운동을 적극적으로 전개하는 것이 가장 중요한 것이다.

Ⅲ. 혼인과 가족생활의 보장과 보건권과 모성의 보호권

1. 혼인과 가족생활의 보장

헌법 제36조 제1항은 "혼인과 가족생활을 개인의 존엄과 양성(兩性)의 평등을 기초로 성립되고 유지되어야 하며, 국가가 이를 보장한다."고 규정하고 있다. 이러한 혼인과 가족생활 보장 조항은 국가에 대하여 혼인과 가족생활에 대한 특별한 보장을 명령하고 있다. 헌법재판소는 이에 대한 내용을 4가지 측면에서 인정하고 있다. 첫째, 자유권적 측면으로 혼인과 가족생활을 스스로 결정하고 형성할 수 있는 자유를 보장한다.[977] 혼인의 자유, 자녀를 낳고 양육할 자유, 자녀교육권이 여기에 포함된다. 둘째, 제도보장적 측면으로 혼인과 가족의 헌법적 개념으로부터 나오는 본질적 요소(당사자의 자유의사의 합치, 법적으로 승인된 결혼, 양성의 생활공동체, 일부일처제)를 입법자는 함부로 처분할 수 없다.[978] 셋째, 원칙규범으로서 혼인과 가족에 대한 차별을 특별히 금지한다.[979] 넷째, 사회적 기본권으로서

---

977) 헌재 2012. 5. 31. 2010헌바87("헌법 제36조 제1항은 혼인과 가족생활을 스스로 결정하고 형성할 수 있는 자유를 기본권으로서 보장하는 것이며, 나아가 이는 혼인과 가족에 관련되는 공법 및 사법의 모든 영역에 영향을 미치는 헌법원리 내지 원칙규범으로서의 성격도 가지는데, 이는 적극적으로는 적절한 조치를 통해서 혼인과 가족을 지원하고 제3자에 의한 침해 앞에서 혼인과 가족을 보호해야 할 국가의 과제를 포함하며, 소극적으로는 불이익을 야기하는 제한조치를 통해서 혼인과 가족을 차별하는 것을 금지해야 할 국가의 의무를 포함한다.")

978) 헌재 2014. 8. 28. 2013헌바119, 판례집 26-2상, 311, 318("청구인은 사실혼 배우자에게 상속권을 인정하지 않는 것이 헌법 제36조 제1항의 국가의 혼인제도 보장의무 위반이라고 주장한다. 그러나 헌법 제36조 제1항에서 규정하는 '혼인'이란 양성이 평등하고 존엄한 개인으로서 자유로운 의사의 합치에 의하여 생활공동체를 이루는 것으로서 법적으로 승인받은 것을 말하므로, 법적으로 승인되지 아니한 사실혼은 헌법 제36조 제1항의 보호범위에 포함된다고 보기 어렵다.")

헌재 2014. 7. 24. 2011헌바275("제도보장으로서의 혼인은 일반적인 법에 의한 폐지나 제도 본질의 침해를 금지한다는 의미의 최소보장의 원칙이 적용되는 대상으로서 혼인제도의 규범적 핵심을 말하고, 여기에는 당연히 일부일처제가 포함된다. 그런데 중혼은 일부일처제에 반하는 상태로, 언제든지 중혼을 취소할 수 있게 하는 것은 헌법 제36조 제1항의 규정에 의하여 국가에 부과된, 개인의 존엄과 양성의 평등을 기초로 한 혼인과 가족생활의 유지·보장의무 이행에 부합한다. 그렇다면 중혼 취소청구권의 소멸사유나 제척기간을 두지 않음으로 인해 후혼배우자가 처하게 되는 불안정한 신분상 지위가 문제되는 이 사건에서 헌법 제36조 제1항 위반 여부는 직접적으로 문제된다고 보기 어렵다.").

979) 헌재 2002. 8. 29. 2001헌바82(부부자산소득 합산과세 사건) [9(위헌) : 0] ("헌법 제36조 제1항은 혼인과 가족생활을 스스로 결정하고 형성할 수 있는 자유를 기본권으로서 보장하고, 혼인과 가족에 대한 제도를 보장한다. 그리고 헌법 제36조 제1항은 혼인과 가족에 관련되는 공법 및 사법의 모든 영역에 영향을 미치는 헌법원리 내지 원칙규범으로서의 성격도 가지는데, 이는 적극적으로는 적절한 조치를 통해서 혼인과 가족을 지원하고 제삼자에 의한 침해 앞에서 혼인과 가족을 보호해야 할 국가의 과제를 포함하며, 소극적으로는 불이익을 야기하는 제한조치를 통해서 혼인과 가족을 차별하는 것을 금지해야 할 국가의 의무를 포함한다. 이러한 헌법원리로부터 도출되는 차별금지명령은 헌법 제11조 제1항에서 보장되는 평등원칙을 혼인과 가족생활영역에서 더욱 더 구체화함으로써 혼인과 가족을 부당한 차별로부터 특별히 더 보호하려는 목적을 가진다. 이 때 특정한 법률조항이 혼인한 자를 불리하게 하는 차별취급은

국가는 적절한 조치를 통해서 혼인과 가족을 지원할 과제를 부담한다.[980)]

2. 보건권

(1) 헌법상 의의

1) 개 념

보건권은 자연권의 일환으로 성장해온 개념이 아니라 1960년대 이후에 급속한 산업화의 결과로 나타난 공해·환경파괴로부터 건강한 생활을 누리기 위해 주창된 기본권이다. '보건권'이라 함은 국민이 국가에 대하여 건강을 유지·향상시키는데 필요한 배려—정책의 수립·실시 등—를 요구할 수 있는 권리를 말한다. 헌법은 제36조 제3항에서 "모든 국민은 보건에 관하여 국가의 보호를 받는다."고 규정하여 보건권을 명시적으로 보장하는 동시에,[981)] 모성의 보호도 아울러 규정하고 있다.

2) 법적 성격

보건권은 국민의 주관적 공권인 동시에 국가의 객관적 질서로서의 의의를 가지고 있다. 즉, 국민은 건강의 유지·향상을 국가에 요구할 수 있는 권리를 가지고 있으며, 국가는 국민보건을 위해 필요한 정책을 적극적으로 시행할 의무를 지고 있다. 보건권은 그 본질에 있어서 사회적 기본권의 일종이지만, 국가에 의한 침해배제를 청구할 수 있는 점에서 자유권적 기본권의 성격도 아울러 가지고 있다.[982)] 보건권은 '건강하고 쾌적한 생활을 할 권리'를 실현하기 위한 것이며, 나아가 인간다운 생활을 할 권리의 수단적 권리로서의 의의를 가지고 있다.

중대한 합리적 근거가 존재하여 헌법상 정당화되는 경우에만 헌법 제36조 제1항에 위배되지 아니한다.").

980) 헌재 2008. 10. 30. 2005헌마1156(남성 단기복무장교 육아휴직 배제 사건) [7(합헌) : 2(위헌)] [남성 단기복무장교를 육아휴직 허용대상에서 제외하고 있는 군인사법조항이 남성 단기복무장교의 양육권을 침해하는지 여부] 양육권은 공권력으로부터 자녀의 양육을 방해받지 않을 권리라는 점에서는 자유권적 기본권으로서의 성격을, 자녀의 양육에 관하여 국가의 지원을 요구할 수 있는 권리라는 점에서는 사회권적 기본권으로서의 성격을 아울러 가진다.

981) 보건권을 헌법상 명문으로 규정한 나라는 거의 없고, 단지 입법을 통해 이를 규정하는 것이 일반적인 경향이다.

982) 허영, 한국헌법론, 415면; 권영성, 헌법학원론, 613면.

(2) 내 용

1) 국가의 건강생활의 침해금지

보건권은 소극적으로는 국가권력에 의해 건강생활을 침해받지 아니할 권리를 그 내용으로 한다. 즉, 국가의 보건생활에 대한 침해의 배제를 청구할 수 있는 방어권의 성질을 가진다. 그리하여 국가는 오물의 수거·처리, 예방접종의 실시, 접객업소의 관리, 하수도처리 등에 의해 국민보건이 침해받지 않도록 적극적인 정책을 시행하여야 한다.

2) 국가의 적극적인 보호의무

보건권은 국가가 적극적으로 국민보건을 위해 필요한 시책을 강구할 의무를 수반한다. 이와 같이 보건권은 법적 권리라는 점에서 인정되는 것이며, 또한 기본권의 객관적 질서로서의 성격에서 나오는 것으로 보기도 한다.[983] 따라서 국가는 식품유통과정에 대한 철저한 감시로 비위생적인 식품의 제조·판매를 금지하고, 마약 등의 단속을 통해 국민건강의 유지를 위해 노력하여야 한다.

3) 헌법재판소의 견해

"헌법 제36조 제3항이 보장하고 있는 국민의 보건에 관한 권리는 국민이 자신의 건강을 유지하는데 필요한 국가적 급부와 배려를 요구할 수 있는 권리로서, 국가는 국민의 건강을 소극적으로 침해하지 아니할 의무를 부담할 뿐만 아니라, 적극적으로 국민의 보건을 위한 정책을 수립하고 시행하여야 할 의무를 부담한다."[984]

(3) 보건권의 실효성 확보문제

① 보건권은 아직 '형성중인 권리'로서 국가의 적극적인 보건정책의 수립·실시가 있어야 그 실효성을 담보할 수 있다. 또한 관계법규를 정비하여 이를 뒷받침하고 그 피해구제제도가 확립되어야 한다.

② 보건권은 환경권과의 관계에서 문제가 제기된다. 오염·환경파괴 등은 결국

983) 허영, 한국헌법론, 415면.

984) 헌재 2009. 11. 26. 2007헌마734, 판례집 21-2하, 576, 597; 헌재 2013. 9. 26. 2010헌마204 등, 판례집 25-2하, 1, 19; 헌재 2018. 5. 31. 2015헌마1181, 공보 제260호, 913, 916.

국민의 보건권을 침해하게 될 것이지만, 보건권은 이보다 더 근원적인 권리로서 광범하게 보장되지 않으면 안된다. 국민은 환경보전의무와 함께 타인의 건강을 해치지 않고 국가의 보건정책에 협조·감수할 의무를 가지고 있다.

③ 보건권은 사회적 기본권이기 때문에, 헌법재판소는 "사회적 기본권의 최소한도의 내용을 보장하지 않았거나 그 내용이 현저히 불합리하여 헌법상 용인될 수 있는 재량의 범위를 명백히 벗어났다고 보기 어려운 경우"에만 헌법에 위반된다고 함으로써 헌법재판소의 입법자에 대한 통제강도가 약하다.

3. 모성의 보호를 받을 권리

국가는 모성의 보호를 위하여 노력하여야 하며(제36조 2항), 국민은 모성의 보호를 받을 권리를 가진다. 여기서 '모성'이란 자녀를 가진 여성만을 의미한다. 현행 헌법에서 처음으로 이 조항을 신설하였다. 이는 모성이 가족 나아가 국가의 구성과 발전에 기초가 되기 때문이다. 모성의 국가적 보호는 1차적으로 그 건강을 특별히 보호하는 데 있으며, 한부모가족지원법과 모자보건법이 이를 규정하고 있다. 그런데 모성의 보호는 여기에 국한되는 것이 아니라, 고용·임금·해고 등의 근로조건에 있어서 차별대우를 받아서는 안되며, 나아가 사회보장을 통해 적극적으로 모성을 보호하는 데 있는 것이다.

Ⅳ. 소비자의 권리

1. 소비자 권리의 연혁 및 입법례

(1) 성립 배경

소비자의 문제는 생산과 소비가 분리되는 자본주의경제체제의 필연적 산물로서 그 동안 여러 가지 문제가 제기되어 왔다. 그런데 독과점기업이 지배하는 우리나라 산업에서는 특히 소비대중은 구매대상으로만 간주되고 불공정거래가 다반사로 자행되며 심지어는 생명·신체의 안전까지도 위협당하고 있기 때문에 소비자의 보호문제는 심각한 과제로 등장하고 있다. 소비자가 인간다운 생활을 누리기 위해서는 무엇보다도 공정한 가격과 양호한 품질의 상품을 적정한 유통과정을 통해 신속하게 구입할 수 있어야 한다. 그리하여 소비자로서 생활수요를 충족시키고 기본적인 생존배려를 실현하기 위해서는 소비자의 권리를 헌법상의 기본권으로 보장하지 않으면 안된다.

그러나 이와 같은 소비자의 권리는 고전적인 시민법원리인 계약자유의 원칙, 과실책임의 원칙, 사유재산제의 절대적 보장 등에 의해서는 실현될 수 없는 것이다. 소비자들을 보호하기 위한 사상적 배경은 모든 이데올로기를 지배하고 있는 '평등주의'에서 찾을 수 있으며, 생산자와 소비자 사이의 실질적 평등을 실현하기 위한 새로운 장치가 '소비자주의'[985]인 것이다. 생산자와 소비자 간의 사실상의 구조적인 불평등성 때문에 소비자를 보호하기 위해서는 국가가 시장경제질서에 적극적으로 개입·간섭·규제 등을 하지 않을 수 없게 되었다.

(2) 연혁 및 입법례

소비자의 보호문제는 소비자들의 자각과 힘의 결집인 소비자운동에 의해 전개되어 왔으며, 1960년대에 들어와서 소비자문제는 산업사회의 시대적 산물인 사회문제로 간주되어 적극적인 대응이 이루어지기 시작하였다. 소비자의 권리를 최초로 선언한 것은 1962년에 미국 케네디(Kennedy) 대통령이 의회에 보낸 "소비자의 이익보호에 관한 특별교서"(Special Message to the Congress on Protection of the Consumer Interest)[986]이다. 이를 기점으로 각국에서는 소비자를 보호하기 위한 입법적 조치들이 나오기 시작하였는데, 미국의 '소비자의 상품안전을 위한 위원회'의 설치, 독일의 '부정경쟁방지법'의 제정, 일본의 '소비자보호기본법'의 제정 등이 그 대표적인 것이다.

(3) 우리나라의 경과

우리나라는 1960년대에 들어오면서 신속한 근대화의 성취를 위해 '경제성장 제1주의'를 경제정책의 기조로 채택함에 따라 소비자문제는 별로 관심을 끌지 못하

985) consumerism은 '소비자 제1주의'라고도 번역되며, consumer sovereignty(소비자주권)이란 개념도 유사한 목적으로 사용되고 있다.

986) 이 교서는 소비자의 4대 권리로서 ① 안전의 권리, ② 알 권리, ③ 선택할 권리, ④ 의견을 반영시킬 권리 등을 선언하였으며, 그 후 1964년의 Johnson 대통령의 '소비자특별교서'와 1969년의 Nixon 대통령의 '소비자이익에 관한 교서'에서 확인·계승되었다.

고 있었다. 1968년 10월에는 국무총리 직속 '국민생활향상심의위원회' 아래 '소비자보호분석위원회'를 두었고 1973년에는 '새 생활센터'를 설치하기도 하였으나, 이들은 일종의 전시행정으로 아무런 결실을 거두지 못하였다. 1970년대 후반에 들어오면서 여성단체들이 중심이 되어 소비자운동을 전개하면서 소비자 보호를 위한 입법의 필요성이 강조되었다. 이에 소비자보호기본법이 1979년 12월에 의원입법으로 통과되었으며, 우리 헌법은 소비자권리의 국가적 차원의 보호와 기업윤리관의 확립을 위해 제5공화국 헌법 제125조에서 "국가는 건전한 소비행위를 계도하고 생산품의 품질향상을 촉구하기 위한 소비자보호운동을 법률이 정하는 바에 의하여 보장한다."고 규정하고 있다. 소비자보호전담기구로서 1987년 7월1일 소비자보호법에 의하여 '한국소비자보호원'이 설립된 후, 2007년 3월 28일 소비자기본법에 의해 '한국소비자원'으로 기관명이 변경되었다.

2. 소비자 권리의 헌법상 의의

(1) 헌법적 근거

우리나라 헌법 제124조에서 건전한 소비행위를 위한 국가적 계도와 소비자보호운동의 보장만을 규정하고 있을 뿐 소비자의 권리보장에 관한 명문의 규정을 두고 있지 아니하므로 소비자권리의 헌법적 근거에 관하여 문제가 제기된다.

제1설은 헌법 제10조를 이념적 근거조항으로 하고, 헌법 제124조를 부분적인 직접적 근거조항으로 하며, 헌법 제37조 제1항을 그 보완적 근거조항으로 하고, 헌법 제23조 제1항, 제26조, 제30조, 제34조 제1항, 동조 제6항, 제36조 제3항 등을 간접적 근거조항으로 한다고 해석한다.[987)]

제2설은 헌법 제10조를 이념적 근거규정으로 하고, 헌법 제124조와 제37조 제1항을 직접적 근거규정으로 보며, 헌법 제23조 제1항, 제26조, 제34조 제1항·제6항, 제36조 제3항 등을 간접적 근거조항으로 보고 있다.

제3설은 인간의 존엄과 가치 및 행복추구권을 규정한 헌법 제10조를 포괄적 권리로서 '주기본권'으로 보는 입장에서는 소비자의 권리도 당연히 이 규정에서 그 근거를 찾을 것이다.[988)]

생각건대, 소비자의 권리도 '복합적 권리'의 성격을 가지고 있으므로 그 헌법적

987) 권영성, 헌법학원론, 503면.
988) 김철수, 헌법학개론, 262면.

근거를 여러 조항에서 찾아볼 수 있다. 즉, 인간의 존엄성을 보장한 헌법 제10조를 그 이념적 기초로 하고, 인간다운 생활을 할 권리를 보장한 헌법 제34조 제1항을 그 중간이념으로 하며, 헌법상 열거되지 아니한 자유와 권리를 보장하는 헌법 제37조 제1항을 그 직접적 근거조항으로 하고, 소비자보호운동을 보장한 헌법 제124조를 그 보완규정으로 하고 있다.

(2) 법적 성격

소비자의 권리는 '새로운 인권'의 하나로 최근에 논의되기 시작하였고, 그 성격상 여러 기본권과 관련을 가지고 있으므로 그 법적 성격에 관하여는 학설이 대립될 수 있다.

1) 자유권적 기본권설

이 설에 의하면 소비자의 권리는 상품 또는 용역을 자유로이 선택할 수 있고, 양질의 상품 또는 용역을 공정한 가격으로 구입·사용함으로써 거래상의 경제주체로서 경제적 이익의 침해로부터의 자유를 보장하는 것이므로 자유권, 그 중에서도 경제적 자유권에 속한다고 한다.

2) 생존권적 기본권설

이 설에 의하면 독과점이 지배하고 시장기능이 상실된 현대산업사회에 있어서 소비자의 권리는 경제적 약자로서 종속적 지위에 있는 소비자의 구조적 피해로부터 그 이익을 보호함으로써 인간다운 생활을 보장하기 위한 것이므로 생존권적 기본권의 성격을 가진다고 한다.

3) 복합적 기본권설

이 설에 의하면 소비자의 권리는 재산권의 보장을 받는 주체로 경제적 이익인 가격·품질·위해 등에 있어서 자유를 보장받는 경제적 자유권의 성격을 가지는 반면, 경제적 약자로서 인간다운 생활을 누리기 위해 국가의 적극적인 간섭을 요구하는 사회적 기본권의 성격을 동시에 가지고 있으므로 복합적 성격의 기본권이라고 한다.[989)]

---

989) 권영성, 헌법학원론, 502면.

4) 총합적 기본권설

이 설에 의하면 소비자의 권리는 총합적 기본권의 하나로서 ① 상품 또는 용역을 자유로이 선택할 수 있고 경제적 손실을 피할 수 있는 권리로서의 경제적 기본권, ② 양질의 상품 또는 용역을 공정한 가격으로 구입·사용함으로써 인간다운 생활을 영위할 수 있는 권리로서의 사회적 기본권, ③ 그 피해의 예방 또는 보상을 청구할 수 있는 권리로서의 청구권적 기본권의 성격을 아울러 가지고 있다고 한다.

5) 결 어

생각건대, 소비자의 권리는 재산권의 보장, 인간다운 생활권, 국가의 재해예방의무, 보건권, 청원권, 국가구조청구권 등과 관련을 가지고 있으므로 복합적 기본권의 성격을 가지고 있다. 따라서 이 권리는 자유권적 기본권, 사회적 기본권과 청구권적 기본권의 성격을 아울러 가지고 있다. 그러나 그 본질은 어디까지나 사회적 기본권의 성격에서 구해야 하는데, 그 이유는 소비자의 권리가 경제적 약자로서 소비자의 인간다운 생활을 보장하기 위한 생존권이념에 그 목적이 있기 때문이다.

3. 소비자권리의 주체

소비자의 권리의 주체는 '모든 소비자'이다. 따라서 자연인과 법인을 구별하지 않고 모두 그 주체가 되며, 외국인도 그 주체가 될 수 있다. '소비자'라 함은 사업자에 대립되는 개념으로서 사업자에 의해 공급되는 상품이나 용역을 구입하여 소비하는 자라고 정의될 수 있다. 여기에 제품생산을 위한 중간소비자는 포함되지 않으며, 상품 또는 용역을 오직 소비생활만을 위해 구입·사용하는 사람을 말한다. 소비자기본법 제2조 1호에서는 "소비자라 함은 사업자가 제공하는 물품 또는 용역(시설물을 포함한다. 이하 같다)을 소비생활을 위하여 사용(이용을 포함한다)하는 자 또는 생산활동을 위하여 사용하는 자로서 대통령령이 정하는 자를 말한다."고 규정하고 있다.

4. 소비자권리의 내용

소비자권리의 내용은 소비자의 인간다운 생활을 실현하기 위해 소비생활의 여러 측면을 포괄하고 있으며, 소비자와 생산자의 이익형량을 기초로 하면서 소비자를 우선적으로 보호하는 것이어야 한다. 그 구체적인 내용은 산업사회의 발전에 대응한 기본권의 확대·발전에 따라 풍부해지고 있다.[990]

소비자기본법 제4조는 '소비자의 기본적 권리'로서 '8대 권리'를 명문화하고 있다. 이들 권리는 국가권력에 의해 강제될 수 있는 구체적 권리로서 입법화된 것이다.

(1) 안전에 관한 권리

이 권리는 소비자가 모든 물품 또는 용역으로 인한 생명·신체·재산상의 위해로부터 보호받을 권리를 말한다. 오늘날 물품의 사용 등이 생명·신체의 안전까지 위태롭게 하고 있으므로 이 권리는 중요시되고 있다. 소비자기본법 제8조는 위해방지에 관한 규정을 두어 소비자의 보호를 위한 여러 장치를 하도록 하고 있다.

(2) 지식 및 정보를 제공받을 권리

이 권리는 소비자가 물품 또는 용역을 선택함에 있어서 필요한 각종의 지식이나 정보를 제공받을 권리를 말한다. 오늘날 알 권리가 주권자로서의 국민의 지위를 실질적으로 회복하기 위해 중요시되고 있지만, 이에 못지않게 시급하게 요청되고 있는 것이 소비자로서의 알 권리이다. 동법 제8조는 소비자가 상품을 정확하게 인식할 수 있도록 그 표시기준을 정하도록 하고, 제11조는 국가 및 지방자

990) 국제소비자연맹은 소비자의 '7대 권리'를 제정하여 이를 소비자운동의 강령으로 표방하였는데, 이들은 ① 안전에 대한 권리, ② 정보를 제공받을 권리, ③ 선택할 권리, ④ 의견을 반영시킬 권리, ⑤ 교육을 받을 권리, ⑥ 보상을 받을 권리, ⑦ 쾌적한 환경에서 살 권리 등이다. OECD 이사회는 소비자의 권리로서 ① 생명과 건강을 침해당하지 아니할 권리, ② 적정한 표시를 행하게 할 권리, ③ 부당한 거래조건에 강제당하지 아니할 권리, ④ 공정하고 신속한 구제를 받을 권리, ⑤ 정보를 신속하게 받을 권리 등을 들고 있으며, EC는 ① 건강과 안전의 보호를 구할 권리, ② 경제적 이익의 보호를 구할 권리, ③ 손해에 대한 보상을 받을 권리, ④ 정보 및 교육을 받을 권리, ⑤ 소비자의 이익에 영향을 미칠 경우에 소비자와 협의하고 그 대표를 참가시킬 권리 등을 열거하고 있다.

치단체에게 건전한 소비생활을 위해 일정한 지식이나 정보를 제공하도록 하였으며, 제28조는 소비자보호원이 소비자의 알 권리를 충족시키기 위해 각종 정보를 수집·제공하도록 하고 있다.

(3) 자유로이 선택할 권리

이 권리는 소비자가 양질의 상품이나 용역을 공정한 가격으로 자유롭게 선택할 수 있는 권리를 말한다. 사업자는 이윤극대화를 추구하기 때문에 소비자는 일방적으로 사업자가 제공하는 상품이나 용역의 선택을 강요당하기 쉽다. 동법 제10조는 거래의 적정화와 소비자의 합리적 선택을 방해하는 사업자의 부당한 행위를 지정·고시하도록 하고 있으며, 제13조는 국가나 지방자치단체가 소비자의 보호를 위해 상품 및 용역에 대한 시험·검사 또는 조사의 결과를 공표할 수 있도록 하였다. 이를 궁극적으로 실현하기 위해서는 독과점기업의 금지, 물품 및 용역에 대한 신뢰성 확보, 공정거래의 보장, 가격의 적정성 보장 등 경제유통의 환경적 요인의 개선이 선행되어야 한다.

(4) 의견을 반영할 권리

이 권리는 사업자가 상품이나 용역의 종류·품질·가격 등을 결정하거나 국가 또는 지방자치단체가 이에 관한 정책수립과 시행을 함에 있어서 소비자가 의견을 개진하고 반영시키는 권리를 말한다. 소비자의 권익을 보호하기 위해서는 소비자생활에 영향을 미치는 중요한 정책결정에 대하여 소비자의 의견을 사전에 청취·반영하는 것이 무엇보다도 중요하다. 동법 제22조는 소비자정책심의위원회를 구성함에 있어서 소비자 대표를 참가시키도록 하였고, 제24조는 동위원회의 심의 중에 필요한 경우에는 소비자의 의견을 들을 수 있도록 하였다. 결국 소비자의 이익 내지 권리가 궁극적으로 실현되는 데 그 목표가 있으므로 오늘날에는 이른바 '소비자주권'까지 논의되고 있다.[991)]

(5) 피해보상을 받을 권리

이 권리는 소비자가 물품 또는 용역에 관하여 제기하는 의견이나 불만을 시정

---

991) W. M. Hutt가 1936년에 최초로 'consumer sovereignty'라는 용어를 사용하였으며, P. A. Samuelson에 의해 공인되었다.

하고 피해에 대하여 신속하고 공정한 절차에 의해 정당한 보상을 받을 권리를 말한다. 소비자의 보호는 사전적 절차에 의해 보장되는 것이 바람직하지만, 그렇지 못한 경우에는 최종적으로 형평의 원리에 의해 제도적으로 구제받을 수 있어야 한다. 그러나 전통적인 민사법상의 소송방식으로는 소송구조상의 기술적인 난관, 과중한 소송비용, 소송의 기피현상 등으로 인해 그 실효성을 거둘 수 없으므로 이와 같은 소송제도의 개선이 시급하다고 하겠다. 동법 제17조는 사업자에게 소비자피해를 보상·처리하는 소비자피해배상기구를 설치·운영하도록 하고, 시정조치, 수거·파기명령 그리고 기준준수명령 등을 통하여 소비자의 피해를 구제하고 있다. 또한 국가는 소비자와 사업자 간의 분쟁을 원활하게 해결하기 위하여 소비자피해보상기준을 제정할 수 있다. 소비자기본법 제28조는 소비자보호원이 소비자의 불만처리 및 피해구제를 담당·해결하도록 하고 있다.

(6) 교육을 받을 권리

이 권리는 소비자가 합리적인 소비생활을 영위하기 위해 필요한 지식·기술 등을 습득할 수 있는 권리를 말한다. 정보의 제공만으로는 소비자가 알 권리를 충족시킬 수 없으므로 소비자로서 교육을 받을 권리의 필요성이 인정되는 것이다. 동법 제11조는 국가 또는 지방자치단체가 소비자에게 소비자의 이해와 관련된 주요 시책과 정보 등을 제공하도록 하였고, 제18조와 제28조는 소비자단체와 소비자보호원의 기능으로서 소비자의 교육을 명시하고 있다. 이 권리는 또한 평생교육의 일환으로 보장되어야 한다.

(7) 단체를 조직할 권리

이는 소비자가 스스로의 권익을 옹호하기 위해 소비자단체를 결성하고 이 조직을 통해 활동할 수 있는 권리를 말한다. 오늘날 소비자는 과대광고 앞에서 무기력한 구매자로 전락하였고, 상품과 용역에 대한 지식과 정보가 부족하며, 사업자의 가격조작·유해상품의 공급·구제제도의 취약성 등으로 무기력하게 되었다. 이에 대응하는 유일한 방법이 조직화된 힘을 가지고 대항하는 '소비자운동'이다. 헌법 제124조에서 소비자보호운동을 보장하고 있는 것은 바로 그 때문이다. 소비자기본법 제4조 7호는 이러한 소비자의 단결권 및 단체행동권을 소비자권리로서 규정하고, 제20조에서 소비자단체의 건전한 육성·발전을 위해 국가가 보조금을 지급할 수 있도록 하고 있다.

(8) 안전하고 쾌적한 소비생활 환경에서 소비할 권리

소비자는 안전하고 쾌적한 소비생활 환경에서 소비할 권리를 가진다. 국가는 사업자가 소비자에게 제공하는 물품 등으로 인한 소비자의 생명·신체 또는 재산에 대한 위해를 방지하기 위하여 물품 등의 성분·함량·구조 등 안전에 관한 중요한 사항, 물품 등을 사용할 때의 지시사항이나 경고 등 표시할 내용과 방법, 그 밖에 위해방지를 위하여 필요하다고 인정되는 사항 등의 기준을 사업자가 준수하도록 해야 한다. 헌법재판소는 "헌법 제124조는 '국가는 건전한 소비행위를 계도하고 생산품의 품질향상을 촉구하기 위한 소비자보호운동을 법률이 정하는 바에 의하여 보장한다.'고 규정하고 있는 바, 헌법이 보장하는 소비자보호운동이란 '공정한 가격으로 양질의 상품 또는 용역을 적절한 유통구조를 통해 적절한 시기에 안전하게 구입하거나 사용할 소비자의 제반 권익을 증진할 목적으로 이루어지는 구체적 활동'을 의미한다."고 판시하였다.[992]

5. 소비자권리의 침해와 구제

(1) 국가권력에 의한 침해와 구제

소비자의 권리가 국가권력에 의해 침해된 경우에는 청원권·행정소송·국가배상청구권·국가구조청구권·헌법소원 등에 의해 그 구제를 받을 수 있다. 국가 또는 지방자치단체가 소비자로부터 피해구제청구를 받은 때에는 한국소비자원에 그 처리를 의뢰할 수 있다. 그런데 소비자소송이 종래의 시민법원리에 의해 진행되면 사실상 소비자피해의 구제제도로서 무기력하고 소비자는 이와 같은 소송제도의 활용을 기피하게 되어 실효성을 기대할 수 없게 된다.

(2) 사인에 의한 침해와 구제

소비자의 권리가 사업자 등 사인에 의해 침해된 경우에는 그 피해의 구제를 한국소비자원에 청구할 수 있다. 이 경우에 원장은 당사자에게 피해보상에 대한 합의

---

992) 헌재 2011. 12. 29. 2010헌바54 등, 판례집 23-2하, 558, 559.

권고를 하고, 합의조정이 이루어지지 아니할 때에는 동원 산하의 소비자분쟁조정위원회가 조정을 하여야 한다. 조정이 결정되어 당사자가 수락한 조정서의 내용은 재판상의 화해와 동일한 효력을 가진다. 소비자들의 '소비자불매운동'이 있다.[993)]

6. 소비자권리의 실현을 위한 입법론적 과제

소비자문제는 정부의 책임·사업자의 의무와 소비자의 권리라는 3각 구조로 이루어져 있다. 새로이 형성 중에 있는 소비자의 권리는 전통적인 기본권이론으로서는 충분히 보장될 수 없으므로 적극적인 정책 실현과 새로운 법이론의 구성이 요구되고 있다. 특히 소비자의 권리를 실현하기 위한 법적·제도적 정비가 시급한 과제라고 하겠다.

(1) 소비자행정조직의 정비·강화

현재 우리나라의 소비자보호를 위한 행정조직은 전담기구가 없기 때문에 그 활동이 분산되어 있고 종합적인 장기대책을 내놓지 못하고 있다. 따라서 소비자의 권리를 효과적으로 보장·실현하기 위해서는 소비자보호를 위한 행정기구를 일원적으로 정비·강화해야 하며, 특히 대통령 또는 국무총리 직속기관으로서의 '소비자보호청'(가칭)의 설립을 고려해 볼 필요가 있다.[994)]

---

993) "소비자보호운동의 일환으로서, 구매력을 무기로 소비자가 자신의 선호를 시장에 실질적으로 반영하려는 시도인 소비자불매운동은 모든 경우에 있어서 그 정당성이 인정될 수는 없고, 헌법이나 법률의 규정에 비추어 정당하다고 평가되는 범위에 해당하는 경우에만 형사책임이나 민사책임이 면제된다고 할 수 있다. 우선, ⅰ) 객관적으로 진실한 사실을 기초로 행해져야 하고, ⅱ) 소비자불매운동에 참여하는 소비자의 의사결정의 자유가 보장되어야 하며, ⅲ) 불매운동을 하는 과정에서 폭행, 협박, 기물파손 등 위법한 수단이 동원되지 않아야 하고, ⅳ) 특히 물품 등의 공급자나 사업자 이외의 제3자를 상대로 불매운동을 벌일 경우 그 경위나 과정에서 제3자의 영업의 자유 등 권리를 부당하게 침해하지 않을 것이 요구된다. 이 경우 제3자의 정당한 영업의 자유 기타 권리를 부당하게 제한하거나 위축시키는지 여부는, 불매운동의 취지나 목적, 성격에 비추어 볼 때, 제3자를 불매운동 대상으로 선택해야 할 필요성이 있었는지, 또한 제3자를 대상으로 이루어진 불매운동의 내용과 그 경위 및 정도와 사이에 긴밀한 상관관계가 존재하는지를 기준으로 결정될 수 있을 것이다." 헌재 2011. 12. 29. 2010헌바54 등, 판례집 23-2하, 558, 559.

994) 이와 같은 소비자 보호를 위한 조치로서 미국에서는 1964년에 대통령에 자문하는 '소비자이익에 관한 대통령위원회'(President's Committee on Consumer Interest)을 설치하였고, 1971년에는 소비자행정의 종합조정·기능을 담당하는 '미합중국소비자담당국'(U. S. Office of

(2) 권리구제수단의 보완·강화

소비자의 권리가 궁극적으로는 사법권에 의해 구제를 받아야 하지만, 종래의 사법제도는 실효성이 없었으므로 많은 제도의 개선이 요구되고 있다.

첫째, 소액심판제도(small claims court)의 개선이 필요하다. 소액사건심판법이 제정되어 적용되고 있지만, 이를 담당할 간이법원의 증가, 그 절차의 탄력적 운영과 그 활용의 유도를 통해 소액심판제도의 본래의 목적을 달성하여야 한다.

둘째, 집단소송제도(class action)의 도입이 시급하다. 우리나라에 있어서 소비자 분쟁의 특징은 원고가 다수이고 그 청구액을 합치면 막대한 금액이 되며 그 청구원인이 공통되기 때문에 미국식의 집단소송제도를 도입하여 소비자 권리를 보호하는 것이 효율적이라고 하겠다.[995)]

셋째, 소비자중재제도의 도입이 필요하다. 현재 소비자보호원 산하 소비자분쟁조정위원회의 기능을 강화하거나 사업자와 소비자의 대표들로 구성된 중재제도를 두어 법원의 확정판결과 같은 효력을 부여함으로써 법정에 가지 않고 해결되는 방안이 강구되어야 할 것이다.

넷째, 소비자들이 소송을 제기하기를 꺼리는 경향에 비추어 소비자문제를 직접 기소할 수 있는 권한을 부여하는 '소비자 옴부즈만(Ombudsman)'제도의 도입을 검토해 볼 수 있을 것이다.

(3) 사업자의 책임강화

소비자의 권리를 보호하기 위해서는 일차적으로 사업자의 책임이 중요하다. 사업자는 이제 소비자를 단순한 상품구매자로서만 취급해서는 안되고, 그 인식을 전환하여 경제활동의 파트너로서 공생할 수 있는 방안을 모색하여야 한다. 특히 소비자보호를 위한 법규를 준수하지 아니하여 소비자의 생명·신체의 안전을 해치는 사업자에게는 형사책임 등 엄격한 처벌을 부과해야 할 것이다.

Consumer Affairs : USOCA)을 신설하였으며, 1979년에는 행정청의 고위 대표자로 구성되는 '소비자문제심의회'(Consumer Affairs Council)를 설립하였다.

995) 미국에서 인정되는 집단소송의 요건은 ① 그 피해자가 다수이나 그 전원을 당사자로 하는 것이 곤란할 것, ② 집단에 공통된 사실·법률문제가 있을 것, ③ 대표당사자의 청구가 전형적인 것일 것, ④ 대표당사자가 그 집단의 이익을 공정하고 충실하게 보호할 것 등이다.

(4) 소비자운동의 지원·강화

소비자의 권리는 궁극적으로는 소비자 자신의 권리의식과 자구노력에 의해 보호될 수밖에 없다. 개별적인 소비자의 역량을 소비자단체의 형식으로 결집하여 대국가적 요구와 대사업자적 투쟁을 통해 실현되는 것이다. 따라서 소비자단체의 자주적인 결속과 소비자보호운동의 전개를 지속적으로 행하여야 하며, 국가는 제도적으로든 재정적으로든 지원하여야 한다.

제 5 장 청구권적 기본권

제 1 절 청구권적 기본권 일반이론

I. 청구권적 기본권의 의의

청구권적 기본권[996](청구권)이라 함은 국민이 국가에 대하여 적극적으로 일정한 행위를 청구할 수 있는 권리를 말한다. 즉, 청구권은 국가에 대하여 적극적으로 일정한 작위를 청구할 수 있는 적극적 공권이다. 여기에 자유의 본질은 '국가에의 자유'(freedom toward the state)를 의미한다. 국민이 일정한 권리의 구제 또는 보호를 위해 적극적으로 국가에 대하여 청구할 수 있는 권리가 인정되지 않는다면 헌법상 권리보장은 그 실효성을 기대할 수 없게 된다. 옐리네크(G. Jellinek)의 분류에 의하면, 국민의 국가에 대한 적극적 지위에서 '수익권'이 파생되는데, 여기에는 생존권적 기본권과 청구권적 기본권이 포함되어 있다. 오늘날 수익권을 이와 같이 분리시켜 생존권을 제외한 기본권들을 '청구권적 기본권'이라고 부른다. 이 권리는 기본권이 침해되거나 침해될 위험성이 있는 경우에 이를 확보하기 위한 수단으로 인정되는 것이므로 '기본권의 보장을 위한 기본권' 또는 '절차적 기본권'으로서의 특질을 가지고 있다.

II. 청구권적 기본권의 법적 성격

청구권적 기본권은 국가에 대하여 적극적으로 일정한 권리구제를 청구할 수 있

996) 이 기본권은 학자에 따라 '수익권'(박일경), '기본권을 보장하기 위한 기본권'(문홍주), '권리구제를 위한 기본권'(허영), '청구권적 기본권'(김철수, 권영성, 안용교, 구병삭) 등 다양하게 불리고 있다.

는 권리, 즉 적극적 공권인 점에서 다른 기본권과는 다른 법적 성격을 가진다.

1. 적극적 공권

자유권이 국가로부터의 자유를 보장하는 소극적 권리인 데 반해, 청구권은 국가에 대한 청구를 그 내용으로 하는 적극적 권리라는 점에 그 특색이 있다. 즉, 자유권은 국가의 간섭이나 침해를 배제하기 위한 방어적 성격을 가지고 있지만, 청구권은 국가의 개입 내지 구제를 요구하는 적극적 성격을 가지고 있다.

2. 직접적 효력

생존권이 자기의 이익을 위하여 국가에 대해 적극적으로 일정한 행위를 요구하는 권리라는 점에서 청구권과는 같은 성격을 가지지만, 생존권은, 추상적 권리설에 의하면, 구체적인 입법이 없으면 소구할 수 없는 추상적 권리에 불과한 데 반해, 청구권은 구체적인 입법이 없어도 직접 효력이 발생하는 현실적 권리라는 점에 그 특색이 있다. 즉, 생존권에 있어서 입법이 그 내용을 실현하는 권리형성적 기능을 하는 반면, 청구권의 경우에 이는 권리구체화적 기능을 할 뿐이다.

3. 개인적 공권

참정권을 보장하기 위한 유력한 권리로서 청구권과 유사한 성격을 가지고 있지만, 정치권은 국민 전체의 권리와 이익을 위해 행사되는 반면, 청구권은 국민 개인의 권익을 위해 행사되는 점에 그 특질이 있다. 또한 정치권이 기본권보장을 위한 정치적 방법인 데 반해, 청구권은 최종적인 법적 구제방법인 것이다.

4. 절차적 기본권

자유권은 그 자체의 보장에 목적을 두고 있지만, 청구권은 다른 기본권이 침해되거나 침해될 위험성이 있는 경우에 이를 구제 또는 보호하기 위한 수단적 성격을 가지고 있다. 즉, 다른 기본권이 실체적 권리인 데 반해, 청구권은 이들 권리의 구제를 위한 절차적 기본권이다.

Ⅲ. 청구권적 기본권의 범위

우리나라 헌법상 청구권에는 ① 청원권(제26조), ② 재판을 받을 권리(제27조), ③ 형사보상청구권(제28조), ④ 국가배상청구권(제29조), ⑤ 범죄피해자구조청구권(제30조) 등이 명문으로 규정되어 있다. 그 밖에도 성격상 위헌법률심사청구권(제107조 1항), 헌법소원권(제111조 1항 5호)과 구속적부심사청구권(제12조 6항), 재산상 손실보상청구권(제23조 6항) 등이 여기에 속하지만, 이들은 각기 인신의 자유와 재산권의 보장 및 사법제도에서 다루었으므로 여기에서는 제외한다.

피고인이 정식재판에서 무죄를 선고받고 판결이 확정된 경우, 그는 형사소송법상 형사비용보상을 청구하였다. 법원은 무죄판결 확정일로부터 6개월이 지났다는 이유로 형사소송법 제194조의3 제2항에 따라 청구를 기각하였다. 헌법재판소는 구 형사소송법 제194조의3 제2항이 재판청구권을 침해하는지 않는다고 판시하였다.[997]

Ⅳ. 청구권적 기본권의 효력

청구권은 모든 국가권력을 기속한다. 국회는 청구권을 구체화할 의무를 가지고 있는데, 헌법상 보장된 권리를 침해해서는 안되며, 입법이 없는 경우에도 헌법규

---

997) 비용보상청구권의 제척기간을 무죄판결이 확정된 날부터 6개월로 규정한 구 형사소송법 제194조의3 제2항이 재판청구권 및 재산권을 침해하는지 여부(소극): 이 사건 법률조항이 비용보상청구에 관한 제척기간을 규정한 것은 비용보상에 관한 국가의 채무관계를 조속히 확정하여 국가재정을 합리적으로 운영하기 위한 것으로 입법목적의 정당성 및 수단의 적합성이 인정된다. 비용보상청구권은 그 보상기준이 법령에 구체적으로 정해져 있어 비용보상청구인은 특별한 증명책임이나 절차적 의무의 부담 없이 객관적 재판 진행상황에 관한 간단한 소명만으로 권리의 행사가 가능하므로 이 사건 법률조항에 규정된 제척기간이 현실적으로 비용보상청구권 행사를 불가능하게 하거나 현저한 곤란을 초래할 정도로 지나치게 짧다고 단정할 수 없다. 이 사건 법률조항을 통해 달성하려고 하는 비용보상에 관한 국가 채무관계를 조기에 확정하여 국가재정을 합리적으로 운영한다는 공익이 청구인 등이 입게 되는 경제적 불이익에 비해 작다고 단정하기도 어려워 법익의 균형성도 갖추었다. 따라서 이 사건 법률조항은 과잉금지원칙에 위반되어 청구인의 재판청구권 및 재산권을 침해하지는 않는다(헌재 2015. 4. 30. 2014헌바408 등, 판례집 27-1하, 1).

정에 의해 직접 소구할 수 있다. 행정기관과 법원·헌법재판소는 국민의 청구권이 최대한 실현될 수 있도록 그 책임과 의무를 다하여야 한다. 청구권은 원칙적으로 대국가적 권리인 점에 그 특질이 있으므로 대사인적 효력은 직접적으로 인정되지 아니한다.[998]

제 2 절 청원권

Ⅰ. 청원권의 헌법상 의의

1. 연혁 및 입법례

청원권은 연혁적으로 가장 먼저 인정된 전통적인 기본권이다. 청원은 일찍이 언론의 자유가 없었던 전제주의 하에서 자의적 지배에 항의하고 지배자에게 희망을 개진하는 수단으로 행하여졌다. 청원권의 효시로는 영국에서 1215년의 대헌장에서 처음으로 선언되었으며, 국왕에 대한 청원권을 인정한 1628년의 권리청원(Petition of Right)과 1689년의 권리장전(Bill of Rights)에서 제도화되었다. 그 후 청원권은 미국연방헌법(수정헌법 제1조), 스위스헌법(제57조), 바이마르 헌법(제126조), 일본헌법(제16조), 독일기본법(제17조) 등에서 계수되었다.

2. 개 념

'청원권'은 국가기관에 대하여 일정한 의견이나 희망을 진술할 수 있는 권리를 말한다. 청원권은 의회제도의 발전과 언론의 자유가 보장되기 전까지만 해도 국민이 국가에 대하여 자기의 희망을 진술하고 권리를 구제받을 수 있는 유일한 수단으로 기능하였다. 그러나 의회제도의 발달과 함께 참정권이 확보되고 언론의 자유가 보장되며 사법제도가 완비됨에 따라 권리구제수단으로서의 중요성은 감소

998) 청구권적 기본권의 효력으로 청원권, 재판청구권 등에 있어서는 간접적으로 대사인적 효력을 인정하는 견해(김철수, 헌법학개론, 728면)가 있으나, 그 본질상 대사인적 효력을 부인하는 것이 타당하다고 본다.

하고, 오늘날에는 오히려 국민의 의사 또는 희망을 국가기관에 진술하는 데 그 의미가 있는 것이다. 그런데 오늘날 국회의 기능이 약화되면서 이 권리행사를 통해 법령의 제정·개정, 공무원의 비위시정·파면, 피해의 구제 등을 요청하여 대국회 및 정부통제기능, 권리구제기능 나아가 국민 참정의 기능을 수행하고 있다.

3. 법적 성격

청원권은 소극적인 면에서 국가기관에 의한 방해를 받지 않고 자유롭게 의견 또는 희망을 진술할 수 있는 권리인 점에서 자유권적 성격을 가진다. 그러나 그 본질은 국민이 국가기관에 대하여 일정한 사항을 청구할 수 있고 국가기관은 이를 수리·심사하고 나아가 통지해야 할 의무를 부여하고 있으므로 전형적인 청구권적 기본권에 속한다. 이에 대하여 청원권은 소극적인 측면에서의 자유권과 적극적인 측면에서의 청구권의 성격을 아울러 가지고 있다는 견해가 있다.[999] 그러나 청원권은 국민의 권익이 침해되었을 때 그 구제를 위해 행사될 수 있다는 점에서 '기본권의 보장을 위한 기본권'으로서의 성격을 가지고 있다. 그 밖에도 청원권은 법령의 제정·개폐, 공무원의 파면 등의 청원을 그 내용으로 하는 점에서 참정권적 기능을 한다. 따라서 청원권은 여러 가지 기본권의 성격을 동시에 가지는 '복합적 권리'라고 하겠다.

Ⅱ. 청원권의 주체와 객체

1. 청원권의 주체

기본권을 실정법적 권리로 보는 입장에서는 국민만이 그 주체가 될 수 있다고 하겠지만, 자연법적 권리로 보는 입장에서는 외국인도 원칙적으로 그 주체가 될 수 있다고 한다. 또한 자연인은 물론 법인도 그 주체가 된다. 청원은 개별적으로 하는 것이 일반적이지만, 공동으로 할 수도 있다(집단적 청원). 다만 공법인은 여기에 포함되지 아니하며, 특수신분관계에 있는 공무원이나 군인 또는 수형자 등도 청원을 할 수 있으나, 직무와 관련된 청원과 집단적인 청원은 제한되고 있다.

---

999) 권영성, 헌법학원론, 516면.

2. 청원권의 객체

청원대상기관에는 먼저 국가기관(국회, 정부, 법원)과 지방자치단체와 그 소속기관, 그리고 법령에 의하여 행정권한을 가지고 있거나 행정권한을 위임 또는 위탁받은 법인·단체 또는 그 기관이나 개인이 해당된다.

Ⅲ. 청원권의 내용

1. 청원사항

청원사항에 관하여 헌법에는 명문의 규정이 없으나 청원법은 다음과 같이 이를 한정하고 있다. 즉, 청원은 ① 피해의 구제, ② 공무원의 위법·부당한 행위에 대한 시정이나 징계의 요구, ③ 법률·명령·조례·규칙 등의 제정·개정 또는 폐지, ④ 공공의 제도 또는 시설의 운영, ⑤ 그 밖에 국가기관 등의 권한에 속하는 사항에 한정하여 규정하고 있다.

청원법은 일정한 청원의 불수리사항을 규정하고 있다. 1호 감사·수사·재판·행정심판·조정·중재 등 다른 법령에 의한 조사·불복 또는 구제절차가 진행 중인 때, 2호 허위의 사실로 타인으로 하여금 형사처분 또는 징계처분을 받게 하거나 국가기관 등을 중상모략하는 사항인 때, 3호 사인간의 권리관계 또는 개인의 사생활에 관한 사항인 때, 4호 청원인의 성명·주소 등이 불분명하거나 청원내용이 불명확한 때에는 수리하지 아니한다.

그 밖에 타인을 모해할 목적으로 허위의 사실을 적시한 청원을 할 수 없으며, 동일 내용의 청원서를 동일기관에 2개 이상 또는 2개 기관 이상에 제출한 경우 반려할 수 있다.

2. 청원방법

청원은 반드시 문서로써 제출하여야 하는데, 그 이유는 청원의 평온성과 확실성을 기하기 위한 것이다. 따라서 국가기관은 구두로 하는 청원에 대하여는 이를 수리할 의무가 없다.

청원법 제6조에서는 "청원은 청원인의 성명(법인인 경우에는 명칭 및 대표자의 성명을 말한다)과 주소 또는 거소를 기재하고 서명한 문서(「전자정부법」에 의한 전자문서를 포함한다)로 하여야 한다." 그리고 "다수인이 공동으로 청원을 하는 때에는 그 처리결과를 통지받을 3인 이하의 대표자를 선임하여 이를 청원서에 표시하여야 한다." "청원서에는 청원의 이유와 취지를 밝히고, 필요한 때에는 참고자료를 첨부할 수 있다."고 규정하고 있다.

3. 청원절차

청원서는 청원사항을 관장하는 기관에 제출하여야 한다. 청원서를 접수한 기관은 청원서에 미비한 사항이 있다고 판단할 때에는 그 청원인에게 보완하여야 할 사항 및 기간을 명시하여 이를 보완할 것을 요구할 수 있다. 청원서를 접수한 기관은 청원사항이 그 기관이 관장하는 사항이 아니라고 인정되는 때에는 그 청원사항을 관장하는 기관에 청원서를 이송하고 이를 청원인에게 통지하여야 한다.

국회와 지방의회에 청원을 하려면 의원의 소개를 얻어 청원서를 제출하여야 한다. 청원이 국회에 접수되면 의장은 소관위원회에 회부하여 심사하게 한다. 소관위원회는 청원심사소위원회로 하여금 심사·처리하게 하며, 그 결과를 소관위원회에 보고하여야 한다. 소관위원회는 그 보고를 토대로 본회의의 부의 여부를 결정하고 부의가 필요없다고 결정한 청원에 대하여서는 그 처리결과를 의장에게 보고하고, 의장은 이를 청원인에게 통지하여야 한다(국회법 제125조). 청원이 지방의회에 접수되면 의장은 소관위원회 또는 본회의에 회부하여 심사하게 하며, 위원회가 청원을 심사하여 본회의에 부의할 필요가 없다고 결정한 때에는 그 처리결과를 의장에게 보고하고, 의장은 청원인에게 이를 통지하여야 한다.

헌법재판소 결정에 의하면, 국회법 제123조 제1항이 "의회에 대한 청원에 의원의 소개를 얻도록 한 목적은 무책임한 청원서의 제출과 남용을 예방하여 청원 심사의 실효성을 확보하려는 것으로서, 청원은 일반의안과 같은 심사절차를 거치므로 청원서 제출단계에서부터 의원의 관여가 필요하며, 청원의 소개의원이 되려는 의원이 단 한 명도 없는 경우에까지 청원서를 제출할 수 있도록 하여 이를 심사할 실익은 없다 할 것이다. 또한 국회는 의원의 소개를 얻지 못한 민원들을 진정으로 접수하여 처리하는 점, 청원의 소개의원은 1인으로 족한 점 등을 감안할 때,

이 사건 법률조항이 입법형성의 재량의 범위를 넘었다고 볼 수 없으므로, 이 사건 법률조항은 청구인의 청원권을 침해하지 아니한다."고 판시하고 있다.[1000)]

Ⅳ. 청원의 효과

1. 적극적 효과

헌법은 청원에 대한 국가의 의무로서 '수리·심사'의 의무만을 규정하고 있는데, 청원법은 나아가 '통지'의무까지 규정하고 있다. 청원을 수리한 기관은 성실하고 공정하게 청원을 심사·처리하여야 한다. 청원을 수리한 기관은 청원의 심사에 필요하다고 인정할 때에는 청원인, 이해관계인 및 학식과 경험이 풍부한 사람으로부터 진술을 들을 수 있다. 이 경우 진술인(청원인은 제외한다)에게는 예산의 범위에서 여비와 수당을 지급할 수 있다. 청원을 관장하는 기관이 청원을 접수한 때에는 특별한 사유가 없는 한 90일 이내에 그 처리결과를 청원인에게 통지하여야 한다. 청원을 관장하는 기관은 부득이한 사유로 제3항의 처리기간 내에 청원을 처리하기 곤란하다고 인정하는 경우에는 60일의 범위 내에서 1회에 한하여 그 처리기간을 연장할 수 있다. 이 경우 그 사유와 처리예정기한을 지체 없이 청원인에게 통지하여야 한다.[1001)]

2. 소극적 효과

누구든지 청원을 하였다는 이유로 차별대우를 받거나 불이익을 강요당하지 아니한다. 이는 청원 때문에 어떤 후환이나 보복이 두려워 자유로이 청원하지 못하는 사례를 막기 위해 특별히 규정한 것이다.

1000) 헌재 2012. 11. 29. 2012헌마330, 공보 제194호, 1907.

1001) 비록 청원사항의 처리결과에 대한 이유를 통지하지 않더라도 청원권을 침해받은 것은 아니다. 왜냐하면, 청원법상의 규정은 청원사항을 "성실·공정·신속히 심사하여 그 청원을 어떻게 처리하였거나 처리하려고 하는지를 알 수 있는 정도"로 결과를 통지하면 족한 것이기 때문이다(헌재 1997. 7. 16. 93헌마239).

제3절 재판청구권

Ⅰ. 재판청구권의 헌법상 의의

1. 연혁 및 입법례

전제군주국가에서는 군주가 그의 지배력이 미치는 특별재판소 내지 행정기관에 재판권을 부여함으로써 국민은 부당하고 불공평한 법적 처우를 받아 왔다. 그리하여 국민의 재판을 받을 권리는 전제군주에 의한 자의적 재판을 배제함으로써 국민의 자유와 권리를 보장하려는 데에서 유래하였다. 이와 같은 사상은 영국의 대헌장에서 그 기원을 찾아볼 수 있고, 1787년 미국 연방헌법과 1791년 프랑스헌법에서 비로소 성문헌법에 의해 채택되었다. 오늘날 입헌국가의 헌법은 예외없이 이를 규정하고 있다. 특히 이 권리의 역사적 중요성은 행정부로부터의 독립이 보장된 법원에 의하여 법에 의한 공정한 재판을 받는다는 점에 있다.

2. 법적 성격

재판을 받을 권리는 국가에 대하여 재판을 청구할 수 있는 기본권이라는 점에서 '청구권적 기본권'에 속하며, 이는 개인의 자유와 권리를 보장하기 위한 기본권이므로 절차적·보조적 또는 방위적 권리의 성격을 가진다.

그런데 재판청구권의 법적 성격에 관하여는 이 권리가 국가에 대하여 재판을 청구할 수 있는 청구권적 기본권이라고 보는 입장(청구권적 기본권설)과 재판을 청구할 수 있는 권리와 함께 헌법과 법률이 정한 법관에 의하지 아니한 재판과 헌법과 법률에 의하지 아니한 재판을 받지 아니할 권리를 가진다는 점에서 청구권적 성격과 자유권적 성격을 동시에 가진다는 입장(2원적 성격설)[1002]이 대립되고 있다. 재판청구권은 소극적으로 국가에 의한 침해 내지 방해를 인정하지 않는 자

1002) 권영성, 헌법학원론, 519면.

유권적 성격을 가지고 있지만, 그 본질은 청구권적 기본권에서 찾는 것이 타당하다고 본다.

Ⅱ. 재판청구권의 주체

재판을 받을 권리는 다른 기본권이 침해된 경우에 그 회복·구제를 위한 권리이므로 권리가 침해된 자는 '누구든지' 그 주체가 될 수 있다. 즉, 자연인은 물론 그 성질상 법인에게도 인정되며, 외국인도 헌법 제6조에 의하여 인정된다. 오늘날 환경소송, 소비자소송 등과 관련하여 집단소송에 있어서의 당사자적격이 점차 확대되고 있는데, 권리능력 없는 사단도 그 주체가 될 수 있다.

Ⅲ. 재판청구권의 내용

재판을 받을 권리는 국가에 대하여 재판을 청구할 수 있는 권리인 재판청구권(실체적 권리)과 적법한 절차에 따라 공정한 재판을 받을 수 있는 권리로서의 사법절차상 기본권(절차적 권리)을 포함하고 있다.

1. 재판을 받을 권리

재판을 받을 권리에 있어서 '재판'이라 함은 권리·의무에 관한 구체적 분쟁이 발생한 경우에 당사자의 청구에 의해 법원이 최종적으로 그 존부를 확정하는 것을 말한다. 재판청구의 요건은 재판을 청구할 자격(당사자적격)이 있어야 하고, 법적 판단을 구하기에 적합한 사건(권리의 보호)이어야 하며, 소를 제기할 이익(소의 이익)이 있는 경우에 비로소 가능하다.

재판에는 민사재판·형사재판·행정재판과 헌법재판이 있는데, 재판을 받을 권리에는 이들 재판을 받을 권리가 모두 포함된다.

(1) 민사재판을 받을 권리

민사사건에 있어서 국민은 사권을 보호하기 위하여 헌법과 법률에 정한 법관에 의하여 헌법과 법률에 의한 재판을 청구할 권리를 가진다. 이 청구권을 '소권'(사권보호청구권)이라고 하는데, 이 권리는 국민의 사권을 보장하는 유력한 수단으로 청구권 중에서도 가장 중요하다. 여기에는 비송사건과 가사심판을 받을 권리도 포함된다. 민사재판의 청구는 소송요건을 구비하면 법원은 그 재판을 거부할 수 없다.

(2) 형사재판을 받을 권리

형사사건[1003]에 있어서는 기소독점주의의 원칙상 공소제기 및 소송수행이 검사에 의해 행하여지므로 국민은 직접적으로 형사재판을 청구하는 권리를 가지지 않는다.[1004] 그러나 첫째, 형사피고인이 신속한 공개재판을 받을 권리를 가질 때에

1003) 헌재 2015. 11. 26. 2012헌마858, 판례집 27-2하, 306(수형자와 소송대리인인 변호사의 접견을 일반 접견에 포함시켜 시간은 30분 이내로, 횟수는 월 4회로 제한한 구 '형의 집행 및 수용자의 처우에 관한 법률 시행령' 제58조 제2항 및 '형의 집행 및 수용자의 처우에 관한 법률 시행령' 제58조 제2항 중 각 '수형자'에 관한 부분, '형의 집행 및 수용자의 처우에 관한 법률 시행령' 제58조 제3항이 청구인의 재판청구권을 침해하는지 여부(적극): 수형자의 접견 시간 및 횟수를 제한하는 것은 교정시설 내의 수용질서 및 규율을 유지하기 위한 것으로서 목적의 정당성이 인정되고, 소송대리인인 변호사와의 접견을 일반 접견에 포함시켜 그 시간 및 횟수를 제한하는 것은 이러한 입법목적의 달성에 기여하므로 수단의 적절성 또한 인정된다. 수형자와 소송대리인인 변호사가 접견 이외에 서신, 전화통화를 통해 소송준비를 하는 것이 가능하다고 하더라도, 서신, 전화통화는 검열, 청취 등을 통해 그 내용이 교정시설 측에 노출되어 상담과정에서 위축되거나 공정한 재판을 받을 권리가 훼손될 가능성이 있으며, 서신은 접견에 비해 의견교환이 효율적이지 않고 전화통화는 시간이 원칙적으로 3분으로 제한되어 있어 소송준비의 주된 수단으로 사용하기에는 한계가 있다. 따라서 수형자의 재판청구권을 실효적으로 보장하기 위해서는 소송대리인인 변호사와의 접견 시간 및 횟수를 적절하게 보장하는 것이 필수적이다. 변호사 접견 시 접견 시간의 최소한을 정하지 않으면 접견실 사정 등 현실적 문제로 실제 접견 시간이 줄어들 가능성이 있고, 변호사와의 접견 횟수와 가족 등과의 접견 횟수를 합산함으로 인하여 수형자가 필요한 시기에 변호사의 조력을 받지 못할 가능성도 높아진다. 접견의 최소시간을 보장하되 이를 보장하기 어려운 특별한 사정이 있는 경우에는 예외적으로 일정한 범위 내에서 이를 단축할 수 있도록 하고, 횟수 또한 별도로 정하면서 이를 적절히 제한한다면, 교정시설 내의 수용질서 및 규율의 유지를 도모하면서도 수형자의 재판청구권을 실효적으로 보장할 수 있을 것이다. 이와 같이 심판대상조항들은 법률전문가인 변호사와의 소송상담의 특수성을 고려하지 않고 소송대리인인 변호사와의 접견을 그 성격이 전혀 다른 일반 접견에 포함시켜 접견 시간 및 횟수를 제한함으로써 청구인의 재판청구권을 침해한다).

1004) 헌재 2007. 7. 26. 2005헌마167, 공보 제130호, 874(국가소추주의를 규정한 형사소송법 제246조가 재판청구권을 침해하는지 여부(소극): 공익의 대표자인 검사로 하여금 객관적인 입장에서 형사소추권을 행사하도록 하여 형사소추의 적정성 및 합리성을 기하는 한편, 형사피해자의 권익 보호를 위하여 형사소송법 등에서 고소권, 항고·재항고권, 재정신청권, 재판절

는 간접적으로나마 형사재판청구권을 가진다고 할 수 있다. 둘째, 검사의 불기소처분에 대하여 고소인 또는 고발인이 그 검사 소속의 고등검찰청에 대응하는 고등법원에 그 당부의 재정을 신청할 수 있으며, 또한 즉결심판이나 약식재판을 받은 때에는 정식재판을 청구할 수 있는 권리가 있다.

(3) 행정재판을 받을 권리

행정사건에 있어서도 국민은 행정소송을 청구할 수 있는 소권을 가진다. 우리나라는 행정소송사항에 관한 개괄주의를 채택하고, 이를 일반법원의 관할로 함으로써 국민의 권리보장에 만전을 기하고 있다. 행정법원이 설치되어 있어 행정재판도 3심제이며, 전심절차인 행정심판은 임의절차로 되었다.

(4) 헌법재판을 받을 권리

광의의 헌법재판에는 위헌법률심판 외에 탄핵심판·정당해산심판·기관쟁의심판·헌법소원심판·선거소송심판 등 헌법해석에 관한 재판이 포함된다. 그러나 우리나라 헌법상 일반 국민에게 인정되고 있는 헌법재판은 위헌법률심판·헌법소원심판·선거소송심판에 국한된다. 즉, 재판의 전제가 된 경우에 소송당사자는 위헌법률심판을 청구할 수 있고, 공권력의 행사 또는 불행사로 인해 기본권이 침해당한 자는 헌법소원을 제기할 수 있다.

(5) 대법원에 의한 재판을 받을 권리

대법원에 의한 재판을 받을 권리가 재판을 받을 권리에 포함되는가에 관하여는 문제가 제기되고 있다. 일설은 헌법 제27조 제1항의 '법률에 의한 재판'은 대법원을 상고심으로 하는 '심급제'에 의한 재판을 의미하므로 대법원의 재판을 받을 권리는 헌법상 보장된 절차적 기본권이며, 따라서 대법원에의 상고를 부당하게 제한하는 것은 국민의 재판청구권을 침해하는 것으로 본다. 이에 대하여 헌법재판소의 다수의견은 재판을 받을 권리는 대법원을 구성하는 법관에 의한 재판을 받을 권리가 아니며, 사건의 경중을 가리지 않고 모든 사건을 대법원에서 재판을

차에서의 피해자진술권, 헌법소원심판청구권 등의 규정을 두어 형사피해자가 형사절차에 관여할 수 있는 여러 제도를 마련하고 있으므로, 이 사건 법률조항은 형사소추권의 행사에 관한 입법형성권의 한계를 벗어나 형사피해자의 재판청구권을 침해하는 것으로 볼 수 없다).

받을 권리라고는 볼 수 없다고 하면서 상고제한의 문제는 특별한 사정이 없는 한 입법정책의 문제라고 한다.[1005)]

2. 헌법과 법률이 정한 법관에 의한 재판을 받을 권리

재판을 받을 권리는 헌법과 법률이 정한 법관에 의한 재판을 받을 권리를 말한다. 여기에서 '헌법과 법률이 정한 법관'이라 함은 법관의 자격을 가진 자 중에서 소정의 절차를 거쳐 임명된 법관들을 말한다. 법관은 그 신분이 보장되어 독립적 지위에서 재판할 수 있다. 나아가 법관은 법원의 구성·관할 및 사무분배 등에 관한 법률의 규정에 의하여 재판할 권한이 있으며, 제척 기타 사유에 의해 법률상 그 사건의 재판에 관여하는 것이 금지되지 아니하여야 한다.

법관에 의한 재판을 받을 권리를 보장한다고 함은 법관이 사실을 확정하고 법률을 해석·적용하는 재판을 받을 권리를 보장한다는 뜻이고, 그와 같은 법관에 의한 사실확정과 법률의 해석적용의 기회에 접근하기 어렵도록 제약이나 장벽을 쌓아서는 아니된다. 한편, 재판청구권은 재판이라는 국가적 행위를 청구할 수 있는 적극적 측면과 헌법과 법률이 정한 법관이 아닌 자에 의한 재판이나 법률에 의하지 아니한 재판을 받지 아니하는 소극적 측면을 아울러 가지고 있다.[1006)] 적어도 국민에게 중요한 사항으로서 '사실확정과 법률의 해석적용'에 관련된 문제이고 사법절차를 통하여 결정되어야 할 만한 속성을 지닌 것이라면 재판청구권의 보호범위에 포함된다.[1007)]

국민은 소극적으로는 헌법과 법률이 정한 법관에 의하지 아니한 재판을 받지 아니할 권리를 가지고 있는데, 이와 관련하여 다음과 같은 문제가 있다.

1005) 헌재 1997. 10. 30. 97헌바37, 95헌마142, 95헌마215, 96헌마95(병합) - "헌법이 제101조 제2항 및 제3항에서 대법원을 최고법원으로 규정하였다고 하여 대법원이 곧바로 모든 사건을 상고심으로서 관할하여야 한다는 결론이 당연히 도출되는 것은 아니다. 헌법 제101조 제4항이 군사법원에서의 단심재판을 제한하도록 규정하고 있고, 헌법 제107조 제2항이 명령·규칙 또는 처분의 위헌·위법 여부에 대한 최종적 심사권이 대법원에 있음을 규정하고 있으므로 그 범위내에서 대법원에서의 재판을 받을 권리가 헌법상 보장되지만, 그 이외의 다른 모든 경우에도 심급제도를 인정하여야 한다거나 대법원을 상고심으로 하는 것이 헌법상 요구된다고 할 수는 없다."

1006) 헌재 1998. 5. 28. 96헌바4, 판례집 10-1, 610, 618; 헌재 2010. 4. 29, 2008헌마622, 판례집 제22권 1집 하, 126, 132-133.

1007) 헌재 2010. 4. 29, 2008헌마622, 판례집 제22권 1집 하, 126, 133-133.

첫째, 법정의 법관이 아닌 자가 전심으로 재결·재정을 하거나 (준사법적) 처분을 하는 경우에도 법정의 법관에 의한 정식재판을 받을 수 있는 길이 보장되는 한 위헌이 아니다. 이를테면, 시·군법원 등의 즉결심판,[1008] 가정법원의 가사심판, 가정법원·지방법원 소년부의 보호처분, 사회보호법상의 보호처분, 재정범에 대한 통고처분과 약식절차 등은 정식재판의 길이 열려 있는 한 재판청구권에 대한 침해가 아니다.

둘째, 배심제도가 헌법과 법률이 정한 법관이 아닌 배심원이 형사재판이나 민사재판의 법률심에 관여할 수 있도록 하는 경우에는 위헌이지만, 오로지 사실인정에만 관여하는 정도일 때에는 위헌이라고 할 수 없다. 다만 사실심과 법률심에 모두 참여하는 삼심원제는 헌법과 법률이 정한 법관에 의한 재판을 받을 권리에 위배되므로 채택할 수 없다.

셋째, 군사법원에 의한 군사재판은 헌법과 법률이 정한 법관에 의한 재판이 아니라는 점에서 문제가 될 수 있지만, 헌법은 제27조에 대한 예외로써 헌법 제110조에서 그 근거를 명문으로 규정하고 있고, 또한 상고심은 대법원에 연결되고 있기 때문에 재판청구권에 대한 침해가 아니다(통설). 더욱이 군사법원에 의한 민간인에 대한 재판은 예외의 예외에 속하는 바, 헌법은 제27조 제2항에서 이를 명문으로 제한하고 있다.

3. 법률에 의한 재판을 받을 권리

재판을 받을 권리는 또한 모든 국민은 법률에 의한 재판을 받을 권리와 법률에 의하지 아니한 재판은 거부할 수 있는 권리를 말한다. 여기에서 '법률'이라 함은 형사재판에 있어서는 실체법과 절차법 양자가 모두 엄격한 의미의 법률을 의미하지만, 민사·행정재판에 있어서는 절차법만은 엄격한 의미의 법률임을 요하고, 실체법에는 관습법·명령·조리도 포함된다. 여기에는 공정한 재판을 위한 절차적

1008) 즉결심판절차는 즉결심판에 관한 절차법(1996. 8. 8. 개정)에 따르면 범증이 명백하고 죄질이 경미한 범죄사건을 신속·적정하게 심판하기 위한 절차로서(동법 제1조), 증거능력제한 등의 측면에서 피고인의 권리보호가 정식재판절차만큼 충실하지 못하기 때문에 헌법이 보장하는 국민의 재판청구권을 침해하는 것이 아닌가라는 의문이 제기될 수 있다. 그러나 즉결심판도 헌법과 법률이 정한 법관에 의한 재판일 뿐만 아니라, 즉결심판의 결과에 불복하는 자는 정식재판을 청구할 수 있으므로(동법 제14조 제1항) 이 제도가 국민의 재판청구권을 침해하는 것은 아니다.

보장, 즉, 당사자주의와 구두변론주의도 원칙적으로 요구된다.[1009] 다만 대통령이 발하는 긴급명령과 긴급재정·경제명령(제76조)은 이에 대한 헌법상의 예외이다. 또한 법률에 의한 재판은 '헌법에 의한 재판'을 전제로 하는 것이며, 그 법률은 '합헌적 법률'을 의미하고 있다. 따라서 헌법상의 적법절차조항들이 준수되어야 하며, 또한 각급 법원은 법률이 헌법에 위반되는 여부가 재판의 전제가 된 때에는 헌법재판소에 제청하여 그 심판에 따라 재판한다.

법관은 이와 같은 헌법과 법률에 의한 재판을 하는 경우에도 그 양심에 따라 독립하여 심판한다. 국민의 재판을 받을 권리는 이와 같이 사법적 정의의 실현을 위한 사법권의 독립과 밀접한 관련을 가지고 있다. 그런데 현실적으로는 인권의식의 결여, 경제적 빈곤, 절차의 복잡성 등으로 인해 실효를 거두지 못하고 있는 경우가 많아 국선변호인제도의 확대, 소액사건전담심사제의 강화, 법률구조제도의 활성화 등이 강구되어야 한다.

4. 신속한 공개재판을 받을 권리

(1) 신속한 재판을 받을 권리

헌법 제27조 제3항 전단의 규정에 의하여 모든 국민은 신속한 재판을 받을 권리가 있다. 신속한 재판은 소송비용의 절감, 일반예방적 기능, 오판의 방지 등 인권보장의 견지에서 필요하다. 이 권리는 엄격한 권리성을 가지는가의 여부에 관하여는 논의가 있지만, 상당한 이유가 없는 재판의 지연에 대하여 국가기관의 책임이 규정된 때에는 역시 일종의 재판청구권이 인정된다고 볼 수 있다. 이 권리는 민사[1010]·형사·행정·헌법재판 등에 모두 적용되는데, 신속한 재판을 통해서

1009) 헌재 1996. 12. 26. 94헌바1 – "공정한 재판을 받을 권리 속에는 신속하고 공개된 법정의 법관의 면전에서 모든 증거자료가 조사·진술되고 이에 대하여 피고인이 공격·방어할 수 있는 기회가 보장되는 재판, 즉 원칙적으로 당사자주의와 구두변론주의가 보장되어 당사자가 공소사실에 대한 답변과 입증 및 반증하는 등 공격·방어권이 충분히 보장되는 재판을 받을 권리가 포함되어 있다"; 헌재 1994. 4. 28. 93헌바26.

1010) 헌재 2015. 7. 30. 2013헌바120, 판례집 27-2상, 106(자백간주로 인한 피고 패소판결을 항소의 대상에서 제외하는 규정을 두지 않은 민사소송법 제390조 제1항이 신속한 재판을 받을 권리를 침해하는지 여부(소극): 자백간주로 인한 피고 패소판결에도 오판의 시정을 위하여 항소가 필요한 점, 피고의 자백간주를 원고의 소송상 청구가 이유 있음을 자인하는 의사가 명백한 경우와 같이 취급하여 확정판결과 같은 효력이 발생하게 규율하는 것은 부당한 점, 자백간주로 패소한 피고가 항소한 경우 실기한 공격·방어방법의 각하를 규정한 민사소송법

만 국민의 권리는 보다 잘 보장될 수 있기 때문에 이를 특별히 규정하고 있다. 여기서 '신속성' 여부는 그 지연의 기간, 심리의 곤란 여부, 지연의 이유, 그 보호이익 등을 고려하여 판단하여야 한다. 그리하여 '소송촉진 등에 관한 특례법'을 제정, 소송의 신속성을 보장하고 있다.

(2) 공개재판을 받을 권리

헌법 제27조 후단은 형사피고인이 상당한 이유가 없는 한 지체없이 공개재판을 받을 권리를 보장하고 있다. 이 권리는 형사재판에 있어서 재판의 공정과 인신의 자유를 보장하기 위한 것이다. 오늘날에는 국민들의 알 권리를 위해서도 재판공개의 원칙은 준수되어야 한다고 본다. '재판의 공개'란 재판의 심리와 판결을 공개함을 말하며(제109조 본문), 다만 심리는 국가의 안전보장 또는 안녕질서를 방해하거나 선량한 풍속을 해할 염려가 있을 때에는 법원의 결정에 의해 공개하지 않을 수 있다. 따라서 모든 국민은 판결은 반드시 공개적으로 받으며, 심리의 경우에만 동조 단서에 열거된 경우에 비공개로 재판을 받을 수 있는 것이다.

5. 공정한 재판을 받을 권리

헌법 제27조 제1항은 "모든 국민은 헌법과 법률이 정한 법관에 의하여 법률에 의한 재판을 받을 권리를 가진다."라고 규정함으로써 모든 국민에게 적법하고 '공정한 재판을 받을 권리'[1011]를 보장하고 있고,[1012] 이 공정한 재판을 받을 권리

제149조의 제재를 받을 수 있는 점 등을 종합하면, 자백간주로 인한 피고 패소판결을 항소의 대상에서 제외하지 않은 것은 입법자의 적법한 재량범위 내의 입법행위이다. 따라서 이 사건 법률조항이 신속한 재판을 받을 권리를 침해한다고 볼 수는 없다).

1011) 헌재 2005. 5. 26. 2003헌가7, 판례집 17-1, 558(검사 작성의 피의자신문조서에 대한 증거능력의 인정요건을 정한 형사소송법 제312조 제1항 본문이 공정한 재판을 받을 권리 등을 침해하는지 여부(소극): 이 사건 법률조항 본문이 검사 작성의 피의자신문조서에 대하여 그것이 전문증거임에도 불구하고 검사 이외의 수사기관이 작성한 피의자신문조서와는 달리 이 사건 법률조항 단서의 특히 신빙할 수 있는 상태(이하 '특신상태'라고 한다) 하의 진술이라는 조건하에 증거능력을 인정할 수 있도록 한 것은, 검사의 소송법적 지위를 고려하고 형사소송법이 목적으로 하는 적법절차에 의한 실체적 진실의 발견과 신속한 재판을 위한 것으로서 그 목적의 정당성과 내용의 합리성이 인정된다. 더욱이, 검사 작성의 피의자신문조서는 공판준비 또는 공판기일에서 원진술자의 진술에 의하여 형식적 진정성립뿐만 아니라 실질적 진정성립까지 인정된 때에 한하여 비로소 그 성립의 진정함이 인정되어 증거로 사용할 수 있다는 대법원의 새로운 판결에 의할 경우 이 사건 법률조항 본문으로 말미암아 피고인의 방

속에는 신속하고 공개된 법정의 법관의 면전에서 모든 증거자료가 조사·진술되고 이에 대하여 피고인이 공격·방어할 수 있는 기회가 보장되는 재판, 원칙적으로 당사자주의와 구두변론주의가 보장되어 당사자가 공소사실에 대한 답변과 입증 및 반증을 하는 등 공격, 방어권이 충분히 보장되는 재판을 받을 권리가 포함되어 있다.[1013] 또한 헌법재판소는 수형자의 재판청구권과 관련하여, 수형자가 자신의 재판에 참석할 권리[1014] 및 변호사를 접견할 권리[1015] 등이 헌법상 재판청구권으로서 보장된다.[1016]

헌법재판소는 "헌법 제27조 제1항의 재판청구권은 사법절차에의 접근뿐만 아니라 공정한 재판을 받을 권리, 즉 사법절차상의 기본권을 포함하는 포괄적인 권리임을 판시해 왔다."[1017] 또한 헌법 제27조 제1항이 보장하는 공정한 재판을 받을 권리에는 당사자주의와 구두변론주의가 보장되어 당사자가 공소사실에 대한 답변과 입증 및 반증을 하는 등 공격, 방어권이 충분히 보장되는 재판을 받을 권리가 포함되어 있다.[1018]

6. 형사피해자의 재판절차진술권

형사피해자는 당해 사건의 재판절차에서 진술할 수 있는 권리(재판절차진술권)를 가진다.[1019] 즉, 형사피해자는 당해 사건의 재판에 출석하여 그 사건과 피해내용

어권 행사가 부당하게 곤란하게 된다든지 평등원칙을 위배하여 공정한 재판을 받을 권리가 침해된다고 할 수 없다).

1012) 헌재 1996. 12. 26. 94헌바1, 판례집 8-2, 808, 819-820.

1013) 헌재 2013. 8. 29. 2012헌마886, 판례집 25-2상, 571, 578.

1014) 헌재 2012. 3. 29. 2010헌마475, 판례집 24-1상, 615, 622-624.

1015) 헌재 2004. 12. 16. 2002헌마478, 판례집 16-2하, 548, 564-565.

1016) 헌재 2013. 8. 29. 2012헌마886, 판례집 25-2상, 571, 578.

1017) 헌재 1996. 12. 26. 94헌바1, 판례집 8-2, 808, 820; 1997. 11. 27. 94헌마60, 판례집 9-2, 675, 693-696; 1998. 12. 24. 94헌바46, 판례집 10-2, 842, 850; 헌재 2005. 5. 26. 2003헌가7, 판례집 17-1, 558, 566.

1018) 헌재 1994. 4. 28. 93헌바26; 헌재 2010. 11. 25. 2009헌바57; 헌재 2015. 9. 24. 2012헌바302, 판례집 27-2상, 514, 525.

1019) 형사피해자의 개념은 "반드시 형사실체법상의 보호법익을 기준으로 한 피해자의 개념에 의존할 필요가 없고, 형사실체법상으로는 직접적인 보호법익의 주체로 해석되지 않는 자라 하더라도 문제되는 범죄 때문에 법률상의 불이익을 받게 되는 자"를 의미한다(헌재 1995. 7. 21. 94헌마136(고발권 행사 위헌확인).

에 관하여 진술함으로써 실체적 진실발견과 유·무죄와 양형판단에 참고하고, 나아가 국가구조의 필요성 여부를 판단하는 자료로 이용될 수 있다.[1020)]

7. 수용자의 변호사와의 접견교통권

헌법 제27조는 "모든 국민은 헌법과 법률이 정한 법관에 의하여 법률에 의한 재판을 받을 권리를 가진다."고 규정하여 재판청구권을 보장하고 있고,[1021)] 이 때 재판을 받을 권리에는 민사재판, 형사재판, 행정재판뿐 아니라 헌법재판도 포함된다. 헌법 제27조 제1항이 규정하는 '법률에 의한' 재판청구권을 보장하기 위해서는 입법자에 의한 재판청구권의 구체적인 형성이 필요하지만, 이는 상당한 정도로 권리구제의 실효성이 보장되도록 하는 것이어야 한다.[1022)] 따라서 현대 사회의 복잡다단한 소송에서의 법률전문가의 증대되는 역할, 민사법상 무기 대등의 원칙 실현, 헌법소송의 변호사강제주의 적용 등을 감안할 때 교정시설 내 수용자와 변호사 사이의 접견교통권의 보장은 헌법상 보장되는 재판청구권의 한 내용 또는 그로부터 파생되는 권리로 볼 수 있다.[1023)]

Ⅳ. 재판청구권의 한계와 제한

1. 헌법적 한계

헌법이 명문으로 재판청구권을 제한하는 경우가 있다. 이른바 헌법적 한계에

1020) 헌재 2011. 10. 25. 2010헌마243, 판례집 23-2하, 93(재정신청이 이유 없는 때에 하는 기각결정이 확정된 사건에 대하여 다른 중요한 증거를 발견한 경우를 제외하고는 소추를 금지하는 형사소송법 제262조 제4항 후문 중 '재정신청이 이유 없는 때에 하는 기각결정에 관한 부분'이 재정신청인인 청구인의 형사피해자 재판절차진술권 및 평등권을 침해하는지 여부(소극): 피의사실을 유죄로 인정할 명백한 증거가 새로이 발견된 경우에도 재정신청 기각결정이 확정되었다는 이유로 소추를 금지하는 것은 사법정의에 반하므로, 다른 중요한 증거를 발견한 경우에는 검사가 소추를 할 수 있도록 길을 열어놓고 있으므로, 이 사건 법률조항은 합리적인 재량의 범위를 벗어나 청구인의 형사피해자 재판절차진술권을 침해한다고 볼 수 없다).

1021) 헌재 2004. 12. 16, 2003헌바105, 판례집 16-2하, 505, 512.

1022) 헌재 2001. 6. 28. 2000헌바77, 판례집 13-1, 1358, 1372; 헌재 2010. 7. 29. 2005헌바89, 판례집 22-2상, 212, 222.

1023) 헌재 2004. 12. 16. 2002헌마478, 판례집 16-2하, 548, 564-567; 헌재 2013. 8. 29. 2011헌마122, 판례집 25-2상, 494.

속하는 것으로 국회의원의 자격심사와 징계 및 제명의 처분에 대하여는 법원에 제소할 수 없도록 하고 있다(제64조 4항). 이것은 국회의 자율권을 존중·보장하기 위한 것이다.

2. 법률에 의한 제한

재판청구권도 국가안전보장·질서유지 또는 공공복리를 위하여 필요한 경우에는 법률로써 제한할 수 있다. 그 제한법률에는 법원조직법·민사소송법·형사소송법·행정소송법·헌법재판소법·군사법원법 등이 있다. 재판청구권과 관련하여 문제가 되는 것은 출소기간의 제한과 상고이유의 제한 등이 있다. 출소기간의 제한은 공법관계의 안전성(공공복리의 증진)을 도모하기 위해 인정되어 왔으며, 법률심의 상고 제한은 위헌성이 크지만, 사실심에 대한 상고제한은 대법원의 법률심으로서의 기능을 강화하기 위한 것으로 합리적 제한으로 인정된다.

3. 예외적 제한

(1) 군사법원에 의한 제한

일반 국민은 원칙적으로 군사법원에 의한 재판을 받지 아니할 권리를 가지고 있으나, 예외적으로 ① 대한민국의 영역 안에서 중대한 군사상 기밀·초병·초소·유독음식물공급·포로·군용물에 관한 죄 중 법률이 정한 경우와 ② 비상계엄이 선포된 경우에는 군사법원에 의한 재판을 받도록 되어 있다(제27조 2항). 또한 비상계엄하의 군사재판은 ① 군인·군무원의 범죄나 군사에 관한 간첩죄의 경우와 ② 초병·초소·유독음식물공급·포로에 관한 죄 중 법률이 정한 경우에 한하여 단심으로 할 수 있도록 하고, 사형을 선고한 경우에만 상고를 인정하고 있는데(제110조 4항), 이 규정은 대법원에의 상고를 제한한 것으로 재판받을 권리에 대한 중대한 예외이다.

(2) 국가긴급권에 의한 제한

국가비상사태하에서는 재판청구권도 예외적으로 제한된다. 대통령이 발하는 긴급명령에 의해 재판청구권이 제한될 수 있으며(제76조 1항), 비상계엄하에서는 민간인을 군사법원에서 재판할 수 있고 특정한 경우에는 상소권까지 제한할 수 있다(제27조 2항·제110조 4항).

제4절 국가배상청구권

Ⅰ. 국가배상청구권의 헌법상 의의

1. 개 념

'국가배상청구권'이라 함은 공무원의 직무상 불법행위로 인해 손해를 받은 국민이 국가 또는 공공단체에 대하여 그 배상을 청구할 수 있는 권리를 말한다. 이 권리는 절대군주정하에서의 국가무책임사상을 극복하고, 정의의 이념에 따라 국가에게도 불법행위책임을 인정하는 것이다. 그리하여 국가권력의 행사에 있어서 합법성을 보장하고 나아가 국가권력 그 자체의 정당성을 확보할 수 있는 것이다. 헌법 제29조는 공무원의 직무상의 불법행위로 인한 손해에 대한 국가의 배상책임을 인정하고, 다만 군인·군무원·경찰공무원 등 공법상 특수신분관계에 있는 자에 대해서는 이를 부인하고 있다. 우리나라 헌법은 제헌헌법 이래 줄곧 국가배상청구권을 인정해 오고 있으며, 이를 구체화한 법률이 국가배상법이다.

2. 법적 성격

(1) 공권성

국가배상청구권은 주관적 공권이므로 당연히 공권으로서의 성격을 가지고 있다. 이 배상책임은 국가가 사적인 사용자의 지위에서 지는 책임이므로 일종의 사권으로 보는 입장이 있다.[1024] 그러나 국가배상청구권은 어디까지나 국민의 헌법상의 권리로서 공권의 일종이며, 국가배상법이 민법의 규정을 원용하도록 한 조

1024) 김철수, 헌법학개론, 774면.

항이 곧 이 권리를 사권으로 변질시키는 것은 아니다.[1025] 그리하여 공무원의 직무상 불법행위로 인한 손해배상청구권은 양도나 압류를 금지하고 있으며, 사법상 손해배상청구권과는 달리 국가배상청구권은 상호보증이 있는 때에만 외국인에게도 인정된다.

(2) 청구권성

국가배상청구권은 공무원의 불법행위로 인한 손해의 배상을 국가 또는 공공단체에 대하여 청구할 수 있는 기본권이므로 그 성질상 청구권적 기본권에 속한다. 국가배상청구권이 손해배상청구권이라는 채권의 일종이므로 이를 재산권이라고 보는 입장도 있을 수 있다. 그러나 국가배상책임이 19세기 중엽 이후에 인정된 그 연혁에 비추어 보거나 헌법 제23조의 재산권 보장과는 별도로 국가배상책임을 규정하고 있는 점에서 그 본질은 청구권적 기본권에서 찾아야 할 것이다.

(3) 직접적 효력규정

국가배상청구권은 청구권적 기본권이므로 직접 효력을 발생하는 '현실적 권리'를 의미한다. 헌법 제29조의 법률유보조항은 그 행사절차를 법률로써 규정하기 위한 이른바 '기본권 구체화적 법률유보'인 것이다. 이 조항은 '법률이 정하는 바에 의하여'라는 법률유보를 두고 있으므로 구체적 입법이 없는 한 방침규정에 불과하다는 견해가 있다.[1026] 그러나 이 입장은 청구권의 직접적 효력을 부인하는 결과를 가져오기 때문에 수용할 수 없다.

Ⅱ. 국가배상청구권의 주체

우리나라의 국민은 국가배상청구권의 주체가 되며, 자연인뿐만 아니라 법인도 여기에 포함된다. 그러나 군인·군무원·경찰공무원 등에게는 법정보상만을 인정하고 국가배상청구권은 제한하고 있다(제29조 2항). 외국인은 국제법상 상호주의원칙에 따라 국가배상청구권이 인정될 것이지만, 국가배상법은 상호보증이 있는 경우에

1025) 대판 1972. 10. 10. 69다710; 대판 1971. 4. 6. 70다2955 등 참조.

1026) 구병삭, 신헌법원론, 629면.

만 이를 인정하고 있다.[1027)]

Ⅲ. 국가배상청구권의 내용

1. 국가배상청구권의 성립요건

국가배상청구권은 공무원의 직무상 불법행위로 손해가 발생한 경우에 청구할 수 있다.

(1) 공무원

여기에 '공무원'이라 함은 국가공무원법과 지방공무원법상의 공무원에 국한되지 않고 널리 국가 또는 공공단체를 위하여 공무에 종사하는 모든 사람을 말한다. 이 경우에 공무원은 주로 기관구성원인 자연인을 의미하지만 기관 그 자체도 포함될 수 있다.

(2) 직무상 행위

직무상 행위의 범위에 관하여는 ① 권력행위만을 포함시키는 견해(협의설), ② 권력행위와 관리행위를 포함시키는 견해(광의설)와 ③ 권력행위와 관리행위 뿐만 아니라 사법상 행위까지 포함시키는 견해(최광의설)가 대립되고 있다. 일반적으로 공무원의 직무상 행위에는 사법상의 행위도 포함되지만, 국가배상청구권의 요건으로서는 이를 포함시키지 않는다는 것이 다수의 견해이다.[1028)][1029)] 왜냐하면, 사법상의 행위로 인하여 발생한 손해에 대해서는 당연히 민법상의 배상책임을 지울

1027) 우리나라에 주둔하는 미합중국 군대의 구성원(카츄샤)의 공무집행 중의 행위로 피해를 받은 자도 국가배상법에 의해 우리 정부에 대하여 보상을 청구할 수 있다(한미행정협정 제23조 5항).

1028) 반대설 : 문홍주(제6공화국 한국헌법, 343면), 김철수(헌법학개론, 776면).

1029) 대판 1970. 11. 24. 70다1148 - "국가 또는 지방자치단체라 할지라도 공권력의 행사가 아니고 순전히 대등한 지위에 있어서의 사경제의 주체로 활동하였을 경우에는 그 손해배상의 책임에 국가배상법의 규정이 적용될 수 없다고 함이 본원의 판례이므로(대판 1969. 4. 22. 68다2225), 원심이 피고에게 민법상의 손해배상책임이 있다고 판시한 조치는 정당하다"; 대판 1979. 4. 22. 78다225.

수 있기 때문이다. 국가배상법(동법 제2조 1항)은 "직무를 집행함에 당하여"라고 규정하고 있는데, 이것은 직무집행 그 자체는 물론 직무행위의 외형을 갖추고 있는 모든 행위를 포함한다는 것(외형설)이 다수설이며, 판례의 태도이다.[1030]

(3) 불법행위

'불법행위'라 함은 고의나 과실로써 법령에 위반하는 행위를 말한다. 여기에는 작위 뿐 아니라 부작위[1031]에 의한 경우도 포함된다. 국가배상청구권이 이와 같이 불법행위를 요건으로 하는 점에서 그렇지 아니한 형사보상청구권과는 구별된다. 불법행위의 입증책임은 피해자에게 있다. 법령위반은 널리 그 행위가 위법성뿐만 아니라 부당성을 가지는 경우에도 이에 해당한다.[1032]

(4) 손해 발생

그 손해가 불법행위와 무관한 제3자에게 발생하여야 한다. 여기에서 '손해'라 함은 법익의 침해로 인한 모든 불이익을 의미하므로 재산상 손해는 물론 정신적 손해도 포함된다. 손해의 발생과 불법행위 사이에는 상당인과관계가 있어야 한다.

2. 국가배상책임의 본질

(1) 대위책임설

이 설은 국가의 배상책임을 국가가 공무원의 책임을 대신하여 지는 일종의 대위책임이라고 하는데, 그 논거는 국가의 공무원에 대한 구상권을 인정하고 있다는 점과 국가배상책임이 민법상 사용자책임이라는 점에 두고 있다.[1033]

1030) 대판 1966. 6. 28. 66다781; 대판 1960. 3. 3. 4292민상510; 대판 1971. 8. 31. 71다13 등.

1031) 대판 1971. 4. 6. 71다124 - "군·경·공무원이 3차에 걸친 간첩출현신고를 묵살하고, 즉시 출동하지 아니한 직무유기행위로 인하여 피해자가 공비에 의하여 살해된 경우에는 국가배상책임이 성립한다."

1032) 김철수, 헌법학개론, 778면.

1033) 김철수 교수는 '앞으로의 입법에 있어서는 이를 자기책임으로 하여 무과실책임을 인정하는 방향으로 나아가는 것이 바람직할 것'이라고 한다(헌법학개론, 778면).

(2) 자기책임설

이 설은 국가의 배상책임을 국가의 기관에 해당하는 공무원의 행위에 대한 책임으로서 일종의 자기책임이라고 한다. 그 논거는 국가 또는 공공단체는 공무원의 행위를 통해 그 기능을 수행하므로 공무원의 행위가 곧 국가 또는 공공단체의 행위로 간주된다는 점에서 구하고 있다.

(3) 절충설

이 설은 공무원의 경과실만이 있는 경우에는 구상권이 없으므로 자기책임을 지는 것이지만, 공무원의 고의·중과실이 있는 경우에는 구상권을 인정하고 있으므로 대위책임이라고 본다. 이는 국가배상법이 정하는 구상권의 유무에 따라 그 본질을 달리 해석하고 있다.

(4) 결 어

생각건대, 국가의 배상책임은 대위책임의 원칙에서 자기책임의 원칙으로 발전하여 왔으며, 공무원의 불법행위에 대한 일종의 위험부담으로서의 자기책임을 지는 것이라고 보는 것이 타당하다고 하겠다. 그 책임은 본질적으로 무과실책임인데, 단지 입법정책상 책임의 범위를 한정하고 있는 것이다.

3. 국가배상책임자와 구상권

(1) 국가배상책임자

국가배상책임자는 국가배상책임의 본질을 어떻게 보느냐에 따라 달라지는데, 자기책임설에 의하면 국가배상책임자는 '국가 또는 공공단체'이다.[1034] 따라서 배상청구의 상대방은 국가 또는 지방자치단체인 것이다.[1035] 다만 공무원을 선임·

1034) 그런데 국가배상법(제2조 1항)은 공공단체 중 지방자치단체만을 책임자로 규정하고 있어 그 위헌성이 문제될 수 있다.

1035) 국가배상책임의 본질을 대위책임으로 보는 입장에서는 국가와 불법행위를 한 공무원에 대하여 선택적으로 청구할 수 있다고 한다(김철수, 헌법학개론, 781면).

감독 또는 공무원의 봉급·급여 기타 비용 또는 영조물의 설치·관리의 비용을 부담하는 자가 동일하지 아니할 경우에는 피해자가 어느 기관에 대해서도 선택적으로 청구할 수 있다.

(2) 구상권 행사의 요건

국가 또는 지방자치단체가 피해자에게 손해배상을 한 때에는 당해 공무원에게 고의나 중과실이 있으면 이에 대하여 구상권을 행사할 수 있다. 따라서 당해 공무원에게 단순한 경과실이 있는 경우에는 구상권을 행사할 수 없도록 하였는데, 이것은 공무원이 직무집행에 있어서 소극적으로 되는 것을 막기 위한 것이다.

그런데 가해공무원을 선임·감독하는 자와 봉급·비용을 부담하는 자가 동일하지 아니한 경우에는 손해를 배상한 자가 내부관계에서 손해를 배상할 책임이 있는 자에 대하여 구상권을 행사할 수 있다. 이 경우에 내부관계에서 손해를 배상할 책임이 있는 자는 가해공무원을 선임·감독하는 자로 본다. 그리고 공공시설의 설치·관리의 하자로 인한 손해배상을 한 경우에 손해의 원인에 대하여 책임질 자가 따로 있을 때에는 국가 또는 지방자치단체는 그 자에 대하여 구상할 수 있다.

4. 국가배상의 청구절차와 그 범위

(1) 국가배상의 청구절차

배상청구의 절차는 행정상의 절차와 사법상의 절차로 구성되어 있다. 행정절차의 형식으로 배상청구를 하기 위해서는 배상심의회의 배상금 지급 또는 기각의 결정을 거친 후에 할 수 있다. 다만 배상금 지급신청이 있은 날로부터 3월을 경과한 때에는 그 결정을 거치지 아니하고 소송을 제기할 수 있다. 이와 같은 배상심의전치주의에 관하여는 위헌 여부가 문제되어 왔다.[1036] 사법(私法)절차의 형식으로 배상청구를 할 때에는 원칙적으로 일반법원에서 민사소송절차에 의해 하되, 예외적으로 행정소송진행 중 변론이 종결될 때까지 행정소송과 병합하여 할 수 있다.

1036) 위헌판결: 서울민사지판 1967. 12. 26. 67가9299; 합헌판결: 서울민사지판 1968. 1. 9. 67가11483.

(2) 국가배상의 범위

국가배상의 기준을 헌법은 '정당한' 배상이라고만 규정하고 있다. 여기에 정당한 배상은 공무원의 직무상 불법행위 또는 공공시설의 설치·관리의 하자와 '상당한 인과관계'에 있는 모든 손해의 배상을 말한다. 배상의 구체적 기준에 관하여 국가배상법은 라이프니츠(Leibniz)식 계산방법에 따라 생명·신체에 대한 손해와 물건의 훼손으로 인한 손해에 대한 배상기준을 정하고 있다.[1037] 이 기준이 손해배상기준의 상한선을 정한 것인가에 관하여 위헌논의가 있었지만, 대법원은 이것이 단순한 손해배상기준을 정한 것이지 상한액을 정한 것이 아니므로 합헌이라고 한 바 있다.[1038]

Ⅳ. 국가배상청구권의 제한

1. 헌법적 한계

헌법 제29조 제2항은 군인·군무원·경찰공무원[1039] 등은 그 직무집행과 관련하여 받은 손해에 대하여는 법정보상을 인정하고 국가배상의 청구를 금지하고 있다.[1040] 이 규정은 국가배상청구권을 그 주체면에서 제한하는 헌법적 한계(일종의 헌법유보)에 관한 조항이다. 그런데 국가배상법은 향토예비군대원에게도 국가배상청구권을 제한하고 있다. 그러나 그 수혜범위를 부당하게 확대하게 되면 위헌 문제가 발생할 수 있다.[1041]

1037) 그 기준은 다음과 같다(국가배상법 제3조). ① 생명의 해를 입은 때의 월급액이나 월실수액 또는 평균임금에 장래의 취업가능기간을 곱한 액의 유족배상과 대통령령이 정하는 장례비(남자평균임금 100일분(시행령 제3조)), ② 신체의 해를 입은 경우에는 요양비와 요양기간 중의 손실액의 휴업배상 및 장해배상, ③ 물건이 멸실·훼손된 경우에는 그 물건의 교환가액이나 수리비, 휴업배상, ④ 생명, 신체에 대한 침해와 물건의 멸실, 훼손으로 인한 손해 이외의 손해는 불법행위와 상당인과관계가 있는 범위 내에서의 배상 등이다.

1038) 대판 1970. 1. 29. 69다1203; 대판 1979. 2. 10. 69다1729 등.

1039) 경찰공무원은 '경찰공무원법상의 경찰공무원'을 의미하는 것이 아니라 '경찰조직의 구성원을 이루는 공무원'을 의미하는 것으로 전투경찰도 포함된다(헌재 1996. 6. 13. 94헌마118, 95헌바39(병합) (헌법 제29조 제2항 등 위헌확인, 헌법 제29조 제2항 등 위헌소원)).

1040) 공익근무요원의 경우에는 이에 해당되지 않는다(대판 1997. 3. 28. 97다4036).

2. 헌법 제37조 제2항에 의한 제한

국가배상청구권도 헌법 제37조 제2항에 의해 국가안전보장, 질서유지 또는 공공복리를 위하여 필요한 경우에 법률로써 제한할 수 있다. 이 경우에도 평등원칙, 비례성원칙 등이 준수되어야 한다. 그 내용·범위·절차 등에 있어서 제한이 가능하지만, 그 본질적 내용을 침해해서는 안된다.[1042)]

3. 특별법에 의한 제한

우편법, 철도안전법 등은 국가배상책임의 범위를 특별히 제한하고 있다. 그러나 그 제한의 범위는 헌법 제37조 제2항에 의한 기본권의 제한원칙에 따라 결정되어야 한다.

1041) 헌재 1989. 7. 28. 89헌마61(국가배상법 제2조에 관한 헌법소원) - "헌법은 제29조 제1항에서 … 국가에 대한 손해배상청구권을 기본권으로 보장하였으며, 그 제2항에 … 예외규정을 두었고, 헌법의 이 예외규정에 근거하여 국가배상법 제2조 제1항도 그러한 예외규정을 두었는바, 국가배상청구권은 모두 국민에게 차별없이 인정되어야 할 기본권인데도 불구하고 유독 군인, 군무원, 경찰공무원, 향토예비군대원에 한하여 그것을 인정하지 아니하는 예외규정을 둔 것은 군인, 군무원, 경찰공무원 및 향토예비군대원의 평등권과 국가배상청구권을 침해하는 것이므로 시정되어야 하는 것이다."

1042) 헌법재판소는 국가배상법상 소멸시효를 명문으로 규정하지 않고(제8조 참조), 민법상의 소멸시효에 관한 규정(제766조)을 준용하도록 하는 것은 본질적 내용을 침해하는 것이 아니며, 기본권 제한의 한계를 넘어서는 것이라고 볼 수 없다고 결정하였다(헌재 1997. 2. 20. 96헌바24(국가배상법 제8조 위헌소원)).

제5절 형사보상청구권

Ⅰ. 형사보상청구권의 헌법상 의의

1. 개 념

'형사보상청구권'이라 함은 형사피의자 또는 형사피고인으로서 구금되었던 자가 법률이 정한 불기소처분을 받거나 확정판결에 의하여 무죄를 선고받은 경우에 그 정신적·물질적 손실에 대한 보상을 국가에 청구할 수 있는 권리를 말한다. 이 권리는 국가의 형사사법작용의 잘못으로 인신의 자유가 침해된 경우에 사후에 그 손실을 보상하려는 것이다. 그 성질상 이는 인신보호를 위한 사법절차적 기본권의 유형에 속하지만 사후구제적 권리라는 점에 그 특색이 있다. 제5공화국 헌법에서는 형사피고인에 대해서만 형사보상청구권을 인정하고 있었는데, 현행 헌법은 형사피의자에게도 이 권리를 인정함으로써 그 범위를 확대하고 있다.

2. 법적 성격

(1) 이론적 근거

형사보상청구권의 이론적 근거에 관하여는 학설이 대립되고 있다.

1) 손해배상설

이 설은 형사보상은 고의·과실이 없는 경우에도 부당한 구속이나 판결이라는 객관적인 위법행위에 대하여 배상책임을 지는 것이라고 한다.

2) 손실보상설

이 설은 형사보상은 적법하고 정당한 구속일지라도 불기소처분을 받거나 무죄판결을 받은 경우에는 공법상 공평보상의 견지에서 그 손실을 보상해 주는 무과실 손실보상책임이라고 하는데, 이 설이 통설이다.

3) 2분설

이 설은 형사보상을 '오판'에 대한 보상과 형사피의자와 형사피고인의 '구속'에 대한 보상으로 나누어, 전자는 국가의 위법행위로 인한 손해배상이며, 후자는 국가의 적법행위로 인한 손실보상이라고 한다.

생각건대, 국가배상제도를 별도로 규정하고 있는 점에 비추어 형사보상제도는 인신의 구속으로 인한 손해에 대한 결과책임으로 무과실 손실보상책임을 인정하는 것이다.

(2) 법적 성격

형사보상청구권은 국가에 대하여 일정한 금액의 지급을 청구할 수 있는 권리인 점에서 청구권적 기본권에 속한다. 이 청구권은 헌법규정 그 자체에 의해 직접 효력을 발생하나, 그 구체적인 내용과 절차는, 헌법 제28조가 기본권 구체화적 법률유보 조항을 두고 있으므로, 이를 정하는 법률에 의하여 결정된다.

Ⅱ. 형사보상청구권의 주체

형사보상청구권의 주체는 그 성격상 형사피고인과 형사피의자이다. 다만 본인이 청구하지 아니하고 사망한 경우와 사형이 집행된 경우에는 상속인이 그 주체가 된다. 외국인도 형사보상청구권의 주체가 될 수 있다.

Ⅲ. 형사보상청구권의 내용

1. 형사보상의 요건

형사보상의 청구는 ① 형사피의자로서 구금되었던 자가 법률이 정하는 불기소처분을 받은 경우(피의자 보상)와 ② 형사피고인으로서 구금되었던 자가 무죄판결을 받은 경우(피고인 보상)에 할 수 있다. 그런데 불기소처분의 경우에는 구금된 이후 불기소처분을 할 사유가 존재하는 경우와 공소를 제기하지 아니한 불기소처분이 종국적이지 아닌 경우, 그리고 정상을 참작하여 불기소처분을 한 경우를 제외하고 있다. 따라서 기소유예처분과 기소중지처분 등과 같은 불기소처분은 포함되지 아니한다.

무죄판결은 당해 절차에 의한 무죄판결뿐만 아니라 상소권 회복에 의한 상소·재심·비상상고절차에 의한 무죄판결도 포함된다. 면소와 공소기각의 재판을 받은 때에도 실질적으로는 무죄판결과 같은 효과를 가지므로 이 청구권이 인정되어야 한다. 그러나 다음과 같은 경우에는 법원이 재량으로 보상청구를 전부 또는 일부 기각할 수 있다. 즉, ① 형사미성년자 또는 심신장애자의 행위임을 이유로 무죄재판이 행하여진 경우, ② 본인이 수사 또는 심판을 그르칠 목적으로 허위의 자백을 하거나 또는 다른 유죄의 증거를 만듦으로써 기소, 미결구금 또는 유죄재판을 받게 된 것으로 인정한 경우, ③ 1개의 재판으로써 경합범의 일부에 대하여 무죄재판을 받고 다른 부분에 대하여 유죄재판을 받았을 경우 등이다.

2. 형사보상의 내용

형사보상은 그 내용이 '정당한 보상'이어야 한다. 그런데 「형사보상 및 명예회복에 관한 법률」에서는 구금에 대한 보상을 할 때에는 그 구금일수에 따라 1일당 보상청구의 원인이 발생한 연도의 「최저임금법」에 따른 일급 최저임금액 이상 대통령령으로 정하는 금액 이하의 비율에 의한 보상금을 지급하도록 규정하고 있다.

법원이 보상금액을 산정함에 있어서는 그 구체적 타당성을 기하기 위해 ① 구금의 종류 및 기간의 장단(長短), ② 구금기간 중에 입은 재산상의 손실과 얻을 수 있었던 이익의 상실 또는 정신적인 고통과 신체 손상, ③ 경찰·검찰·법원의 각 기관의 고의 또는 과실 유무, ④ 무죄재판의 실질적 이유가 된 사정, ⑤ 그 밖에 보상금액 산정과 관련되는 모든 사정 등을 고려하여야 한다. 사형 집행에 대한 보상을 할 때에는 집행 전 구금에 대한 보상금 외에 3천만원 이내에서 모든 사정을 고려하여 법원이 타당하다고 인정하는 금액을 더하여 보상한다. 이 경우 본인의 사망으로 인하여 발생한 재산상의 손실액이 증명되었을 때에는 그 손실액도 보상한다.

Ⅳ. 형사보상청구의 절차와 방법

보상청구는 무죄재판을 한 법원에 대하여 하여야 한다. 보상청구는 무죄재판이 확정된 사실을 안 날부터 3년, 무죄재판이 확정된 때부터 5년 이내에 하여야 한다. 보상청구를 할 때에는 보상청구서에 재판서의 등본과 그 재판의 확정증명서를 첨부하여 법원에 제출하여야 한다.

제 6 절 범죄피해자구조청구권

Ⅰ. 범죄피해자구조청구권의 헌법상 의의

1. 개 념

'범죄피해자구조청구권'이라 함은 타인의 범죄행위로 인하여 생명·신체에 피해를 입은 국민이 국가에 대하여 구조를 청구할 수 있는 권리를 말한다. 이 제도는 B.C. 2250년경의 함무라비법전에서 그 효시를 찾아볼 수 있고, 그 사상적 배경은 18·19세기의 벤담(Bentham)의 공리주의와 20세기의 사회국가사상에 두고 있다. 그러나 범죄피해자보상제도가 본격적으로 입법화되기 시작한 것은 1960년대 이후의 일이다. 우리나라는 현행 헌법(제30조)에서 비로소 이를 명문화하였고, 이에 따라 범죄피해자구조법이 제정·시행되었다가, 「범죄피해자 보호법」으로 변경되었다. 종래에도 범죄피해자는 민법상의 손해배상책임제도와 소송촉진 등에 관한 특례법상의 배상명령제도에 의해 범죄피해에 대한 배상청구권이 인정되어 있었지만, 범인이 도주하거나 배상능력이 없는 경우에는 그 실효성을 기대할 수 없었기 때문에 범죄피해자를 실질적으로 구제하기 위해 보충적으로 이를 제도화한 것이다.

2. 법적 성격

(1) 본 질

1) 국가책임설

이 설은 국가는 범죄의 예방·진압의 책임이 있으므로 범죄로 인해 피해를 받은 국민에 대하여는 국가가 당연히 그 피해보상의 책임을 져야 하는데, 이를 국가의 자기책임이라고 한다.[1043]

2) 사회보장설

이 설은 범죄로 인한 피해는 형평의 원칙에 의해 보상해 주어야 하는데, 이것을 사회보장적 차원에서의 구조제도라고 본다.

3) 사회분담설

이 설은 범죄피해구조는 조세의 형식으로 국가가 범죄피해의 위험을 사회구성원에게 분담시키려는 것이다.

생각건대, 범죄피해자구조는 본래 국가가 범죄의 예방·진압에 대한 자기책임을 지는 것이며, 오늘날에 와서는 범죄피해자의 인간다운 생활을 보장하기 위한 것이므로 국가책임과 사회보장이라는 양면성을 가지고 있는 것이다.

(2) 법적 성격

범죄피해자구조청구권은 국가에 대한 자기책임을 지우고 범죄피해자의 인간다운 생활을 보장하기 위해 국가에 대해 일정한 구조금의 지급을 청구하는 권리이므로 청구권적 기본권의 성격과 함께 사회적 기본권의 성격을 동시에 가지는 일종의 복합적 권리라고 하겠다.

1043) 헌재 1989. 4. 17. 88헌마3(검사의 공소권 행사에 대한 헌법소원) – "…개인의 법익을 직접 침해하는 것은 국가가 아닌 제3자의 범죄행위이므로 위와 같은 원초적인 행위 자체를 기본권침해행위라고 규정할 수는 없으나, 이와 같은 침해가 있음에도 불구하고 이것을 배제하여야 할 국가의 의무가 이행되지 아니한다면 … 헌법 제30조에 규정된 보호의무 위반 … 이라는 기본권 침해를 주장할 수 있는 것이다."

Ⅱ. 범죄피해구조금 청구의 절차와 유족의 범위와 순위

국가는 구조대상 범죄피해를 받은 사람(이하 '구조피해자')이 ① 구조피해자가 피해의 전부 또는 일부를 배상받지 못하는 경우, ② 자기 또는 타인의 형사사건의 수사 또는 재판에서 고소·고발 등 수사단서를 제공하거나 진술, 증언 또는 자료제출을 하다가 구조피해자가 된 경우에 구조피해자 또는 그 유족에게 범죄피해구조금(이하 '구조금')을 지급한다.

구조금의 종류로는 ① 유족구조금, ② 장해구조금, ③ 중상해구조금으로 구분된다. 구조금은 일시금으로 지급한다. 유족구조금은 구조피해자가 사망하였을 때 맨 앞의 순위인 유족에게 지급한다. 다만, 순위가 같은 유족이 2명 이상이면 똑같이 나누어 지급한다. 장해구조금 및 중상해구조금은 해당 구조피해자에게 지급한다.

유족구조금을 지급받을 수 있는 유족의 범위 및 순위는 다음과 같다. ① 배우자(사실상 혼인관계를 포함한다) 및 구조피해자의 사망 당시 구조피해자의 수입으로 생계를 유지하고 있는 구조피해자의 자녀, ② 구조피해자의 사망 당시 구조피해자의 수입으로 생계를 유지하고 있는 구조피해자의 부모, 손자·손녀, 조부모 및 형제자매, ③ 제1호 및 제2호에 해당하지 아니하는 구조피해자의 자녀, 부모, 손자·손녀, 조부모 및 형제자매이다. 유족의 범위에서 태아는 구조피해자가 사망할 때 이미 출생한 것으로 본다.

Ⅲ. 범죄피해 구조금액

구조금액과 관련하여, 유족구조금은 구조피해자의 사망 당시(신체에 손상을 입고 그로 인하여 사망한 경우에는 신체에 손상을 입은 당시를 말한다)의 월급액이나 월실수입액 또는 평균임금에 24개월 이상 48개월 이하의 범위에서 유족의 수와 연령 및 생계유지상황 등을 고려하여 대통령령으로 정하는 개월 수를 곱한 금액으로 한다.

장해구조금과 중상해구조금은 구조피해자가 신체에 손상을 입은 당시의 월급액이나 월실수입액 또는 평균임금에 2개월 이상 48개월 이하의 범위에서 피해자의 장해 또는 중상해의 정도와 부양가족의 수 및 생계유지상황 등을 고려하여 대통령령으로 정한 개월 수를 곱한 금액으로 한다.

위에 따른 월급액이나 월실수입액 또는 평균임금 등은 피해자의 주소지를 관할하는 세무서장, 시장·군수·구청장(자치구의 구청장을 말한다) 또는 피해자의 근무기관의 장(長)의 증명이나 그 밖에 대통령령으로 정하는 공신력 있는 증명에 따른다. 위에서 구조피해자의 월급액이나 월실수입액이 평균임금의 2배를 넘는 경우에는 평균임금의 2배에 해당하는 금액을 구조피해자의 월급액이나 월실수입액으로 본다.

Ⅳ. 범죄피해 구조금 수령권의 소멸시효

범죄피해 구조금을 받을 권리는 그 구조결정이 해당 신청인에게 송달된 날부터 2년간 행사하지 아니하면 시효로 인하여 소멸된다. 구조금 수급권의 보호를 위해 구조금을 받을 권리는 양도하거나 담보로 제공하거나 압류할 수 없다.

제 6 장 정치적 기본권

제 1 절 정치적 기본권의 일반이론

Ⅰ. 정치적 기본권의 헌법상 의의

1. 개 념

정치적 기본권의 개념은 참정권·정치적 자유권·정치적 활동권 등 다양하게 사용되고 있다. '정치적 기본권'이란, 협의로는, 전통적 의미의 참정권, 즉 국민이 선거인단의 일원으로서 직접 국가의사결정에 참여하거나 국가기관의 창설에 참가할 수 있는 권리를 말한다. 그러나 오늘날에는 광의로 사용되고 있는데, 이 경우에 정치적 기본권이란 국민이 정치적 의견을 자유롭게 표현하고, 선거인단의 구성원으로서 국정에 참가하며, 국가의 의사형성에 참여하는 권리를 총칭한다. 여기에 정치적 기본권은 '민주주의→국민주권→정치참여→정치적 기본권'으로 이행되는 민주주의의 실현을 위한 대전제가 되고 있다.

2. 법적 성격

민주정치란 '국민의 자기통치', 즉 주권자인 국민이 국가기관의 구성에 참가하고 국가의 의사형성에 참여하며 국가권력을 통제할 수 있는 통치방식을 말한다. 정치적 기본권은 이와 같은 민주정치의 실현을 위해 국민의 정치참가를 보장하는 제도적 장치로서 인정된다. 일반 국민의 정치참가는 다수의 지혜를 응집하는 수단, 독재에의 경사를 막기 위한 방파제 및 민주정치의 수행을 위한 창조력으로서 인정되어 왔다.[1044] 그리하여 국민의 이른바 정치에의 참여권은 민주주의를 실현하기 위한 불가결의 요소로 간주되고 있으며, 다른 기본권의 원천으로서 '우월적 지위'를 누리게 되는 것이다.

Ⅱ. 정치적 기본권의 유형

정치적 기본권의 내용은 역사발전의 단계에 따라 변모하여 왔다. 근대헌법하에서 민주정치를 위한 1차적 요구는 '정치적 자유'의 보장이었다. 민주정치가 토론과 타협을 통해 의사결정을 하는 만큼 언론·출판·집회·결사 등의 표현의 자유는 그 전제가 된다. 민주정치의 일반화가 이루어진 것은 보통선거제의 채택에서 비롯되었으며, 국민은 참정권의 행사를 통해 국정에 직접 또는 간접으로 참여하게 되었다. 그리하여 국민은 주권자로서 권한 행사를 할 수 있는 기본권이 보장된 것이다.

그러나 현대 정당국가에 있어서는 정당이 그 주도적 역할을 담당하고 있기 때문에 정당의 자유가 민주정치의 성패의 관건이 되고 있다. 따라서 오늘날 정치적 기본권은 정당의 자유(정당결성의 자유·정당의 가입·탈퇴의 자유 등)와 선거운동의 자유 그리고 사회운동을 할 권리 등을 포괄하게 되었다. 이들 권리는 전체로서 국민주권의 원리를 실현하기 위한 기본권으로 기능하고 있다.

제 2 절 정치적 자유권

Ⅰ. 정치적 자유권의 헌법상 의의

'정치적 자유권'이라 함은 국민이 국가의 간섭을 받지 않고 정치적 의견의 형성과 정치적 활동을 자유롭게 할 수 있는 권리를 말한다. 민주국가에 있어서 정치적 자유의 보장은 참정권의 실효성을 보장하기 위한 전제가 되며, 나아가 민주정치의 활성화를 위한 원동력인 동시에 통치권 행사에 대한 통제기능을 한다는 점에서 중

1044) Herbert McClosky, "Political Participation", Encyclopedia of Social Science, Vol. 12, p. 253.

요한 것이다. 정치적 자유권은 대국가적 방어권으로서 주관적 공권을 의미하는 동시에 민주정치의 실현을 위한 객관적 질서로서의 성격을 가지고 있다. 본래 정치적 자유권은 자유권 중에서 표현의 자유로서만 인식되어 왔지만, 오늘날에는 그 중요성에 비추어 정치적 기본권의 한 유형으로 간주되기에 이르렀다.

Ⅱ. 정치적 자유권의 유형

정치적 자유권에는 정치적 표현의 자유, 정당활동의 자유와 선거운동의 자유 등이 속한다.

1. 정치적 표현의 자유

'정치적 표현의 자유'라 함은 국민이 정치적 의견이나 사상을 자유롭게 표현하는 자유를 말한다. 여기에는 그 표현수단에 따라 정치적 언론의 자유, 정치적 출판의 자유, 정치적 집회·시위의 자유, 정치적 결사의 자유 등이 속한다. 오늘날 정치적 표현의 자유는 다른 자유의 근원인 동시에 민주정치의 불가결한 전제이므로 이는 민주적 기본질서의 구성부분이며 다른 기본권에 대한 우월적 지위를 가지고 있다. 따라서 이를 제한하는 경우에는 표현의 자유의 제한 법리들이 엄격하게 적용되어야 한다.[1045)]

2. 정당활동의 자유

정당국가에 있어서 민주정치의 중추적 장치는 정당이며, 정당의 자유가 곧 민주정치의 성패를 가름하는 시금석이다. 정당의 자유는 외부적 측면에서 정당 설립의 자유가 인정되고, 내부적 측면에서 정당원의 자유로서 입당·탈당의 자유,

1045) 헌재 1997. 8. 6. 97헌마26(검찰청법 제12조 제4항 등 위헌확인심판사건) – "헌법 제8조는 정당설립의 자유와 복수정당제를 보장 … 하고 있으므로 정당의 설립 및 가입규제는 곧 국민의 정치적 의사결정에 관하여 제한하는 결과가 된다. 복수정당제에 의한 민주적 정치과정을 지탱하는 정치적 결사의 자유는 그 정당의 목적이나 활동이 민주적 기본질서에 위배되지 않는 한 헌법 제37조 제2항 소정의 과잉금지원칙에 따라 필요불가결한 범위에서 법률로써 제한할 수 있을 뿐이다."

당내활동의 자유 등이 인정되고 있다. 정당은 국민의 정치적 의사형성에 참여하는 중요한 기능을 수행하므로 일반 결사에 대하여 특권(정치자금의 조달과 정당해산의 특권 등)을 누리고 있다. 그러나 정당은 국민의 정치적 의사형성에 필요한 조직을 갖추어야 하고, 그 목적과 활동은 민주적이어야 하므로 정당활동에는 일정한 한계가 있으며, 정당법은 많은 제한을 두고 있다. 국민이 정당에 대한 재정적 후원을 금지하고 위반시 형사처벌하는 구 정치자금법에 대해 헌법재판소는 헌법불합치 결정을 하였다.[1046)]

3. 선거운동의 자유와 선거의 공정성

선거운동은 국민의 참정의욕을 고취하고 선거에의 관심을 높임은 물론 선거인에게 후보자의 선택에 관한 판단의 자료를 얻을 수 있는 유력한 기회가 되는 것이므로, 선거운동의 자유 혹은 선거에 있어서의 의사표현의 자유는 최대한으로 보장되는 것이 바람직하다. 그러나 선거운동의 자유라는 이름하에 무제한으로 방임될 경우에는 부당한 경쟁과 금력, 권력, 폭력 등의 개입으로 오히려 선거인의 자유의사가 왜곡되고 후보자 상호간의 실질적인 기회의 균등이 무너지는 등의 폐해가 초래될 우려가 매우 크므로 그에 대한 어느 정도의 제한은 필연적이라고 할 수 있다. 이에 우리 헌법은 "국민의 자유와 권리는 그 본질적인 내용을 침해하지 않는 범위 내에서 법률로써 제한할 수 있다."(헌법 제37조 제2항)고 함으로써 선거운동의 자유도 '선거의 공정성 보장'이라는 공익을 위하여 필요한 경우에는 법률로써 제한할 수 있도록 하였다.

공직선거법도 '선거의 공정성'을 확보하기 위해 선거운동의 주체, 기간, 방법 등에 대하여 일정한 제한을 가하고 있다.[1047)] 공직선거법의 각 조항들에 의한 선

1046) 헌재 2015. 12. 23. 2013헌바168, 판례집 27-2하, 511(정당에 대한 재정적 후원을 금지하고 위반 시 형사처벌하는 구 정치자금법 제6조, 정치자금법 제6조 및 정치자금법 제45조 제1항 본문의 '이 법에 정하지 아니한 방법' 중 제6조에 관한 부분이 정당의 정당활동의 자유와 국민의 정치적 표현의 자유를 침해하는지 여부(헌법불합치): 정치자금 중 당비는 반드시 당원으로 가입해야만 납부할 수 있어 일반 국민으로서 자신이 지지하는 정당에 재정적 후원을 하기 위해 반드시 당원이 되어야 하므로, 정당법상 정당 가입이 금지되는 공무원 등의 경우에는 자신이 지지하는 정당에 재정적 후원을 할 수 있는 방법이 없다. 그리고 현행 기탁금 제도는 중앙선거관리위원회가 국고보조금의 배분비율에 따라 각 정당에 배분·지급하는 일반 기탁금제도로서, 기부자가 자신이 지지하는 특정 정당에 재정적 후원을 하는 것과는 전혀 다른 제도이므로 이로써 정당 후원회를 대체할 수 있다고 보기도 어렵다).

거운동의 제한은 의사표현의 내용 그 자체에 대한 제한이 아니라 선거운동 과정에서 예상되는 다양한 선거운동의 방법 중에서 특히 중대한 폐해를 초래함으로써 선거의 자유와 공정성을 해칠 우려가 크다고 인정되는 의사표현의 특수한 수단방법에 국한하고 있고, 또한 제한의 경우에도 필요한 경우에 최소한의 정도를 넘지 않아야 한다.

제 3 절 참정권

Ⅰ. 참정권의 헌법상 의의

1. 개 념

'참정권'[1048]이라 함은 국민이 국민투표를 통해 국가의 의사결정에 직접 참여하거나 선거인단의 구성원으로서 국가기관의 창설(공무원의 선임)에 참여할 수 있는 권리를 말한다. 원래 군주주권국가에 있어서는 국민이 국정에 참여하는 길은 봉쇄되어 있었으므로 참정권은 전혀 인정되지 아니하였다. 근대에 들어오면서 국민주권사상이 확립되고 국민주권국가가 성립됨에 따라 개인의 참정권이 보편화되기 시작하였다.

국민주권국가에서 참정권은 국민이 주권자로서 당연히 보유하는 권리로서 국민주권의 원리를 구현하는 수단으로 간주되고 있다. 참정권은, 옐리네크(G. Jellinek)

1047) 헌재 1994. 7. 29. 93헌가4·6(병합)(구대통령선거법 제36조 제1항 및 제34조 등 위헌제청사건) - "선거운동의 자유는 널리 선거과정에서 자유로이 의사를 표현할 자유의 일환이므로 표현의 자유의 한 태양이기도 하다. 표현의 자유, 특히 정치적 표현의 자유는 선거과정에서의 선거운동을 통하여 국민이 정치적 의견을 자유로이 발표·교환함으로써 비로소 그 기능을 다하게 된다 할 것이므로, 선거운동의 자유는 헌법에 정한 언론·출판·집회·결사의 자유 보장규정에 의한 보호를 받는다. 또한 … 선거운동의 자유는 선거권 행사의 전제 내지 선거권의 중요한 내용을 이룬다고 할 수 있다. 그러므로 선거운동의 제한은 선거권, 곧 참정권의 제한으로도 귀결된다."

1048) 문홍주 교수는 참정이란 군주의 정치에 국민이 참가하는 것을 의미하지만, 현재는 국민이 주권자로서 스스로 국정을 행사하는 것이므로 참정권보다는 '정치권'이란 용어가 더 적합하다고 한다.

에 의하면, 국민이 국가에 대한 능동적 상태에서 가지는 주관적 공권을 의미한다. 여기에 자유권이 국가로부터의 자유를 의미하는 소극적 권리인 데 반해, 참정권은 '국가로의 자유'(Freiheit zum Staat)를 의미하는 능동적 권리이다.

2. 기 능

참정권은 국민주권국가에 있어서 국민이 주권을 행사하는 방법적 기초로서 중요한 의의를 가지고 있다. 첫째, 참정권은 국가기관을 창설하고 국가권력의 행사에 국민적 정당성을 부여하는 기능을 한다. 민주국가에 있어서 주권자인 국민이 국가권력을 이양하는 유일한 제도적 장치가 선거이며, 국민은 투표권의 행사를 통해 이 기능을 수행하게 된다. 둘째, 참정권은 정치적인 여론의 형성을 통해 통치구조에 투입하는 기능을 한다. 국민들의 다양한 의사는 선거 또는 국민투표를 통해 집약·통합되고 국정운영에 반영되어 민주정치는 활성화되는 것이다. 셋째, 현대 정당국가에 있어서 선거권은 정당에 대한 신임투표의 성격을 가지고 있으며, 정권의 평화적 교체를 가능하게 하는 기능을 한다. 장기집권은 권력의 속성상 권력의 집중과 독재를 초래할 수 있기 때문에 국민은 현명한 선거권의 행사(통제기능)를 통해 책임정치의 구현과 정권교체의 확립을 이룰 수 있다.

3. 법적 성격

(1) 국가내적 권리

참정권을 전국가적 권리로 보느냐 국가내적 권리로 보느냐에 관하여는 학설의 대립이 있을 수 있다. 참정권을 전국가적 권리로 보는 견해는 민주정치에서 이 권리가 가지는 중요성을 강조하려는 데에서 비롯된다. 그러나 참정권의 주체는 선거인단의 구성원으로서의 국민을 의미하기 때문에 참정권은 국가내적 권리이다. 이에 대하여 참정권이 국가권력을 창설하고 이에 정당성을 부여하는 정치적 기본권성을 강조하는 동화적 통합이론에 있어서는 참정권은 국가형성적 권리로서 다른 기본권에 대한 우월적 권리의 성격을 강조하게 된다.[1049][1050] 또한 참정권은

1049) 허영, 한국헌법론, 499면.

1050) 헌재 1989. 9. 8. 88헌가6(국회의원선거법 제33조·제34조의 위헌심판) – "참정권은 국민주

이른바 '정치적 신분권'(politisches Statusrecht)으로서 국민 개인의 불가양의 권리이며, 그 대리행사가 불가능한 일신전속적 권리이다.

(2) 참정권의 의무성

참정권이 의무성을 수반하느냐에 관하여는 학설이 대립되고 있다.

1) 긍정설

이 설은 국민은 법적 권리로서 참정권을 보유하는 동시에 국가의 이익을 위해 적절하게 행사할 도의적 의무를 가진다고 보아 참정권은 권리인 동시에 의무로서의 성격이 농후하다는 입장이다.[1051]

2) 부정설

이 설은 참정권은 국가기관에 참가할 수 있는 권리를 의미하며, 구체적인 투표권이나 공무집행권이 국가기관으로서 행사하는 권리라는 점에서 구별되는데, 후자에 있어서는 의무성이 수반되지만, 전자에 있어서는 그것이 권리이지 결코 의무가 아니라고 한다.

3) 결 어

참정권은 국가내적 권리로서 입법정책에 따라 의무성을 법률로 부과할 수 있으며(예: 오스트리아), 이 경우에는 참정권은 당연히 의무를 수반하게 된다. 그러나 우리나라는 투표의 자유·기권의 자유를 인정하고 있으므로 법적 의무라고 볼 수는 없다. 그런데 동화적 통합이론에서는 참정권의 객관적 질서로서의 성격을 부여하면서도 그 의무성은 부정하고 있다.[1052] 긍정설도 참정권의 중요성에 비추어 단지 도의적 의무성만을 부여하고 있으므로 법리상 구별할 실익은 없다고 하겠다.

권주의의 상징적 표현으로서 국민의 가장 중요한 기본적 권리의 하나이며, 다른 기본권에 대하여 우월적 지위를 가진다."

1051) 박일경, 제6공화국 신헌법, 338면.

1052) 허영, 한국헌법론, 499면.

Ⅱ. 참정권의 유형

참정권의 구체적인 행사방법과 그 범위는 헌법과 법률에 의해 결정되는 것이므로 국가에 따라 제도적 구현형태는 상이하다. 참정의 형태로는 직접민주제와 대의제(간접민주제)가 있다. 전자에는 국민발안, 국민소환, 국민표결이 있는데, 우리 헌법은 국민표결권(제72조·제130조 2항)만을 보장하고 있다. 후자에는 선거권(제24조), 피선거권(제67조 4항 등)과 공무담임권(제25조)이 있다.

Ⅲ. 참정권의 주체

참정권은 국가내적 권리이기 때문에 그 주체는 '국민' 뿐이다. 자유권이 그 본질에 있어서 인간의 권리를 의미한다고 보는 입장에서도 참정권은 국가적 조직에 속한 국민의 권리를 의미한다고 한다. 따라서 외국인은 참정권의 주체가 될 수 없다. 또한 참정권은 자연인의 권리이므로 법인은 그 주체가 될 수 없다. 참정권은 실정법상의 권리이므로 그 행사능력 내지 자격요건은 헌법이나 법률로써 정하고 있다. 선거권의 향유연령을 현행헌법은 법률에 위임하고 있는데, 공직선거법은 만 19세로 정하고 있다. 피선거연령은 국회의원과 지방의회의원, 지방자치단체의 장은 25세 이상, 대통령은 40세 이상이 되어야 한다. 그 구체적인 행사능력은 입법형성권에 위임되어 있으나, 그 제한이 평등원칙에 위배되어서는 안된다.

Ⅳ. 참정권의 내용

1. 선거권 및 선거원칙

(1) 의 의

헌법 제24조는 법률이 정하는 바에 의하여 국민의 선거권을 보장하고 있다. 선거권은 대의제 민주국가에 있어서는 국민의 참정권 중에서도 가장 중요하며, 선거권행사 여부에 민주정치의 성패가 달려 있다.

(2) 법적 성격

선거권이란 공무원의 선거를 위한 국가기관, 즉 선거인단에 참여할 수 있는 권리를 말한다. '선거'란 다수의 선거인에 의하여 행해지는 집합적 행위 전체를 의미하는 것이지, 개개의 선거인이 행하는 단독행위를 가리키는 것이 아니다. 또한 선거는 선거인단의 선출의사와 특정인의 수락의사에 의해 완성되는 '공법상 합동행위'이다. 선거권의 본질을 둘러싸고 권리설, 공무설과 2원설이 대립되고 있는데, 2원설이 오늘날의 다수설이다.

(3) 보통선거원칙

보통선거원칙이란 국민 누구나 원칙적으로 선거권과 피선거권을 가진다는 원칙을 말한다. 즉, 보통선거원칙은 선거권 행사뿐만 아니라, 피선거권 행사에 있어서도 적용되는 원칙이다.[1053] 국민의 일부만이 선거권을 가지는 경우 또는 국민의 일부만이 피선거권을 가지는 경우 그러한 선거는 국민의 정치적 의사가 제대로 국정에 반영될 수 없고 그러한 상황에서 선출된 대의기관은 민주적 정당성이 확보될 수 없다.[1054] 국민이면 누구나 성별·종교·사회적 신분·인종·언어·직업·재산정도·학력 등에 의해 선거권이나 피선거권을 제한받아서는 안된다. 그러나 헌법상 인정될 수 있는 합리적인 기준(국적, 연령,[1055] 법률상 행위능력 등)에 의해 선거권이나 피선거권을 제한하는 것은 보통선거원칙에 위반되지 않는다.[1056]

헌법에서 보통선거원칙에 의해 추구하는 바는 모든 국민이 선거권의 주체가 되도록 법적으로 보장해야 할 뿐만 아니라, 모든 선거권자가 현실에서 선거권을 행사할 수 있도록 배려해야 할 의무를 국가가 부담하라는 것이다. 즉, 보통선거원칙이 실현하고자 하는 것은 선거권을 가진 국민이 선거권을 실질적으로 보장받기 위해 선거방법의 모색 및 선거기술의 다양화를 추구하도록 국가에게 의무지우는 것이다.

1053) M. Morlok, in: H. Dreier (Hrsg.), Grundgesetz-Kommentar, Bd. 2, 2. Aufl. 2006, Art. 38 Rn. 65.

1054) 헌재 1999. 5. 27. 98헌마214.

1055) 헌재 1997. 6. 26. 96헌마89.

1056) 허영, 「한국헌법론」, 박영사, 2013, 776면.

보통선거원칙과 평등선거원칙의 적용에 있어서, 선거권은 국민의 정치적 기본권으로서 민주주의의 기초를 형성하는 기본권이므로 보통선거원칙과 평등선거원칙에 의해 선거권이 폭넓게 인정되어야 하고, 이러한 원칙의 예외에 대해서는 엄격한 심사기준을 적용해야 한다.[1057]

1) 재외국민의 선거권 제한

선거권의 자격요건으로서 들고 있는 것으로는 국적, 연령, 거주기간 등이 있다. 그 중 거주기간에 관한 요건이라 함은 국내 또는 선거구내에 일정기간 이상 거주하는 것을 선거권의 자격요건으로 하는 것이다. 거주요건을 두는 이유는 선거인명부 작성상의 필요에 의한 기술적인 이유가 가장 크다. 그러나 거주요건을 두는 경우 거주요건을 충족시킬 수 없는 국민은 선거권을 행사할 수 있는 방법이 없어 선거권을 박탈당하게 된다. 재외국민들은 거주요건을 충족하지 못하여 국내에서 선거권을 행사할 수 있는 길이 막혀있을 뿐만 아니라, 당해 거주국에서도 선거권을 행사하지 못하고 있다. 따라서 이러한 일정한 거주기간을 충족하지 못하는 재외국민들에 대하여 선거권을 행사하지 못하도록 하는 것이 헌법에 합치되는가가 문제되었다.[1058] 이 사건에서 헌법재판소는 선거권에 관하여 거주요건을 두는 것은 선거권의 본질 및 선거의 공정성 확보 등의 공공복리를 위하여 필요한 것이라고 판단하였다.

또한 주민등록이 되어 있는 자에게만 선거권을 부여하고 있는 공선법 조항과 관련하여, 헌법재판소는 "선거권의 제한은 불가피하게 요청되는 개별적·구체적 사유가 존재함이 명백할 경우에만 정당화될 수 있고, 막연하고 추상적인 위험이나 국가의 노력에 의해 극복될 수 있는 기술상의 어려움이나 장애 등을 사유로 그 제한이 정당화될 수 없다. 북한주민이나 조총련계 재일동포가 선거에 영향을 미칠 가능성, 선거의 공정성, 선거기술적 이유 등은 재외국민등록제도나 재외국민거소신고제도, 해외에서의 선거운동방법에 대한 제한이나 투표자 신분확인제도, 정보기술의 활용 등을 통해 극복할 수 있으며, 나아가 납세나 국방의무와 선거권 간의 필연적 견련관계도 인정되지 않는다는 점 등에 비추어 볼 때, 단지 주민등록이 되어 있는지 여부에 따라 선거인명부에 오를 자격을 결정하여 그에 따라 선

1057) 同旨: 한수웅, 헌재 2011. 5. 26. 2010헌마451 결정(선거방송토론회 사건)에 대한 판례평석, 중앙법학 제14집 제3호, 2012. 9, 108면.

1058) 헌재 1999. 1. 28. 97헌마253·270(병합).

거권 행사 여부가 결정되도록 함으로써 엄연히 대한민국의 국민임에도 불구하고 주민등록법상 주민등록을 할 수 없는 재외국민의 선거권 행사를 전면적으로 부정하고 있는 법 제37조 제1항은 어떠한 정당한 목적도 찾기 어려우므로 헌법 제37조 제2항에 위반하여 재외국민의 선거권과 평등권을 침해하고 보통선거원칙에도 위반된다."[1059]고 판시하였다.

생각건대, 유학생, 주재원, 외국의 영주권을 소지한 국민 등 재외국민의 선거권을 제한하는 이유가 선거의 공정성이나 선거기술적 이유에서라면 이는 헌법적으로 정당성을 얻지 못할 것이다. 왜냐하면, 선거의 공정성이나 선거기술적 사항은 국민의 선거권 자격요건으로 부과할 것이 아니라, 국가가 선거권 행사에 있어 장애를 제거해야 할 책무를 지기 때문이다. 선거의 공정성 확보는 후보자간 실질적인 선거운동의 기회균등 보장, 선거에서 관권, 금권 등의 개입 방지,[1060] 선거에 대한 부당한 영향력의 행사 기타 선거결과에 영향을 미치는 행위 금지,[1061] 유권자의 자유의사를 왜곡시키는 선거범죄의 처벌[1062]로서 달성될 수 있다. 즉, 선거의 공정성 확보는 헌법이 선거에 대한 관리자로서 국가에게 선거 감독의무를 부여하고 있기 때문이다. 이러한 국가의 의무 사항을 이유로 국민의 보통선거권을 배제할 수는 없는 것이다.

또한 선거기술적 장애는 오늘날 정보기술의 활용으로 충분히 극복할 수 있는 사항이다. 우편투표나 인터넷을 이용한 전자투표 등의 방식을 통해 국민은 어디서나 언제든지 투표할 수 있는 시대가 되었다. 외국에서 일정한 체류로 인해 주민등록을 할 수 없는 재외국민의 선거권을 박탈하는 것은 외국에서도 언론매체를 통해 선거나 정치에 관한 정보를 국내에 거주하는 국민과 동일하게 정보를 수령하는 재외국민에 대한 보통선거원칙 위반이자 평등선거원칙 위반이 될 것이다.

2) 선거연령에 의한 제한

선거권을 부여하지 않는 예외적 사유로 일정한 선거연령의 도달을 들고 있다. 이러한 선거연령을 이유로 선거권의 제한을 두는 것은 선거권을 부여하기 위해서 요구되는 최소한의 정치적 판단능력이 필요하기 때문이다. 헌법재판소는 "선거권

1059) 헌재 2007. 6. 28. 2004헌마644 등, 판례집 19-1, 859.
1060) 이에 관하여는 헌재 2008. 10. 30. 2006헌마547.
1061) 이에 관하여는 헌재 2008. 5. 29. 2006헌마1096.
1062) 이에 관하여는 헌재 2011. 4. 28. 2010헌바232.

과 공무담임권의 연령을 어떻게 규정할 것인가는 입법자가 입법목적 달성을 위한 선택의 문제이고 입법자가 선택한 수단이 현저하게 불합리하고 불공정한 것이 아닌 한 재량에 속하는 것"이라고 판시하였다.[1063)]

입법자는 선거연령에 대한 입법형성권을 헌법 제24조에서 부여받고 있지만, 선거연령의 구분을 임의적으로 해서는 안되고 다음의 사항을 고려하여 보통선거원칙에 위반되지 않는 범위내에서 정치적 참여의 폭을 넓히는 방향으로 결정해야 한다. 즉, 입법자는 선거연령을 결정함에 있어서 그 나라의 역사, 전통과 문화, 국민의 의식수준, 교육적 요소, 미성년자의 신체적·정신적 자율성, 정치적·사회적 영향 등 여러 가지 사항을 종합하여 결정해야 한다.[1064)]

3) 수형자의 선거권 제한

선거일 현재 금고 이상의 형의 선고를 받고 그 집행이 종료되지 아니한 자('수형자')는 선거권이 없다고 규정하고 있는 공직선거법 제18조 제1항 중 제2호 전단 부분이 과잉금지원칙에 위반됨으로써 수형자의 선거권 등 기본권을 침해하여 위헌인지 여부가 문제되었다.[1065)]

이 사건에서 헌법재판소 재판관 5인은 다음과 같은 이유에서 위헌의견을 제시하였다. "이 사건 법률조항은 '금고 이상의 형을 선고받고 그 집행이 종료되지 아니한 자'에 대하여 전면적·획일적으로 선거권을 제한하여 선거권 제한의 대상에, 국가 공동체의 법질서를 해친다는 인식이나 의도가 없는 과실범, 일정한 형기를 경과한 후 가석방심사위원회로부터 범죄의 동기·재범의 위험성 등 제반사정에 관한 충분한 심사를 받고 형기 만료에 앞서 사회에 복귀함으로써 주된 형벌인 '교정시설에의 수용'을 면한 가석방자 등을 포함하고 있다. 나아가 이 사건 법률조항이 민주주의 등 헌법질서를 부정하는 반국가적 성격의 범죄와 무관한 경미한 범죄로 단기 자유형을 받은 자에게까지 폭넓게 선거권을 제한하는 것은 세계관의 다원주의를 전제로 다양한 사상이나 전력을 갖는 사람들이 자유롭게 선거에 참여하여 공동체의 질서를 형성하고자 하는 자유민주주의 국가의 선거제도에 부합하지 아니한 측면이 있다. 이러한 사정을 종합해 볼 때, 입법자는 선거권의 중요성을 고려하여 그 제한을 엄격히 하여야 함에도, 범죄자의 선거권을 제한함에 있어

1063) 헌재 2003. 11. 27. 2002헌마787, 2003헌마516(병합).

1064) 헌재 2001. 6. 28. 2000헌마111.

1065) 헌재 2009. 10. 29. 2007헌마1462.

'개개 범죄의 종류나 내용, 불법성의 정도 등이 선거권 제한과 어떤 직접적인 연관성을 갖는지'에 관하여 세심히 살피지 아니한 채 이 사건 법률조항으로써 단지 '금고 이상의 형을 선고받은 자로서 그 형의 집행을 마치지 아니한 자'라는 기준을 설정하여 쉽사리 그리고 일률적으로 수형자의 선거권을 제한하였다고 볼 수 있으므로, 이 사건 법률조항은 기본권 침해의 최소성의 원칙에 위반하였다."[1066] 라고 판시하였다.

공직선거법 조항이 '금고 이상의 형을 선고받고 선거일 현재 그 집행이 종료되지 아니한 자'(수형자)의 선거권을 제한하는 것은 자신의 범죄로 인한 형사적 제재인 형벌을 받는 것과 무관한 기본권인 선거권을 박탈하는 것으로서 위헌성이 높다. 공직선거법에서 수형자로서 선거권이 제한되는 대상으로는 상대적으로 경미한 범죄를 저지른 자에서부터 매우 심각한 중범죄를 저지른 자에 이르기까지 아주 다양하고, 과실범과 고의범 등의 범죄의 종류를 불문하며, 범죄가 침해한 법익이 국가적 법익인지, 사회적 법익인지, 개인적 법익인지 그 내용 또한 불문하고 있다. 또한 가석방 요건을 충족하여 가석방된 자까지 포함하고 있어,[1067] 포괄적인 대상에 대한 법적 제한으로서 위헌성이 높다.

또한 수형자의 선거권을 박탈하는 사유로서 '선거의 공정성 확보'를 들고 있다. 그러나 선거의 공정성 확보는 일차적으로 국가의 과제이며 선거의 공정성에 대한 우려를 이유로 수형자의 선거권을 부정한다는 것은 본말이 전도된 논리이다. 국가는 교정시설 관리자로 하여금 수형자의 정치적 의사형성에 부당하게 영향력을 행사하는 것을 막기 위한 사전 예방조치를 취하도록 명령해야 하고, 이를 위반한 교정시설 관리자를 징계하거나 처벌하는 등 선거의 공정성 확보를 위한 노력을 해야 한다.

(4) 평등선거원칙

평등선거원칙이란 선거권자와 피선거권자 모두 선거에 있어서 동등하게 참여하고 영향력을 미치며 동등한 기회를 보장받아야 한다는 원칙을 말한다. 헌법 제11

1066) 헌재 2009. 10. 29. 2007헌마1462, 판례집 21-2하, 327, 328(재판관 김희옥, 재판관 김종대, 재판관 민형기, 재판관 목영준, 재판관 송두환의 위헌의견). 이 사건은 위헌의견에 찬성한 재판관이 5인이어서 다수이나 헌법소원에 관한 위헌결정을 위한 심판정족수에 이르지 못한다는 이유로 청구기각결정을 하였다.

1067) 헌재 2009. 10. 29. 2007헌마1462.

조 제1항, 제24조, 제41조 제1항에 의하여 보장되고 있는 평등선거의 원칙은 평등원칙이 선거제도에 적용된 것으로서 투표의 수적(數的) 평등, 즉 1인 1표의 원칙과 투표의 성과가치의 평등, 즉 1표의 투표가치가 대표자 선정이라는 선거의 결과에 대하여 기여한 정도에 있어서도 평등하여야 한다는 원칙(one vote, one value)을 그 내용으로 할 뿐만 아니라,[1068] 일정한 집단의 의사가 정치과정에서 반영될 수 없도록 차별적으로 선거구를 획정하는 이른바 '게리맨더링'에 대한 부정을 의미하기도 한다.[1069]

1) 투표가치의 평등

선거권자의 투표가치의 평등의 실현을 위해서는 모든 선거권자의 투표가치가 동일하게 평가되는 선거제도를 갖추어야 한다. 이는 투표수의 '산술적 가치평등' 뿐만 아니라, 그 투표에 의해 대표자 선출에 대한 기여도에 있어서도 동등한 비중을 지녀야 하는 투표의 '성과적 가치평등'도 요구한다.

선거구간 인구편차를 정하고 있는 공직선거법이나 조례가 규정가능한 인구편차의 기준은 투표의 성과적 가치평등의 측면에서 원칙적으로 인구비례가 되어야 하나, 이것 이외에 여러 요소를 합리적으로 고려하여 판단해야 한다.[1070] 왜냐하면 숫자적인 형식적 평등의 추구는 또 다른 불평등의 문제를 야기할 수 있기 때문이다.[1071]

1068) 헌재 1995. 12. 27. 95헌마224 등, 판례집 7-2, 760, 771; 헌재 2001. 10. 25. 2000헌마92 등, 판례집 13-2, 502, 509-510.

1069) 헌재 2001. 10. 25. 2000헌마92 등, 판례집 13-2, 502, 510; 헌재 2009. 3. 26. 2006헌마14, 판례집 21-1상, 482, 491-492; 헌재 2012. 2. 23, 2010헌마282.

1070) 시·도의원 지역선거구의 획정에는 인구 외에 행정구역·지세·교통 등 여러 가지 조건을 고려하여야 하므로, 그 기준은 선거구 획정에 있어서 투표가치의 평등으로서 가장 중요한 요소인 인구비례의 원칙과 우리나라의 특수사정으로서 시·도의원의 지역대표성 및 인구의 도시집중으로 인한 도시와 농어촌 간의 극심한 인구편차 등 3개의 요소를 합리적으로 참작하여 결정되어야 할 것이며, 현시점에서는 상하 60%의 인구편차(상한 인구수와 하한 인구수의 비율은 4 : 1) 기준을 시·도의원 지역선거구 획정에서 헌법상 허용되는 인구편차기준으로 삼는 것이 가장 적절하다고 할 것이다(헌재 2007. 3. 29. 2005헌마985·1037, 2006헌마11(병합)).

1071) 각국의 선거제도는 시대에 따른 정치적 요청이나 나라마다의 역사적·사회적·정치적 상황 등이 고려되어 각기 그 나라의 실정에 맞도록 결정되어 있고, 거기에 논리필연적으로 요청되는 일정한 형태가 있는 것이 아니다. 그리고 그와 같이 결정된 선거제도의 구조가 어떠하냐에 따라 선거결과에 미치는 투표의 영향력에 어느 정도의 차이가 생기는 것은 불가피하고, 투표가치의 평등이 모든 투표가 선거결과에 미치는 영향력에 있어 숫자적으로 완전히 동일할 것까지 요구하는 것은 아니다(헌재 1998. 11. 26. 96헌마54, 판례집 10-2, 742, 747; 헌재

2) 정당 및 선거후보자의 기회균등

정당 및 선거후보자에게 평등선거원칙이 적용된다는 것은 선거준비단계, 입후보단계, 선거운동단계, 선거비용의 보전, 정당의 선거기회 균등, 저지규정, 고액의 기탁금 납부 등 모든 선거절차에서 균등한 기회가 보장되어야 함을 의미한다.

3) 평등선거원칙의 예외

(가) 저지규정

일반적으로 '저지규정'(Sperrklausel; 沮止規定)[1072]이란 의회에 진입하여 정당으로서의 최소한의 제 역할을 할 수 없다고 판단되는 이른바 소수정당의 의회진입 자체를 저지하기 위한 법규정이다. 이러한 저지규정을 통해 궁극적으로는 의회내의 소수정당의 난립을 사전에 방지함으로써 보다 안정적인 의회운영을 도모하기 위한 것이다. 현행 독일 연방선거법은 전국을 단위로 전체 유효투표의 5% 이상을 얻었거나 또는 지역구에서 최소 3석 이상의 의석을 지닌 정당만을 비례대표의 의석배분에 참여할 수 있게 규정되어 있다.[1073]

현행 독일 연방선거법상 저지규정 역시 선거에서 일정 수 이상의 득표율을 얻었거나 또는 지역구에서 일정 수 이상의 의석수를 지닌 정당에게만 의석배분에 참여하게 함으로써, 결과적으로 "군소정당"[1074]의 난립을 억제함과 동시에 다수세력의 형성을 촉진시켜 오늘날의 독일 의원내각제를 정착시키고 안정된 정부를 운영하는 등 매우 긍정적인 기여를 하였다고 볼 수 있다.[1075] 그러나 5% 저지규

2012. 2. 23. 2010헌마282).

1072) 저지규정에 관하여 자세한 내용은 음선필, "선거의 기본원칙과 비례대표선거제", 「헌법학연구」 제7권 제2호, 2001. 8, 205-207면; 김도협, "독일 연방의회선거제도와 그 수용필요성에 관한 연구", 「세계헌법연구」 제13권 제2호, 37면 이하; 이부하·장지연, "독일의 연동형 혼합선거제 도입 검토", 「법과정책」 제19집 제2호, 2013. 8, 318-325면.

1073) § 6 Abs. 6 BWG.

1074) 1949년의 독일 총선에는 무려 36개의 정당들이 등장했지만, 1990년에 선출된 연방의회에는 4개의 정당만이 연방의회에 진출했다. 이는 군소정당의 난립을 막기 위해 1953년에 도입되고 1957년에 강화된 소위 5% 조항 때문이다.

1075) Vgl. H. Maurer, Staatsrecht I, S. 407; K.-O. Zimmer, Nochmals: Zur verfassungsnaeheren Gestaltung der 5%-Klausel, in: DÖV, 1985, S. 101 (102); M. Morlok, in: H. Dreier (Hrsg.), Grundgesetz-Kommentar, Bd. 2, 2. Aufl. 2006, Art. 38 Rn. 104; W. Schreiber, Kommentar zum BWG, § 6 Rn. 17 ff.

정은 독일 기본법 제38조에 근거한 평등선거의 원칙과 독일 기본법 제21조에 근거한 정당설립의 자유를 침해할 가능성이 클 뿐만 아니라, 궁극적으로는 비례대표제의 본질마저도 훼손할 가능성이 있다.[1076] 그러나 독일 연방헌법재판소는 저지규정이 독일선거제도의 '인물화된 비례대표제'의 특성을 고려한 것으로서, 입법자의 형성의 자유 범위내에 해당하는 것이기 때문에 위헌이라고 할 수 없다고 판시하였다.[1077]

득표율이나 지역구 의석수 등을 기준으로 비례대표 의석배분에 일정한 제한을 가하는 저지규정[1078]제도는 비례대표제의 단점인 군소정당의 난립으로 의회 기능의 마비와 정부 구성의 불안정성을 방지함으로써 비례대표 의석배분에 있어 어느 정도의 지지를 얻은 정당만이 의석배분정당이 되도록 일정한 조건을 둔 것이다. 그러나 저지규정에 의해 비례대표 의석배분에 있어서 저지선을 넘은 정당과 그렇지 않은 정당을 차별하고, 저지선을 넘지 못한 정당에 대한 투표의 성과가치를 몰각시키기 때문에 평등선거원칙에 대한 위반 여부가 문제되게 된다.[1079] 저지규정의 정당성 판단을 위한 전제로서, 소수정당 다수의 의회진출이 필연적으로 정치적 불안정성을 초래하고 정국 불안을 유발하는지를 살펴보아야 한다. 뿐만 아니라 만약 소수 정당의 의회진출이 국정 혼란을 초래한다면, 어느 정도로 소수정당의 의회진출을 제한해야 하는지 여부 및 현행 우리 공직선거법상 규정하고 있는 저지규정의 조건은 적정한지 여부를 검토해야 할 것이다.

저지규정의 인정여부 및 그 정당성 여부와 관련하여, 독일 연방헌법재판소는 비례성보다는 의회정치의 기능을 중시하는 관점에서 '의회의 정책수행능력의 상실가능성', '정당의 분열 위험' 방지,[1080] '국민의 정치적 의사형성에 있어 통합과정으로서의 선거의 특성을 확보' 및 '전체 선거제도의 통일성 유지'[1081]를 위해 저지규정으로 인한 평등선거원칙의 제한이 가능하다고 판시하였다. 저지규정의 정당성을 판단하기 위해서는 저지규정으로 인한 정당간의 차별 또는 투표의 성과

1076) H.-H. Trute, in: von Münch/Kunig (Hrsg.), Grundgesetz, Bd. I, 6. Aufl. 2012, Art. 38 Rn. 58 f.; N. Achterberg/M. Schulte, in: von Mangoldt/Klein/Starck, Kommentar zum Grundgesetz, Bd. 2, 6. Aufl. 2010, Art. 38 Abs. 1 Rn. 137.

1077) BVerfGE 95, 408 ff.

1078) 헌재 2001. 7. 19, 2000헌마91, 판례집 제13권 2집, 77면, 98면.

1079) 헌재 2001. 7. 19, 2000헌마91, 판례집 제13권 2집, 77면, 98면.

1080) BVerfGE 1, 208.

1081) BVerfGE 6, 93.

가치의 차별이 정당화될 수 있는지를 검토해야 한다.[1082] 저지규정의 수준 내지 정도가 적정한지[1083] 여부와 관련하여, 독일 연방헌법재판소는 의석할당 최소조건을 정책수행능력의 상실가능성 그리고 정당의 분열 위험성을 고려하여 저지규정의 위헌성을 판단하고 있다.

우리나라의 경우 현행 저지규정의 도입 이후 실시된 총선의 결과를 살펴보면, 득표율 3% 미만의 정당으로 지역구 5석을 얻은 경우는 없다.[1084] 따라서 기본의석조항은 사실상 의미가 없고, 실효성이 없으므로 폐지하는 것이 바람직하다고 본다. 즉, 현행 '3%의 정당득표율' 저지선은 정당득표율 3% 미만의 정당의 정당기능수행 불가능성을 고려하면 그 기준이 적정하다고 판단되나, '지역구 5석'의 최소의석조항은 실효성이 없고 비례의 원칙에도 위반될 가능성이 높기 때문에 삭제하는 것이 타당하다.

(나) 공직선거 입후보자의 사퇴의무조항

① 지방자치단체의 장이 당해 지방자치단체의 관할구역과 같거나 겹치는 선거구역에서 실시되는 지역구 국회의원선거에 입후보하고자 하는 경우 당해 선거의 '선거일 전 120일까지' 그 직을 사퇴하도록 규정한 공직선거 및 선거부정방지법 제53조 제3항이 지방자치단체의 장의 평등권을 침해하는지 여부가 문제되었다.[1085]

헌법재판소는 "공무원이 그 직을 보유한 채로 공직선거에 입후보할 경우 자신의 지위와 권한을 자기의 선거운동을 위하여 남용 또는 악용함으로써 선거의 공정성을 저해하는 것을 예방하고 공무원의 직무전념성을 확보하기 위한 것이다.[1086] 지방자치단체의 장은 그 지위와 권한, 그리고 해당 지역의 유권자들에 대한 영향력에 있어서 일반 공무원과 차이가 있으므로 공직사퇴시한을 규정하는데 있어서 입법자는 각자의 특수성을 고려하여 서로 간에 어느 정도의 차이를 두는

1082) 음선필, "저지조항", 「사회과학연구 논문집」 제7권 1호, 2001, 191면.

1083) 구체적인 저지선의 설정은 선거제도의 대표원칙, 비례대표국회의원 의석수, 그리고 정부형태를 고려해서 판단해야 할 사항으로 입법자의 입법형성의 자유에 속하는 영역이다(음선필, "저지조항", 「사회과학연구 논문집」 제7권 1호, 2001, 195면).

1084) 17대 총선에서는 자유민주연합 4석(2.8%), 민주통합21 1석(0.6%), 18대·19대 총선에서는 지역구의석을 획득했는데 비례대표의석을 배분받지 못한 정당은 없다(지역구의석을 획득한 정당은 모두 정당득표율 3% 선을 넘었다).

1085) 헌재 2006. 7. 27. 2003헌마758, 2005헌마72(병합).

1086) 헌재 1995. 3. 23. 95헌마53, 판례집 7-1, 463, 473-474; 헌재 2003. 9. 25. 2003헌마106, 판례집 15-2상, 516, 527.

것은 합리적인 범위 내에서 허용될 수 있다고 볼 것이다."[1087]라고 판시하였다.

② 공무원이 공직선거 후보자가 되고자 하는 경우 선거일 전 60일까지 그 직을 그만두도록 한 공직선거법 제53조 제1항 제1호가 공무담임권을 침해하는지 여부와 공직선거법 제53조 제1항 제1호가 정부투자기관 직원과 비교하여 공무원의 평등권을 침해하는지 여부가 문제되었다.[1088]

헌법재판소는 "이 사건 조항은 선거의 공정성과 직무전념성을 추구하는 효과가 있으므로 입법목적의 정당성과 수단의 적합성이 인정된다. 공무원과 정부투자기관 직원 사이에 공직후보자 출마시 선거일 전 60일까지 사퇴하도록 하는 것이 평등권 침해를 논할 비교집단을 구성한다고 하더라도, 이 사건 조항이 공무원에 의한 선거운동의 불공정성을 방지하고 공직의 직무전념성을 확보하기 위해 필요한 것이라는 점에서 볼 때, 양자 간의 차별은 합리적 이유를 지니고 있다고 볼 것이고, 차별목적과 수단 사이에 비례성을 벗어났다고도 볼 수 없다."[1089]라고 판시하였다.

(다) 방송매체의 선거방송토론회 참여자 제한

① 공직선거후보자 등의 대담·토론회의 개최·보도를 언론기관의 자율에 맡김으로써 방송시간·신문의 지면 등을 고려하여 언론기관에 의한 후보자의 초청범위 등의 제한이 가능하도록 한 공직선거 및 선거부정방지법 제82조 제2항이 평등원칙을 위반하는지 여부가 문제되었다.[1090]

헌법재판소는 "위 법조항들은 모두 그 단서에서 정당의 활동을 보장하기 위한 예외규정을 둠으로써, 무소속후보자에게는 정당의 후보추천자에 비하여 선거운동의 자유가 상대적으로 제한되었다고 볼 수도 있으나 그러한 차별은 정당의 본질적 기능과 기본적 활동을 보장하기 위한 합리적이고 상대적인 차별이라 할 것이므로 위 법조항들이 헌법전문과 헌법 제11조 제1항 소정 법앞의 평등에 위반된다고는 할 수 없고, 헌법상 보장되는 평등선거의 원칙이나 선거운동의 기회균등의 보장원칙에 반한다고 볼 수 없다."고 판시하였다.[1091]

② 선거방송 대담·토론회의 참가기준으로 여론조사 평균지지율 100분의 5를

1087) 헌재 2006. 7. 27. 2003헌마758, 2005헌마72(병합).
1088) 헌재 2008. 10. 30. 2006헌마547.
1089) 헌재 2008. 10. 30. 2006헌마547.
1090) 헌재 1999. 1. 28. 98헌마172.
1091) 헌재 1999. 1. 28. 98헌마172.

요구하고 있는 공직선거법 제82조의2 제4항 제1호 다목 및 제3호 다목이 여론조사 평균지지율 100분의 5 미만 후보자의 평등권 내지 선거운동의 기회균등을 침해하는지 여부가 문제되었다.[1092]

헌법재판소는 "방송토론회의 초청자격을 제한하지 않아 토론자가 너무 많을 경우 시간상 제약 등으로 실질적인 토론과 공방이 이루어지지 않고 후보자에 대한 정책검증이 어려운 점, 대다수의 국민이나 선거구민들이 여론조사에서 높은 지지율을 얻은 후보자에 대하여 관심을 가지고 있다고 보아야 하는 점, 선거방송토론위원회는 위 토론회에 초청받지 못한 후보자들을 대상으로 다른 대담·토론회를 개최할 수 있는 점 등에 비추어 보면, 이 사건 법률조항에 의한 위와 같은 차별에는 이를 정당화할 수 있는 합리적인 이유가 있다고 할 것이다. 따라서 이 사건 법률조항이 청구인들의 평등권이나 선거운동의 기회균등을 침해하는 것으로 보기 어렵다."고 판시하였다.[1093]

③ 지역구국회의원선거에서 구·시·군 선거방송토론위원회가 개최하는 대담·토론회의 초청자격을 제한하고 있는 공직선거법 제82조의2 제4항 제3호 중 '지역구국회의원선거'에 관한 부분이 선거운동의 기회균등원칙과 관련한 평등권을 침해하는 것인지 여부가 문제되었다.[1094] 이 사건에 관해 헌법재판소는 "방송매체를 이용한 대담·토론회에 참여할 수 있는 후보자를 일정한 범위로 제한하는 것은 입법자의 합리적 판단에 기인한 것으로서 자의적인 차별이 아니기에 평등권을 침해하지 않았다"고 판시하였다.[1095]

이 사건에서 헌법재판소는 평등권 위반 여부의 심사기준으로서 자의금지의 원칙(완화된 심사기준)을 사용하고 있다. 이 사건의 법률조항은 청구인의 평등권에 대한 중대한 제약을 가하고 있고, 지역구국회의원 후보자라는 '사회적 신분'에 해당되어 헌법 명문상 차별금지사유에 해당하기 때문에 엄격심사기준에 의해 심사했어야만 함에도 불구하고, 헌법재판소는 입법자의 입법형성의 자유를 존중해야 한다는 논리로 자의금지의 원칙을 심사기준으로 사용하는 오류를 범하였다.

(5) 직접선거의 원칙

직접선거원칙이란 선거결과가 선거권자의 투표에 의하여 직접 결정될 것을 요

1092) 헌재 2009. 3. 26. 2007헌마1327, 2008헌마437(병합).
1093) 헌재 2009. 3. 26. 2007헌마1327, 2008헌마437(병합).
1094) 헌재 2011. 5. 26. 2010헌마451.
1095) 헌재 2011. 5. 26. 2010헌마451.

구하는 선거원칙이다.[1096] 즉, 선거결과가 중간선거인이나 정당이 아닌 선거권자에 의해 직접 결정된다는 점에서 간접선거와 대비되는 개념이다.[1097] 또한 선거결과가 선거권자의 투표에 의해 직접 결정되는 것이기 때문에, 선거 종료 후에 선거권자가 선거 결과에 영향을 미쳐서는 안된다는 원칙이다.[1098]

1) 비례대표 후보자를 유권자들이 직접 선택할 수 있는 이른바 자유명부식이나 가변명부식과는 달리 고정명부식에서는 후보자와 그 순위가 전적으로 정당에 의하여 결정되므로 직접선거의 원칙에 위반되는지 여부가 문제되었다. 이에 관해 헌법재판소는 "비례대표후보자명단과 그 순위, 의석배분방식은 선거시에 이미 확정되어 있고, 투표 후 후보자명부의 순위를 변경하는 것과 같은 사후개입은 허용되지 않는다. 그러므로 비록 후보자 각자에 대한 것은 아니지만 선거권자가 종국적인 결정권을 가지고 있으며, 선거결과가 선거행위로 표출된 선거권자의 의사표시에만 달려 있다고 할 수 있다. 따라서 고정명부식을 채택한 것 자체가 직접선거원칙에 위반된다고는 할 수 없다."고 판시하였다.[1099]

2) 헌법재판소는 "해상에 장기 기거하는 선원들에 대해서는 부재자투표 대상자로 규정하지 않고 있으며, 이들이 투표할 수 있는 방법을 정하지 않고 있는 공직선거법 조항이 그들의 선거권을 침해한다. … 선장의 감독 아래 각 선박에 지정된 모사전송(Facsimile, 팩스) 시스템을 이용한 선상투표는 선거권자가 직접 의사결정을 하고 단지 그 송부만이 모사전송 시스템에 의하여 이루어지는 것이므로, 직접선거원칙에 위배되는 것이 아니다."[1100]라고 판시하였다.

해상에 장기 기거하는 선원들이 직접 의사결정을 통해 특정한 후보자에 대한 투표행위를 했는지를 확인할 수 있는 방안이 마련되어야만 직접선거원칙에 부합하게 된다. 헌법재판소가 제시한 모사전송 시스템을 이용한 선상투표는 보통선거원칙에는 부합하지만, 비밀선거원칙이나 직접선거원칙을 부합시키기에는 중대한 흠을 지니고 있다.

(6) 비밀선거의 원칙

비밀선거는 선거권자의 의사결정이 타인이 알지 못하도록 하는 상태로 투표하

1096) 헌재 2001. 7. 10. 2000헌마91 등 판례집 13-2, 77, 95.
1097) 이부하, 「헌법학원론」, 신론사, 2008, 628면.
1098) 한수웅, 「헌법학」, 법문사, 2013, 159면.
1099) 헌재 2001. 7. 19. 2000헌마91 · 112 · 134(병합).
1100) 헌재 2007. 6. 28. 2005헌마772.

는 것을 말한다.[1101] 선거권자의 투표 내용을 타인이 알지 못하게 함으로써 공개투표를 불허하는 이유는 선거권 행사로 인해 선거권자가 불이익을 받지 않게 하기 위함이다.

해상에 장기 기거하는 선원들에 대해서 선장의 감독 아래 각 선박에 지정된 모사전송(Facsimile, 팩스) 시스템을 이용한 선상투표 방안이 전송 과정에서 투표의 내용이 직·간접적으로 노출되어 비밀선거원칙이 침해될 우려가 있다는 지적이 있었다. 이에 대해 헌법재판소는 "통상 모사전송 시스템의 활용에는 특별한 기술을 요하지 않고, 당사자들이 스스로 이를 이용하여 투표를 한다면 비밀 노출의 위험이 적거나 없을 뿐만 아니라, 설사 투표 절차나 전송 과정에서 비밀이 노출될 우려가 있다 하더라도, 이는 국민주권 원리나 보통선거원칙에 따라 선원들이 선거권을 행사할 수 있도록 충실히 보장하기 위한 불가피한 측면이라 할 수도 있으므로, 이를 두고 선불리 헌법에 위반된다 할 수 없다. 더욱이 그러한 방식에 의한 선상투표가 인정된다면, 주권자로서의 자발적인 의사에 기하여 선거권을 행사하려는 선원들로서는 자신의 투표 결과에 대한 비밀이 노출될 위험성을 스스로 용인하고 투표에 임할 수도 있을 것이다."[1102]라고 판시하였다. 이러한 헌법재판소의 논리는 설사 직접선거원칙이나 비밀선거원칙에 위반되더라도 보통선거원칙에 부합하기만 한다면 위헌이 아니라는 비헌법적 사고의 결과이다.

(7) 자유선거의 원칙

자유선거란 선거권자가 외부로부터의 강제나 부당한 간섭이나 영향을 받지 않고 투표권을 자유롭게 행사할 수 있는 선거[1103] 및 자유롭게 공직선거 후보자로 입후보할 수 있고 후보자·정당·단체 등이 자유롭게 선거운동을 할 수 있는 선거를 말한다.

1) 국가기관이나 지방자치단체의 국정홍보물 배포

동일한 선출직 공무원인 국회의원이나 지방의회의원에게는 그 임기 중 그들의 활동상황, 공약실천사항 등을 사진과 함께 실은 홍보물을 의정보고서 등의 제목으로 원칙적으로 허용하고 있으면서 지방자치단체의 장에게는 자치단체의 활동상

1101) 이부하, 「헌법학원론」, 신론사, 2008, 630면.

1102) 헌재 2007. 6. 28. 2005헌마772.

1103) 홍일선, 선거권과 선거의무, 공법연구 제34집 제3호, 2006. 2, 353면.

황을 담은 홍보물의 발간, 배포를 원칙적으로 금하는 공직선거법 조항이 기본권을 침해한다며 헌법소원을 청구한 사건이 있었다.[1104]

이에 대해 헌법재판소는 "국회의원과 지방의회의원은 선거기간을 제외하고는 아무런 제한을 받음이 없이 지역의 유권자에게 의정활동보고를 할 수 있는 반면에, 지방자치단체의 장은 지방자치단체의 홍보물의 발행·배부에 있어서 발행횟수 및 발행금지기간에 관하여 보다 강한 제한을 받고 있다. 그런데 국회의원과 지방의회의원의 의정활동보고는 그들이 국민이나 주민의 대표로서 행한 의회에서의 정치적 활동을 자신을 선출한 선거구민에게 직접 보고하는 행위로서 선거구민에게 '자신'의 활동상황을 알리는 것이 주된 목적이지만, 지방자치단체의 홍보물은 '지방자치단체'의 활동상황 및 사업계획 등을 주민에게 알리는 것으로서 지방자치단체의 장의 활동상황을 알리는 것이 주된 목적은 아니므로, 지방자치단체가 발행하는 홍보물은 특정인의 홍보물로 사용될 가능성을 사전에 차단해야 할 필요성이 더욱 크다 할 것이다. 따라서 선거를 공정하게 치르고 선거운동의 기회균등을 보장하기 위하여 법이 국회의원과 지방의회의원의 의정활동보고와 지방자치단체의 홍보물의 발행을 규율함에 있어서 그 제한을 달리한 것은 합리적인 이유에 근거한 차별로서 평등원칙에 위배되지 않는다."고 판시하였다.

국회의원과 지방의회의원과는 달리, 지방자치단체의 장에게는 자치단체의 활동상황을 담은 홍보물의 발간, 배포를 원칙적으로 금하는 공직선거법 조항의 기본권 침해 여부를 다툼에 있어서 헌법재판소는 선거운동의 기회균등 보장이라는 합리적 이유가 있기 때문에 차별이 정당하다고 설시하였다. 그러나 국회의원선거와 지방의회의원선거에 있어서도 현직 의원이 유리한 지위에서 홍보물의 발간·배포를 통해 '자신'의 활동상황을 알릴 수 있으므로 선거운동의 기회균등이 이루어지지 않고 있는 것은 의원선거에서도 동일하다. 생각건대 지방자치단체의 장뿐만 아니라 국회의원과 지방의회의원의 경우에도 동일하게 선거일 전 몇 일부터 홍보물의 발간·배포를 법으로 금지하는 것이 선거운동의 기회균등을 위해 필요하다.

2) 선거의무 및 투표강제

국가가 선거권자의 선거참여를 높이기 위해 법에 선거의무를 규정하고 선거권 행사를 포기하는 자에게 일정한 제재를 가하는 것이 자유선거원칙에 위반되는지가 문제된다. 즉, 헌법상 자유선거의 원칙에 '투표의 내용'뿐만 아니라 '투표의 행

1104) 헌재 1999. 5. 27. 98헌마214.

사 가부'까지도 선거권자의 자유로운 결정에 맡겨야 하는지가 문제된다. 생각건대 국민의 선거의 자유를 되도록 넓게 보장한다는 취지에서 자유선거의 원칙에는 '투표의 내용'뿐만 아니라 '투표의 행사 가부'까지도 포함하는 것으로 보아야 한다. 왜냐하면 법을 통한 제재 중심의 선거의무 부과는 진정한 국민의 국정의사 참여로 유도될 수 없기 때문이다.[1105] 선거에의 비참여 또는 무반응도 현 정치에 대한 심판의 성격도 겸하므로 정치의 무능 또는 불신의 원인을 제공한 정치권에 대한 문제를 국민에 대한 선거의무 내지 투표강제로 해결하는 것은 타당하지 않다.

2. 공무담임권

(1) 의 의

헌법 제25조는 법률이 정하는 바에 의하여 국민의 공무담임권을 보장하고 있다. '공무담임권'이란 국가기관에 피선되는 권리(=피선거권) 또는 임명에 의해 공직에 취임할 수 있는 권리(=공직취임권)를 말한다. 따라서 공무담임권은 공직에 봉사할 수 있는 기회를 가지는 권리이다.

헌법 제25조는 "모든 국민은 법률이 정하는 바에 의하여 공무담임권을 가진다."라고 규정하고 있으므로, 공무담임권의 내용에 관하여는 입법자에게 넓은 입법형성권이 인정된다. 즉 공무담임권은 원하는 경우에 언제나 공직을 담당할 수 있는 현실적인 권리가 아니라 공무담임의 기회를 보장하는 성격을 갖는 것으로서 선거에 당선되거나 또는 공직채용시험에 합격하는 등 일정한 공무담임에 필요한 요건을 충족하는 때에만 그 권리가 구체화되고 현실화되는바, 공무담임권을 누구에게, 어떤 조건으로 부여할 것인지는 입법자가 그의 입법형성권의 범위 내에서 스스로 정할 사항이지만,[1106] 이때에도 헌법이 공무담임권을 기본권으로 보장하

1105) 유사한 취지로 홍일선, 선거권과 선거의무, 공법연구 제34집 제3호, 2006. 2, 361면.

1106) 헌재 2014. 4. 24. 2010헌마747, 판례집 26-1하, 101 : 동일 지역 교육대학 출신 응시자에게 제1차시험 만점의 6% 내지 8%의 지역가산점을 부여하는 이 사건 임용시험 시행공고(이하 '이 사건 공고'라 한다) 및 이 사건 임용시험의 최종합격자를 결정하기 위해 제1, 2, 3차 시험성적을 합산할 때 지역가산점도 함께 합산하도록 규정하고 있는 구 '교육공무원 임용후보자 선정경쟁시험규칙' 제17조 제2항(이하 공고 및 시험규칙을 합하여 '이 사건 지역가산점 규정'이라 한다)이 과잉금지원칙에 위배되어 공무담임권, 평등권을 침해하는지 여부(소극): 구 교육공무원법 제11조의2 [별표2]에서 인정되는 각종 가산점은 제1차 시험성적의 10% 범위에서만 부여할 수 있고, 임용권자로서는 다른 가산점을 고려하여 지역가산점을 부여해야

는 취지 등이 고려되어야 하는 등 헌법상 일정한 한계가 있다.[1107]

(2) 법적 성격

공무담임권은 국민이 현실적으로 당선과 공직임명을 보장하는 것이 아니라, 선거에 입후보할 수 있고 공직에 임명될 수 있는 기회를 보장받는 '공직에의 기회균등'을 의미한다. 따라서 국민이 공무원에 취임함에 있어서 기회균등과 자격평등의 원칙을 법률로 정하고 있다.

(3) 내 용

헌법 제25조는 "모든 국민은 법률이 정하는 바에 의하여 공무담임권을 가진다."고 하여 공무담임권을 기본권으로 보장하고 있다. 공무담임권이란 입법부, 집행부, 사법부는 물론 지방자치단체 등 국가, 공공단체의 구성원으로서 그 직무를 담당할 수 있는 권리를 말한다. 공무담임권에 있어서 '공무'란 광의의 의미로서 입법·행정·사법을 포함한 모든 국가사무를 말한다. 공무담임권 중에서 가장 중요한 것은 선거직공무원의 피선거권인데, 헌법이 인정하는 것으로서는 대통령, 국회의원, 지방의회의원과 지방자치단체장의 피선거권 등이 있다. 여기서 '직무를 담당한다는 것'은 모든 국민이 현실적으로 그 직무를 담당할 수 있다고 하는 의미가 아니라, 국민이 공무담임에 관한 자의적이지 않고 평등한 기회를 보장받음을 의미한다. 공무담임권의 보호영역에는 공직취임 기회의 자의적인 배제뿐 아니라 공무원 신분의 부당한 박탈이나 권한 또는 직무의 부당한 정지도 포함된다. 다만, '승진시험의 응시제한'이나 이를 통한 승진기회의 보장 등 공직신분의 유지나 업무수행에 영향을 주지 않는 단순한 내부 승진인사에 관한 문제는 공무담임권의 보호영역에 포함되지 않는다.[1108] "공무담임권의 보호영역에는 … 공무원이

하므로 지역가산점을 제한된 범위 내에서 부여할 수밖에 없는 점, 이 사건 지역가산점을 받지 못하는 불이익은 그런 점을 알고도 다른 지역 교대에 입학한 것에서 기인하는 점, 노력여하에 따라서는 가산점의 불이익을 감수하고라도 수도권 지역에 합격할 길이 열려 있는 점 등에 비추어, 이 사건 지역가산점규정이 과잉금지원칙에 위배되어 다른 지역 교대출신 응시자들의 공무담임권, 평등권을 침해한다고 볼 수 없다.

1107) 헌재 2005. 4. 28. 2004헌마219; 헌재 2016. 7. 28. 2014헌바437, 판례집 28-2상, 84, 88-89.

1108) 헌재 2002. 8. 29. 2001헌마788 등; 헌재 2011. 4. 28. 2010헌바232; 헌재 2015. 4. 30. 2013헌마666, 판례집 27-1하, 120, 126.

특정의 장소에서 근무하는 것 또는 특정의 보직을 받아 근무하는 것을 포함하는 일종의 '공무수행의 자유'까지 그 보호영역에 포함된다고 보기는 어렵다."[1109]

직업공무원에게는 정치적 중립성과 더불어 효율적으로 업무를 수행할 수 있는 능력이 요구되므로, 직업공무원으로의 공직취임권에 관하여 규율함에 있어서는 임용희망자의 능력·전문성·적성·품성을 기준으로 하는 이른바 능력주의 또는 성과주의를 바탕으로 하여야 한다. 그러므로 결국 헌법 제25조의 공무담임권 조항은 "모든 국민이 누구나 그 능력과 적성에 따라 공직에 취임할 수 있는 균등한 기회를 보장함"을 내용으로 한다.[1110]

3. 국민표결권

(1) 의 의

대의제 민주주의 하에서 국민의 직접민주제는 간접민주제를 보완하기 위해 예외적으로 인정되고 있다. 그럼에도 불구하고 우리 헌법은 대통령의 권한이 강력해짐에 따라 그 권한행사의 국민적 정당성을 부여하기 위해 직접민주정의 요소를 대폭 강화하고 있는데, 여기에는 합법성의 원리가 아니라 정당성의 원리가 지배하게 된다.

(2) 내 용

헌법은 광의의 국민투표 중에서 국민발안이나 국민소환은 인정하지 않고 국민표결만을 채택하고 있다. 즉, 국가안위에 관한 중요한 정책(제72조)과 헌법개정안(제130조)에 대한 국민투표제를 채택하고 있다. 또한 지방자치법은 지방자치단체의 폐치·분합 또는 주민에게 과도한 부담을 주거나 중요한 영향을 미치는 사항에 대하여는 '주민투표'에 붙이도록 함으로써 지방적 차원에서 직접민주제를 채택하고 있다.

1109) 헌재 2008. 6. 26. 2005헌마1275; 헌재 2014. 4. 24. 2011헌마612, 판례집 26-1하, 150, 171.

1110) 헌재 1999. 12. 23. 98헌바33; 헌재 1992. 12. 23. 98헌마363; 헌재 2014. 4. 24. 2010헌마747, 판례집 26-1하, 101, 110.

V. 참정권의 제한

참정권은 헌법 제37조 제2항의 일반적 법률유보조항에 의하여 제한될 수 있다. 이것은 이른바 '행사절차적 법률유보'로서 그 내용과 범위는 법률에 의해 정하여지는데, 공직선거법·국민투표법 등은 그 피선거권과 선거연령 및 선거권결격사유 등을 규정하고 있다. 대통령이 발하는 긴급명령에 의해 참정권이 제한될 수 있는가가 문제되는데, 긴급명령으로 참정권 그 자체를 제한할 수는 없지만, 긴급명령에 의해 선거의 실시가 연기될 때에는 간접적으로 이에 영향을 미칠 수 있다.

헌법 제13조 제2항은 "모든 국민은 소급입법에 의하여 참정권의 제한을 받…지 아니한다"고 규정하고 있다. 이 조항은 반민족행위자처벌법(제헌국회 당시), 반민주행위자공민권제한법(5·16 직후), 정치활동제한법(1972년 헌법 부칙 제11조), 정치풍토쇄신을 위한 특별조치법(1980년 헌법부칙 제11조 4호) 등의 소급입법에 의해 국민의 참정권이 제한되었던 과거의 경험에 비추어 이와 같은 악순환을 되풀이하지 않게 하기 위해 특별히 규정한 것이다.

제 7 장 기본적 의무

Ⅰ. 기본적 의무의 헌법상 의의

1. 연혁 및 입법례

국민의 의무에 관한 헌법규정은 성문헌법의 역사와 거의 때를 같이 한다. 1791년의 프랑스헌법은 인권선언 제13조에 규정된 납세의무에 해당하는 조항을 그대로 계승하였고, 그 후 1795년의 프랑스헌법은 '인간과 시민의 권리·의무의 선언'에서 무려 9개조에 걸친 도의적 의무조항을 두었는데, 이것이 납세의 의무와 국방의 의무를 규정한 최초의 헌법이다.

20세기에 와서 1919년 바이마르 헌법은 인간다운 생활을 보장하기 위한 생존권과 함께 재산권행사의 공공복리적합의무(제153조 3항), 교육의 의무(제145조 1항) 및 근로의 의무(제163조) 등의 의무를 여기에 새로이 첨가하게 되었다. 이러한 의무는 국민의 인간다운 생활을 보장하기 위해 인정된 것이다.

2. 개 념

국민의 '의무'(duty)라 함은 국민이 국가의 통치권에 복종하고 그 강제를 수인하는 것을 말한다. 이것은 국민의 국가에 대한 수동적 상태에서 유래하는 통치대상으로서의 국민인 지위에서 나오는 것이다. 나아가 국민은 주권자로서 사회공동체의 형성·유지에 적극적으로 참가할 의무가 있으며, 기본권을 향유함에 있어서 헌법적 한계를 준수할 의무도 있다.

근대헌법에 있어서의 자유권과 같이 무제한한 내용을 가진 기본적 의무의 관념은 법치국가의 원리와 모순되므로 국민의 의무는 인간의 자연적 의무가 아니라 '국법에 의한 의무'를 의미한다. 그 내용은 헌법 또는 법률에 의하여 개별화되는

데, 그 중에서도 헌법이 규정하고 있는 의무를 국민의 '기본적 의무' 또는 '공의무'라고 부른다.

3. 법적 성격

국민이 국가의 구성원으로서 특정한 의무를 가지는 것은 그 존립과 통합을 위해 당연한 전제가 된다. 주권자로서의 국민은 사회공동체의 형성과 유지에 적극적으로 참여할 권리와 동시에 의무를 가지고 있다. 국민의 자유와 권리는 법과 질서(law and order) 안에서 합리적으로 행사되어야 하는데, 여기에 전제가 되는 것이 국민의 의무이다. 따라서 의무란 '자유의 조건' 또는 '권리의 반대편'의 성격을 가진다.

국민의 헌법상 의무의 성질과 관련하여 전국가적 권리에 대응한 전국가적 의무가 인정될 수 있는가가 문제된다. 독일 기본법 제6조 제2항[1111]과 같은 명문의 규정이 있기 때문에 전국가적·초헌법적 성격을 가지는 기본적 의무의 존재를 주장하는 견해가 있다. 즉, 기본적 의무에도 기본권의 경우와 같이 인간의 의무가 존재한다고 한다. 그러나 국민의 의무는 법치주의의 요청에 비추어 볼 때 자유권과 같은 무제약성을 부여하는 것은 곤란하며, 오로지 헌법과 법률로써만 규정할 수 있는 '국민'의 '실정법상'의 의무이다.

우리 헌법은 조국에 대한 충성의무, 헌법수호의무, 법률준수의무 등에 관한 명문의 규정을 두고 있지 않기 때문에 이들 의무를 인정할 것인가의 문제가 제기된다. 사회계약설의 입장에서는 이와 같은 의무들은 사회계약 내지 국가계약의 내포로서 공존을 누리기 위한 당연한 국민의 의무로 간주된다.

Ⅱ. 기본적 의무의 유형

국민의 기본적 의무는 그 역사적 단계와 법적 성격에 따라 유형화시킬 수 있다.[1112]

1111) 독일 기본법 제6조 제2항 "자녀의 부양과 교육은 부모의 자연권이며 일차적으로 부모에게 부과된 의무이다."

1112) 허영 교수는 국민의 의무를 ① 국가창설적인 국민의 의무, ② 기본권에 내포된 국민의

1. 고전적 의무

고전적 의무에는 국가의 존속을 위한 납세의 의무와 국방의 의무가 포함된다. 이들 의무는 근대 법치국가에서 자유권을 보장하기 위한 방편으로 인정되었다. 즉, 군주의 자의적·강제적 과세나 징병으로부터 국민의 재산과 신체의 자유를 보장하기 위해 법률에 의해서만 이를 행할 수 있도록 한 것이다. 따라서 이들 의무에 관한 규정은 국가권력의 자의적 행사를 방지하려는 소극적·현상유지적 성질을 가지고 있었다. 그러나 현대 국민주권국가에 있어서 주권자인 국민은 스스로 국가를 구성·유지해야 하므로 이에 필요한 경비를 부담하거나 국토를 방위하는 것은 당연한 일이다. 그리하여 이들 의무는 현대국가에서는 국민주권원리에 대응하는 적극적인 국가구성적 성격을 아울러 가지게 되었다. 이들 의무는 국가구성원으로서 가지는 '국민의 의무'를 의미한다.

2. 새로운 의무

새로운 의무로는 재산권행사의 공공복리적합의무, 근로의 의무와 교육을 받을 의무가 먼저 인정되기 시작하였고, 최근에는 환경보전의무가 중시되고 있다. 이들 의무는 사회국가의 요청에서 생존권의 실질화를 도모하기 위한 수단으로 등장하였다. 이는 사회국가의 이념을 실현하기 위하여 생존권을 인정하는 한편, 이에 수반된 의무로서 그 권리의 실질화를 도모하려는 의무의 성질을 가지고 있다. 여기에 이들 의무가 인간다운 생활의 보장을 위해 규범화되고 있는 것이므로 '인간의 의무'라는 주장이 나오게 된다.

Ⅲ. 헌법상의 기본적 의무

우리 헌법상에 규정된 국민의 기본적 의무에는 다음과 같다.

윤리적 의무와 ③ 헌법이 정하는 국민의 기본적 의무의 3유형으로 나누고 있다(한국헌법론, 561면).

1. 납세의 의무

(1) 헌법상 의의

헌법 제38조에서는 납세의 의무를 규정하고 있다. 원래 납세의 의무는 소극적으로 군주의 자의적인 조세징수로부터 국민의 재산권을 보장하기 위한 것이었으나, 현대국가에 있어서는 적극적으로 주권자인 국민이 스스로 재정부담을 짐으로써 사회국가를 실현하기 위한 방법적 기초를 의미하고 있다. 납세는 국가의 존립과 활동의 전제가 되므로 납세의 의무는 당연한 기본적 의무이나, 특히 헌법에 명문의 규정을 둔 의미는, 첫째, 특권층에 대한 우대를 폐지하여 모든 국민에게 능력에 따라 공평하게 납세의 의무를 부과시키며, 둘째, 납세의 의무는 반드시 법률에 의해서만 부과할 수 있다는 조세법률주의(제59조)를 채택함으로써 국민의 재산권을 보장하려는 데 있다.

(2) 의무의 주체

납세의 의무의 주체는 '국민'이다. 여기에 국민이라 함은 자연인과 법인을 포함한다. 이 의무는 경제적 부담을 내용으로 하는 속지적 성격을 가지고 있으므로 외국인도, 치외법권이 있는 경우를 제외하고는, 이 의무를 부담하는 것이 원칙이나, 조약 기타 국제법규에 의해 달리 정할 수 있다.

(3) 의무의 내용

납세의 범위에는 국세·지방세 등 조세뿐만 아니라 그 명칭을 불문하고 국가가 아무런 보상 없이 일방적으로 부과하는 모든 경제적 부담이 포함된다. 따라서 사용료, 수수료, 전매품판매, 공채발행 등 일정한 대가를 지급하는 것은 납세의 의무에 해당하지 아니한다. 그런데 납세의 의무는 재산권에 대한 일종의 제한을 의미하므로 이를 부과함에 있어서는 형평의 원칙과 조세법률주의에 따라야 한다.

2. 국방의 의무

(1) 헌법상 의의

헌법 제39조에서는 국방의 의무를 규정하고 있다. '국방의 의무'란 적극적으로는 외적의 침입으로부터 국토를 방위하여 국가의 존립을 유지하는 의무이며, 소극적으로는 국민의 인신의 자유에 대한 중대한 제한인 점에서 법률에 의하지 않고는 국방의 의무를 부과할 수 없다는 의미를 가지고 있다. 따라서 국방의 의무는 대통령의 국군통수권과 함께 우리나라의 방위국가적 성격을 반영하는 것이다.

(2) 의무의 주체

국방의 의무의 주체는 '국민'에 국한되며, 외국인은 포함되지 아니하는데, 그 이유는 국가에 대한 충성심을 요구하기 때문이다. 국방의 의무는 타인에 의한 대체적 이행이 불가능하기 때문에 일신전속적 성격을 가진다. 여성에게 국방의 의무를 부과할 것이냐의 문제가 제기되는데, 여성은 생리적·육체적 차이 때문에 이를 부과하지 않는다고 평등의 원칙에 위배되는 것은 아니다. 다만 지원병의 경우는 허용된다.

(3) 의무의 내용

국방의 의무의 범위에 관하여는 학설의 대립이 있다.

1) 협의설

국방의 의무는 협의로 병역제공의 의무만을 의미한다는 견해가 있다. 이 설은 국민에게 부과되는 방공의 의무, 군작전에 협력할 의무 등은 관계법률에 의해 인정된 것이므로 병역의 의무에는 포함되지 아니한다고 본다.

2) 광의설

국방의 의무는 총력전이 요구되는 현대에 있어서는 병역의 제공은 물론 이를 수행하기 위해 필요한 방첩, 방공, 전시근로 등도 여기에 포함시키는 견해가 있다.[1113)]

생각건대, 오늘날 총력전이 자행되는 여건하에서는 국민의 병역의무는 그 적극적 성격에 비추어 광의의 의무로 해석하는 것이 타당할 것이다.

(4) 불이익한 처우금지

헌법 제39조 제2항에서는 "누구든지 병역의무의 이행으로 인하여 불이익한 처우를 받지 아니한다."고 규정하고 있다. 이는 병역의무를 이행한 자에 대한 정당한 대우(보상)를 통해 국민개병주의를 확립하기 위한 것이다.

3. 교육을 받게 할 의무

(1) 헌법상 의의

헌법은 "모든 국민은 그 보호하는 자녀에게 적어도 초등교육과 법률이 정하는 교육을 받게 할 의무를 진다. 의무교육은 무상으로 한다"(제31조 2항·3항) 고 규정하고 있다. 이 의무는 교육을 받을 권리와 함께 현대 복지국가에서 인정된 의무이며, 문화국가를 지향하는 진보적 사상에서 유래한 현대적 의무이다.

(2) 의무의 주체

교육을 받게 할 의무의 주체는 미성년자인 학령아동이 아니라 그 보호자인 '친권자' 또는 '후견인'이다(초·중등교육법 제13조 1항).

(3) 의무의 내용

교육의 의무의 내용은 그 아동이 초등교육과 법률이 정하는 교육을 받도록 취학시킬 의무이며, 그 취학학교는 공·사립학교를 불문한다. 종래 구헌법은 의무교육의 대상을 6년의 초등교육에 국한시켰으나, 제4공화국 헌법 이래 교육의 향상이 개인의 인간다운 생활의 증진과 민주정치의 발전에 관건이 되는 점을 감안해서 '법률이 정하는 교육'을 이에 추가하고 있다.

1113) 헌재 1995. 12. 28. 91헌마80.

(4) 국가의 의무

이에 상응하여 국가 또는 지방자치단체도 모든 적령아동을 수용하여 교육시킬 수 있는 학교를 설치·운영할 의무를 진다. 이러한 의무의 당연한 결과로서 의무교육은 무상으로 하고 있으나, 그 범위에 관하여는 수업료무상설－국가 또는 지방자치단체의 재정상 이유로 수업료의 무상에 그친다는 입장－과 취학필요비무상설－수업료 이외에 취학에 필요한 교과서, 학용품, 급식의 무상까지 포함된다고 보는 입장－이 있다. 이는 국가의 재정능력에 따라 해결될 문제이다. 국가의 이러한 의무는 국·공립학교에 국한되며, 사립학교의 수업료 징수는 사학의 선택이 무상의 특권을 포기하는 것을 의미하므로 의무교육의 무상규정에 위반되지 않는다. 그러나 현행 초·중등교육법은 학교의 설립, 운영자가 수업료 기타 납부금을 받을 수 있도록 규정하고 있다.

4. 근로의 의무

(1) 헌법상 의의

헌법은 "모든 국민은 근로의 의무를 진다. 국가는 근로의 의무의 내용과 조건을 민주주의원칙에 따라 법률로 정한다."(제32조 2항)고 규정하고 있다. 이 의무도 생존권의 실질화를 도모하기 위한 복지국가적 요청에서 근로의 권리에 대응하여 인정된 의무이다.

(2) 의무의 성질

근로의 의무의 법적 성격에 관하여는 학설의 대립이 있다.

1) 윤리적 의무설

이 설은 근로의 의무란 근로능력이 있음에도 근로하지 않는 자에 대해 강제노동을 과하거나 그 의사에 반하는 노역을 강요할 수 없는 윤리적 의무에 불과하다고 한다.

2) 법적 의무설

이 설에 의하면, 근로의 의무라 함은 국가가 공공필요에 의해 근로할 것을 명한 때에 이에 복종하여야 할 법적 의무라고 한다.

3) 결 어

우리나라 헌법에 있어서 근로의 의무는 단순한 자본주의사회에서의 병폐인 무위도식을 방지하려는 데 그 취지가 있으며 또한 근로의사가 있음에도 국가가 근로기회를 제공하지 못하기 때문에 근로를 할 수 없는 경우를 고려할 때 이는 윤리적 의무라고 보는 것이 타당한 것이다.

(3) 의무의 내용

근로의 의무의 내용은 법률로써 정하여야 한다. 헌법은 명문으로 근로의 의무의 내용과 조건은 민주주의 원리에 따라야 할 것을 규정하고 있으므로, 국가는 국가비상시나 천재지변 등 절대 불가피한 경우에만 근로의 의무를 부과해야 한다. 또한 강제노역의 금지규정과의 관계로 보아 일신전속적 노역은 원칙적으로 부과할 수 없고, 그 내용과 조건이 인간으로서의 존엄과 가치를 침해하여서는 아니된다.

5. 재산권 행사의 공공복리적합의무

(1) 헌법상 의의

헌법은 "재산권의 행사는 공공복리에 적합하도록 하여야 한다."(제23조 2항)고 규정하여 재산권행사에 대한 일정한 의무를 부과하고 있다. 자본주의의 발전과정에서 재산권에 대한 절대적 신성시는 사회적 분열을 초래함에 따라 현대 복지국가는 사유재산권에 대한 적절한 규제를 통해 개체와 전체의 조화를 기하고자 한다. 그리하여 현대 복지국가의 헌법은 재산권의 내용과 한계를 법률로써 정하도록 하는 동시에 나아가 재산권의 행사가 공공복리에 적합하여야 할 의무를 규정하게 된 것이다.[1114]

(2) 의무의 성질

이 의무의 성질에 관하여도 학설의 대립이 있다.

1) 윤리적 의무설

이 설은 이 의무는 공의무가 아니라 재산권 그 자체의 내용으로서 재산권에 대한 한계 내지 제한의 문제이기 때문에 단순한 윤리적 의무에 불과하다고 한다.

2) 법적 의무설

이 설은 공공복리에 위배된 재산권의 행사는 권리남용을 비롯한 제반 법률에 의해 규제될 것이며, 이것은 재산권의 한계 내지 제한을 내포한 객관적 법질서를 형성하고 있으므로 법적 의무라고 한다.[1115)]

3) 결 어

재산권행사의 공공복리적합의무는 그 본질상 독립된 헌법상 의무라기보다는 재산권행사에 대한 헌법적 한계를 설정한 것으로 보는 것이 타당하다.

(3) 의무의 내용

재산권의 행사가 공공복리에 적합하도록 해야 한다는 것은 주관적 권리로서의 재산권을 행사함에 있어서 오로지 자기의 이익만을 위해 행사하거나 이를 남용해서는 안되고 공공복리를 유지·증진시켜야 한다는 것을 의미한다. 여기에 재산권 행사에 있어서 공공복리에의 적합성을 위해 그 위반행위에 대한 법적 규제가 가능하게 된다. 그러나 재산권의 행사를 공공복리에 적합하도록 하기 위해서 그 본질적 내용을 침해할 수는 없다.

1114) 헌재 1989. 12. 22. 88헌가13(국토이용관리법 제21조의 3 제1항, 제31조의 2의 위헌심판) - "재산권 행사의 공공복리 적합의무는 헌법상의 의무로써 입법형성권의 행사에 의해 현실적인 의무로 구체화되고 있는데 … 토지재산권에 대하여서는 입법부가 다른 재산권보다 더 엄격하게 규제할 필요가 있다고 하겠는데, 이에 관한 입법부의 입법재량의 여지는 다른 정신적 기본권에 비하여 넓다고 봐야 하는 것이다."

1115) 허영, 한국헌법론, 571면.

6. 환경보전의 의무

(1) 헌법상 의의

헌법은 제35조 제1항 후단에서 국민의 환경보전의 의무를 규정하고 있다. 자본주의의 발전과정에서 고도의 산업화는 환경파괴와 공해를 초래하여 이를 제거하고 환경을 보전하는 것이 인간다운 생활을 보장하기 위해 현대사회의 가장 긴급한 과제로 등장하였다. 그리하여 세계 각국은 공해방지에 관한 법률을 제정하여 사권의 일환으로 환경권을 인정하여 왔지만, 이와 같은 조치만으로는 해결할 수 없게 됨에 따라 환경권의 법적 근거를 헌법에서 구하게 되었다. 우리 헌법은 '쾌적한 환경에서 생활할 권리'를 주관적 공권으로 보장하는 한편 국가와 함께 국민에게 환경보전의 의무를 부여하고 있다.

(2) 의무의 성질

헌법은 환경보전에 관하여 명문으로 '의무'를 진다고 규정하지 않고 단지 노력하여야 한다고만 표현하고 있어서 환경보전의무의 법적 성격을 둘러싸고 학설의 대립이 예상된다. 즉, 환경보전의 의무는 재산권행사의 공공복리적합의무에 있어서처럼 환경권이 가지는 속성으로서 헌법이 특히 주의규정으로 둔 것으로 단순한 윤리적 의무에 불과하다는 견해(윤리적 의무설)와 이것도 헌법상의 의무이며 법률로써 강제할 수 있는 의무라는 견해(법적 의무설)가 대립될 수 있다.

(3) 의무의 주체

환경의 보전은 전 인류의 과제이기 때문에 그 의무의 주체는 국민에 국한되지 않고 외국인(무국적자 포함)도 포함된다. 법인도 그 성격상 당연히 이 의무의 주체가 된다.

(4) 의무의 내용

환경보전의 의무는 보건위생상의 위해를 방지하고 인간의 쾌적한 생활환경을 보전하는 데 필요한 일체의 의무를 포괄한다. 모든 국민이 대기오염, 수질오염, 토양오염, 소음, 진동 또는 악취 등 보건위생상의 위해를 주는 공해를 제거하고, 자연적 환경, 인공적 환경, 사회적 환경 등의 생활환경을 적정하게 보전하는 것을 그 내용으로 한다.

민주적 기본질서가 헌법의 근본규범으로서 민주주의 그 자체를 부정하는 사상도 상대주의적 입장에서 수용하게 되면, 민주주의의 파괴를 자초할 수 있다는 위기의식에서 이른바 방어적·전투적 민주주의를 취하게 된 것이다. 우리나라 헌법 제8조 제4항의 '민주적 기본질서' 조항과의 관계에서 사상의 자유와 양심의 자유의 조화가 이루어져야 할 것이다.[1116]

1116) 독일기본법 제18조의 기본권 실효조항(자유민주적 기본질서를 공격하기 위해 특정한 자유를 남용하는 자에게 기본권을 상실시키는 것)은 이를 뒷받침하고 있다.

사 항 색 인

이 부 하 (李富夏)

[저자 약력]

·독일 쾰른대학교 법학박사(Dr. iur)
·변호사시험 출제위원, 사법시험 출제위원, 입법고시 출제위원
·한국공법학회, 한국헌법학회, 한국비교공법학회, 한국법정책학회 상임이사
·영남대학교 법학전문대학원 교수(헌법학)

[주요 저서]

·표현의 자유와 미국헌법, 「한국학술정보」, 2007
·인권보장을 위한 비교헌법론, 「법영사」, 2014
·한국의 경제질서와 재산권, 「영남대학교 출판부」, 2015
·민주적 선거를 위한 선거제도 개편, 「피앤씨 미디어」, 2015

[주요 논문]

·비례성원칙과 과소보호금지원칙, 「헌법학연구」, 2007
·재산권의 존속보장과 재산권에 관한 법이론, 「공법학연구」, 2008
·법적 안정성의 의미에서 명확성의 원칙, 「세계헌법연구」, 2014
·위험사회에서 국민의 안전보호의무를 지는 보장국가의 역할, 「서울대학교 법학」, 2015
·포괄위임입법금지원칙에 대한 헌법재판소 견해의 평가, 「법학논총」, 2016
·매체 융합시대에 방송의 자유와 온라인 매체에 의한 방송, 「외법논집」, 2017
외 120여 편

헌법학 (상)

2019년 2월 1일 초판인쇄
2019년 2월 10일 초판발행

저 자 이 부 하
발 행 인 고 호 균
발 행 처 **법 영 사**

저자와의 협의하에 인지첩부를 생략함

06302 서울시 강남구 논현로 130
전화 (501)8898(대) Fax (501)8895
등록 1987. 5. 11. 제3-125호(윤)
Homepage : www.bubyoungsa.co.kr
E-mail : bys1986@hanmail.net

※ 파본은 교환해 드립니다. **정가 37,000원**

ISBN 978-89-7032-318-3